DONA BENTA
Comer Bem

Dona Benta

Comer Bem

77ª edição
São Paulo - 2013

© Companhia Editora Nacional, 2013

Diretor Superintendente: Jorge Yunes

Diretora Editorial Adjunta: Silvia Tocci Masini

Editores: Cristiane Maruyama, Marcelo Yamashita Salles

Editora Júnior: Nilce Xavier

Editor-assistente: Thiago Mlaker

Produtora Editorial: Solange Reis

Coordenação de Arte: Márcia Matos

Estagiária de Arte: Camila Simonetti

Projeto Gráfico: Sabrina Lotfi Hollo

Ilustrações: Osvaldo Sanches Sequetin

Cores: Tina Tocci Moscon

Edição das Receitas: Luiz Cintra

Pesquisa Histórica: Ana Cândida Costa, Leonardo Colin e Therezinha Casella

77ª edição - São Paulo - 2013

Dados Internacionais de Catalogação na Publicação (CIP)
(Câmara Brasileira do Livro, SP, Brasil)

Benta, Dona
  Dona Benta : comer bem / [ilustrações Osvaldo Sanches Sequetin]. -- 77. ed. -- São Paulo : Companhia Editora Nacional, 2013.

  ISBN 978-85-04-01891-2

  1. Cardápios 2. Culinária I. Sequetin, Osvaldo Sanches. II. Título.

13-09124   CDD-641.5

Índices para catálogo sistemático:
1. Culinária : Economia doméstica 641.5

Todos os direitos reservados

Av. Alexandre Mackenzie, 619 – Jaguaré
São Paulo – SP – 05322-000 – Brasil – Tel.: (11) 2799-7799
www.editoranacional.com.br – editoras@editoranacional.com.br
CTP, Impressão e acabamento:
Esdeva Indústria Gráfica Ltda.
Outubro/ 2015

SUMÁRIO

Utilizando este livro 11	Aves 481
Equipamentos e utensílios 15	Carne bovina 505
Dicas de cozimento 23	Carne suína 543
Dicas de congelamento 31	Outras carnes 563
Pesos e medidas 35	Miúdos e outros cortes 575
Validade dos alimentos 39	Peixes e frutos do mar 593
Ingredientes 43	Caldas, glacês e recheios doces 643
Ervas, especiarias e condimentos 49	Cremes e pudins 663
Sugestões de cardápios 61	Pavês e charlotes 691
Montagens e arranjos de mesa 79	Bavaroises, gelatinas e musses 701
Dicas e truques 85	Suflês doces 721
Antepastos 93	Fondues doces 727
Entradas 117	Geleias e doces de fruta 731
Saladas 131	Doces, docinhos e balas 761
Sanduíches 171	Bolos, roscas e bolinhos 807
Salgadinhos 183	Bolachas, biscoitos e sequilhos 855
Ovos, omeletes e suflês 199	Tortas e pasteizinhos 885
Caldos, sopas e cremes 225	Waffles e crepes 911
Verduras, legumes e batatas 263	Sorvetes e coberturas 919
Arroz 343	Bebidas quentes 931
Feijão 367	Sucos e vitaminas 945
Angu, pirão e polenta 377	Bebidas alcoólicas 957
Fondue 385	Curiosidades 985
Massas e panquecas 391	Índice alfabético 1017
Pastéis, pizzas e tortas 415	Índice por ingredientes 1027
Pães e pãezinhos 437	Bibliografia 1039
Molhos básicos e simples 457	

Apresentação

Ah, minha abençoada Dona Benta! Quando aquela sábia anciã, enfurnada num maravilhoso sítio, cuidando das reinações de seus netinhos, imaginaria que fosse virar um livro de receitas? Aliás, o livro de receitas número um do Brasil. O mais querido, o mais vendido. É verdade! Poucos livros tiveram tanto destaque nas estantes dos lares brasileiros como *Dona Benta*. Com seu jeitão de bíblia culinária, lançado em 1940, veio para ficar. Subiu no pódio e continua na liderança até hoje. Não somente por causa da apetitosa coleção de receitas, reunindo originalmente 1.001 gostosuras. Nascia também como um fantástico manual da arte de bem viver e bem servir. Não cabia a um exemplar tão valioso apenas apresentar fórmulas culinárias. *Dona Benta* propunha um estilo de vida.

Dona Benta chega ao século XXI renovado. Mas calma, puristas. Foi só um *lifting* discreto. As receitas continuam intactas em sua essência. As 1.001 da primeira edição com o passar dos anos se transformaram em mais de 1.500. Coube ao talentoso culinarista Luiz Cintra renovar o acervo. Ex-dono de restaurante e *chef* afiado, Cintra cortou receitas repetitivas, corrigiu medidas, sugeriu substituições como a da banha de porco por gordura vegetal, óleos ou azeites, mais adequados a tempos de estresse e colesterol ruim. Também acrescentou receitas que ninguém imaginava que estivessem fora do livro. Tabule já tinha, mas dá para imaginar *Dona Benta* sem quibe? Pois é, não tinha.

Também não estavam no compêndio delícias que são a alma do Brasil: cambuquira, arroz de carreteiro e camarão na moranga. Todos os clássicos foram testados, portanto quem nunca pôs o pé na cozinha ficará à vontade para prepará-los. Não há como errar. Fazer caldinho de feijão ficou mais fácil com o novo passo a passo. E imagine infância sem sagu de vinho. Pois pela primeira vez *Dona Benta* ensina o doce roxinho, roxinho e de verdade. Nada daquelas misturas prontas e artificiais que estão à venda em supermercados. Também está de volta o cuscuz à paulista, feito na panela, que há tempos desaparecera num corte.

Se a tradição foi reverenciada com a manutenção de receitas originais, agora há também um passeio por receitas de todos os cantos do planeta. *Dona Benta* ganhou um toque chique e cosmopolita com o acréscimo de 200 novidades. Ninguém mais vai ficar sem canapé de *carpaccio*, *chutney* de manga ou *shiitake* oriental com *shoyu*. Nem mesmo sem a salada Caesar, criada pelo italiano Caesar Cardini em 1924, que tinha ficado de fora porque era pouco difundida no Brasil na época em que o livro foi criado. Massas e mais massas foram agregadas. Tem até um capelete à romanesca – glória das cantinas paulistanas. E a partir de agora os risotinhos caipiras brasileiros convivem com dois risotos italianos clássicos: o de açafrão e o de cogumelos secos. Nesse menu cabem ainda salmão com maracujá, tomate seco, *quiche*, sardinhas na brasa, filé ao molho mostarda, hambúrguer e bauru.

Apresentação

As sobremesas não foram esquecidas. Afinal, as brasileiras herdaram das portuguesas a predileção pelos doces. Do bolo floresta negra, passando pelo *brownie*, à torta de nozes-pecã, o novo *Dona Benta* dá água na boca. Tem *tiramisu*, tem *crêpes suzettes*, tem musse de jaca... Isso mesmo, musse da rugosa frutona asiática que muitos pensam ser brasileira.

Outra lacuna sentida foi a ausência do maior drinque brasileiro: a caipirinha. A batida de cachaça, limão e cana, patrimônio nacional, agora reconhecida até por decreto presidencial, vem acompanhada da caipirosca, sua prima preparada com vodca. De Veneza desembarcou o Bellini, magnífica criação de Giuseppe Cipriani no Harry's Bar, com pêssego fresco e o hoje tão apreciado *prosecco*. Ainda entre as bebidas, Cintra incluiu uma receita infalível de *cappuccino* à brasileira, mistura de café solúvel, chocolate e leite em pó que caiu no gosto nacional. Não se trata, porém, do original italiano, um café expresso coberto por espuma de leite temperada com chocolate ou canela em pó.

Dona Benta, que na 75ª edição passou por uma reformulação geral para se tornar o *best-seller* culinário do século XXI, posição que ocupou com folga ao longo do século XX, nasceu de uma proposta ambiciosa e arrojada. A ideia original partiu do diretor de produção da Companhia Editora Nacional, Rubens de Barros Lima, que na época notou a ausência de títulos de culinária no catálogo da empresa. Para colaborar na organização da 1ª edição da obra e revisar sua 2ª edição, contratou-se Alduino Estrada, que trouxe sugestões da culinária mineira e da senhora Lygia Estrada, sua esposa, que havia traduzido receitas francesas e as experimentara.

Nasceu assim um verdadeiro tratado culinário, contendo receitas coletadas junto às tradicionais famílias brasileiras, em especial as de São Paulo. Trataram de incluir também uma seleção de pratos clássicos internacionais. Outra preocupação foi rechear o livro com preciosas dicas sobre como montar cardápios, receber amigos e enfeitar a mesa. Era o máximo do requinte. Sem ser esnobe, o livro falou ao coração das brasileiras.

Sobre os menus para diversas ocasiões, orienta a edição de 1942: "Devem ser simples, agradáveis e variados. (...) Não determinamos prato, apenas estabelecemos uma certa ordem de escolha. O resto ficará a cargo das donas de casa, que segundo as suas predileções combinarão à vontade as receitas". Melhor ainda é o conselho para organizar os arranjos de mesa: "A decoração da mesa deve obedecer a um princípio de distinção que, à primeira vista, impressione agradavelmente. Nada de complicações e atravancamentos que a tornem pesada aos nossos olhos. As linhas simples e sóbrias são as que mais atraem". Pois é, na primeira metade do século XX *Dona Benta* fechava com o atualíssimo princípio de que menos é mais. Simples e chique.

Nada pode ser mais valioso para o neocozinheiro que a explicação sobre a importância das saladas: "É um dos pratos que mais põe em evidência o capricho e o bom gosto de uma dona de casa. Preparada com arte, esmero e cuidado, ela enfeita a mesa e predispõe favoravelmente os convidados". Um bom começo é garantia de que a refeição será um completo sucesso.

Seguindo uma tradição iniciada no século XIX com a publicação de *O cozinheiro nacional*, em suas pioneiras edições *Dona Benta* trazia um saboroso prefácio e convidava a ler os aforismos cunhados por Jean Anthelme Brillat-Savarin (1755-1826), primeiro francês a definir gastronomia, no livro *A fisiologia do gosto*; prefácio esse intitulado "Os aforismos da fisiologia do paladar". Com humor, ensina o mestre francês na quarta de suas 13 máximas: "Dize-me o que comes e te direi quem és".

Apresentação

A introdução brinda os grandes *gourmets* da história, muitos deles escritores renomados que nutriam devoção quase beata pela culinária. Estão lá os notáveis franceses Alexandre Dumas, Chateaubriand e Émile Zola, assim como os portugueses Eça de Queirós, Souza Almada e Bulhão Pato, entre outros exemplos universais. Eram esses homens amantes devotados da boa mesa. Do grande Ramalho Ortigão havia até uma citação na abertura do capítulo de molhos: "O molho é a essência da flor e o suco da fruta. É ele que define o acepipe e lhe transmite qualidades peculiares".

Desaparecidos em cortes de um facão abusado, todos os textos mais a antiga bibliografia sugerida na 1ª edição estão de volta, distribuídos ao longo do livro ou no capítulo "Curiosidades". Até a edição 74, publicada pela última vez no início de 2003, *Dona Benta* ainda ensinava a matar perus, como se a ave não fosse encontrada até em mercearias. E temperada! Nesta edição, a informação está nas "Curiosidades".

Livro repleto de histórias incríveis, *Dona Benta* nunca teve um autor. Curiosamente, o nome escolhido originalmente era *Comer bem*. Diferentemente do que se pode pensar, não foi Monteiro Lobato, o criador da famosa vovó do Sítio do Picapau Amarelo, quem sugeriu acrescentar o nome de sua personagem ao título. A ideia partiu de Octalles Marcondes Ferreira, que acompanhava de perto todo o processo de elaboração da obra. Provavelmente o editor-presidente acreditava que todos iriam se interessar por receitas daquela senhora tão carinhosa. Ironicamente, Dona Benta nunca encostou num fogão, de tão envolvida com seus romances. Em toda a saga infantil, a grande quituteira sempre foi Tia Nastácia. Mas quem passou para a história com a fama de cozinheira talentosa foi Dona Benta, um nome tão forte que quase ninguém se lembra de *Comer bem*, expressão transformada em aposto.

Com tantos predicados, *Dona Benta* era consumido como se fosse bolinho quente com café: aos montes e com gula. A edição de estreia, em 1940, foi uma fornada de 20 mil livros. Imagine isso: em plena Segunda Guerra e num país onde apenas 44% da população acima de 15 anos era alfabetizada e cujo total de habitantes ultrapassava os 41 milhões. Em dois anos, a 1ª edição estava esgotada. Mais 15 mil exemplares foram lançados em 1942 para atender a um ávido público feminino – sem chauvinismo, nessa época cozinha era, sim, um assunto de mulheres.

Aliás, toda a década de 1940 foi marcada por grandes tiragens. Em 1943, imprimiu-se da 3ª à 10ª edição, num total de quase 17 mil livros. O ano seguinte foi ainda mais alvissareiro, saltando da 11ª à 16ª edição e tirando do forno 27 mil exemplares. Pouco? Que nada. *Dona Benta* consolidava o posto de eterno *best-seller*, cultuado pelas donas de casa. Com o fim da guerra em 1945, imprimiram-se mais 20 mil exemplares, saltando para a 20ª edição. Em escalada ascendente, os números continuaram apontando para cima – 1946: 34 mil exemplares; 1948: 45 mil exemplares; 1950: 41 mil exemplares. No intervalo de pouco mais de uma década, atingia-se a marca recorde da 43ª edição.

A devoção das brasileiras pelas receitas de *Dona Benta* ao longo dos anos tornou o livro um fenômeno editorial. É o único no meio culinário a ter vendido a cifra recorde de 1 milhão de exemplares. Como os números falam por si, dá para imaginar quantas avós, mães e netas no País foram formadas pela escola culinária de *Dona Benta*. Uma tradição passada de geração para geração.

Quando chegou às lojas, em 15 de julho de 1940, *Dona Benta* estampava na capa o desenho de J. U. Campos, mantido até hoje como grande identidade visual do livro. Nesses 63 anos de história, virada a primeira página, o leitor ingressa num universo de receitas que sofreram poucas alterações, mesmo com as interferências efetuadas. À medida que ia se renovando,

Apresentação

Dona Benta lançava bossa. Na década de 1950, incluiu o coquetel de camarão no receituário, e a entrada francesa com toques americanizados virou *coqueluche* no Brasil, para usar uma expressão da época.

Ainda nos anos 1950 ocorreram inclusões gráficas radicais, e algumas páginas foram ilustradas com fotos coloridas distribuídas ao longo dos capítulos. Na década seguinte, as fotografias aumentaram para 124, reunidas num único caderno. Sofisticadíssimo na época, o estrogonofe passou a ter uma versão de frango. O nome era o mais divertido: picadinho metido a besta. Entrou na 52ª edição como se fosse um charmoso manuscrito.

Com a intenção de acompanhar as mudanças tecnológicas entre os equipamentos de cozinha, a panela de pressão ingressava no livro acompanhada de uma explicação para decifrar a nova e extraordinária engenhoca com jeitão de bicho de sete cabeças. Nos anos 1980, ganharam espaço *freezers*, micro-ondas e outros eletrodomésticos que revolucionaram a noção de cozinhar. Com a abertura do País às importações, o livro carecia de um sopro de contemporaneidade, providenciado por Luiz Cintra na 75ª edição. Os brasileiros consumem cotidianamente produtos raros, que anteriormente eram privilégio de ricaços. Mais do que isso. A indústria brasileira da alimentação aperfeiçoou-se. Produz mais e melhor. De olho nessas mudanças, a nova edição traz crostini de Parma, salada do mar com arroz selvagem e outras gostosuras.

Diferentemente de muitos outros livros brasileiros de receitas, que viraram curiosidade para pesquisadores de história da alimentação, *Dona Benta* continua vivo, íntegro. As pessoas querem e precisam continuar aprendendo o trivial caprichado. Quer coisa mais difícil que fazer um arroz soltinho? *Dona Benta* ensina. Bater um bolo para o lanche da tarde da criançada? *Dona Benta* ensina. São essas receitas do cotidiano que povoam a memória, muitas vezes com um delicioso sabor de infância. Com certeza, *Dona Benta* vai continuar com a gente por, no mínimo, mais um século!

Arnaldo Lorençato
Primavera de 2003

Utilizando Este Livro

"A única cousa que vale no Universo é a vida; tudo o que vive se nutre."

BRILLAT-SAVARIN. TEXTO DA EDIÇÃO DE 1942 DE *DONA BENTA*.

Utilizando este Livro

Desde 1946 *Dona Benta* vem ajudando as donas de casa a cozinhar no dia a dia. São receitas práticas, que podem ser preparadas sem nenhuma dificuldade.

Neste livro você encontrará receitas para todas as ocasiões, bem como algumas sugestões de cardápios. Incluímos também uma série de informações a respeito dos alimentos e dicas de preparo e armazenagem. Os ingredientes utilizados nas receitas são facilmente encontrados em feiras-livres e supermercados, exceto alguns produtos específicos, que podem ser adquiridos em casas especializadas.

As receitas do livro servem de 4 a 6 pessoas, e a maioria delas não requer muito tempo para o preparo. Utilizamos as medidas-padrão de culinária. Algumas são receitas clássicas, outras, regionais e algumas, criativas. Sinta-se à vontade para adaptá-las aos ingredientes disponíveis em sua região, bem como para aproveitar as dicas para criar novos pratos. Outro item com que nos preocupamos foi incluir uma tabela de pesos e medidas para que as receitas possam ser executadas com maior confiabilidade.

Para obter melhores resultados, siga estas dicas práticas:

- Antes de escolher a receita, confira a geladeira e verifique se existe algum alimento que esteja próximo do vencimento. Se houver, escolha a receita a partir desse ingrediente. Essa medida simples evita desperdícios e pode resultar em deliciosas opções.

- Selecione as receitas com antecedência a fim de se abastecer com os produtos necessários. Caso não encontre determinado ingrediente, verifique se é possível substituí-lo. Se não for, prepare outra receita.

- Leia atentamente a receita antes de decidir prepará-la.

- Separe os ingredientes antes de começar a trabalhar na receita e atente para que não falte nenhum item. Pese e meça os ingredientes antes de começar. Quando tudo está à mão, fica mais fácil elaborar o prato.

- Avalie se é possível preparar a receita no tempo de que você dispõe. Caso contrário, deixe-a para outra ocasião e opte por um prato que possa ser preparado a tempo.

- Verifique se dispõe dos equipamentos necessários para a elaboração da receita.

- Uma vez iniciado o trabalho, prossiga sem interrupções. Isso irá favorecer o resultado final.

EQUIPAMENTOS E UTENSÍLIOS

"Uma cozinha limpa e bem arrumada, por mais pobre que seja, é o índice mais expressivo e que mais eloquentemente fala sobre as virtudes dos seus donos. A tradição holandesa nesse particular é admirável e vem sendo, de perto, seguida com desvelo pelos povos do norte da Europa e pelos americanos. Por que não devemos segui-la também?"

Texto da edição de 1944 de *Dona Benta*.

Escolha dos Utensílios

Equipamentos e utensílios de copa e cozinha são muito importantes para o preparo e o serviço de alimentos. Portanto, quanto mais bem equipada a sua cozinha, mais chances você terá de conseguir bons resultados no preparo das receitas. Além do aspecto prático e técnico, bons equipamentos são mais duráveis e geram economia a longo prazo. Escolha sempre utensílios de fabricantes conhecidos e evite comprar por impulso. Adquira somente o indispensável, pois, além do dinheiro, você economiza espaço nos armários e prateleiras.

Estão disponíveis no mercado panelas de ferro, aço inoxidável, cobre, alumínio, níquel, pedra, porcelana, ágata e vidro temperado. Quais são as melhores e mais higiênicas? Sem dúvida as de inox, vidro, porcelana ou ágata. Mas isso não significa que não se possam usar as outras variedades, desde que com certo cuidado.

Panelas de metal exigem atenção especial, principalmente as de cobre, quando não são estanhadas interiormente. O perigo do uso de panelas e utensílios de cobre é o **azinhavre**, que é potencialmente venenoso. Deve-se também evitar colocar ácidos e líquidos salgados, gordurosos ou oleosos em vasilhas de cobre. Os tachos feitos desse metal devem ser conservados bem limpos e brilhantes. Nunca se deve deixar esfriar neles qualquer alimento. Para areá-los, além dos produtos industrializados disponíveis, pode-se usar laranja azeda e sal, ou limão e sal, ou vinagre e sal. Às vezes condenamos os alimentos como responsáveis pelas perturbações em nossa saúde e, no entanto, estas podem ser ocasionadas pela ação de substâncias tóxicas resultantes do cozimento em equipamentos inadequados.

As vasilhas de barro vidrado não são muito recomendáveis, pois o vidro interno dificilmente se conserva intacto por muito tempo. Qualquer descuido pode acarretar danos, porque a ação do fogo destrói a substância vítrea que recobre os recipientes.

As panelas, caldeirões e demais peças de aço inoxidável são muito resistentes e duráveis, além de não liberarem substâncias tóxicas durante o cozimento. São fáceis de lavar e proporcionam uma boa distribuição de calor, o que resulta em um cozimento perfeito.

Quanto aos raladores, espremedores, colheres, pegadores, escumadeiras e conchas, escolha sempre os de inox, que não produzem reações químicas nos alimentos.

Panelas de pedra ou de barro apresentam a desvantagem de serem pesadas, além de se quebrarem com facilidade. No entanto, são interessantes para o preparo de alguns pratos típicos, como moqueca e feijoada. O ponto positivo desse tipo de panela é que ela pode ser levada diretamente à mesa, além de conservar a temperatura do alimento por mais tempo.

Os utensílios de ferro esmaltado ou de ágata não apresentam perigo algum, têm baixo custo e são bons condutores de calor. As chocolateiras e cafeteiras esmaltadas são as que mantêm a bebida aquecida por mais tempo e as que melhor preservam o seu sabor típico. Para o chá, no entanto, deve-se preferir bules de louça ou porcelana.

Convém abolir todos os utensílios que contenham chumbo em sua composição, caso de algumas panelas de barro.

As facas devem ter qualidade. As boas facas são mais duráveis e diminuem os riscos de acidentes, pois as bem afiadas cortam melhor, exigindo menor esforço. Escolha preferencialmente as feitas de aço. Sua durabilidade depende dos cuidados que tomamos com elas. A principal causa de danos às facas é cortar alimentos em superfícies inadequadas, como mármore, granito e inox. Cortando alimentos sobre tábuas de altileno ou plástico você estará garantindo a durabilidade de suas facas.

Tábuas para a cozinha são muito importantes no aspecto técnico e principalmente no que diz respeito à higiene. Escolha as de material sintético, como altileno ou plásticos resistentes.

Os recipientes para armazenar alimentos também são importantes. Escolha os de plástico ou policarbonato, sempre com tampa de fechamento hermético. Tenha sempre uma boa variedade de tamanhos e prefira recipientes que possam ir ao *freezer*.

Lista Básica de Utensílios

A quantidade e o tamanho dos utensílios devem ser avaliados de acordo com o número de pessoas que normalmente são servidas às refeições. Deve-se levar em conta ainda a capacidade do fogão e do forno e o espaço disponível para guardar esses objetos.

Salvo os casos de famílias pequenas ou de pessoas que moram sozinhas, é melhor escolher panelas e recipientes médios ou grandes, pois os utensílios pequenos são de pouca utilidade; além disso, pequenas quantidades podem ser preparadas em recipientes maiores.

A seguir, apresentamos uma lista básica de utensílios para montar uma cozinha. Alguns são imprescindíveis; outros, embora aparentemente supérfluos, facilitam muito o preparo das receitas e a organização do espaço.

Equipamentos e utensílios

Panelas

- 2 panelas pequenas (1 litro)
- 2 panelas médias (2 a 4 litros)
- 1 panela grande (6 a 8 litros)
- 1 caldeirão médio (8 litros)
- 1 frigideira antiaderente pequena (15 cm)
- 1 frigideira antiaderente grande (25 cm)
- 1 frigideira de ferro ou inox (25 cm)
- 2 caçarolas médias (2 a 4 litros)
- 1 caneca para ferver leite e água
- 1 chaleira
- 1 panela de pressão

Assadeiras e Fôrmas

- Assadeiras retangulares, em 3 tamanhos
- Assadeiras redondas, em 2 tamanhos
- Fôrma redonda com aro removível, para torta, em 2 tamanhos
- Fôrma para bolo (2 unidades)
- Fôrma para pudim (com furo no meio)
- Forminhas individuais para pudim
- Forminhas individuais para empada
- Fôrma rasa, para torta, de vidro refratário
- Travessas de vidro refratário, em 3 tamanhos

Diversos

- Escorredor de macarrão
- Peneiras de arame ou plástico, em 2 tamanhos
- Conjunto de tigelas de plástico ou inox
- Recipientes quadrados, de plástico, com tampa
- Conjunto de potes ou latas para mantimentos
- Escorredor de arroz
- Pilão e socador
- Espremedor de alho
- Espremedor de limão
- Espremedor de batata
- Raladores de queijo e de legumes
- Descaroçador de azeitonas
- Cortador de ovos cozidos
- Funil
- Pincel para dourar massas
- Coadores, em 2 tamanhos
- Rolo para abrir massas
- Tábua para cortar pão, legumes e carnes
- Conjunto de concha, escumadeira, espátula e garfo longo
- Pinça longa para assados
- Espátula para raspar tigelas e panelas (pão-duro)
- Batedor de arame (*fouet*) para molhos
- Tesoura para trinchar aves
- Tesoura para uso exclusivo da cozinha
- Abridor de latas
- Suporte de filtro para café
- Escorredor de pratos
- Carretilha para massas

FACAS

- Conjunto de facas com 3 tamanhos
- Faca para desossar
- Faca para legumes
- Faca serrilhada para pão

MEDIDORES

- Conjunto de medidas em xícaras
- Conjunto de medidas em colheres
- Jarra de vidro ou plástico com graduação
- Copo medidor de plástico
- Balança para cozinha
- Termômetro para forno e para caldas

LOUÇAS, TALHERES E COPOS

- Pratos de pão
- Pratos de mesa
- Pratos fundos para sopas e massas
- Pratos para sobremesa
- Xícaras de chá
- Xícaras de café
- Xícaras de consomê (opcional)
- Tigelas individuais de sobremesa
- Taças de sorvetes e musses
- Garfos de mesa, de peixe e de sobremesa
- Colheres de sopa e de sobremesa
- Facas de mesa e de sobremesa
- Colheres de chá
- Colheres de café
- Talheres de serviço em geral
- Sopeira
- Saladeira
- Molheira
- Açucareiro
- Manteigueira
- Galheteiro
- Saleiro e paliteiro
- Compoteira e fruteira
- Travessas para servir
- Conjunto de bules para leite, chá e café
- Suportes de travessas (inox, madeira, cortiça etc.)
- Garrafa térmica
- Cesta para pão
- Jogo de copos para água, vinho tinto, vinho branco e outros tipos de bebida
- Jarra para água

Para o Bar

- Copos longos
- Copos *old fashion*
- Copos para *short drinks*
- Copos para conhaque
- *Flûte* para champanhe
- Taças de licor
- Copos variados para coquetéis
- Saca-rolhas
- Abridor de garrafas
- Pinça e balde para gelo
- *Mixing glass* (copo misturador)
- Colher de cabo longo
- Coqueteleira de inox
- Dosador
- Espremedor de limão para caipirinha

Eletrodomésticos

- Geladeira
- Batedeira
- Liquidificador
- Torradeira
- Espremedor de frutas
- *Freezer*
- Multiprocessador
- Moedor de carne elétrico (opcional)
- Cafeteira (opcional)
- Faca elétrica (opcional)
- Iogurteira (opcional)
- Aparelho para *waffle* (opcional)
- Forno de micro-ondas (opcional)
- Sorveteira elétrica (opcional)
- Panquequeira elétrica (opcional)
- *Grill* elétrico (opcional)

Dicas de Cozimento

"A arte de agradar tem parte dos seus segredos na cozinha. Quantas querências não se resolvem com a política e a lábia dos bons pratos? Os embaixadores têm os mestres de cozinha na conta de hábeis diplomatas."

Texto da edição de 1942 de *Dona Benta*.

O Fogão

Acenda os queimadores assim que a panela estiver pronta para ser colocada sobre o fogo. As chamas devem ser reguladas de maneira a não subir pelos lados das panelas. Apague os queimadores antes de retirar a panela do fogo.

Assim que começar a fervura, reduza o fogo ao estritamente necessário para manter a temperatura. As chamas devem ser azuladas; chamas brancas ou amareladas indicam problemas com a regulagem de seu fogão.

A panela a ser utilizada deve estar perfeitamente limpa. Esse cuidado, além de garantir a higiene, favorece o cozimento. Utilize as panelas com suas respectivas tampas sempre que solicitado na receita. Panelas sem tampa consomem mais gás.

Os queimadores devem ser mantidos limpos para que seus orifícios não entupam.

As panelas devem ter o fundo plano, para assegurar melhores resultados. Devem, preferencialmente, ter as laterais bem verticais, além de cobrir inteiramente a boca do fogão. As tampas devem ser bem justas.

Panela de Pressão

Muito útil, esse utensílio economiza tempo e energia. Escolha uma marca confiável, pois o equipamento requer precauções ao ser utilizado. Tome cuidado ao abrir a tampa após o cozimento. Aguarde até que a pressão diminua, pois pode ser perigoso abrir a panela enquanto ainda houver pressão em seu interior. A seguir, fornecemos uma tabela que indica o tempo médio de cozimento dos alimentos em panelas de pressão.

Dicas de cozimento

ALIMENTO	TEMPO APROXIMADO DE COZIMENTO (APÓS A FERVURA)
Carne ensopada	30 minutos
Bolinho de carne	10 minutos
Carne fresca	30 minutos
Carne de porco	20 minutos
Costela de porco	10 minutos
Frango ensopado	20 minutos
Língua de boi	60 minutos
Peixe de couro	8 a 10 minutos
Peixe de escamas	6 a 8 minutos
Abóbora (cortada)	3 a 5 minutos
Batata	8 minutos
Berinjela	1 minuto
Beterraba	25 minutos
Brócolis	2 a 3 minutos
Canjica	35 minutos
Couve	2 a 3 minutos
Couve-flor	2 a 3 minutos
Ervilha	12 minutos
Lentilha	20 a 25 minutos
Repolho	2 minutos
Tomate	2 a 3 minutos
Vagem	2 a 3 minutos
Arroz	10 minutos
Canja	20 a 25 minutos
Feijão	25 minutos
Grão-de-bico	30 minutos
Sopa de batata	15 minutos
Sopa de carne	45 minutos
Sopa de feijão	30 minutos
Sopa de legumes	3 a 5 minutos
Sopa de verduras	20 a 25 minutos

DICAS DE COZIMENTO

O FORNO

O êxito no preparo de um prato depende muito do desempenho do forno. Você pode seguir uma receita em todos os detalhes com o máximo cuidado e usar ingredientes da melhor qualidade, mas, se não assar em um forno bem regulado, os resultados podem ser desastrosos.

Veja no quadro abaixo as denominações geralmente dadas ao forno segundo o grau de calor. Na coluna da direita, as temperaturas médias correspondentes a essas denominações.

FORNO	TEMPERATURA (°C)
Lento, brando ou baixo	160
Regular ou médio	180
Quente ou alto	200
Forte ou bem quente	250
Morto ou arrefecido	Depois de apagado

PROVA DE FORNO

A melhor maneira de verificar a temperatura do forno é utilizando um termômetro específico para essa finalidade. Para quem não possui o termômetro, uma dica prática para testar o calor do forno é colocar dentro dele, alguns minutos depois de aceso, um pedaço de papel sulfite branco: o forno será *brando* ou *baixo* se o papel, depois de 2 minutos, ainda conservar a cor natural; *médio* ou *regular* se o papel, em 1 e ½ minuto, ficar amarelado; e *quente* ou *forte* se o papel escurecer imediatamente.

Antes de colocar qualquer coisa no forno, verifique a temperatura. Procure sempre dispor a fôrma ou o tabuleiro no centro do forno, a fim de aproveitar o calor por igual.

Alguns fogões possuem indicadores especiais, que marcam a temperatura. Nos fogões elétricos esse trabalho é facilitado pelo controle automático, que pode ser ajustado à temperatura adequada.

Dicas de cozimento

INGREDIENTE	TEMPO APROXIMADO DE FORNO
Carne de vaca	50 minutos (ao ponto) por quilo
Carneiro	45 minutos por quilo
Frango	40 minutos por quilo
Leitão	3 horas, em média (dependendo do peso)
Peixe	15 minutos por quilo limpo
Pernil de porco	1 hora por quilo
Peru	3 horas, em média (dependendo do peso)
Porco	1 e ½ hora, em média, por quilo
Vitela	1 hora, em média, por quilo

Cinco a 8 minutos são suficientes para que o forno a gás atinja a temperatura necessária. Reduza a chama à metade logo que os bolos, as tortas e outros doces começarem a corar. Ao assar carne ou pão, o fogo deve ser apagado uns 10 minutos antes de retirar do forno. Isso resulta em razoável economia.

Assam-se em forno forte rosbife, empadas e os pratos e bolos que, nas receitas, trouxerem essa indicação.

Em forno quente assam-se todas as massas, pastas e doces que requeiram essa temperatura, conforme prescrever a receita. É o caso de certas tortas de frutas, caixinhas de massas, folhados, bombocados, pastéis de coco, pudins e bolos.

Em forno baixo devem ser assados os *flans*, as *terrines*, os tomates secos e outras receitas com essa indicação.

Em forno arrefecido torram-se pães, fatias de pão de ló e suspiros. Ele serve também para secar alguns doces.

Cozimento no Forno

Algumas receitas pedem que a carne seja cozida em um líquido no forno. Aproveite as dimensões amplas deste, cozinhando diversos pratos ao mesmo tempo. Coloque as assadeiras e panelas de maneira que o calor circule por todos os lados. Faça o possível para não abrir a porta do forno senão na hora de tirar os alimentos.

PARA ASSAR

Ajuste o controle na temperatura indicada. Coloque o alimento em forno preaquecido, cozinhando por peso e no tempo indicado na tabela. Não é preciso refogar ou regar os assados. Verifique regularmente para não deixar que os alimentos passem do ponto.

TABELA DAS TEMPERATURAS para FORNO ELÉTRICO

ALIMENTO	TEMPERATURA (°C)	TEMPO
Maçãs assadas	180	20 a 45 minutos
Biscoitos	225	12 a 15 minutos
Batatas assadas	180	40 a 60 minutos
PÃO		
Branco (fermento)	180	50 a 60 minutos
Muffins	220	15 a 30 minutos
Doce (fermento)	200	15 a 30 minutos
BOLO		
De xícara	175	20 a 25 minutos
De claras	180	20 a 30 minutos
Pão de ló	125	50 a 60 minutos
SOBREMESAS		
Cremes (leite)	160	45 a 60 minutos
Bombas	180	40 a 45 minutos
Merengues	155	5 a 8 minutos
MASSA PARA TORTA		
Duas camadas (recheio cru)	225	35 a 50 minutos
Duas camadas (recheio cozido)	220	20 a 50 minutos
Massa pastelão	225	8 a 10 minutos
Pudins	175	45 a 120 minutos
Suflês	175	45 a 60 minutos

Dicas de cozimento

ALIMENTO	TEMPERATURA (°C)	TEMPO
Carnes recheadas	180	35 a 45 minutos
Carne em caçarola	160	120 a 180 minutos
Peixe	220	20 a 60 minutos
Peixe assado ou recheado	180	15 a 20 minutos
Presunto fresco	130	20 a 25 minutos
Carneiro	155	25 a 30 minutos
Porco	155	25 a 30 minutos
Vitela	155	25 a 30 minutos
Alimentos já cozidos	230	15 a 20 minutos
Carne mal passada	180	15 a 18 minutos
Carne ao ponto	180	15 a 20 minutos
Carne bem passada	180	20 a 25 minutos
Filés	180	15 a 20 minutos
Galinha	155	25 a 30 minutos
Pato	155	25 a 30 minutos
Peru	155	30 a 35 minutos

Fogão Elétrico

Os fogões elétricos não são os mais dispendiosos, como supõem muitas donas de casa. Eles podem favorecer bastante a economia doméstica.

Forno de Micro-ondas

Desenvolvidos inicialmente para descongelar alimentos, hoje também o utilizamos para preparar receitas. Sua maior vantagem é a rapidez. Não alteram o sabor dos alimentos e a comida não fica com gosto de requentada. No entanto, têm limitações: não se pode usar nada de metal dentro deles, por exemplo. Por questões de segurança, leia atentamente o manual.

DICAS DE CONGELAMENTO

"Hoje em dia, com a evolução e as necessidades decorrentes das complexas exigências da vida moderna, a cozinha, sob qualquer dos seus aspectos, tem o seu valor indiscutível. A felicidade, na vida, depende do seu sucesso. Embora pareça tal afirmativa um paradoxo, ninguém seria capaz de contestá-la de boa fé."

Texto da edição de 1942 de *Dona Benta*.

Dicas de congelamento

O *freezer* é um congelador doméstico que permite conservar, por um tempo mais longo, alimentos *in natura* e pratos preparados. O *freezer* não é o congelador de uma geladeira comum, como muitos imaginam. Um congelador comum mantém os alimentos à temperatura aproximada de 0 °C a 4 °C. O *freezer* congela a -10 °C ou menos. Bons equipamentos chegam a -30 °C. Quanto mais baixa a temperatura, maior a garantia de que o alimento não desenvolverá fungos e bactérias e de que irá manter as características nutricionais intactas. Nem por isso seu gasto de energia é maior que o do refrigerador comum. Veja algumas dicas que podem ajudá-lo a congelar alimentos.

- Todo alimento a ser congelado deve ser previamente limpo e higienizado. As carnes devem ser aparadas para eliminar nervos e gorduras escuras. Os legumes devem ser branqueados e os peixes, lavados e limpos.
- Os alimentos cozidos conservam-se congelados por mais tempo e em melhores condições.
- Para um congelamento perfeito, os alimentos devem ser acondicionados em sacos plásticos próprios, extraindo-se o máximo de ar do saco. Criar uma condição de vácuo favorece a qualidade do congelamento.
- Armazene os alimentos em porções pequenas, mais fáceis de serem descongeladas.
- Evite congelar alimentos em blocos ou em recipientes muito volumosos, principalmente na altura, pois dessa maneira o centro do alimento demora a atingir a temperatura ideal e pode deteriorar-se.
- Não coloque o alimento diretamente no *freezer* se ainda estiver quente. Espere esfriar ou preferencialmente lhe dê um choque térmico. Por exemplo, cozinhe cenouras em rodelas e, assim que estiverem no ponto, escorra e coloque em uma tigela com água e gelo. Escorra novamente e embale para congelar.
- Etiquete tudo o que será congelado, anotando o tipo de alimento e a data do congelamento.
- Por melhores que sejam as condições de congelamento, 180 dias é o limite para que os alimentos se mantenham em bom estado. Não é conveniente conservá-los no *freezer* por prazo maior.
- Caso vá congelar determinada receita em um pote de vidro, não o tampe imediatamente, isto é, coloque o produto no vidro, leve-o ao *freezer* e, após o produto estar congelado, tampe hermeticamente. Os líquidos se expandem quando congelados, e, se o vidro estiver tampado durante esse processo, certamente irá quebrar.
- Se descongelar determinado produto, consuma-o imediatamente e não volte a congelá-lo.
- Algumas receitas não congelam bem, como o purê de batatas, os ovos cozidos, algumas musses e gelatinas. Ovos inteiros não devem ser congelados.
- O descongelamento dos alimentos deve ser feito da seguinte maneira: transfira para a geladeira o alimento e deixe que descongele naturalmente. Outra opção é o forno de micro-ondas, que pode ser bastante útil para essa tarefa.

Para utilizar o *freezer* e tirar proveito de todas as vantagens que ele oferece, frequente um curso de congelamento ou se informe em livros especializados.

Pesos e Medidas

"Nossas avós sempre têm nos seus guardados, entre velhas lembranças, orações e cartas dos tempos idos, receitas do bom tempo, receitas que lembram a casa grande, a fazenda e as tias e sinhás doceiras, tão hábeis no preparo de quitutes gostosos, com sabor pronunciadamente brasileiro. Para facilitar o trabalho da leitora gentil que quiser, nos dias festivos, fazer uma surpresa aos avós velhinhos, damos, a seguir, a redução, para gramas, das libras e onças das velhas receitas:"

Texto da edição de 1944 de *Dona Benta*.

Pesos e Medidas

Sempre que determinada receita pede medidas como xícaras e colheres, a tendência é pesarmos e medirmos os ingredientes empregando utensílios caseiros, pela facilidade de estarem à mão. É preciso, no entanto, levar em conta que o tamanho das xícaras e das colheres varia bastante; consequentemente, não existe uniformidade. O correto é utilizar medidores padronizados, que são encontrados em lojas de artigos para culinária.

Meça os líquidos sempre no nível dos olhos, usando uma jarra de vidro graduada.

Antes de medir a farinha, peneire-a sobre um pedaço de papel alumínio ou impermeável, para que ela fique bem fina e leve. Nunca a coloque diretamente dentro dos medidores. Quando a receita incluir pequenas quantidades de ingredientes em pó (sal, pimenta, canela etc.), peneire todos eles com a farinha de trigo, para que fiquem perfeitamente distribuídos.

Ao medir ingredientes secos em xícaras ou colheres, nunca os aperte, salvo se isso for solicitado na receita, ou no caso do açúcar mascavo, que deve ser compactado.

Coloque os ingredientes nos medidores delicadamente. Retire o excesso com as costas da lâmina de uma faca, para nivelar.

Se a receita pede uma colher cheia (de sopa ou de chá), ponha duas rasas. Nunca use colheres de seu faqueiro; utilize sempre as colheres-medida.

Não meça condimentos sobre a tigela, pois podem derramar e comprometer a receita.

Equivalência de Medidas e Pesos

Com a relação abaixo, procuramos uniformizar algumas medidas, de maneira que não haja dificuldade na utilização de utensílios mais comuns.

- 1 litro equivale a 5 xícaras (chá).
- 1 garrafa equivale a 3 e ½ xícaras (chá).
- 1 copo de água comum equivale a 250 ml.
- 1 prato fundo nivelado equivale a aproximadamente 200 g.
- 1 xícara (chá) de líquido equivale a 16 colheres (sopa).

Pesos e medidas

- 1 xícara (chá) rasa de açúcar equivale a 120 g.
- 1 xícara (chá) de manteiga ou margarina equivale a 200 g.
- ¼ de xícara (chá) de líquido equivale a 4 colheres (sopa).
- ⅓ de xícara (chá) de líquido equivale a 6 colheres (sopa).
- ½ xícara (chá) de líquido equivale a 10 colheres (sopa).
- ⅔ de xícara (chá) de líquido equivale a 12 colheres (sopa).
- ¾ de xícara (chá) de líquido equivale a 14 colheres (sopa).
- 1 colher (sopa) equivale a 15 ml.
- 1 colher (chá) equivale a 5 ml.
- 1 colher (sopa) de líquido equivale a 3 colheres (chá).
- 1 cálice equivale a 9 colheres (sopa) de líquido.
- 1 pitada é o tanto que se pode segurar entre as pontas de dois dedos ou ½ colher (chá).

Quando falamos em **copo**, são 250 ml de volume; **xícara**, 225 ml; **punhado**, a porção que pode ser apanhada com a mão.

Quando na receita indicamos apenas xícara (chá), deve-se entender que nos referimos à quantidade que se obtém enchendo a xícara com açúcar ou farinha, retirando-a cheia e nivelando-a.

Quando indicamos colher (sopa), estamos nos referindo à colher-medida de 15 ml, tamanho clássico. Sempre que for usada outra colher (sobremesa, chá ou café), essa distinção estará indicada na receita. Para as colheres também há 3 quantidades básicas: rasa, cheia e bem cheia.

A pequena diferença, para mais ou para menos, resultante do emprego de medidas "a olho" é compensada pelas aproximações decorrentes do uso das mesmas medidas para todos os ingredientes. Não há prejuízo, portanto.

Como vimos, é difícil estabelecer proporções rigorosas, pela própria diversidade da natureza dos ingredientes. Nem todos os ovos têm o mesmo peso, e, às vezes, a diferença entre eles é bastante sensível. Há ainda a tendência de cada um de nós a modificar as receitas, adaptando-as ao nosso modo e gosto. Uns querem mais doce, outros, mais salgado, uns gostam mais de pimenta, outros, de manteiga etc. Por aí se percebe que é quase impossível satisfazer a todos igualmente. Procuramos, em consequência disso, um meio-termo que agrade à média dos paladares.

VALIDADE DOS ALIMENTOS

"Os que têm indigestões ou se embriagam, não sabem comer nem beber: são os delinquentes da mesa."

BRILLAT-SAVARIN. TEXTO DA EDIÇÃO DE 1942 DE *DONA BENTA*.

Validade dos Alimentos

Não existe norma definida quanto à validade dos alimentos que consumimos. Alguns são bastante perecíveis, outros se conservam por mais tempo. No caso de produtos industrializados, a legislação obriga os fabricantes a registrar o prazo de validade nas embalagens. Portanto, o melhor a fazer é conferir as datas de validade e, se muito próximas, evitar comprar o produto.

Cabe a nós mesmos fiscalizar tudo o que se refere às condições dos alimentos que compramos, preparamos e consumimos.

Algumas Regras

- Verifique a data de fabricação e o prazo de validade.
- Examine criteriosamente a embalagem, descartando latas estufadas (o mesmo vale para a embalagem de iogurte), amassadas e enferrujadas.
- Verifique se o balcão frigorífico expositor está funcionando.
- Não compre nada cuja embalagem esteja danificada ou aberta.
- Cada alimento tem seu odor característico. Não se acanhe, no caso de dúvida, em cheirar. Odores estranhos são sempre indício de deterioração.
- Após a compra, coloque os alimentos na geladeira o mais rapidamente possível. Os ingredientes não se conservarão se, após a compra, permanecerem 2 ou 3 horas fora de suas condições habituais de refrigeração.

INGREDIENTES
Ingredientes

"O sal é um condimento indispensável na cozinha. Mas a sua graça está na justa medida. Em excesso torna a comida intragável; a sua falta deixa-a insossa. Diz-se geralmente que as cozinheiras que carregam muito no sal têm a mão pesada. É uma verdade."

Texto da edição de 1944 de *Dona Benta*.

Ingredientes

- É necessário escolher cuidadosamente os ingredientes a serem empregados nas receitas, seja para os salgados, seja para os doces. A boa qualidade favorece a economia e garante a qualidade dos pratos, tanto em relação ao sabor quanto aos nutrientes.

- Não deixe de observar também a higiene dos utensílios de cozinha. Muitas vezes perdemos um bolo, um pudim ou um assado por causa do cheiro ou do sabor transmitido por um recipiente que não estava em condições necessárias de limpeza.

Carnes em Geral

As carnes devem ser adquiridas em mercados e açougues de confiança, preferencialmente cortadas e pesadas na hora. Exija o selo do Ministério da Agricultura (SIF), inspeção e controle do produto. As carnes devem ter aspecto e aroma agradáveis, coloração avermelhada e um bom teor de umidade. Verifique se estão armazenadas em baixa temperatura; nunca compre carnes expostas em balcões sem refrigeração.

A carne moída deve ser fresca. Não compre carne moída exposta, pois ela se contamina com maior facilidade em virtude da maior exposição às bactérias.

As carnes de frango e de galinha devem ser compradas resfriadas ou congeladas e embaladas individualmente. A pele deve ter coloração clara, e o odor deve ser neutro. Lave-a bem em água corrente antes de utilizar na receita.

A carne suína também deve ser adquirida de fornecedores idôneos. Exija o selo de inspeção federal e se certifique sobre a origem do produto.

Embutidos, Frios e Defumados

São produtos à base de carne, geralmente suína. Existem centenas de tipos de embutidos, desde as mais simples salsichas até os mais sofisticados presuntos. Existem diversos produtores artesanais de linguiças, salsichas e frios. Caso você os compre de pequenos produtores, é sempre aconselhável verificar as condições de higiene em que são preparados. Na outra ponta estão as grandes indústrias, que produzem quase todas as variedades de frios, embutidos e defumados. É preferível comprar produtos dessas empresas, pois elas respeitam todas as normas de higiene. Os defumados se conservam por mais tempo; já os frios, depois de fatiados, devem ser consumidos no dia, pois tendem a oxidar e se deterioram com facilidade.

Verifique sempre a data de fabricação, o aspecto da embalagem e a aparência do produto.

Enlatados em Geral

O mercado oferece uma enorme variedade de produtos enlatados. Escolha sempre os de fabricantes confiáveis e verifique a data de fabricação e a validade dos produtos. Nunca compre alimentos cujas latas estejam amassadas, danificadas ou estufadas.

Os enlatados se conservam bem desde que respeitadas as datas de validade. Guarde-os em local livre de umidade e calor.

Frutas

Nem verdes nem maduras demais. As frutas devem ser consumidas assim que chegarem ao estado de maturação. O excesso produz a fermentação dos açúcares naturais, prejudicando o sabor. As frutas que denominamos "passadas" estão nessa situação. Também devemos evitar consumir frutas verdes. A acidez pode ser nociva à saúde e não é agradável ao paladar. Dê preferência às frutas cruas, que têm mais propriedades nutricionais que as cozidas. A fervura, como o cozimento, destrói algumas vitaminas e sais minerais hidrossolúveis.

Examine a aparência da fruta, cheire-a para descobrir se o aroma é agradável e confira se tem amassados ou pontos escuros na casca. Compre somente o necessário para o consumo da semana.

Ingredientes Secos

Os chamados ingredientes secos, como farinhas, fubás, polvilhos e demais pós, não só devem ser de ótima procedência e qualidade como devem achar-se em bom estado de conservação, livres de umidade e de bolor. É aconselhável peneirá-los previamente. Se expostos por muito tempo ao ar, ou se velhos e deteriorados, nunca dão bom resultado.

Laticínios

Leite, creme, manteiga, queijos e iogurtes. Esses são alguns dos laticínios mais consumidos no Brasil. Com a industrialização ficou mais fácil adquirir produtos de qualidade. Escolha os de fabricantes conhecidos, verifique as embalagens e os prazos de validade. Guarde-os sempre na geladeira.

Legumes e Verduras

Procure consumir legumes e verduras colhidos no dia ou na véspera. Dessa maneira, você estará garantindo o máximo de vitaminas e sais minerais em suas receitas.

É muito importante lavar bem e esterilizar as verduras e legumes, pois eles normalmente são tratados com pesticidas. Por estarem em contato com a terra, podem estar contaminados por parasitas e bactérias, principalmente se foram irrigados com água de qualidade suspeita.

O emprego de água salgada para a lavagem dos legumes, embora comum, não é o mais aconselhável. Caso não possa utilizar produtos industrializados para esterilizar legumes e verduras, o mais recomendável é acrescentar à água em que vai lavá-los uma colher (sobremesa) de vinagre. Em seguida, escalde a verdura ou o legume em água fervente, deixando escorrer por uns minutos. Com esse processo, a verdura cozinhará em menos tempo, perderá qualquer mau cheiro e se conservará fresca, oferecendo um aspecto mais apetitoso. A lavagem cuidadosa em água corrente também dá bons resultados, desde que se respingue vinagre por entre as folhas e os talos.

Ovos

O consumo de ovos crus oferece um risco altíssimo de contaminação pela bactéria salmonela. Nunca os ofereça crus para crianças e idosos.

Escolha ovos de tamanho médio e verifique se estão todos intactos na bandeja.

Um bom teste é mergulhá-los em uma tigela com água. Eles devem afundar. Os que subirem à superfície estão estragados.

Quebre-os sempre separadamente, um por um. Desconfie daqueles cuja gema desmanchar. Prefira sempre ovos frescos, de procedência conhecida. Os ovos de granja são os melhores.

Peixes e Crustáceos

Os peixes e frutos do mar estão entre os ingredientes que maiores cuidados requerem, pelo fato de serem altamente perecíveis e de apresentarem alto risco de contaminação, que podem produzir toxinas bastante perigosas à nossa saúde.

Compre-os somente em fornecedores de confiança. Pescados não devem ficar expostos em balcões por mais de dois dias. Verifique se o balcão está bem refrigerado e se o peixe está exposto sobre uma camada de gelo.

Verifique se as guelras estão com uma coloração avermelhada e brilhante. A carne do peixe deve ser firme ao toque, isto é, se apertada com o dedo indicador, deve voltar imediatamente; se ficar uma marca funda, o peixe não está bom. Outra dica é verificar os olhos do peixe, que devem estar brilhantes.

Camarões devem ser adquiridos frescos. Os congelados valem como segunda opção. Uma dica é segurar um camarão pela cauda e balançar firmemente. A cabeça deverá continuar presa ao corpo. Em camarões "passados", normalmente a cabeça solta-se com facilidade.

Não tenha vergonha de cheirar pescados e frutos do mar. Eles devem ter aroma agradável e fresco, lembrando o cheiro do mar.

Na dúvida, opte sempre por descartar o ingrediente.

Ervas, Especiarias e Condimentos

"*No olvide que a veces más puede un guiso bien sazonado que el más sabio de los maquillajes.*"

Texto da edição de 1944 de *Dona Benta*.

Ervas, Especiarias e Condimentos

- Ervas, especiarias e condimentos são ingredientes que servem para enriquecer as receitas, acrescentando a elas sabor e aroma, realçando e valorizando o ingrediente principal. Servem também como elementos de decoração e acabamento.

- A maioria das especiarias é encontrada em forma de pó, como a pimenta-do-reino, a noz-moscada e o cominho. Quando utilizadas em forma de grão ou em pedaços, devem ser retiradas da preparação antes de servir.

- As ervas aromáticas podem ser encontradas frescas ou secas, dependendo da época do ano. Se utilizar ervas secas, lembre-se de que os sabores e aromas são mais concentrados, portanto reduza um pouco a quantidade.

- Evite comprar ervas secas e especiarias em embalagens muito grandes. Compre sempre o necessário para algumas receitas, pois com o passar do tempo o aroma e o sabor tendem a diminuir.

Açafrão

De sabor e aroma delicado, dá uma coloração amarela à receita e pode ser usado em massas. É empregado em algumas receitas com frutos do mar, aves, risotos e na tradicional *paella*, além da preparação de licores. Quando em pistilos, deve ser colocado em líquido morno antes de ser adicionado à receita – normalmente vinho branco ou água. Se em pó, pode ser adicionado diretamente à preparação.

Açafrão Nacional

A cúrcuma é uma raiz de coloração amarela que, transformada em pó, é utilizada em substituição ao açafrão verdadeiro. Em termos de sabor e aroma, não tem nenhuma semelhança com o original. Tem em comum a capacidade de dar coloração amarela à receita. A cúrcuma é a base para o preparo de *curries* e de alguns pratos da culinária asiática.

Aipo

Suas folhas são extremamente aromáticas e podem ser utilizadas em saladas, molhos e caldos. As sementes são adicionadas a picles e conservas em geral.

Alcaparra

É uma flor colhida ainda em botão e conservada, geralmente, em vidros, numa mistura de vinagre e sal. De sabor marcante, enriquece molhos, saladas, peixes e carnes. Combina com molhos à base de manteiga, de tomate e maionese.

Alecrim

Erva aromática com odor agradável e forte. Muito utilizada na região do Mediterrâneo, é ingrediente indispensável em assados à base de carne, peixe, pães e massas. Faz um casamento perfeito com azeite de oliva e alho.

Alfavaca

Também conhecida como segurelha, pode ser utilizada em receitas à base de carnes vermelhas e aves. Combina também com molho de tomate ou manteiga com ervas.

Alho

O alho é um dos ingredientes mais importantes na culinária. Utilizado em quase todas as culturas gastronômicas, acrescenta sabor e aroma marcantes a muitos pratos tradicionais. Salvo se indicado em grandes quantidades na receita, deve ser utilizado com cuidado, pois pode sobrepor-se ao sabor dos ingredientes principais, dominando o sabor final da receita. Quando refogar o alho, evite dourá-lo em excesso, pois isso fará com que a receita fique indigesta e com um sabor levemente amargo.

Alho-poró

Da mesma família das cebolas, possui bulbo branco, folhas verdes e longas. A parte branca é utilizada em refogados, como recheio de tortas e quiches, em massas e diversos molhos. A parte verde é indicada para aromatizar caldos, sopas e ensopados.

Azeitona

Esse é um dos ingredientes mais importantes na culinária do Mediterrâneo. Utilizado como antepasto, no preparo de molhos e como decoração, é indispensável em algumas pizzas, nas empadinhas e em recheios para pastel.

Canela

É a casca de uma árvore e pode ser usada aos pedaços (em pau) ou moída (em pó).

Em pau, emprega-se em doces de massa ou em calda e em sobremesas caseiras, como os doces brasileiros de abóbora, coco e outros. Em pó, pode ser salpicada em doces, em bananas, nos mingaus e em outras receitas. A culinária do Oriente Médio utiliza a canela como um de seus principais temperos, inclusive para pratos salgados.

CARIL

O caril tem sabor exótico e é geralmente conhecido como *curry*. Compõe-se de uma mistura de várias especiarias. A base é a cúrcuma. Existem misturas que contêm até 16 diferentes especiarias e ervas. É o tempero básico de pratos indianos. Normalmente utilizado em ensopados de frango ou de pescados.

CEBOLA

Ingrediente indispensável na culinária, a cebola é a base da maioria dos refogados e entra na preparação de milhares de receitas. Pode ser utilizada das mais variadas formas: crua, refogada, assada, frita ou cozida. Combina com praticamente tudo.

CEBOLINHA-VERDE

A cebolinha-verde (cebola-de-cheiro) é da mesma família da cebola comum. Seu sabor é delicado e agradável. Pode ser usada como tempero para diversas receitas. Bastante utilizada na culinária típica brasileira, faz um bom par com a salsinha ou com o coentro.

CHEIRO-VERDE

É uma mistura de cebolinha-verde com salsa. Fresco ou desidratado, esse tempero é indicado para dar sabor e aroma aos refogados, aos ensopados e aos assados em geral.

COENTRO

As folhas do coentro são aromáticas e podem ser empregadas para tempero de peixes e moquecas.

As sementes (em grão ou em pó) constituem saboroso condimento para assados de carne de porco, picles e pães salgados. Também é um ingrediente utilizado em cozinhas mais exóticas, como a tailandesa e a mexicana.

COGUMELOS

Segundo os franceses, os cogumelos trazem para a mesa o aroma do bosque. Atualmente encontramos várias qualidades de cogumelos, como os Paris, os *shiitake*, os *shimeji* e os caetetuba. Cogumelos frescos devem ser limpos com um pano em vez de lavados. Há também os cogumelos secos ou desidratados, que possuem sabor forte e marcante. Devem ser reidratados antes de serem utilizados nas receitas.

COLORAU

O colorau, também conhecido como colorífico, é extraído do pimentão vermelho ou das sementes do urucuzeiro, árvore nativa brasileira. Emprega-se para dar coloração vermelho-alaranjada a arroz, patês, molhos, aves e carnes de todos os tipos, na tradicional moqueca capixaba e em outras receitas.

COMINHO

É uma semente pequena e alongada. Pode ser utilizado em grãos, para polvilhar pães salgados, ou em pó, como tempero de carnes de panela ou de assados. É uma especiaria básica da culinária regional nordestina.

Por apresentar sabor forte, deve ser usado moderadamente, pois tende a dominar os sabores da receita.

CRAVO-DA-ÍNDIA

O cravo-da-índia tem a forma de um pequeno botão de flor, aroma forte e picante. Utiliza-se inteiro em doces de frutas, seja em calda ou em pasta. É empregado também em bebidas, como quentão e vinho quente à brasileira. Em pó (pequena quantidade), serve para temperar carnes, ensopados e receitas de bolos, tortas e pães.

DILL

Saborosa e aromática erva, de sabor levemente anisado e parecido com o das folhinhas de erva-doce. Bastante empregado em receitas com peixes, nos molhos com iogurte e em algumas receitas com legumes.

ERVA-DOCE (SEMENTES)

Suas sementes são usadas em pães, doces, bolos, biscoitos e tortas. Servem também para aromatizar o chá que entra na composição da geleia de mocotó. Prepara-se também um delicioso chá com as sementes de erva-doce.

ESTRAGÃO

Erva de folhas longas e finas, bastante aromática, utilizada largamente na culinária francesa. Alguns bons vinagres são aromatizados com estragão. O clássico molho Bernaise leva em sua composição essa saborosa e perfumada erva.

Gengibre

A raiz do gengibre tem sabor picante e aroma muito acentuado. No norte do Brasil, ela é usada para temperar alguns pratos típicos, como a moqueca de peixe e o tradicional quentão. Na culinária oriental, é um dos ingredientes de base. Indispensável como acompanhamento para *sushis* e *sashimis*. Em pó, pode ser utilizado como aromatizante para biscoitos, bolos e tortas.

Gergelim

As sementes de gergelim são usadas ao natural ou torradas. Ao natural, são polvilhadas sobre massas de pães, tortas e biscoitos. Torradas, são mais apropriadas para o polvilhamento de massas com calda de mel à chinesa, doces árabes e alguns pratos da culinária oriental.

Hortelã

A hortelã fresca é muito utilizada na culinária árabe. Outro clássico é a geleia de hortelã, que acompanha receitas de carneiro e cordeiro. Entra, ainda, no preparo de refrescos, drinques e licores.

Kümmel

Conhecido no Brasil por alcaravia, é muito utilizado por alemães e húngaros para dar sabor característico a alguns de seus pratos mais comuns, como saladas de batatas, patês, chucrute, pães, bolos e biscoitos.

Louro

O louro é utilizado como aromatizante e estimulante do apetite. Encontrado em folhas secas ou frescas na maioria dos mercados, serve para aromatizar carnes de todos os tipos, ensopados, caldos e marinadas. É utilizado também no cozimento de castanhas.

Manjericão

O manjericão é bastante aromático, sendo usado na preparação de molhos de tomate, no tradicional *pesto* genovês, em saladas, cremes, pastas e tortas.

Manjerona

De aroma e sabor delicados, a manjerona é usada no cozimento de presunto tipo *tender made*, em molhos de tomate (com ou sem carne) e em assados de carne de porco.

Molho Inglês

Condimento bastante utilizado na culinária, realça o sabor de algumas receitas e torna-se ingrediente principal de outras. Combina com carnes em geral e fica ótimo em sanduíches e molhos. Na sua composição básica entram anchovas, cravo-da-índia, vinagre e açúcar.

Mostarda

Condimento preparado a partir das sementes de mostarda misturadas com vinagre e cúrcuma, para dar cor. Encontrada em várias preparações diferentes, é indicada como acompanhamento para carnes, salsichas e embutidos em geral. Entra também na preparação de molhos, como o molho mostarda, servido com filé-mignon.

Noz-moscada

A noz-moscada é uma noz aromática. Ralada, serve para dar um sabor característico a sopas, molhos, recheios de carne e frango, aves e carnes ensopadas ou assadas. Utilizada na medida certa, confere um sabor delicado aos pratos. Utilizada em excesso, pode ser prejudicial à saúde em virtude dos princípios ativos contidos em seus óleos essenciais.

Orégano

O orégano tem aroma forte e tanto pode ser usado fresco como seco. Indicado para aromatizar pizzas e outros pratos da culinária italiana, seu sabor tende a dominar a receita, portanto deve ser utilizado com moderação. Para liberar mais sabor e aroma do orégano, ao adicioná-lo à receita esfregue as folhinhas entre os dedos.

Papoula (Sementes)

A semente da papoula tem sabor agradável e textura crocante. Como condimento, pode ser salpicada em massas de *petit-four*, biscoitos, *strudel* e pães. Usa-se também em algumas receitas salgadas.

Páprica

A páprica doce é extraída de pimentões vermelhos secos. Já a páprica picante é o resultado da pulverização de pimentas vermelhas secas ao sol. Tanto uma quanto a outra servem para dar sabor e cor a diversas receitas, como o *goulash*. Bastante comum na culinária húngara, alemã e polonesa, o ingrediente também é utilizado na Espanha.

Pimenta-branca

A pimenta-branca é extraída do mesmo fruto da pimenta-do-reino. Menos aromática e menos picante, o uso de ambas é o mesmo, mas a pimenta-branca dá um aspecto melhor ao tempero de sopas claras, maioneses, salpicões de legumes com carnes brancas ou presunto e pratos à base de molho branco, porque sua cor não se destaca.

Pimenta-de-caiena

É uma espécie de pimenta vermelha seca e transformada em finíssimo pó. Muito ardida, deve ser utilizada com cautela. Uma das pimentas mais utilizadas na culinária do sul dos Estados Unidos.

Pimenta-calabresa

É a pimenta vermelha seca e transformada em flocos. Destaca-se por ser muito picante. Pode ser acrescentada a refogados, bem como na finalização da receita. Utilize-a com moderação, pois ao ser aquecida ela libera óleos essenciais que conferem bastante ardor à receita.

Pimenta-da-jamaica

Apreciada especiaria, também conhecida como pimenta-síria ou tempero *ba-har*, seu sabor e seu aroma lembram uma combinação de canela, noz-moscada e cravo. Útil no preparo de picles, peixes, frangos, carnes e alguns doces.

Pimenta-de-cheiro

As pimentas-de-cheiro são facilmente identificáveis. São bolinhas vermelhas ou amarelas muito usadas na culinária brasileira, principalmente na baiana. Seu sabor é mais suave e menos picante que o da maioria das pimentas; o aroma é agradável e estimula o apetite.

Pimenta-do-reino

Também conhecida como pimenta-preta, preferencialmente deve ser moída na hora, para manter suas características de aroma e sabor. Podem ser utilizados os grãos inteiros no preparo de caldos, conservas e molhos básicos.

Pimenta-malagueta

Pequena, porém poderosa, essa é uma das pimentas mais ardidas, sendo muito usada na cozinha regional brasileira.

Pimenta-verde

É o *poivre-vert* dos franceses, a pimenta-do-reino que foi colhida antes de amadurecer e que dá aos pratos um sabor todo especial. Levemente picante e perfumada, serve especialmente para temperar carne bovina. O prato mais conhecido entre os preparados com ela é o filé ao *poivre-vert*.

Raiz-forte

De aroma intenso e acentuado sabor, é usada ralada, para temperar patês de queijo, saladas cruas de pepino ou rabanete, arenque e molhos.

Sal

Tempero usado mundialmente, em quase todos os pratos. De sua exata dosagem depende o sucesso ou o insucesso de um prato. Entra também na composição de doces, pois realça o sabor. É encontrado em várias formas: refinado, marinho, grosso e em pedras. O sal marinho é o mais indicado para a culinária, pois proporciona à receita um sabor bastante agradável e pouco ácido.

Salsa

Um dos temperos mais usados na cozinha, de sabor agradável e aroma suave, a salsa complementa as mais variadas receitas. Pode ser encontrada nas espécies lisa ou crespa, sendo esta a mais indicada para a decoração dos pratos.

Salsão

É semelhante ao aipo. As folhas entram no preparo de caldos, sopas e cozidos. Os talos podem ser consumidos crus, em forma de salada ou refogados. É ainda um dos ingredientes básicos dos refogados à moda italiana, utilizados em receitas de ensopados.

Sálvia

Erva de folhas ligeiramente acinzentadas, aromáticas e levemente azedas. Serve folhas para o tempero de assados em geral, molhos de sabor forte e carnes de carneiro, cabrito e porco. Bastante utilizada na culinária italiana, combina com molhos à base de manteiga.

Segurelha

O mesmo que *alfavaca*.

Tomilho

Mais uma erva importantíssima na culinária internacional. De pequenas folhas arredondadas, com sabor delicado, lembrando o do orégano, porém mais suave, entra no tempero de carnes e aves em geral, combinando com tomates, batatas e legumes. O azeite e o alho são companheiros ideais para o tomilho.

Vinagre

Esse é mais um ingrediente importante. Sua origem é muito antiga, sendo o resultado da acidulação de vinho, arroz ou maçãs. O mais comum é o vinagre de vinho branco. O de arroz é utilizado em toda a culinária asiática, e o de maçãs, em algumas culturas europeias e norte-americanas. Indispensável em molhos para salada e em algumas marinadas para carnes.

Zimbro

O zimbro tem os frutos parecidos com as pimentas-pretas, porém um pouco maiores. Usa-se no preparo de chucrute e em outros pratos da culinária alemã. Muito utilizado no preparo de receitas à base de carnes fortes, pode ser usado também em molhos.

Sugestões de Cardápios

"O menu (ementa, cardápio, lista, carta) deve ser organizado atendendo-se ao paladar e às conveniências higiênicas das pessoas às quais é servido. Não ha mister que sejam eles complexos e aparatosos, como supõem os 'novos ricos'. Devem, pelo contrário, ser simples, agradáveis e variados. Não é a quantidade e nem os exteriorismos que os valorizam, mas, sim, a qualidade e esta se manifesta pelo esmero da confecção, variação e valor, sob o ponto de vista nutritivo, das iguarias e dos acepipes apresentados."

Texto da edição de 1944 de *Dona Benta*.

Cardápios

Cardápios	63
Cardápios contemporâneos	63
Almoço informal	63
Almoço formal	64
Jantar informal	64
Jantar formal	64
Dicas para compor cardápios	65
Almoços para o dia a dia	65
Almoços para convidados	66
Jantares para o dia a dia	68
Jantares para convidados	69
Almoços de sábado	70
Almoços de domingo	71
Almoço de Páscoa	71
Almoço para o Dia das Mães	71
Almoço para o Dia dos Pais	71
Ceias para o Natal	72
Ceias para o Réveillon	73

Cardápios

A escolha do cardápio deve ser feita levando em conta vários fatores. O número de pessoas que irão fazer a refeição, preferências individuais, capacidade técnica para a execução das receitas e disponibilidade de ingredientes são pontos fundamentais a serem avaliados. Não é necessário que o cardápio seja complexo e sofisticado, como supõem alguns. Pelo contrário, quanto mais simples e variado, maiores as chances de sucesso. O importante é ter sempre como maior preocupação a qualidade dos ingredientes e o esmero em preparar as receitas.

Entre comer e saber comer existe uma grande diferença. É erro supor que a escolha, a confecção e o arranjo dos pratos, na constituição do almoço ou do jantar, possam ser feitos arbitrariamente, sem levar em conta as condições e as necessidades orgânicas. Além da parte estética, a refeição deve ser balanceada, oferecendo fontes de proteínas, carboidratos e vitaminas. Portanto, os cardápios devem unir o útil ao agradável, ou seja, sabor, aroma, apresentação e qualidade nutricional.

Incluímos neste capítulo uma série de sugestões de cardápios, que podem compor a base de algumas refeições. Sinta-se à vontade para alterar e modificar as escolhas. Não existe regra fixa.

Cardápios Contemporâneos

Para o dia a dia, procure servir receitas simples com ingredientes frescos, frutas, legumes, verduras e grãos, que são importantes fontes de nutrientes. Não exagere no consumo de carnes e varie sempre a carne a ser servida.

Ofereça peixes e frutos do mar pelo menos uma vez por semana. No Brasil, o arroz e o feijão são quase obrigatórios nas mesas, porém faça variações com os tipos de feijão e substitua-o algumas vezes por lentilha, grão-de-bico ou ervilha.

Para refeições mais elaboradas e formais, pode-se seguir a ordem: entrada quente ou fria; primeiro prato, normalmente massa ou risoto; prato principal à base de carne, ave ou pescado, servido com guarnições e acompanhamentos; sobremesas e frutas.

Almoço Informal

1 Petiscos em geral, embutidos fatiados, queijos, azeitonas, castanhas etc.

2 Saladas em geral, musses, *galantines*, *carpaccio* etc.

3 Carnes e aves em geral, peixes e frutos do mar, massas, risotos e tortas. Os acompanhamentos e as guarnições devem ser escolhidos conforme o prato.

4 Pudins, *flans*, musses, sorvetes, tortas, compotas, gelatinas etc.

5 Frutas da estação descascadas e cortadas.

6 Café e chás.

SUGESTÕES DE CARDÁPIOS

ALMOÇO FORMAL

1   Canapés, patês, queijos e embutidos fatiados, nozes em geral etc.
2   *Terrines*, musses salgadas, saladas compostas, consomê (no inverno) etc.
3   Massas em geral, risotos, crepes, *quiches* etc.
4   Carnes em geral, peixes e frutos do mar, assados etc., com acompanhamentos adequados ao prato.
5   Crepes, *flans*, charlotes, pavês, frutas flambadas etc.
6   Frutas da estação descascadas e fatiadas.
7   *Petit-fours*, chocolatinhos, trufas de chocolate etc.
8   Café e chás.

JANTAR INFORMAL

1   Petiscos em geral, castanhas, amendoins, patês etc.
2   Sopas, cremes e caldos nos dias mais frios.
3   Saladas nos dias mais quentes.
4   Carnes, aves, pescados, tortas, panquecas ou massas etc.
5   Compotas, tortas, pudins etc.
6   Café e chás.

JANTAR FORMAL

1   Damascos, pistaches, amêndoas, nozes, patês e canapés.
2   Sopas elaboradas e cremosas servidas com torradas ou *croûtons*.
3   Saladas elaboradas podem ser servidas como entrada nos dias mais quentes.
4   Suflês, folhados, frutos do mar, saladas mornas etc.
5   Pescados, carnes, aves, massas em geral, risotos etc. Escolha as guarnições de acordo com o prato principal.
6   Crepes, *bavaroises*, pavês e *terrines*, sorvetes enformados, tortas etc.
7   Frutas da estação e queijos de primeira linha.
8   *Petit-fours*, chocolatinhos, trufas de chocolate etc.
9   Café, chás e digestivos.

Sugestões de cardápios

Dicas para Compor Cardápios

1   Opte sempre por receitas que utilizem ingredientes da estação. Assim você garante a qualidade dos produtos.

2   Escolha receitas que sejam viáveis de serem preparadas no tempo que você tem disponível e com o equipamento que possui.

3   Evite ser repetitivo na utilização dos ingredientes. Por exemplo, se utilizar tomates na salada, não sirva massa com molho de tomates nem tomates assados como acompanhamento. Se for servir um prato à base de creme de leite, como o estrogonofe, evite servir creme *chantilly* na sobremesa, e assim por diante.

4   Escolha a sequência dos pratos respeitando a intensidade dos sabores de cada receita: se servir um prato muito forte no início da refeição, os pratos seguintes não serão valorizados.

5   Certifique-se de que os convidados não possuam restrições alimentares ou alergias. Nada pior do que servir algo de que as pessoas não gostem e que, por educação, são obrigadas a comer.

Almoços para o Dia a dia

1   Salada mista (pág. 138) com molho tradicional (pág. 170), arroz básico (pág. 345), feijão simples (pág. 369), bife acebolado (pág. 520) e batata frita (pág. 291). Sobremesa: frutas da estação.

2   Salada de agrião (pág. 136) com molho tradicional (pág. 170), arroz básico (pág. 345), frango à caçadora simples (pág. 486) e polenta básica (pág. 381). Sobremesa: musse de maracujá cremosa (pág. 719).

3   Salada de alface (pág. 136), salada de batatas à alemã (pág. 144), salsichas cozidas, repolho roxo agridoce (pág. 337) e arroz básico (pág. 345). Sobremesa: torta de maçãs sem massa (pág. 899).

4   Salada de chicória (pág. 137) com molho de gorgonzola (pág. 168), arroz básico (pág. 345), feijão simples (pág. 369) e madalena de carne (pág. 532). Sobremesa: frutas da estação.

5   Salada de abobrinha com hortelã (pág. 142) e capelete à romanesca (pág. 395). Sobremesa: sorvete tipo italiano (pág. 926).

6   Salada siciliana (pág. 161), posta de peixe com molho de alcaparras (pág. 605), batatas *sauté* (pág. 293) e arroz básico (pág. 345). Sobremesa: creme rápido de chocolate (pág. 667).

7   Salada de cenoura ou beterraba cruas (pág. 137) com molho *rosé* (pág. 170), frango assado com limão (pág. 489), batata assada (pág. 289) e arroz com amêndoas (pág. 347). Sobremesa: torta de morangos com *chantilly* (pág. 902).

8   Salada de alface (pág. 136) e de tomate (pág. 140) com molho mostarda (pág. 169), arroz e feijão à moda cubana (pág. 359), costeletas de porco fritas (pág. 546) e chuchu na manteiga (pág. 313). Sobremesa: abacaxi gelado.

9   Salada de *moyashi* (pág. 139), arroz básico (pág. 345) e frango xadrez (pág. 490). Sobremesa: pudim de laranjas (pág. 688).

10   Salada de pupunha (pág. 158), picanha ao forno (pág. 513), arroz à grega (pág. 346), brócolis cozidos (pág. 306) e batata portuguesa (pág. 292). Sobremesa: pavê de coco (pág. 694).

11   Salada mista (pág. 138) com molho tradicional (pág. 170), arroz básico (pág. 345), purê de abóbora (pág. 280), couve à mineira (pág. 316) e carne-seca desfiada (pág. 535). Sobremesa: manjar branco (pág. 672).

12   Salada Caesar (pág. 146) com molho Caesar (pág. 168) e risoto à moda americana (pág. 361). Sobremesa: torta de nozes-pecã (pág. 903).

Almoços para Convidados

Sugestão 1

1   Antepastos: pasta de salmão (pág. 110) e pasta de tomate seco (pág. 111) com torradas. Sirva com os aperitivos na sala.

2   Entrada: *carpaccio* (pág. 100).

3   Primeiro prato: risoto italiano de cogumelos secos (pág. 363).

4   Prato principal: vitela assada (pág. 539) servida com brócolis cozidos (pág. 306) e batata assada (pág. 289).

5   Sobremesas: pavê de passas e creme (pág. 696) e frutas da estação.

6   Café, chás e *petit-fours*.

SUGESTÕES DE CARDÁPIOS

Sugestão 2

1   Antepastos: *petit-fours* salgados (pág. 195), canapés de patê (pág. 103) e *dip* de legumes (pág. 108). Sirva com os aperitivos na sala.

2   Entrada: musse de salmão (pág. 126) servida com salada verde.

3   Primeiro prato: nhoque de ricota (pág. 407).

4   Prato principal: codornas com uva-itália (pág. 500) servidas com purê de mandioquinha (pág. 328) e bolinhas de cenoura (pág. 311).

5   Sobremesas: *bavaroise* de chocolate (pág. 704) e frutas da estação.

6   Café, chás e *petit-fours*.

Sugestão 3

1   Antepastos: queijo *brie* com geleia de framboesa (pág. 113) e pasta de ervas finas (pág. 111) com torradas. Sirva com os aperitivos na sala.

2   Entrada: salada de lulas (pág. 153).

3   Prato principal: lombo à toscana (pág. 553) servido com purê de batata (pág. 298) e vagens na manteiga (pág. 341).

4   Sobremesa: crepes com morangos flambados (pág. 917).

5   Café, chás e *petit-fours*.

Sugestão 4

1   Antepastos: amendoins torrados, castanhas-de-caju torradas e amêndoas torradas.

2   Entrada: casquinha de siri (pág. 121) ou salada de pupunha (pág. 158).

3   Prato principal: bobó de camarão (pág. 621) servido com arroz com castanhas-do-pará (pág. 350) e molho para bobó de camarão (pág. 622).

4   Sobremesas: quindão cremoso (pág. 685) e frutas da estação.

5   Café, chás e *petit-fours*.

SUGESTÃO 5

1   Antepastos: crostini de búfala (pág. 107) e crostini primavera (pág. 106). Sirva com os aperitivos na sala.

2   Entrada: salada do mar com arroz selvagem (pág. 154).

3   Prato principal: cordeiro com purê de batatas-roxas (pág. 569) servido com tomates à provençal (pág. 338).

4   Sobremesas: torta-musse de chocolate (pág. 899) e frutas da estação.

5   Café, chás e *petit-fours*.

JANTARES PARA O DIA A DIA

1   Salada de tomate (pág. 140) e salada de alface (pág. 136) com molho italiano (pág. 170), arroz básico (pág. 345) e torta de frango (pág. 434). Sobremesa: frutas da estação.

2   Sopa de mandioquinha (pág. 255), arroz básico (pág. 345), escalopes de frango com laranja (pág. 484) e cenouras *glacées* (pág. 311). Sobremesa: torta gelada de doce de leite (pág. 896).

3   Salada de acelga com abacaxi (pág. 143), estrogonofe rápido (pág. 511), batata palha (pág. 291) e arroz básico (pág. 345). Sobremesa: crepes com calda de laranja (pág. 916).

4   Sopa-creme de palmito (pág. 257), arroz básico (pág. 345), filés de pescadinha com molho tártaro (pág. 611) e batatas *sauté* (pág. 293). Sobremesa: frutas da estação.

5   Salada caprese (pág. 147) e macarrão com pesto genovês (pág. 400). Sobremesa: musse rápida de morango (pág. 720).

6   Sopa de caldo de feijão (pág. 250), bolo de carne simples (pág. 530), batatas *sauté* (pág. 293), arroz básico (pág. 345) e purê de batata (pág. 298). Sobremesa: pudim de laranjas (pág. 688).

7   Caldo verde (pág. 232), bacalhau gratinado (pág. 618) e arroz com amêndoas (pág. 347). Sobremesa: ovos moles de Aveiro (pág. 674).

8   Salada de grão-de-bico (pág. 150), arroz básico (pág. 345), panquecas com carne (pág. 412) e couve-flor à milanesa (pág. 317). Sobremesa: creme de abacate (pág. 666).

9   Salada de pepino (pág. 139) com molho de iogurte (pág. 168), arroz básico (pág. 345) e *moussaka* (pág. 534). Sobremesa: musse de limão (pág. 718).

10 Salada de couve-flor (pág. 138) com molho italiano (pág. 170), *ossobuco* à ambrosiana (pág. 519), arroz à piemontesa (pág. 346) e vagens na manteiga (pág. 341). Sobremesa: *tiramisu* (pág. 695).

11 Salada lombarda com peras (pág. 153) com molho de gorgonzola (pág. 168) e *quiche lorraine* (pág. 432). Sobremesa: musse branca com calda de chocolate (pág. 716).

12 Sopa de cebola (pág. 245), rosbife de filé (pág. 514), arroz com legumes (pág. 351) e bolo de batatas ao forno (pág. 294). Sobremesa: creme de papaia com cassis (pág. 667).

SUGESTÕES DE CARDÁPIOS

Jantares para Convidados

Sugestão 1

1   Antepastos: *appetizers* (pág. 95) e canapés de *carpaccio* (pág. 100). Sirva com os aperitivos na sala.

2   Entrada: *flan* de parmesão (pág. 125).

3   Prato principal: coelho com presunto cru e aspargos (pág. 573) servido com batata cozida e frita (pág. 290). Opcional: arroz básico (pág. 345).

4   Sobremesas: *bavaroise* de baunilha (pág. 705) e uvas frescas.

5   Café, chás e *petits-four*s.

Sugestão 2

1   Antepastos: canapés de caviar (pág. 105) e canapés de salmão defumado (pág. 105). Sirva com os aperitivos na sala.

2   Entrada: figos com presunto (pág. 125).

3   Prato principal: escalopes de vitela ao madeira (pág. 541) servido com arroz na fôrma com parmesão (pág. 360) e aspargos especiais (pág. 289).

4   Sobremesas: suflê de chocolate (pág. 723) e morangos com creme *chantilly* (pág. 87).

5   Café, chás e *petit-fours*.

Sugestão 3

1   Antepasto: *appetizers* (pág. 95). Sirva com os aperitivos na sala.

2   Entrada: sopa-creme de aspargos (pág. 242).

3   Prato principal: salmão com molho holandês (pág. 613) servido com batata gratinada (pág. 289) e cenouras *glacées* (pág. 311).

4   Sobremesa: crêpes Suzettes (pág. 917) com sorvete de creme (pág. 924).

5   Café, chás e *petit-fours*.

Sugestão 4

1   Antepastos: *appetizers* (pág. 95), queijo *brie* com geleia de framboesas (pág. 113) e patê caseiro (pág. 127) com torradas.

2   Entrada: musse de salmão (pág. 126) com salada de folhas verdes.

3   Prato principal: costeletas de vitela *alla milanese* (pág. 540) servidas com polenta cremosa com cogumelos (pág. 381).

4   Sobremesas: suflê de maçãs (pág. 724) e torta-musse de chocolate (pág. 899).

5   Café, chás e *petit-fours*.

Sugestão 5

1   Antepastos: *appetizers* (pág. 95), damascos com queijo cremoso (pág. 107) e espetinhos de melão com presunto (pág. 108). Sirva com os aperitivos na sala.

2   Entrada: salada de camarão (pág. 147).

3   Prato principal: frango à moda de Parma (pág. 487) servido com purê de batata (pág. 298) e couve-flor refogada (pág. 319).

4   Sobremesas: musse clássica de chocolate (pág. 715) e frutas da estação.

5   Café, chás e *petits-fours*.

Almoços de Sábado

1   Feijoada completa (pág. 375) servida com couve à mineira (pág. 316), arroz básico (pág. 345), caldinho de feijão (pág. 230), laranjas descascadas e farinha de mandioca. Sobremesas: salada de frutas da estação e compotas variadas.

2   Salada de folhas verdes variadas com molho tradicional (pág. 170), *cassoulet* (pág. 370), arroz escaldado (pág. 345), batatas e cenouras cozidas. Sobremesas: uvas frescas e ovos nevados (pág. 675).

3   Salada de folhas verdes variadas com molho de iogurte (pág. 168), salada de tomate (pág. 140) e *quiche lorraine* (pág. 432). Sobremesa: frutas da estação.

4   Salada de palmito (pág. 139), moqueca de namorado (pág. 602), angu baiano para peixe (pág. 379) e arroz básico (pág. 345). Sobremesa: goiabas em calda (pág. 748) com queijo fresco.

ALMOÇOS DE DOMINGO

1   Churrasco variado de carnes acompanhado de salada mista (pág. 138), arroz de carreteiro (pág. 356), farofa e molho vinagrete (pág. 479). Sobremesas: melancia e abacaxi.

2   Caponata siciliana (pág. 119) com pão italiano, salada napolitana (pág. 156), lasanha (pág. 398), chicória ou escarola refogada (pág. 312) e franguinhos de leite (pág. 492). Sobremesas: figos e melão ao natural.

3   Salada de grão-de-bico (pág. 150), bacalhoada portuguesa (pág. 620) e arroz básico (pág. 345). Sobremesas: frutas da estação e ovos moles de Aveiro (pág. 674).

4   Salada de folhas verdes variadas, salada de batatas à alemã (pág. 144), rosbife de lagarto (pág. 514), salada de repolho (pág. 140) e pepinos em conserva a frio (pág. 331). Sobremesa: *Strudel* de maçãs (pág. 906) com creme *chantilly* (pág. 658).

ALMOÇO DE PÁSCOA

Salada de folhas verdes, bolinhas de melão com Parma (pág. 119), *penne* com abóbora e espinafre (pág. 407), perna de carneiro assada à gringo (pág. 570), brócolis à romana (pág. 306) e batata cozida e frita (pág. 290). Sobremesas: torta de ameixas à italiana (pág. 890) e espumone (pág. 668).

ALMOÇO PARA O DIA DAS MÃES

Salada de folhas verdes variadas com molho italiano (pág. 170), *quiche* de alho-poró (pág. 432), camarões ao forno com catupiri (pág. 625) ou camarões com *curry* (pág. 626), arroz básico (pág. 345) e batata palha (pág. 291). Sobremesa: torta tradicional de morangos (pág. 902) ou torta de maçãs à francesa (pág. 898).

ALMOÇO PARA O DIA DOS PAIS

Salada napolitana (pág. 156), macarrão aos quatro queijos (pág. 401), *tournedos* com cogumelos (pág. 518), vagens na manteiga (pág. 341) e cenouras *glacées* (pág. 311). Sobremesas: musse com calda de chocolate (pág. 716) e frutas da estação.

Sugestões de cardápios

Ceias para o Natal

Sugestão 1

1. Salada Waldorf (pág. 163)
2. Salada verde com molho tradicional (pág. 170)
3. Tênder à Califórnia (pág. 560)
4. Peru à brasileira (pág. 496)
5. Arroz com amêndoas (pág. 347)
6. Bobó de camarão (pág. 621)
7. Capelete à romanesca (pág. 395)
8. *Bavaroise* de morango (pág. 706)
9. Fios de ovos (págs. 795, 796)
10. Torta de cerejas (pág. 893)
11. Bolo de Natal (pág. 834)
12. Frutas da estação

Sugestão 2

1. Cuscuz de panela (pág. 124)
2. Salada de pupunha (pág. 158)
3. Salada verde com molho *rosé* (pág. 170)
4. Tênder à Virgínia (pág. 561)
5. Peru recheado à mineira (pág. 498)
6. Arroz com champanhe (pág. 350)
7. Gravatinhas com salmão (pág. 398)
8. Quindim tradicional (pág. 685)
9. Torta de maçãs com nozes (pág. 898)
10. Bolo de Natal (pág. 834)
11. Frutas da estação

CEIAS PARA O RÉVEILLON

SUGESTÃO 1

1. Salada de folhas verdes com molho de gorgonzola (pág. 168)
2. Salada do mar com arroz selvagem (pág. 154)
3. Lombo com abacaxi (pág. 551)
4. Rigatone recheado (pág. 409)
5. Arroz com castanhas-do-pará (pág. 350)
6. Lentilha com tomates (pág. 326)
7. Manjar branco (pág. 672)
8. Torta tradicional de morangos (pág. 902)
9. Frutas da estação

SUGESTÃO 2

1. Salada de lentilha (pág. 153)
2. Salada russa (pág. 160)
3. Salada Texas (pág. 162)
4. Rosbife de filé (pág. 514)
5. Camarões na moranga (pág. 627)
6. Canelone de ricota (pág. 395)
7. Arroz à grega (pág. 346)
8. Torta gelada de doce de leite (pág. 896)
9. Musse de maracujá com calda (pág. 719)
10. *Bavaroise* de chocolate (pág. 704)
11. Frutas da estação

Refeições temáticas

Refeições Temáticas

Brasileira 77
Árabe 77
Italiana 77
Norte-americana 78
Francesa 78
Portuguesa 78
Espanhola 78

BRASILEIRA

Acarajé (pág. 374), vatapá de peixe (pág. 606), arroz básico (pág. 345) e bobó de camarão (pág. 621). Sobremesa: quindão cremoso (pág. 685).

Cuscuz de panela (pág. 124) com molho de camarões e peixe assado com recheio (pág. 603). Sobremesa: manjar branco (pág. 672).

Lombo à mineira (pág. 550), couve à mineira (pág. 316), arroz básico (pág. 345) e tutu de feijão (pág. 371). Sobremesa: goiabas em calda (pág. 748).

ÁRABE

Na verdade, trata-se de receitas do Oriente Médio e norte da África, porém popularmente conhecidas como sendo de cozinha árabe.

Pasta de grãos-de-bico (pág. 112), pasta de berinjela (pág. 110), pão sírio, tabule (pág. 166), quibe de forno (pág. 533) e arroz com amêndoas e frango (pág. 347). Sobremesa: doces típicos (encontrados em docerias especializadas).

ITALIANA

Antepastos variados (escolher no capítulo de antepastos), salada caprese (pág. 147), risoto italiano de cogumelos secos (pág. 363), *saltimbocca* à romana (pág. 518) e espinafres na manteiga. Sobremesa: *tiramisu* (pág. 695).

Antepastos variados (escolher no capítulo de antepastos), salada de folhas verdes com molho italiano (pág. 170), polenta grelhada com calabresa (pág. 383), peixe inteiro com molho de camarões (pág. 609) e batata cozida ou assada (pág. 289). Sobremesas: zabaione (pág. 680) e uvas frescas.

NORTE-AMERICANA

Coxinhas de frango picantes (pág. 484), salada Caesar (pág. 146), salada americana de repolho (pág. 143), costelinhas de porco agridoces (pág. 547), batata assada (pág. 289), feijão assado à moda americana (pág. 369) e milho verde cozido em água e sal. Sobremesa: torta americana de maçãs (pág. 891) ou *cheesecake* com framboesas (pág. 889).

FRANCESA

Salada de folhas verdes com molho mostarda (pág. 169), filé ao molho de pimenta-verde (pág. 515), batatas *sauté* (pág. 293) e cenouras *glacées* (pág. 311). Sobremesas: charlote *anglaise* (pág. 699), peras ao natural e queijos variados.

PORTUGUESA

Sardinhas na brasa (pág. 614), salada de fava-verde (pág. 138), caldo verde (pág. 232), bacalhau à moda do Porto (pág. 619). Sobremesa: arroz doce com leite (pág. 678).

ESPANHOLA

Antepasto de pimentões I (pág. 97), fritada espanhola de batata (pág. 296), salada de grão-de-bico e bacalhau (pág. 150), coelho à andaluza (pág. 571) e arroz escaldado (pág. 345). Sobremesa: torta de frutas secas (pág. 895).

Montagens e Arranjos de Mesa

"... bouquets de flores formando guirlandas, orquídeas esparsas, folhagens rendilhadas, espigas maduras entre castiçais de faiança ou porcelana, cristais de bacarat, vidros multicores da Boêmia e pratos de vidro laqueados de ouro, combine tudo harmoniosamente, acentuando os tons e os reflexos de maior efeito e batize a guarnição que criar com esses elementos e outros mais simples ou mais ricos, com um nome que lhe parecer mais adequado..."

CONSTANCE SPRY. TEXTO DA EDIÇÃO DE 1942 DE *DONA BENTA*.

MONTAGENS E ARRANJOS DE MESA

Refeições informais 81
Refeições formais 81
Refeições temáticas 82
Brunch 82
Chá da tarde 82
Churrasco 83
Fondues 83
Queijos e vinhos 83
Etiqueta à mesa 84

REFEIÇÕES INFORMAIS

1   Para as refeições do dia a dia, uma montagem simples é mais conveniente, colocando sobre a mesa somente o necessário para o serviço.

2   A toalha de mesa deve estar sempre impecável, e a utilização de jogos americanos também é uma boa opção. Para refeições informais, pode-se utilizar guardanapos de papel, que são mais práticos.

3   Se quiser um toque mais elaborado, coloque no centro da mesa um pequeno arranjo com flores ou ainda uma fruteira com frutas frescas. Velas à mesa nunca devem ser utilizadas no almoço.

4   Arrume a mesa de maneira básica, isto é, em frente a cada cadeira o prato de serviço, garfo de serviço à esquerda do prato e faca à direita, com a lâmina voltada para o prato. Os talheres de sobremesa podem ser colocados à frente do prato, paralelos à mesa. Copo sempre à direita do prato. Os guardanapos devem ser colocados dobrados sobre o prato ou ao lado direito, junto à faca.

5   Não enrole os guardanapos nem os coloque dentro dos copos; a estética não será agradável.

6   Outra opção é o serviço americano, quando os pratos ficam empilhados sobre a mesa, os talheres dispostos lado a lado, os copos bem arrumados e os guardanapos dobrados e sobrepostos. Esse estilo de serviço permite a cada um servir-se e sentar-se onde preferir. O estilo americano é muito útil e prático quando temos mais convidados que cadeiras à mesa.

REFEIÇÕES FORMAIS

1   Quando recebemos convidados de cerimônia, devemos dar mais atenção aos detalhes na organização da mesa. Toalhas impecavelmente limpas ou jogos americanos de materiais de boa qualidade, nada de plástico. No centro da mesa deve ser colocado um arranjo de flores ou frutas que não seja muito alto para não atrapalhar a conversação.

2   A montagem dos lugares é um pouco mais elaborada. Prato de mesa à frente de cada cadeira. Ao lado esquerdo do prato raso pode ser colocado um pratinho para pão. Garfos devem ser colocados à esquerda do prato e facas à direita, com as lâminas voltadas para dentro. Colheres de sopa e sobremesa também são colocadas à direita. A ordem dos talheres deve ser seguida levando em consideração os pratos a serem oferecidos. De fora para dentro são colocados os garfos de entrada, para peixe (se estiver servindo), para o prato principal e para a sobremesa. O mesmo acontece com as facas e as colheres. Os guardanapos devem ser dobrados em formato triangular e colocados sobre o prato ou ao lado das facas. Os copos devem seguir esta ordem, da esquerda para a direita: água, vinho tinto e vinho branco.

3   As travessas nas quais será servida a refeição podem ser colocadas em um bufê ou aparador. O serviço também pode ser empratado, isto é, os pratos já vêm montados e decorados da cozinha.

4   Para refeições mais sofisticadas, pode-se realizar o serviço à francesa, no qual as receitas são servidas nas baixelas por copeiras ou copeiros. Nesse caso, cada convidado se serve quando a travessa lhe é apresentada.

Refeições Temáticas

1 Uma tendência atual são as refeições temáticas, isto é, receitas de culturas específicas. Para completar o clima, além das receitas é necessário ambientar a mesa, sempre que possível, de forma a reforçar o tema da refeição. Por exemplo: se for preparar um jantar italiano focando a culinária das cantinas, utilize toalhas xadrezes, garrafas de vinho podem ser utilizadas como suporte para velas, uma cesta de pão italiano no centro da mesa, música adequada, e assim por diante. Um cardápio típico de cozinha baiana pede decoração com recipientes de barro, folhas de bananeira, muitas frutas tropicais e flores.

2 Caso não possua utensílios para decorar a mesa de acordo o tema da refeição, utilize o básico, pois assim não terá como errar.

Brunch

1 *Brunch* é uma mistura de café da manhã com almoço, ou seja, uma refeição servida entre as 11 e as 16 horas. Deve ser servido em mesa do tipo bufê, onde as sugestões ficam montadas em travessas e com os utensílios apropriados.

2 Obrigatoriamente um *brunch* bem montado deve oferecer Champanhe, suco de laranja, pães e frios variados, ovos, que podem ser mexidos ou pocheados, *quiches* e tortas, salmão defumado, um ou dois tipos de salada, uma massa ou crepe, frutas, bolos e tortas doces. No mais, utilize a criatividade. Nunca se deve preparar um *brunch* para menos de 12 convidados, pois só dessa forma se pode dispor uma boa variedade de sugestões.

Chá da Tarde

1 Muitas famílias ainda têm o hábito de servir o chá da tarde. É uma ótima opção para organizar um encontro entre amigas.

2 Para montar uma mesa para o chá da tarde, prepare alguns sanduíches pequenos de pão de fôrma com recheios delicados como patê, peito de peru, queijos e pasta de ricota. Coloque também na mesa uma cesta com pães pequenos do tipo *croissant* ou pão doce, manteiga, geleias, mel, bolos do tipo inglês e algumas tortas, que podem ser de frutas, como maçã.

3 O chá deve ser servido em bules apropriados, uma pequena leiteira deve ser colocada na mesa com leite quente, um recipiente com limão fatiado, açucareiro e adoçantes.

4 Xícaras de chá são indispensáveis, assim como pratinhos, garfos, facas e colheres de sobremesa.

Churrasco

1   Quando for preparar um churrasco para convidados, organize a mesa em local próximo à churrasqueira. Dessa forma, os convidados ficarão perto do anfitrião-churrasqueiro e poderão se servir à vontade. Sobre a mesa coloque os pratos, talheres, guardanapos e demais utensílios. Arrume as saladas em saladeiras grandes e procure realçar o colorido. Coloque os molhos em molheiras e não se esqueça de colocar pães à disposição dos convidados.

2   Para decorar a mesa, use utensílios de madeira, palha e materiais rústicos. O churrasco é uma refeição informal e não combina com pratarias e cristais.

Fondues

1   Se a receita escolhida for *fondue*, lembre-se de que não deve exagerar no número de convidados, pois a refeição deve ser feita à mesa de forma que eles possam se servir com facilidade. De 6 a 8 pessoas é um número ideal. Dessa maneira fica mais fácil para que se sirvam e a conversa ficará mais interessante.

2   Os pães devem ser colocados em cestas, de forma a estarem ao alcance de todos. Coloque um prato pequeno na frente de cada convidado, bem como garfos apropriados e copos para água e vinho.

3   Você pode colocar na mesa uma travessa com frios fatiados, cebolinhas e pepinos em conserva e batatinhas cozidas. São bons acompanhamentos para as *fondues*.

Queijos e Vinhos

É sempre agradável receber convidados para um encontro à base de queijos e vinhos. Essa é uma maneira informal de receber que sempre faz sucesso, principalmente nos dias mais frios. Organize os queijos distribuindo-os em tábuas apropriadas sobre a mesa. Os queijos mais utilizados são: *brie, emmenthal, gruyére,* provolone, *camembert,* gorgonzola ou *roquefort,* mozarela de búfala, queijos de cabra tipo *chévre* ou *boursin,* parmesão em lascas, itálico, *gouda, port salut* e *fontina.* Para acompanhá-los, coloque na mesa cestas com pães variados do tipo baguete, italiano, *ciabatta,* francês e torradas em geral. Outros acompanhamentos tradicionais são uvas, damascos e frutas secas.

Etiqueta à Mesa

Almoços e jantares mais formais requerem certa atenção com relação aos procedimentos de etiqueta. Alguns detalhes são importantes para o sucesso do acontecimento. Destacamos abaixo os pontos mais relevantes.

1 Os convites devem ser feitos com uma semana de antecedência, para que os convidados possam se programar. É importante informar o traje desejado, visando, assim, evitar constrangimentos.

2 Verifique se as pessoas convidadas não têm algum tipo de problema entre si; é constrangedor convidar para a mesma mesa indivíduos que não se relacionam.

3 Certifique-se de que o cardápio proposto satisfaz o grupo; não é raro determinado convidado não gostar de certas receitas ou ingredientes. Uma boa dica é não inventar muito, pois o clássico quase sempre agrada a todos. No entanto, se o grupo convidado apreciar a boa mesa, sinta-se à vontade para servir pratos mais exóticos.

4 Confira na cozinha se está tudo pronto. Só então chame os convidados para a mesa.

5 O convidado de honra sempre se senta à direita da anfitriã e a convidada de honra ou esposa do convidado senta-se à direita do anfitrião.

6 Procure distribuir os convidados de forma harmônica pela mesa, evitando grupos masculinos e femininos.

7 Os anfitriões são os últimos a se sentar à mesa.

8 Os anfitriões são os últimos a se servir, certificando-se de que os convidados estão devidamente acomodados e servidos.

9 Normalmente os convidados esperam todos estarem servidos para iniciar a refeição. Portanto, não demore a servir, para que a comida não esfrie nos pratos.

10 Verifique o serviço de bebidas e não deixe os convidados com os copos vazios, salvo se assim eles desejarem.

11 Sempre que for servir vinhos, sirva também água.

12 Espere que todos terminem a entrada para retirar os pratos para a próxima receita, e assim por diante, até o final da refeição.

13 Ofereça, mas não insista, para que os convidados repitam. Deixe-os à vontade para se servirem da quantidade suficiente para satisfazê-los.

14 O café pode ser servido na sala, junto com licores e digestivos.

DICAS E TRUQUES

*"**Ganso à moda Viena.** – Mata-se o ganso, depena-se em seco, limpa-se bem, lava-se e enxuga-se perfeitamente por dentro e por fora com uma toalha grossa. Feito isso, põe-se numa vasilha um copo de vinho branco, um pires bem cheio de castanhas cozidas e 4 maçãs partidas em pedaços bem miúdos; mistura-se tudo e deixa-se ficar umas duas horas. À noite, depois do jantar, põe-se esse recheio dentro do ganso, costura-se..."*

Trecho de receita recuperado da edição de 1944 de *Dona Benta*.

Dicas e Truques

Alho mais saboroso 87
Claras em neve bem batidas 87
Creme chantilly perfeito 87
Como congelar morangos frescos 87
Conferindo o fermento para bolos 88
Conservando ervas frescas 88
Cozinhando massas na perfeição 88
Cuidados com caldas quentes 88
Economizando gás 89
Frutas secas em bolos 89
Para eliminar o cheiro de alho das mãos 89
Para eliminar o cheiro de repolho 89
Para não salgar a receita 89
Para tortas mais crocantes 90
Tomates menos ácidos 90
Retirar a pele dos pimentões 90
Retirar a pele dos tomates 90

Alho Mais Saboroso

Descasque o dente de alho, corte-o ao meio no sentido do comprimento e elimine o miolo (ou gérmen) de coloração esverdeada. Quando for utilizar alho em refogados, não deixe que doure demais, pois o sabor poderá ficar amargo e o alho tornar-se-á indigesto.

Claras em Neve Bem Batidas

Para bater as claras em neve com perfeição, deve-se colocá-las em um recipiente livre de quaisquer traços de água ou oleosidade. Adicione uma pitada de sal ou gotas de limão e ligue a batedeira. O ideal é que as claras estejam em temperatura ambiente.

Creme Chantilly Perfeito

Antes de bater o creme de leite para preparar o *chantilly*, coloque-o no *freezer* por alguns minutos. Quanto mais gelado o creme de leite, melhor ficará o *chantilly*. Depois é só bater e acrescentar o açúcar lentamente.

Como Congelar Morangos Frescos

Para congelar morangos, lave-os bem, retire o talo e enxugue-os levemente em papel absorvente, depois passe os morangos por açúcar, retirando o excesso. Coloque em recipientes apropriados com tampa e leve ao *freezer* por até 120 dias.

Conferindo o Fermento para Bolos

Para conferir se o fermento em pó está ativo, coloque uma colher de chá do fermento em um copo com água bem quente. Se a água borbulhar vigorosamente é porque o fermento ainda está ativo.

Conservando Ervas Frescas

Para conservar por mais tempo folhas de ervas frescas, coloque-as em um vidro forrado com papel absorvente, tampe bem e guarde na geladeira.

Cozinhando Massas na Perfeição

Utilizar água filtrada para o cozimento das massas diminui o sabor do cloro, deixando o sabor mais delicado. A proporção ideal para o cozimento de massas é de 100 g de massa para cada litro de água e 10 g de sal. Adicione o sal após a água levantar fervura.

Cuidados com Caldas Quentes

Caldas preparadas com açúcar são potencialmente perigosas, pois podem causar sérias queimaduras em razão das altas temperaturas que atingem. Um cuidado que se deve tomar ao preparar caldas é colocar ao lado do fogão uma tigela com água e bastante gelo. Caso respingue calda na pele, mergulhe imediatamente a parte afetada na água com gelo.

Economizando Gás

O consumo de gás pode ser reduzido pela metade com atitudes bem simples. Por exemplo, assim que a água ferver, abaixe o fogo. Não é necessário manter o fogo alto; a fervura manter-se-á estável mesmo com a chama baixa.

Frutas Secas em Bolos

Para que as uvas passas e frutas cristalizadas não afundem na massa do bolo, passe-as na farinha de trigo antes de acrescentar à massa. Dessa maneira, elas ficarão distribuídas por igual quando o bolo assar.

Para Eliminar o Cheiro de Alho das Mãos

Esfregue as mãos em uma colher de inox debaixo de água corrente; utilize a colher como se fosse um sabonete.

Para Eliminar o Cheiro de Repolho

Quando cozinhamos repolho, um forte odor sulfuroso espalha-se no ar. Colocar uma pitada de açúcar na água do cozimento reduz a intensidade do odor.

Para não Salgar a Receita

Sempre que for preparar alimentos líquidos como sopas, caldos e cremes, deixe para colocar o sal no final da receita. Como os líquidos reduzem durante o cozimento, se o sal for adicionado no início a sua concentração aumentará e não será possível fazer a correção.

Para Tortas mais Crocantes

1   Para massas de torta salgada você pode optar por utilizar manteiga ou gordura vegetal hidrogenada. A manteiga dá mais sabor, porém a gordura produz tortas mais crocantes e assadas na perfeição porque resiste mais tempo no forno sem se queimar.

2   Utilize assadeiras de vidro refratário. Elas evitam que o calor reflita, absorvendo-o melhor e assando o fundo e a tampa da torta por igual.

Tomates Menos Ácidos

Um dos fatores que aumentam a acidez dos molhos de tomate é a utilização de panelas e utensílios de alumínio. Prepare molhos de tomate em panelas de inox, vidro, pedra, ferro ou barro.

Retirar a Pele dos Pimentões

1   Lave os pimentões e unte-os com óleo. Coloque-os diretamente sobre a chama do fogão, virando regularmente para que a pele fique toda chamuscada. Coloque os pimentões em um saco de papel e feche. Deixe no saco por 5 minutos. Retire e elimine a pele, que sairá com facilidade.

2   Outra opção é colocar os pimentões no forno bem quente até as peles estarem queimadas. Retire-os do forno, deixe esfriar e remova a pele.

Retirar a Pele dos Tomates

1   Para retirar a pele dos tomates com facilidade, faça um corte raso em formato de x na parte superior dos tomates. Coloque água para ferver e quando estiver fervente adicione os tomates.

2   Deixe na água por um minuto e escorra, colocando os tomates imediatamente em uma tigela com água e gelo. É só retirar a pele dos tomates, que sairá com facilidade.

ANTEPASTOS

"São substâncias ligeiras e apetitosas com que se iniciam as refeições. Servem como excitante ou estimulante, preparando favoravelmente o estômago para os pratos de entrada. Bem apresentados, guarnecem a mesa e entretêm os convidados até que sejam servidos os demais pratos."

TEXTO DA EDIÇÃO DE 1944 DE *DONA BENTA*.

ANTEPASTOS

Appetizers 95
Ameixas com bacon 95
Antepasto de berinjelas 96
Antepasto napolitano 96
Antepasto de pimentões I 97
Antepasto de pimentões II 97
Antepasto picante de berinjela 98
Azeitonas com filés de anchovas rolmops 98
Azeitonas recheadas 98
Azeitonas temperadas 99
Batatinhas (aperitivo) 99
Berinjelas à moda oriental 99
Canapés de atum 100
Canapés de carpaccio 100
Canapés de kani com manga 101
Canapés de lagosta 101
Canapés de ostras à russa 102
Canapés de ovos I 102
Canapés de ovos II 102
Canapés de patê 103
Canapés de picles 103
Canapés de presunto 103
Canapés de queijo I 104
Canapés de queijo II 104
Canapés de salame 104
Canapés de salmão defumado 105
Canapés de sardinha 105

Canapés de caviar 105
Cebolinhas em conserva 106
Crostini primavera 106
Crostini de Parma 106
Crostini de búfala 107
Crostini imperial 107
Damascos com queijo cremoso 107
Dip de legumes 108
Erva-doce (aperitivo) 108
Espetinhos de melão com presunto 108
Ovos de codorna 109
Ovos duros 109
Ovos recheados 109
Pasta de berinjela 110
Pasta básica de ricota para canapés 110
Pasta de salmão 110
Pasta de ervas finas 111
Pasta de tomate seco 111
Pasta de grão-de-bico 112
Pepinos agridoces 112
Pepinos (aperitivo) 113
Quadradinhos de queijo e cereja 113
Queijo brie com geleia de framboesa 113
Rabanetes (aperitivo) 114
Sardela 114
Tomates secos em conserva 115

APPETIZERS

- Quando você oferece um almoço ou jantar para convidados, estas são algumas sugestões para servir com os aperitivos e bebidas que antecedem os antepastos e canapés. Coloque-os em recipientes pequenos, sempre ao alcance dos convidados. Normalmente se disponibilizam várias opções na mesa de centro.

1 Amêndoas torradas e salgadas
2 Amendoins
3 Pistaches na casca
4 Batatas *chips*
5 Damascos
6 Nozes
7 Uvas-passas
8 Peras secas
9 Azeitonas verdes
10 Queijos firmes cortados em cubos
11 Frios e embutidos fatiados e arrumados

Uma opção mais sofisticada pode ser preparada com uma mistura de damascos picados, nozes, amêndoas e uvas-passas e servida em recipientes charmosos. Essa preparação é chamada de mélange.

AMEIXAS COM BACON

- 24 ameixas secas sem caroço
- 1 xícara (chá) de água
- 2 colheres (sopa) de açúcar
- 24 fatias de bacon

1 Coloque as ameixas para ferver com água açucarada, para que amoleçam um pouco.

2 Enrole uma fatia de *bacon* em cada ameixa e prenda com um palito.

3 Arrume-as em uma assadeira e leve ao forno para que o *bacon* fique dourado e crocante. Escorra em papel absorvente e sirva.

Antepasto de Berinjelas

- 2 berinjelas médias descascadas
- 1 litro de água
- 1 colher (sopa) de vinagre
- 1 colher (chá) de sal, para branquear as berinjelas
- ½ xícara (chá) de óleo ou azeite
- ¼ de xícara (chá) de vinagre branco
- 1 pitada de pimenta-branca
- 1 colher (sopa) de orégano
- ½ xícara (chá) de azeitonas pretas sem caroço e fatiadas

1 Corte as berinjelas em tiras finas e reserve.

2 Leve a água ao fogo e, quando ferver, junte as berinjelas, o vinagre e o sal. Deixe ferver, mergulhando-as na água com a escumadeira. Depois de três minutos de fervura, elimine a água e deixe esfriar as berinjelas.

3 Coloque as berinjelas em um recipiente com tampa e acrescente os ingredientes restantes. Acerte o ponto do sal e misture bem. Tampe o recipiente e leve à geladeira por 24 horas.

4 Sirva com pão italiano ou como entrada, com salada de folhas verdes.

Nota: Pode-se acrescentar tirinhas de pimentão vermelho assado.

Antepasto Napolitano

- 300 g de tomates-cereja
- 300 g de mozarela de búfala
- Sal e pimenta-do-reino
- 20 folhas de manjericão
- 1 colher (chá) de orégano
- 4 colheres (sopa) de azeite
- 1 colher (sopa) de vinagre

1 Lave bem os tomates-cereja e seque-os com um pano. Corte-os ao meio e esprema-os levemente para eliminar parte das sementes. Coloque as metades em uma tigela funda.

2 Corte a mozarela de búfala em cubos de 2 cm a 3 cm e coloque na tigela.

3 Salpique a mistura com sal e pimenta-do-reino. Junte o orégano e as folhas de manjericão.

4 Adicione o azeite e o vinagre. Misture bem e leve à geladeira por 1 hora antes de servir.

Antepasto de Pimentões I

- 6 pimentões graúdos
- 1 cebola grande cortada em fatias finas
- ½ xícara (chá) de azeitonas sem caroço
- 4 colheres (sopa) de azeite ou óleo
- 2 colheres (sopa) de vinagre
- Sal e pimenta-do-reino

1 Lave os pimentões, seque-os e coloque-os sobre uma grelha. Ligue o fogo, virando os pimentões para que assem por igual. Pode-se também assá-los sobre a grade do forno.

2 Lave os pimentões em água corrente, eliminando sua pele. Corte-os ao meio e descarte as sementes. Corte em tiras de 2 cm e arrume em um recipiente com tampa.

3 Misture todos os outros ingredientes numa tigela e despeje sobre os pimentões. Tampe a tigela e leve à geladeira por até uma semana.

4 Sirva como entrada.

Antepasto de Pimentões II

- 3 pimentões vermelhos
- 3 pimentões amarelos
- 2 dentes de alho
- 2 colheres (sopa) de alcaparras
- ¼ de xícara (chá) de azeite
- Sal e pimenta-do-reino
- Vinagre
- Orégano

1 Asse os pimentões sobre uma grelha colocada sobre o bico de gás ou no forno quente até que a pele fique ligeiramente escura.

2 Lave-os, retirando-lhes a pele e as sementes. Corte-os em fatias de 2 cm de largura.

3 Fatie os dentes de alho finamente.

4 Tempere-os com o azeite, o vinagre, o sal e a pimenta-do-reino. Acrescente o alho e misture.

5 Cubra com as alcaparras, salpique com o orégano e leve à geladeira por 2 horas.

Nota: Conserva-se na geladeira por até uma semana.

Antepasto Picante de Berinjela

- 1 kg de berinjelas médias
- ¾ de xícara (chá) de sal
- 1 xícara (chá) de vinagre de vinho tinto
- 1 xícara (chá) de azeite
- 4 dentes de alho
- 2 folhas de louro
- 1 colher (sopa) de orégano
- 1 colher (chá) de pimenta calabresa

1 Descasque as berinjelas e corte-as em fatias de ½ cm de espessura no sentido do comprimento. Corte as fatias em palitos. Misture os palitos de berinjela com o sal. Coloque em uma peneira e deposite um peso sobre as berinjelas. Deixe descansar por 1 hora para perder totalmente a água.

2 Após 1 hora, esprema bem e lave os filetes de berinjela em água corrente para retirar o sal. Esprema até retirar o máximo de líquido possível. Coloque novamente em uma tigela e acrescente o vinagre. Deixe descansar por mais 2 ou 3 horas. Esprema novamente muito bem, elimine o vinagre e acrescente o orégano, o alho, as folhas de louro, a pimenta calabresa e o azeite.

3 Coloque em um vidro, tampe e deixe descansar por mais 12 horas na geladeira.

4 Sirva com pão italiano.

Azeitonas com Filés de Anchovas Rolmops

- 12 filés de anchovas salgadas
- 24 azeitonas verdes graúdas

1 Lave bem as anchovas para eliminar o sal. Remova as espinhas.

2 Descaroce as azeitonas e recheie cada uma com ½ filezinho de anchova.

3 Sirva em uma travessa.

Azeitonas Recheadas

- 36 azeitonas verdes graúdas
- 2 pimentões vermelhos em conserva

1 Descaroce cuidadosamente as azeitonas.

2 Recheie-as com tirinhas de pimentão vermelho e sirva.

Azeitonas Temperadas

- ½ kg de azeitonas pretas
- 1 colher (sopa) de orégano
- 1 colher (chá) de pimenta calabresa em flocos
- 1 dente de alho picado
- 1 xícara (chá) de óleo
- Sal

1. Com a ponta de uma faca, espete três vezes cada azeitona.
2. Coloque as azeitonas em uma tigela e misture-as aos demais ingredientes.
3. Cubra com papel-alumínio e guarde na geladeira.

Batatinhas (Aperitivo)

- 1 kg de batatas-bolinha cozidas com casca
- 2 cebolas
- 3 dentes de alho
- 2 pimentões verdes ou vermelhos
- 4 tomates meio verdes sem sementes
- 1 maço de salsa
- 1 xícara (chá) de óleo
- ½ xícara (chá) de vinagre
- 1 colher (chá) de sal
- 1 colher (café) de pimenta-do-reino

1. Espete todas as batatas uma ou duas vezes com um garfo e coloque-as numa tigela.
2. Triture ou pique grosseiramente a cebola, o alho, o pimentão, o tomate e a salsa previamente limpos.
3. Junte esses temperos e todos os outros às batatas. Mexa para misturar bem e tampe a tigela. Leve à geladeira por 24 horas.

Nota: Essas batatas se conservam em geladeira por até uma semana, desde que sejam mexidas diariamente. Se quiser um tempero mais forte, adicione orégano.

Berinjelas à Moda Oriental

- 2 berinjelas médias
- 6 colheres (sopa) de molho de soja
- 2 colheres (sopa) de água
- 1 colher (chá) de suco de limão
- 1 colher (chá) de gengibre ralado
- 1 dente de alho pequeno picado
- 1 colher (sopa) de cebolinha-verde fatiada
- Óleo para untar a assadeira

1. Descasque as berinjelas e fatie no sentido do comprimento com espessura de ½ cm. Aqueça o forno em temperatura média.
2. Unte uma assadeira com um pouco de óleo.
3. Arrume as fatias de berinjela na assadeira em uma só camada. Se necessário utilize 2 assadeiras. Asse as fatias de berinjela até ficarem macias.
4. Deixe esfriar levemente e enrole as fatias como pequenos rocamboles. Misture o molho de soja, a água, o suco de limão, o gengibre, o alho e a cebolinha-verde, aqueça levemente, sem deixar ferver, e sirva com os rolinhos de berinjela.

CANAPÉS DE ATUM

- 1 talo de salsão (aipo) pequeno
- 1 lata de atum
- 1/3 de xícara (chá) de maionese
- Sal e pimenta-branca
- Pão de fôrma torrado e cortado em rodelas
- Picles de pepino

1 Pique finamente o talo de salsão. Amasse ou triture o atum e tempere-o com a maionese, o sal e a pimenta-branca. Adicione o salsão picado e misture bem.

2 Com a pasta obtida, cubra as rodelas de pão de fôrma. Decore cada canapé com uma fatia dos picles de pepino.

CANAPÉS DE CARPACCIO

- 6 fatias de pão de fôrma
- 12 fatias de carpaccio (ver nota)
- 4 colheres (sopa) de queijo parmesão ralado grosso

Molho:
- 2 colheres (sopa) de alcaparras picadas
- 1 colher (chá) de mostarda
- 1 colher (sopa) de salsinha picada
- 4 colheres (sopa) de suco de limão
- 1 colher (chá) de molho inglês
- 1/3 de xícara (chá) de azeite
- Maionese
- Sal e pimenta-do-reino

1 Para o molho, pique as alcaparras finamente. Coloque em um recipiente a mostarda, o suco de limão, o sal, o molho inglês e a pimenta-do-reino. Misture bem e acrescente o azeite, misturando para incorporar bem. Acrescente as alcaparras e a salsinha e misture. Na hora de servir, misture novamente o molho.

2 Para a montagem, toste as fatias de pão de fôrma em uma torradeira. Passe um pouco de maionese sobre cada fatia. Arrume sobre cada torrada 2 a 3 fatias de *carpaccio* (depende do diâmetro da carne).

3 Coloque uma colher (sopa) do molho sobre cada fatia e espalhe com uma colher. Corte cada torrada em 4 e arrume os canapés em uma travessa oval. Salpique com o queijo parmesão ralado grosso.

4 Para um efeito mais decorativo, salpique salsinha picada.

Nota: O carpaccio é preparado com lagarto bovino, limpo e congelado inteiro. Depois de congelada, a carne é cortada em fatias finíssimas (quase transparentes) em um cortador de frios para a montagem da receita. Essa carne é servida crua. Atualmente, pode-se encontrar carpaccio *pré-fatiado na maioria dos grandes supermercados.*

Antepastos

Canapés de Kani com Manga

- 100 g de kani kama *(ver nota)*
- 1 colher (chá) de mostarda
- 1 colher (sopa) de ketchup
- ⅓ de xícara (chá) de maionese
- Sal e pimenta-do-reino
- 10 fatias de pão de fôrma
- 1 manga firme
- 1 colher (sopa) de sementes de gergelim torradas

1 Pique finamente o *kani kama*. Coloque em uma tigela e acrescente a mostarda e o ketchup. Misture e adicione a maionese. Tempere com o sal e a pimenta-do-reino e misture novamente.

2 Corte as fatias de pão em rodelas de 4 cm utilizando um cortador. Coloque as rodelas de pão em uma assadeira e leve ao forno aquecido para tostarem levemente.

3 Descasque a manga e corte-a em pequenos cubos.

4 Cubra cada torradinha com um pouco da mistura de *kani* e decore com um pedaço de manga.

5 Salpique com sementes de gergelim.

Nota: Kani kama é um preparado industrializado à base de surubim (peixe) prensado. O sabor é parecido com o da carne de caranguejo. É encontrado em supermercados e peixarias.

Canapés de Lagosta

- *2 caudas de lagosta pequenas*
- *Fatias de pão de fôrma*
- *Maionese*
- *Sal*
- *Azeitonas pretas*

1 Cozinhe as caudas de lagosta em água fervente. Corte-as em fatias finas ou pique-as.

2 Torre as fatias de pão de fôrma e, com um cortador, corte rodelas de 4 cm.

3 Passe um pouco de maionese sobre cada rodela de pão e arrume um pedaço de lagosta por cima. Salpique com um pouco de sal e decore com pedacinhos de azeitona.

ANTEPASTOS

Canapés de Ostras à Russa

- *Pão de fôrma cortado em rodelas e torrado*
- *Manteiga*
- *Caviar*
- *Ostras frescas*
- *Suco de limão*

Passe manteiga nas rodelas de pão ainda quentes e cubra-as com um pouco de caviar. Faça uma cavidade no centro de cada canapé, coloque nela uma ostra fresca e pingue sobre ela 2 gotas de limão. Sirva imediatamente.

Canapés de ovos I

- *10 fatias de pão branco (forma)*
- *150 g de queijo cremoso ou cream cheese*
- *Sal e pimenta-do-reino*
- *3 gemas de ovos previamente cozidos*
- *30 castanhas de caju pequenas*

1 Corte as rodelas de pão, bata o queijo com um pouco de sal e pimenta-do-reino e passe uma camada do queijo batido sobre cada rodela de pão.

2 Rale as gemas já cozidas, usando para isso um ralo médio.

3 Passe a face coberta com queijo de cada canapé nas gemas raladas. Coloque uma castanha de caju no centro de cada um deles.

4 Coloque os canapés numa bandeja e deixe-os na geladeira por 10 minutos.

Canapés de Ovos II

- *4 ovos cozidos*
- *1 colher (chá) de mostarda*
- *100 g de manteiga amolecida*
- *1 colher (sopa) de suco de limão*
- *Sal e pimenta-branca*
- *Torradas de pão branco ou quadrados de pão de centeio*
- *Azeitonas*

1 Pique os ovos cozidos em pedaços miúdos e tempere-os com a mostarda, a manteiga, o suco de limão, o sal e a pimenta-branca. Misture muito bem.

2 Passe a mistura obtida sobre as torradas de pão branco ou sobre os quadrados de pão de centeio.

3 Decore com pedacinhos de azeitona.

CANAPÉS DE PATÊ

- *10 fatias de pão de centeio (fôrma)*
- *150 g de patê de presunto*
- *15 azeitonas verdes*
- *Cenouras em conserva cortadas em cubinhos*

1   Corte as rodelas de pão e passe uma espessa camada de patê sobre elas.

2   Descaroce as azeitonas e corte-as em rodelas finas.

3   Coloque duas rodelas de azeitona sobre cada canapé e ponha dentro delas um cubinho de cenoura.

4   Arrume os canapés numa bandeja e deixe-os na geladeira por 10 minutos.

CANAPÉS DE PICLES

- *3 colheres (sopa) de picles picados*
- *⅓ de xícara (chá) de maionese*
- *½ colher (chá) de mostarda*
- *Pão de fôrma cortado em rodelas*
- *Picles variados*

1   Misture os picles picados, a maionese e a mostarda e passe a mistura sobre as rodelas de pão de fôrma.

2   Decore os canapés com pedacinhos dos picles variados.

CANAPÉS DE PRESUNTO

- *150 g de presunto*
- *50 g de manteiga*
- *Sal*
- *Pimenta-do-reino-branca*
- *Pão de fôrma torrado e cortado em triângulos*
- *Cerejas em calda bem escorridas*

1   Triture o presunto e misture a manteiga para obter uma pasta cremosa. Tempere com o sal e a pimenta-do-reino-branca.

2   Passe a mistura obtida sobre os triângulos de pão de fôrma previamente torrados.

3   Decore com as cerejas.

Canapés de Queijo I

- 50 g de bacon *fatiado*
- 10 fatias de pão branco (fôrma)
- 150 g de requeijão
- 100 g de pepino em conserva (picles)

1 Doure o *bacon* em uma frigideira, escorra e deixe esfriar. Triture grosseiramente.

2 Corte o pão em rodelas de 4 cm e passe o requeijão sobre elas. Salpique com um pouco do *bacon* triturado.

3 Corte o pepino em rodelas de ½ centímetro de espessura e ponha uma no centro de cada canapé.

4 Coloque os canapés na bandeja e leve à geladeira por 10 minutos.

Canapés de Queijo II

- *100 g de manteiga*
- *100 g de queijo parmesão ralado*
- *Sal*
- *Pimenta-do-reino-branca*
- *Pão de fôrma cortado em rodelas ou quadrados*
- *Nozes*

1 Amasse com um garfo a manteiga e o queijo ralado. Tempere com sal e pimenta-do-reino-branca.

2 Espalhe a mistura obtida sobre as rodelas ou quadrados de pão de fôrma.

3 Decore cada canapé com um pedaço de noz.

Canapés de Salame

- *10 fatias de pão de centeio (fôrma)*
- *50 g de manteiga ou margarina*
- *100 g de salame tipo milanês fatiado*
- *15 azeitonas pretas pequenas*
- *Couve-flor em picles*

1 Corte as rodelas de pão e passe uma camada fina de manteiga ou margarina sobre elas.

2 Ponha uma rodela de salame sobre cada canapé.

3 Corte as azeitonas ao meio, no sentido do comprimento, e elimine os caroços. Elimine o talo da couve-flor.

4 Coloque meia azeitona e um pequeno pedaço de couve-flor no centro de cada rodela de salame.

5 Arrume os canapés numa travessa e deixe-os na geladeira durante 10 minutos.

ANTEPASTOS

CANAPÉS DE SALMÃO DEFUMADO

- *100 g de* cream cheese *(queijo cremoso)*
- *1 colher (chá) de cebola bem picada*
- *1 colher (sopa) de suco de limão*
- *Sal e pimenta-do-reino*
- *6 fatias de pão de centeio*
- *100 g de salmão defumado fatiado*
- *Alcaparras para decorar*

1 Misture bem o queijo cremoso com a cebola, o suco de limão, o sal e a pimenta-do-reino.

2 Corte o pão em quadradinhos. Espalhe um pouco da mistura de queijo sobre cada quadrado.

3 Arrume sobre o queijo uma pequena fatia de salmão e decore com as alcaparras.

CANAPÉS DE SARDINHA

- *1 lata de sardinhas em água*
- *¹/₃ de xícara (chá) de maionese*
- *1 colher (chá) de cebola picada*
- *1 colher (chá) de salsinha picada*
- *Sal e pimenta-do-reino*
- *Pão de fôrma sem casca*
- *Salsinha crespa para decorar*

1 Amasse as sardinhas (sem as espinhas).

2 Adicione a maionese, a cebola, a salsinha, o sal e a pimenta-do-reino. Misture bem. Passe a pasta obtida nas fatias de pão de fôrma e corte em quadradinhos.

3 Decore com ramos de salsinha crespa.

CANAPÉS DE CAVIAR

- *Fatias de pão de centeio ou pão preto*
- *2 colheres (sopa) de manteiga amolecida*
- *50 g de caviar*
- *Gotas de suco de limão*

1 Corte as fatias de pão em rodelas ou quadradinhos.

2 Passe uma camada fina de manteiga sobre as fatias do pão e, sobre elas, o caviar.

3 Sirva como *hors-d'oeuvre* (entrada), pingando algumas gotas de limão sobre o caviar.

Cebolinhas em Conserva

- *500 g de cebolas pequenas para conserva*
- *2 xícaras (chá) de água*
- *1 xícara (chá) de vinagre branco*
- *2 colheres (sopa) de sal*
- *12 grãos de pimenta-do-reino*
- *3 ou 4 dentes de alho inteiros*
- *2 folhas de louro*

1   Descasque as cebolinhas e coloque para ferver com a água, o vinagre, o sal, a pimenta-do-reino em grãos, os dentes de alho e as folhas de louro.

2   Quando a água começar a ferver, apague o fogo.

3   Deixe-as esfriar e guarde-as num vidro bem tampado, conservando na geladeira.

Crostini Primavera

- *4 tomates firmes*
- *1 dente de alho picado finamente*
- *1 pitada de orégano*
- *Folhas de manjericão*
- *Sal*
- *3 colheres (sopa) de azeite*
- *Torradinhas de baguete ou pão francês*

1   Corte os tomates ao meio no sentido horizontal e elimine as sementes. Pique em cubos de 1 cm e os coloque em uma tigela. Acrescente o alho, o orégano, as folhas de manjericão e um pouco de sal. Misture e regue com o azeite.

2   Cubra as torradinhas com a mistura de tomates e leve ao forno preaquecido para amornar. Sirva.

Crostini de Parma

- *Torradas de baguete ou pão francês*
- *6 figos firmes*
- *2 colheres (sopa) de mel*
- *150 g de presunto cru tipo Parma*

1   Corte o pão em fatias de 1 cm. Coloque em uma assadeira e leve ao forno bem quente para torrarem levemente. Reserve.

2   Lave bem os figos, mantendo as cascas, e corte-os em fatias de ½ cm. Espalhe algumas gotas de mel sobre cada torrada, coloque uma fatia de figo e um pouco do presunto cru enrolado.

3   Arrume em uma travessa e sirva.

Crostini de Búfala

- 6 filés de anchovas
- 50 g de manteiga
- 150 g de mozarela de búfala
- Torradas de baguete ou pão francês

1 Coloque em um processador as anchovas, a manteiga e a mozarela. Processe para obter uma pasta firme.

2 Espalhe a pasta sobre as torradinhas e leve ao forno pre-aquecido para derreter a mozarela.

3 Sirva quente.

Crostini Imperial

- 3 ovos cozidos com as gemas e as claras separadas
- 3 colheres (sopa) de manteiga ou margarina
- 3 colheres (chá) de mostarda seca
- 1 pitada de caril (curry)
- 1 pitada de pimenta-de-caiena
- Sal
- ¼ de limão
- Torradas

1 Amasse as gemas e misture-as com a manteiga ou margarina.

2 Junte o restante dos ingredientes, menos as claras, e mexa bem.

3 Adicione, por fim, as claras picadas em pedacinhos.

4 Arrume a mistura sobre as torradas e coloque em uma bandeja ou travessa.

Damascos com Queijo Cremoso

- 24 damascos (secos)
- 4 colheres (sopa) de cream cheese (queijo cremoso)
- 24 metades de nozes

1 Corte os damascos ao meio sem separar as metades.

2 Coloque um pouco do queijo cremoso no meio de cada unidade e sobre o queijo coloque uma metade de noz.

3 Feche delicadamente cada damasco, sem apertar.

4 Arrume em uma travessa e sirva.

Dip de Legumes

- *Cenouras cortadas em palitos*
- *Salsão cortado em palitos*
- *Pepino cortado em palitos*
- *Molhos (ver nota)*

1 Arrume os palitos de legumes em uma travessa ou tigela com gelo triturado.

2 Sirva com os molhos de sua preferência.

Nota: Escolha um ou mais molhos no capítulo de molhos para salada (pág. 167).

Erva-doce (Aperitivo)

- *1 erva-doce limpa*
- *3 colheres (sopa) de azeite*
- *1 colher (sopa) de suco de limão*
- *1 colher (sopa) de água*
- *1 pitada de sal*
- *1 pitada de pimenta-do-reino- -branca*

1 Corte a raiz de erva-doce em triângulos com 2 cm de base por 6 cm de lado e arrume-os na travessa em que vai servi-los.

2 Separadamente, misture todos os demais ingredientes e coloque a mistura obtida numa molheira.

3 Sirva a erva-doce com o molho como aperitivo, acompanhando fatias de pão italiano e azeitonas.

Espetinhos de Melão com Presunto

- *3 fatias de melão*
- *250 g de presunto*
- *1 xícara (chá) de uvas-itália cortadas ao meio*

1 Corte o melão em quadrados de 3 cm e embrulhe cada um deles em meia fatia de presunto.

2 Prenda ao presunto e ao melão uma uva, espetando-a com um palito.

3 Guarde os espetinhos na geladeira até a hora de servir.

Antepastos

Ovos de Codorna

- 24 ovos de codorna cozidos e descascados
- 2 colheres (sopa) de azeite
- Orégano
- Sal

Coloque os ovos em um recipiente e adicione os ingredientes restantes. Misture bem.

Nota: Pode-se servir os ovos de codorna regados com molho rosé.

Ovos Duros

- 6 ovos
- Folhas de alface
- Temperos

1 Cozinhe os ovos em água fervente por 8 a 10 minutos.

2 Retire-os e mergulhe-os em água fria.

3 Elimine as cascas, corte os ovos ao meio e arrume-os sobre folhas de alface.

4 Tempere à vontade com sal, vinagre, mostarda, azeite e pimenta-do-reino.

Ovos Recheados

- 6 ovos
- 1 colher (chá) de mostarda
- 3 colheres (sopa) de maionese
- Sal e pimenta-do-reino
- Folhas de salsa
- Lâminas de azeitona
- Folhas de miolo de alface

1 Cozinhe os ovos em água fervente por 12 minutos. Transfira-os para uma tigela com água e gelo e esfrie-os completamente. Descasque-os.

2 Corte os ovos ao meio no sentido do comprimento.

3 Retire as gemas e coloque-as em uma tigela. Amasse-as com a ajuda de um garfo, adicionando a mostarda e a maionese. Tempere a mistura com sal e pimenta-do-reino.

4 Encha com a mistura as cavidades das claras.

5 Decore com as folhas de salsa e as lâminas de azeitona.

6 Arrume os ovos recheados em uma travessa com o fundo previamente forrado com as folhas de miolo de alface.

Pasta de Berinjela

- 4 berinjelas médias
- 1 dente de alho
- 4 colheres (sopa) de molho tahine
- Sal
- 3 colheres (sopa) de suco de limão
- Azeite
- Hortelã
- Pão sírio

1 Lave as berinjelas e faça alguns furos na casca com a ajuda de um garfo. Asse-as sobre a chama do fogão ou em forno bem quente até estarem macias e as cascas, levemente queimadas.

2 Corte ao meio, retire a polpa e coloque em uma tigela. Em um pilão, soque o dente de alho com um pouco de sal e misture ao molho *tahine*, depois coloque o suco de limão. Despeje na tigela e amasse bem com um garfo. Se necessário, acrescente 2 colheres (sopa) de água fria. Acerte o ponto do sal.

3 Sirva com pão sírio, regando com o azeite e decore com folhas de hortelã.

Nota: Tahine é uma pasta preparada com gergelim. É encontrada em alguns supermercados e em casas de produtos árabes.

Pasta Básica de Ricota para Canapés

- 250 g de ricota fresca
- ¼ de xícara (chá) de creme de leite
- Sal e pimenta-do-reino

Coloque a ricota em um processador, adicione metade do creme de leite e processe para incorporar. Se a pasta ainda estiver muito firme, acrescente mais creme de leite até obter uma textura cremosa e estável. Tempere com o sal e a pimenta-do-reino.

Pasta de Salmão

- 1 receita de pasta básica de ricota
- 60 g de salmão defumado
- 1 colher (sopa) de ketchup
- Pão de centeio
- Alcaparras para decorar

1 Processe a pasta básica de ricota com o salmão e o ketchup.

2 Corte o pão de centeio em rodelas e toste levemente no forno. Espalhe a pasta sobre as torradinhas e decore com as alcaparras.

3 Se preferir, pode colocar a pasta em um pequeno recipiente e servir oferecendo torradinhas à parte.

PASTA DE ERVAS FINAS

- *1 receita de pasta básica de ricota (pág. 110)*
- *1 colher (chá) de salsinha picada*
- *1 colher (chá) de manjericão picado*
- *1 colher (chá) de cebolinha-verde picada*
- *½ colher (chá) de hortelã picada*
- *½ colher (chá) de tomilho*
- *Torradinhas de pão de fôrma*
- *Folhas de manjericão ou de salsa para decorar*

1 Coloque a pasta básica de ricota em uma tigela e adicione as ervas bem picadas. Misture com uma colher.

2 Espalhe sobre as torradinhas e decore com as folhas inteiras de manjericão ou de salsa.

3 Se preferir, coloque a pasta em um pequeno recipiente e sirva oferecendo torradinhas à parte.

PASTA DE TOMATE SECO

- *50 g de tomates secos*
- *1 dente de alho pequeno*
- *2 colheres (sopa) de azeite*
- *1 receita de pasta básica de ricota (pág. 110)*
- *1 pitada de orégano*
- *Torradinhas de pão de fôrma*
- *Folhas de manjericão*

1 Coloque em um processador os tomates secos, o alho e o azeite. Processe para obter uma pasta, adicionando pouco a pouco a pasta de ricota. Retire do processador e acrescente o orégano. Verifique o ponto do sal e, se necessário, faça a correção. Misture bem.

2 Espalhe sobre as torradinhas e decore com folhas de manjericão.

3 Se preferir, coloque a pasta em um pequeno recipiente e sirva oferecendo torradinhas à parte.

Pasta de Grão-de-bico

- 2 xícaras (chá) de grãos-de-bico
- Bicarbonato de sódio
- 1 dente de alho pequeno
- Sal
- 6 colheres (sopa) de molho tahine
- 2 colheres (sopa) de suco de limão
- Páprica doce
- Azeite
- Salsinha picada
- Pão sírio

1   Coloque os grãos-de-bico de molho em água fria por 8 horas, acrescentando uma pitada de bicarbonato de sódio à água. Cozinhe em água fervente por cerca de 50 minutos ou até que esteja bem macio. Escorra e reserve um pouco da água do cozimento.

2   Reserve alguns grãos-de-bico inteiros.

3   Soque o dente de alho com uma pitada de sal. Coloque o grão-de-bico escorrido em um processador ou liquidificador, acrescente o molho *tahine*, o alho socado e o suco de limão. Processe até obter uma pasta homogênea. Se estiver muito grossa, junte um pouco do caldo de cozimento.

4   Coloque em uma travessa, decore com os grãos-de-bico inteiros, a salsinha picada e um fio de azeite e salpique com a páprica. Sirva com pão sírio.

Nota: Tahine *é uma pasta preparada com gergelim. É encontrada em alguns supermercados e em casas de produtos árabes.*

Pepinos Agridoces

- 500 g de pepino-japonês
- ½ xícara (chá) de açúcar
- ¼ de xícara (chá) de vinagre branco
- 1 colher (chá) de sal
- ½ colher (chá) de sementes de mostarda

Fatie os pepinos finamente. Coloque em um recipiente de vidro e acrescente os ingredientes restantes. Misture bem. Tampe e leve à geladeira por 24 horas.

Antepastos

Pepinos (Aperitivo)

- 4 pepinos firmes
- Sal e pimenta-do-reino
- 3 colheres (sopa) de vinagre
- 1 cebola pequena

1 Descasque os pepinos, corte-os em rodelas finas e polvilhe-as com sal. Fatie a cebola e separe os anéis.

2 Depois de alguns minutos, escorra a água dos pepinos. Arrume as rodelas num prato grande ou em pratinhos e polvilhe-as levemente com pimenta-do-reino. Adicione o vinagre e misture. Decore com anéis de cebola.

Quadradinhos de Queijo e Cereja

- ½ kg de queijo prato
- 1 xícara (chá) de cerejas ao marasquino

1 Corte o queijo em quadradinhos.

2 Coloque sobre cada quadradinho uma cereja.

3 Espete-os com um palito.

Queijo Brie com Geleia de Framboesa

- 250 g de queijo brie
- 4 colheres (sopa) de geleia de framboesa
- Torradas de baguete

1 Coloque o queijo em um prato ou travessa e leve ao micro-ondas na potência máxima por 1 a 2 minutos.

2 Cubra o queijo com a geleia e sirva bem quente com torradinhas.

Rabanetes (Aperitivo)

- *24 rabanetes pequenos*
- *Sal*

1 Escolha rabanetes médios e redondos, de carnação igual e que não sejam ocos nem muito esbranquiçados por dentro.

2 Lave-os bem. Corte a extremidade da raiz e as folhas e coloque os rabanetes em uma travessa. Salpique com sal.

Observação: Pode-se cortar os rabanetes em flor, deixando as cascas presas apenas pela extremidade do cabo.

Sardela

- *200 g de tomates maduros*
- *800 g de pimentões vermelhos*
- *¾ de xícara (chá) de azeite*
- *3 dentes de alho picados*
- *2 colheres (sopa) de orégano*
- *1 colher (café) de pimenta-calabresa*
- *1 colher (chá) de sementes de erva-doce*
- *40 g de anchovas*
- *Sal a gosto*
- *Pão italiano*

1 Retire o talo dos tomates, corte-os ao meio e esprema levemente para eliminar as sementes. Corte os pimentões ao meio, elimine o talo e retire as sementes. Despeje os tomates e os pimentões em um liquidificador e bata até obter um creme homogêneo. Coloque em uma panela ⅓ de xícara (chá) de azeite, leve ao fogo e aqueça bem. Acrescente o alho picado e doure levemente. Adicione metade do orégano, a pimenta-calabresa e as sementes de erva-doce, misture por um minuto e acrescente o purê de tomates e pimentões. Abaixe o fogo e cozinhe com a panela semiaberta por cerca de 1 hora. Se necessário, coloque um pouco de água. No final do cozimento você deve obter um creme sem água.

2 Amasse as anchovas com um garfo e acrescente um pouco de azeite para formar uma pasta. Coloque a pasta na sardela, misture bem, junte o orégano restante e leve ao fogo baixo por mais 5 minutos, mexendo sem parar. Retire do fogo e, aos poucos, vá acrescentando o azeite restante, misturando bem com uma colher de pau. Acerte o ponto do sal. Deixe esfriar e guarde na geladeira.

3 Sirva com pão italiano.

Tomates Secos em Conserva

- 1 kg de tomates
- 2 colheres (sopa) de sal
- 4 colheres (sopa) de açúcar
- 6 dentes de alho
- 1 xícara (chá) de azeite
- 1 colher (sopa) de orégano

1 Escolha tomates firmes e com bastante polpa, preferencialmente do tipo Débora. Misture o sal e o açúcar. Reserve. Retire os talos dos tomates. Corte-os ao meio no sentido horizontal e elimine as sementes.

2 Lave bem os tomates cortados, por dentro e por fora. Seque com papel absorvente, tomando cuidado para não machucar a polpa. Salpique a mistura de sal e açúcar dentro dos tomates. Coloque as metades em uma grelha com a parte cortada para baixo e deixe descansar por 1 hora, para perder líquido. Vire a parte cortada para cima e leve ao forno à temperatura de 80 °C a 90 °C por 1 e ½ hora. Vire os tomates novamente e deixe no forno por mais 1 e ½ hora. Deixe esfriar.

3 Faça uma mistura com o azeite, o alho cortado em fatias e o orégano. Coloque a mistura em um vidro com tampa após os tomates estarem frios. Junte os tomates e deixe curtir por algumas horas. Conserve na geladeira.

ENTRADAS
Entradas

"Convidar alguém é encarregar-se de seu prazer durante todo o tempo que ele permanece em nossa casa."

BRILLAT-SAVARIN. TEXTO DA EDIÇÃO DE 1942 DE *DONA BENTA*.

ENTRADAS

Bolinhas de melão com Parma 119	*Entrada fria de camarão* 124
Caponata siciliana 119	*Figos com presunto* 125
Carpaccio 120	*Flan de parmesão* 125
Casquinha de camarões 120	*Melão com presunto* 126
Casquinha de siri 121	*Musse de salmão* 126
Coquetel de aspargos 121	*Palmito pupunha assado* 127
Coquetel de camarões I 122	*Patê caseiro* 127
Coquetel de camarões II 122	*Rocambole gelado de batatas* 128
Coquetel de melão 123	*Shitake oriental* 128
Coquetel de tomate 123	*Tartar de beterraba* 129
Cuscuz de panela 124	*Tomates recheados* 129

ENTRADAS

Bolinhas de Melão com Parma

- 1 melão pequeno
- 100 g de queijo parmesão
- 150 g de presunto cru tipo Parma

1 Corte o melão ao meio e, com um boleador, faça bolinhas com a polpa.

2 Arrume as bolinhas em taças ou saladeiras individuais.

3 Rale o parmesão utilizando o lado grosso do ralador.

4 Corte as fatias de presunto em tiras finas e distribua sobre as bolinhas de melão. Salpique com um pouco do queijo ralado.

5 Leve à geladeira por 1 hora.

6 Mantenha na geladeira até o momento de servir.

Caponata Siciliana

- 1 berinjela grande
- 1 pimentão vermelho
- 1 pimentão amarelo
- 1 abobrinha média
- 1 cebola média
- 2 talos de salsão
- 2 dentes de alho
- ⅓ de xícara (chá) de vinagre tinto
- 6 colheres (sopa) de azeite
- 1 colher (sopa) de açúcar
- 2 colheres (sopa) de alcaparras
- 1 colher (sopa) de uvas-passas
- Sal e pimenta-do-reino
- Nozes para decorar

1 Corte a berinjela, os pimentões, o salsão, a cebola e a abobrinha em cubos de 2 cm. Pique finamente os dentes de alho.

2 Coloque o azeite em uma panela média e aqueça bem. Acrescente os cubos de berinjela e refogue por 2 minutos. Acrescente o alho, a cebola e os pimentões e refogue por um minuto.

3 Misture o açúcar ao vinagre e coloque na panela. Deixe reduzir e acrescente as uvas-passas.

4 Cozinhe até que o líquido reduza e tempere com o sal e a pimenta-do-reino. Adicione as alcaparras e misture. Retire do fogo e deixe esfriar. Arrume em uma travessa e decore com as nozes. Mantenha na geladeira por 2 horas antes de servir.

5 Sirva com pão italiano ou salada verde.

ENTRADAS

CARPACCIO

- 24 fatias de carpaccio *pronto* (ver nota)
- 4 colheres (sopa) de parmesão ralado grosso
- 6 colheres (sopa) de molho

Molho:
- ⅓ de xícara (chá) de azeite
- 2 colheres (sopa) de suco de limão
- ½ colher (chá) de mostarda
- 1 colher (chá) de alcaparras picadas
- 1 colher (chá) de salsinha picada
- ½ colher (chá) de molho inglês
- Sal e pimenta-do-reino

1 Prepare o molho, misturando todos os ingredientes em um vidro com tampa. Tampe e agite fortemente para incorporar. Reserve.

2 Arrume 6 fatias de *carpaccio* em cada prato, sobrepondo-as levemente e formando um círculo. Distribua o molho pelos pratos, espalhando-o com as costas de uma colher. Salpique cada porção com o queijo ralado grosso.

3 Sirva imediatamente com torradas.

Nota: O carpaccio é preparado com lagarto bovino, limpo e congelado inteiro. Depois de congelado, é cortado em fatias finíssimas (quase transparentes) em um cortador de frios para a montagem da receita. A carne é servida crua. Atualmente, pode-se encontrar carpaccio pré-fatiado na maioria dos grandes supermercados.

CASQUINHA DE CAMARÕES

- 100 g de pão francês
- 1 xícara (chá) de leite de coco
- ½ xícara (chá) de leite
- 2 tomates
- 1 cebola média
- 2 dentes de alho
- ½ pimentão verde
- ½ pimenta-dedo-de-moça
- 3 colheres (sopa) de óleo
- 500 g de camarões sete-barbas
- 2 colheres (sopa) de farinha de trigo
- Sal e pimenta-do-reino
- 1 colher (sopa) de tomilho picado
- Farinha de rosca e parmesão

1 Corte o pão francês em cubos, coloque-os em uma tigela e cubra com o leite de coco e o leite. Deixe que o pão fique bem embebido. Retire a pele e as sementes dos tomates e pique finamente.

2 Pique a cebola, o alho, o pimentão verde e a pimenta-dedo-de-moça. Aqueça o óleo em uma panela e acrescente os ingredientes picados. Refogue em fogo baixo por 10 minutos e acrescente os camarões e os tomates. Mexa bem e salpique a mistura com a farinha de trigo. Misture e acrescente o pão e o leite em que ficou de molho.

3 Mexa sem parar até que o pão desmanche e a mistura esteja bem cremosa. Retire do fogo, tempere com o sal e a pimenta-do-reino e acrescente o tomilho. Deixe esfriar completamente.

4 Recheie conchinhas utilizadas para servir casquinhas de siri ou então refratários individuais, salpique com farinha de rosca e parmesão ralado e leve ao forno para gratinar.

5 Para que as conchinhas não fiquem balançando, forre com sal grosso o fundo da travessa em que serão servidas.

ENTRADAS

Casquinha de Siri

- *150 g de manteiga ou margarina*
- *300 g de cebolas raladas*
- *4 dentes de alho esmagados*
- *1 kg de carne de siri*
- *½ kg de tomates (sem pele e sem sementes)*
- *4 pimentões verdes picados finamente*
- *150 g de azeitonas sem caroços picadas finamente*
- *150 g de queijo mineiro ralado*
- *3 pimentas-malagueta esmagadas*
- *½ pão de fôrma*
- *½ litro de leite*
- *1 lata de creme de leite*
- *150 g de farinha de rosca ou queijo ralado*
- *Sal*

1 Coloque numa panela a manteiga, as cebolas, o alho esmagado e a carne de siri. Deixe-os fritar em fogo baixo durante 20 minutos.

2 Junte os tomates batidos no liquidificador e deixe-os cozinhar por 15 minutos ou até que estejam bem incorporados à carne de siri.

3 Acrescente os pimentões, as azeitonas picadas, o queijo ralado e as pimentas, com o fogo sempre baixo e mexendo de vez em quando para não grudar.

4 Enquanto isso, ponha o pão de fôrma de molho no leite por 10 minutos e, depois, bata-o no liquidificador por 3 minutos, em velocidade média.

5 Junte o pão ao refogado da panela e deixe que este engrosse (cerca de 5 minutos), mexendo sempre para não grudar.

6 Quando estiver bem denso, acrescente creme de leite sem soro, mexa bem e deixe no fogo por mais 3 minutos.

7 Retire então do fogo.

8 Encha as casquinhas de siri com o creme, espalhando-o bem com uma colher, e pulverize com a farinha de rosca ou o queijo ralado.

9 Na hora de servir, ponha para gratinar no forno preaquecido a 170 ºC durante 10 minutos.

10 Leve à mesa bem quente.

Coquetel de Aspargos

- *150 g de presunto em um só pedaço*
- *1 lata de aspargos escorridos e cortados em 3 pedaços*
- *½ abacaxi (pérola) descascado e picado*
- *2 colheres (sopa) de creme de leite*
- *½ xícara (chá) de maionese*
- *1 colher (café) de sal*
- *Pimenta-do-reino-branca*
- *Folhas de salsa limpas (para decorar)*

1 Corte o presunto em cubos pequenos.

2 Misture todos os ingredientes.

3 Divida-o em taças de coquetel (de camarão) ou em saladeiras individuais.

4 Decore cada taça com uma folha de salsa e leve à geladeira por 2 horas.

ENTRADAS

Coquetel de Camarões I

- 500 g de camarões com casca
- ¾ de litro de água fervente
- 1 colher (sobremesa) de sal
- 1 xícara (chá) de creme de leite
- ¼ de xícara (chá) de suco de tomate
- 1 colher (sopa) de molho inglês
- 1 colher (sopa) de gim
- 1 pitada de sal

1 Cozinhe os camarões na água fervente temperada com o sal durante 7 minutos.

2 Retire os camarões da água, descasque-os e lave-os na mesma água. A seguir, elimine essa água.

3 Pique metade dos camarões, conservando inteiros os outros. Deixe-os de reserva na geladeira.

4 Misture o creme de leite, o molho inglês, o gim, o suco de tomate e a pitada de sal. Leve a mistura para gelar.

5 No momento de servir, coloque no fundo de cada taça individual um pouco de molho e de camarões picados, cobrindo com mais molho.

6 Decore colocando 3 camarões inteiros em volta de cada taça.

Coquetel de Camarões II

- 250 g de camarões pequenos cozidos
- 2 xícaras (chá) de maionese
- ¾ de xícara (chá) de creme de leite
- ½ xícara (chá) de ketchup
- 1 colher (sobremesa) de molho inglês
- 1 colher (sopa) de gim
- Sal e pimenta-do-reino
- 500 g de camarões médios cozidos

1 Pique grosseiramente os camarões pequenos e coloque-os em uma tigela. Adicione a maionese, o molho inglês, o gim, o creme de leite e o ketchup. Tempere com um pouco de sal e pimenta-do-reino e misture bem. Leve à geladeira.

2 Coloque o creme em taças individuais, sobre gelo moído, e enfeite, colocando os camarões médios inteiros ao redor das taças.

3 Leve para gelar.

ENTRADAS

Coquetel de Melão

- ½ melão médio descascado e picado
- 1 xícara (chá) de queijo mineiro fresco
- 1 colher (café) de sal
- 1 pitada de pimenta-do-reino branca
- ½ xícara (chá) de creme de leite
- ½ xícara (chá) de maionese
- 1 colher (chá) de mostarda
- Páprica (para polvilhar)
- Cebolinha-verde fatiada

1   Misture o melão e o queijo, tempere-os com o sal e a pimenta e acrescente-lhes o creme de leite, a maionese e a mostarda.

2   Arrume o coquetel em saladeiras individuais de vidro.

3   Polvilhe com uma pitada de páprica no centro de cada taça ou saladeira. Complete a decoração com fatias de cebolinha-verde.

4   Leve à geladeira por 2 horas.

Coquetel de Tomate

- 1 vidro de suco de tomate gelado
- 2 filés de anchovas
- Sal e pimenta a gosto
- 1 pitada de açúcar
- 1 xícara (chá) de creme de leite gelado e sem soro
- 6 colheres (sobremesa) de ricota fresca triturada
- 6 folhas de manjericão

1   Coloque o suco de tomate, os filés de anchovas, o sal, a pimenta, o açúcar e o creme de leite no liquidificador e bata por 3 minutos.

2   Distribua a mistura por 6 copos de coquetel. Ponha em cada um 1 colher (sobremesa) da ricota e sobre ela uma folha de manjericão.

ENTRADAS

Cuscuz de Panela

- 5 xícaras (chá) de farinha de milho em flocos
- 500 g de camarões pequenos limpos (reserve as cascas)
- 1 xícara (chá) de azeite
- 1 cebola graúda picada
- 2 dentes de alho picados
- 1 folha de louro
- 6 talos de cebolinha-verde fatiada
- 1 colher (sopa) de salsinha picada
- 10 tomates sem pele bem picados
- 2 xícaras (chá) de água ou caldo de peixe
- 300 g de palmito picado
- 150 g de ervilhas
- 2 colheres (chá) de sal
- 1 xícara (chá) de farinha de mandioca crua
- 1 tomate fatiado
- 1 lata de sardinhas em conserva
- 2 ovos cozidos
- Folhas verdes

1 Esfarele os flocos de farinha de milho com as mãos ou passe por uma peneira grossa. Prepare um caldo com a casca dos camarões.

2 Coloque em uma panela grande o azeite e leve ao fogo. Acrescente a cebola e o alho e refogue em fogo baixo até a cebola estar bem macia e transparente. Adicione a folha de louro, a cebolinha e a salsinha, misture bem e refogue por 2 minutos. Junte os tomates e refogue em fogo baixo por 10 minutos, ajudando com um garfo a desmanchá-los. Coloque a água ou o caldo e ferva por 15 minutos em fogo baixo, aumente o fogo e acrescente o palmito picado, as ervilhas e os camarões. Coloque o sal e cozinhe por 10 minutos em fogo baixo.

3 Acrescente aos poucos as farinhas, cozinhando por cerca de 10 minutos e mexendo sem parar até que o cuscuz se solte da panela.

4 Unte uma fôrma de bolo (furo no meio) com o azeite e coloque fatias de tomate, sardinhas e fatias de ovo cozido nas laterais. Encha com o cuscuz, apertando bem, desenforme e sirva quente ou frio, acompanhado de salada verde.

Entrada Fria de Camarão

- 500 g de camarões cozidos, descascados e limpos
- 2 colheres (sopa) de ketchup
- 30 g de picles picados
- 2 colheres (sopa) de suco de limão
- 1 colher (chá) de molho inglês
- Sal e pimenta-do-reino
- Alface picada
- 24 ovos de codorna cozidos
- 12 azeitonas pretas sem caroço

1 Tempere os camarões com o ketchup, os picles picados, o suco de limão, algumas gotas de molho inglês, o sal e a pimenta.

2 Arrume os camarões temperados numa travessa e guarneça-os com a alface.

3 Decore com os ovos de codorna e as azeitonas pretas.

Figos com Presunto

- ½ xícara (chá) de vinagre balsâmico (ver nota)
- ¼ de xícara (chá) de açúcar
- 1 pitada de sal
- 12 figos firmes
- 300 g de presunto cru em fatias

1 Coloque em uma pequena panela o vinagre balsâmico e o açúcar. Acrescente uma pitada de sal e leve ao fogo baixo por cerca de 8 minutos para obter o ponto de caramelo leve. Retire do fogo, deixe esfriar e reserve. Lave bem os figos, retire o cabinho e corte-os em 4 gomos.

2 Arrume as fatias de presunto cru em uma travessa e decore com os figos. Regue com um fio do caramelo balsâmico e sirva. Se o caramelo estiver muito espesso, depois de frio dilua-o com algumas gotas de balsâmico. Se preferir, descasque os figos.

Nota: O vinagre balsâmico é encontrado em alguns supermercados e em casas de produtos para gourmets. É importado da Itália, e seu nome original é aceto balsamico. O balsâmico é um vinagre preparado com mosto de uvas e envelhecido por pelo menos 7 anos.

Flan de Parmesão

- 2 colheres (sopa) de manteiga
- 2 colheres (sopa) de farinha de trigo
- 1 xícara (chá) de creme de leite
- ½ xícara (chá) de leite
- 2 ovos
- 1 gema
- ½ xícara (chá) de parmesão ralado
- Sal e pimenta-do-reino
- Noz-moscada
- Molho de tomate

1 Aqueça o forno a 140 °C. Unte forminhas individuais (de pudim) com manteiga ou óleo. Coloque a manteiga em uma panela, adicione a farinha de trigo, leve ao fogo e cozinhe até obter a consistência de pasta. Adicione aos poucos o creme de leite e o leite, misturando bem.

2 Leve para ferver. Retire do fogo e deixe esfriar um pouco. Despeje um pouco da mistura sobre os ovos e a gema, mexa e despeje tudo na panela novamente. Adicione o parmesão, misturando muito bem, e tempere com o sal, a pimenta-do-reino e a noz-moscada.

3 Coloque nas forminhas, cubra cada uma com papel-alumínio e leve ao forno para assar em banho-maria. Asse por aproximadamente 1 e ½ hora.

4 Deixe amornar para retirar da forma. Sirva morno com molho de tomate.

Melão com Presunto

- *1 melão*
- *200 g de presunto cru fatiado*

1 Corte o melão em 6 ou 8 gomos no sentido do comprimento.

2 Corte a polpa, destacando-a da casca, em todo o comprimento, e depois a reparta em 6 ou 8 pedaços transversais.

3 Desvie cada pedaço dos outros, fazendo parecer intercalados, e coloque fatias de presunto entre eles.

4 Arrume cada porção em um prato e conserve na geladeira até o momento de servir.

Musse de Salmão

- *1 colher (sopa) de gelatina incolor*
- *½ cebola pequena picada*
- *150 g de salmão defumado*
- *1 xícara (chá) de maionese*
- *2 colheres (sopa) de ketchup*
- *1 colher (sopa) de suco de limão*
- *1 cubo de caldo de peixe*
- *½ xícara (chá) de água fervente*
- *1 xícara (chá) de creme de leite*
- *Óleo para untar*
- *Salada verde*

1 Cubra a gelatina com um pouco de água fria e deixe hidratar. Coloque em um liquidificador a cebola, o salmão, a maionese, o ketchup e o suco de limão. Bata até obter uma pasta bem lisa.

2 Dissolva a gelatina e o caldo de peixe na água fervente e acrescente à mistura. Bata até obter um creme homogêneo. Deixe esfriar levemente.

3 Bata levemente o creme de leite e acrescente delicadamente à mistura de salmão.

4 Unte uma fôrma com um pouco de óleo e despeje a mistura dentro dela.

5 Leve à geladeira por 6 a 8 horas, no mínimo.

6 Sirva com salada verde.

ENTRADAS

PALMITO PUPUNHA ASSADO

- 2 pedaços de palmito pupunha de 22 cm cada
- 4 colheres (sopa) de azeite
- 1 dente de alho pequeno
- 1 colher (chá) de suco de limão
- 1 colher (sopa) de salsinha picada
- ½ colher (chá) de alecrim fresco picado
- Sal

1   Corte os pedaços de pupunha ao meio no sentido do comprimento.

2   Aqueça o forno e coloque os palmitos sobre a grelha ou então leve para grelhar numa churrasqueira.

3   Asse os palmitos até que estejam macios no centro.

4   Aqueça o azeite em uma frigideira e adicione o dente de alho. Refogue até que o alho esteja dourado e descarte-o. Retire a frigideira do fogo e adicione o suco de limão, a salsinha, o alecrim e uma pitada de sal.

5   Retire os palmitos do forno com cuidado e arrume os pedaços em uma travessa. Salpique com um pouco de sal e regue com o azeite de ervas.

PATÊ CASEIRO

- 1 kg de fígado de frango
- 2 xícaras (chá) de leite
- 1 cebola pequena bem picada
- 1 dente de alho
- 400 g de toucinho gordo
- 3 pães franceses amanhecidos
- 1 colher (sopa) de conhaque
- 1 colher (chá) de mostarda
- 2 colheres (chá) de gelatina em pó
- 3 ovos
- Sal e pimenta-do-reino
- ⅔ de xícara (chá) de creme de leite

1   Coloque os fígados de molho no leite frio. Leve-os cobertos à geladeira por 24 horas.

2   Escorra bem os fígados e seque levemente com papel absorvente.

3   Corte o toucinho em cubos. Remova com uma faca a casca escura dos pãezinhos. Descarte. Coloque no processador os fígados, o toucinho, os pãezinhos sem casca, a cebola, o alho, o conhaque, os ovos, a mostarda, a gelatina, cerca de 1 e ½ colher (chá) de sal e pimenta-do-reino a gosto.

4   Processe até obter uma pasta lisa e cremosa. Passe por uma peneira (não muito fina) e coloque em outro recipiente. Acrescente o creme de leite e vá misturando delicadamente.

5   Forre com papel-alumínio uma fôrma de aproximadamente 25x10x10 cm ou uma fôrma de bolo inglês, coloque a mistura de fígados dentro e cubra com papel-alumínio.

6   Leve ao forno em banho-maria.

7   Asse em forno médio por 50 minutos. Retire do forno e deixe esfriar.

8   Leve à geladeira por 12 horas. Corte fatias grossas e arrume em pequenas travessas.

9   Sirva com torradas.

ENTRADAS

ROCAMBOLE GELADO DE BATATAS

- *1 kg de batatas cozidas com casca*
- *Sal e pimenta-do-reino*
- *1 cebola ralada*
- *2 ou 3 colheres (sopa) de maionese*
- *2 colheres (sopa) de suco de limão*
- *Recheio (ver nota)*

1 Descasque e amasse as batatas ainda quentes.

2 Tempere-as com o sal, a cebola ralada, a maionese, o caldo de limão e a pimenta.

3 Abra a massa em formato retangular grande em cima de um plástico. Recheie, enrole, cubra com maionese e decore a seu gosto.

Nota: Escolha um dos recheios abaixo ou utilize o que sua imaginação sugerir. Maionese com queijo e presunto fatiados, presuntada amassada com azeitonas picadas, maçã ácida cortada em cubos com temperos a gosto, atum amassado com cheiro-verde picadinho e peito de frango desfiado com azeitonas. Refogado de camarões ou de palmito. Patê de salmão ou de ricota com ervas.

SHITAKE ORIENTAL

- *200 g de cogumelos shitake (ver nota)*
- *3 colheres (sopa) de manteiga*
- *Aji-no-moto® (glutamato monossódico)*
- *2 colheres (sopa) de molho de soja*
- *2 colheres (sopa) de saquê*
- *1 colher (sopa) de cebolinha-verde fatiada*

1 Retire o talo dos cogumelos.

2 Leve ao fogo uma frigideira grande e coloque a manteiga. Coloque os cogumelos.

3 Deixe que dourem dos dois lados e salpique com o glutamato. Regue com o saquê e deixe evaporar levemente. Acrescente o molho de soja e misture bem. Arrume em uma travessa e salpique com a cebolinha-verde.

4 Sirva quente.

Nota: Shitake é uma espécie de cogumelo servido na maioria dos restaurantes japoneses. É encontrado com certa facilidade em feiras-livres e mercados orientais.

Entradas

Tartar de Beterraba

- 500 g de beterrabas
- 1 cebola pequena
- 2 pepinos em conserva
- 1 colher (sopa) de maionese
- 3 colheres (sopa) de alcaparras
- 1 colher (chá) de molho inglês
- 1 colher (sopa) de suco de limão
- 2 colheres (sopa) de salsinha picada
- Gotas de pimenta-vermelha
- Sal e pimenta-do-reino

1 Asse as beterrabas em forno médio por cerca de 90 minutos. Descasque e corte cada uma em 8 pedaços e coloque no processador; pulse até obter a textura de carne moída grossa.

2 Pique a cebola finamente e coloque em uma tigela; pique finamente os pepinos em conserva e acrescente à tigela, fazendo o mesmo com as alcaparras. Coloque a beterraba triturada na tigela juntamente com a cebola, os pepinos e as alcaparras, misture todos os outros ingredientes e mexa delicadamente.

3 Para uma apresentação sofisticada, coloque um aro de 10 cm no centro de cada prato, encha com o tartar e remova o aro.

4 Sirva acompanhado de salada verde.

Tomates Recheados

- 6 tomates maduros e firmes
- Sal e pimenta
- 4 ovos cozidos
- ¼ de xícara (chá) de maionese
- 1 colher (chá) de mostarda
- 1 colher (chá) de salsa picada
- Alface picada

1 Lave os tomates e corte-lhes uma fatia na parte superior, retirando as sementes.

2 Polvilhe com o sal e a pimenta e reserve.

3 Amasse as gemas dos ovos cozidos e misture um pouco de maionese e mostarda.

4 Pique as claras e misture-as com salsa.

5 Recheie os tomates com as gemas até a metade, completando com as claras.

6 Arrume-os numa travessa e guarneça-os com alface picadinha.

SALADAS
saladas

Saladas Básicas

Salada de abobrinha 136
Salada de agrião 136
Salada de alface 136
Salada de azedinha 136
Salada de acelga 136
Salada de batata 136
Salada de beterraba 137
Salada de brócolis 137
Salada de cenoura 137
Salada de cenoura ou beterraba cruas 137
Salada de chicória 137
Salada de chuchu 137
Salada de couve-flor 138
Salada de erva-doce 138
Salada de ervilha 138
Salada de fava-verde 138
Salada de feijão-verde 138
Salada mista 138
Salada de moyashi 139
Salada de nabo 139
Salada de palmito 139
Salada de pepino 139
Salada de pepino à italiana 139
Salada de quiabo 139
Salada de rabanete 140
Salada de repolho 140
Salada de salsão 140
Salada de tomate 140
Salada de vagem 140

Saladas Elaboradas

Salada de abacate 142
Salada de abobrinha com hortelã 142
Salada de acelga com abacaxi 143
Salada americana de repolho 143
Salada de bacalhau 144
Salada de batatas à alemã 144
Salada de batatas com ovos 144
Salada de batatas especial 145
Salada de berinjela 145
Salada de berinjela assada 146
Salada de broto de feijão 146
Salada Caesar 146
Salada de camarão 147
Salada caprese 147
Salada de carne desfiada 147
Salada de cogumelo com queijo 148
Salada exótica 148
Salada de feijão-branco 149

Salada de feijão-fradinho 149
Salada de frango desfiado 149
Salada de grão-de-bico 150
Salada de grão-de-bico e bacalhau 150
Salada hamburguesa 151
Salada de lagosta 151
Salada de legumes 152
Salada de legumes marinados 152
Salada de lentilha 153
Salada lombarda com peras 153
Salada de lulas 153
Salada do mar com arroz selvagem 154
Salada de mexilhões 155
Salada de milho verde 155
Salada mista com repolho 155
Salada napolitana 156
Salada oriental 156
Salada de palmito com salmão 157
Salada de pepino recheado 157
Salada de pupunha 158
Salada de quiabo 158
Salada de rábano 159
Salada rápida de repolho 159
Salada de ricota 160
Salada russa 160
Salada russa completa 161
Salada siciliana 161
Salada Texas 162
Salada de tomates 162
Salada de vagens especial 162
Salada de verão 163
Salada Waldorf 163
Salada Waldorf com salmão 164
Salpicão fácil 164
Salpicão de frango 165
Salpicão de presunto 166
Tabule 166

Molhos para Salada

Molho Caesar 168
Molho de gorgonzola 168
Molho de iogurte 168
Molho mil ilhas 169
Molho mostarda 169
Molho oriental 169
Molho rosé 170
Molho tradicional 170
Molho italiano 170

Saladas

"A salada é um dos pratos que mais põem em evidência o capricho e o bom gosto de uma dona de casa. Preparada com arte, esmero e cuidado, ela enfeita a mesa e predispõe favoravelmente os convidados.

Antigamente a salada era um prato modesto, sem grandes foros de valia. As rendilhadas chicórias, as viçosas alfaces e os requestados agriões se contentavam em ser apresentados com a simples graça de uma ponta de sal e um fiozinho de azeite e de vinagre."

Texto da edição de 1944 de *Dona Benta*.

Dicas e Informações

Siga as indicações contidas nas receitas.

Evite preparar saladas de folhas com muita antecedência, pois elas tendem a ficar murchas.

Quando utilizar legumes cozidos para as saladas, fique atento ao ponto do cozimento para que os legumes mantenham certa textura. Uma boa dica é preparar uma tigela com água e gelo e, assim que os legumes estiverem no ponto, escorrê-los e transferi-los para essa água. Isso fará com que o cozimento seja interrompido e manterá os legumes com textura firme.

Sempre que possível, utilize azeite de oliva para o tempero. Além de ser mais saboroso, ele é saudável.

O sal marinho realça o sabor das saladas.

Nas preparações mais elaboradas, os tomates devem ser pelados e as sementes, retiradas.

Se for utilizar cebola crua nas saladas, corte-a em fatias, lavando-as em água corrente para diminuir a acidez.

Cuide para que os ovos cozidos duros não fiquem escuros, o que pode causar má impressão.

Use sempre frutas descascadas e sem caroços.

As anchovas devem ser bem limpas, sem espinhas.

Escolha preferencialmente ingredientes da estação e livres de agrotóxicos.

Não aproveite legumes passados nem folhas amarelecidas.

Lave bem as folhas e os legumes. Coloque-os de molho por 15 minutos numa solução de água com um pouco de vinagre.

Componha as saladas de forma a criar um visual agradável, com contraste de cores e texturas.

Saladas Básicas

Estas receitas são básicas e simples, em sua maioria utilizando somente um ou dois ingredientes. São saladas ideais para o dia a dia, por serem de fácil preparo. Para temperá-las, confira as receitas de molhos para salada e escolha o que mais lhe agradar.

SALADAS BÁSICAS

Salada de Abobrinha

Lave algumas abobrinhas e corte-as em rodelas. Tempere com o molho escolhido e guarneça com bastante cebola cortada em rodelas.

Salada de Agrião

Agrião limpo, guarnecido com rodelas de cebola e tomate.

Salada de Alface

Folhas de alface inteiras ou picadas. Uma opção mais sofisticada é a salada feita com o miolo da alface: usam-se apenas as folhas brancas, inteiras, que são temperadas na mesa.

Salada de Azedinha

Pique finamente as azedinhas. Tempere com o molho escolhido e guarneça com cebolas cortadas em rodelas.

Salada de Acelga

Folhas de acelga ligeiramente aferventadas. Pique-as grosseiramente e arrume-as em uma travessa. Tempere-as e guarneça com bastante cebola e pimentão vermelho cortados em rodelas. Decore com azeitonas pretas.

Salada de Batata

Cozinhe algumas batatas, corte-as em pedaços pequenos e tempere-os com molho para saladas. (O molho deve ser feito pelo menos uma hora antes de ser servida a salada). Enfeite com alface picadinha, ovos cozidos, azeitonas e rodelas de tomate.

SALADAS BÁSICAS

Salada de Beterraba

Beterrabas cozidas: descasque-as, corte-as em rodelas, tempere-as e decore com azeitonas pretas.

Salada de Brócolis

Brócolis cozidos: arrume-os em uma travessa. Tempere-os e decore com ovos cozidos cortados em 4 ou com filezinhos de anchovas.

Salada de Cenoura

Cenouras cozidas: corte-as em rodelas e coloque-as numa travessa. Tempere e guarneça com tomate e cebola cortados em rodelas.

Salada de Cenoura ou Beterraba Cruas

Descasque cenouras ou beterrabas cruas; rale-as no lado grosso do ralador. Tempere-as e guarneça com alface cortada fininha e ovos cozidos cortados em 4.

Salada de Chicória

Folhas de chicória tenras e inteiras, ou folhas de chicória comum bem picadas. Tempere-as e guarneça com rodelas de tomate e de cebola.

Salada de Chuchu

Chuchu cozido cortado em fatias no sentido do comprimento. Tempere e salpique com salsa picada.

SALADAS BÁSICAS

Salada de Couve-flor

Buquês de couve-flor cozida: arrume-os numa saladeira, tempere-os e enfeite com folhas de alface e ovos cozidos cortados em rodelas.

Salada de Erva-doce

Ervas-doces cortadas em palitos ou juliana, temperadas e guarnecidas com folhas de alface.

Salada de Ervilha

Ervilhas de vagens cozidas. Coloque-as, bem escorridas, em uma travessa. Tempere.

Salada de Fava-verde

Ponha as favas-verdes cozidas numa travessa e tempere-as com o molho escolhido. Guarneça com a cebola, os ovos e o tomate cortados em rodelas. Sirva acompanhada de lombo defumado fatiado.

Salada de Feijão-verde

Feijão-verde cozido, mas não muito mole: tempere-o e guarneça com pimentão vermelho e verde, cebola e tomate cortados em rodelas.

Salada Mista

Arrume folhas de alface numa travessa. Coloque sobre elas batatas cozidas cortadas em rodelas. Intercale cenouras cozidas cortadas em rodelas, cebola crua fatiada, tomate, palmito e ovos cozidos cortados em rodelas. Complete a salada com presunto cozido e queijo prato fatiados, formando rolinhos. Decore com algumas azeitonas. Tempere.

SALADAS BÁSICAS

Salada de Moyashi

Branqueie o *moyashi* (broto de feijão), fervendo-o por um minuto em água levemente salgada. Escorra bem e deixe esfriar. Tempere.

Salada de Nabo

Corte os nabos cozidos em rodelas, tempere e acrescente uma pitada de pimenta-do-reino-branca ou algumas gotas de molho de pimenta.

Salada de Palmito

Se o palmito for em conserva, escorra o líquido e coloque-o de molho em água filtrada por 15 minutos. Corte o palmito em rodelas e tempere a salada. Se estiver utilizando palmito fresco, consulte a *salada de pupunha* (pág. 158).

Salada de Pepino

Descasque os pepinos no sentido do comprimento, deixando algumas listas de casca. Corte-os em rodelas ou em pequenos cubos. Tempere e sirva.

Salada de Pepino à Italiana

Corte os pepinos em rodelas, arrumando-as numa travessa. Guarneça um lado com anchovas em conserva e azeitonas, e o outro lado com tomate e cebola cortados em rodelas.

Salada de Quiabo

Arrume os quiabos cozidos numa travessa. Tempere e enfeite com folhas de alface. Acrescente tomates e ovos cozidos cortados em gomos.

Salada de Rabanete

Descasque os rabanetes e corte-os em rodelas. Tempere. Sirva com uma guarnição de alface e azeitonas pretas.

Salada de Repolho

Corte o repolho bem fininho. Salpique com um pouco de sal. Tempere e sirva.

Salada de Salsão

Corte o salsão em juliana fina e tempere. Guarneça a salada com queijo cortado em palitos grossos.

Salada de Tomate

Tomates meio verdes ou vermelhos, de textura firme: corte-os em rodelas e tempere. Guarneça com cebola, pimentões (vermelhos e verdes) cortados em rodelas finas e folhas de alface.

Salada de Vagem

Limpe as vagens e corte-as bem fino no sentido do comprimento. Cozinhe em água e sal com a panela destampada. Escorra-as bem, deixe-as esfriar e tempere.

Saladas Elaboradas

As receitas a seguir são de saladas mais elaboradas, preparadas com diversos ingredientes. Algumas são boas opções como pratos únicos, já outras podem ser servidas como entrada ou acompanhamento. Sinta-se à vontade para substituir as quantidades e os ingredientes, criando suas próprias composições.

Salada de Abacate

- 1 abacate maduro e firme
- 2 colheres (sopa) de suco de limão
- 3 colheres (sopa) de azeite
- 4 gotas de molho de pimenta-vermelha
- Sal
- Folhas de alface para guarnição

1 Descasque o abacate e corte a polpa em cubos. Coloque em uma tigela e acrescente o suco de limão, o azeite, o sal e o molho de pimenta. Misture delicadamente.

2 Guarneça com folhas de alface.

Salada de Abobrinha com Hortelã

- 4 abobrinhas tipo italiana
- 1 cebola pequena
- 1 colher (sopa) de hortelã ou salsinha picada
- 4 colheres (sopa) de azeite
- 1 colher (sopa) de vinagre
- Orégano
- Sal e pimenta-do-reino

1 Corte as abobrinhas em rodelas não muito finas e afervente-as em água e sal sem deixar que amoleçam demais. Escorra bem e deixe esfriar.

2 Corte a cebola em fatias finas.

3 Arrume as abobrinhas em uma travessa, coloque por cima as rodelas de cebola e salpique com salsinha ou hortelã.

4 Misture o azeite com o vinagre, o sal, a pimenta-do-reino e o orégano. Regue a salada com esse molho e leve à geladeira por 30 minutos.

Salada de Acelga com Abacaxi

- 1 pé pequeno de acelga
- 2 fatias de abacaxi
- 3 colheres (sopa) de uvas-passas
- 1 colher (sopa) de suco de limão
- $1/3$ de xícara (chá) de creme de leite
- 3 colheres (sopa) de azeite
- Sal

1 Lave bem e seque as folhas de acelga com um pano limpo. Pique as folhas grosseiramente. Coloque-as em uma tigela funda.

2 Corte o abacaxi em cubos de 2 cm e acrescente à tigela. Adicione as passas e regue com o suco de limão, o creme de leite e o azeite.

3 Salpique com um pouco de sal e misture bem. Sirva.

Salada Americana de Repolho

- 2 colheres (sopa) de uvas-passas
- 4 xícaras (chá) de repolho cortado fino (cerca de 600 g)
- 2 colheres (sopa) de cebola picada
- 1 cenoura ralada em ralo grosso
- 1 colher (chá) de mostarda em pó (opcional)
- 2 colheres (sopa) de açúcar
- 4 colheres (sopa) de vinagre branco
- ¼ de xícara (chá) de maionese
- 1 colher (café) de sal-de-aipo
- Sal e pimenta-do-reino branca

1 Reidrate as uvas-passas em um pouco de água fervente.

2 Coloque o repolho em uma tigela e misture bem com a cebola picada e a cenoura ralada.

3 Dissolva a mostarda em pó e o açúcar no vinagre e leve ao fogo até dar o ponto de fervura. Retire e acrescente à mistura de repolho. Mexa bem.

4 Acrescente a maionese, tempere com o sal-de-aipo, a pimenta-do-reino e, se necessário, mais um pouco de sal. Acrescente as uvas-passas, misture bem e leve à geladeira por 12 horas antes de servir.

5 Opcionalmente, pode-se acrescentar meio pimentão verde cortado em tiras bem finas.

SALADAS ELABORADAS

Salada de Bacalhau

- *500 g de bacalhau*
- *1 colher (sopa) de cebola picada*
- *1 tomate cortado em cubos pequenos*
- *6 colheres (sopa) de azeite*
- *2 colheres (sopa) de vinagre*
- *Sal e pimenta-do-reino*

1 Coloque o pedaço de bacalhau de molho em água fria por 24 horas para dessalgar.

2 Cozinhe o bacalhau em água fervente. Escorra e elimine as peles e espinhas. Desfie grosseiramente e coloque em uma tigela.

3 Acrescente a cebola, os cubos de tomate, o azeite, o vinagre e a pimenta-do-reino. Misture bem e prove o sal; se necessário, acrescente um pouco mais.

4 Leve à geladeira por 2 horas. Sirva com salada verde.

Salada de Batatas à Alemã

- *500 g de batatas cozidas picadas e frias*
- *1 cebola pequena triturada*
- *½ colher (sopa) de salsa picada*
- *1 colher (sopa) de azeite*
- *½ xícara (chá) de iogurte*
- *1 colher (sopa) de maionese*
- *Folhas de alface*
- *Azeitonas pretas*

1 Tempere as batatas com todos os temperos e arrume a salada numa travessa.

2 Se quiser, guarneça com folhas de alface e decore com azeitonas pretas.

3 Sirva acompanhada de frios e salsichas.

Salada de Batatas com Ovos

- *500 g de batatas*
- *4 ovos cozidos*
- *1 cebola pequena*
- *⅓ de xícara (chá) de maionese*
- *2 colheres (sopa) de cheiro-verde picado*
- *Sal*
- *2 colheres (sopa) de suco de limão*

1 Descasque as batatas e corte-as em cubos de 2 cm.

2 Cozinhe os cubos de batata em água fervente sem deixar que amoleçam demais. Escorra.

3 Descasque e pique grosseiramente os ovos. Pique a cebola. Misture os ingredientes em uma tigela, adicionando a maionese, o cheiro-verde, o sal e o suco de limão.

4 Leve à geladeira até a hora de servir.

Salada de Batatas Especial

- 3 xícaras (chá) de batatas cozidas cortadas em cubos
- 1 xícara (chá) de salsão picado
- 3 colheres (sopa) de óleo
- 1 colher (sopa) de vinagre
- 1 colher (café) de sal
- 1 pitada de pimenta-branca
- 6 salsichas cozidas cortadas em rodelas
- 2 colheres (sopa) de picles picados
- 2 colheres (sopa) de maionese
- Folhas de salsão

1 Tempere as batatas e o salsão com o óleo, o vinagre, o sal e a pimenta. Deixe descansar por 10 minutos.

2 Acrescente todos os outros ingredientes, misture bem e arrume a salada na travessa em que a vai servir.

3 Decore com folhas de salsão.

Salada de Berinjela

- Sal
- 1 colher (sopa) de sementes de erva-doce
- 2 berinjelas graúdas
- 2 colheres (sopa) de cebola picada
- 2 colheres (sopa) de salsinha picada
- 12 azeitonas pretas sem caroço picadas
- ¼ de xícara (chá) de azeite
- 2 colheres (sopa) de vinagre

1 Coloque para ferver 4 xícaras (chá) de água com 2 colheres (sopa) de sal e as sementes de erva-doce.

2 Corte as berinjelas em rodelas e coloque-as em água fervente. Ferva até estarem macias. Escorra e coloque em uma peneira para escorrer.

3 Quando as berinjelas estiverem frias, arrume em uma travessa uma camada de berinjela, salpique por cima um pouco de cebola, salsinha e azeitonas; repita até terminarem os ingredientes.

4 Misture o azeite ao vinagre e adicione um pouco de sal. Regue a preparação com o molho e leve à geladeira por 4 horas. Sirva com salada verde.

Salada de Berinjela Assada

- 2 berinjelas
- 1 dente de alho socado
- 2 colheres (sopa) de cebola batidinha
- 2 colheres (sopa) de cheiro-verde picado
- Sal
- 4 colheres (sopa) de azeite

1 Espete as berinjelas num garfo ou num espeto e asse-as na chama do fogão, de modo que a casca fique quebradiça.

2 Espere esfriar, descasque as berinjelas e amasse-as. Tempere com o alho socado, a cebola batidinha, o cheiro-verde picado, o sal e o azeite.

3 Ponha para gelar.

Salada de Broto de Feijão

- 1 punhado de broto de feijão
- 1 cenoura ralada em ralo grosso
- 2 colheres (sopa) de cebolinha fatiada
- 4 colheres (sopa) de molho de soja
- 2 colheres (sopa) de óleo vegetal
- 2 colheres (sopa) de vinagre de arroz
- ¼ de xícara (chá) de amendoim torrado

1 Escalde rapidamente os brotos de feijão, ponha-os para escorrer e leve à geladeira para esfriar bem.

2 Coloque em uma tigela e adicione a cenoura ralada e a cebolinha fatiada. Misture bem e regue com o molho de soja, o óleo e o vinagre. Misture novamente.

3 Coloque em uma travessa e salpique com o amendoim torrado.

Salada Caesar

- 2 pés de alface americana
- ½ xícara (chá) de croûtons (ver nota)
- ½ xícara (chá) de molho Caesar (pág. 168)
- 4 colheres (sopa) de parmesão ralado grosso

1 Lave e seque bem as folhas de alface.

2 Rasgue as folhas grosseiramente e coloque em uma saladeira funda.

3 Acrescente os *croûtons* e o molho. Misture bem.

4 Salpique a salada com o parmesão ralado grosso.

Nota: Para preparar os croûtons, *corte 4 fatias de pão de forma em cubos de 2 cm. Espalhe em uma assadeira e regue com um pouco de azeite de oliva. Leve ao forno para que os quadradinhos dourem por igual. Deixe esfriar e guarde em potes herméticos.*

SALADA DE CAMARÃO

- 500 g de camarões médios limpos
- ½ xícara (chá) de molho rosé (pág. 170)
- Alface
- 12 azeitonas verdes graúdas
- 4 ovos cozidos
- 1 colher (sopa) de alcaparras

1   Cozinhe os camarões em água fervente levemente salgada.

2   Escorra, deixe esfriar e tempere com o molho.

3   Forre uma travessa com alface picada e coloque os camarões por cima.

4   Enfeite com azeitonas, pedaços de ovos cozidos e alcaparras.

SALADA CAPRESE

- 4 tomates vermelhos e firmes
- 8 bolas de mozarela de búfala
- Sal a gosto
- ½ colher (chá) de orégano
- 3 colheres (sopa) de azeite
- ¼ de xícara (chá) de folhas de manjericão

1   Lave bem os tomates e corte-os em fatias.

2   Corte as bolas de mozarela em fatias.

3   Arrume sobrepondo alternadamente fatias de tomate e de mozarela.

4   Salpique com um pouco de sal e com o orégano.

5   Regue a salada com o azeite e decore com as folhinhas de manjericão.

SALADA DE CARNE DESFIADA

- 600 g de músculo bovino
- ¼ de xícara (chá) de azeite
- ¼ de xícara (chá) de vinagre
- Sal e pimenta-do-reino
- 2 cebolas médias picadas
- 4 tomates cortados em cubos
- 1 pimentão verde picado
- 1 colher (sopa) de salsinha picada
- Folhas de alface

1   Cozinhe a carne em água fervente levemente salgada até que esteja bem macia; deixe esfriar e desfie. Coloque em uma tigela.

2   Tempere a carne com o azeite, o vinagre, o sal e a pimenta-do-reino.

3   Acrescente a cebola, o tomate, o pimentão e a salsinha. Misture bem.

4   Deixe na geladeira por 2 horas e sirva com uma guarnição de folhas de alface.

SALADAS ELABORADAS

Salada de Cogumelo com Queijo

- 1 xícara (chá) de cogumelos em conserva picados
- 1 xícara (chá) de queijo prato cortado em cubos
- ½ xícara (chá) de ervilhas em conserva
- 1 colher (sopa) de cebola ralada
- 1 colher (sopa) de óleo
- 2 colheres (sopa) de vinho branco seco
- 1 colher (café) de sal
- 1 colher (café) de molho de pimenta
- 1 colher (sopa) de maionese
- 1 pé de chicória ou alface limpo e cortado fininho

1   Misture os cogumelos, o queijo prato, as ervilhas, a cebola, o óleo, o vinho branco, o sal e o molho de pimenta, deixando tomar gosto por 20 minutos. Junte a maionese e misture bem.

2   Arrume as folhas de chicória ou alface em uma travessa. Cubra com a mistura.

3   Sirva como entrada.

Salada Exótica

- 4 laranjas-pera
- 2 bananas
- 2 maçãs
- 1 fatia grossa de abacaxi
- 12 uvas-itália cortadas ao meio
- Sal e pimenta-branca
- ¼ de xícara (chá) de creme de leite
- ¼ de xícara (chá) de maionese
- Alface cortada fino para guarnição

1   Limpe, descasque e pique as laranjas, as bananas, as maçãs e o abacaxi, acrescentando as metades de uva.

2   Tempere com o sal, a pimenta, o creme de leite e a maionese, misturados em partes iguais.

3   Ponha numa travessa e guarneça com a alface picada. Sirva acompanhando fatias de peru ou lombinho canadense defumado.

SALADAS ELABORADAS

Salada de Feijão-branco

- 1 kg de feijão-branco
- ½ xícara (chá) de azeite
- ½ xícara (chá) de vinagre branco
- 1 cebola grande bem batidinha
- ½ xícara (chá) de salsinha bem picada
- Sal e pimenta-do-reino
- 4 ovos cozidos

1. Cozinhe o feijão em água e sal até que fique bem macio.
2. Depois de pronto, escorra e coloque numa travessa.
3. Tempere-o com o azeite, o vinagre branco, a cebola, a salsinha, a pimenta-do-reino e o sal.
4. Decore com os ovos cozidos cortados em gomos.

Nota: Pode-se misturar a essa salada 2 latas de atum em conserva.

Salada de Feijão-fradinho

- 2 xícaras (chá) de feijão-fradinho cozido
- 4 colheres (sopa) de óleo ou azeite
- 2 colheres (sopa) de vinagre
- 1 cebola pequena picada
- 1 pimentão vermelho picado
- 1 colher (sopa) de salsa picada
- Sal e pimenta-do-reino

1. Coloque todos os ingredientes em uma tigela funda. Misture bem.
2. Cubra o recipiente e leve à geladeira para tomar gosto.

Nota: Esse prato também pode ser preparado com feijão-verde.

Salada de Frango Desfiado

- 2 peitos de frango
- Sal
- 1 folha de louro
- 1 cebola pequena picada
- 1 talo de salsão (aipo) picado
- 4 colheres (sopa) de cheiro-verde picado
- 4 colheres (sopa) de maionese
- 1 colher (chá) de suco de limão
- Alface e rúcula

1. Cozinhe o frango em água, com o sal e a folha de louro.
2. Quando o frango estiver macio, escorra e desfie. Coloque em uma tigela.
3. Tempere com a cebola, o salsão e o cheiro-verde picado. Adicione a maionese.
4. Prove o sal e o limão.
5. Ponha para gelar. Sirva sobre folhas de alface e rúcula.

SALADAS ELABORADAS

Salada de Grão-de-bico

- 1 xícara (chá) de grão-de-bico
- 2 tomates sem sementes
- 1 cebola pequena picada
- 4 colheres (sopa) de cheiro-verde picado
- 2 colheres (sopa) de suco de limão
- 6 colheres (sopa) de azeite ou óleo
- Sal

1 Cozinhe o grão-de-bico, sem deixar que fique macio demais. Escorra e reserve.

2 Corte o tomate em pequenos cubos.

3 Junte ao grão-de-bico a cebola, o cheiro-verde e os tomates. Tempere com limão, azeite e sal.

4 Misture bem e ponha para gelar.

Nota: Pode-se adicionar a essa salada cubos pequenos de bacon *frito.*

Salada de Grão-de-bico e Bacalhau

- 300 g de bacalhau
- 1 xícara (chá) de grão-de-bico
- Sal
- 2 colheres (sopa) de cebola picada
- 1 tomate sem sementes cortado em cubos
- 1 colher (sopa) de salsinha picada
- 4 colheres (sopa) de azeite
- 2 colheres (sopa) de suco de limão
- Pimenta-do-reino

1 Deixe o bacalhau de molho de um dia para o outro, elimine as peles e as espinhas e desfie-o em pedaços pequenos.

2 Cozinhe o grão-de-bico em água e sal e, quando estiver macio, escorra e reserve.

3 Misture o grão-de-bico escorrido com o bacalhau desfiado e acrescente a cebola, o tomate e a salsinha, misturando bem.

4 Tempere com a pimenta-do-reino, o azeite e o suco de limão. Corrija o sal e leve à geladeira.

SALADAS ELABORADAS

SALADA HAMBURGUESA

- 1 couve-flor
- 200 g de vagem
- 2 cenouras
- 2 tomates
- 4 alcachofras
- 3 colheres (sopa) de vinagre
- 5 colheres (sopa) de azeite
- 1 colher (chá) de sal
- ½ colher (chá) de pimenta-do-reino
- 100 g de aspargos
- ¼ de xícara (chá) de maionese
- 1 cebola fatiada

1 Cozinhe a couve-flor, as vagens e as cenouras e corte tudo em pedaços pequenos.

2 Tire a pele dos tomates e corte-os em rodelas.

3 Cozinhe as alcachofras e retire os fundos.

4 Tempere cada um dos legumes separadamente com o seguinte molho: misture 3 colheres (sopa) de vinagre, 5 colheres (sopa) de azeite, uma colher (chá) de sal, ½ colher de pimenta-do-reino e rodelas de cebola, devendo estas ser retiradas no momento de arrumar o prato.

5 Arrume os aspargos, em pé, no centro de uma vasilha e coloque cada um dos outros legumes em grupo, fazendo contraste de cores.

6 Decore com pitangas de maionese.

SALADA DE LAGOSTA

- 500 g de cauda de lagosta cozida
- Azeite, suco de limão, sal e pimenta-do-reino
- 1 colher (sopa) de cebola picada
- 1 colher (chá) de salsa picada
- 4 ovos cozidos
- 12 azeitonas pretas
- Folhas de miolo de alface

1 Corte a cauda de lagosta em cubos.

2 Tempere com o azeite, o suco de limão, o sal e a pimenta-do-reino.

3 Acrescente a cebola e a salsa picadas.

4 Guarneça com as folhas de miolo de alface, as rodelas de ovos cozidos e as azeitonas pretas.

Salada de Legumes

- *1 xícara (chá) de vagens cozidas cortadas em pedaços de 3 cm*
- *2 xícaras (chá) de cenouras cozidas e cortadas em rodelas*
- *1 pimentão verde ou vermelho limpo e picado*
- *1 colher (sopa) de cebola picada*
- *2 rabanetes limpos cortados em rodelas*
- *½ pepino cortado em rodelas*
- *2 colheres (sopa) de óleo*
- *1 colher (sopa) de suco de limão*
- *1 colher (chá) de sal*
- *2 colheres (sopa) de maionese*
- *1 rabanete cortado em forma de flor*

1 Misture todos os ingredientes, menos a maionese, e deixe tomar gosto por 15 minutos.

2 Adicione a maionese à mistura.

3 Decore a salada com um rabanete cortado em forma de flor.

4 Sirva como entrada ou acompanhando filés de peixe ou carnes frias.

Salada de Legumes Marinados

- *1 couve-flor (pequena) cozida*
- *2 cenouras (médias) cozidas e cortadas em juliana*
- *1 lata de aspargos cortados em 3 pedaços*
- *1 pimentão verde ou vermelho cortado em juliana*
- *1 talo de salsão limpo*
- *½ xícara (chá) de óleo*
- *3 colheres (sopa) de vinagre*
- *1 cebola pequena ralada*
- *½ colher (café) de pimenta-branca*
- *1 colher (chá) de sal*

1 Coloque os legumes numa travessa e regue-os com todos os temperos.

2 Mexa cuidadosamente.

3 Cubra a travessa com papel-alumínio e leve à geladeira por 4 horas.

SALADAS ELABORADAS

Salada de Lentilha

- 2 xícaras (chá) de lentilha cozida
- 4 colheres (sopa) de azeite ou óleo
- 2 colheres (sopa) de vinagre
- Sal e pimenta
- 2 colheres (sopa) de cebola picada
- 1 colher (sopa) de pimentão vermelho picado
- 1 colher (sopa) de salsa picada

1 Tempere a lentilha com o óleo, o vinagre, o sal e a pimenta.

2 Adicione a cebola, o pimentão vermelho e a salsa picada.

3 Cubra e leve à geladeira por 4 horas.

Nota: Você pode conservar esse prato na geladeira, coberto, por até uma semana.

Salada Lombarda com Peras

- 1 maço de rúcula
- 2 peras firmes
- ¼ de xícara (chá) de nozes picadas
- ½ xícara (chá) de molho de gorgonzola (pág. 168)

1 Lave e seque as folhas de rúcula. Rasgue-as grosseiramente e arrume em uma travessa.

2 Descasque as peras e corte-as ao meio. Elimine as sementes e fatie finamente as metades.

3 Arrume decorativamente as peras sobre a rúcula, regue com o molho e salpique com as nozes.

4 Sirva imediatamente para que as peras não oxidem.

Salada de Lulas

- 500 g de lulas limpas
- 2 folhas de louro
- 6 talos de salsão
- 1 tomate firme
- 24 azeitonas verdes
- 2 colheres (sopa) de cebola picada
- 1 pimenta-dedo-de-moça
- 2 colheres (sopa) de suco de limão
- 4 colheres (sopa) de azeite
- 1 colher (sopa) de salsa picada
- Sal a gosto

1 Corte as lulas em anéis. Coloque uma panela com 2 litros de água para ferver, acrescente as folhas de louro, junte os anéis de lula e ferva por um minuto. Escorra e coloque imediatamente em uma tigela com água e gelo. Reserve.

2 Corte o salsão em cubos. Retire as sementes do tomate e corte-o em cubos. Corte lâminas das azeitonas. Coloque em um recipiente as lulas, o salsão, o tomate, a cebola picada, a salsinha picada e a pimenta picadinha e misture bem.

3 Em uma tigela, misture o suco de limão com um pouco de sal e o azeite e incorpore bem. Regue a salada e leve à geladeira.

Salada do Mar com Arroz Selvagem

- 1 xícara (chá) de arroz selvagem
- 200 g de lulas limpas
- 300 g de camarões médios com casca
- 200 g de vieiras limpas (opcional)
- 200 g de vôngoles (opcional)
- 1 envelope de açafrão (1 g)
- 1 xícara (chá) de arroz parbolizado
- 2 colheres (sopa) de cebola picada
- 1 tomate graúdo sem sementes e cortado em cubos
- 1 talo de salsão picado grosseiramente
- 2 colheres (sopa) de salsinha picada
- 1 colher (sopa) de cebolinha picada
- 1 colher (sopa) de manjericão picado
- 3 colheres (sopa) de suco de limão
- Sal e pimenta-do-reino
- 6 colheres (sopa) de azeite
- Alface, radicchio e rúcula

1 Lave o arroz selvagem e coloque-o para cozinhar em uma panela com 5 xícaras de água fervente. Acrescente uma colher (chá) de sal. Cozinhe por cerca de 50 minutos ou até que o arroz esteja no ponto. Corte as lulas em anéis e reserve. Coloque em uma panela 3 xícaras de água e leve à fervura, acrescente 1 colher (chá) de sal e acrescente os camarões com as cascas. Ferva-os por 5 ou 6 minutos e retire-os da panela com uma escumadeira.

2 Acrescente os anéis de lula à panela e ferva-os por 2 minutos. Retire, acrescente as vieiras, ferva por 3 minutos e retire. Coloque os vôngoles na casca, ferva até que as conchinhas se abram e retire. Complete a água em que cozinhou os frutos do mar para obter cerca de 2 xícaras, acrescente o açafrão e misture bem. Coloque o arroz parbolizado para cozinhar nesse caldo de açafrão e frutos do mar.

3 Cozinhe até que esteja macio, escorra e elimine o caldo de cozimento. Descasque e limpe os camarões, colocando-os em uma tigela funda. Acrescente os anéis de lula, as vieiras e os dois tipos de arroz já cozidos. Junte a cebola picada, o tomate cortado em pequenos cubos, o salsão picado e as ervas. Misture tudo muito bem.

4 Em outro recipiente, misture o suco de limão, o sal, a pimenta-do-reino e o azeite. Despeje sobre a salada, misture bem e leve à geladeira por 4 horas. Para servir, forre uma saladeira com folhas de alface, *radicchio* e rúcula.

5 Despeje a salada sobre as folhas e decore com as conchinhas de vôngole.

SALADAS ELABORADAS

Salada de Mexilhões

- 300 g de mexilhões cozidos
- 3 colheres (sopa) de óleo ou azeite
- 2 colheres (sopa) de suco de limão
- 1 colher (sopa) de cebola picada
- 1 colher (chá) de salsa picada
- Sal e pimenta-do-reino

1 Tempere os mexilhões com o óleo, o suco de limão, o sal, a pimenta, a cebola e a salsa picada.

2 Coloque em uma tigela e leve à geladeira por 4 horas para tomar gosto.

3 Sirva imediatamente e evite guardar as sobras.

Salada de Milho Verde

- 3 xícaras (chá) de milho verde cozido
- 4 tomates maduros e firmes
- 1 cebola picada
- 2 colheres (sopa) de cheiro-verde picado
- 2 colheres (sopa) de maionese
- 1 colher (sopa) de suco de limão
- 1 pitada de pimenta-branca

1 Deixe o milho no escorredor ou numa peneira durante 5 minutos, para que fique bem escorrido.

2 Corte os tomates ao meio e elimine as sementes. Pique-os em cubos de 1 cm.

3 Coloque numa tigela o milho e os tomates. Acrescente os ingredientes restantes e misture bem.

4 Arrume a salada numa travessa e decore com folhas de alface.

5 Sirva acompanhando peixe frito ou grelhado ou carnes de qualquer tipo grelhadas ou assadas.

Salada Mista com Repolho

- 1 repolho pequeno
- 2 cenouras (cruas)
- 2 ou 3 pimentões vermelhos
- 2 colheres (sopa) de cebola picada
- 2 colheres (sopa) de cheiro-verde picado
- 4 colheres (sopa) de maionese
- Orégano
- Sal
- Suco de limão

1 Pique o repolho em fatias finas e reserve.

2 Rale as cenouras no ralo grosso e reserve.

3 Pique os pimentões vermelhos, junte tudo, acrescente a cebola e o cheiro-verde e tempere com a maionese e o orégano.

4 Corrija o sal e o limão. Ponha para gelar.

SALADAS ELABORADAS

Salada Napolitana

- 1 pão italiano amanhecido
- 10 tomates vermelhos e firmes
- Folhas de manjericão a gosto
- Orégano
- Sal e pimenta-do-reino
- ½ xícara de azeite
- 3 colheres (sopa) de vinagre
- 1 dente de alho picado finamente

1 Compre o pão com uma semana de antecedência e deixe que fique bem ressecado.

2 Corte o pão em cubos de 2 cm e reserve.

3 Corte os tomates ao meio e elimine as sementes, picando cada metade em cubos de 3 cm. Coloque-os em uma travessa funda e salpique com o sal e a pimenta-do-reino. Acrescente o orégano e as folhas de manjericão.

4 Misture o azeite ao vinagre e acrescente o dente de alho picado. Coloque um pouco de sal e misture bem. Junte os tomates e os cubos de pão, misture muito bem, e regue tudo com o molho.

5 Cubra e leve à geladeira por 24 horas.

Salada Oriental

- 1 xícara (chá) de broto de feijão
- 2 cenouras médias
- 2 pepinos japoneses
- 1 pedaço de nabo
- 3 colheres (sopa) de açúcar
- 5 colheres (sopa) de vinagre de arroz
- ½ colher (café) de óleo de gergelim torrado
- Aji-no-moto® (glutamato monossódico)
- Gergelim torrado

Escalde o broto de feijão por 30 segundos em água fervente e deixe esfriar. Lave bem a cenoura, o nabo e o pepino. Rale em um ralador grosso para obter um corte em formato de palitos finos e coloque-os em um recipiente. Acrescente os brotos de feijão. Em outro recipiente, misture o vinagre e o açúcar. Acrescente o glutamato e o óleo de gergelim torrado. Regue a salada e salpique com o gergelim torrado. Sirva como entrada.

SALADAS ELABORADAS

Salada de Palmito com Salmão

- 1 lata ou vidro de palmito
- 50 g de salmão defumado
- 3 colheres (sopa) de azeite
- 1 colher (sopa) de suco de limão
- 1 colher (sopa) de alcaparras picadas
- Sal e pimenta-do-reino
- 1 colher (sopa) de salsinha picada

1 Escorra a água dos palmitos, corte em rodelas de 3 cm e arrume em uma travessa.

2 Corte o salmão em tiras e arrume-os sobre os palmitos.

3 Misture o azeite, o limão e as alcaparras. Acerte o sal e a pimenta-do-reino e regue a salada.

4 Salpique com a salsinha picada e sirva.

Salada de Pepino Recheado

- 2 pepinos de tamanho médio
- ½ litro de água
- 1 colher (chá) de sal
- 150 g de presunto cortado em cubos pequenos
- 1 vidro pequeno de cogumelos picados
- 1 colher (chá) de salsa picada
- ½ xícara (chá) de maionese
- ½ colher (café) de páprica picante
- Galhinhos de hortelã ou salsa

1 Lave os pepinos e corte-lhes um bom pedaço das extremidades, ficando com a parte bem verde. A seguir, corte cada um ao meio, de modo que cada pedaço fique com aproximadamente 7 cm.

2 Faça uma cavidade no centro de cada metade, deixando intacta uma pequena parte, que servirá de fundo.

3 Coloque os 4 pedaços de pepino numa tigela, junte-lhes a água e o sal e deixe repousar por 20 minutos. Passado esse tempo, escorra a água e reserve.

4 À parte, misture todos os ingredientes e, a seguir, encha com eles as cavidades dos pepinos.

5 Arrume os pepinos num prato e ponha em volta galhinhos de hortelã ou salsa.

Salada de Pupunha

- 2 pedaços de palmitos de pupunha com 20 cm cada
- 4 colheres (sopa) de suco de limão
- 4 colheres (sopa) de azeite
- 1 colher (sopa) de salsa picada
- Sal

1   Corte os palmitos de pupunha ao meio no sentido do comprimento. Com a ajuda de uma faca, descarte a parte dura da casca, deixando somente o miolo macio.

2   Coloque água gelada em uma tigela e adicione metade do suco de limão.

3   Corte o miolo em tiras finas ou desfie com as mãos. Coloque na tigela com a água e deixe de molho por 15 minutos.

4   Escorra bem e tempere com o suco de limão restante, o azeite e o sal. Misture bem e coloque em uma saladeira.

5   Salpique com a salsa picada e sirva.

Salada de Quiabo

- ½ kg de quiabos lavados
- 2 colheres (sopa) de suco de limão
- 1 colher (chá) rasa de sal
- 1 cebola grande cortada em rodelas
- 2 pimentões vermelhos limpos e cortados em rodelas
- 3 ovos cozidos e cortados em 4

Molho:
- 3 colheres (sopa) de suco de limão
- 2 colheres (sopa) de óleo
- 1 colher (sopa) de salsa picadinha
- 1 colher (café) de sal
- 1 pitada de pimenta-do-reino

1   Limpe os quiabos, cortando-lhes a ponta superior. Mergulhe-os, inteiros, em água fervente, com suco de limão e sal. Deixe-os por 10 minutos e escorra a água. Corte-os então em pedaços miúdos.

2   Arrume os quiabos, as rodelas de cebola, os pimentões e os pedaços de ovos cozidos, nessa ordem, numa travessa.

3   Misture todos os ingredientes do molho e regue, com ele, a salada.

4   Sirva como entrada.

SALADAS ELABORADAS

SALADA DE RÁBANO

- *4 rábanos, de tamanho médio, limpos e cortados em rodelas finas*
- *1 colher (chá) rasa de sal*
- *2 colheres (sopa) de óleo*
- *1 colher (sopa) de vinagre*
- *1 colher (café) de molho de pimenta*

1 Tempere os rábanos com o sal e deixe-os em repouso por 10 minutos ou até que o sal derreta. Escorra bem o líquido e elimine-o.

2 Tempere os rábanos com o óleo, o vinagre e o molho de pimenta.

3 Deixe a salada tomar gosto durante 15 minutos.

4 Sirva acompanhando fatias de carne cozida.

SALADA RÁPIDA DE REPOLHO

- *3 xícaras (chá) de repolho claro cortado fininho*
- *1 colher (café) de sal*
- *1 pitada de pimenta-branca*
- *1 colher (sopa) de suco de limão*
- *2 colheres (sopa) de maionese*
- *1 galho de salsinha*

1 Tempere o repolho com o sal, a pimenta e o suco de limão, deixando tomar gosto por 10 minutos.

2 Adicione a maionese e misture bem.

3 Decore com um galhinho de salsinha.

4 Sirva acompanhando filés de peixe ou fatias de carne fria.

Outras opções para salada de repolho:

Salada de repolho com atum – adicione uma lata pequena de atum desfiado e 2 colheres (sopa) de ketchup.

Salada de repolho com peixe – acrescente uma xícara (chá) de peixe cozido e desfiado e 2 colheres (sopa) de ketchup.

Salada de repolho com camarões – acrescente uma xícara (chá) de camarão cozido e 2 colheres (sopa) de ketchup.

Salada de Ricota

- ½ kg de ricota
- 4 colheres (sopa) de óleo de milho
- ½ colher (chá) de sal
- ½ colher (chá) de pimenta-do-reino
- 2 colheres (sopa) de maionese
- 2 colheres (sopa) de suco de limão
- ½ cebola pequena ralada
- 1 colher (sopa) de salsa batida
- Alface
- 1 pepino
- 1 tomate
- 1 rabanete

1 Misture o óleo com os temperos.

2 Adicione a maionese, o suco de limão, a cebola, a salsa e a ricota.

3 Conserve na geladeira até a hora de servir.

4 Na hora de servir, lave as folhas de alface e pique-as, misturando ao creme.

5 Arrume numa travessa, decorando com rodelas de pepino, tomate e rabanete e maionese.

Salada Russa

- 4 batatas cozidas
- 2 cenouras cozidas
- 100 g de vagens cozidas
- 1 cebola pequena picada
- 2 talos de salsão picados
- ½ xícara (chá) de ervilhas em conserva
- ½ xícara (chá) de maionese
- Sal

1 Corte as batatas e as cenouras em cubos de 2 cm e as vagens em pedaços de 1 cm. Coloque em uma tigela e adicione as ervilhas, o salsão e a cebola. Misture.

2 Adicione a maionese e mexa delicadamente. Acerte o ponto do sal e leve à geladeira por 4 horas. Sirva com salsichas ou rosbife.

Salada Russa Completa

- 1 couve-flor pequena cozida
- ½ vidro de palmito em conserva
- ½ lata de aspargos em conserva
- 1 lata pequena de ervilhas
- 1 lata de atum em azeite
- 1 lata de sardinha em molho de tomate
- 4 batatas cozidas e cortadas em cubos
- 2 cenouras cozidas e cortadas em cubos
- 100 g de vagens cozidas e picadas
- Azeitonas para decorar
- Molho tradicional *(pág. 170)*

1 Corte a couve-flor de maneira que apareçam os buquês inteiros e coloque-os na travessa, ao lado dos outros legumes.

2 Corte o palmito em rodelas e os aspargos ao meio. Tempere esses legumes e também as ervilhas. Ponha-os na mesma travessa, separadamente, fechando o círculo.

3 Arrume separadamente, no centro da travessa, o atum, a sardinha e algumas azeitonas.

4 Tempere, separadamente, as batatas, as cenouras e as vagens, arrumando esses legumes em volta de uma travessa.

5 Acompanhe a salada com galheteiro de azeite e vinagre e molheira com maionese.

Nota: Se quiser, substitua a sardinha, o atum e os camarões por frios.

Salada Siciliana

- 2 laranjas
- 1 erva-doce
- 1 cebola pequena
- 4 filés de anchovas
- ¼ de xícara (chá) de azeite
- 2 colheres (sopa) de vinagre
- Sal e pimenta-do-reino
- 12 azeitonas pretas graúdas

1 Descasque as laranjas, expondo a polpa. Com uma faca afiada, corte entre as membranas para retirar os gomos da laranja. Reserve.

2 Lave bem a erva-doce, corte-a ao meio no sentido do comprimento e fatie finamente. Coloque em uma saladeira.

3 Descasque a cebola e corte-a em fatias finas. Lave em água corrente para eliminar a acidez e seque.

4 Pique finamente as anchovas e coloque em um recipiente. Adicione o azeite e o vinagre e misture bem. Acrescente os gomos de laranja à erva-doce, cubra com os anéis de cebola e regue com o molho.

5 Salpique com um pouco de pimenta-do-reino e, se necessário, sal.

6 Decore com as azeitonas pretas.

SALADA TEXAS

- Folhas verdes variadas
- 2 ovos cozidos
- 100 g de bacon
- ½ xícara (chá) de batata palha

Para o molho:
- 2 colheres (sopa) de mel
- 2 colheres (sopa) de mostarda
- 1 colher (chá) de vinagre
- 3 colheres (chá) de óleo de milho
- ¼ de xícara (chá) de água
- Sal e pimenta-do-reino

1 Descasque os ovos e reserve. Corte o *bacon* em cubos e doure-os em uma frigideira até que estejam bem crocantes. Escorra sobre papel absorvente.

2 Para o molho, coloque todos os ingredientes em um vidro com tampa e agite vigorosamente para misturar bem. Rasgue as folhas verdes com as mãos e coloque em uma saladeira funda. Despeje o molho e misture bem.

3 Cubra a salada com os cubos de *bacon* e com a batata palha.

4 Rale os ovos cozidos sobre a salada utilizando o lado grosso de um ralador. Sirva.

SALADA DE TOMATES

- 4 tomates firmes e graúdos
- 3 colheres (sopa) de azeite
- 1 colher (sopa) de vinagre
- Orégano
- Sal e pimenta-do-reino
- Cebola ou pimentão (opcional)

1 Escolha tomates grandes e não completamente maduros, corte-os em rodelas finas, polvilhe com sal e pimenta e regue com azeite e vinagre.

2 Salpique com orégano.

Nota: Se quiser, misture a essa salada fatias de cebola ou de pimentão.

SALADA DE VAGENS ESPECIAL

- 500 g de vagens limpas cortadas finamente
- 1 cebola pequena picada finamente
- 1 dente de alho triturado
- 2 colheres (sopa) de anchovas picadas
- 2 colheres (sopa) de vinagre
- 2 colheres (sopa) de óleo
- 1 colher (café) de molho de pimenta
- 2 colheres (sopa) de queijo ralado
- 1 colher (café) de sal

1 Cozinhe rapidamente as vagens em água fervente e levemente salgada.

2 Escorra as vagens da água, arrume-as numa travessa e misture todos os ingredientes

3 Leve a salada à geladeira por 4 horas ou sirva-a no dia seguinte.

Salada de Verão

- ½ xícara (chá) de molho rosé (pág. 170)
- 1 xícara (chá) de croûtons (ver nota)
- 1 xícara (chá) de grão-de-bico cozido
- 1 beterraba ralada
- 2 cenouras raladas
- 1 pé de alface americana
- 100 g de queijo prato ralado grosso

1 Prepare os *croûtons* e o molho *rosé*.

2 Monte a salada em taças, começando com a alface picada e alternado os ingredientes. Cubra com o molho e salpique com o queijo ralado.

Nota: Para preparar os croûtons, corte 4 fatias de pão de forma em cubos de 2 cm. Espalhe em uma assadeira e regue com um pouco de azeite de oliva. Leve ao forno para que os quadradinhos dourem por igual. Deixe esfriar e guarde em potes herméticos.

Salada Waldorf

- 250 g de talos de salsão limpos e cortados em tiras finas
- 250 g de maçãs descascadas e cortadas em cubos pequenos
- ½ xícara (chá) de nozes sem casca
- ⅔ de xícara (chá) de maionese
- 1 colher (sopa) de suco de limão
- 4 colheres (sopa) de creme de leite
- 1 pitada de sal

1 Coloque o salsão, as nozes e as maçãs numa tigela.

2 À parte, misture a maionese, o suco de limão, o creme de leite e o sal.

3 Com o molho obtido, tempere o salsão, as maçãs e as nozes.

4 Misture bem e leve à geladeira até o momento de servir.

Observação: Essa é a forma clássica de preparar a salada Waldorf. Outra opção pode ser preparada com laranja, frango desfiado ou outros ingredientes. Por exemplo, adicione uma laranja pera descascada e cortada em cubos e um peito de frango previamente cozido em água, sal e cheiro-verde, desfiando-o. Inclua também mais duas colheres (sopa) de maionese e uma colher (sopa) de creme de leite.

SALADAS ELABORADAS

Salada Waldorf com Salmão

- 3 xícaras (chá) de maçãs picadas
- 1 xícara (chá) de salsão picado
- 1 colher (sopa) de suco de limão
- 1 xícara (chá) de nozes picadas
- 1 xícara (chá) de maionese
- ½ colher (café) de sal
- 200 g de salmão defumado fatiado
- 2 colheres (sopa) de azeite
- 1 colher (sopa) de vinagre
- Miolo de 2 pés de alface
- ¼ de xícara (chá) de nozes para enfeitar

1 Junte aos pedaços de maçã o caldo de limão (para que eles não escureçam), o salsão, as nozes picadas, ⅔ da maionese e o sal.

2 Arrume a salada na travessa e cubra-a com a maionese restante.

3 Enfeite com ½ xícara (chá) de nozes, coloque as folhas de alface em volta e, sobre elas, ponha as fatias de salmão, formando rolinhos.

Nota: Tempere os filés de salmão do seguinte modo:
- *lave-os em água filtrada para que percam um pouco do sabor da salmoura;*
- *coloque-os num prato e, separadamente, misture o azeite e o vinagre;*
- *espalhe sobre eles, em fio, todo o molho que, no momento de enrolá-los, é escorrido;*
- *deixe-os de molho por 15 minutos.*

Salpicão Fácil

- 4 batatas médias cortadas em cubos pequenos
- 4 cenouras médias raladas no ralador mais grosso
- ½ xícara (chá) de maionese
- 1 pimentão verde picado
- 1 pimentão vermelho picado
- 2 talos de salsão picados
- 1 maço de salsa picada
- 2 cebolas médias bem picadas
- 3 xícaras (chá) de galinha cozida e cortada em cubos pequenos
- 1 lata de ervilhas
- Sal, pimenta-do-reino e limão a gosto.

1 Cozinhe as batatas em água e sal, escorra, deixe esfriar e reserve.

2 Misture a maionese com todos os ingredientes, menos as ervilhas.

3 Prove, misture as ervilhas, coloque numa travessa, decore e leve para gelar.

SALADAS ELABORADAS

SALPICÃO DE FRANGO

Etapa 1
- *2 peitos de frango limpos*
- *1 colher (chá) rasa de sal*
- *1 dente de alho triturado*
- *1 pitada de pimenta-do-reino*
- *1 colher (sopa) de suco de limão*

Etapa 2
- *3 xícaras (chá) de água*
- *1 cebola pequena cortada em rodelas*
- *1 cenoura descascada e cortada ao meio*
- *1 maço pequeno de cheiro-verde amarrado*
- *1 tomate cortado em 4*

Etapa 3
- *5 batatas de tamanho médio descascadas*
- *1 pimentão vermelho grande cortado em rodelas*
- *2 talos de salsão (aipo) fatiados*
- *2 maçãs ácidas cortadas em tiras ou cubos*
- *½ lata de ervilhas em conserva*

Etapa 4
- *1 colher (chá) de sal*
- *1 colher (sopa) de salsa picada*
- *1 colher (sopa) de cebola ralada*
- *1 colher (sopa) de vinagre branco*
- *2 colheres (sopa) de azeite*

Etapa 5
- *1 xícara (chá) de maionese*

1 Tempere os peitos de frango com todos os ingredientes relacionados na etapa 1 e deixe-os tomando gosto por 30 minutos.

2 Coloque os peitos de frango e seus temperos, assim como todos os ingredientes da etapa 2, numa panela. Tampe-a e leve-a ao fogo, deixando ferver durante 30 minutos ou até que os peitos de frango fiquem cozidos. Retire-os então da panela e desfie-os, eliminando a pele e os ossos. Reserve a carne desfiada, pique a cenoura e reserve-a. Deixe na panela o caldo com os temperos.

3 Cozinhe as batatas no caldo que sobrou. Deixe esfriar um pouco, pique e reserve. Misture as batatas com o frango, as cenouras, os pimentões, o salsão, a maçã e as ervilhas.

4 Tempere o salpicão com os ingredientes indicados para a etapa 4 e deixe tomar gosto durante 10 minutos.

5 Adicione a maionese ao salpicão e misture tudo muito bem. Feito isso, arrume numa travessa.

6 Leve o salpicão à geladeira por 2 horas.

7 Sirva como entrada.

Nota: Esse salpicão pode ficar na geladeira por 2 dias.

SALADAS ELABORADAS

Salpicão de Presunto

- *500 g de cenouras descascadas e raladas em ralador grosso*
- *4 pimentões verdes ou vermelhos limpos*
- *1 salsão pequeno limpo e cortado em tiras finas*
- *1 maçã descascada, fatiada e cortada em tiras*
- *1 colher (sobremesa) rasa de sal*
- *½ colher (chá) de pimenta-do-reino-branca*
- *¼ de xícara (chá) de vinho branco seco*
- *¼ de xícara (chá) de óleo vegetal*
- *150 g de presunto cozido e cortado como os legumes*
- *1 xícara (chá) de maionese*
- *Galhinhos de salsa*

1 Coloque os legumes e a maçã numa tigela. Tempere-os com o sal, a pimenta, o vinho branco e o óleo. Deixe-os tomar gosto por 30 minutos ou mais.

2 Adicione o presunto e, em seguida, metade da maionese. Misture bem.

3 Arrume o salpicão numa travessa e cubra-o com a maionese restante.

4 Decore a gosto usando, de preferência, flores ou bichinhos feitos com pimentão vermelho ou com casca de maçã. Complete a decoração com galhinhos de salsa.

Nota: Esse salpicão pode ficar na geladeira por até uma semana. Se quiser, pode substituir o presunto por frango cozido. Os vegetarianos podem preparar o mesmo prato sem presunto nem frango.

Tabule

- *1 xícara (chá) de trigo para quibe*
- *1 cebola pequena*
- *4 tomates*
- *1 pepino*
- *2 talos de cebolinha verde*
- *Sal e pimenta-do-reino*
- *1 maço de hortelã pequeno*
- *1 e ½ xícara de salsinha picada*
- *4 colheres (sopa) de azeite*
- *4 colheres (sopa) de suco de limão*
- *Pimenta-síria (opcional)*

1 Deixe o trigo de molho em água morna durante 30 minutos.

2 Escorra a água do trigo e esprema com as mãos, para deixá-lo bem seco.

3 Corte a cebola, os tomates e o pepino em pequenos cubos. Fatie finamente a cebolinha verde.

4 Misture o trigo aos ingredientes picados.

5 Tempere tudo com o sal, a pimenta-do-reino, a hortelã, a salsinha, a pimenta-síria, o azeite e o limão.

6 Mexa bem e ponha para gelar.

Molhos para Salada

Molho Caesar

- 2 colheres (sopa) de vinagre
- 1 colher (sopa) de suco de limão
- 1 colher (chá) de mostarda
- 4 colheres (sopa) de maionese
- 1 dente de alho pequeno
- 2 filés de anchovas em conserva (opcional)
- $\frac{1}{3}$ de xícara (chá) de óleo de milho
- Sal e pimenta-do-reino

1 Coloque no liquidificador o vinagre, o suco de limão, a mostarda, a maionese, o alho e as anchovas. Bata bem para incorporar.

2 Com o liquidificador ligado, vá adicionando o óleo fio a fio para emulsionar o molho, que deverá ficar com a textura de um creme. Coloque um pouco de sal e de pimenta-do-reino.

3 Guarde em vidros na geladeira.

Molho de Gorgonzola

- 100 g de queijo gorgonzola
- ¼ de xícara (chá) de maionese
- ¼ de xícara (chá) de leite
- 1 colher (chá) de vinagre
- Sal e pimenta-do-reino
- ¼ de xícara (chá) de creme de leite fresco

1 Corte o queijo em pedaços não muito grandes.

2 Bata no liquidificador o queijo, a maionese e o leite até obter um molho cremoso.

3 Acrescente pimenta-do-reino a gosto e 1 colher (chá) de vinagre.

4 Bata mais uma vez no liquidificador. Coloque a mistura em uma tigela e junte delicadamente o creme de leite. Acerte o ponto do sal.

5 Conserve na geladeira.

Molho de Iogurte

- ¾ de xícara (chá) de iogurte natural
- 2 colheres (sopa) de azeite
- 1 colher (chá) de suco de limão
- ½ colher (chá) de sal
- Ervas a gosto (hortelã, manjericão, endro ou salsinha)

1 Coloque o iogurte em uma pequena tigela e adicione os outros ingredientes.

2 Misture delicadamente com a ajuda de um garfo.

3 Sirva ou guarde na geladeira.

Molho Mil Ilhas

- 1 xícara (chá) de maionese
- 3 colheres (sopa) de ketchup
- ¼ de xícara (chá) de suco de tomate
- 2 colheres (sopa) de azeitonas verdes picadas
- 1 colher (sopa) de pimentão verde picado
- 1 colher (sopa) de cebola picada
- 2 colheres (sopa) de salsinha picada
- Sal e pimenta-do-reino

1 Coloque em uma tigela a maionese, o ketchup e suco de tomate.

2 Bata até obter um creme bem liso.

3 Misture os ingredientes restantes, acerte o ponto do sal e da pimenta-do-reino. Sirva sobre saladas.

Molho Mostarda

- 6 colheres (sopa) de azeite ou óleo vegetal
- 1 colher (sopa) de vinagre
- 1 colher (chá) de mostarda
- 1 colher (sopa) de água
- Sal

1 Coloque todos os ingredientes em um vidro. Tampe e agite fortemente.

2 Guarde na geladeira.

Molho Oriental

- 2 colheres (sopa) de molho de soja
- 1 colher (sopa) de suco de limão
- 1 colher (chá) de açúcar mascavo
- 2 colheres (sopa) de óleo

1 Misture bem todos os ingredientes e utilize imediatamente na salada.

2 Para um toque oriental, adicione algumas gotas de óleo de gergelim torrado.

MOLHOS PARA SALADA

MOLHO ROSÉ

- ⅓ de xícara (chá) de maionese
- 4 colheres (sopa) de ketchup
- ½ colher (chá) de molho inglês
- 1 colher (sopa) de conhaque ou gim
- ½ xícara (chá) de creme de leite
- Sal e pimenta-do-reino

1 Bata rapidamente em um liquidificador todos os ingredientes menos o creme de leite.

2 Coloque em uma tigela e acrescente o creme de leite, misturando delicadamente.

3 Acerte o ponto do sal e da pimenta-do-reino. Conserve na geladeira.

MOLHO TRADICIONAL

- 2 colheres (sopa) de vinagre branco ou tinto
- ½ colher (chá) de sal
- 6 colheres (sopa) de azeite ou óleo vegetal
- Pimenta-do-reino

1 Coloque em um recipiente o sal e o vinagre. Misture bem para dissolver o sal.

2 Acrescente o azeite ou óleo aos poucos, batendo com um garfo para incorporar. Junte uma pitada de pimenta-do-reino.

3 O molho pode ser guardado em um vidro na geladeira.

Nota: O vinagre pode ser substituído por suco de limão na mesma proporção.

MOLHO ITALIANO

- 6 colheres (sopa) de azeite
- 2 colheres (sopa) de vinagre tinto
- 1 colher (sopa) de vinho tinto seco
- 1 dente de alho pequeno
- Orégano
- Sal e pimenta-do-reino

1 Coloque todos os ingredientes em um vidro. Tampe e agite bem.

2 Deixe o molho descansar por uma hora.

3 Descarte o dente de alho e use o molho na salada.

SANDUÍCHES

"Havia, na Inglaterra, um lord, proprietário de ricas terras e jogador inveterado, o qual passava horas e horas diante do pano verde, esquecido da vida e do mundo. Tal era a sua obsessão pelo jogo, que nem a fome o fazia arredar pé da mesa recoberta de pano verde. (...) Assim que o criado lhe apresentou a bandeja, o nosso lord, sem abandonar o seu posto, cortou com uma faca algumas fatias de carne e, colocando-as entre dois pedaços de pão, foi mastigando sem perder um só movimento do jogo e nem interrompê-lo por um segundo sequer."

Texto da edição de 1944 de *Dona Benta*.

Sanduíches

Sanduíche americano 173	Sanduíche de salmão defumado 178
Sanduíche de atum 173	Sanduíche à marinheira 178
Bauru 174	Sanduíche misto de queijo e presunto 179
Cachorro-quente 174	Sanduíche natural com nozes 179
Club sanduíche 174	Sanduíche de pernil 179
Hambúrguer 175	Sanduíche com patê de azeitonas 180
Mozarela em carroça 175	Sanduíche Anita 180
Sanduíche de camarões 176	Soyus 180
Sanduíche de frango 176	Sanduíche à provençal 181
Sanduíche de maçãs e roquefort 177	Trouxinhas de presunto 181
Sanduíche de maionese arco-íris 177	

Sanduíche Americano

- *8 fatias de pão de fôrma*
- *150 g de presunto fatiado*
- *150 g de queijo prato fatiado*
- *Manteiga*
- *4 ovos*
- *Folhas de alface*
- *1 tomate fatiado*
- *1 pitada de sal*

1 Toste levemente as fatias de pão em uma torradeira ou no forno. Reserve.

2 Coloque em uma frigideira 2 fatias de presunto e por cima 2 de queijo. Leve ao fogo baixo para que o queijo derreta.

3 Em outra frigideira, adicione um pouco de manteiga e frite um ovo, salpicando um pouco de sal.

4 Coloque o presunto com o queijo derretido sobre uma fatia do pão, em cima coloque o ovo frito (gema dura) e em seguida cubra com as folhas de alface e as fatias de tomate. Coloque uma fatia de pão por cima e pressione levemente para firmar o sanduíche.

5 Faça o mesmo para montar os outros sanduíches.

Sanduíche de Atum

- *1 talo de salsão*
- *1 colher (sopa) de cebola picada*
- *1 lata de atum*
- *4 colheres (sopa) de maionese*
- *1 colher (chá) de mostarda*
- *8 fatias de pão integral*
- *Sal*
- *Folhas de alface*
- *Fatias de tomate*

1 Pique o salsão e coloque em uma tigela juntamente com a cebola, o atum, a maionese, a mostarda e uma pitada de sal. Misture bem os ingredientes. Monte os sanduíches colocando sobre 4 fatias um pouco da mistura de atum.

2 Cubra com as folhas de alface, as fatias de tomate e as fatias de pão restantes.

Bauru

- ½ xícara (chá) de água
- 150 g de mozarela ralada grosso
- 150 g de queijo prato ralado grosso
- 4 pães tipo francês
- 200 g de rosbife
- 2 tomates fatiados
- Sal e orégano
- Pepinos em conserva

1 Coloque a água para ferver em uma frigideira antiaderente, acrescente os queijos e cozinhe em fogo baixo, misturando para que derretam totalmente. Retire do fogo.

2 Corte o pão francês ao meio e retire o miolo da tampa. Cubra o fundo com as fatias de rosbife e distribua um pouco do creme de queijos, coloque 3 fatias de tomate sobre o rosbife e tempere com o sal e o orégano. Cubra com fatias de pepinos em conserva.

Cachorro-quente

- Pães para cachorro-quente
- Salsichas aferventadas

Acompanhamentos:
- *Mostarda*, ketchup, batata palha *(pág. 291)* ou purê de batata *(pág. 298)* e maionese

1 Afervente as salsichas e aqueça os pães. Corte os pães ao meio e coloque uma salsicha em cada pão.

2 Sirva com os acompanhamentos.

Club Sanduíche

- 12 fatias de pão de fôrma torradas
- 4 colheres (sopa) de maionese
- 200 g de peito de peru fatiado
- Fatias de tomate
- 8 fatias de queijo prato
- 8 fatias de *bacon fritas*
- Folhas de alface

1 Coloque as fatias de pão em uma assadeira e leve ao forno para que dourem levemente, ou então use a torradeira.

2 Coloque 4 fatias de pão sobre uma superfície plana e distribua a maionese sobre elas. Acrescente sobre cada uma as fatias de peito de peru e as rodelas de tomate. Coloque outra fatia de pão e passe maionese. Cubra com o queijo, o *bacon* e a alface.

3 Coloque a última fatia de pão. Prenda as fatias com 2 palitos e corte na diagonal.

SANDUÍCHES

HAMBÚRGUER

- 500 g de contrafilé moído com a gordura
- 500 g de coxão mole ou patinho moído
- Sal e pimenta-do-reino
- Pães de hambúrguer

1 Amasse bem os 2 tipos de carne. Divida em 8 bolas com cerca de 120 g cada. Molde uma bola de carne entre 2 sacos plásticos e comprima com o fundo de um prato, pressionando até que a carne tenha a espessura de 1 cm. Faça o mesmo com a carne restante.

2 Grelhe os hambúrgueres em uma chapa, grelha ou frigideira. Após grelhados, tempere-os com o sal e a pimenta-do-reino.

3 Corte pães ao meio e coloque a carne em cada um.

Nota: Para o preparo do cheeseburguer, *basta cobrir a carne na chapa com queijo tipo lanche e abafar com a tampa de uma panela para que o queijo derreta. Se preferir um hambúrguer mais temperado, misture à carne moída um pacote de sopa de cebola.*

MOZARELA EM CARROÇA

- *12 fatias de pão francês*
- *1 xícara (chá) de leite frio*
- *12 fatias de mozarela*
- *Farinha de trigo*
- *Ovo batido*
- *Óleo*

1 Passe rapidamente cada fatia do pão num prato com leite frio e disponha numa travessa.

2 Coloque, sobre as 6 fatias de pão, uma fatia de mozarela.

3 Cubra com as restantes 6 fatias de pão e aperte entre as mãos, com cuidado, para grudar e sair o excesso de leite.

4 Passe levemente em farinha de trigo, depois em ovo batido, fritando em azeite ou óleo quente até dourar de ambos os lados.

5 Sirva quente.

Sanduíche de Camarões

- *Manteiga ou margarina*
- *12 fatias de pão de fôrma*
- *1 xícara (chá) de camarões refogados e picados*
- *½ xícara (chá) de maionese*
- *1 colher (sopa) de salsa picada*
- *12 azeitonas pretas ou verdes*

1 Passe manteiga levemente em um lado de cada fatia do pão e doure-as levemente no forno.

2 Misture bem o camarão com a maionese. Adicione à mistura a salsa picada.

3 Cubra 6 fatias de pão com a mistura.

4 Espalhe por cima de cada uma dessas fatias um pouco de salsa.

5 Cubra as fatias que têm a mistura de camarão e maionese com as 6 fatias restantes.

6 Decore com as azeitonas.

Sanduíche de Frango

- *2 peitos de frango cozidos*
- *2 colheres (sopa) de cebola picada*
- *1 colher (sopa) de pepinos em conserva picados*
- *2 colheres (sopa) de salsão picado*
- *1 colher (sopa) de salsinha picada*
- *Sal e pimenta-do-reino*
- *6 colheres (sopa) de maionese*
- *Fatias de pão de centeio ou integral*
- *Fatias de tomate*
- *Folhas de alface*

1 Desfie os peitos de frango e coloque em uma tigela, acrescentando a cebola, os pepinos em conserva, o salsão e a salsa picados. Tempere com um pouco do sal e da pimenta-do-reino e junte a maionese. Misture bem e reserve.

2 Monte cada sanduíche utilizando 3 fatias de pão. Sobre a primeira ponha um pouco do recheio de frango, cubra-o com fatias de tomate e salpique com um pouco de sal. Coloque outra fatia de pão sobre a primeira, cubra com mais recheio e sobre ele ponha folhas de alface. Cubra com mais uma fatia de pão, aperte levemente e corte o sanduíche na diagonal.

SANDUÍCHE DE MAÇÃS E ROQUEFORT

- *250 g de queijo roquefort*
- *100 g de manteiga*
- *1/3 de xícara (chá) de nozes picadas*
- *1 talo de salsão picado*
- *1/4 de xícara (chá) de uvas-passas*
- *Pimenta-do-reino e sal*
- *2 maçãs verdes*
- *2 colheres (sopa) de suco de limão*
- *16 fatias de pão integral*
- *Folhas de rúcula*

1 Amasse bem o queijo *roquefort* e a manteiga (ambos devem estar em temperatura ambiente). Coloque em uma tigela e acrescente as nozes, o salsão e as passas, tempere com o sal e a pimenta-do-reino. Reserve.

2 Descasque as maçãs e corte-as em fatias finas. Regue-as com o suco de limão. Reserve.

3 Espalhe um pouco do creme de *roquefort* sobre cada fatia de pão, distribua um pouco da maçã fatiada e cubra com folhas de rúcula. Cubra com outra fatia de pão.

SANDUÍCHE DE MAIONESE ARCO-ÍRIS

- *4 gemas*
- *1 colher (café) de sal*
- *2 colheres (café) de mostarda*
- *½ colher (café) de pimenta-do-reino*
- *1 colher (chá) de suco de limão*
- *½ colher (café) de molho inglês*
- *Azeite*
- *½ kg de camarões cozidos e picados*
- *2 ovos cozidos e picados*
- *2 colheres (sopa) de picles bem picados*
- *1 beterraba cozida e picada*
- *Tomates cortados finamente*
- *Alface picada*
- *Fatias de pão de fôrma (sem a casca)*

1 Faça uma maionese com 2 das gemas cozidas e 2 cruas passadas numa peneira juntamente com a colherinha de sal, a mostarda, a pimenta-do-reino, o limão e o molho inglês. Misture tudo muito bem e ponha azeite aos pingos até começar a engrossar. Depois, deixe cair o azeite em fio, batendo sempre até o ponto desejado.

2 Misture a maionese com os camarões cozidos e picadinhos, os ovos também cozidos e picados, os picles passados pelo processador, a beterraba cozida e picada, os tomates cortados finamente e a alface picadinha.

3 Tome uma fatia de pão e passe por cima dela uma camada da mistura de maionese com os ingredientes indicados.

4 Cubra com outra fatia de pão, aperte um pouco e corte em pedaços de 2 dedos.

5 Ponha numa assadeira e leve ao forno quente para gratinar.

6 Sirva imediatamente.

Sanduíche de Salmão Defumado

- 4 colheres (sopa) de cream cheese
- 2 colheres (sopa) de iogurte
- 1 colher (sopa) de alcaparras picadas
- 1 colher (sopa) de suco de limão
- Sal e pimenta-do-reino
- 4 fatias de pão de centeio
- 100 g de salmão defumado
- 2 pepinos em conserva fatiados
- Folhas de alface americana
- Fatias de cebola (opcional)

1 Misture o *cream cheese* com o iogurte e as alcaparras. Tempere com o suco de limão, o sal e a pimenta-do-reino.

2 Distribua o creme sobre 2 fatias de pão e cubra com o salmão fatiado. Por cima coloque pepinos em conserva, as folhas de alface e as fatias de cebola, se desejar. Cubra o sanduíche com as fatias de pão restantes.

Sanduíche à Marinheira

- 1 lata de sardinha em óleo
- ½ xícara (chá) de maionese
- 1 colher (sopa) de manteiga ou margarina
- 2 colheres (sopa) de salsa e cebolinha-verde
- 1 colher (sopa) de cebola picada
- Sal a gosto
- Pão de fôrma ou francês

1 Amasse a sardinha e misture a ela a maionese, a manteiga ou margarina, a salsa e a cebolinha-verde, a cebola e o sal.

2 Passe o recheio sobre uma fatia de pão e cubra com outra.

3 Sirva.

Sanduíche Misto de Queijo e Presunto

- *Pãezinhos ou pão de fôrma*
- *Manteiga ou margarina*
- *Queijo prato fatiado*
- *Presunto fatiado*

1 Abra os pãezinhos ao meio e passe em cada parte uma leve camada de manteiga ou margarina.

2 Coloque, como recheio, uma fatia de queijo prato e, sobre ela, uma fatia de presunto.

3 Aperte levemente, com os dedos, as duas partes e leve os pãezinhos ao forno.

4 Sirva-os quentes.

Sanduíche Natural com Nozes

- *350 g de ricota fresca*
- *2 colheres (sopa) de azeite*
- *1 colher (sopa) de suco de limão*
- *1 colher (sopa) de salsinha picada*
- *Sal e pimenta-do-reino*
- *Iogurte*
- *3 colheres (sopa) de damascos picados*
- *2 colheres (sopa) de nozes picadas*
- *8 fatias de pão tipo integral*
- *Folhas de alface*
- *1 cenoura ralada grosso*
- *1 beterraba pequena crua e ralada grosso*

1 Coloque a ricota em uma tigela e amasse muito bem com um garfo. Acrescente o azeite, o suco de limão, a salsinha, o sal e a pimenta-do-reino. Amasse bem para obter uma pasta bem lisa. Pode adicionar um pouco de iogurte para deixar a mistura mais cremosa. Misture os damascos e as nozes.

2 Monte os sanduíches, espalhando a pasta de ricota sobre metade de cada pão e cobrindo-a com as folhas de alface, a cenoura e a beterraba raladas.

Sanduíche de Pernil

- *Pão francês*
- *Molho inglês ou molho de pimenta*
- *Pernil assado fatiado com molho*

1 Corte o pão ao meio e borrife-o com um pouco do molho inglês.

2 Distribua as fatias de pernil sobre o pão e regue com um pouco do molho.

Sanduíche com Patê de Azeitonas

- 2 xícaras (chá) de azeitonas pretas
- ½ xícara (chá) de azeite
- Pão de centeio cortado em quadradinhos

1 Descaroce as azeitonas.

2 Bata-as por 5 minutos no liquidificador com o azeite.

3 Deixe a pasta na geladeira por 20 minutos.

4 Sirva com o pão de centeio cortado em quadradinhos.

Sanduíche Anita

- Manteiga ou margarina
- 1 pão de fôrma fatiado sem a casca
- 200 g de mozarela
- 200 g de presunto
- 2 tomates
- 2 gemas
- 1 copo de leite
- 1 lata de creme de leite sem soro e gelado
- Queijo ralado

1 Unte um refratário ou assadeira com a manteiga ou margarina e forre com fatias de pão nas quais passou manteiga ou margarina.

2 Sobre o pão coloque uma camada de fatias de mozarela; sobre esta, disponha uma camada de presunto. Sobre o presunto espalhe uma camada de rodelas de tomate, terminando com uma nova camada de fatias de pão. Reserve.

3 Bata no liquidificador as gemas com o leite. Desligue o liquidificador e, sem bater, misture o creme de leite.

4 Coloque a mistura obtida sobre o pão; polvilhe bastante queijo ralado e leve ao forno quente para gratinar.

5 Sirva quente ou frio.

Soyus

- 3 tomates grandes
- 1 colher (sopa) de cebola ralada
- 2 ovos cozidos picados
- 1 xícara (chá) de patê de presunto
- 1 colher (sopa) de salsa batida
- 3 colheres (sopa) de maionese
- Pão de fôrma
- Folhas de alface e rodelas de pepino

1 Pique os tomates e junte-os aos outros ingredientes numa tigela.

2 Coloque a mistura entre fatias do pão de fôrma.

3 Querendo, ponha também folhas de alface e rodelas de pepino.

Sanduíche à Provençal

- 1 filão de pão italiano
- 1 dente de alho descascado
- 2 colheres (sopa) de vinagre tinto
- 3 colheres (sopa) de azeite
- Sal e pimenta-do-reino
- 2 tomates firmes fatiados
- 2 latas de atum
- ¼ de xícara (chá) de folhas de manjericão
- 12 azeitonas pretas sem caroço
- 1 colher (sopa) de alcaparras
- 4 filés de anchovas
- 1 ovo cozido picado

1 Corte o pão na metade, no sentido horizontal, retire um pouco do miolo e esfregue tampa e fundo com o dente de alho.

2 Regue as metades com o vinagre e o azeite, salpique com um pouco do sal e da pimenta-do-reino.

3 Distribua sobre o fundo do pão metade dos tomates, cubra com o atum, salpique com as folhas de manjericão, coloque as azeitonas e alcaparras picadas grosseiramente, decore com os filés de anchovas e coloque o ovo cozido. Cubra com a outra metade dos tomates e com a tampa do pão.

4 Embrulhe em papel-alumínio e deixe descansar por 30 minutos para que o pão se encharque com os líquidos.

5 Corte em fatias e sirva.

Trouxinhas de Presunto

- 400 g (3 xícaras de chá) de farinha de trigo
- 4 colherinhas (café) de fermento em pó
- 1 colherinha (café) de sal
- 1 e ½ xícara (chá) de leite
- 250 g de presunto cozido
- Manteiga
- Tomate
- Farinha de trigo

1 Peneire a farinha de trigo com o fermento e o sal. Acrescente o leite e faça uma massa de boa consistência. Deixe-a descansar uma hora.

2 Passe o presunto cozido pelo processador, junte uma colherada de manteiga e misture bem.

3 Com o rolo, abra a massa na grossura de 2 mm e corte-a em quadrados de aproximadamente 12 cm.

4 Ponha um pouquinho da mistura de presunto em cada quadrado, junte os 4 cantos, aperte e enfeite com uma rodela de tomate. Asse em fôrma untada com manteiga e polvilhada de farinha de trigo, em forno quente, durante cerca de 20 minutos.

SALGADINHOS

"A gulodice é um ato de nosso julgamento pelo qual damos preferência às cousas que agradam ao nosso paladar."

Brillat-Savarin. Texto da edição de 1942 de *Dona Benta*.

Salgadinhos

Biscoitinhos de cebola 185	Croquetes de queijo 191
Biscoitinhos de queijo 185	Minicuscuz 191
Bolinhas de queijo 186	Empadinhas de camarão 192
Biscoitinhos salgados 185	Empadinhas de galinha 193
Bolinhos de queijo 186	Empadinhas de palmito 194
Coxinhas de frango fáceis 186	Empadinhas de queijo 194
Coxinhas de galinha I 187	Petit-fours salgados 195
Coxinhas de galinha II 188	Enroladinhos de salsicha 195
Croquetes de caranguejo 188	Miniquibes 195
Croquetes de bacalhau 189	Minipizzas 196
Croquetes de carne I 189	Rissoles de camarão 196
Croquetes de carne II 190	Salgadinhos de anchovas 197
Croquetes de presunto e azeitonas .. 190	Torcidinhos 197

SALGADINHOS

Biscoitinhos de Cebola

- 1 cebola graúda
- 1 pimenta-vermelha sem sementes
- Pimenta-do-reino
- ½ xícara (chá) de leite
- ½ kg, aproximadamente, de farinha de trigo
- 1 colher (sopa) de fermento em pó
- 3 colheres (sopa) de maisena
- ½ colher (sopa) de sal
- 1 xícara (chá) de queijo parmesão ralado
- 2 ovos
- 200 g de margarina ou manteiga

1 Bata no liquidificador a cebola, as pimentas e o leite.

2 Transfira para uma tigela. Acrescente os outros ingredientes e amasse.

3 Abra a massa com o rolo até a espessura de ½ cm (massa grossa).

4 Corte em tiras de 1,5 cm por 7 cm e leve ao forno em assadeira untada. Asse até que os biscoitinhos estejam bem dourados. Deixe esfriar.

Biscoitinhos de Queijo

- ½ xícara (chá) de queijo parmesão ralado
- ½ xícara (chá) de margarina
- 1 xícara (chá) de farinha de trigo

1 Amasse o queijo com a margarina e vá incorporando a farinha. Incorpore o suficiente, mas não em excesso.

2 Faça rolos de massa com a espessura de um lápis. Em seguida, corte-os e faça argolinhas.

3 Arrume as argolinhas em assadeira untada com margarina e polvilhada com farinha de trigo.

4 Asse, em forno de temperatura média, até os biscoitos ficarem corados.

Biscoitinhos Salgados

- 2 colheres (sopa) de banha ou gordura vegetal
- 2 colheres (sopa) de manteiga ou margarina
- 2 colheres (sopa) de leite
- 2 colheres (sopa) de queijo parmesão ralado
- 1 colher (café) de sal
- Farinha de trigo quanto baste
- 1 gema

1 Junte todos os ingredientes e amasse, adicionando a farinha de trigo até que se possa estender a massa com o rolo.

2 Estenda a massa, corte os biscoitinhos no formato de sua preferência, pincele-os com uma gema e polvilhe-os com queijo ralado.

3 Asse em forno quente.

SALGADINHOS

Bolinhas de Queijo

- 200 g de queijo prato moído ou ralado
- 200 g de queijo parmesão ralado
- 2 colheres (sopa) cheias de farinha de trigo
- 2 ou 3 claras batidas em neve
- Óleo para fritar

1   Coloque em uma tigela os queijos e a farinha de trigo. Misture para incorporar e adicione as claras batidas em neve.

2   Unte as mãos com um pouco de óleo e faça bolinhas com a massa.

3   Aqueça uma abundante quantidade de óleo em uma panela e doure as bolinhas de queijo. Escorra em papel absorvente. Sirva quente.

Bolinhos de Queijo

- ¼ de queijo de minas
- 4 ovos
- 1 colher (chá) de polvilho azedo
- Pitadas de sal e noz-moscada
- Óleo para fritar

1   Misture o queijo com os ovos e junte o polvilho, o sal e a noz-moscada.

2   Faça os bolinhos com as mãos e frite-os em óleo quente.

Coxinhas de Frango Fáceis

- 2 peitos de frango
- 1 xícara (chá) de caldo de frango
- 6 batatas médias cozidas
- ½ xícara (chá) de leite
- 1 colher (sopa) de salsinha picada
- Sal, pimenta-do-reino e noz-moscada
- Farinha de trigo o quanto baste
- Óleo para fritar

Para empanar:
- 2 ovos
- Farinha de rosca

1   Cozinhe os peitos de frango no caldo, deixe esfriar e desfie, reservando o caldo do cozimento.

2   Passe as batatas no espremedor e coloque-as em uma panela. Acrescente o leite, uma xícara do caldo reservado, o sal, a salsinha, a noz-moscada e a pimenta-do-reino. Leve ao fogo e misture bem. Vá mexendo e acrescentando farinha de trigo aos poucos até obter uma massa de textura consistente e que se solte do fundo da panela. Retire do fogo e deixe esfriar.

3   Faça bolinhas de massa do tamanho de bolinhas de pingue-pongue. Achate-as entre as mãos, coloque um pouco de peito de frango desfiado e termine de moldar, dando o formato de coxinhas.

4   Passe pelos ovos levemente batidos e pela farinha de rosca.

5   Frite em abundante óleo fervente.

SALGADINHOS

Coxinhas de Galinha I

Massa:
- 1 xícara (chá) de água
- ¼ de colher (café) de sal
- 1 colher (sobremesa) de manteiga ou margarina
- 1 xícara (chá) de farinha de trigo

Recheio:
- ½ cebola picada
- 5 colheres (sopa) de óleo
- 1 peito de frango
- 2 tomates (sem pele) picados
- 1 pimentão cortado ao meio
- ½ colher (café) de sal
- 1 pitada de pimenta-do-reino
- ½ xícara (chá) de água fervente

Para a fritura:
- 2 ovos batidos
- Farinha de rosca
- Óleo

1 Para a massa, leve ao fogo a água, o sal e a manteiga ou margarina. Assim que levantar fervura, adicione a farinha. Mexa bem para incorporar. Sem parar de bater, deixe cozinhar por 5 minutos aproximadamente ou até aparecer uma crosta fina no fundo da panela.

2 Retire a massa, ponha-a numa mesa polvilhada com farinha e deixe-a esfriar um pouco, amassando-a com as mãos até ficar macia.

3 Prepare o recheio levando a cebola e o óleo ao fogo. Quando dourar, adicione o peito de frango cortado em 4 pedaços. Refogue e adicione os tomates, o pimentão, o sal e a pimenta.

4 Tampe a panela e deixe refogar mais uma vez. De vez em quando, pingue um pouco de água fervente. Não deixe que o molho seque, porque dessa forma o frango ficará ressecado, demorando mais tempo para cozinhar. Retire do fogo logo que estiver macio e desfie-o. Elimine a pele e os ossos.

5 Retire do molho o pimentão e misture-o à carne desfiada. Mexa um pouco para misturar bem.

6 Use o recheio depois de frio.

7 Divida a massa em 12 partes. Modele, com as mãos, uma cavidade em cada porção da massa e coloque ali uma colher (sopa) de recheio. Aperte a extremidade de cada uma, dando-lhe a forma de coxinha. Depois de recheadas, passe-as em ovo batido e farinha de rosca.

8 Frite 2 ou 3 de cada vez em óleo bem quente.

9 Escorra em papel absorvente e sirva.

SALGADINHOS

Coxinhas de Galinha II

- 1 galinha pequena
- 4 colheres (sopa) de óleo
- 2 dentes de alho picados
- Sal
- 1 cebola pequena picada
- 2 xícaras (chá) de água
- 3 copos de leite
- 3 ovos
- ½ xícara (chá) de farinha de trigo

Para empanar:
- *Farinha de rosca*
- *2 ovos levemente batidos*
- *Óleo para fritar*

1 Refogue os pedaços de galinha, em óleo, com o sal, o alho e a cebola batidinha. Adicione 2 xícaras de água e cozinhe em fogo baixo até a carne ficar macia e se soltando dos ossos. Retire os ossos do caldo e separe toda a carne, desprezando as peles. Reserve os ossos.

2 Coe o caldo em que a galinha foi cozida e acrescente os 3 copos de leite. Meça quantas xícaras de líquido obteve e reserve 3 xícaras. Junte a farinha com 3 ovos e adicione à mistura de leite, mexendo bem para não empelotar. Leve ao fogo para engrossar, mexendo até que fique num ponto consistente. Ainda quente, coloque o creme obtido, às colheradas, sobre um mármore polvilhado de farinha de rosca, e deixe esfriar.

3 Ponha em cima de cada colherada (depois de fria) um pouco da carne de galinha desfiada, enrole o creme sobre si mesmo e espete numa das pontas (até o meio) um osso de galinha bem raspado. Passe a parte do creme em farinha de rosca, depois em ovos batidos, novamente em farinha de rosca e frite em óleo bem quente.

Croquetes de Caranguejo

- 250 g de carne de caranguejo
- 1 cebola pequena picada
- 3 colheres (sopa) de óleo
- ¼ de xícara (chá) de manteiga
- ¼ de xícara (chá) de farinha de trigo
- 1 e ½ xícara (chá) de leite
- 1 colher (sopa) de salsinha picada
- 1 colher (chá) de molho de pimenta-vermelha
- Sal e pimenta-do-reino
- Farinha de rosca para empanar
- Óleo para fritar

1 Limpe bem a carne de caranguejo.

2 Pique finamente a cebola. Coloque o óleo em uma frigideira e acrescente a cebola. Refogue até que a cebola esteja macia, retire do fogo e reserve.

3 Em uma panela pequena, coloque a manteiga e a farinha de trigo, leve ao fogo e cozinhe por 2 a 3 minutos. Acrescente o leite aos poucos, misturando sem parar. Junte o refogado de cebola e cozinhe por cerca de 15 minutos, ou até obter um creme grosso, com a textura de mingau encorpado. Retire do fogo e acrescente a carne de caranguejo, a salsinha, a pimenta-vermelha, o sal e a pimenta-do-reino.

4 Espalhe em uma assadeira e leve à geladeira para esfriar. Coloque bastante óleo para aquecer em uma panela.

5 Molde croquetes com a massa de caranguejo, passe pela farinha de rosca e retire o excesso.

6 Frite até que estejam bem dourados. Escorra em papel absorvente e sirva acompanhado de gomos de limão.

SALGADINHOS

Croquetes de Bacalhau

- 250 g de bacalhau afervantado e limpo
- 3 batatas grandes
- 1 cebola picada finamente
- 1 dente de alho espremido
- 1 tomate sem pele
- Salsa e cebolinha
- 1 pimentão vermelho pequeno
- 1 ovo
- Farinha de trigo o quanto baste
- Farinha de rosca o quanto baste
- Óleo para fritar

1   Deixe o bacalhau de molho por 36 horas para dessalgar. Afervente e limpe.

2   Na mesma água em que o bacalhau foi cozido, cozinhe as batatas.

3   Moa, juntos, o bacalhau, o alho, a cebola, o tomate, a salsa, a cebolinha e o pimentão. Refogue a mistura em pouco óleo e deixe-a ficar bem seca.

4   Esprema a batata, junte-a ao bacalhau, quebre um ovo e ponha um pouco de farinha de trigo.

5   Misture tudo muito bem e, quando der ponto para enrolar, molde os bolinhos.

6   Passe-os em ovo batido e farinha de rosca e frite-os em óleo quente.

Croquetes de Carne I

- 500 g de carne moída
- 3 colheres (sopa) de óleo
- 1 cebola picada
- Sal e pimenta-do-reino
- 2 gemas
- Farinha de rosca
- 2 claras
- 1 colher (sopa) de cheiro-verde
- Ovo batido ou leite
- Óleo para fritar

1   Refogue a carne moída com o óleo, deixando esse picadinho bem seco. Acrescente a cebola e refogue por mais alguns minutos até ficar macia.

2   Acrescente o cheiro-verde e retire do fogo. Salpique com o sal e a pimenta-do-reino. Coloque as duas gemas cruas e mexa bem. Adicione a farinha de rosca aos poucos para ligar a mistura.

3   Volte a panela ao fogo e refogue mais um pouco. Retire-a do fogo e deixe esfriar. Se não der liga para enrolar os croquetes, acrescente as claras sem bater e misture bem.

4   Molde os croquetinhos. Passe-os em ovo batido ou leite e em farinha de rosca.

5   Retire o excesso e frite-os em óleo quente. Escorra em papel absorvente.

Croquetes de Carne II

- 500 g de patinho em bifes
- 2 colheres (sopa) de óleo
- 2 colheres (sopa) de cebola picada
- 1 colher (sopa) de salsinha picada
- 1 colher (chá) de sal
- ¼ de colher (chá) de noz-moscada
- Farinha de trigo o quanto baste
- 2 ovos
- ¼ de colher (chá) de pimenta-do-reino
- ¼ de xícara (chá) de leite
- Farinha de rosca

1. Corte a carne em cubinhos.

2. Aqueça o óleo em uma panela e acrescente a cebola picada. Refogue até que esteja bem macia, acrescente os cubinhos de carne e deixe dourar levemente, evitando mexer na carne para que ela não solte muito líquido. Assim que estiver bem sequinha, acrescente a salsinha, o sal, a noz-moscada e a pimenta-do-reino. Misture bem. Coloque em um processador e bata até obter um patê de carne. Se necessário, misture um pouco de leite para ajudar a bater.

3. Despeje a massa em uma panela e acrescente um ovo e duas colheres (sopa) de farinha de trigo dissolvidas no leite. Misture bem e leve ao fogo, cozinhando essa massa por cerca de 3 minutos, ou até que se desprenda do fundo da panela. Deixe esfriar e leve à geladeira por algumas horas.

4. Bata levemente o ovo restante e coloque a farinha de rosca em um prato.

5. Molde os croquetes, passe pelo ovo, depois pela farinha de rosca e frite-os em abundante óleo quente.

6. Escorra em papel absorvente e sirva.

Croquetes de Presunto e Azeitonas

- 1 e ½ colher (sopa) de manteiga
- 2 e ½ colheres (sopa) de farinha de trigo
- ½ xícara (chá) de leite
- 100 g de presunto cru fatiado e picado
- 80 g de azeitonas recheadas picadas
- 3 ovos cozidos picados
- Sal e pimenta-do-reino

Para a fritura:
- 2 ovos
- 2 colheres (sopa) de água
- ¼ de xícara (chá) de farinha de trigo
- ¼ de xícara (chá) de farinha de rosca
- Óleo

1. Derreta a manteiga em uma panela pequena e acrescente a farinha de trigo. Misture em fogo médio por cerca de 2 minutos e junte o leite pouco a pouco, misturando bem. Cozinhe por 3 minutos e acrescente os ingredientes restantes. Misture bem.

2. Espalhe a mistura em um prato e leve à geladeira por cerca de 40 minutos.

3. Em uma tigela, misture os 2 ovos com as 2 colheres de sopa de água.

4. Coloque a farinha de trigo em um prato fundo e a de rosca em outro. Retire a massa da geladeira e prepare os croquetes. Passe pela farinha de trigo, depois pelos ovos e finalmente pela farinha de rosca.

5. Frite em óleo quente até estarem dourados.

6. Escorra em papel absorvente e sirva quente.

SALGADINHOS

Croquetes de Queijo

- 5 claras
- 300 g de queijo ralado
- ½ xícara (chá) de maisena
- Farinha de rosca
- Óleo para fritar

1   Pode-se utilizar parmesão, provolone, itálico ou outro queijo de sabor forte e textura firme.

2   Bata as claras em uma batedeira até ficarem bem firmes.

3   Acrescente o queijo e a maisena. Misture com uma colher ou batedor.

4   Enrole os croquetinhos e passe-os pela farinha de rosca.

5   Frite-os aos poucos, em óleo quente. Escorra-os sobre papel absorvente.

6   Sirva-os quentes.

Minicuscuz

- 1 xícara (chá) de azeite
- ½ cebola média picada
- 1 dente de alho picado finamente
- ¼ de xícara (chá) de salsa picadinha
- ½ kg de camarões limpos
- 2 xícaras (chá) de água
- Sal e pimenta-do-reino
- 3 xícaras (chá) de farinha de milho em flocos
- 1 lata de sardinhas
- Manteiga (para untar as forminhas)
- Azeitonas
- Ovos cozidos fatiados (ou palmitos)
- Ervilhas
- Ramos de salsa

1   No azeite, refogue a meia cebola, o alho e a salsa. Junte os camarões e, quando ficarem vermelhos, ponha duas xícaras (chá) de água, o sal e a pimenta-do-reino. Tampe, deixe cozinhar por 10 minutos, escorra, reserve o caldo e descasque os camarões.

2   Despeje numa tigela a farinha de milho, junte as sardinhas e o caldo dos camarões e misture tudo muito bem, esfarelando entre as mãos. Se a massa estiver muito seca, adicione um pouco mais de água.

3   Prepare forminhas (individuais para pudim) untadas de manteiga e ponha no fundo de cada uma um camarão, uma azeitona, uma fatia de ovo cozido ou palmito, algumas ervilhas e, por cima, massa suficiente para encher a forminha. Aperte bem e coloque as forminhas em uma assadeira com um dedo de água (banho-maria), assando em forno quente durante 15 minutos.

4   Deixe esfriar, retire das forminhas, decore com ramos de salsa e sirva.

Empadinhas de Camarão

Massa:
- ½ xícara (chá) de farinha de trigo
- ¼ de xícara (chá) de manteiga ou margarina
- 1 pitada de sal
- 1 pitada de fermento em pó
- 2 gemas
- ⅓ de xícara (chá) de leite

Recheio:
- 500 g de camarões descascados e limpos
- 3 colheres (sopa) de manteiga
- 1 cebola pequena picada
- 2 dentes de alho
- Sal e pimenta-do-reino
- 2 tomates sem pele e sem sementes
- 2 colheres (sopa) de farinha de trigo
- 1 xícara (chá) de leite
- 2 gemas
- 1 ovo cozido descascado e picado
- 2 colheres (sopa) de azeitonas picadas
- 1 colher (sopa) de salsinha picada
- ½ xícara (chá) de palmito picado
- Manteiga ou margarina para untar as forminhas

1 Coloque a farinha numa tigela. Adicione no centro da farinha toda a manteiga ou margarina, o sal, o fermento e as gemas. Amasse adicionando o leite até que os ingredientes fiquem bem ligados.

2 Enrole a massa num guardanapo e leve-a à geladeira por 30 minutos.

3 Para o recheio, corte os camarões em pedaços, lave-os muito bem e refogue-os numa panela com a manteiga, a cebola batidinha, o alho, a pimenta-do-reino e os tomates picados.

4 Depois de tudo bem refogado, junte um pouco de água, para formar um molho, e deixe cozinhar por alguns minutos. Retire a panela do fogo e adicione a farinha de trigo desmanchada em um pouco de leite e as 2 gemas. Misture tudo muito bem e leve novamente ao fogo para que o molho engrosse. (Não deixe de mexer, para que o recheio não encaroce.)

5 Engrossado o molho, acrescente o palmito, a salsinha, as azeitonas e o ovo picado. Acerte o ponto do sal e da pimenta-do-reino. Deixe o recheio esfriar.

6 Estenda a massa com o rolo e forre forminhas untadas com manteiga ou margarina.

7 Encha as forminhas com o recheio de camarão, cubra-as com uma tampa de massa, pincele com uma gema levemente batida e leve ao forno por aproximadamente 30 minutos, para assar e dourar.

SALGADINHOS

Empadinhas de Galinha

Massa:
- ¹/₂ xícara (chá) de farinha de trigo
- ¹/₄ de xícara (chá) de manteiga ou margarina
- 1 pitada de sal
- 1 pitada de fermento em pó
- 2 gemas
- ¹/₃ de xícara (chá) de leite

Recheio:
- 500 g de carne de galinha cozida e desfiada
- 3 colheres (sopa) de manteiga
- 1 cebola pequena picada
- 2 dentes de alho
- Sal e pimenta-do-reino
- 2 tomates sem pele e sem sementes
- 1 xícara (chá) de leite
- 2 gemas
- 2 colheres (sopa) de farinha de trigo
- 2 colheres (sopa) de azeitonas picadas
- 1 colher (sopa) de salsinha picada
- ½ xícara (chá) de palmito picado
- Manteiga ou margarina para untar as forminhas

1 Coloque a farinha numa tigela. Adicione no centro da farinha toda a manteiga ou margarina, o sal, o fermento e as gemas. Amasse adicionando o leite até que os ingredientes fiquem bem ligados. Enrole a massa num guardanapo e leve-a à geladeira por 30 minutos.

2 Refogue a galinha desfiada em uma panela com a manteiga, a cebola batidinha, o alho, o sal, a pimenta-do-reino e os tomates picados. Depois de tudo bem refogado, junte um pouco de água ou o caldo do cozimento do frango, para formar um molho, e deixe cozinhar por alguns minutos.

3 Retire a panela do fogo e adicione a farinha de trigo desmanchada no leite e as duas gemas. Misture tudo muito bem e leve novamente ao fogo para que o molho engrosse. (Não deixe de mexer, para que o recheio não encaroce.)

4 Engrossado o molho, acrescente o palmito, a salsinha e as azeitonas. Acerte o ponto de sal e de pimenta-do-reino. Deixe o recheio esfriar.

5 Estenda a massa com o rolo e forre forminhas untadas com manteiga ou margarina.

6 Encha as forminhas com o recheio de galinha, cubra-as com uma tampa de massa, pincele com uma gema levemente batida e leve ao forno por aproximadamente 30 minutos, para assar e dourar.

SALGADINHOS

Empadinhas de Palmito

Massa:
- 1/2 xícara (chá) de farinha de trigo
- 1/4 de xícara (chá) de manteiga ou margarina
- 1 pitada de sal
- 1 pitada de fermento em pó
- 2 gemas
- 1/3 de xícara (chá) de leite

Recheio:
- 2 xícaras (chá) de palmito picado
- 3 colheres (sopa) de manteiga
- 1 cebola pequena picada
- 2 dentes de alho
- 2 tomates sem pele e sem sementes
- 1 e 1/2 xícara (chá) de leite
- 4 colheres (sopa) de farinha de trigo
- 2 colheres (sopa) de azeitonas picadas
- 1 colher (sopa) de salsinha picada
- Sal e pimenta-do-reino
- Manteiga ou margarina para untar as forminhas

1 Coloque a farinha numa tigela. Adicione no centro da farinha toda a manteiga ou margarina, o sal, o fermento e as gemas. Amasse adicionando o leite até que os ingredientes fiquem bem ligados. Enrole a massa num guardanapo e leve à geladeira por 30 minutos.

2 Refogue o palmito em uma panela com a manteiga, a cebola batidinha, o alho, o sal, a pimenta-do-reino e os tomates picados. Depois de tudo bem refogado, junte um pouco de água, para formar um molho, e deixe cozinhar por alguns minutos.

3 Retire a panela do fogo e adicione a farinha de trigo desmanchada em um pouco de leite. Misture tudo muito bem e leve novamente ao fogo. Adicione o leite restante e cozinhe para que o molho engrosse. (Não deixe de mexer, para que o recheio não encaroce.)

4 Engrossado o molho, acrescente a salsinha e as azeitonas. Acerte o ponto de sal e de pimenta-do-reino. Deixe o recheio esfriar.

5 Estenda a massa com o rolo e forre forminhas untadas com manteiga ou margarina.

6 Encha as forminhas com o recheio de palmito, cubra-as com uma tampa de massa, pincele com uma gema levemente batida e leve ao forno por aproximadamente 30, minutos para assar e dourar.

Empadinhas de Queijo

Massa:
- 6 colheres (sopa) de queijo ralado
- 3 colheres (sopa) de manteiga ou margarina
- 4 colheres (sopa) de leite
- 1 colherinha (café) de sal
- 8 colheres (sopa) de farinha de trigo

Recheio:
- 150 g de queijo ralado
- 2 xícaras (chá) de leite
- 4 ovos
- Manteiga ou margarina para untar as forminhas

1 Prepare a massa misturando o queijo, a manteiga ou margarina, o leite e o sal numa tigela e vá adicionando farinha até a massa ficar em ponto de poder ser aberta.

2 Abra a massa, corte-a em pequenos círculos e forre com eles forminhas untadas com manteiga ou margarina.

3 Faça o recheio, misturando os ingredientes.

4 Ponha em cada forminha colheradas do recheio até mais ou menos a metade, polvilhe com uma pitada de queijo ralado e leve ao forno quente por 20 a 30 minutos.

Petit-fours Salgados

- 3 e ½ xícaras (chá) de farinha de trigo
- ½ colher (chá) de fermento em pó
- 1 e ½ xícara (chá) de margarina
- 1 colher (chá) de sal
- 2 ovos inteiros
- 2 gemas

1 Coloque a farinha, o fermento, a margarina, o sal, os ovos e as gemas numa tigela. Amasse com a mão até obter uma massa homogênea.

2 Leve a massa à geladeira por uma hora. Depois, abra-a com o rolo até a espessura de meio centímetro. Corte os *petit-fours* com um cortador redondo, pincele-os com ovo batido e coloque-os em assadeira untada e enfarinhada. Se gostar, salpique com sementes de erva-doce ou papoula, ou ainda parmesão ralado.

3 Asse-os em forno quente até ficarem corados.

Enroladinhos de Salsicha

- 400 g de farinha de trigo
- 3 gemas
- 3 colheres (sopa) de margarina
- 1 colher (sopa) de banha
- 1 colher (chá) de sal
- 1 xícara (chá) de leite
- 1 kg de salsichas frescas
- 1 clara levemente batida
- Queijo parmesão ralado
- Óleo para fritar

1 Coloque a farinha de trigo em uma tigela, faça uma cavidade no centro e coloque ali os outros ingredientes. Amasse bem e deixe repousar por uns 10 minutos.

2 Em seguida, abra a massa e corte-a em pequenos triângulos, colocando sobre cada um deles um pedaço de salsicha. Enrole cada rolinho.

3 Passe-os na clara, ligeiramente batida, e no queijo ralado.

4 Frite em óleo quente até dourar.

Miniquibes

- 1 xícara (chá) de trigo (fino) para quibe
- 500 g de carne moída 2 vezes
- 1 cebola média bem picada
- 1 colher (sopa) de salsinha picada
- 2 colheres (sopa) de hortelã picada
- 2 colheres (sopa) de suco de limão
- Sal e pimenta-síria a gosto
- Óleo para fritar

1 Lave bem o trigo em água corrente e deixe de molho por 30 minutos. Escorra e esprema bem para retirar o excesso de água.

2 Coloque a carne em uma tigela e acrescente a cebola e o trigo. Misture e acrescente os ingredientes restantes. Amasse novamente e leve à geladeira por 1 hora.

3 Aqueça bastante óleo em um tacho.

4 Faça com a carne bolinhas de 5 cm e molde os quibes em seu tradicional formato alongado.

5 Frite até estarem bem dourados e crocantes por fora. Escorra em papel absorvente.

6 Sirva com gomos de limão.

SALGADINHOS

MINIPIZZAS

- *150 g de manteiga*
- *150 g de ricota fresca*
- *1 pitada de sal*
- *Farinha de trigo para ligar a massa*
- *2 tomates cortados em cubos pequenos*
- *200 g de mozarela em fatias*
- *Orégano*
- *Azeite*

1 Amasse bem a manteiga, a ricota e o sal. Junte, aos poucos a farinha de trigo, até que a massa fique macia e desgrude das mãos. Deixe repousar durante meia hora.

2 Abra a massa com o rolo, deixando-a com cerca de ½ cm de espessura.

3 Com um cortador próprio (ou uma xícara de chá ou um copo), corte a massa em rodelas e ponha em cada uma um pouco de tomate picadinho, o sal, os pedacinhos da mozarela em fatias, o azeite e o orégano.

4 Leve ao forno bem quente durante cerca de 20 minutos.

RISSOLES DE CAMARÃO

Recheio:
- *2 colheres (sopa) de óleo*
- *½ cebola picada*
- *1 dente de alho picado*
- *1 tomate sem pele e sem sementes*
- *1 colher (sopa) de salsinha picada*
- *200 g de camarões pequenos*
- *Sal e pimenta-do-reino*
- *Farinha de trigo*

Massa:
- *1 xícara (chá) de leite*
- *1 colher (sopa) de manteiga*
- *½ colher (chá) de sal*
- *1 xícara (chá) de farinha de trigo*
- *2 ovos*
- *Farinha de rosca*
- *Óleo para fritar*

1 Coloque o óleo em uma frigideira, leve-a ao fogo e acrescente a cebola e o alho. Refogue até estar bem macio e acrescente o tomate picado. Cozinhe até que os líquidos evaporem, acrescente os camarões e refogue rapidamente (cerca de 3 minutos). Tempere com o sal e a pimenta-do-reino e acrescente a salsinha picada. Se o recheio estiver muito líquido, acrescente um pouco de farinha de trigo para engrossar levemente. Deixe esfriar.

2 Para a massa, coloque em uma panela o leite, a manteiga e o sal, e leve ao fogo. Assim que ferver, apague o fogo e despeje a farinha de uma só vez. Misture muito bem e leve ao fogo novamente para cozinhar a massa, mexendo até que ela se solte da panela (cerca de 4 minutos). Deixe esfriar.

3 Abra a massa com um rolo em uma superfície salpicada com farinha de trigo. Com um copo, corte círculos de 6 cm a 8 cm, coloque um pouco de recheio no meio de cada círculo e feche-os como pastéis. Bata levemente os ovos em uma tigela e coloque a farinha de trigo em outra.

4 Passe os rissoles pelo ovo batido, depois pela farinha de rosca e coloque-os para fritar em abundante óleo quente. Escorra em papel absorvente e sirva.

5 Pode-se também assar os rissoles em uma assadeira antiaderente.

Salgadinhos de Anchovas

- *500 g de farinha de trigo*
- *200 g de banha de porco*
- *50 g de margarina*
- *1 gema*
- *½ colher (sobremesa) de sal*
- *½ xícara (chá) de água, aproximadamente*
- *1 lata pequena de anchovas*
- *Gema de ovo para pincelar*

1 Misture a farinha de trigo com a banha, a margarina, a gema e o sal. Adicione a água aos poucos até formar uma massa homogênea que não grude nas mãos. Leve a massa à geladeira por 30 minutos.

2 Abra a massa com o rolo e corte-a em retângulos pequenos com o auxílio de uma faca enfarinhada.

3 Pincele com gema de ovo e coloque um pedaço de anchova em cada retângulo.

4 Leve ao forno durante 15 minutos.

Torcidinhos

- *250 g de farinha de trigo*
- *½ colher (chá) de fermento em pó*
- *½ colher (chá) de sal*
- *100 g de manteiga gelada*
- *6 colheres (sopa) de leite*
- *1 gema*
- *Sal grosso*

1 Peneire a farinha com o fermento e o sal.

2 Com a ponta dos dedos, incorpore a manteiga à mistura de farinha.

3 Misture a gema no leite e junte à massa. Amasse somente para ligá-la.

4 Estenda a massa, corte-a em tiras de 10 cm por 1 cm e enrole-as.

5 Pincele com a gema e salpique com um pouco de sal grosso triturado. Leve ao forno médio por 10 a 15 minutos.

Ovos, Omeletes e Suflês

> "**Omelete com pão.** – Embeba um pedaço de pão em leite; reduza-o a uma pasta; junte os ovos batidos; tempere de sal; mexa muito bem e frite-o como os demais omeletes."
>
> Receita recuperada da edição de 1944 de *Dona Benta*.

Ovos

Ovos à moda galega 202
Ovos à mourisca 202
Ovos com linguiça 203
Ovos com molho à moda do norte 203
Ovos com picadinho 204
Ovos em creme 204
Ovos fritos simples 204
Ovos fritos com presunto 205
Ovos mexidos à beiroa 205
Ovos mexidos com presunto 205
Ovos mexidos com queijo 206
Ovos mexidos com salmão 206
Ovos ao forno com bacon 207
Ovos quentes 207
Ovos moles mexidos 208
Ovos partidos ou pocheados 208

Omeletes

Omelete simples 210
Omelete com ervas 210
Omelete de cogumelos 211
Omelete ao leite 211
Omelete com camarões 212
Omelete com queijo 212

Suflês

Suflê de alho-poró com salmão 214
Suflê de aspargo 214
Suflê de bacalhau 215
Suflê de batata 215
Suflê de berinjela 216
Suflê de camarão 216
Suflê de chuchu 217
Suflê de cogumelos 217
Suflê de couve-flor 218
Suflê de escarola 218
Suflê de espinafre 219
Suflê de haddock 219
Suflê de milho verde 220
Suflê de palmito 220
Suflê de peixe 221
Suflê de queijo 221
Suflê de queijo gorgonzola 222
Suflê de queijo parmesão 222
Suflê de quitandeira 223
Suflê de tomate seco 223

Ovos

Ovos à Moda Galega

- 2 pimentões maduros
- 2 cebolas grandes
- 3 colheres (sopa) de óleo ou azeite
- 2 xícaras (chá) de água
- 1 folha de louro
- 1 ramo de tomilho
- Sal e pimenta-do-reino
- Noz-moscada
- 4 ovos

1 Fatie finamente os pimentões e as cebolas. Refogue em óleo ou azeite.

2 Junte água o suficiente para cobrir os ingredientes. Tempere com o sal, a pimenta, um pedacinho de louro, o tomilho e uma pitada de noz-moscada. Deixe cozinhar lentamente em panela tampada, mexendo de vez em quando.

3 Assim que as cebolas e os pimentões estiverem bem macios, passe tudo por uma peneira, para obter um molho espesso. Coloque o molho em uma frigideira ou panela bem larga.

4 Quebre cuidadosamente os ovos sobre o molho. Salpique com um pouco de sal e cozinhe em fogo baixo até que os ovos fiquem firmes. Sirva com pão.

Ovos à Mourisca

- 6 cenouras raspadas
- 150 g de manteiga ou margarina
- Açúcar
- Sal e pimenta-do-reino
- 6 fatias de presunto
- 1 lata de ervilhas graúdas
- 6 ovos
- Óleo

1 Cozinhe as cenouras em água e sal. Corte-as em rodelas e refogue-as em manteiga, temperando com uma pitada de açúcar, sal e pimenta-do-reino.

2 Frite ligeiramente as fatias de presunto e arrume-as num prato, colocando sobre cada uma delas uma colher de ervilhas e uma de cenouras.

3 Frite os ovos em óleo e coloque-os por cima do prato, polvilhando-os com sal e pimenta.

4 Sirva quente.

Ovos com Linguiça

- 250 g de linguiça
- 2 colheres (sopa) de manteiga ou margarina
- 6 tomates sem pele bem picados
- 1 cebola pequena batidinha
- 2 colheres (sopa) de cheiro-verde
- 4 ovos
- 2 colheres (sopa) de queijo parmesão ralado
- Sal

1 Remova a pele das linguiças, desfaça-as e refogue-as em manteiga ou margarina até que comecem a dourar. Adicione os tomates, a cebola batidinha e o cheiro-verde.

2 Quando tiver refogado muito bem e os tomates já estiverem desfeitos, junte um pouquinho de água, formando um molho.

3 Afaste, com uma colher, a carne da linguiça para um lado e quebre, no vazio aberto, os ovos. Em seguida, polvilhe com o queijo parmesão ralado, tampe a frigideira e deixe mais uns minutos no fogo para que os ovos cozinhem, mas sem ficar duros.

4 Sirva na própria frigideira.

Ovos com Molho à Moda do Norte

- 1 colher (sopa) de óleo
- ½ colher (sopa) de cebola picada
- 2 tomates sem pele e sem sementes
- 1 colher (sopa) de massa de tomate
- Sal
- 1 colher (sopa) de cheiro-verde picado
- 1 pitada de pimenta-do-reino
- ½ pimenta-verde amassada (opcional)
- 1 colher (sopa) de azeite de dendê
- 4 ovos

1 Numa panela com o óleo, refogue a cebola batidinha, adicione os tomates e refogue mais um pouco.

2 Adicione a massa de tomate e água que baste (cerca de ½ xícara). Tempere com sal a gosto; acrescente o cheiro-verde picado, uma pitada de pimenta-do-reino, a pimenta-verde amassada e, se quiser, o azeite de dendê.

3 Deixe tudo ferver muito bem e, então, quebre os ovos no molho, tampando a panela para que cozinhem.

4 Cozidos os ovos, retire a panela do fogo e sirva em seguida.

Ovos com Picadinho

- ¼ de xícara (chá) de óleo
- 1 cebola bem picada
- 1 dente de alho picado
- 500 g de carne moída
- 1 xícara (chá) de tomate picado sem pele
- 1 colher (chá) de sal
- 1 pitada de pimenta-do-reino
- 4 ovos

1 Faça um picadinho refogando a cebola e o alho no óleo. Adicione a carne moída e refogue até dourar. Coloque os tomates e um pouco de água, de modo que não fique seco, mas com um pouco de molho. Cozinhe para que os tomates se desmanchem (cerca de 20 minutos). Se necessário, adicione mais água. Coloque o sal e a pimenta.

2 Cave com uma colher alguns vazios no picadinho e quebre dentro deles os ovos inteiros.

3 Tampe a frigideira para que os ovos cozinhem, e sirva quente, na própria frigideira ou num prato, tomando cuidado para que os ovos não se quebrem.

4 Acompanhe com arroz branco ou purê de batatas.

Ovos em Creme

- 1 colher (sopa) de manteiga
- 4 fatias de presunto
- 4 fatias finas de queijo
- 4 ovos bem frescos
- ¼ de xícara (chá) de nata ou creme de leite
- Sal

1 Unte com manteiga um refratário pequeno e arrume no fundo dele as fatias de presunto.

2 Disponha sobre o presunto as fatias de queijo. Quebre por cima os ovos, tempere com sal e cubra com uma camada de nata ou creme de leite.

3 Leve ao forno quente por alguns minutos, sem deixar que os ovos cozinhem em excesso.

4 Sirva quente.

Ovos Fritos Simples

- 2 colheres (sopa) de manteiga ou margarina
- 4 ovos
- Sal
- Pimenta-do-reino

1 O ideal é preparar os ovos um a um.

2 Coloque em uma frigideira um pouco de manteiga ou margarina e deixe derreter.

3 Quando a manteiga ou margarina estiver borbulhando, coloque o ovo, temperando com uma pitada de sal e pimenta.

4 Assim que a clara firmar, sirva.

5 Se preferir ovos com a gema dura, tampe a frigideira para que o calor cozinhe a gema por cima.

Ovos Fritos com Presunto

- 2 colheres (sopa) de óleo
- 4 fatias de presunto
- 4 ovos
- Queijo duro ou mineiro (opcional)
- Molho inglês
- Sal e pimenta-do-reino

1 Coloque numa frigideira um pouco de óleo e espere esquentar.

2 Frite no óleo algumas fatias de presunto e quebre por cima os ovos. (Se quiser, ponha sobre o presunto algumas fatias de queijo e quebre os ovos sobre elas.)

3 Tire assim que as claras firmarem.

4 Regue, ao servir, com um pouco de molho inglês. Tempere com sal e pimenta-do-reino.

Ovos Mexidos à Beiroa

- 4 ovos
- 1 colher (sopa) de salsa picada
- 2 colheres (sopa) de cebola picada ou batida
- 2 colheres (chá) de manteiga ou margarina
- Sal e pimenta-do-reino

1 Quebre os ovos e bata-os ligeiramente com o sal, a salsa e a cebola.

2 Despeje a mistura sobre a manteiga quente, mexendo até que cozinhe.

3 Se for de seu gosto, tempere com pimenta.

Ovos Mexidos com Presunto

- 6 ovos
- 2 colheres (sopa) de leite
- 2 colheres (sopa) de manteiga ou margarina
- 100 g de presunto picado
- 1 colher (sopa) de salsa picada
- Sal

1 Bata ligeiramente os ovos em uma tigela com o leite e misture com o presunto e a salsa. Tempere com um pouco de sal.

2 Coloque na frigideira a manteiga ou margarina e, assim que ela derreter, despeje os ovos batidos. Mexa para que os ovos cozinhem por igual.

3 Sirva quente.

Ovos Mexidos com Queijo

- 6 ovos
- 3 colheres (sopa) de água
- 1 colher (sopa) de salsa picada
- 150 g de queijo prato fatiado e picado
- 1 colher (sopa) de queijo parmesão ralado
- 2 colheres (sopa) de manteiga ou margarina
- Sal

1 Quebre os ovos em uma tigela e bata-os ligeiramente com a água, o parmesão, o sal e a salsa.

2 Acrescente o queijo picado e misture.

3 Leve ao fogo uma frigideira com a manteiga ou margarina e, quando ela estiver quente, despeje os ovos. Mexa regularmente para que cozinhe por igual.

4 Sirva com torradas.

Nota: Pode-se acrescentar a essa receita um tomate firme sem sementes cortado em cubinhos.

Ovos Mexidos com Salmão

- 1 colher (sopa) de cebola picada
- 2 colheres (sopa) de manteiga
- 6 ovos
- 4 colheres (sopa) de creme de leite
- 100 g de salmão defumado
- 1 colher (chá) de dill (ver nota) picado (opcional)
- Sal e pimenta-do-reino
- Torradas para acompanhar

1 Coloque água em uma frigideira grande e leve ao fogo para preparar um banho-maria. Coloque a manteiga e a cebola em outra panela e leve ao fogo até que as cebolas estejam transparentes. Retire do fogo e coloque a panela no banho-maria.

2 Bata levemente os ovos em uma tigela e acrescente o creme de leite. Coloque os ovos na panela que está em banho-maria, tempere com sal e pimenta-do-reino e mexa regularmente até que os ovos comecem a firmar. Acrescente o salmão e o *dill* picados.

3 Sirva sobre torradas.

Nota: Dill é uma erva aromática com sabor levemente anisado, parecido com o dos ramos da erva-doce.

Ovos ao Forno com Bacon

- *6 fatias de* bacon
- *1 colher (chá) de molho inglês*
- *4 ovos*
- *4 colheres (sopa) de leite ou creme de leite*
- *2 colheres (sopa) de queijo parmesão ralado*
- *Sal e pimenta-do-reino*
- *Torradas para acompanhar*

1 Coloque as fatias de *bacon* em uma frigideira e leve ao fogo para que dourem. Elimine a gordura e deixe esfriar. Pique grosseiramente e distribua em 4 tigelas (*ramequins*) refratárias individuais. Coloque um pouco de molho inglês sobre o *bacon* e adicione cuidadosamente um ovo em cada tigela.

2 Tempere com sal e pimenta-do-reino e cubra cada uma com uma colher (sopa) de creme de leite ou leite. Salpique com parmesão. Coloque em uma assadeira e leve ao forno por cerca de 12 minutos, ou até que os ovos estejam no ponto de sua preferência.

3 Sirva com torradas.

Ovos Quentes

- *4 ovos*
- *Sal*

1 Coloque água para ferver em uma panela pequena. Assim que iniciar a fervura, coloque os ovos e comece a marcar o tempo. Em 4 minutos os ovos estarão no ponto.

2 Retire com uma escumadeira e passe por 30 segundos em água corrente.

3 Os ovos estarão no ponto. Quebre-os ao meio e, com a ajuda de uma colher, remova-os das cascas, colocando-os em pequenos recipientes. Salpique com sal.

Nota: Existem recipientes especiais para servir ovos quentes, nos quais o ovo fica apoiado na própria casca.

Ovos Moles Mexidos

- 4 ovos
- 4 colheres (sopa) de leite
- 2 colheres (sopa) de manteiga ou margarina
- Sal e pimenta-do-reino
- Fatias de pão torrado

1 Quebre os ovos numa vasilha com um pouco de leite (uma colher de sopa ou pouco mais para cada ovo).

2 Misture ligeiramente. Numa frigideira, derreta um pouco de manteiga ou margarina e, assim que estiver bem quente, despeje os ovos e mexa depressa, não deixando que cozinhem demais. Tempere a gosto.

3 Sirva com fatias de pão torrado.

Ovos Partidos ou Pocheados

- 1 colher (sopa) de vinagre
- 3 xícaras (chá) de água
- 4 ovos
- Sal

1 Coloque a água e o vinagre em uma pequena panela e leve-a ao fogo.

2 Assim que abrir fervura, quebre dentro um ovo, com cuidado para que não se desmanche.

3 Após 4 minutos, retire com uma escumadeira e transfira para uma travessa. Repita com todos os ovos. Tempere com o sal.

4 Sirva-os misturados numa sopa ou com qualquer molho de sua preferência.

OMELETES

Omelete Simples

- Sal e pimenta-do-reino
- Salsa picada (opcional)
- 4 ovos
- 2 colheres (sopa) de água
- 1 colher (sopa) de manteiga ou margarina

1 Quebre os ovos numa tigela.

2 Tempere com o sal e a pimenta-do-reino, misture a salsa picadinha e bata com um garfo ou com um batedor, juntando a água.

3 Derreta, numa frigideira, um pouco de manteiga ou margarina e, assim que estiver quente, despeje por cima o batido de ovos, de forma que este se esparrame bem, tomando todo o fundo da frigideira.

4 Quando a omelete estiver frita embaixo, o que levará uns 2 minutos, levante as bordas com o auxílio de 2 garfos e vá enrolando-as até o fim. Deixe fritar dos dois lados.

5 Sirva sozinha ou, se quiser, com molho de tomate ou queijo ralado.

Nota: Se quiser uma omelete mais leve, bata primeiro as claras em neve e depois junte as gemas.

Omelete com Ervas

- 4 ovos
- 2 colheres (sopa) de água
- 1 colher (sopa) de salsa picada
- 1 colher (chá) de cebolinha-verde picada
- ½ colher (chá) de tomilho fresco
- 2 colheres (sopa) de manteiga ou margarina
- Sal e pimenta

1 Prepare um batido de ovos, como para uma omelete simples.

2 Junte as ervas aos ovos batidos e proceda como para a omelete simples.

Omelete de Cogumelos

- 4 ovos
- 2 colheres (sopa) de água
- ¼ de xícara (chá) de cogumelos picados
- Sal e pimenta
- 2 colheres (sopa) de manteiga ou margarina

1 Prepare um batido de ovos, como para uma omelete simples.

2 Refogue os cogumelos com a manteiga, o sal e a pimenta por alguns minutos.

3 Junte o refogado aos ovos batidos e proceda como para a omelete simples.

Omelete ao Leite

- 3 ovos
- 1 xícara (chá) de leite
- 2 colheres (sopa) de farinha de trigo
- 2 colheres (sopa) de queijo parmesão ralado
- Sal
- 1 colher (sopa) de cheiro-verde picado
- 1 pitada de fermento em pó

1 Bata os ovos: primeiro as claras em neve, misturando depois as gemas.

2 Junte o leite, a farinha de trigo, o queijo ralado, o sal, o cheiro-verde picado e o fermento.

3 Bata tudo muito bem e frite como as outras omeletes.

Omelete com Camarões

- 3 ovos
- 100 g de camarão cozido e picado
- 1 colher (sopa) de manteiga ou margarina
- Sal e pimenta-do-reino
- 1 colher (chá) de salsa picada
- 1 colher (sopa) de água

1 Faça um batido de ovos como para uma omelete simples.

2 Passe o camarão, depois de cozido e picado em pedacinhos, em manteiga ou margarina.

3 Misture o camarão ao batido de ovos e frite como as outras omeletes, não deixando que pegue no fundo da frigideira.

Omelete com Queijo

- 4 ovos
- Sal e pimenta-do-reino
- 1 colher (sopa) de salsa picada
- 1 colher (sopa) de água
- 1 colher (sopa) de manteiga ou margarina
- 2 colheres (sopa) de queijo parmesão ralado

1 Prepare os ovos como para uma omelete simples, juntando o queijo ralado, uma pitada de sal e pimenta-do-reino.

2 Frite em manteiga, margarina ou óleo, como explicado na receita de omelete simples.

3 Polvilhe com parmesão ao servir.

SUFLÊS

O suflê é um prato fácil de ser preparado e sempre faz sucesso. São receitas simples com ovos, farinha, manteiga, purês, vegetais, carnes, peixes ou aves. Pode-se preparar suflês com a maioria dos ingredientes.

Algumas dicas são importantes para que a receita fique perfeita:

1   O recipiente ideal para assar suflês é o refratário de cerâmica branca canelada, disponível em vários tamanhos. Para nossas receitas o ideal é preparar os suflês em recipientes para 1 litro.

2   *Ramequins* (fôrmas caneladas refratárias) individuais são uma opção elegante para servir suflês.

3   Unte sempre o recipiente com manteiga e, preferencialmente, polvilhe com farinha de rosca, que ajuda o suflê a deslizar na parede da forma, permitindo um crescimento uniforme.

4   Suflês devem ser assados em forno quente, mas, se o recipiente for grande, o ideal é colocar em forno bem quente por 10 minutos e em seguida baixar a temperatura para média até terminar de assar.

5   As claras não devem estar geladas para serem batidas em neve.

6   As claras em neve, se batidas em excesso, ficam opacas e com aspecto de secas, e isso faz com que o suflê tenha menos força para crescer.

Suflê de Alho-poró com Salmão

- *3 alhos-porós graúdos*
- *50 g de salmão defumado*
- *3 colheres (sopa) de manteiga*
- *2 colheres (sopa) de farinha de trigo*
- *2 xícaras (chá) de leite*
- *Sal e pimenta-do-reino-branca*
- *4 ovos separados*
- *2 colheres (sopa) de queijo parmesão ralado*
- *Farinha de rosca*

1 Fatie finamente as partes brancas e verde-claras dos alhos-porós. Reserve a parte mais escura para outras receitas. Lave bem.

2 Pique as fatias de salmão e reserve.

3 Coloque a manteiga em uma panela e leve ao fogo. Adicione as fatias de alho-poró e refogue lentamente para que fiquem bem macias. Salpique com a farinha de trigo e misture. Refogue por 2 minutos e adicione o leite aos poucos. Misture sem parar, cozinhando para engrossar o creme. Tempere com o sal e a pimenta-do-reino-branca.

4 Adicione o salmão ao creme de alho-poró e misture. Coloque as gemas e o parmesão e verifique o ponto do sal.

5 Bata as claras em ponto de neve firme e incorpore-as delicadamente ao creme de alho-poró e salmão.

6 Unte um refratário apropriado para suflês e enfarinhe com a farinha de rosca. Coloque a massa no recipiente e leve ao forno quente, por aproximadamente 20 minutos, para assar e ficar bem dourada.

7 Sirva imediatamente.

Suflê de Aspargo

- *1 maço de aspargos frescos ou 1 lata de aspargos*
- *2 colheres (sopa) de manteiga ou margarina*
- *2 colheres (sopa) de farinha de trigo*
- *2 xícaras (chá) de leite*
- *4 colheres (sopa) de queijo parmesão ralado*
- *3 ovos separados*
- *Sal e pimenta-do-reino*
- *100 g de queijo fresco em pequenos cubos*

1 Se os aspargos forem frescos, cozinhe-os em água fervente levemente salgada.

2 Pique grosseiramente os aspargos e reserve.

3 Derreta no fogo a manteiga, junte a farinha de trigo e deixe tostar um pouco.

4 Adicione à mistura o leite quente e deixe engrossar, mexendo sem parar.

5 Retire do fogo, acrescentando à mistura o queijo ralado, as gemas, o sal e a pimenta.

6 Mexa bem e junte os aspargos e os cubos de queijo.

7 Bata as claras em neve e adicione à mistura.

8 Incorpore delicadamente e despeje numa forma refratária untada com manteiga ou margarina e polvilhada com queijo. Encha até ¾ da forma.

9 Leve ao forno para dourar por cerca de 20 minutos.

Nota: Pode-se também assar em forminhas individuais untadas, colocando-as numa assadeira com água (banho-maria).

Suflê de Bacalhau

- ½ kg de bacalhau
- 300 g de batatas
- ½ xícara (chá) de leite
- 5 ovos separados
- 2 colheres (sopa) de queijo parmesão ralado
- 2 colheres (sopa) de manteiga ou margarina
- Farinha de rosca
- Sal, se necessário

1 Limpe o bacalhau, remova a pele e as espinhas. Cozinhe em água fervente e desfie bem.

2 Cozinhe também as batatas, descasque e passe pelo espremedor.

3 Junte a massa de batatas ao bacalhau. Adicione o leite, as gemas, o queijo ralado e uma colher (sopa) de manteiga ou margarina derretida.

4 Misture tudo muito bem.

5 Bata as claras em neve e incorpore delicadamente à mistura de batatas. Despeje numa forma untada com manteiga ou margarina e polvilhada com farinha de rôsca.

6 Asse em forno quente.

7 Sirva com o molho de sua preferência.

Nota: Pode-se misturar à massa de bacalhau ingredientes como alcaparras, azeitonas, uvas-passas e ervas frescas.

Suflê de Batata

- ½ kg de batatas cozidas com sal
- 200 g de manteiga ou margarina
- ½ xícara (chá) de creme de leite
- 5 ovos, sendo as claras batidas em neve
- Sal e pimenta-do-reino

1 Cozinhe as batatas e passe-as pelo espremedor.

2 Junte ao purê de batatas o creme de leite, aos poucos, mexendo sempre, e em seguida a manteiga ou margarina derretida (em banho-maria, se possível) e as gemas.

3 Ligue tudo muito bem e, por último, misture as claras em neve.

4 Tempere com sal e pimenta a gosto.

5 Asse em forno quente, numa forma de vidro refratário previamente untada de manteiga ou margarina.

6 Sirva logo que retirar do forno.

Suflê de Berinjela

- 3 berinjelas médias
- 2 colheres (sopa) de manteiga ou margarina
- 2 colheres (sopa) de farinha de trigo
- 1 e ½ xícara (chá) de leite
- 3 gemas
- 4 colheres (sopa) de queijo parmesão ou similar ralado
- Sal
- 3 claras batidas em neve

1 Corte as berinjelas ao meio no sentido do comprimento. Cozinhe em água fervente por 8 minutos. Escorra. Com a ajuda de uma colher, retire um pouco da polpa de cada metade de forma a fazer uma cavidade. Reserve a polpa e as metades.

2 Leve ao fogo duas colheres (sopa) de manteiga ou margarina e uma de farinha de trigo. Assim que tomar cor, adicione o leite e cozinhe, misturando até engrossar bem. Amasse a polpa reservada das berinjelas e adicione à panela.

3 Retire do fogo e junte três gemas e quatro colheres (sopa) de queijo parmesão ou similar ralado, com uma pitada de sal. Adicione as claras em neve e misture delicadamente.

4 Misture tudo muito bem e distribua, recheando as metades das berinjelas.

5 Coloque as metades em uma assadeira ou travessa refratária. Salpique com mais um pouco de parmesão e leve ao forno quente por cerca de 20 minutos ou até que os suflês fiquem corados.

6 Retire do fogo e sirva quente.

Suflê de Camarão

- 1 colher (sopa) de manteiga ou margarina
- 2 colheres (sopa) de farinha de trigo
- 2 xícaras (chá) de leite
- Sal e pimenta
- 4 ovos separados
- 5 colheres (sopa) de queijo parmesão ralado
- 200 g de camarões cozidos e picados

1 Derreta a manteiga em uma panela. Junte a farinha de trigo e misture com uma colher de pau. Adicione o leite aos poucos, para não encaroçar.

2 Deixe cozinhar um pouco, coloque sal e pimenta e retire do fogo.

3 Junte as gemas batidas, o queijo e os camarões. Opcionalmente, pode-se adicionar ervilhas ou palmito picado.

4 Bata as claras em neve e incorpore delicadamente.

5 Leve ao forno num refratário apropriado e untado e deixe assar por mais ou menos 40 minutos.

6 Sirva quente.

Nota: O forno não pode ser aberto antes de o suflê ficar pronto.

SUFLÊ DE CHUCHU

- *3 chuchus*
- *2 colheres (sopa) de manteiga ou margarina*
- *2 colheres (sopa) de farinha de trigo*
- *1 e ½ xícara (chá) de leite*
- *3 gemas*
- *4 colheres (sopa) de queijo parmesão ou similar ralado*
- *Sal*
- *3 claras batidas em neve*

1 Descasque os chuchus, corte-os ao meio no sentido do comprimento. Cozinhe em água fervente por 5 minutos. Escorra. Com a ajuda de uma colher, retire um pouco da polpa de cada metade, fazendo uma cavidade nos chuchus. Reserve a polpa e as metades.

2 Coloque em uma panela e leve ao fogo 2 colheres (sopa) de manteiga ou margarina e 1 de farinha de trigo. Assim que tomar cor, adicione o leite e cozinhe misturando até engrossar bem. Amasse a polpa reservada dos chuchus e adicione à panela.

3 Retire do fogo e junte as 3 gemas e as 4 colheres (sopa) de queijo parmesão ou similar ralado, com uma pitada de sal.

4 Misture tudo muito bem e distribua recheando as metades dos chuchus.

5 Coloque as metades em uma assadeira ou travessa refratária, cubra com as claras batidas em neve e leve ao forno para dourar.

6 Retire do fogo e sirva quente.

SUFLÊ DE COGUMELOS

- *2 colheres (sopa) de manteiga ou margarina*
- *1 xícara (chá) de cogumelos frescos picados*
- *2 colheres (sopa) de farinha de trigo*
- *2 xícaras (chá) de leite*
- *1 colher (chá) de sal*
- *3 gemas*
- *1 colher (sopa) de salsinha picada*
- *3 claras*

1 Leve ao fogo a manteiga ou margarina e derreta. Acrescente os cogumelos picados e doure-os durante 5 minutos.

2 Polvilhe a farinha e misture. Refogue por um minuto.

3 Incorpore o leite aos poucos, mexendo bem após cada adição, e tempere com sal.

4 Retire do fogo. Adicione as gemas e salsinha. Deixe esfriar. Incorpore delicadamente as claras em neve.

5 Coloque a massa numa fôrma para suflê, untada com manteiga ou margarina.

6 Leve ao forno quente por 20 minutos e sirva em seguida.

Suflê de Couve-flor

- 1 e ½ xícara (chá) de couve-flor cozida e picada
- 1 e ½ xícara (chá) de molho bechamel *(pág. 461)*
- 1 colher (sopa) de queijo parmesão ralado
- 1 pitada de sal
- 3 gemas
- 4 claras
- Manteiga ou margarina

1 Misture a couve-flor, o molho bechamel ainda quente, o queijo, o sal e as gemas. Mexa bem e deixe esfriar um pouco.

2 Bata as claras em neve e adicione à mistura delicadamente.

3 Ponha a massa numa fôrma refratária média para suflê, previamente untada com manteiga ou margarina.

4 Leve ao forno e asse por 20 minutos.

Nota: Pode-se substituir a couve-flor por outros legumes cozidos, como cenoura ou alcachofra.

Suflê de Escarola

- 2 xícaras (chá) de escarola cozida em água e sal
- 2 colheres (sopa) de manteiga ou margarina
- 3 colheres (sopa) de farinha de trigo
- 2 xícaras (chá) de leite fervente
- 1 pitada de pimenta-do-reino
- 1 colher (café) rasa de sal
- 4 gemas
- 4 claras

1 Esprema a escarola, escorrendo todo o líquido possível. Pique finamente e reserve.

2 Em separado, leve a manteiga ou margarina ao fogo. Frite-a por 3 ou 4 minutos, polvilhe a farinha e vá mexendo, para dourá-la, durante 3 ou 4 minutos.

3 Adicione o leite fervente aos poucos, mexendo bem após cada adição.

4 Acrescente a escarola, a pimenta, o sal e as gemas.

5 Retire do fogo e deixe esfriar um pouco. Misture as claras em neve, ponha a massa numa fôrma média para suflê e asse em forno quente por 20 minutos.

6 Sirva logo a seguir.

Suflê de Espinafre

- 1 maço de espinafres
- 2 colheres (sopa) de manteiga
- 2 colheres (sopa) de farinha de trigo
- 1 e ½ xícara (chá) de leite
- 4 ovos separados
- 3 colheres (sopa) de queijo parmesão ralado
- 1 pitada de noz-moscada
- Sal e pimenta-do-reino

1 Lave bem as folhas de espinafre e coloque-as em uma panela com um pouco de manteiga. Tampe e cozinhe até que as folhas fiquem macias (cerca de 5 minutos). Retire da panela e coloque em uma peneira. Aperte bem, para eliminar o máximo de líquido possível. Pique finamente o espinafre e reserve.

2 Coloque a manteiga em uma panela e a derreta. Adicione a farinha de trigo, misturando sem parar, e aos poucos acrescente o leite até engrossar o creme.

3 Retire do fogo e acrescente as gemas levemente batidas, o espinafre, o queijo ralado, o sal, a pimenta e a noz-moscada. Misture. Bata as claras em neve e incorpore delicadamente ao creme de espinafres.

4 Unte com manteiga um refratário apropriado para suflês e coloque a massa para encher até ¾. Leve ao forno bem quente por aproximadamente 20 minutos para que o suflê asse e adquira uma coloração dourada.

Suflê de Haddock

- ¾ de xícara (chá) de leite
- 500 g de *haddock*
- 200 g de batatas
- 1 colher (sopa) de salsinha picada
- Sal e pimenta-do-reino
- 4 ovos separados
- 2 colheres (sopa) de queijo parmesão ralado
- 2 colheres (sopa) de manteiga ou margarina
- Farinha de rosca

1 Coloque o pedaço de *haddock* em uma panela e cubra com o leite. Leve ao fogo baixo e cozinhe para que o peixe fique bem macio. Retire o peixe e reserve o leite.

2 Cozinhe também as batatas, descasque-as e passe-as pelo espremedor.

3 Desfie o *haddock* e adicione-o à massa de batatas. Acrescente o leite reservado, as gemas, o queijo ralado, a salsinha picada, o sal e a pimenta-do-reino.

4 Misture tudo muito bem.

5 Bata as claras em neve e incorpore delicadamente à mistura de batatas. Despeje em um refratário apropriado untado com manteiga ou margarina e polvilhado com farinha de rosca.

6 Asse em forno quente.

Suflê de Milho Verde

- 3 espigas de milho verde limpas
- 2 colheres (sopa) de manteiga
- 2 colheres (sopa) de farinha de trigo
- 1 xícara (chá) de leite fervente
- 1 cebola ralada
- 1 colher (chá) de sal
- 1 pitada de pimenta-branca
- 3 gemas
- 3 colheres (sopa) de queijo ralado
- 3 claras

1 Corte o milho pelo sabugo e cozinhe os grãos em água fervente até ficarem macios. Em seguida, escorra a água e triture o milho.

2 Leve ao fogo a manteiga e, quando derreter, polvilhe a farinha, mexendo até dourá-la.

3 Acrescente o leite pouco a pouco, mexendo bem após cada adição.

4 Junte a cebola, o sal, a pimenta, as gemas, o queijo e o milho cozido e triturado. Mexa bem e retire do fogo.

5 Adicione as claras batidas em neve.

6 Despeje a massa numa fôrma refratária untada e polvilhada, levando para assar, em forno quente, por 25 minutos.

7 Sirva, sozinho ou com arroz, acompanhando peixe, frango ou carne.

Suflê de Palmito

- 1 lata pequena de palmitos escorridos
- 2 colheres (sopa) de manteiga ou margarina
- 2 colheres (sopa) de farinha de trigo
- 1 e ½ xícara (chá) de leite
- 3 ovos separados
- 3 colheres (sopa) de queijo parmesão ou similar ralado
- 1 pitada de noz-moscada
- Sal

1 Pique bem os palmitos.

2 Coloque em uma panela e leve ao fogo a manteiga e a farinha de trigo. Cozinhe misturando sem parar até obter uma pasta (cerca de 2 minutos). Adicione o leite aos poucos, misturando bem para não formar grumos.

3 Retire do fogo e junte as três gemas e o queijo ralado, com uma pitada de sal.

4 Misture tudo muito bem e acrescente o palmito e a noz-moscada.

5 Bata as três claras em neve e adicione delicadamente à mistura.

6 Unte com manteiga um refratário apropriado para suflês e encha com a mistura. Leve ao forno quente para que o suflê asse e fique bem dourado.

7 Sirva imediatamente.

Suflê de Peixe

- *3 ovos separados*
- *1 colher (sopa) de manteiga derretida*
- *1 colher (sopa) de farinha de trigo*
- *1 xícara (chá) de creme de leite*
- *1 pitada de sal e pimenta-do-reino*
- *1 xícara (chá) de peixe cozido desfiado*
- *3 colheres (sopa) de queijo parmesão ralado*

1   Bata as claras em neve.

2   Coloque em uma panela a manteiga e a farinha e leve ao fogo até obter uma pasta. Retire do fogo e adicione o creme de leite, o queijo ralado e as gemas. Misture bem e tempere com o sal e a pimenta-do-reino. Acrescente o peixe.

3   Incorpore delicadamente as claras em neve.

4   Asse em forno médio em forma refratária previamente untada.

Suflê de Queijo

- *3 ovos separados*
- *1 colher (sopa) de manteiga derretida*
- *1 xícara (chá) de queijo prato ralado grosso*
- *2 colheres (sopa) de farinha de trigo*
- *1 colher (café) de pimenta-do-reino*
- *Sal*
- *1 lata de creme de leite*

1   Bata as claras em neve e acrescente as gemas e a manteiga, sem parar de bater.

2   Tire da batedeira e misture levemente a farinha de trigo e o queijo, usando uma colher de pau.

3   Tempere com o sal e a pimenta e ponha, por último, o creme de leite.

4   Misture bem e asse em forno médio, em fôrma untada.

Suflê de Queijo Gorgonzola

- 150 g de queijo gorgonzola
- 1 colher (sopa) de manteiga
- ½ xícara (chá) de creme de leite
- 2 colheres (sopa) de farinha de trigo
- 1 e ¼ xícara (chá) de leite
- ½ xícara (chá) de creme de leite
- 4 ovos separados
- 1 colher (sopa) de parmesão ralado
- Noz-moscada
- Sal e pimenta-do-reino

1 Corte o queijo em pequenos cubos. Coloque em uma panela e acrescente a manteiga. Leve ao fogo, misturando para que os ingredientes derretam e se incorporem. Adicione a farinha de trigo, mexendo sem parar, e aos poucos acrescente o leite até engrossar o creme. Coloque o creme de leite e continue mexendo, em fogo brando, para engrossar mais um pouco a mistura.

2 Retire do fogo e acrescente as gemas levemente batidas, o sal, a pimenta e a noz-moscada. Misture. Bata as claras em neve e incorpore delicadamente ao creme de queijo.

3 Unte com manteiga um refratário apropriado para suflês e encha de massa até ¾. Leve ao forno bem quente por aproximadamente 20 minutos para que o suflê asse e adquira uma coloração dourada. Polvilhe queijo ralado.

Suflê de Queijo Parmesão

- 150 g de farinha de trigo
- 2 e ½ xícaras (chá) de leite frio
- 1 colher (café) de sal
- 1 pitada de pimenta-branca
- 1 colher (sopa) de manteiga ou margarina
- 6 colheres (sopa) de queijo parmesão ralado
- 4 gemas
- 4 claras

1 Dissolva a farinha de trigo no leite; junte o sal e a pimenta; leve ao fogo e mexa, até ferver, por 8 a 10 minutos.

2 Retire do fogo; adicione a manteiga ou margarina, o queijo e as gemas. Misture.

3 Incorpore delicadamente as claras em neve.

4 Coloque a massa numa fôrma média para suflê previamente untada com manteiga ou margarina.

5 Asse, durante 20 minutos, em forno quente.

6 Sirva a seguir.

Suflê de Quitandeira

- *3 xícaras (chá) de leite*
- *3 colheres (sopa) de farinha de trigo*
- *2 colheres (sopa) de manteiga ou margarina*
- *4 colheres (sopa) de queijo minas ralado*
- *6 ovos separados*
- *1 colher (sopa) de maisena*
- *Sal e pimenta-do-reino*

1 Faça um mingau bem cozido com o leite e a farinha. Misture as gemas, o queijo e a maisena. Tempere com o sal e a pimenta-do-reino.

2 Bata as claras em neve e incorpore delicadamente ao creme de queijo.

3 Depois de tudo bem misturado, ponha num refratário fundo, untado com manteiga ou margarina, e leve ao forno para assar.

4 Sirva com assados ou com bifes.

Suflê de Tomate Seco

- *150 g de tomates secos em conserva (pág. 115)*
- *2 colheres (sopa) de manteiga*
- *2 colheres (sopa) de farinha de trigo*
- *1 e ½ xícara (chá) de leite*
- *2 colheres (sopa) de folhinhas de manjericão*
- *4 ovos separados*
- *2 colheres (sopa) de parmesão ralado*
- *Sal e pimenta-do-reino*
- *Farinha de rosca*

1 Pique finamente os tomates secos e reserve.

2 Derreta a manteiga em uma panela. Adicione a farinha de trigo, misturando sem parar, e aos poucos acrescente o leite até engrossar o creme.

3 Retire do fogo e junte as gemas levemente batidas, os tomates secos, o manjericão, o sal e a pimenta. Misture. Bata as claras em neve e incorpore delicadamente ao creme de tomates secos.

4 Unte com manteiga e polvilhe com farinha de rosca um refratário apropriado para suflês e coloque a massa até ¾. Leve ao forno bem quente por aproximadamente 20 minutos para que o suflê asse e adquira uma coloração dourada. Polvilhe queijo ralado.

Caldos, Sopas e Cremes

Caldos

Substitutos para caldo caseiro 227
Caldo básico de carne 227
Caldo básico de galinha ou frango 228
Caldo de legumes 228
Caldo básico de peixe 229
Caldo de camarão 229
Caldo de carne com espinafre e ovos 229
Caldo de carne com farinha de milho 230
Caldinho de feijão 230
Caldo com massas 231
Caldo de mocotó 231
Caldo verde 232
Caldo verde fácil 232
Caldo verde e amarelo 232
Consomê 233
Bolinhas de queijo para consomê 234
Cubinhos de gemas para consomê 234
Pão frito para consomê 234

Sopas e Cremes

Canja simples 236
Canja com legumes 236
Sopa artusina 237
Sopa alemã com bolinhas de massa 237
Sopa de abacate 238
Sopa de agrião 238
Sopa de alface com arroz 239
Sopa de alface com massinha 239
Sopa de alho-poró com batatas 239
Sopa de aveia 240
Sopa castelhana 240
Sopa de cevada 241
Sopa-creme de abóbora 241
Variações da sopa-creme 242
Sopa-creme de aspargos 242
Sopa-creme de beterraba 243
Sopa dourada de abóbora 243
Sopa polonesa de beterraba 244

Sopa de carne com legumes 244
Sopa de castanhas 245
Sopa de cebola 245
Sopa-creme de cogumelos 246
Sopa de couve-flor 246
Sopa-creme de couve-flor 247
Sopa de ervilhas secas 247
Sopa de farinha de milho 248
Sopa siciliana de frutos do mar 248
Sopa básica de feijão 249
Sopa de feijão com couve 249
Sopa de feijão com legumes 250
Sopa de caldo de feijão 250
Sopa de feijão-branco 251
Sopa de feijão-branco com cenouras 251
Sopa de feijão com arroz 252
Sopa de feijão com massa 252
Sopa de feijão com carnes 252
Sopa de galinha com legumes 253
Sopa de grão-de-bico com espinafre 253
Sopa deliciosa 254
Sopa francesa 254
Sopa juliana 255
Sopa de mandioca 255
Sopa de mandioquinha 255
Sopa de milho verde 256
Sopa-creme de milho verde 256
Sopa-creme de palmito 257
Sopa de pepino 257
Sopa de pão 257
Sopa rústica de repolho 258
Sopa toscana 258
Sopa rústica de vagem 259
Sopa pavesa 259
Sopa provençal 259
Sopa-creme de queijo 260
Sopa de camarões 260
Sopa rosada de camarões 261
Sopa de vôngoles ou mariscos 261

Caldos

Os caldos fazem parte da base da culinária; são muito úteis no preparo de ensopados e molhos e indispensáveis no preparo de sopas e cremes.

Nada substitui um bom caldo preparado em casa, principalmente se for cozido com calma, para extrair todos os sabores e aromas dos ingredientes utilizados.

Se for necessário clarear um caldo de carne ou de galinha, ferva-o, preparando como indicado nas receitas, passando-o em seguida por um pano grosso. Depois de coado, misture-lhe 2 claras de ovo batidas, torne a ferver e coe em um guardanapo úmido.

Esse processo serve para todas as qualidades de carnes e aves.

Substitutos para Caldo Caseiro

Caso não seja possível preparar o caldo com ingredientes frescos e naturais, alguns substitutos estão disponíveis no mercado. São os caldos concentrados em cubos ou em pó. Dilua-os em água fervente na proporção indicada na embalagem. Normalmente, um cubo de caldo concentrado é diluído em ½ litro de água.

Lembre-se que os **caldos industrializados já contêm sal**, portanto cuidado ao acrescentar sal nas receitas.

Caldo Básico de Carne

- 2 colheres (sopa) de óleo
- 1 kg de carne bovina com osso (ossobuco)
- 100 g de presunto tipo italiano (opcional)
- 2 e ½ litros de água
- 2 cenouras limpas e cortadas ao meio
- 2 talos de salsão (aipo)
- 1 cebola média
- 1 folha de louro
- 2 tomates limpos cortados em 4
- 1 alho-poró limpo e picado grosseiramente
- Sal

1 Coloque o óleo em um caldeirão e doure a carne com o osso e o presunto. Cubra com a água e ferva por 15 minutos, retirando a espuma que se formar na superfície com a ajuda de uma escumadeira. Adicione o louro e os legumes.

2 Tampe a panela e deixe ferver em fogo baixo durante 2 horas ou por mais tempo, até que a carne esteja se soltando do osso. Se necessário, adicione mais um pouco de água.

3 Tempere o caldo com o sal e deixe ferver um pouco mais.

4 Quando o caldo estiver apurado, coe-o. Está pronto.

5 Depois de cozida, a carne pode ser desfiada e utilizada em outras receitas.

Nota: Pode-se substituir o ossobuco por outras carnes, como coxão duro, músculo ou peito.

Caldo Básico de Galinha ou Frango

- 1 kg de galinha ou frango
- 100 g de presunto tipo italiano (opcional)
- 2 e ½ litros de água
- 2 cenouras limpas
- 2 talos de salsão (aipo)
- 1 cebola graúda
- 2 cravos-da-índia
- 1 folha de louro
- 2 tomates limpos
- Sal

1 Corte a galinha ou frango em pedaços e pique grosseiramente os legumes.

2 Coloque a galinha e o presunto em um caldeirão. Leve ao fogo e refogue por 5 minutos. Cubra com a água e ferva por 10 minutos, retirando com uma escumadeira a espuma que se formará na superfície.

3 Adicione o louro, os cravos e os legumes. Tampe a panela e deixe ferver em fogo baixo durante 2 horas ou por mais tempo, até que a carne comece a se despregar dos ossos. Se necessário, adicione mais um pouco de água.

4 Tempere o caldo com sal e deixe ferver um pouco mais.

5 Quando o caldo estiver apurado, coe-o. Está pronto.

6 O que resta da galinha pode ser desfiado e utilizado em outras receitas.

Nota: Se preferir um caldo com menos gordura, retire as peles da galinha antes de iniciar a receita. Ou então coloque o caldo pronto e coado na geladeira para que a gordura se solidifique, podendo ser descartada com facilidade.

Caldo de Legumes

- 2 litros de água
- 2 cebolas graúdas
- 3 cenouras
- 2 chuchus
- 10 grãos de pimenta-do-reino
- ¼ de repolho pequeno
- 2 tomates
- 1 dente de alho descascado
- 4 talos de salsinha
- 1 alho-poró
- 1 cravo-da-índia
- Sal
- Óleo para refogar

1 Pique grosseiramente todos os legumes. Coloque o óleo em um caldeirão e adicione os legumes picados. Refogue por 3 minutos e cubra com a água.

2 Ferva por 10 minutos em fogo baixo e adicione o cravo, os grãos de pimenta, o alho-poró e os talos de salsinha.

3 Cozinhe por mais 20 minutos em panela destampada. Tempere com pouco sal.

4 Coe e utilize na receita.

CALDOS

Caldo Básico de Peixe

- 1 cebola graúda
- 1 alho-poró
- 2 cenouras
- 600 g de cabeças e espinhas de peixe
- 2 litros de água
- 10 grãos de pimenta-do-reino
- 1 folha de louro
- Sal

1 Pique grosseiramente os vegetais.

2 Coloque as cabeças e as espinhas de peixe em um caldeirão. Cubra com a água e ferva por 3 minutos. Abaixe o fogo e, com a ajuda de uma escumadeira, retire a espuma da superfície.

3 Adicione os ingredientes restantes e ferva em fogo baixo por 20 minutos. Deixe esfriar e coe.

4 Acerte o ponto do sal e utilize na receita.

Caldo de Camarão

Prepare como a receita de caldo de peixe, substituindo as cabeças e as espinhas de peixe por cabeças e cascas de camarões.

Caldo de Carne com Espinafre e Ovos

- 100 g de folhas de espinafre
- 4 colheres (sopa) de água
- 1 colher (sopa) de manteiga ou margarina
- 2 gemas
- Sal
- 3 colheres (sopa) de creme de leite
- 4 xícaras (chá) de caldo básico de carne (pág. 227)
- Torradas de pão cortadas em cubos

1 Abafe as folhas de espinafre com a água.

2 Passe-as numa peneira para escorrer o excesso de água e misture com a manteiga ou margarina, as gemas, o sal e o creme de leite.

3 Leve a mistura obtida ao fogo em banho-maria e deixe cozinhar por 2 ou 3 minutos.

4 Após o cozimento, adicione o caldo fervente e sirva com as torradas.

Caldo de Carne com Farinha de Milho

- *4 xícaras (chá) de caldo básico de carne (pág. 227)*
- *6 ovos*
- *Farinha de milho o quanto baste*

1 Faça um bom caldo básico de carne ou use caldo de carne em tabletes e, pouco antes de servi-lo, quebre dentro dele tantos ovos quantas forem as pessoas à mesa.

2 Deixe os ovos cozinharem, mas de modo que as gemas fiquem um pouco moles.

3 Quando os ovos estiverem no ponto, retire-os com uma escumadeira e arrume-os nos pratos (um em cada prato) ou na sopeira.

4 Engrosse o caldo com um pouco de farinha de milho e despeje-o por cima dos ovos.

Nota: Esse caldo também é conhecido como escaldado.

Caldinho de Feijão

- *1 xícara (chá) de feijão-mulatinho*
- *4 xícaras (chá) de água*
- *1 paio pequeno*
- *1 folha de louro*
- *30 g de bacon*
- *Azeite*
- *2 colheres (sopa) de cebola picada*
- *2 dentes de alho picados*
- *1 colher (sopa) de pimentão picado*
- *Sal e pimenta-do-reino*
- *Cebolinha e coentro picados*

1 Coloque o feijão de molho em água fria por 4 horas. Escorra. Retire a pele do paio, coloque em uma panela de pressão e acrescente o feijão e as folhas de louro. Cubra com a água, tampe a panela e leve ao fogo para cozinhar por cerca de 35 minutos. Deixe esfriar na panela. Retire o paio e corte em fatias finas. Reserve.

2 Pique o *bacon* e coloque em uma panela com o azeite. Leve ao fogo baixo para que o *bacon* libere sua gordura. Quando a gordura estiver bem quente, adicione a cebola, o alho e o pimentão picado. Refogue bem e despeje na panela com o feijão. Tempere com o sal e a pimenta-do-reino. Leve ao fogo novamente e ferva por 10 minutos.

3 Deixe amornar e bata em um liquidificador. Passe por uma peneira e mantenha aquecido.

4 Coloque no fundo de cada canequinha de cerâmica algumas fatias do paio e despeje o caldinho quente. Salpique com cebolinha e coentro a gosto.

Caldo com Massas

- 1 caldo básico de carne (pág. 227) ou cubos de caldo de carne dissolvidos em água
- Macarrão ou qualquer massa de sopa
- Queijo parmesão ou queijo mineiro duro ralado

1 Num bom caldo de carne, cozinhe o macarrão (ou qualquer massa para sopa).

2 Sirva com queijo parmesão (ou queijo mineiro duro) ralado.

Caldo de Mocotó

- 1 mocotó serrado em rodelas
- 3 colheres (sopa) de azeite
- 8 xícaras (chá) de água
- 2 folhas de louro
- 1 cravo-da-índia
- ½ xícara (chá) de cebola bem picada
- 2 tomates sem pele e sem sementes
- 2 dentes de alho picados
- ½ pimenta-dedo-de-moça picada
- Folhinhas de coentro
- Sal
- 2 colheres (sopa) de salsinha picada
- 1 colher (sopa) de cebolinha picada

1 Lave muito bem o mocotó, de preferência com a ajuda de uma escova. Coloque em uma panela de pressão o azeite e aqueça. Acrescente o mocotó, cubra com a água e adicione as folhas de louro e o cravo. Leve para ferver sem tampar a panela e, com uma escumadeira, remova a espuma que se formar na superfície.

2 Quando eliminar toda a espuma, adicione a cebola, os tomates, o alho, a pimenta-dedo-de-moça os ramos de coentro e um pouco de sal. Tampe a panela e cozinhe em pressão por cerca de uma hora em fogo baixo.

3 Retire do fogo, deixe esfriar para eliminar a pressão e abra a panela. Descarte as folhas de louro e o cravo. Retire os pedaços de mocotó e verifique se estão bem macios. Descarte os ossos e pique a carne, colocando-a novamente na panela. Leve ao fogo novamente e ferva por mais 20 minutos em fogo baixo.

4 Acerte o ponto do sal. Coloque em canequinhas ou pratos fundos e salpique com salsinha e cebolinha picadas.

CALDO VERDE

- 1 kg de batatas descascadas e cortadas em 4
- 1 paio de 200 g previamente lavado
- 1 e ½ litro de água
- 1 maço de couve-manteiga limpo, sem talos e cortado finamente
- 2 colheres (sopa) de azeite
- 1 colher (café) de sal

1 Coloque as batatas, o paio e a água numa panela e leve ao fogo, deixando cozinhar até as batatas ficarem moles.

2 Retire a panela do fogo. Passe as batatas pelo espremedor e coloque-as na água do cozimento.

3 Elimine a pele do paio, corte-o em rodelas finas e junte-o aos ingredientes que estão na panela.

4 Leve a panela novamente ao fogo e, quando o caldo ferver, adicione a couve. Deixe ferver por 3 minutos, com a panela destampada, para que a couve fique bem verde.

5 Quando a couve estiver macia, tempere-a com o sal e o azeite e deixe fervor por mais 2 minutos.

6 Sirva bem quente.

CALDO VERDE FÁCIL

- 4 xícaras (chá) de caldo básico de carne (pág. 227)
- 1 xícara (chá) de purê de batatas
- 2 xícaras (chá) de couve-manteiga fatiada finamente
- 150 g de paio fatiado (opcional)
- Sal

1 Prepare o caldo de carne e junte o purê de batatas.

2 Acrescente a couve-manteiga em tiras muito finas. Cozinhe, com a caçarola destampada, durante cerca de 15 minutos. Acerte o ponto do sal.

Nota: Você poderá juntar também, durante o cozimento da couve, pedacinhos de paio ou toucinho defumado.

CALDO VERDE E AMARELO

- 2 colheres (sopa) de óleo
- ½ colher (chá) de sal com alho socado
- ½ kg de cebola ralada
- 2 litros de água
- 1 xícara (chá) de fubá mimoso
- 1 maço de couve picado bem fininho
- 2 ovos batidos

1 Faça um refogado com o óleo, o alho, o sal, a cebola e a água.

2 Quando a água ferver, polvilhe o fubá, mexa bem para não empelotar e acrescente a couve picadinha.

3 Logo que a couve estiver cozida, despeje os ovos e mexa.

4 Prove o sal e sirva bem quente.

Consomê

Consomê (*consommé*, em francês) é um caldo de carne ou galinha bem encorpado que, depois de clarificado, fica transparente como chá.

O consomê normalmente é servido bem quente, em xícaras maiores que as de chá e com 2 asas, acompanhado de salgadinhos especiais. Outra opção é servi-lo em canecas.

Em dias de muito calor, pode também ser servido frio, com gelo picado.

Se o consomê ficar descolorido, adicione meia colher (sopa) de açúcar queimado e tempere o caldo com mais um pouco de sal.

Se o caldo ficar fraco, junte 1 ou 2 cubos de caldo concentrado de carne dissolvidos em pouca água e coe. Em seguida, misture-os ao consomê.

Se não quiser preparar o caldo básico, prepare o consomê com cubos de caldo concentrado de carne ou galinha, seguindo as instruções das embalagens, e coe.

Consomê

- 1 e ½ litro de *caldo básico de carne (pág. 227)*
- *300 g de patinho bovino moído*
- *1 cenoura pequena picada*
- *1 talo de salsão picado*
- *1 alho-poró picado*
- *2 claras batidas em neve*
- *Sal*

1 Prepare o caldo e coloque na geladeira até endurecer a gordura da superfície, retirando-a com uma colher.

2 Misture a carne moída, a cenoura, o salsão e o alho-poró, fazendo uma massa. Adicione as claras batidas em neve e mexa delicadamente.

3 Coloque em uma panela e adicione o caldo frio. Misture delicadamente e leve para ferver. Ferva por 50 minutos. Retire a espuma que vem à superfície com uma escumadeira.

4 Deixe o caldo esfriar e coe-o num pano de copa molhado colocado sobre um coador.

5 Acerte o ponto do sal.

6 Sirva quente, acompanhado com uma das guarnições sugeridas a seguir.

Nota: A mesma receita pode ser preparada com caldo de frango e substituindo o patinho moído por peito de frango também moído.

Bolinhas de Queijo para Consomê

- *3 gemas*
- *3 colheres (sopa) de queijo parmesão ralado*

1. Coe as gemas e misture-as com o queijo.
2. Amasse a mistura com um garfo até obter uma massa que dê ponto de enrolar. Se for preciso, acrescente um pouco mais de queijo.
3. Enrole a massa, formando bolinhas do tamanho de avelãs.
4. Coloque as bolinhas no consomê bem quente 2 minutos antes de servi-lo. As bolinhas cozinharão no próprio caldo.

Cubinhos de Gemas para Consomê

- *3 gemas*
- *3 colheres (sopa) de leite*
- *Sal*
- *Manteiga ou margarina*

1. Bata as gemas ligeiramente e acrescente o leite e o sal.
2. Coe numa peneira e despeje a massa numa fôrma refratária previamente untada com margarina. Tampe-a e leve-a ao forno para cozinhar, em banho-maria, durante 10 minutos ou até espetar um palito na massa e tirá-lo seco.
3. Retire a massa do forno, deixe-a esfriar e corte-a em cubos de 1,5 cm de lado.
4. Coloque alguns cubos em cada xícara e despeje sobre eles o consomê quente.
5. Sirva a seguir.

Pão Frito para Consomê

- *6 fatias de pão de fôrma*
- *4 colheres (sopa) de margarina*

1. Corte o pão em cubos pequenos.
2. Coloque metade da margarina numa frigideira e leve ao fogo até esquentar.
3. Frite o pão aos poucos e vá adicionando a margarina restante.
4. Coloque o pão frito numa travessa ou cestinha para as pessoas se servirem, salpicando o pão no consomê.

Sopas e cremes

Canja Simples

- 1 galinha ou frango
- 2 colheres (sopa) de óleo vegetal
- 2 cebolas médias fatiadas
- 3 litros de água
- 4 tomates picados
- 1 folha de louro
- 1 ramo de manjerona
- 4 ramos de salsa
- 2 cebolinhas-verdes
- ½ xícara (chá) de arroz
- Sal

1 Limpe a galinha, corte-a em pedaços e leve-os para refogar no óleo, juntando rodelas de cebola e tendo o cuidado de não as deixar escurecer.

2 Cubra com água, tempere com o sal e adicione os tomates, a folha de louro, o ramo de manjerona, a salsa e a cebolinha-verde, deixando cozinhar até que a carne fique bem macia, cerca de 1 e ½ hora em fogo bem baixo.

3 Retire-a do caldo e reserve. Coe o caldo em uma peneira ou pano limpo e reserve. Desfie a galinha, eliminando as peles, cartilagens e ossos.

4 No caldo coado (aproximadamente 2 litros), coloque a ½ xícara de arroz e torne a levar ao fogo.

5 Quando o arroz estiver quase cozido, junte a carne de galinha desfiada.

6 Deixe no fogo até que o arroz fique bem mole, desfazendo-se. Acerte o ponto do sal e sirva bem quente.

Nota: Para uma canja com menos gordura, pode-se retirar as peles da galinha antes de preparar o caldo. Outra opção é, após preparar e coar o caldo, colocá-lo na geladeira por algumas horas para que a gordura se solidifique na superfície, podendo ser facilmente descartada.

Canja com Legumes

- 1 receita de canja simples (pág. 236)
- Legumes cozidos a gosto

Prepare a receita de canja simples. Cozinhe na canja alguns legumes, como cenouras e vagens, cortados em pequenos cubos.

Sopa Artusina

- 1 litro de caldo básico de carne (pág. 227)
- 1 colher (sopa) de semolina
- 1 colher (sopa) de farinha de arroz
- 1 colher (sopa) de fécula de batata
- 1 colher (sopa) de manteiga ou margarina
- 1 colher (sopa) de farinha de trigo
- 2 gemas
- 1 xícara (chá) de leite
- Sal
- 2 colheres (sopa) de queijo parmesão ralado
- 1 colher (sopa) de salsa picada

1 Prepare o caldo de carne.

2 À parte, misture numa panela a semolina, a farinha de arroz, a fécula de batata, a manteiga ou margarina, a farinha de trigo, as gemas e o leite.

3 Depois de tudo bem misturado, vire o caldo em cima e leve ao fogo para engrossar. Tempere com um pouco de sal.

4 No momento de servir, coloque na sopeira o queijo parmesão ralado e a salsa picada.

Sopa Alemã com Bolinhas de Massa

- 2 litros de caldo básico de carne (pág. 227)
- ½ kg de farinha de trigo
- 3 ovos
- Sal e noz-moscada
- Salsinha picada

1 Prepare o caldo de carne e reserve.

2 Misture a farinha de trigo com os ovos, o sal, a noz-moscada e a salsinha. Se a massa não ligar, junte um pouquinho de água para que amoleça.

3 Quando o caldo de carne estiver fervendo, vá tirando bocados da massa, fazendo bolinhas e jogando-as no caldo. Quando subirem à superfície, estarão prontas.

4 Sirva quente.

Sopa de Abacate

- 4 colheres (sopa) de margarina
- ¼ de xícara (chá) de cebola ralada
- 1 colher (chá) de alho picado
- 1 e ½ colher (sopa) de farinha de trigo
- 1 litro de caldo básico de galinha ou frango (pág. 228)
- 2 abacates médios maduros
- 1 colher (sopa) de suco de limão
- Sal

1 Leve ao fogo a margarina, adicione a cebola e o alho e deixe-os fritar ligeiramente.

2 Polvilhe a farinha sobre eles e mexa para que não encaroce.

3 Adicione o caldo fervente aos poucos, mexendo bem após cada adição. Reduza o fogo e deixe ferver.

4 Descasque os abacates, pique-lhes a polpa, junte o suco de limão e bata no liquidificador.

5 Junte o abacate à sopa, deixe esquentar e desligue o fogo antes de ferver. Acerte o ponto do sal.

6 Sirva logo a seguir.

Sopa de Agrião

- 6 xícaras (chá) de caldo básico de carne (pág. 227)
- 4 batatas médias descascadas, cozidas e passadas no espremedor
- 1 maço de agrião limpo (só as folhas)
- 1 colher (sopa) de margarina
- Sal

1 Misture, numa panela, o caldo e a massa de batatas ainda quente.

2 Leve ao fogo e deixe levantar fervura.

3 Adicione o agrião e deixe ferver por apenas 2 minutos.

4 Acrescente a margarina e, se preciso, um pouco de sal. A sopa está pronta.

Nota: Você pode substituir o caldo de carne por 3 cubos de caldo concentrado diluídos em 6 xícaras (chá) de água fervente.

Sopa de Alface com Arroz

- 2 pés de alface limpos e picados grosseiramente
- 2 colheres (sopa) de margarina
- 1 litro de água fervente
- 1 xícara (chá) mal cheia de arroz limpo e lavado
- 1 colher (chá) de sal

1   Ponha numa panela a alface e metade da margarina, refogando um pouco.

2   Junte a água fervente e o arroz, tampe a panela e deixe cozinhar até o arroz ficar macio.

3   Acrescente a margarina restante e o sal. Ferva novamente por mais 5 minutos.

4   Sirva com cubos de pão fritos ou torrados.

Sopa de Alface com Massinha

Prepare a sopa de alface com arroz (receita anterior), substituindo o arroz por algum tipo de massa de corte pequeno, como a aletria.

Sopa de Alho-poró com Batatas

- 6 alhos-porós
- 8 batatas médias
- 2 colheres (sopa) de manteiga
- 6 xícaras (chá) de caldo básico de carne (pág. 227)
- Sal e pimenta-do-reino

1   Lave bem e fatie finamente os alhos-porós. Descasque as batatas e corte-as ao meio.

2   Derreta a manteiga numa caçarola funda e refogue os alhos-porós. Quando estiverem macios, adicione o caldo de carne e as batatas. Abaixe o fogo e leve para ferver até que as batatas fiquem macias.

3   Assim que as batatas estiverem bem cozidas, passe-as no espremedor e junte-as de novo à sopa, deixando ferver mais um pouco. Acerte o ponto do sal e, se quiser, adicione um pouco de pimenta-do-reino.

Sopa de Aveia

- *1 litro de caldo básico de carne ou galinha (págs. 227, 228)*
- *6 colheres (sopa) de aveia*
- *Cubos de pão torrados*
- *Manteiga ou margarina*
- *Sal a gosto*

1 Cozinhe a aveia no caldo fervente por cerca de 15 minutos.

2 Depois de cozida, você pode servir a sopa mais rústica ou passá-la por uma peneira. Tempere com sal e pimenta-do-reino

3 Sirva com pedacinhos de pão torrados com manteiga ou margarina.

Nota: Para uma sopa mais grossa, aumente a quantidade de aveia.

Sopa Castelhana

- *5 tomates maduros*
- *4 xícaras (chá) de água*
- *2 cubos de caldo de galinha*
- *1 pimentão verde picadinho*
- *1 colher (sopa) de cebola picadinha*
- *Torradas*

1 Pique os tomates e leve-os ao fogo com 2 xícaras (chá) de água, deixando ferver por 5 minutos.

2 Retire, bata no liquidificador, passe por uma peneira e leve novamente ao fogo.

3 Acrescente mais 2 xícaras (chá) de água quente, o caldo de galinha, o pimentão e a cebola.

4 Ferva por alguns minutos e sirva quente com torradas.

Sopa de Cevada

- 1 colher (sopa) de manteiga ou margarina
- 1 colher (sopa) de farinha de trigo
- 1 litro de água
- 250 g de cevada
- 1 caldo de galinha
- 2 gemas
- Torradas
- Sal

1 Numa caçarola funda, derreta uma colher (sopa) de manteiga ou margarina e, em seguida, junte uma colher (sopa) de farinha de trigo.

2 Misture bem e despeje em cima um litro de água quente.

3 Torne a misturar e, quando a água for se tornando esbranquiçada, acrescente a cevada.

4 Deixe no fogo e vá juntando água quente à medida que esta for reduzindo, até que a cevada fique cozida.

5 Coe tudo numa peneira fina e torne a levar a sopa ao fogo, acrescentando um pouco de caldo de galinha bem temperado ou 2 tabletes.

6 Deixe ferver por mais 10 minutos e ligue com 2 gemas desmanchadas em um pouco de caldo frio ou água.

7 Prove o sal e sirva com torradas fritas em manteiga ou margarina.

Sopa-creme de Abóbora

- 600 g de abóbora-moranga limpa e picada
- 1 litro de água
- 3 galhos de salsa amarrados
- 2 cebolas médias cortadas em 4
- 2 colheres (sopa) rasas de farinha de trigo
- 1 litro de leite
- Sal
- 1 colher (sopa) de margarina

1 Ponha numa panela a abóbora, a água, a salsa e as cebolas. Tampe-a.

2 Leve ao fogo e cozinhe até que a abóbora fique bem macia.

3 Retire a abóbora da água e bata-a no liquidificador. Reserve.

4 Dissolva a farinha de trigo no leite, leve ao fogo e mexa até ferver bem. Acrescente a abóbora reservada e o sal. Ferva por mais 3 minutos, junte a margarina e desligue o fogo.

Variações da Sopa-creme

Sopa-creme de Cenoura

Substitua a abóbora da receita anterior por 500 g de cenoura.

Sopa-creme de Inhame

Substitua a abóbora da receita anterior por 400 g de inhame.

Sopa-creme de Mandioca

Substitua a abóbora da receita anterior por 400 g de mandioca.

Sopa-creme de Mandioquinha

Substitua a abóbora da receita anterior por 500 g de mandioquinha.

Sopa-creme de Cará

Substitua a abóbora da receita anterior por 400 g de cará.

Sopa-creme de Aspargos

- *2 colheres (sopa) de manteiga*
- *1 cebola pequena picada finamente*
- *1 lata pequena de aspargos*
- *2 xícaras (chá) de caldo básico de galinha ou frango (pág. 228)*
- *2 colheres (sopa) de maisena*
- *2 xícaras (chá) de leite*
- *Sal*

1 Coloque a manteiga em uma panela e adicione a cebola. Leve ao fogo e refogue até que a cebola fique bem macia. Adicione metade dos aspargos picados e refogue por mais 3 minutos. Regue com o caldo e cozinhe por 5 minutos em fogo baixo.

2 Misture a maisena ao leite frio e despeje na panela, misturando bem. Cozinhe por 10 minutos ou mais para o creme engrossar.

3 Retire do fogo e deixe esfriar um pouco. Bata no liquidificador até obter um creme liso. Coloque novamente na panela e adicione a metade restante dos aspargos. Acerte o ponto do sal. Se o creme estiver muito grosso, adicione mais um pouco de caldo ou leite.

4 Sirva bem quente.

Sopa-creme de Beterraba

- *3 beterrabas grandes cozidas com a casca*
- *3 xícaras (chá) de caldo básico de carne (pág. 227)*
- *¼ de xícara (chá) de vinho branco seco*
- *1 xícara (chá) de creme de leite*
- *Sal e pimenta-do-reino a gosto*

1 Descasque as beterrabas, corte-as em fatias finas e depois corte-as ao meio ou pique-as.

2 Ponha as beterrabas cuidadosamente no caldo e deixe ferver, em fogo brando, por 10 minutos.

3 Acrescente o vinho e a seguir o creme de leite, sem deixar ferver para que não talhe. Tempere com sal e pimenta-do-reino. Sirva bem quente.

Sopa Dourada de Abóbora

- *1 litro de água fervente*
- *2 cubos de caldo de carne ou galinha*
- *1 kg de abóbora*
- *1 xícara (chá) de arroz cru*
- *1 colher (sopa) de margarina*
- *1 cebola bem picada*
- *1 dente pequeno de alho picado*
- *1 litro de leite*
- *2 colheres (sopa) de queijo ralado*
- *1 colher (sopa) de salsa picada*
- *1 lata de creme de leite*
- *Sal*

1 Dilua na água fervente os cubos de caldo de carne ou galinha e junte a abóbora e o arroz, cozinhando tudo junto.

2 Depois do cozimento, bata tudo no liquidificador e reserve.

3 Faça um refogado com a margarina, a cebola e o alho.

4 Junte ao leite a abóbora e o arroz batido. Deixe ferver.

5 Junte o queijo ralado e a salsa. Apague o fogo e acrescente o creme de leite. Verifique o sal.

6 Sirva quente.

Sopa Polonesa de Beterraba

- 2 colheres (sopa) de manteiga
- 2 beterrabas
- 2 alhos-porós
- 1 cebola
- ½ repolho
- 1 talo de salsão
- 2 litros de caldo básico de carne (pág. 227)
- Sal e pimenta-do-reino
- 1 colher (chá) de salsa picada
- Dill picado (opcional)
- 1 colher (sopa) de creme de leite azedo

1 Refogue na manteiga as beterrabas, os alhos-porós, a cebola, o repolho e o talo de salsão, tudo previamente cortado em fatiazinhas como palitos.

2 Deixe refogar lentamente, durante cerca de ½ hora, com a panela tampada, e junte então o caldo de carne. Ferva lentamente por mais uma hora.

3 Misture bem e tempere com o sal e a pimenta-do-reino moída na hora.

4 Ao servir, acrescente em cada prato um pouco de salsa picada ou *dill* e a colherada de creme de leite azedo.

Sopa de Carne com Legumes

- 500 g de coxão mole limpo
- 2 e ½ litros de água
- 3 batatas médias
- 2 cenouras grandes
- 1 chuchu descascado e picado
- 1 nabo descascado e picado
- 250 g de repolho picado
- 150 g de vagens limpas cortadas em pedaços
- 1 xícara (chá) de ervilhas em grão
- ¼ de xícara (chá) de óleo
- 1 cebola cortada em rodelas
- 1 alho-poró picado
- 2 tomates sem pele picados
- Sal

1 Ponha a carne, em água fria, na panela de pressão.

2 Tampe a panela e leve-a ao fogo. Cozinhe por uma hora. Deixe esfriar e abra a panela.

3 Ponha a carne e a água do cozimento em uma panela maior. Deixe ferver e junte as batatas, as cenouras, o chuchu, o nabo, o repolho e as vagens. Tampe a panela e deixe cozinhar por 20 minutos.

4 Junte as ervilhas e deixe cozinhar por mais 10 minutos ou até que todos os legumes fiquem macios.

5 À parte, refogue no óleo a cebola, o alho-poró e o tomate.

6 Junte o refogado e o sal à sopa e ferva por mais 10 minutos.

7 Retire a carne e corte-a em fatias.

8 No momento de servir, coloque 2 fatias de carne em cada prato e despeje sobre elas a sopa.

SOPAS E CREMES

SOPA DE CASTANHAS

- 2 xícaras (chá) de castanhas cozidas e descascadas
- 1 litro de caldo básico de galinha ou frango (pág. 228)
- Sal
- Torradas com manteiga ou margarina

1 Passe as castanhas ainda quentes em um espremedor de batatas.

2 Junte o caldo e as castanhas numa panela e deixe ferver, em fogo brando, por 7 minutos.

3 Tempere com um pouco de sal, pois as castanhas são adocicadas.

4 Sirva acompanhada de torradas com manteiga ou margarina.

SOPA DE CEBOLA

- 600 g de cebolas cortadas em rodelas
- 4 colheres (sopa) de manteiga ou margarina
- 5 colheres (sopa) de farinha de trigo
- 6 xícaras (chá) de caldo básico de carne ou galinha (págs. 227, 228)
- 2 colheres (sopa) de vinho branco seco
- Sal e pimenta-do-reino
- 6 torradas de pão francês
- 2 colheres (sopa) de queijo ralado

1 Coloque as cebolas e a manteiga em uma panela, leve-a ao fogo e frite as cebolas até ficarem ligeiramente douradas.

2 Polvilhe com farinha, mexendo para não encaroçar.

3 Adicione o caldo fervente pouco a pouco, mexendo bem após cada adição.

4 Junte o vinho e leve para ferver por 5 minutos. Verifique o ponto do sal e da pimenta-do-reino e, se necessário, adicione mais um pouco. Distribua a sopa em cumbucas refratárias.

5 Coloque uma torrada em cada cumbuca, mergulhe-a na sopa e polvilhe com queijo.

6 Leve as cumbucas ao forno até a sopa gratinar. Sirva a seguir.

Nota: As cumbucas não são essenciais, mas são a maneira tradicional de servir a sopa de cebola.

Sopa-creme de Cogumelos

- 2 colheres (sopa) de manteiga ou margarina
- 1 cebola pequena bem picada
- 200 g de champignons *frescos ou em conserva*
- ½ litro de caldo básico de galinha ou frango *(pág. 228)*
- 2 xícaras (chá) de leite
- 1 colher (sopa) de maisena
- 2 gemas
- Sal e pimenta-do-reino branca

1 Leve ao fogo a manteiga e a cebola, fritando esta ligeiramente. Adicione os *champignons* e refogue até estarem macios.

2 Regue com o caldo e ferva.

3 Misture em um recipiente o leite com a maisena e as gemas. Despeje na sopa, misturando sem parar até engrossar levemente.

4 Retire do fogo e deixe esfriar um pouco. Bata a sopa em um liquidificador até que esteja bem lisa. Coloque novamente na panela e ferva por mais 3 minutos.

5 Tempere com o sal e a pimenta-do-reino. Sirva bem quente.

Sopa de Couve-flor

- 1 litro de caldo de legumes *(pág. 228)* ou substituto
- 1 couve-flor média
- ½ xícara (chá) de sêmola
- 2 colheres (sopa) de manteiga ou margarina
- Sal e pimenta-do-reino
- 2 gemas

1 Cozinhe a couve-flor em caldo de carne ou em água com sal e cheiro-verde. Escorra, reserve o caldo e pique a couve-flor.

2 Desfaça a sêmola em água fria ou em um pouco de caldo frio, mexendo bem para não encaroçar, adicione ao caldo reservado e cozinhe para engrossar. Tempere com o sal e a pimenta-do-reino.

3 Quando a sêmola estiver cozida, junte à sopa uma colher (sopa) de manteiga ou margarina e 2 gemas levemente batidas. Misture bem.

4 Coloque em cada prato pedacinhos da couve-flor sem os talos e as folhas e cubra com o caldo de sêmola.

Sopa-creme de Couve-flor

- 1 couve-flor média limpa
- 4 batatas médias descascadas e picadas
- 1 litro de água
- ½ litro de leite
- 1 pitada de noz-moscada
- 1 colher (chá) de sal
- 1 colher (sopa) de margarina

1   Coloque a couve-flor, as batatas e a água numa panela. Tampe-a e leve-a ao fogo para cozinhar os legumes.

2   Retire a panela do fogo, deixe esfriar um pouco e bata os legumes com a água do cozimento no liquidificador.

3   Ponha a mistura obtida numa panela com o leite, o sal e a noz-moscada, deixando ferver em fogo brando por 15 minutos até a sopa apurar.

4   Acrescente a margarina e sirva.

Nota: Se quiser, antes de bater no liquidificador, reserve uma xícara (chá) de couve-flor cozida, pique-a e, no momento de servir, distribua pelos pratos, colocando sobre ela a sopa preparada.

Sopa de Ervilhas Secas

- 1 xícara (chá) de ervilhas secas
- 1 e ½ litro de água ou caldo de legumes *(pág. 228)*
- 3 batatas médias descascadas e picadas
- 1 cebola grande picada
- 2 colheres (sopa) de manteiga ou margarina
- 1 pitada de noz-moscada
- Sal

1   Escolha as ervilhas, lave-as e deixe-as de molho na água de um dia para o outro.

2   Ponha as ervilhas e a água ou o caldo numa panela e leve-a ao fogo, deixando ferver por 45 minutos.

3   Acrescente as batatas e deixe cozinhar até que elas e as ervilhas fiquem moles.

4   Apague o fogo, deixe esfriar um pouco e bata no liquidificador. (O resultado deve dar um litro. Se faltar, acrescente água.) Reserve.

5   Frite ligeiramente a cebola na manteiga ou margarina, coe a manteiga e adicione-a ainda quente com a noz-moscada e o sal à sopa reservada.

6   Ferva por mais 5 minutos e sirva.

SOPAS E CREMES

Sopa de Farinha de Milho

- *1 litro de caldo básico de galinha ou frango (pág. 228)*
- *1 xícara (chá) de farinha de milho*
- *Sal a gosto*
- *Torrada com manteiga*

1 Junte o caldo e a farinha de milho e deixe ferver, em fogo brando, por 7 minutos. Acerte o ponto do sal.

2 Sirva a sopa acompanhada de torradas com manteiga.

Nota: Sirva com cubos de pão torrados.

Sopa Siciliana de Frutos do Mar

- *200 g de camarões limpos*
- *300 g de polvo cozido*
- *200 g de lulas cortadas em anéis*
- *1 e ½ kg de postas de peixes variados*
- *Sal e pimenta-do-reino*
- *1 cebola graúda picada*
- *3 dentes de alho picados*
- *3 colheres de sopa de salsinha picada*
- *½ xícara (chá) de azeite*
- *½ xícara (chá) de vinho branco seco*
- *4 xícaras (chá) de água*
- *100 g de tomates secos em conserva (pág. 115)*
- *6 bolachas água-e-sal*

1 Tempere os pescados com o sal e a pimenta-do-reino. Pique finamente a cebola, o alho e a salsinha. Coloque em um caldeirão o azeite e acrescente os ingredientes picados. Refogue em fogo baixo por cerca de 10 minutos e acrescente o vinho. Deixe reduzir e junte os tomates secos picados grosseiramente.

2 Refogue por mais 2 minutos e adicione a água. Leve para ferver. Vá acrescentando os pescados, começando pelos de textura mais firme e terminando com os mais macios. Cozinhe até que os peixes estejam no ponto, cerca de 20 minutos, dependendo das espécies utilizadas. Tempere com o sal e a pimenta-do-reino.

3 Coloque as bolachas em um liquidificador e transforme-as em pó. Retire ⅔ do caldo que se formou no caldeirão e coloque em uma panela.

4 Leve para ferver e acrescente aos poucos a bolacha para obter uma sopa cremosa. Sirva a sopa ao lado dos pescados.

Sopa Básica de Feijão

- 1 e ½ litro de caldo básico de carne *(pág. 227)*
- 2 xícaras (chá) de feijão cozido, ainda quente, batido no liquidificador
- 1 dente de alho grande cortado em fatias
- 2 colheres (sopa) de óleo
- Uma porção de pão frito
- Sal

1. Misture o caldo e o feijão batido numa panela. Se quiser uma sopa mais fina, coe o feijão, eliminando as cascas.
2. Frite o alho ligeiramente no óleo. Elimine o alho.
3. Misture o óleo ao caldo de feijão, deixe levantar fervura e tempere com sal.
4. Sirva a sopa acompanhada do pão frito.

Sopa de Feijão com Couve

- 1 e ½ litro de caldo básico de carne *(pág. 227)*
- ½ maço de couve fatiado finamente
- 2 xícaras (chá) de água
- 2 xícaras (chá) de feijão cozido e batido no liquidificador
- 1 dente de alho grande cortado em fatias
- 2 colheres (sopa) de óleo ou azeite
- Sal e pimenta-do-reino
- Pão frito

1. Acrescente a água ao caldo de carne e cozinhe nele a couve até ficar macia.
2. Junte ao caldo o feijão batido. Se quiser uma sopa mais fina, coe o feijão antes de misturá-lo, eliminando-lhe as cascas.
3. Frite o alho ligeiramente no óleo ou azeite. Elimine o alho.
4. Misture o óleo ao caldo e deixe ferver. Verifique o sal e tempere com pimenta-do-reino.
5. Sirva acompanhada da porção de pão frito.

Sopa de Feijão com Legumes

- 1 e ½ litro de caldo básico de carne (pág. 227)
- 2 xícaras (chá) de feijão cozido, ainda quente, batido no liquidificador
- 1 dente de alho grande cortado em fatias
- 2 colheres (sopa) de óleo
- 1 xícara (chá) de cenoura, vagem, batata e ervilha previamente cozidas
- Sal
- Pão frito

1 Misture o caldo e o feijão batido numa panela. (Se quiser uma sopa mais fina, coe o feijão antes, eliminando-lhe as cascas.)

2 Frite o alho ligeiramente no óleo. Elimine o alho.

3 Misture o óleo ao caldo de feijão, acrescente a xícara de legumes, deixe levantar fervura, verifique o sal e sirva, acompanhada do pão frito.

Sopa de Caldo de Feijão

- 1 xícara (chá) de feijão cozido
- 2 colheres (sopa) de óleo ou azeite
- 1 cebola picada
- 2 dentes de alho picados
- Sal
- 3 xícaras (chá) do caldo do cozimento do feijão
- Salsinha, cebolinha e coentro picados

1 Bata o feijão cozido no liquidificador, passe numa peneira e leve ao fogo para ferver um pouco.

2 À parte, refogue em óleo a cebola picada finamente com o alho espremido e o sal. Adicione esse refogado ao caldo de feijão, que já deve ter fervido e estar um pouco engrossado. Sirva salpicando com as ervas picadas.

3 Se preferir, passe tudo novamente por uma peneira e sirva sobre pedacinhos de pão torrados.

Nota: Querendo, você pode cozinhar macarrão fininho no caldo de feijão, depois de coado pela segunda vez.

Sopa de Feijão-branco

- 1 xícara (chá) de feijão-branco
- 1 e ½ litro de água
- 3 batatas médias descascadas e picadas
- 1 colher (sopa) de vinho branco seco
- 1 cebola grande triturada
- 1 colher (sopa) de manteiga ou margarina
- 1 pitada de noz-moscada
- 1 colher (chá) de sal

1   Escolha o feijão, lave-o e deixe-o de molho de um dia para o outro.

2   Ponha o feijão e a água do molho numa panela e leve-a ao fogo, deixando ferver por 45 minutos.

3   Acrescente as batatas e deixe cozinhar até que elas e o feijão fiquem moles.

4   Desligue o fogo, deixe esfriar um pouco e bata no liquidificador. O resultado deve render um litro. Se faltar, complete com água. Coe, acrescente o vinho e reserve.

5   Frite ligeiramente a cebola na manteiga ou margarina, coe e adicione a margarina ainda quente, a noz-moscada e o sal à sopa reservada.

6   Ferva por mais 5 minutos e sirva.

Sopa de Feijão-branco com Cenouras

- 6 xícaras (chá) de caldo básico de carne ou galinha (págs. 227, 228)
- 4 cenouras
- 50 g de toucinho defumado
- 2 xícaras (chá) de feijão-branco
- 2 linguiças frescas
- Sal e pimenta-do-reino
- Óleo para fritar as linguiças

1   Num bom caldo de carne, cozinhe as cenouras com o pedaço de toucinho defumado.

2   Em outra caçarola, cozinhe o feijão branco e, quando estiver bem mole, bata-o no liquidificador ou passe-o por uma peneira fina.

3   Retire as cenouras cozidas do caldo de carne, corte-as em rodelas e torne a juntá-las ao caldo.

4   Junte também ao caldo a massa obtida com o feijão branco batido no liquidificador ou passado na peneira. Tempere com o sal e a pimenta-do-reino.

5   Na hora de servir a sopa, adicione algumas fatias de linguiça fresca fritas no óleo.

Sopa de Feijão com Arroz

- 1 e ½ litro de caldo básico de carne (pág. 227)
- ½ xícara (chá) de arroz lavado
- 1 xícara (chá) de água
- 2 xícaras (chá) de feijão cozido
- 1 dente de alho grande cortado em fatias
- 2 colheres (sopa) de óleo ou azeite
- Sal
- Pão frito

1 Acrescente ao caldo de carne o arroz e a xícara de água e cozinhe para que o arroz fique macio.

2 Bata o feijão ainda quente no liquidificador.

3 Misture numa panela o caldo com o feijão batido. Se quiser uma sopa mais fina, coe o feijão antes de misturar, para eliminar as cascas.

4 Frite o alho ligeiramente no óleo. Elimine o alho.

5 Misture o óleo ao caldo e deixe ferver por um minuto. Tempere com o sal.

6 Sirva acompanhada da porção de pão frito.

Sopa de Feijão com Massa

Prepare a receita anterior substituindo o arroz por massa de formato pequeno ou então por espaguetes ou cabelinhos de anjo quebrados em pedaços pequenos.

Sopa de Feijão com Carnes

- ½ kg de carne de vaca
- 1 paio
- 1 cebola graúda descascada
- 2 litros de água
- ½ kg de feijão
- 1 maço de mostarda
- 1 xícara (chá) de macarrão miudinho (opcional)
- Sal e pimenta-do-reino
- Torradas

1 Cozinhe todos os ingredientes (exceto a mostarda) na panela de pressão por 40 minutos.

2 Retire as carnes e bata o feijão cozido com o caldo e a cebola no liquidificador. Passe-o na peneira e coloque novamente na panela.

3 Quando o caldo levantar fervura, acrescente as folhas de mostarda. Se quiser um caldo mais consistente, junte uma xícara (chá) de macarrão miudinho, próprio para sopa. Acerte o ponto do sal e da pimenta-do-reino.

4 Sirva bem quente com os pedaços das carnes e as torradas.

Sopa de Galinha com Legumes

- 1 galinha
- 1 maço pequeno de cheiro-verde
- Sal
- 5 cenouras
- 2 nabos pequenos
- 6 batatas pequenas
- 1 alho-poró
- 3 colheres (sopa) de manteiga ou margarina
- 1 cebola graúda fatiada
- 4 tomates

1 Limpe uma galinha bem gorda, parta-a em pedaços e cozinhe em um caldeirão com o buquê de cheiro-verde, o sal, as cenouras, os nabos, as batatas e o alho-poró. O fogo deve ser brando, para que a galinha cozinhe bem.

2 À parte, faça um refogado com uma colher (sopa) de manteiga, rodelas de cebola e os tomates picados, juntando esse refogado à sopa.

3 Quando a galinha estiver cozida e se desfazendo, retire-a do caldo, separe os ossos da carne, desfie-a e refogue-a, à parte, com um pouco de manteiga.

4 Passe os legumes numa peneira.

5 Junte tudo novamente, adicione um pouco de manteiga e leve ao fogo para que ferva mais um pouco. Tempere com sal a gosto.

6 Sirva bem quente.

Sopa de Grão-de-bico com Espinafre

- 1 xícara (chá) de grão-de-bico
- 1 e ½ litro de água
- 5 batatas médias descascadas e picadas
- 1 cebola grande triturada
- 1 colher (sopa) de margarina
- ½ maço de espinafre limpo
- 1 pitada de noz-moscada
- 1 colher (chá) de sal

1 Escolha o grão-de-bico, lave-o e deixe-o de molho na água indicada de um dia para o outro.

2 Ponha o grão-de-bico e a água numa panela e leve-a ao fogo, deixando ferver por 45 minutos.

3 Acrescente as batatas e deixe cozinhar até que elas e o grão-de-bico fiquem macios.

4 Desligue o fogo, deixe esfriar um pouco e bata no liquidificador. O resultado deve dar um litro. Se não der, complete com água. Coe e reserve.

5 Frite ligeiramente a cebola na margarina, coe e adicione a margarina ainda quente, o espinafre, a noz-moscada e o sal à sopa reservada.

6 Ferva por mais 5 minutos e sirva.

Sopa Deliciosa

- 3 litros de água
- ½ maço de couve
- ½ repolho pequeno
- ¼ de xícara (chá) de arroz
- 50 g de toucinho defumado
- 200 g de abóbora
- ½ kg de carne (ponta de agulha)
- 3 nabos
- 3 cenouras
- 3 batatas
- 1 cebola
- 1 batata-doce
- 1 maço pequeno de cheiro-verde
- Sal

1 Numa panela com água temperada de sal, coloque para cozinhar as folhas de couve, as de repolho, o arroz, o toucinho defumado, a abóbora, a carne, os nabos, as cenouras, as batatas, uma cebola inteira e uma batata-doce.

2 Junte um buquê de cheiro-verde e deixe tudo cozinhar até que se torne uma massa.

3 Retire a carne e o toucinho, bata a sopa de legumes no liquidificador, prove o sal e sirva.

Sopa Francesa

- 1 litro de caldo básico de carne (pág. 227)
- 5 batatas
- 3 alhos-porós
- 1 maço pequeno de azedinha
- ½ folha de louro
- Cravo-da-índia em pó
- ½ xícara (chá) de ervilhas ou favas
- ¼ de xícara (chá) de creme de leite ou nata
- Sal

1 Cozinhe no caldo as batatas, o alho-poró e algumas folhas de azedinha (tudo picado). Acrescente o louro e uma pitada de cravo-da-índia.

2 À parte, cozinhe um pouco de ervilhas ou favas, passe-as numa peneira fina e adicione a nata ou o creme de leite, misturando para obter um purê.

3 Quando as batatas e os demais ingredientes estiverem bem cozidos, passe tudo por uma peneira fina e leve de novo ao fogo brando.

4 Vá engrossando a sopa com o purê de ervilhas ou favas e deixe-a ferver mais um pouco. Tempere com sal.

5 Sirva com fatias de pão fritas na manteiga ou margarina.

SOPAS E CREMES

SOPA JULIANA

- 2 cenouras descascadas e cortadas em juliana
- 2 batatas descascadas e cortadas em juliana
- 1 nabo descascado e cortado em juliana
- 150 g de vagens limpas e cortadas em juliana
- ½ xícara (chá) de vagens em grão
- 250 g de repolho cortado fininho
- 1 colher (café) de sal
- 1 litro de caldo básico de carne ou galinha *(págs. 227, 228)*
- 1 litro de água fervente
- 2 colheres (sopa) de margarina
- 1 alho-poró ou 1 cebola média ralada

1 Cozinhe todos os legumes em água fervente e, quando estiverem macios, tempere com o sal.

2 Acrescente o caldo de carne ou galinha e mantenha a sopa em fogo brando.

3 Leve ao fogo a margarina e o alho-poró (ou a cebola), fritando ligeiramente. Adicione um pouco do caldo dos legumes e refogue.

4 Coe o refogado e acrescente o líquido aos demais ingredientes.

5 Sirva quente.

Nota: Juliana é o nome dado ao tipo de corte dos legumes quando são cortados em fatias e depois em palitos finos.

SOPA DE MANDIOCA

- 1 litro de caldo básico de carne ou galinha *(págs. 227, 228)*
- 300 g de mandioca descascada e limpa
- Sal
- Fatias de pão torradas
- Manteiga ou margarina

1 Prepare um caldo bem temperado e cozinhe a mandioca no caldo fervente, em panela tampada, até ficar bem macia.

2 Bata no liquidificador, tempere com sal e sirva com fatias de pão torradas com manteiga.

SOPA DE MANDIOQUINHA

Prepare a receita anterior substituindo a mandioca por mandioquinha.

Sopa de Milho Verde

- *14 espigas de milho verde*
- *1 e ½ litro de caldo básico de galinha ou frango (pág. 228)*
- *Sal*

1 Rale 12 espigas de milho verde, coe o caldo obtido num guardanapo úmido e junte-o ao caldo de galinha.

2 Debulhe as 2 espigas restantes e adicione os grãos à mistura dos 2 caldos.

3 Leve a sopa ao fogo para que engrosse um pouco e os grãos cozinhem. Tempere com sal.

4 Sirva quente.

Nota: Essa sopa também pode ser feita sem os grãos.

Sopa-creme de Milho Verde

- *1 lata de milho verde*
- *½ litro de leite*
- *2 colheres (sopa) de margarina*
- *1 cebola cortada em rodelas*
- *½ litro de caldo básico de galinha ou frango (pág. 228)*
- *1 colher (sopa) de maisena*
- *2 gemas*
- *Sal*

1 Reserve ½ xícara (chá) do milho e triture o restante.

2 Coe o milho triturado e jogue sobre ele o leite, para extrair-lhe todo o suco. Reserve.

3 Leve ao fogo a margarina e a cebola. Frite-a ligeiramente, não a deixando tomar cor. Retire então a cebola com uma escumadeira e reserve a margarina.

4 Preparado o caldo, conserve-o quente no fogo.

5 Adicione ao caldo a metade do leite e com o restante dissolva a maisena. Separadamente, dissolva também as gemas.

6 Despeje no caldo a maisena dissolvida no leite, a margarina reservada e os grãos de milho. Tempere com um pouco de sal.

7 Deixe levantar fervura, prove o sal e desligue o fogo.

8 Sirva quente.

SOPAS E CREMES

SOPA-CREME DE PALMITO

- 1 lata pequena de palmito picado
- 2 colheres (sopa) de manteiga ou margarina
- 1 cebola pequena picada
- ½ litro de caldo básico de galinha ou frango *(pág. 228)*
- ½ litro de leite
- 2 colheres (sopa) de maisena
- Salsinha picada (opcional)
- Sal

1   Leve ao fogo a margarina e a cebola. Frite a cebola ligeiramente, mas não a deixe tomar cor. Adicione metade dos palmitos picados e refogue por mais 3 minutos.

2   Adicione o caldo e metade do leite e ferva por um minuto. Desmanche a maisena no leite restante e despeje na sopa. Misture para incorporar e cozinhe até que a sopa comece a engrossar.

3   Retire do fogo, deixe esfriar um pouco, bata no liquidificador e coe. Coloque novamente na panela e adicione o palmito picado restante. Tempere com o sal e, se gostar, com pimenta-do-reino branca. Salpique com um pouco de salsinha.

4   Aqueça bem e sirva.

SOPA DE PEPINO

- 2 pepinos grandes cortados em 4 no sentido do comprimento, sem sementes e picados
- 2 colheres (sopa) de margarina
- 1 litro de caldo básico de galinha ou frango *(pág. 228)*
- ¼ de xícara (chá) de gengibre fresco descascado e ralado
- 1 talo de cebolinha-verde picado
- 1 colher (chá) de sal
- 1 pitada de pimenta-do-reino
- ½ pepino pequeno cortado em rodelas, para enfeitar

1   Coloque os pepinos picados e a margarina numa panela. Leve ao fogo e refogue ligeiramente.

2   Junte ao refogado o caldo de galinha fervente, o gengibre e a cebolinha e deixe cozinhar em fogo médio durante 10 minutos.

3   Tempere a sopa com o sal e a pimenta e ferva por mais 5 minutos.

4   Coloque as rodelas de pepino nos pratos e despeje sobre elas a sopa quente.

SOPA DE PÃO

- 12 fatias grossas de pão francês
- 1 litro de caldo básico de carne ou de galinha *(págs. 227, 228)*
- Sal e pimenta-do-reino
- 4 colheres (sopa) de queijo parmesão ralado

1   Coloque dentro da sopeira as fatias de pão.

2   Despeje por cima um bom caldo de carne ou de galinha fervente.

3   Tempere com um pouco de sal e pimenta-do-reino.

4   Sirva com queijo parmesão ralado.

Sopa Rústica de Repolho

- 1 kg de batatas médias descascadas
- 1 e ½ litro de água
- 1 cebola média picada
- 300 g de repolho picado
- 1 tomate picado sem pele
- 1 colher (chá) de sal
- 1 pitada de pimenta-do-reino
- 3 colheres (sopa) de azeite

1 Rale as batatas no lado grosso do ralador ou pique-as bem.

2 Coloque a água e a cebola ralada numa panela e leve ao fogo para ferver.

3 Acrescente as batatas, o repolho e, se quiser, o tomate, deixando cozinhar até que fiquem macios. Mexa de vez em quando para que as batatas não grudem no fundo da panela.

4 Tempere com o sal, a pimenta e o azeite, deixando ferver por mais 5 minutos.

5 Sirva a seguir.

Nota: Com a mesma receita da sopa rústica de repolho, você pode preparar sopa de couve, de escarola, de acelga ou de almeirão.

Sopa Toscana

- 1 xícara (chá) de feijão-branco
- 8 xícaras (chá) de água
- 1 cenoura
- 1 abobrinha
- 2 talos de salsão
- 1 cebola graúda
- 50 g de toucinho
- 3 colheres (sopa) de azeite
- ½ repolho
- 2 tomates
- 4 fatias de pão italiano ou outro
- 2 dentes de alho
- Sal e pimenta-do-reino

1 Coloque o feijão de molho em água fria por 4 horas. Escorra e elimine a água. Coloque em uma panela as 8 xícaras de água e leve para ferver. Acrescente o feijão e cozinhe até que esteja macio (cerca de 40 minutos). Reserve com o líquido do cozimento.

2 Corte a cenoura em rodelas, a abobrinha e o salsão em cubos e pique grosseiramente a cebola. Corte o toucinho em cubos de 1 cm e coloque em um caldeirão com o azeite. Refogue em fogo baixo até que o toucinho comece a dourar. Acrescente a cebola picada, o salsão e a cenoura e refogue por cerca de 5 minutos. Com uma escumadeira, retire metade dos feijões do caldo de cozimento, leve os feijões restantes com o caldo para um liquidificador, bata bem e acrescente ao refogado no caldeirão. Misture bem e acrescente o repolho picado grosseiramente. Cozinhe por 20 minutos e junte as abobrinhas e os feijões reservados.

3 Retire as peles e as sementes dos tomates, corte-os em cubos ou tiras e acrescente à sopa. Toste levemente as fatias de pão e esfregue-as com os dentes de alho. Corte em cubos de 2 cm e acrescente à sopa.

4 Misture bem e tempere a sopa com o sal e a pimenta-do-reino. Se a sopa estiver muito espessa, acrescente um pouco de água. Sirva regando com azeite.

Sopa Rústica de Vagem

- 1 kg de batatas descascadas
- 1 e ½ litro de água
- 1 cebola média ralada
- 300 g de vagens limpas e cortadas enviesadas
- 1 colher (chá) de sal
- 1 pitada de pimenta-do-reino
- 3 colheres (sopa) de azeite

1 Rale as batatas no lado grosso do ralador ou pique-as bem.

2 Coloque a água e a cebola ralada numa panela e leve ao fogo para ferver.

3 Acrescente as batatas e as vagens, deixando cozinhar até que fiquem macias. Mexa de vez em quando para que as batatas não grudem no fundo da panela.

4 Tempere com o sal, a pimenta e o azeite, deixando ferver por mais 5 minutos.

5 Sirva a seguir.

Sopa Pavesa

- 2 colheres (sopa) de manteiga ou margarina
- 6 fatias de pão tipo italiano
- 1 ovo inteiro ou 2 gemas
- 6 xícaras (chá) de caldo básico de carne (pág. 227)
- Sal
- ½ xícara (chá) de molho de tomates
- 4 colheres (sopa) de queijo ralado

1 Frite ou torre na manteiga ou margarina as fatias de pão e ponha-as num prato fundo.

2 Acrescente o ovo inteiro ou as 2 gemas sobre cada fatia de pão. Cubra com o caldo de carne fervente. Se necessário, tempere o caldo com um pouco de sal.

3 Acabe o prato pondo em cada fatia uma colher (café) de molho de tomate e polvilhe com bastante queijo ralado.

Sopa Provençal

- 1 e ½ litro de água
- 8 dentes de alho
- 1 maço pequeno de cheiro-verde
- ½ xícara (chá) de azeite
- Sal
- 2 gemas graúdas

1 Em 1 e ½ litro de água, ponha os 8 dentes de alho picados, o cheiro-verde, a xícara de azeite e sal a gosto.

2 Deixe ferver por uns 20 minutos e engrosse o caldo com 2 gemas de ovo desmanchadas à parte. Coe o caldo diretamente sobre as fatias de pão torrado já colocadas nos pratos.

Sopa-creme de Queijo

- 1 e ½ litro de caldo básico de galinha ou frango (*pág. 228*)
- 2 colheres (sopa) de maisena
- 2 gemas
- 1 e ½ xícara (chá) de leite
- 1 xícara (chá) de queijo ralado
- Sal

1. Prepare o caldo e deixe-o ferver em fogo brando.

2. Dissolva a maisena e as gemas no leite, misture-as ao caldo e mexa até ferver bem.

3. Adicione o queijo e desligue o fogo, não deixando a sopa ferver, para não talhar. Acerte o ponto do sal.

4. Sirva bem quente.

Sopa de Camarões

- 500 g de camarões médios com casca
- 1 litro de água fervente
- Sal
- 2 colheres (sopa) rasas de maisena
- ½ xícara (chá) de vinho branco seco
- ½ colher (café) de páprica
- 2 colheres (sopa) de margarina
- 1 cebola média picada
- Pão de fôrma

1. Lave os camarões, retire as barbas mais longas e os olhos, cortando-os com uma tesoura, pois a tinta poderá escurecer o caldo.

2. Cozinhe os camarões na água fervente, temperando-os com o sal, mas não os deixe ferver mais do que 7 minutos.

3. Retire os camarões da água, deixando esta de reserva.

4. Descasque os camarões e reserve as cascas.

5. Limpe os camarões, tirando-lhes as tripas com um palito, e reserve-os.

6. Ponha as cascas na água da cozedura, tampe a panela e leve-a ao fogo brando por 20 minutos.

7. Retire a panela do fogo e deixe esfriar um pouco.

8. Soque as cascas e as cabeças dos camarões, juntando-lhes a água do cozimento. Em seguida, coe numa peneira e num pano de copa úmido.

9. Meça a água e acrescente mais um pouco até completar um litro. Ponha-a então na panela e leve-a ao fogo até ferver.

10. Dissolva a maisena no vinho branco, adicione a páprica e misture tudo ao caldo. Deixe ferver em fogo brando por 10 minutos, mexendo de vez em quando.

11. Leve a margarina e a cebola ao fogo até esta dourar. Coe e acrescente a margarina quente ao caldo de camarão.

12. Junte ao caldo os camarões cozidos inteiros ou picados (como preferir). Ferva por 2 minutos.

13. Sirva com cubos de pão de fôrma fritos ou torrados.

Sopa Rosada de Camarões

- 1 kg de camarões com casca
- 6 xícaras (chá) de água
- 1 cebola média picada
- 1 dente de alho picado
- 2 colheres (sopa) de manteiga ou margarina
- 4 tomates bem vermelhos batidos no liquidificador
- Sal e pimenta-do-reino
- 2 colheres (sopa) de semolina ou farinha de trigo
- ¼ de xícara (chá) de creme de leite
- 2 colheres (sopa) de salsa picada

1 Lave os camarões e descasque-os.

2 Coloque as cascas numa caçarola com água fervente e sal a gosto. Cozinhe em fogo baixo por 20 minutos e coe.

3 Leve os camarões para cozinhar no caldo coado das cascas. Cozinhe por 6 minutos.

4 Retire os camarões do caldo e pique-os finamente, ou triture-os em um processador. Reserve. Meça o caldo e complete com um pouco de água para obter novamente as 6 xícaras.

5 Refogue a cebola e o alho na manteiga ou margarina, adicione os tomates batidos e uma pitada de pimenta-do-reino. Junte o refogado ao caldo, engrossando-o com 2 colheres (sopa) de semolina ou farinha de trigo. Ferva por 10 minutos e passe por uma peneira. Tempere com o sal e adicione os camarões triturados e o creme de leite.

6 Aqueça bem e sirva salpicando com a salsinha.

Sopa de Vôngoles ou Mariscos

- 1 kg de vôngoles ou mariscos com cascas
- 1 e ½ litro de caldo básico de peixe (pág. 229) ou água
- 3 colheres (sopa) de azeite
- 1 cebola grande triturada
- 1 alho-poró picado
- ½ xícara (chá) de vinho branco seco
- 1 colher (chá) de sal
- 1 pitada de pimenta-do-reino
- 1 colher (sopa) de salsa picada

1 Lave muito bem os moluscos.

2 Ponha os vôngoles ou mariscos e um pouco do caldo ou da água indicados numa panela.

3 Tampe a panela e leve-a ao fogo por 5 minutos, quando os vôngoles ou mariscos devem começar a abrir.

4 Retire os vôngoles ou mariscos das cascas conforme as conchas vão se abrindo. Aproveite a água do cozimento, coando-a num pano de copa limpo. Misture essa água ao caldo. Reserve os vôngoles ou mariscos.

5 Refogue o azeite, a cebola e o alho-poró numa panela e leve ao fogo até dourar. Acrescente o caldo de peixe e, quando abrir fervura, deixe cozinhar por 15 minutos.

6 Junte o vinho, o sal, a pimenta, a salsa e os vôngoles ou mariscos que estavam reservados. Deixe cozinhar por 5 minutos.

7 Sirva a seguir.

Nota: Descarte os vôngoles ou mariscos que não se abrirem durante o cozimento, pois significa que estão estragados.

Verduras, Legumes e Batatas

"A boa alimentação requer o uso das verduras. Associados à carne e ao pão, os vegetais facilitam a digestão por seus sucos, além de atuarem como excitante pelos sais que contêm."

Dr. Proust. Texto da edição de 1944 de *Dona Benta*.

Informações 267

Abóboras

Abóbora refogada 280
Purê de abóbora 280
Purê de abóbora cremoso 280
Quibebe 281
Abóbora com picadinho 281
Abóbora simples 282

Abobrinhas

Abobrinhas à doré 282
Abobrinha frita 282
Abobrinha com cogumelos 283
Abobrinha com ovos 283
Abobrinha recheada 284
Purê de abobrinha 284

Acelgas

Acelga à milanesa 285
Acelga gratinada 285
Acelga com molho branco 286

Alcachofras

Alcachofra cozida I 286
Alcachofra cozida II 287
Alcachofra na manteiga 287
Alcachofra recheada 288

Aspargos

Aspargos à maître-d'hôtel 288
Aspargos especiais 289

Batatas

Batata assada 289
Batata gratinada 289
Batatas chips 290
Batata cozida e frita 290
Batata ensopada 290
Batata francesa 291
Batata frita 291
Batata palha 291
Batata portuguesa 292
Batata com queijo 292
Batatas sauté 293
Bolinho de batata 293
Bolinho de batata recheado 294
Bolo de batatas ao forno 294
Bolo de batatas recheado 295
Casadinhos de batata 295
Croquetes de batata 296
Fritada espanhola de batata 296
Rösti de batata 297
Purê de batata 298
Batata-doce frita I 298
Batata-doce frita II 299
Purê de batata-doce 299
Torta de batata 300

Berinjelas

Berinjelas à borgonhesa 301
Berinjelas à parmiggiana 301
Berinjela com ricota 302
Berinjelas com tomate e cebola 303
Berinjelas à mineira 303
Berinjelas sauté 304
Purê de berinjela 304
Torta de berinjela 305

Beterraba

Beterrabas à la poulette 305

Brócolis

Brócolis cozidos 306

Brócolis à romana 306

Brotos

Broto de bambu cozido 307

Broto de feijão refogado 307

Cambuquira

Cambuquira refogada 308

Caruru

Caruru refogado 308

Cebolas

Cebolas ao forno 308

Cebolas recheadas à maître-d'hôtel 309

Cebolas recheadas com picadinho 310

Cenouras

Cenoura com molho branco 310

Cenoura frita 311

Cenouras glacées 311

Bolinhas de cenoura 311

Purê de cenoura 312

Chicórias

Chicória (escarola) à maître-d'hôtel 312

Chicória (escarola) refogada 312

Chuchus

Chuchu recheado com camarões 313

Chuchu na manteiga 313

Chuchu refogado 314

Chuchu com molho branco 314

Cogumelos

Cogumelo na manteiga 314

Cogumelos à provençal 315

Couves

Couve rasgada com angu 315

Couve à mineira 316

Couve-tronchuda 316

Couves-Flor

Couve-flor à milanesa 317

Couve-flor ao creme 317

Couve-flor com molho branco 318

Couve-flor com molho de manteiga 318

Couve-flor gratinada 318

Couve-flor gratinada com creme 319

Couve-flor refogada 319

Ervilhas

Ervilhas frescas em grãos refogadas 320

Ervilhas secas à inglesa 320

Purê de ervilha seca 321

Espinafres

Espinafre à búlgara 321

Espinafre à moda de Florença 322

Espinafre com ovos 322

Espinafre em forminhas 323

Espinafre à Popeye 323

Favas

Favas em azeite 324
Favas na manteiga 324
Favas à moda de Sintra 324
Favas guisadas com paio 325

Jiló

Jiló à milanesa 325

Lentilhas

Lentilhas à beiroa 326
Lentilhas com tomates 326

Mamão Verde

Mamão verde refogado 327

Mandiocas

Mandioca cozida 327
Mandioca frita 327
Bolinhos de mandioca 328

Mandioquinhas

Mandioquinha simples 328
Purê de mandioquinha 328
Mandioquinha com picadinho 329

Milho Verde

Bolinhos de milho verde 329
Creme de milho simples 330
Creme de milho verde 330
Virado de milho verde 330

Palmitos

Palmito refogado 331
Creme de palmito 331

Pepinos

Pepinos em conserva a frio 331
Pepinos em conserva a quente 332

Pimentões

Pimentões fritos 332
Pimentões à napolitana 333
Pimentões à piemontesa 333
Pimentões recheados à bolonhesa 334

Quiabos

Quiabo cozido 334
Quiabos com picadinho 335

Repolhos

Bolo de legumes 335
Repolho ensopado 336
Repolho recheado 336
Couve-de-bruxelas salteada 337
Repolho roxo agridoce 337
Tortilhão de repolho 338

Tomates

Tomates à provençal 338
Tomates recheados com maionese 339
Tomate recheado 339

Vagens

Vagens com ovos 340
Vagens cozidas 340
Vagens na manteiga 341
Vagem relâmpago 341
Virado de vagens 341

Informações

Abóbora

Escolha sempre abóboras de casca lisa, sem rachaduras ou partes moles.

Conserve-as, inteiras, em lugar fresco e seco.

Depois de cortadas, descasque-as, retire-lhe as sementes, lave-as e deixe-as escorrer bem. Colocando-as num saco plástico, você pode deixá-las por 4 dias na geladeira.

Usa-se cozidas (em sopas), ensopadas e em doces (em calda ou cristalizada).

Abobrinha

Dê preferência a abobrinhas bem firmes e de cor verde-brilhante ou amarela. Rejeite as que estiverem com rachaduras ou marcas de bichos.

Depois de lavada e escorrida, limpe-a, raspando-lhe sua casca com uma faca. Pode-se também prepará-las com a casca.

Utilize em saladas, refogados, suflês, omeletes etc.

Acelga

Escolha sempre acelgas com talos brancos e folhas verde-claras.

Limpe, removendo folha por folha.

Lave as folhas em água corrente e escorra-as bem.

Conserve a acelga em caixa ou em um saco plástico, na geladeira, por 5 dias.

Faça a acelga branqueada (em saladas), cozida (em sopas), refogada e frita (em pratos orientais).

Agrião

Na hora da compra, escolha o maço que tiver folhas verdes, brilhantes e sem marcas de insetos.

Limpe os agriões, soltando-os do maço. Escolha os galhos com folhas bem verdes e elimine as folhas amarelas ou imperfeitas. Deixe somente os talos mais tenros.

Lave-os em água corrente e escorra-os bem no escorredor de legumes.

Conserve-os numa caixa ou saco plástico por 2 dias na geladeira.

Use o agrião em saladas e sopas.

Alcachofra

Prefira alcachofras com caules firmes e folhas verde-escuras levemente arroxeadas. Rejeite as que tiverem folhas ressecadas. Guarde-as, tal como as comprou, em saco plástico, na geladeira, de um dia para o outro.

Limpe cortando as pontas das folhas com tesoura. Raspe a terra na parte interna das alcachofras. Lave-as em água corrente, escorra-as bem e cozinhe.

Usam-se depois de cozidas em água fervente com vinagre e sal.

Estão no ponto quando se puxa uma folha e esta se destaca facilmente.

Alface

Seja lisa ou crespa, escolha alfaces com folhas frescas e bem fechadas no centro do pé.

Para limpá-la, separe as folhas e lave uma por uma cuidadosamente. Deixe as folhas secarem no escorredor de legumes por 5 minutos.

Use em saladas, sopas e refogados.

Conserve a alface em um saco plástico, na geladeira, por no máximo 5 dias.

Alho

Prefira alhos de cabeça ou dentes perfeitos e casca lisa. Faça uma ligeira pressão para verificar se não estão murchos dentro da casca.

Descasque-os, lave-os e depois os seque num pano de copa.

Guarde-os, com a própria casca, em lugar seco.

Use como tempero de peixes, aves, carnes, molhos etc.

Alho-poró

Limpe o alho-poró lavando-lhe bem a ponta branca e as folhas.

Depois de escorrido e seco, pode ser conservado na geladeira por 3 dias.

Use, de preferência, só a parte branca como tempero de vinhas d'alho e marinadas. Também é um bom recheio para *quiches* e tortas.

As folhas podem ser aproveitadas para enriquecer um caldo que pode ser usado em ensopados de carnes, aves ou legumes.

ALMEIRÃO

Compre almeirões de folhas bem verdes e firmes.

Limpe-o, eliminando as folhas imperfeitas.

Lave bem o almeirão em água corrente e escorra-o bem.

Guarde-o em uma caixa ou saco plástico, na geladeira, por 3 dias.

Use o almeirão em saladas ou frito ao alho e óleo.

ASPARGO

Escolha aspargos com as hastes firmes e tenras.

Lave-os bem em água corrente.

Escorra-os e deixe-os secar numa peneira ou no escorredor de legumes.

Pode-se guardá-los em um saco plástico, na geladeira, por até 4 dias.

Usam-se os aspargos somente depois de cozidos. Entram no preparo de sopas, saladas de legumes, pratos ao molho branco etc.

BATATA-DOCE

Escolha batatas-doces de casca perfeita e que não sejam de tamanho grande. As médias podem ser cozidas inteiras, com casca e em menos tempo.

Pode-se guardá-las, em lugar seco e arejado, por até 15 dias.

A batata-doce assada no forno ou frita fica mais gostosa e macia quando previamente cozida. Não deixe ficar mole.

BATATA-INGLESA

Escolha batatas de casca lisa e perfeita. Rejeite as de cor esverdeada ou que estiverem germinando, pois são prejudiciais à saúde.

Pode-se guardá-las, em lugar arejado e seco, por 15 ou 20 dias.

Quando cozinhar batatas descascadas, aproveite a água para fazer sopas, pois parte dos nutrientes das batatas ficam nessa água.

Berinjela

Escolha sempre berinjelas de textura firme e de cor roxa uniforme e lustrosa.

Corte-as de acordo com as receitas.

Depois de lavadas e secas, podem ser guardadas com a própria casca, na geladeira, por uma semana.

Use a berinjela em patês, antepastos, assada no forno etc.

Beterraba

Escolha beterrabas de cor vermelho-vinho bem concentrado e de tamanho médio, de casca lisa e sem rachaduras, com folhas brilhantes.

Limpe a beterraba, deixando 3 cm de talo. Não corte a parte terminal, para evitar que ela perca líquido durante o cozimento. Lave bem e escorra.

As beterrabas podem ser guardadas, depois de secas, em um saco plástico, na geladeira, por até 4 dias.

Use a beterraba crua cortada fininho ou ralada em saladas. Empregue-a também, misturada com frutas, em vitaminas.

Ao cozinhar a beterraba, é importante eliminar o característico gosto de terra.

Brócolis

Escolha brócolis de folhas e flores bem verdes e caules tenros.

Limpe os brócolis, eliminando-lhes os caules rijos, assim como as folhas e flores amareladas ou imperfeitas.

Guarde-os bem lavados e bem escorridos em um saco plástico, na geladeira, por 2 dias.

Aproveite as folhas e os talos rijos para sopas.

Broto de Bambu

Escolha brotos de bambu tenros e com raiz clara.

Limpe, retirando as folhas. Corte-os em pedaços, eliminando a parte rija. Podem ser cozidos e posteriormente incluídos nas receitas.

Guarde os brotos de bambu na geladeira, em um saco plástico, por 2 ou 3 dias.

Use em ensopados e em pratos orientais.

Cará

Na hora da compra, escolha o cará que tenha a casca marrom e que não apresente marcas de bolor.

Limpe o cará descascando-o. Lave-o e pique-o de acordo com a receita.

Guarde-o, tal como se compra, em lugar arejado e seco.

Usa-se, como a batata, em sopas, ensopados e outros pratos.

Cebola

Escolha cebolas consistentes, com cascas brilhantes e bem secas. Rejeite as com manchas escuras. Guarde-as em lugar seco e arejado.

Para descascar cebolas sem chorar, deixe-as de molho em água durante 10 minutos.

Descasque-as e corte-as de acordo com o prato que vai preparar.

Use a cebola em sopas e temperos de todos os tipos.

Cenoura

Escolha cenouras lisas, firmes, sem irregularidades e de cor uniforme.

Limpe-as, raspando-as com a faca e lavando-as bem. Corte-as de acordo com a receita.

Guarde-as depois de lavadas e escorridas, sem as descascar.

Deixe-as na gaveta de legumes da geladeira por 1 a 2 semanas.

Chicória

A chicória também é conhecida como escarola.

Compre chicórias de folhas bem verdes e talos claros. Rejeite as que tiverem folhas amareladas.

Limpe-as, cortando-lhes um pouco do talo da base.

Lave as folhas depois de escolhidas, uma por uma, em água corrente.

A chicória pode ser guardada, depois de escorrida e seca, em um saco plástico, na geladeira, por até 4 dias.

Use-a crua, em saladas, e cozida, em sopas. Refogada, acompanha outros pratos. Pode ainda ser empregada como recheio de torta salgada.

Chuchu

Escolha chuchus bem verdes e tenros.

Descasque-os, corte-os ao meio e retire as sementes que ficam em sua parte central interna.

Lave-os bem e corte-os de acordo com o prato que vai preparar.

Conserve-os na geladeira, depois de lavados e secos, mas sem descascá-los, por até 2 semanas.

Use o chuchu cozido, refogado, ao molho branco, em suflês etc.

Cogumelo

Na hora da compra, escolha cogumelos de aparência perfeita e bem claros.

Guarde-os sem lavar, em um saco plástico, na geladeira, de um dia para o outro. São muito perecíveis.

Lave-os em água corrente.

Se tiver dúvida quanto à procedência dos cogumelos, lave-os e os deixe numa tigela com água, depois mergulhe nela uma colher de prata. Deixe por meia hora: se a prata oxidar, é sinal de que algum cogumelo é venenoso. Então, jogue fora.

Quando usar cogumelos em conserva, deixe-os de molho em água filtrada durante meia hora antes de preparar a receita. Procedendo desse modo, você terá eliminado parte dos agentes químicos empregados na conserva do produto.

Couve

Escolha couves de folhas bem verdes, frescas e sem manchas. Folhas amareladas indicam que a couve está velha. Lave-a e escorra bem. Guarde-a na geladeira, em um saco plástico, por 3 dias.

Para que a couve fique bem verde quando cozida, jogue-a em água fervente e cozinhe-a com a panela destampada. Pressione de vez em quando com a escumadeira para mergulhá-la na água. Tempere-a com sal. O cozimento se fará em mais ou menos 7 minutos.

Couve-de-bruxelas

Escolha couves-de-bruxelas de cor verde-clara e de folhas perfeitas.

Limpe-as, retirando-lhes alguma folha externa e lavando-as em água corrente. Escorra-as bem. Guarde-as sem lavar, em um saco plástico, na geladeira, por 2 dias.

Use-as cozidas como saladas ou com carnes assadas.

Couve-flor

Escolha uma couve-flor que tenha as folhas externas em bom estado, talos firmes e uniformes e flores sem intervalo.

Limpe-a retirando as folhas e separando os galhos.

Lave-os bem e escorra-os. Conserva-se a couve-flor em um saco plástico, na geladeira, por uma semana. A couve-flor deve ser cozida em água fervente, com a panela tampada.

Aproveite as folhas verdes para sopas e legumes.

Endívia

As endívias são da família das chicórias. Escolha as bem firmes e de coloração verde-clara. Separe as folhas e lave-as em água corrente. Utilize-as em saladas ou refogadas, como acompanhamento.

Erva-doce

Na hora da compra, escolha ervas-doces de talos bem firmes e de cor verde-clara.

Limpe a erva-doce, separando talo por talo. Retire as fibras com uma faca bem afiada.

Lave bem e corte de acordo com o prato que vai servir.

Guarde a erva-doce por 4 dias na geladeira.

Use como aperitivo ou em salada.

Ervilhas

Escolha as de vagens, tenras e de cor verde-clara.

As ervilhas de grão devem ser cheias e firmes.

Limpe as vagens, retirando as fibras das extremidades superiores e inferiores.

Lave-as bem e escorra-as.

Descasque as ervilhas em grão. Lave-as e escorra-as.

Guarde as ervilhas de vagens ou em grão em um saco plástico, na geladeira, por até 3 ou 4 dias.

As ervilhas de vagens podem ser usadas cozidas ou ensopadas. As ervilhas em grão são usadas cozidas, em saladas, risotos, cuscuz, omeletes e guarnições de pratos de peixe, aves e carnes etc.

Espinafre

Dê preferência ao espinafre de folhas frescas, verde-escuras, firmes, limpas e sem marcas de bichos.

Limpe o espinafre retirando-lhe as folhas dos talos mais grossos. Lave-as bem, escorra-as e depois deixe de molho em água, numa vasilha, durante meia hora. As folhas do espinafre devem ser lavadas uma por uma, com escovinha. Somente desse modo você as deixará bem limpas.

Guarde o espinafre em um saco plástico, na geladeira, por 2 dias.

É utilizado em sopas, em omeletes, como recheio de *pizzas* e no preparo de massas. É comum utilizarmos o caldo do cozimento das hortaliças, mas a água resultante do cozimento do espinafre não é benéfica ao organismo, devendo ser eliminada.

Cozinhe o espinafre com pouca água e em panela tampada, porque esse legume libera bastante líquido e desmancha rapidamente.

O espinafre é empregado em sopas e omeletes. Pode também ser feito na manteiga, acompanhando filé de peixe, carne ou aves grelhadas.

Favas

Escolha favas de casca verde-clara e com grãos bem cheios.

Limpe-as descascando-as. Lave-as e escorra-as bem.

Conserve-as em um saco plástico, na geladeira, por até 3 dias.

Gengibre

Na hora da compra, escolha gengibres de casca perfeita e raiz de textura firme.

Limpe o gengibre descascando-o.

O gengibre pode ser guardado, tal como se compra, na gaveta de legumes da geladeira por um mês.

É usado no preparo do quentão, bebida típica das festas juninas. Utilize em molhos *chutney* e em pratos da culinária oriental.

O gengibre tem sabor forte, por isso deve ser usado em pequenas quantidades.

Inhame

Na hora da compra, escolha inhames de textura firme e de casca sem manchas.

Limpe-os descascando-os e lavando-os bem. Guarde, sem descascar, em lugar fresco e arejado.

O inhame é indicado para a alimentação infantil, pelo alto teor energético. Use em sopas e purês de legumes.

Jiló

Escolha jilós de textura firme, com casca lisa e esverdeada.

Limpe eliminando os caules. Lave-os e corte-os de acordo com a receita.

Mandioca

Na hora da compra, prefira a mandioca que tem polpa branca ou amarelada, uniforme, com casca que se solta com facilidade.

Limpe-a descascando. Lave-a e escorra.

Pode-se guardá-la sem a descascar, em um saco plástico, na geladeira, por 2 dias. Também pode ser guardada descascada e coberta com água, numa vasilha, por 5 ou 6 dias, na geladeira.

A mandioca é rija. Cozinhe-a na panela de pressão. Guarde-a, depois de cozida, em uma caixa plástica, na geladeira. Use-a cozida, frita, em bolinhos e até em calda de açúcar, como doce caseiro.

Mandioquinha ou Batata-baroa

Escolha mandioquinhas de cor amarela e casca uniforme.

Limpe-as descascando-as bem. Corte-as de acordo com o prato que vai preparar.

Guarde-as depois de lavadas e secas, mas sem descascá-las, na gaveta de legumes da geladeira.

A mandioquinha, por ser um alimento altamente energético e de boa consistência, seja nos purês, seja nas sopas, é aconselhada para a alimentação infantil.

Milho Verde

Prefira espigas de milho frescas, com folhas bem verdes. Se estiverem à venda sem casca, verifique se a ponta inferior é afilada e macia. Isso significa que estão em boas condições.

Limpe as espigas de milho retirando-lhes as folhas e os cabelos. Lave-as bem e escorra-as. Estão prontas para o uso.

Guarde as espigas sem desfolhá-las, em um saco plástico, na geladeira, por 2 dias apenas.

As espigas de milho verde podem ser servidas simples ou assadas na churrasqueira e servidas com manteiga.

Mostarda

Escolha mostardas com folhas escuras perfeitas e com talos firmes, mas tenros.

Limpe escolhendo folha por folha e lavando bem. Escorra e pique de acordo com a receita.

A mostarda pode ser guardada na geladeira, em um saco plástico, por 5 dias.

Use, bem picadinha, em saladas, cozida ou em sopas.

Moyashi

O *moyashi* é o broto do feijão.

Na hora da compra, escolha *moyashis* brancos ou muito claros.

Limpe-os retirando de cada um a sua própria raiz; a seguir, lave bem e escorra.

Guarde o *moyashi* em um saco plástico, na geladeira, por 1 ou 2 dias no máximo.

Use, ligeiramente afervantado, em saladas, ou refogado, acompanhando carnes.

Nabo

Prefira nabos de casca lisa e brilhante, e textura firme. As folhas devem ser verde-escuras e os talos, firmes.

Limpe a raiz do nabo descascando-a com faca. Lave-a bem e corte de acordo com a receita.

As folhas devem ser escolhidas uma a uma, perfeitas e sem marcas de bichos. Lave-as bem e escorra-as. Pique-as conforme o prato que vai preparar.

Guarde os nabos depois de lavados e secos, mas sem descascá-los, na gaveta de legumes da geladeira, por até 10 dias.

Use os nabos cozidos. Em sopas pode-se usar a raiz e as folhas picadinhas.

Verduras, Legumes e Batatas

Palmito

Existem dois tipos de palmito: o doce e o amargo. O amargo é mais largo que o doce e, geralmente, é comprado em vidros de conserva.

Escolha palmitos tenros.

Para prepará-los, corte-os em pedaços de 10 cm com faca de aço inox. Retire a casca exterior, que é dura, mas deixe uma das camadas grossas que envolvem a parte macia. Lave o palmito em água misturada com suco de limão. Cozinhe-o em água fervente com o suco de um limão e sal.

O palmito precisa de cuidados especiais para não oxidar. A panela precisa ser de inox ou refratária. Quando o palmito estiver macio, retire a camada grossa que ficou para protegê-lo e deixe-o esfriar na água da cozedura. Coloque o palmito e essa água num vidro e leve-o à geladeira. Conserve-o desse modo por uma semana.

Empregue o palmito em saladas, omeletes, recheios de torta, salgadinhos e guarnições de pratos.

Pepino

Escolha pepinos de textura firme, com casca bem verde e lisa.

Limpe-os e lave-os bem. Se quiser, descasque-os ou deixe-lhes um pouco só de casca, como se ficassem listrados.

O pepino deve ser servido com casca, porque é nela que se concentram as substâncias que facilitam a sua digestão.

Guarde os pepinos, depois de lavados e secos, na gaveta de legumes da geladeira, por até 10 dias.

Use em saladas e picles.

Pimentão

Escolha pimentões vermelhos, por serem maduros, ou verdes, com forma regular e textura firme. Rejeite os que apresentarem partes moles.

Limpe o pimentão depois de lavado, cortando-o em 4 e retirando-lhe as sementes.

Para recheá-lo, retire as sementes e as fibras pela extremidade do caule.

Guarde-o, depois de lavado e seco, na gaveta de legumes da geladeira, por até 10 dias.

Use-o cru ou em molhos e algumas saladas. Use-o também assado em antepastos e ensopados. O sabor do prato será muito melhor do que se usar pimentão cru.

Quiabo

Na hora da compra, escolha os quiabos mais tenros, cheios e firmes, com cor verde-clara.

Limpe eliminando-lhes os cabos e lavando-os em água corrente da torneira.

Guarde-os em um saco plástico, na geladeira, por até 4 dias.

Na hora de cozinhá-los, coloque um pouco de suco de limão ou vinagre na água, para evitar que se desprenda sua goma viscosa.

Rabanete

Escolha rabanetes de casca lisa, firmes, sem rachaduras e sem manchas.

Limpe retirando as folhas e lavando-os bem.

Empregue-os em saladas, descascados e cortados em rodelas, ou, com a própria casca, cortada em forma de pétalas, como enfeite de travessas ou pratos frios e saladas.

Guarde os rabanetes limpos, mas com 2 cm de caule, lavados e secos, em um saco plástico, na geladeira, por até uma semana.

Os rabanetes guardados com as folhas conservam-se na geladeira por menos tempo.

Repolho

Claro ou roxo, escolha sempre o mais pesado e firme. A parte central externa (cabo) deve ser firme e clara. Quando escura, indica que o repolho está velho.

Limpe eliminando as folhas externas; depois de picado, lave-o bem e escorra.

O repolho pode ser guardado inteiro, em um saco plástico, na geladeira, por 1 ou 2 semanas. Quando não for utilizado totalmente, comece por cortar as folhas na parte superior, evitando cortá-lo ao meio, o que faz com que se estrague mais depressa.

O repolho deve ser branqueado antes de ser utilizado.

Para branqueá-lo, ferva a água, acrescente o repolho e deixe ferver por 3 minutos. Elimine a água e o repolho estará pronto para ser utilizado em qualquer prato.

SALSÃO

Escolha salsões de folhas verde-claras e talos brancos, mas tenros.

Limpe destacando as folhas dos talos. Limpe as folhas, escolhendo as perfeitas; lave-as em água corrente e escorra-as bem. Limpe também os talos, lavando-os um por um. Escorra-os. Dê um talho na parte externa do talo e, com a mesma faca, puxe os fios, eliminando-os.

Use as folhas do salsão em sopas e caldos, neste último caso para enriquecer o sabor de outros pratos. Os talos são usados em saladas, maioneses, salpicões de legumes etc.

Guarde o salsão lavado e bem escorrido, em um saco plástico, na geladeira, por até 3 dias.

TOMATE

Para saladas, prefira tomates rijos, firmes e maduros. Para sucos, molhos, sopas, refogados etc., escolha os mais maduros e vermelhos, sem marcas.

Limpe o tomate lavando-o bem e secando-o com um pano.

Retire a pele do tomate mergulhando-o por 3 minutos em água fervente.

Para as nossas receitas, o "tomate limpo" é o sem pele nem sementes.

O tomate pode ser guardado, depois de lavado e seco, em saco plástico ou na gaveta de legumes da geladeira por uma semana.

VAGEM

Escolha vagens verdes ou claras, de cor brilhante. Não devem ser moles nem escuras nas extremidades.

Limpe-as, lavando-as e pondo-as para escorrer. Remova-lhes os fios ao longo dos 2 lados com o auxílio de uma faca afiada. Dê um talho em cada extremidade da vagem e, num só movimento, puxe o fio.

Corte as vagens de acordo com o prato que vai preparar.

Guarde-as, depois de lavadas e secas, em um saco plástico, na geladeira, por uma semana.

Cozinhe as vagens em pouca água, porque esse vegetal libera bastante líquido enquanto cozinha.

Abóbora Refogada

- 1 kg de abóbora madura
- Sal
- 3 colheres (sopa) de óleo
- 2 dentes de alho socados
- 1 cebola picadinha
- Pimenta (opcional)
- Cheiro-verde picadinho

1. Descasque a abóbora, corte-a em pedacinhos e leve-os a refogar numa panela com o óleo, o sal, o alho socado e a cebola picadinha.

2. Depois de refogar um pouco, tampe a panela e deixe cozinhar em fogo brando.

3. Após o cozimento, acrescente pimenta (opcional), prove o sal, desligue o fogo e acrescente cheiro-verde picadinho.

Purê de Abóbora

- 1 kg de abóbora
- Sal
- 1 xícara (chá) de leite
- 2 colheres (sopa) de farinha de trigo
- 4 colheres (sopa) de manteiga ou margarina
- 1 ou 2 gemas

1. Descasque a abóbora, corte-a em pedacinhos e ponha-os para cozinhar em água fervente com um pouco de sal.

2. Feito o cozimento, passe a abóbora no espremedor de batatas.

3. Desmanche a farinha de trigo no leite frio.

4. Coloque o purê obtido numa panela com um pouco de manteiga (ou margarina) e o leite engrossado com a farinha. Tempere e deixe cozinhar por uns 15 minutos, mexendo bem.

5. Junte a gema ou as gemas e torne a mexer até que tudo fique bem ligado.

6. Retire do fogo e sirva.

Purê de Abóbora Cremoso

- 1 kg de abóbora cozida em água e sal
- 1 xícara (chá) de molho branco (pág. 463)
- 2 gemas
- 1 colher (sopa) de margarina
- Sal a gosto

1. Passe a abóbora cozida no espremedor. Coloque-a numa panela, adicione o molho branco e leve ao fogo, mexendo até formar um purê uniforme.

2. Retire do fogo e adicione as gemas e a margarina. Leve novamente ao fogo, mexendo até que obtenha consistência. Tempere com sal.

3. Sirva como acompanhamento de peixe ou carne de porco.

Verduras, Legumes e Batatas

Quibebe

- ⅓ de xícara (chá) de óleo
- 1 cebola média ralada
- 2 dentes de alho triturados
- 1 pimenta-verde amassada
- 1 kg de abóbora madura, limpa e picada
- 2 xícaras (chá) de caldo de carne *fervente* (pág. 227)
- 1 colher (café) de açúcar
- Sal

1 Ponha o óleo, a cebola e o alho numa caçarola e leve ao fogo até corar a cebola. Acrescente a pimenta, a abóbora, o caldo fervente e o açúcar.

2 Tampe a caçarola e deixe cozinhar em fogo médio por 20 minutos ou até a abóbora ficar macia. Pegue uma colher de pau e soque a abóbora, para desmanchá-la.

3 Prove o sal.

Observação: Você pode também usar abóbora cozida em água e sal, preparando depois um refogado feito com todos os outros temperos.

Nota: Esse é um prato regional brasileiro.

Abóbora com Picadinho

- ¼ de xícara (chá) de óleo
- 1 cebola grande picada
- 1 dente de alho picado
- 500 g de carne moída
- 6 tomates sem pele e sem sementes
- 2 colheres (sopa) de cheiro-verde
- Sal e pimenta-do-reino
- 500 g de abóbora em pedaços

1 Ponha o óleo, a cebola e o alho numa caçarola; leve ao fogo até que a cebola fique dourada.

2 Junte a carne e mexa até fritar.

3 Acrescente os tomates, o cheiro-verde, o sal e a pimenta-do-reino. Adicione ½ xícara de água, tampe parcialmente a caçarola e deixe cozinhar, em fogo brando, com o próprio vapor do picadinho, por cerca de 10 minutos.

4 Adicione os pedaços de abóbora e cozinhe em fogo baixo até estarem bem macios, se necessário adicionando mais um pouco de água.

5 Sirva com arroz.

Abóbora Simples

- 500 g de abóbora sem casca
- ½ colher (café) de sal
- 2 colheres (sopa) de manteiga
- 1 colher (sopa) cheia de salsa picada
- 1 pitada de pimenta-branca

1   Corte a abóbora em cubos e afervente-a em água com sal.

2   Para o molho, coloque todos os ingredientes numa caçarola e leve-os ao fogo, em banho-maria. Quando a manteiga começar a derreter, mexa constantemente, para que o molho fique espesso.

3   Escorra a abóbora e coloque-a em uma travessa. Regue com o molho.

Abobrinhas à Doré

- 2 abobrinhas médias cortadas em rodelas
- ½ litro de água
- 1 colher (café) de sal
- Farinha de trigo o quanto baste
- 2 ovos ligeiramente batidos
- 1 xícara (chá) de óleo

1   Coloque no fogo a água e, quando ferver, coloque nela as abobrinhas e tempere-as com o sal, deixando-as ferver por 3 minutos.

2   Escorra e deixe esfriar.

3   Passe-as na farinha de trigo e nos ovos batidos e, a seguir, frite-as dos 2 lados no óleo quente.

4   Depois de fritas, escorra as abobrinhas e coloque-as sobre papel absorvente.

5   Sirva acompanhando peixe, arroz e feijão ou carne.

Abobrinha Frita

- 2 abobrinhas
- 2 xícaras (chá) de água
- 1 colher (sopa) de sal
- 1 xícara (chá) de óleo
- Farinha de trigo o quanto baste
- Queijo parmesão ralado

1   Corte as abobrinhas em rodelas regulares, deixe-as de molho em água e sal por uns 10 minutos e ponha-as para escorrer.

2   Frite-as no óleo quente ou, se preferir, passe-as primeiro em farinha de trigo e depois frite.

3   Sirva-as quentes, polvilhadas com queijo parmesão ralado.

Verduras, Legumes e Batatas

Abobrinha com Cogumelos

- *300 g de cogumelos variados*
- *2 colheres (sopa) de manteiga*
- *¼ de xícara (chá) de vinho branco seco*
- *60 g de queijo gorgonzola*
- *Sal e pimenta-do-reino*
- *4 abobrinhas italianas*
- *1 e ½ xícara (chá) de creme de leite*
- *200 g de queijo provolone ralado*
- *4 gemas*
- *Noz-moscada*

1   Utilize cogumelos tipo *shitake*, Paris ou outros. Fatie-os finamente e reserve.

2   Coloque 1 colher (sopa) de manteiga em uma frigideira e acrescente as lâminas de cogumelos. Refogue até estarem macios, regue com o vinho branco e reduza à metade, abaixe o fogo e coloque o queijo gorgonzola cortado em pedaços pequenos. Misture bem até que o queijo se desmanche, tempere com o sal e a pimenta-do-reino e reserve.

3   Corte as abobrinhas ao meio no sentido do comprimento. Com uma colher, retire as sementes e um pouco da polpa, fazendo canoinhas. Coloque em abundante água fervente e ferva por 5 minutos. Escorra e reserve.

4   Coloque em uma panela a manteiga restante com o creme de leite, leve para ferver, acrescente o provolone ralado e misture bem. Bata as gemas levemente, retire a mistura de creme de leite do fogo e acrescente as gemas, misturando rapidamente. Volte com a panela ao fogo baixo e mexa por um minuto. Reserve.

5   Coloque as metades de abobrinhas em um refratário, recheie com os cogumelos refogados e cubra com o creme de provolone. Salpique com noz-moscada e leve ao forno para gratinar levemente.

Abobrinha com Ovos

- *2 abobrinhas italianas*
- *2 colheres (sopa) de manteiga ou margarina*
- *1 cebola pequena picada*
- *4 ovos*
- *Sal e pimenta-do-reino*

1   Lave as abobrinhas. Corte-as em cubos de 1 cm.

2   Aqueça a manteiga em uma frigideira grande e adicione a cebola; refogue e acrescente as abobrinhas. Refogue em fogo baixo para que fiquem macias.

3   Bata ligeiramente os ovos e adicione ao refogado, misturando bem até que os ovos fiquem cozidos.

4   Tempere com sal e pimenta-do-reino.

Verduras, Legumes e Batatas

Abobrinha Recheada

- 6 abobrinhas italianas
- 2 tomates sem pele e sem sementes
- 200 g de carne moída
- 1 cebola pequena picada
- 1 dente de alho picado
- 3 colheres (sopa) de óleo
- 1 colher (chá) de salsa picada
- 10 azeitonas sem caroço picadas
- 2 ovos cozidos picados
- Sal e pimenta-do-reino
- Fatias de bacon

1 Coloque em uma panela 6 xícaras (chá) de água com 2 colheres (sopa) de sal. Leve para ferver e adicione as abobrinhas já lavadas. Cozinhe por 15 minutos, retire as abobrinhas e deixe que esfriem. Pique os tomates.

2 Prepare um refogado com a carne moída, a cebola, o alho, os tomates picados e o óleo. Depois de pronto, junte a salsa picada, retire do fogo e misture as azeitonas e os ovos cozidos. Acerte o ponto do sal e da pimenta-do-reino.

3 Corte as abobrinhas ao meio no sentido do comprimento, e com a ajuda de uma colher retire um pouco da polpa de cada metade. Reserve as metades e adicione a polpa retirada ao refogado de carne.

4 Encha as metades com o refogado de carne.

5 Cubra cada metade com uma fatia de *bacon* e arrume em uma assadeira.

6 Leve ao forno preaquecido até que o *bacon* esteja crocante (cerca de 20 minutos).

7 Sirva com arroz branco e purê de batata.

Purê de Abobrinha

- 4 abobrinhas
- 1 colher (sopa) de manteiga ou margarina
- 1 xícara (chá) de leite
- 1 colher (sopa) de farinha de trigo
- 1 ou 2 gemas
- Sal a gosto

1 Raspe a casca das abobrinhas, corte-as em pedaços regulares e cozinhe-as em água e sal.

2 Após o cozimento, passe-as no espremedor de batatas e coloque o purê obtido numa panela, juntando a manteiga ou margarina e o leite engrossado com a farinha de trigo.

3 Misture e deixe cozinhar por uns 15 minutos, mexendo sempre.

4 Junte a gema ou as gemas e torne a mexer, até que tudo fique bem ligado.

5 Retire do fogo, tempere com um pouco de sal e sirva.

VERDURAS, LEGUMES E BATATAS

Acelga à Milanesa

- 1 pé de acelga limpo
- 1 litro de água e 1 colher (chá) de sal
- 1 xícara (chá) de farinha de trigo
- 3 ovos ligeiramente batidos
- 1 xícara (chá) de farinha de rosca
- 1 e ½ xícara (chá) de óleo
- 1 colher (sopa) de queijo ralado

1 Separe os talos das folhas da acelga; corte-os ao meio no sentido do comprimento e, a seguir, em pedaços de 6 cm, reservando as folhas para, depois, refogá-las ou fazer sopa.

2 Leve ao fogo a água e, quando ferver, junte os talos de acelga, tempere com o sal e ferva por cerca de 3 minutos.

3 Escorra a água e deixe a acelga esfriar.

4 Depois de frios, passe um por um dos talos na farinha de trigo, nos ovos batidos e na farinha de rosca.

5 Leve o óleo ao fogo e, quando estiver quente, frite os talos de acelga dos dois lados. Escorra o excesso de óleo e coloque-os sobre papel absorvente.

6 Arrume os talos fritos e escorridos numa travessa e polvilhe sobre eles o queijo.

7 Sirva como acompanhamento para peixes fritos ou bifes.

Acelga Gratinada

- 1 pé de acelga
- ½ maço pequeno de cheiro-verde amarrado
- 1 colher (chá) de vinagre
- Sal
- ¼ de xícara (chá) de manteiga ou margarina
- ½ xícara (chá) de queijo parmesão ralado
- Farinha de rosca

1 Cozinhe as folhas de acelga em água temperada de sal com cheiro-verde e uma colher (chá) de vinagre.

2 Depois de cozidas, deixe-as escorrer bem e arrume-as, num prato refratário, do seguinte modo: sobre um pouco de manteiga ou margarina derretida, ponha as folhas, despeje manteiga ou margarina e polvilhe queijo ralado, e assim por diante, até serem aproveitadas todas as folhas, em camadas sucessivas e alternadas de acelga, manteiga e queijo ralado.

3 Para completar, ponha uma camada de queijo e, sobre esta, outra de farinha de rosca.

4 Leve ao forno até corar.

Verduras, Legumes e Batatas

Acelga com Molho Branco

- *1 pé de acelga*
- *Sal*
- *1 colher (sopa) de suco de limão*
- *2 xícaras (chá) de* molho branco *(pág. 463)*
- *2 colheres (sopa) de queijo ralado*

1 Com a ajuda de uma faca pequena, retire os talos (parte branca) da acelga, cozinhando-os em água fervente com um pouco de sal. A parte verde das folhas pode ser reservada para o preparo de saladas.

2 Assim que os talos estiverem cozidos e macios, escorra e arrume em um refratário, regando com o suco de limão.

3 Cubra com o molho branco e salpique com o queijo ralado.

4 Leve ao forno para dourar.

5 Sirva como acompanhamento de carnes e aves.

Alcachofra Cozida I

- *4 alcachofras graúdas*
- *4 xícaras (chá) de água*
- *¼ de xícara (chá) de vinagre*
- *Sal*

1 Corte os pés e as folhas de baixo das alcachofras, que são fibrosas; apare todas as pontinhas das outras folhas e lave-as bem. Coloque de molho na água com vinagre para não ficarem escuras.

2 Bem lavadas as folhas, cozinhe-as em abundante água fervente com sal até que fiquem moles, o que se sabe puxando por uma das folhas: se ela se soltar facilmente, retire as outras do fogo e ponha-as para escorrer.

3 Sirva-as quentes ou frias, com as seguintes opções: maionese cremosa, manteiga derretida ou ainda com molho de azeite, sal e vinagre.

4 Sirva os molhos à parte.

Alcachofra Cozida II

- 4 alcachofras grandes cozidas em água e sal
- 4 colheres (sopa) de azeite
- 2 colheres (sopa) de suco de limão
- 2 colheres (sopa) de água filtrada
- ½ colher (café) de sal
- 3 gotas de molho de pimenta

1 Arrume as alcachofras no prato em que vai servi-las.

2 Misture todos os outros ingredientes na molheira e mexa bem.

3 Sirva as alcachofras acompanhadas do molho.

Observação: Para comer as alcachofras, solte as folhas uma de cada vez, mergulhe-as no molho e mastigue a parte polpuda.

Alcachofra na Manteiga

- 6 alcachofras de tamanho médio limpas e cozidas
- 2 colheres (sopa) de manteiga ou margarina
- 1 colher (sopa) de farinha de rosca
- 1 colher (sopa) de salsa picada
- 1 colher (chá) de suco de limão
- ½ colher (café) de sal
- 1 pitada de pimenta-branca
- ½ xícara (café) de vinho branco seco
- Batatas cozidas ou purê de batata

1 Retire todas as folhas das alcachofras cozidas; lave rapidamente os fundos, que são a parte aproveitável, e corte-os em 4.

2 Leve metade da manteiga ao fogo e, quando estiver derretida, junte as alcachofras, tampe a panela e deixe cozinhar em fogo lento por 10 minutos ou até ficarem macias.

3 Arrume as alcachofras na travessa em que vai servi-las, mas conserve-as quentes.

4 Leve ao fogo, numa frigideira, a manteiga que sobrou. Quando estiver derretida, polvilhe a farinha de rosca, mexa e, seguidamente, adicione os ingredientes restantes, menos as batatas cozidas (ou o purê de batata).

5 Depois que levantar fervura, espalhe o molho obtido sobre as alcachofras preparadas.

6 Sirva acompanhadas das batatas cozidas ou do purê de batata.

Verduras, Legumes e Batatas

Alcachofra Recheada

- 4 alcachofras limpas e cozidas
- 3 colheres (sopa) de óleo
- 1 cebola média socada
- 1 dente de alho socado
- 1 xícara (chá) de carne bovina moída
- 1 xícara (chá) de tomate limpo e picado
- ½ xícara (chá) de caldo de carne (pág. 227)
- ½ xícara (chá) de presunto picado
- 2 colheres (sopa) de cheiro-verde picado
- 1 colher (chá) de sal
- ½ colher (café) de pimenta-do-reino
- 2 colheres (sopa) de queijo ralado

1 Reserve as alcachofras.

2 Faça o recheio: leve ao fogo o óleo, a cebola e o alho numa caçarola; refogue a carne, juntando o tomate e o caldo; adicione o presunto, o cheiro-verde, o sal e a pimenta e refogue um pouco mais. Retire do fogo e deixe esfriar.

3 Recheie as alcachofras usando uma colher (chá) e coloque-as num prato refratário untado com margarina.

4 Polvilhe o queijo sobre as alcachofras e leve-as ao forno quente por 10 minutos.

5 Sirva com arroz branco.

Aspargos à Maître-d'hôtel

- 1 lata de aspargos ou aspargos frescos cozidos
- 4 colheres (sopa) de manteiga ou margarina
- Queijo parmesão ralado

1 Escorra os aspargos e arrume-os num prato refratário.

2 Regue-os com manteiga derretida e polvilhe com bastante queijo parmesão ralado.

3 Leve ao forno quente para dourar o queijo.

4 Sirva quente.

Aspargos Especiais

- 1 lata de aspargos ou aspargos frescos cozidos
- 3 colheres (sopa) de margarina
- 2 ovos cozidos amassados
- 2 colheres (sopa) de farinha de rosca
- 1 colher (sopa) de salsa picada

1 Abra a lata de aspargos, elimine a água e coloque-os numa tigela; cubra com água filtrada. Reserve. Leve a margarina ao fogo numa frigideira e deixe-a dourar. Junte os ovos cozidos amassados com garfo ou passados por peneira grossa. Polvilhe a farinha de rosca e a salsa. Mexa bem e reserve.

2 Escorra os aspargos na peneira. Espalhe o molho quente sobre eles. Sirva imediatamente.

Batata Assada

- Batatas
- Azeite
- Sal
- Manteiga

1 Lave bem as batatas, sem tirar a casca. Fure-as com um garfo, unte com o azeite, polvilhe com o sal e leve ao forno quente em uma assadeira pequena.

2 Depois de assadas (você pode confirmar espetando um palito), coloque-as em uma travessa e leve à mesa.

3 Sirva com manteiga à parte.

Batata Gratinada

- 1 cebola graúda
- 50 g de bacon
- 500 g de batatas descascadas
- Sal e pimenta-do-reino
- 1 xícara (chá) de creme de leite fresco

1 Pique grosseiramente a cebola. Corte o *bacon* em pequenos cubos e doure em uma frigideira, adicione a cebola e refogue por 2 minutos. Reserve. Descasque as batatas e rale no lado grosso do ralador. Coloque as batatas e o *bacon* em um recipiente e tempere com o sal e a pimenta-do-reino. Misture bem.

2 Coloque a mistura em um refratário e regue com o creme de leite. Leve ao forno por cerca de 40 minutos para dourar. Sirva como guarnição para carnes.

Verduras, Legumes e Batatas

Batatas Chips

- 3 batatas médias
- Água e sal
- 2 xícaras (chá) de óleo
- 1 colher (café) de sal

1 Descasque as batatas, lave-as e corte-as em fatias bem finas, preferencialmente com um fatiador para legumes.

2 Mergulhe as fatias de batata em água e sal durante 10 minutos. Escorra e seque-as bem com um pano.

3 Frite-as em óleo muito quente e, a seguir, ponha-as para escorrer.

4 Tempere com sal.

Batata Cozida e Frita

- 1 kg de batatas pequenas
- Água e sal para o cozimento
- Óleo para fritura
- Sal

1 Cozinhe as batatas, com as cascas, em água com sal.

2 Descasque cuidadosamente as batatas cozidas e frite-as em óleo bem quente, até ficarem todas bem douradas.

3 Polvilhe com sal e sirva como acompanhamento para bifes, assados, peixes ou aves.

Batata Ensopada

- 6 batatas graúdas descascadas
- 2 colheres (sopa) de óleo
- 1 cebola picada
- 1 colher (chá) de sal com alho
- 8 tomates sem pele e sem sementes
- Pimenta-do-reino
- 2 colheres (sopa) de cheiro-verde
- 1 folha de louro

1 Corte as batatas em pedaços grandes.

2 Leve ao fogo uma panela com óleo, cebola batidinha e sal com alho. Deixe refogar um pouco. Pique os tomates e junte ao refogado. Cozinhe por 5 minutos e adicione as batatas, uma pitada de pimenta-do-reino, o cheiro-verde e um pedacinho de folha de louro. Refogue mais um pouco e junte água em quantidade suficiente para que as batatas cozinhem.

3 Amolecidas as batatas, amasse com um garfo uns 2 pedaços, para engrossar o molho.

4 Complete o prato juntando algumas salsichas, ou pedaços de linguiça, ou fatias de presunto, ou ainda fatias de mortadela ou salame.

BATATA FRANCESA

- *3 batatas médias*
- *2 xícaras (chá) de óleo*
- *1 colher (café) de sal*

1 Descasque as batatas, lave-as e corte-as em palitos finos com cerca de 5 cm de comprimento.

2 Lave-as de novo em água, seque-as num pano e frite-as em óleo quente, mexendo cuidadosamente de vez em quando.

3 Assim que estiverem douradas, retire-as e escorra-as.

4 Tempere-as com sal.

BATATA FRITA

- *3 batatas médias*
- *2 xícaras (chá) de óleo*
- *1 colher (café) de sal*

1 Descasque e lave as batatas e seque-as num pano. Corte as batatas em cubos ou palitos grossos.

2 Leve ao fogo o óleo e, quando estiver quente, coloque um pouco das batatas, espalhando-as bem na frigideira e mexendo-as cuidadosamente de vez em quando. Assim que estiverem douradas, retire-as do óleo com a escumadeira e coloque-as sobre papel absorvente. Repita até terminarem as batatas.

3 Polvilhe com o sal e sirva imediatamente.

BATATA PALHA

- *3 batatas médias*
- *2 xícaras (chá) de óleo*
- *Sal*

1 Descasque as batatas, lave-as e corte-as bem fininho com um cortador próprio ou um ralador grosso. Lave bem em água corrente. Coloque em um pano limpo e seque bem.

2 Frite aos poucos em óleo quente, mexendo cuidadosamente.

3 Quando estiverem com cor de palha, retire-as e escorra-as sobre papel absorvente.

4 Tempere com sal somente na hora de servir.

Batata Portuguesa

- 3 batatas médias
- 2 xícaras (chá) de óleo
- 1 colher (café) de sal

1. Descasque as batatas, lave-as e corte-as em palitos grossos de aproximadamente 7 cm de comprimento por 1 cm de espessura.

2. Lave-as de novo em água, seque-as com um pano e frite-as em óleo quente, mexendo de vez em quando.

3. Assim que estiverem douradas, retire-as e escorra-as.

4. Depois de escorridas, tempere-as com sal.

Batata com Queijo

- 12 batatas
- 4 colheres (sopa) de manteiga ou margarina
- ¼ de xícara (chá) de queijo ralado
- Sal e pimenta-do-reino

1. Descasque, lave e cozinhe as batatas em água com sal; escorra-as e passe-as pelo espremedor.

2. Unte com manteiga ou margarina um prato refratário; arrume nele uma camada da massa de batatas, polvilhando com o queijo, porções de manteiga ou margarina e uma pitada de pimenta; nova camada de batata, queijo, manteiga ou margarina e pimenta, e assim sucessivamente, até usar toda a massa de batata.

3. Termine com queijo umedecido com manteiga ou margarina derretida e leve o prato ao forno quente.

4. Quando adquirir uma cor dourada, retire do fogo e sirva.

Batatas Sauté

- *500 g de batatas*
- *3 colheres (sopa) de manteiga*
- *Sal e pimenta-do-reino*
- *1 colher (sopa) de salsinha picada*

1 Cozinhe as batatas com casca em água fervente. Cuide para que não fiquem moles demais. Escorra as batatas e espere esfriar um pouco.

2 Descasque-as e corte-as em fatias de 1 cm. Aqueça bem a manteiga em uma frigideira, acrescente as batatas e deixe que dourem levemente.

3 Tempere com o sal e a pimenta-do-reino e salpique salsinha. Sirva bem quente.

Bolinho de Batata

- *12 batatas médias*
- *2 colheres (sopa) de parmesão ralado*
- *1 colher (sopa) de salsa picada*
- *1 colher (sopa) de cebolinha picada*
- *1 ovo*
- *½ xícara (chá) de leite*
- *Sal*
- *Farinha de trigo*
- *Óleo*

1 Descasque, lave e cozinhe as batatas em água fervente com um pouco de sal.

2 Escorra e passe as batatas no espremedor. Coloque em uma tigela.

3 Adicione o queijo ralado, a salsa e a cebolinha, o ovo e o leite. Salpique um pouco de sal. Misture e adicione farinha de trigo suficiente para que a massa não fique muito mole. Misture bem.

4 Aqueça o óleo em uma panela e frite a massa de batatas às colheradas, virando-as para que dourem por igual.

5 Escorra os bolinhos com uma escumadeira e coloque em papel absorvente. Sirva quente.

Bolinho de Batata Recheado

- Massa do bolinho de batata (pág. 293)
- Recheios a gosto, como espinafre com manteiga, picadinho, refogado de camarões, carne-seca desfiada e outros

1 Enfarinhe bem a palma das mãos, pegue porções da massa, aperte-as, ponha no meio um pouco do recheio escolhido e enrole-os.

2 Quando todos os bolinhos estiverem prontos, passe-os na farinha de trigo e frite-os, dos dois lados, em óleo bem quente, até corarem.

3 Escorra-os numa peneira e sirva-os sobre folhas de alface, enfeitados com galhinhos de salsa.

Bolo de Batatas ao Forno

- 12 batatas
- 1 colher (sopa) de manteiga ou margarina
- 1 ovo inteiro
- 2 colheres (sopa) de queijo ralado
- 1 pitada de pimenta-do-reino
- Salsa picadinha
- Cebola batidinha
- Farinha de trigo
- Sal e pimenta-do-reino

1 Descasque, lave e cozinhe as batatas em água e sal.

2 Escorra-as, passe-as no espremedor e coloque a massa em uma vasilha funda.

3 Junte a manteiga, o ovo inteiro, o queijo ralado, o sal, a pimenta e um pouco de salsa picadinha e cebola batidinha, misturando tudo muito bem.

4 Adicione farinha de trigo (o suficiente para que a massa não fique mole) e torne a misturar bem.

5 Arrume a massa obtida num prato refratário, pincele sobre eles a gema levemente batida e leve ao forno quente.

6 Assim que adquirir uma coloração dourada, retire o bolo do forno e sirva-o quente.

Verduras, Legumes e Batatas

Bolo de Batatas Recheado

- Massa do bolo de batatas ao forno *(pág. 294)*
- 1 ovo
- Recheios a gosto, como espinafre com manteiga, picadinho, refogado de camarões, carne-seca desfiada e outros

1 Forre um prato refratário com metade da massa, coloque por cima o recheio escolhido, cubra-o com a outra metade da massa e trace sobre ela alguns arabescos, usando para isso uma faca ou o cabo de uma colher.

2 Espalhe por cima dos enfeites um ovo bem misturado e leve o bolo ao forno quente.

3 Quando adquirir uma bonita cor dourada, retire e sirva.

Casadinhos de Batata

- 12 batatas médias
- Gemas
- 1 colher (sopa) de manteiga
- 200 g de camarões
- 2 colheres (sopa) de óleo
- 2 colheres (sopa) de cebola batidinha
- 3 tomates picados sem pele e sem sementes
- Pimenta (opcional)
- Cheiro-verde picadinho
- Farinha de trigo
- Sal

1 Descasque as batatas, cozinhe-as em água e sal, passe-as no espremedor e junte à massa uma gema de ovo e a manteiga. Misture muito bem e reserve.

2 Faça um refogado de camarões com óleo, cebola batidinha e tomate. Parta os camarões em pedaços, junte pimenta (se gostar), cheiro-verde picadinho e um pouquinho de água. Abafe para que cozinhem.

3 Quando o refogado estiver quase seco, retire-o do fogo e deixe esfriar.

4 Faça bolinhas com a massa de batatas e achate cada uma delas com a palma das mãos. Ponha numa bolinha o recheio e cubra com outra.

5 Depois de todos os casadinhos prontos, pinte-os com gema de ovo e leve-os ao forno quente em tabuleiro polvilhado com farinha de trigo.

CROQUETES DE BATATA

- *12 batatas*
- *1 colher (sopa) de manteiga ou margarina*
- *2 gemas*
- *2 colheres (sopa) de queijo ralado*
- *Sal*
- *Farinha de trigo*
- *2 ovos batidos*
- *Farinha de rosca*
- *Óleo para fritar*

1 Descasque, lave e cozinhe as batatas em água com sal.

2 Escorra-as e passe-as no espremedor, colocando a massa numa vasilha funda.

3 Junte a manteiga ou margarina, as gemas ovo e o queijo ralado, misturando tudo muito bem. Acerte o ponto do sal.

4 Faça com a massa pequenos croquetes e passe cada um deles em farinha de trigo.

5 Depois de todos prontos, passe os croquetes nos ovos batidos e, a seguir, em farinha de rosca. Frite em óleo quente até ficarem dourados.

6 Escorra e coloque sobre papel absorvente.

7 Sirva quente como acompanhamento.

FRITADA ESPANHOLA DE BATATA

- *1 kg de batatas*
- *Pimenta-do-reino*
- *Sal*
- *½ xícara (chá) de azeite*
- *2 cebolas graúdas fatiadas finamente*
- *6 ovos*

1 Descasque as batatas e corte-as em fatias finas; tempere com sal e pimenta-do-reino. Aqueça ¼ de xícara (chá) do azeite em uma frigideira antiaderente, coloque as batatas e deixe em fogo médio até que estejam douradas e crocantes.

2 Em outra frigideira, doure lentamente as cebolas em 3 colheres (sopa) de azeite. Tempere com sal e pimenta-do-reino e reserve.

3 Em uma tigela, bata os ovos e tempere com sal e pimenta-do-reino. Acrescente as cebolas reservadas. Escorra as batatas com uma escumadeira e misture-as delicadamente aos ovos.

4 Limpe a frigideira antiaderente e acrescente 3 colheres (sopa) de azeite. Junte a mistura de batatas e coloque em fogo baixo para dourar a parte inferior (cerca de 10 minutos). Deslize a fritada sobre um prato maior do que a frigideira, cubra com esta e vire como se fosse uma omelete. Deixe dourar novamente por cerca de 5 minutos. Sirva morna como entrada ou com salada.

Rösti de Batata

- *60 g de bacon*
- *400 g de batata*
- *Sal e pimenta-do-reino*
- *4 colheres (sopa) de cebola picada*
- *2 colheres (sopa) de manteiga*

1 Corte o *bacon* em cubos.

2 Coloque água para ferver e escalde por 3 minutos as batatas com a casca. Escorra e deixe as batatas esfriarem completamente.

3 Descasque as batatas e rale-as utilizando o lado grosso do ralador. Coloque em uma tigela e tempere com um pouco de sal e pimenta-do-reino.

4 Coloque os cubos de *bacon* em uma frigideira de 20 cm a 22 cm. Leve ao fogo para dourar. Adicione a cebola e refogue até que fique macia. Retire da frigideira com uma escumadeira e adicione às batatas raladas. Misture bem.

5 Elimine a gordura do *bacon* que se formou na frigideira. Coloque novamente a frigideira no fogo e adicione metade da manteiga. Aqueça bem e coloque na frigideira a mistura de batatas.

6 Com a ajuda de uma espátula, dê às batatas a forma de uma panqueca grossa. Salpique com sal. Doure o lado de baixo. Coloque um prato sobre a frigideira e inverta o *Rösti*. Deslize novamente para a frigideira para dourar o outro lado. Coloque a manteiga restante na borda da frigideira para que derreta e ajude a dourar o lado de baixo.

7 Quando os dois lados estiverem dourados, deslize o *Rösti* para um prato e sirva.

Purê de Batata

- 600 g de batatas
- 2 colheres (sopa) de manteiga ou margarina
- ¼ de xícara (chá) de leite
- Sal

1 Descasque, lave e cozinhe as batatas inteiras em água com sal.

2 Escorra e passe-as no espremedor.

3 Ponha a massa obtida numa panela fora do fogo e adicione a manteiga e leite suficiente para obter uma mistura cremosa.

4 Misture tudo muito bem, bata um pouco e, então, leve a panela ao fogo por alguns minutos, mexendo sempre, para que o purê não pegue no fundo.

5 Depois de pronto, torne a bater mais um pouco.

6 Sirva quente, com bifes, picadinho, espinafre com manteiga ou qualquer ensopado. Pode-se também arrumá-lo em pirâmide no meio de um prato, circundando-o com costeletas ou salsichas com molho.

Nota: Pode-se adicionar ao purê uma pitada de noz-moscada ralada ou de pimenta-do-reino-branca.

Batata-doce Frita I

- 500 g de batatas-doces
- Óleo
- Sal

1 Afervente as batatas com casca, tendo o cuidado de não deixar cozinhar demais.

2 Retire-as da água, deixe que esfriem, descasque-as, corte-as em rodelas grossas e frite-as em (não muito) óleo bem quente.

3 Quando adquirirem uma cor dourada, coloque em uma peneira e polvilhe com sal.

4 Sirva como guarnição de bifes, assados, costeletas etc.

Batata-doce Frita II

- ½ kg de batatas-doces
- Sal
- Óleo para fritura

1 Descasque as batatas debaixo de água corrente, corte-as em rodelas grossas e deixe-as de molho em água com sal.

2 Pouco antes de servir, frite-as em bastante óleo bem quente, numa panela funda.

3 Assim que estiverem bem douradas, coloque-as em uma peneira e escorra-as bem.

4 Sirva como guarnição de bifes, assados, costeletas etc.

Purê de Batata-doce

- 600 g de batata-doce
- 2 colheres (sopa) de manteiga ou margarina
- ¼ de xícara (chá) de leite
- ¼ de colher (chá) de essência de baunilha (opcional)
- Sal

1 Descasque, lave e cozinhe as batatas inteiras em água com sal.

2 Escorra-as e passe-as pelo espremedor.

3 Ponha a massa obtida numa panela fora do fogo e adicione manteiga e leite suficiente para obter uma mistura cremosa.

4 Misture tudo muito bem, bata um pouco e então leve a panela ao fogo por alguns minutos, mexendo sempre, para que o purê não pegue no fundo.

5 Depois de pronto, torne a bater mais um pouco, adicionando a baunilha.

6 Sirva quente.

Torta de Batata

Massa:
- ½ kg de purê de batata (pág. 298)
- 1 tablete de caldo de galinha
- 1 xícara (chá) de leite
- ½ xícara (chá) de queijo ralado
- 2 colheres (sopa) de margarina
- Pimenta-do-reino (a gosto)
- 3 gemas

Recheio:
- 1 cebola batida
- 1 pimentão vermelho cortado fino
- 2 colheres (sopa) de óleo de milho
- 1 tablete de caldo de galinha
- 2 xícaras (chá) de sobras de frango
- Suco de 2 tomates ou ½ xícara (chá) de purê de tomates
- ½ colher (chá) de pimenta-do-reino
- Salsa batida (a gosto)
- 2 xícaras (chá) de leite
- 2 colheres (sopa) de maisena
- 1 xícara (chá) de pão picado e torrado
- 1 xícara (chá) de maionese

Cobertura:
- 3 claras em neve bem firmes
- ½ xícara (chá) de maionese

1 Para preparar a massa, faça um purê de batata de ½ kg. Dissolva o tablete de caldo de galinha no leite e misture o purê de batata, juntando o queijo ralado, a margarina e a pimenta-do-reino. Bata bem, amorne e adicione as gemas.

2 Prepare o recheio fritando a cebola e o pimentão no óleo de milho. Junte o tablete de caldo de galinha, a carne de frango, o suco ou o purê de tomates e a pimenta. Deixe ferver por 10 minutos. Adicione a salsa e a maisena diluída no leite, engrosse o refogado e retire. Deixe amornar e misture o pão e a maionese.

3 Unte uma fôrma refratária e coloque nela uma camada de massa.

4 Despeje o recheio e cubra com o resto da massa.

5 Faça a cobertura, batendo as claras em neve bem firmes e acrescentando delicadamente a ½ xícara de maionese.

6 Espalhe a cobertura sobre a torta e leve-a ao forno regular até ficar bem dourada.

Verduras, Legumes e Batatas

Berinjelas à Borgonhesa

- 4 berinjelas
- Água e sal
- 2 colheres (sopa) de manteiga
- ¼ de xícara (chá) de queijo ralado
- 3 ovos separados
- 1 e ½ xícara de molho branco (pág. 463)
- Sal

1 Descasque as berinjelas e corte-as no sentido do comprimento, em 3 fatias. Cozinhe em água fervente com sal. (Não deixe amolecer demais.)

2 Depois do cozimento, escorra as berinjelas e, num prato refratário, faça a seguinte arrumação: uma camada de berinjela, um pouco de manteiga passada com uma faca, queijo ralado polvilhado, outra camada de berinjela e assim por diante, até acabarem os ingredientes.

3 À parte, faça um molho branco e despeje por cima das berinjelas.

4 Separe as claras e bata-as em neve. Misture delicadamente às gemas, também levemente batidas. Despeje sobre o molho branco.

5 Leve ao forno quente para corar.

Berinjelas à Parmiggiana

- Óleo para fritura
- 3 berinjelas médias
- Farinha de trigo
- Sal
- 2 xícaras (chá) de molho de tomate (pág. 465)
- 3 colheres (sopa) de parmesão ralado

1 Aqueça o óleo em uma panela.

2 Corte as berinjelas em fatias de ½ cm. Passe as fatias em farinha de trigo e retire o excesso. Frite aos poucos no óleo quente. Escorra em papel absorvente. Salpique com um pouco de sal.

3 Coloque um pouco do molho de tomate no fundo de um refratário, cubra com fatias de berinjela frita e espalhe mais um pouco de molho, alternando até terminarem os ingredientes, finalizando com o molho. Salpique o parmesão e leve ao forno preaquecido para dourar o queijo.

Nota: Você pode cobrir a preparação com mozarela fatiada e levar ao forno para que derreta bem.

Berinjela com Ricota

- 2 berinjelas médias
- 1 xícara (chá) de farinha de trigo
- 1 xícara (chá) de óleo para fritura
- 1 colher (sopa) de margarina
- 1 cebola média picada
- 1 xícara (chá) de tomate limpo batido no liquidificador
- 1 folha de manjericão
- 1 xícara (chá) de ricota fresca triturada
- 1 colher (sopa) de queijo ralado
- Sal e pimenta-do-reino a gosto

1 Descasque as berinjelas, corte-as em fatias finas e deixe-as de molho numa tigela com água e sal durante 15 minutos, pressionando-as com uma escumadeira para mergulhá-las na água.

2 Depois dos 15 minutos, escorra a água e seque as fatias de berinjela num pano.

3 Passe as fatias, uma por uma, na farinha de trigo, frite-as no óleo quente e reserve-as.

4 À parte, leve a margarina e a cebola ao fogo numa panelinha, mexendo até que a cebola amoleça. Acrescente então o tomate, a folha de manjericão, uma pitada de sal e outra de pimenta-do-reino e deixe ferver em fogo brando, mexendo sempre para o mesmo lado para não quebrar a textura do molho. Quando levantar fervura, retire a folha de manjericão e reserve o molho obtido.

5 Numa fôrma refratária previamente untada com margarina, arrume uma camada de fatias de berinjela, outra bem fina de ricota, uma de molho de tomate e assim por diante, de modo que a última camada seja de ricota.

6 Polvilhe o queijo ralado e leve a fôrma ao forno quente por 10 minutos ou até derreter o queijo ralado.

7 Sirva com arroz branco.

Nota: 1. Se quiser, você pode substituir a ricota por ½ xícara (chá) de queijo ralado, polvilhando-o na mesma sequência em que é colocada a ricota. Terá, então, berinjela com queijo.

2. A ricota também pode ser substituída por mais molho de tomate. Nesse caso, dobre a quantidade do molho indicada na receita. Você terá, assim, berinjela com tomate.

VERDURAS, LEGUMES E BATATAS

BERINJELAS COM TOMATE E CEBOLA

- *3 berinjelas*
- *1 cebola grande cortada em rodelas*
- *3 tomates sem pele e sem sementes*
- *2 colheres (sopa) de manteiga ou margarina*
- *1 dente de alho*
- *Sal e pimenta-do-reino*
- *½ litro de leite*
- *2 xícaras (chá) de molho de tomate (pág. 465)*
- *Farinha de rosca*
- *1 colher (sopa) de maisena*
- *Queijo ralado*

1 Corte as berinjelas em rodelas, ferva-as rapidamente em água e sal (para que não amoleçam muito) e ponha-as para escorrer em uma peneira.

2 Corte a cebola em rodelas e também os tomates.

3 Ponha numa frigideira uma colher (sopa) de manteiga ou margarina, frite a cebola com o dente de alho esmagado e os tomates e acrescente o sal e a pimenta, deixando refogar bem.

4 Unte um prato refratário com manteiga ou margarina, polvilhe com a farinha de rosca e arrume aí uma camada de berinjela, uma de molho, outra de berinjela e assim até acabar, sendo a última de berinjela.

5 Para cobrir, faça um mingau frio com o leite, o sal e a maisena, despejando-o sobre as berinjelas.

6 Polvilhe, por fim, com queijo ralado e farinha de rosca, levando ao forno para tostar.

BERINJELAS À MINEIRA

- *2 berinjelas grandes*
- *4 dentes de alho*
- *½ kg de tomates sem pele e sem sementes*
- *¼ de xícara (chá) de azeite*
- *1 cebola picadinha*
- *Sal e pimenta-do-reino*
- *Queijo parmesão ralado*

1 Descasque as berinjelas e corte-as, em duas partes, pelo comprimento. A seguir, com a ponta de uma faca, faça alguns cortes no lado de fora de cada pedaço e introduza ½ dente de alho em cada corte.

2 Prepare um molho de tomate da seguinte maneira: corte os tomates em pedaços, deixe dourar, em azeite, a cebola picadinha e junte os tomates, o sal e a pimenta-do-reino. Mexendo de vez em quando, cozinhe durante 10 minutos.

3 Numa travessa refratária com duas colheres (sopa) de azeite, ponha as berinjelas e despeje o molho sobre elas.

4 Polvilhe com queijo parmesão ralado e deixe em forno regular durante cerca de 40 minutos.

Berinjelas Sauté

- 2 berinjelas grandes
- 8 colheres (sopa) de azeite
- 1 dente de alho esmagado
- 1 colher (sopa) de caldo granulado de carne

1   Lave bem as berinjelas e corte-as em pedaços pequenos retangulares. Enxugue-os com um pano.

2   Leve ao fogo uma panela de fundo largo com o azeite e, quando este estiver bem quente, jogue nela a berinjela, deixando-a dourar por aproximadamente 5 minutos.

3   Adicione o dente de alho e o caldo granulado de carne. Tampe a panela. Deixe no fogo por mais 5 minutos. Mexa os ingredientes cuidadosamente, dando algumas sacudide-las na panela.

Purê de Berinjela

- 2 berinjelas grandes descascadas
- 2 colheres (sopa) de manteiga
- 2 colheres (sopa) de queijo ralado
- 1 pitada de sal

1   Corte as berinjelas em pedaços e afervente em água e sal. Quando estiverem macias, ponha-as para escorrer.

2   Depois de escorridas, triture-as no processador ou amasse-as com o garfo até obter uma pasta.

3   Leve a pasta, a manteiga e o queijo ao fogo, mexendo sempre até que se transformem num purê consistente.

4   Verifique o sal. Sirva com peixe frito ou bifes.

Verduras, Legumes e Batatas

Torta de Berinjela

Massa:
- 3 ovos inteiros
- 1 e ½ xícara (chá) de leite
- ½ xícara (chá) de óleo
- ½ xícara (chá) de queijo ralado
- 2 xícaras (chá) de farinha de trigo
- 1 colher (sopa) de fermento em pó
- 1 colher (sopa) rasa de sal

Recheio:
- 1 berinjela descascada, cortada em tiras e afervantada
- 2 colheres (sopa) de cheiro-verde picado
- 2 ovos cozidos cortados em rodelas
- 5 tomates em rodelas
- 1 cebola batidinha
- 1 colher (sopa) de vinagre
- Sal e pimenta-do-reino
- Orégano
- Azeitonas sem caroço para decorar

1 Bata todos os ingredientes da massa no liquidificador.

2 Afervente a berinjela e escorra-a. Junte os outros ingredientes do recheio, menos os ovos, e tempere a seu gosto.

3 Unte uma assadeira, coloque nela metade da massa batida, sobreponha-lhe o recheio temperado, espalhe os ovos cozidos em rodelas por cima e coloque o resto da massa por cima de tudo.

4 Leve ao forno para assar.

Beterrabas à la Poulette

- 4 beterrabas médias
- 2 colheres (sopa) de manteiga ou margarina
- 1 colher (sopa) de farinha de trigo
- 1 xícara (chá) de caldo de legumes
- Sal
- 1 ou 2 gemas

1 Cozinhe as beterrabas, corte-as em rodelas e reserve-as.

2 Leve ao fogo a manteiga ou margarina e, quando estiver derretida, misture a farinha de trigo, desfazendo bem. Acrescente então um pouco do caldo temperado e deixe ferver até que o molho fique ligado.

3 Quando o molho estiver bem ligado, junte as rodelas de beterraba e deixe mais um pouco no fogo. Acerte o ponto do sal.

4 Na hora de servir, retire as rodelas, desfaça a gema ou as gemas no molho, torne a colocar as rodelas nele e retire tudo do fogo para levar à mesa.

BRÓCOLIS COZIDOS

- 1 ou 2 maços de brócolis
- 1 colher (sopa) de vinagre
- 4 xícaras (chá) de água
- 1 pitada de açúcar
- Sal a gosto
- Azeite
- Vinagre
- Cheiro-verde picadinho

1 Separe as folhas das flores, descasque os talos, lave e deixe de molho numa mistura de água com uma colher (sopa) de vinagre durante 10 minutos.

2 Cozinhe rapidamente em água com sal e uma pitada de açúcar.

3 Depois de cozidos, ponha-os para escorrer e tempere-os com azeite, sal, vinagre e cheiro-verde picadinho.

BRÓCOLIS À ROMANA

- 1 maço de brócolis
- 3 ou 4 colheres (sopa) de óleo
- 3 dentes de alho cortadinhos
- Sal e pimenta-do-reino
- 1 copo de vinho branco seco ou caldo de carne

1 Limpe bem os brócolis e separe as flores das folhas.

2 Ponha no fogo uma caçarola com as 3 ou 4 colheres de óleo e os 3 dentes de alho cortadinhos.

3 Quando o alho começar a mudar de cor, junte as folhas, misture-as, cozinhe por uns minutos e adicione então as flores (que cozinharão mais depressa), o sal e a pimenta-do--reino. Tampe e deixe cozinhar durante 10 minutos, mexendo de vez em quando.

4 Junte o vinho branco seco ou o caldo de carne, tampe e deixe cozinhar, vagarosamente, até os brócolis ficarem tenros.

5 Sirva quente, acompanhando carnes, frangos etc.

VERDURAS, LEGUMES E BATATAS

BROTO DE BAMBU COZIDO

- *2 brotos de bambu limpos*
- *3 litros de água*
- *1 colher (chá) de bicarbonato de sódio*
- *1 colher (sobremesa) de sal*

1 Leve ao fogo 1 e ½ litro de água e, quando ela ferver, junte os brotos de bambu. Acrescente o bicarbonato e deixe ferver bem até ficarem macios.

2 Retire do fogo, elimine a água e lave os brotos de bambu em água corrente. Reserve.

3 Leve mais 1 e ½ litro de água ao fogo e, quando levantar fervura, junte os brotos de bambu. Deixe-os cozinhar até ficarem mais macios ainda.

4 Tempere-os com o sal e deixe ferver um pouco mais. Desligue o fogo e deixe-os esfriar na própria água.

5 Coloque tudo isso numa vasilha com tampa e conserve na geladeira por até um mês. Está pronto para ser incluído em outros pratos.

Observação: O broto de bambu é muito usado pelos orientais e pode substituir o palmito em diversas receitas.

BROTO DE FEIJÃO REFOGADO

- *500 g de brotos de feijão limpos*
- *2 colheres (sopa) de óleo*
- *1 colher (sopa) de molho inglês*
- *1 pitada de pimenta-do-reino*
- *Sal a gosto*

1 Refogue os brotos de feijão no óleo, em fogo forte e mexendo sempre.

2 Adicione o molho inglês e a pimenta-do-reino.

3 Tampe a panela e deixe os brotos de feijão refogarem por mais 2 minutos, até que fiquem macios. Tempere com um pouco de sal.

4 Sirva acompanhando frango ou carnes.

Nota: Os brotos de feijão também são conhecidos como moyashi. *Para um toque oriental nessa receita, substitua o molho inglês por 2 colheres (sopa) de molho de soja (*shoyu*).*

Verduras, Legumes e Batatas

Cambuquira Refogada

- 1 maço de cambuquiras (brotos de aboboreira)
- 1 colher (sopa) de vinagre
- 3 colheres (sopa) de óleo
- 2 dentes de alho socados
- Cheiro-verde a gosto
- Sal e pimenta

1 Limpe bem as cambuquira, jogando fora os fios dos talos e as folhas maiores que estiverem duras.

2 Pique tudo bem miudinho e lave bem.

3 Deixe de molho por aproximadamente 5 minutos numa mistura de água com vinagre, para eliminar as impurezas.

4 Refogue no óleo, com alho espremido e cheiro-verde picado.

5 Depois de tudo bem refogado, abaixe o fogo e tampe a panela.

6 Tempere com sal e pimenta a gosto.

Caruru Refogado

- 1 maço de carurus
- 2 ou 3 dentes de alho
- 4 colheres (sopa) de óleo
- Cebolinha-verde e salsa picada
- Sal

1 Remova folha por folha dos talos do caruru, lave-as bem e leve-as para refogar numa panela com o óleo, o alho, a cebolinha-verde e a salsa picada.

2 Tampe a panela e deixe cozinhar por 10 a 15 minutos. Se nesse tempo secar um pouco, pingue água quente.

3 Tempere com sal e sirva.

Cebolas ao Forno

- 12 cebolas pequenas
- 1 colher (chá) de açúcar
- ½ colher (chá) de sal
- ½ litro de água fervente
- 3 colheres (sopa) de manteiga ou margarina derretida
- ¾ de xícara (chá) de farinha de rosca

1 Coloque as cebolas em uma tigela. Adicione o açúcar e o sal e despeje a água fervente. Deixe a água amornar e escorra as cebolas.

2 Coloque as cebolas numa fôrma refratária untada com margarina e polvilhada com farinha de rosca. Regue-as com a margarina e polvilhe-as com farinha de rosca.

3 Leve ao forno quente por cerca de 20 minutos ou até que as cebolas fiquem douradas.

4 Sirva acompanhando filés de peixe e fatias de carne assada, especialmente lagarto.

Verduras, Legumes e Batatas

Cebolas Recheadas à Maître-d'hôtel

- 6 cebolas médias descascadas
- ½ litro de água com 1 pitada de sal
- 1 peito de frango limpo e picado
- 1 dente de alho triturado
- 1 colher (sopa) de suco de limão
- 1 pitada de pimenta-do-reino branca
- 1 colher (chá) de sal
- 3 colheres (sopa) de óleo
- ½ xícara (chá) de suco de tomate
- ½ xícara (chá) de caldo de galinha
- 2 fatias de pão de fôrma amolecidas em água
- 1 colher (chá) de salsa picada
- 1 colher (sopa) de queijo ralado
- 1 colher (sopa) de farinha de rosca
- 1 colher (sopa) de margarina derretida

1 Corte a extremidade das cebolas e reserve-as.

2 Leve a água e o sal ao fogo numa panela. Assim que ferver, coloque as cebolas.

3 Afervente-as durante 5 minutos, tempere-as com sal e, quando estiverem macias, escorra.

4 Retire o miolo de cada cebola e arrume as partes a serem recheadas em uma fôrma refratária previamente untada com margarina, deixando-as de reserva.

5 Enquanto isso, o peito de frango já deve estar temperado com o alho, o suco de limão, a pimenta e o sal.

6 Leve o óleo ao fogo numa caçarola até esquentá-lo bem. Frite o peito de frango temperado, acrescentando-lhe o suco de tomate e o caldo de galinha. Tampe a caçarola e deixe cozinhar em fogo brando até a carne ficar macia e secar o molho. Retire-o então do fogo e deixe esfriar um pouco.

7 Triture o frango com os temperos em que foi cozido e as fatias de pão amolecidas na água. Acrescente a salsa picada e misture.

8 Leve o recheio ao fogo, mexa até ficar consistente, retire do fogo e espere que fique morno.

9 Recheie as cebolas e polvilhe-as com o queijo e a farinha de rosca. Regue-as com a margarina derretida e leve-as ao forno quente por 15 minutos para gratinar.

10 Sirva com arroz branco.

Nota: A parte interna das cebolas pode ser aproveitada para sopas, molhos ou para acompanhar legumes cozidos.

Cebolas Recheadas com Picadinho

- 8 cebolas graúdas
- ¼ de xícara (chá) de óleo
- 1 cebola média picada
- 1 dente de alho picado
- 500 g de carne bovina moída
- 1 xícara (chá) de tomate picado
- 1 pitada de pimenta-do-reino
- 1 e ½ (chá) xícara de molho de tomate (pág. 465)
- 4 colheres (sopa) de queijo ralado
- 4 colheres (sopa) de farinha de rosca
- 2 colheres (sopa) de manteiga ou margarina
- Sal

1 Para o recheio, coloque o óleo, a cebola e o alho numa caçarola e leve ao fogo até que a cebola fique dourada.

2 Junte a carne e mexa até fritá-la.

3 Acrescente os tomates bem picados, tampe a caçarola e deixe cozinhar, em fogo brando, com o próprio vapor do picadinho.

4 Se necessário, acrescente um pouquinho de água.

5 Cozinhe as cebolas em água e sal, sem deixar que fiquem muito moles.

6 Escorra-as, faça uma cavidade no centro de cada uma e recheie com o picadinho de carne.

7 Arrume as cebolas recheadas num prato refratário, regue-as com o molho de tomate, polvilhe-as com o queijo ralado, depois com a farinha de rosca e, por último, entorne sobre elas um pouco de manteiga ou margarina derretida.

8 Leve para corar em forno quente.

Nota: Você pode variar o recheio a seu gosto, empregando, por exemplo, um picadinho de camarão ou espinafre picado e passado na manteiga (margarina).

Cenoura com Molho Branco

- 6 cenouras
- 1 xícara (chá) de molho branco (pág. 463)
- 1 colher (chá) de salsinha picada
- Sal

1 Lave as cenouras, raspe-as e corte-as em fatias não muito finas, no sentido do comprimento.

2 Leve-as para cozinhar em água com sal.

3 Escorra as cenouras e arrume em uma travessa. Regue com o molho branco e salpique com a salsinha.

4 Sirva como acompanhamento para peixes e carnes grelhadas.

VERDURAS, LEGUMES E BATATAS

CENOURA FRITA

- 6 cenouras médias
- Sal
- Óleo ou gordura
- Queijo ralado

1 Raspe as cenouras, corte-as em palitos como se fossem batatas fritas. Deixe-as de molho em água com sal por alguns minutos.

2 Frite-as em óleo ou gordura bem quente.

3 Polvilhe-as quentes com queijo ralado e sirva-as.

CENOURAS GLACÉES

- 3 cenouras médias descascadas e cortadas em rodelas finas
- 1 colher (café) de sal
- ½ litro de água fervente
- 1 colher (sopa) de manteiga
- 1 colher (café) de açúcar

1 Cozinhe as cenouras na água fervente e, quando estiverem macias, tempere-as com sal.

2 Ferva por mais alguns minutos e então escorra a água do cozimento, que deve ter reduzido muito.

3 Coloque a manteiga numa caçarola e, quando derreter, acrescente as cenouras. Mexa cuidadosamente e adicione o açúcar. Tampe a panela e deixe cozinhar em fogo brando, sacudindo-a de vez em quando para as cenouras não pegarem no fundo. Em 5 minutos ficam prontas.

4 Sirva como acompanhamento de filé ou frango.

BOLINHAS DE CENOURA

- 5 cenouras médias descascadas e raladas bem fininho
- 2 colheres (sopa) de farinha de trigo
- 1 colher (café) rasa de sal
- 1 colher (sopa) de suco de limão
- 2 ovos ligeiramente batidos
- 1 xícara (chá) de farinha para enrolar os bolinhos
- 2 xícaras (chá) de óleo para fritar

1 Misture às cenouras raladas a farinha de trigo, o sal e o suco de limão. Mexa bem e deixe a massa descansar por 30 minutos.

2 Com 2 colheres, faça bolinhas do tamanho de uma noz, passe-as na farinha e nos ovos batidos e frite-as no óleo quente.

3 Retire as bolinhas do óleo e escorra sobre papel absorvente.

4 Sirva-as com salada de alface e legumes crus ou como acompanhamento de filés de peixe, frango ou carne assada.

Purê de Cenoura

- 600 g de cenouras
- 1 colher (sopa) de manteiga
- 1 gema
- ¼ de xícara (chá) de creme de leite ou leite integral
- Sal e pimenta-do-reino

1 Raspe as cenouras e corte-as em pedaços de 2 cm. Cozinhe-as em água levemente salgada. Quando estiverem bem macias, escorra e passe pelo espremedor de batata.

2 Coloque em uma panela, misture a gema ao creme de leite e acrescente ao purê de cenoura. Coloque a manteiga. Leve ao fogo e cozinhe novamente até obter uma consistência bem cremosa.

3 Acerte o tempero com o sal e a pimenta-do-reino.

Chicória (Escarola) à Maître-d'hôtel

- 1 maço de chicória (escarola)
- 1 colher (chá) de vinagre
- 1 colher (sopa) de manteiga ou margarina
- 2 colheres (sopa) de cebola batidinha
- 2 dentes de alho picados
- ½ xícara (chá) de leite
- 1 colher (chá) de farinha de trigo
- Sal e pimenta-do-reino

1 Elimine as folhas de fora, que são mais duras, lave as outras e ferva rapidamente em água com sal e uma colher (chá) de vinagre.

2 Escorra-as bem, pique as folhas com uma faca sobre a tábua de carne e coloque em uma panela.

3 Junte uma colher (sopa) de manteiga (ou margarina), a cebola batidinha, o alho, a ½ xícara (chá) de leite e a farinha de trigo. Misture bem e deixe cozinhar mais um pouco. Tempere com o sal e a pimenta-do-reino.

4 Sirva sobre fatias finas de pão torrado, enfeitando com pedacinhos de ovos cozidos.

Chicória (Escarola) Refogada

- 1 ou 2 pés de chicória (escarola)
- 1 colher (sopa) de óleo
- 2 colheres (sopa) de cebola picada
- 2 dentes de alho picados
- Sal

1 Lave as folhas e pique-as bem fininho com uma faca.

2 Coloque o óleo em uma panela, aqueça e adicione a cebola e o alho, deixando fritar um pouco.

3 Junte a chicória e refogue durante 2 ou 3 minutos – o tempo de cozinhar, sem tampar a panela.

4 Salpique com um pouco de sal. Sirva quente como acompanhamento.

Verduras, Legumes e Batatas

Chuchu Recheado com Camarões

- 4 chuchus grandes
- Sal a gosto
- ¼ de xícara (chá) de óleo
- 1 cebola picada
- 1 dente de alho picado
- 500 g de camarões pequenos picados
- 1 xícara (chá) de tomates sem pele picados
- 1 colher (sopa) de cheiro-verde picado
- 1 pitada de pimenta-do-reino
- 4 colheres (sopa) de farinha de rosca
- 2 colheres (sopa) de manteiga ou margarina derretida

1 Descasque os chuchus, afervente-os em água e sal, abra-os ao meio pelo comprimento e retire um pouco da polpa, deixando no centro de cada parte uma cavidade.

2 Para o recheio, coloque o óleo, a cebola e o alho numa caçarola e leve ao fogo até que a cebola fique dourada. Acrescente os camarões picados e refogue.

3 Acrescente os tomates e o cheiro-verde e cozinhe em fogo alto para secar o líquido. Acerte o ponto do sal e da pimenta-do-reino.

4 Encha cada cavidade com um pouco do recheio e coloque em uma assadeira.

5 Salpique cada chuchu com um pouco de farinha de rosca e regue com manteiga derretida. Leve ao forno para dourar.

Chuchu na Manteiga

- 4 chuchus
- 4 xícaras (chá) de água
- 2 colheres (sopa) de sal
- 60 g de manteiga derretida

1 Descasque os chuchus, tire a parte do centro e cozinhe-os em água com sal.

2 Escorra, corte em fatias grossas, regue com manteiga derretida e sirva.

Chuchu Refogado

- 2 ou 3 chuchus
- 2 colheres (sopa) de óleo
- ½ colher (chá) de sal com alho
- 1 cebola pequena picadinha
- 2 talos de cebolinha-verde
- 1 colher (sopa) de salsa picada
- Pimenta-do-reino

1   Descasque os chuchus em água fria, untando as mãos com um pouco de óleo, para não pegar a goma. Corte-os, ao comprido, em fatias, tirando os miolos.

2   Pique as fatias em cubos pequenos, lave-os e ponha-os para escorrer.

3   Leve-os para refogar numa panela com o óleo, o sal com alho e a cebola picadinha.

4   Tampe e cozinhe em fogo brando, a fim de que o chuchu cozinhe no vapor da panela.

5   Depois do cozimento, adicione a cebolinha e a salsa picada bem fino, acrescente a pimenta-do-reino e deixe mais um pouco no fogo para tomar o gosto dos cheiros-verdes. Acerte o ponto do sal e sirva.

Chuchu com Molho Branco

- 4 chuchus bem tenros
- 1 litro de água
- 1 colher (sopa) de sal
- 1 e ½ xícara (chá) de molho branco (pág. 463)

1   Descasque os chuchus, corte-os em rodelas e afervente-os na água com sal. Cozinhe até que estejam macios. Escorra.

2   Arrume em uma travessa e cubra com molho branco.

Cogumelo na Manteiga

- 300 g de champignons frescos
- 2 colheres (sopa) de manteiga
- 1 dente de alho
- 2 colheres (sopa) de vinho branco seco
- 1 colher (chá) de salsinha picada
- Sal e pimenta-do-reino

1   Corte os cogumelos em lâminas finas. Aqueça a manteiga em uma frigideira e adicione o dente de alho. Refogue em fogo baixo para que o alho comece a dourar.

2   Aumente a chama do fogão e adicione os cogumelos. Refogue até estarem macios. Regue com o vinho branco e deixe evaporar. Salpique com a salsinha, o sal e a pimenta-do-reino.

Nota: Pode-se preparar da mesma maneira cogumelos tipo shitake ou shimeji.

Cogumelos à Provençal

- 2 colheres (sopa) de azeite
- 100 g de bacon *fatiado*
- 3 dentes de alho picados
- 1 xícara (chá) de suco de tomate
- 250 g de cogumelos limpos
- ¼ de xícara (chá) de vinho branco seco
- ½ xícara (chá) de água
- 1 pepino em conserva picado
- 4 anchovas em conserva picadas
- 1 colher (sopa) de salsinha picada
- 1 colher (café) de sal
- ½ colher (café) de pimenta-do-reino

1 Leve ao fogo o azeite, o *bacon* e o alho, fritando-os ligeiramente.

2 Acrescente todos os ingredientes na ordem indicada, tampe a panela e deixe cozinhar em fogo médio por 15 minutos ou até reduzir o molho.

3 Sirva com arroz branco ou com carne grelhada ou assada.

Couve Rasgada com Angu

- 1 maço de couve-manteiga
- 2 colheres (sopa) de óleo
- 4 dentes de alho picados
- 2 talos de cebolinha-verde
- Angu de fubá *(pág. 379)*

1 Lave as folhas de couve uma por uma, rasgue-as com as mãos entre os veios e torne a lavá-las.

2 Coloque numa panela a colher de óleo, o alho e a cebolinha-verde picada finamente, deixando esquentar.

3 Quando estiver quente, refogue a couve durante uns 5 minutos, sem tampar a panela, mexendo de vez em quando.

4 Sirva com angu de fubá.

COUVE À MINEIRA

- 1 maço de couve-manteiga
- ½ litro de água fervente
- 2 colheres (sopa) de óleo
- 1 cebola pequena picada
- 1 dente de alho triturado
- 1 pitada de pimenta-do-reino
- Sal a gosto

1 Lave bem e retire os talos da parte central da couve. Coloque as folhas umas sobre as outras, enrole-as e fatie o mais fino possível.

2 Escalde a couve com água fervente por 2 minutos (ver nota). Escorra numa peneira, apertando bem, para sair toda a água.

3 Leve o óleo, a cebola e o alho ao fogo, mexendo até fritá-los. Acrescente a couve, o sal e a pimenta. Refogue por 3 minutos.

4 Sirva quente.

Nota: Não é necessário escaldar a couve. Se não escaldada, terá maior valor nutritivo, e o sabor será mais forte. Tradicionalmente, a couve à mineira acompanha a feijoada ou o lombo à mineira, mas pode ser servida com diversas receitas.

COUVE-TRONCHUDA

- 1 maço de couve-tronchuda
- Água e sal para o cozimento
- 1 colher (chá) de vinagre
- 1 xícara (chá) de molho de tomate *(pág. 465)*

1 Limpe a couve, tirando as folhas velhas e separando as novas dos talos.

2 Lave bem as folhas novas e as leve para cozinhar em água com sal e uma colher (chá) de vinagre.

3 Escorra e sirva com o molho de tomate.

Couve-flor à Milanesa

- 1 couve-flor
- 2 ovos
- 1 xícara (chá) de farinha de trigo
- Óleo para fritura
- 1 pitada de sal
- Vinagre

1 Limpe e lave bem a couve-flor em água corrente. Coloque de molho em água com vinagre por 15 minutos.

2 Corte separando os buquezinhos e afervente-os em água levemente salgada, de modo que não fiquem moles demais. Escorra e deixe amornar.

3 Separe os ovos e bata as claras em neve. Em uma tigela, bata as gemas com um garfo e adicione uma pitada de sal. Misture delicadamente as claras em neve às gemas. Reserve.

4 Passe-os um por um em farinha de trigo e depois nos ovos batidos.

5 Frite os buquezinhos em óleo quente sem deixar que escureçam. Escorra em papel absorvente. Se necessário, salpique com um pouco de sal.

Couve-flor ao Creme

- 1 couve-flor média cozida em água com sal
- 2 colheres (sopa) de maisena
- 3 xícaras (chá) de leite
- 2 gemas
- 1 colher (café) de sal
- 1 colher (chá) de margarina
- 1 colher (sopa) de queijo ralado

1 Separe a couve-flor em buquês, coloque-os numa fôrma refratária untada de margarina e reserve.

2 Dissolva a maisena no leite, juntando as gemas, o sal e a margarina. Leve ao fogo e mexa. Deixe ferver o creme por um minuto.

3 Despeje o creme sobre a couve-flor e polvilhe o queijo ralado.

4 Leve ao forno quente por 15 minutos para gratinar.

Couve-flor com Molho Branco

- 1 couve-flor
- 6 xícaras (chá) de água
- 2 colheres (sopa) de sal
- 1 colher (sopa) de vinagre
- 1 xícara (chá) de molho branco (pág. 463)
- Vinagre

1 Limpe e lave a couve-flor. Coloque de molho em água com vinagre por 15 minutos.

2 Coloque a água para ferver e adicione o sal e o vinagre. Junte a couve-flor inteira ou partida em buquezinhos.

3 Depois de cozida, arrume em uma travessa e sirva com molho branco.

Couve-flor com Molho de Manteiga

- 1 couve-flor
- 3 colheres (sopa) de manteiga
- ½ colher (café) de sal
- 1 pitada de pimenta-do-reino
- 1 colher (sopa) cheia de salsa picada

1 Limpe e lave bem a couve-flor. Coloque de molho por 30 minutos em água com um pouco de vinagre. Escorra.

2 Leve-a, inteira ou separada em buquezinhos, para cozinhar em água levemente salgada.

3 Coloque a manteiga em uma panela e leve ao fogo para derreter e aquecer bem. Adicione o sal, a pimenta-do-reino e a salsa picada. Misture bem e espalhe sobre a couve-flor.

Couve-flor Gratinada

- ½ xícara (chá) de queijo ralado
- 2 colheres (sopa) de farinha de rosca
- 1 colher (sopa) de margarina
- 1 couve-flor cozida e temperada com sal

1 Misture o queijo ralado com a farinha de rosca. Unte uma fôrma refratária com margarina e polvilhe-a com essa mistura.

2 Arrume os galhinhos de couve-flor de modo que cubram toda a fôrma. Coloque entre eles pedacinhos de margarina e polvilhe com um pouco de queijo até completar a forma.

3 Termine polvilhando o queijo e a farinha de rosca que sobraram.

4 Leve a fôrma ao forno quente por 15 minutos ou até a flor ficar gratinada.

5 Sirva acompanhando filés de peixe, bifes, frango e carne assada.

Couve-flor Gratinada com Creme

- 1 couve-flor
- Água e sal para o cozimento
- 2 colheres (sopa) de manteiga ou margarina
- 2 colheres (sopa) de farinha de trigo
- 2 xícaras (chá) de leite
- Sal, pimenta-do-reino e noz--moscada
- Farinha de rosca
- 2 colheres (sopa) de parmesão ralado

1 Divida a couve-flor em 4 partes e cozinhe rapidamente em água com sal. Corte em pedaços.

2 Coloque em uma panela a manteiga e a farinha de trigo. Leve ao fogo e mexa bem. Adicione o leite aos poucos, misturando para obter um creme liso. Cozinhe por 5 minutos em fogo baixo. Tempere o molho com o sal, a pimenta-do-reino e uma pitada de noz-moscada.

3 Unte um refratário com um pouco de manteiga ou margarina e salpique com farinha de rosca. Arrume os pedaços de couve-flor no refratário e cubra com o molho branco.

4 Ponha mais uns pedacinhos de manteiga ou margarina sobre a preparação. Polvilhe com farinha de rosca e parmesão. Leve ao forno quente durante cerca de 25 minutos.

Couve-flor Refogada

- 1 couve-flor
- 2 colheres (sopa) de óleo
- ½ colher (chá) de sal com alho
- 2 colheres (sopa) de cebola picada
- 2 tomates picados
- 1 colher (sopa) de cheiro-verde picado

1 Limpe e lave bem a couve-flor em água corrente.

2 Parta-a pelos buquezinhos e leve-os para refogar numa panela com o óleo, o sal com alho, a cebola picadinha e os tomates.

3 Junte algumas colheres de água e cheiro-verde e abafe para cozinhar.

Ervilhas Frescas em Grãos Refogadas

- 1 xícara (chá) de ervilhas verdes em grãos
- Água e sal para o cozimento
- 2 colheres (sopa) de manteiga ou margarina
- 1 colher (sopa) de cebola picada
- 1 pitada de açúcar
- Sal e pimenta-do-reino

1 Cozinhe as ervilhas em água com pouco sal em panela destampada. Escorra e reserve.

2 Leve ao fogo uma caçarola com uma colher (sopa) de manteiga ou margarina e a cebola picada. Salpique com o açúcar.

3 Acrescente as ervilhas e refogue por 3 a 4 minutos. Tempere com o sal e a pimenta-do-reino.

4 Sirva com carne assada, bifes ou frango.

Ervilhas Secas à Inglesa

- 1 xícara (chá) de ervilhas secas
- Água e sal para o cozimento
- 150 g de presunto fatiado
- 2 colheres (sopa) de manteiga ou margarina
- 1 cebola pequena bem picada
- 2 tomates sem pele e sem sementes picados
- 1 colher (sopa) de salsinha picada
- Sal

1 Lave as ervilhas em água corrente e coloque de molho em água fria por algumas horas.

2 Cozinhe as ervilhas em água com sal e escorra-as, deixando reservada a água em que foram cozidas.

3 Corte as fatias de presunto em tiras finas.

4 Em outra caçarola, refogue a cebola na manteiga ou margarina e adicione os tomates picados e as tiras de presunto.

5 Quando o presunto estiver bem refogado, junte as ervilhas, a salsinha e um pouco da água do cozimento. Acerte o ponto do sal.

6 Deixe ferver uns 10 minutos e sirva.

VERDURAS, LEGUMES E BATATAS

Purê de Ervilha Seca

- 200 g de ervilhas secas
- 1 litro de água
- 1 colher (chá) de sal
- 2 colheres (sopa) de margarina
- 1 pitada de noz-moscada

1 Deixe as ervilhas de molho no litro de água de um dia para o outro.

2 Coloque as ervilhas e a água em que demolharam numa panela e leve ao fogo.

3 Cozinhe as ervilhas até ficarem moles e depois as tempere com sal. Deixe-as ferver até se desmancharem. Apague o fogo.

4 Quando as ervilhas estiverem mornas, bata-as no liquidificador com a água do cozimento.

5 Coloque o purê na panela e leve ao fogo, cozinhando até secar o líquido. Acrescente a margarina e a noz-moscada e mexa até o purê engrossar.

6 Sirva morno ou frio, acompanhando salsichas ou frios.

Espinafre à Búlgara

- 1 maço de espinafres limpos e cozidos
- 2 colheres (sopa) de margarina ou manteiga
- 1 cebola média bem picada
- 2 colheres (sopa) de salsa picada
- 1 colher (sopa) de farinha de trigo
- 1 ovo ligeiramente batido
- 1 xícara (chá) de queijo prato cortado em cubos pequenos

1 Escorra bem o espinafre e reserve-o.

2 Leve a margarina e a cebola ao fogo numa caçarola. Quando a cebola estiver dourada, acrescente a salsa e o espinafre. Refogue durante 5 minutos.

3 Salpique a farinha sobre o refogado e mexa para dourá-la. Acrescente o ovo batido e o queijo, misturando bem. Aqueça bem, mas não deixe ferver.

4 Sirva acompanhado de arroz branco e carnes grelhadas.

Espinafre à Moda de Florença

- 1 maço de espinafre
- 2 colheres (sopa) de queijo ralado
- 2 colheres (sopa) de creme de leite
- 2 gemas de ovos cozidos
- ½ colher (chá) de suco de limão
- Fatias de pão torrado com manteiga ou margarina

1 Escolha as folhas e os brotos dos espinafres e leve-os ao fogo por uns 5 minutos em água fervente com sal.

2 Escorra e esprema com a ajuda de uma escumadeira, para que saia toda a água. Deixe esfriar.

3 Junte 2 colheres (sopa) de queijo ralado, 2 de creme de leite, as 2 gemas cozidas e algumas gotas de limão.

4 Misture tudo muito bem e distribua sobre as fatias de pão. Coloque em uma assadeira e leve ao forno preaquecido por 5 minutos.

Espinafre com Ovos

- 1 maço de espinafre
- 1 colher (sopa) de manteiga
- 1 colher (sopa) de farinha de trigo
- 1 xícara (chá) de leite
- 1 pitada de sal
- Suco de 1 limão
- 4 ovos cozidos cortados em rodelas

1 Limpe o espinafre, lave-o bem. Leve ao fogo em uma caçarola com ½ xícara (chá) de água e ½ colher (chá) de sal.

2 Ferva por 10 a 15 minutos, escorra, esprema bem e pique fino ou passe na máquina de moer carne.

3 Numa caçarola com a manteiga, junte a farinha, mexendo com uma colher de pau. Quando começar a mudar de cor, adicione o leite com a pitada de sal e, logo após, os espinafres.

4 Misture tudo no fogo durante 3 ou 4 minutos. Junte o suco de limão e sirva acompanhado com os ovos cozidos.

VERDURAS, LEGUMES E BATATAS

Espinafre em Forminhas

- 2 maços de espinafre
- 1 e ½ xícara de leite
- 2 colheres (sopa) de manteiga ou margarina
- 4 gemas
- ½ colher (sopa) de farinha de trigo
- 2 colheres (sopa) de queijo ralado
- 4 claras em neve
- Sal

1   Lave bem o espinafre e cozinhe em um pouco de água fervente.

2   Escorra e pique finamente. Em seguida, esprema até tirar toda a água.

3   Coloque em uma tigela e adicione 2 xícaras (chá) de leite e ½ colher (sopa) de manteiga ou margarina derretida. Misture e coloque as 4 gemas, ½ colher (sopa) de farinha de trigo, 2 de queijo ralado e 2 claras batidas em neve. Tempere com sal a gosto.

4   Misture e despeje em forminhas refratárias untadas com manteiga ou margarina.

5   Bata em neve as outras 2 claras e coloque um pouco em cada forminha com uma pitada de sal.

6   Leve ao forno quente.

Espinafre à Popeye

- 8 fatias de pão de fôrma
- 3 colheres (sopa) de manteiga ou margarina
- 3 ovos
- 1 e ½ xícara de leite
- Sal a gosto
- 2 colheres (sopa) de cebola picadinha
- 2 maços de espinafre (cozidos, espremidos e picados)
- 150 g de queijo prato picado

1   Tire a casca do pão de fôrma e besunte levemente as fatias com manteiga ou margarina.

2   Numa fôrma refratária, untada de manteiga ou margarina, cubra o fundo com 4 fatias de pão. Bata ligeiramente os ovos, junte o leite e uma pitada de sal. Misture tudo e ponha de 8 a 10 colheradas da mistura em cima do pão, no fundo da fôrma.

3   Na manteiga restante, doure a cebola e junte logo os espinafres. Refogue durante alguns minutos.

4   Deixe esfriar, junte o queijo, misture bem e ponha tudo na fôrma, por cima do pão, sem apertar.

5   Cubra com as demais fatias de pão.

6   Despeje o restante da mistura de leite e ovos na fôrma, deixe descansar por 15 minutos e ponha em forno médio por 30 minutos.

7   Sirva quente.

Favas em Azeite

- 2 xícaras (chá) de favas
- ¼ de xícara (chá) de azeite
- 1 cebola pequena picada
- 1 colher (sopa) de salsa picada
- Sal e pimenta-do-reino

1 Cozinhe as favas em água e sal.

2 Depois de escorrê-las bem, refogue-as no azeite com a cebola, a salsa, a pimenta-do-reino e o sal.

Nota: Este prato pode ser servido quente ou frio, como salada.

Favas na Manteiga

- 2 xícaras (chá) de favas frescas
- 1 maço pequeno de cheiro-verde amarrado
- 2 colheres (sopa) de manteiga ou margarina
- Sal e pimenta-do-reino

1 Cozinhe as favas em água fervente com um pouco de sal e cheiro-verde até ficarem bem macias, mas sem se desfazerem. Descarte o cheiro-verde.

2 Escorra-as em uma peneira e reserve.

3 Leve ao fogo numa caçarola e derreta nela a manteiga ou margarina.

4 Coloque as favas na caçarola, mexa devagar, junte o sal e a pimenta e sirva quente.

Favas à Moda de Sintra

- 1 e ½ xícara de favas de tamanho regular
- 1 colher (sopa) de manteiga ou margarina
- 1 colher (sopa) de farinha de trigo
- Sal e pimenta
- 1 cebola picada
- 1 colher (sopa) de salsa picada
- 1 gema

1 Escolha as favas e cozinhe-as em água fervente, sem tampar a caçarola, tendo o cuidado de deixá-las bem mergulhadas na água.

2 Passados uns 10 minutos, retire as favas do fogo, despejando-as num escorredor para que fiquem enxutas.

3 À parte, faça o seguinte molho: derreta numa caçarola a colher de manteiga ou margarina, junte a farinha de trigo, mexendo para que misture bem, acrescente um copo de água, o sal, a pimenta, a salsa e a cebola picada, deixe apurar um pouco e, em seguida, ligue com a gema.

4 Feito o molho, misture-o com as favas.

5 Retire do fogo e leve à mesa.

Verduras, Legumes e Batatas

Favas Guisadas com Paio

- 4 colheres (sopa) de óleo ou gordura de porco
- 1 cebola graúda
- Sal e pimenta-do-reino
- 1 colher (chá) de alecrim picado
- 1 paio
- 1 xícara (chá) de caldo de carne ou água
- 2 xícaras (chá) de favas cozidas

1 Refogue no óleo ou na gordura as rodelas de cebola, juntando o sal, a pimenta e o alecrim.

2 Retire a pele do paio e corte-o em finas fatias.

3 Quando o refogado estiver quase pronto, acrescente as fatias de paio e mexa tudo por alguns minutos.

4 Adicione o caldo de carne ou a água, deixe ferver e misture as favas. Cozinhe até que fiquem completamente apuradas e cozidas. Acerte o ponto do sal e sirva como acompanhamento ou com arroz branco.

Nota: As rodelas de paio podem ser substituídas por rodelas de linguiça calabresa ou de salsicha, ou ainda por presunto cortado em cubos.

Jiló à Milanesa

- 3 ovos ligeiramente batidos
- 1 colher (sobremesa) de orégano
- 1 colher (chá) de sal
- 1 pitada de pimenta-do-reino
- 10 jilós cortados em fatias
- 2 xícaras (chá) de farinha de rosca
- Óleo para fritura

1 Misture os ovos, o orégano, o sal, a pimenta e as fatias de jiló, deixando a mistura descansar por 30 minutos.

2 Passe as fatias de jiló na farinha de rosca, em seguida novamente nos ovos batidos e na farinha de rosca.

3 Aqueça bem o óleo e frite as fatias de jiló até ficarem douradas. Retire com uma escumadeira e coloque-as sobre papel absorvente.

4 Sirva como acompanhamento para bifes ou peixes fritos.

Lentilhas à Beiroa

- 1 xícara (chá) de lentilhas
- 2 colheres (sopa) de manteiga ou margarina
- 1 cebola cortada em rodelas finas
- 1 colher (sopa) rasa de farinha de trigo
- Sal e pimenta-do-reino

1 Deixe as lentilhas de molho em água fria por algumas horas e depois as escorra.

2 Leve-as para cozinhar e, após o cozimento, escorra-as de novo, deixando a água da cocção de reserva.

3 Numa frigideira, coloque as colheres de manteiga e junte as rodelas da cebola. Quando estas dourarem, acrescente a colher de farinha de trigo e mexa tudo até que tome cor.

4 Despeje as lentilhas na frigideira, mexa e vá adicionando uma boa parte da água de cocção reservada.

5 Tempere a gosto e sirva depois de uns 30 minutos de fogo.

Lentilhas com Tomates

- 1 xícara (chá) de lentilhas
- 6 tomates ou 2 colheres (sopa) de extrato de tomate
- 1 colher (sopa) de manteiga ou azeite
- 1 cebola cortada em rodelas
- Sal

1 Coloque as lentilhas em água fria e leve-as para cozinhar.

2 Retire a pele e as sementes dos tomates e pique-os finamente.

3 Depois de cozidas, ponha as lentilhas para escorrer até que fiquem bem enxutas.

4 Coloque numa caçarola a colher de manteiga e frite nela uma boa porção de rodelas de cebola.

5 Refogue as lentilhas, tempere-as com sal, acrescente os 5 ou 6 tomates cortados ao meio ou uma ou 2 colheres de sopa de extrato de tomate e deixe tudo cozinhar até que os tomates se desfaçam bem.

6 Sirva quente.

VERDURAS, LEGUMES E BATATAS

Mamão Verde Refogado

- 1 mamão verde
- 2 colheres (sopa) de gordura ou azeite
- 1 colher (chá) de sal com alho
- 1 cebola picada
- 2 tomates picados sem pele e sem sementes
- 2 colheres (sopa) de cheiro-verde picado
- 1 pitada de pimenta-do-reino
- 1 folha de louro
- Sal e pimenta-do-reino

1 Raspe um pouco da casca do mamão, parta-o ao meio, elimine as sementes, corte em cubos e deixe de molho por 30 minutos em água fria. Escorra bem.

2 Numa panela com gordura ou azeite, refogue o sal com o alho, a cebola picada e os tomates.

3 Junte o mamão, continue a refogar mais um pouco e adicione o cheiro-verde, uma pitada de pimenta-do-reino, uma folha de louro e umas 3 colheres de água.

4 Tampe a panela e deixe cozinhar em fogo baixo até que o mamão esteja macio. Tempere com o sal e a pimenta-do-reino.

Mandioca Cozida

- 1 kg de mandioca
- 2 litros de água para o cozimento
- 2 colheres (sopa) de sal

1 Descasque o pedaço de mandioca e corte-o em pedaços de 4 dedos aproximadamente.

2 Coloque para ferver a água com o sal e cozinhe os pedaços de mandioca até estarem macios. Escorra e coloque em uma peneira para escorrer bem.

3 Salpique com sal e coloque um pouco de manteiga.

Mandioca Frita

- 1 kg de mandioca
- 2 litros de água para o cozimento
- 2 colheres (sopa) de sal
- ½ litro de óleo para fritar

1 Descasque o pedaço de mandioca e corte-o em pedaços de 4 dedos aproximadamente.

2 Coloque para ferver a água com o sal e cozinhe os pedaços de mandioca até estarem macios. Coloque em uma peneira para escorrer bem.

3 Corte os pedaços de mandioca em 4 partes pelo comprimento.

4 Aqueça o óleo e doure a mandioca. Escorra em papel absorvente.

5 Antes de servir, salpique com um pouco de sal.

Nota: Você pode servir como antepasto ou guarnição da carne de panela ou assada.

Bolinhos de Mandioca

- 2 xícaras (chá) de mandioca cozida
- 1 colher (sopa) de cebola
- 1 colher (sopa) de salsa picada
- 2 ovos
- 2 colheres (sopa) de queijo ralado
- 1 colher (chá) de fermento em pó
- 1 colher (chá) de sal
- 1 pitada de pimenta-do-reino
- 1 xícara (chá) de óleo para fritar

1   Triture a mandioca ou amasse-a com o garfo.

2   Junte a cebola, a salsa, os ovos, o queijo, o fermento, o sal e a pimenta. Misture tudo muito bem.

3   Leve o óleo ao fogo numa frigideira e, quando estiver quente, frite a massa com o auxílio de duas colheres de sobremesa. Deixe corar os bolinhos por igual. Retire com uma escumadeira, escorra e coloque sobre papel absorvente.

4   Sirva como acompanhamento de arroz, feijão e bifes ou pratos simples.

Mandioquinha Simples

- ½ kg de mandioquinha
- 2 colheres (sopa) de manteiga ou margarina
- 1 colher (sopa) de cebola picada
- Salsinha e cebolinha picadas
- Sal e pimenta-do-reino

1   Raspe as mandioquinhas, lave-as e ponha-as para cozinhar em água.

2   Depois de cozidas, corte-as em pedaços regulares.

3   Aqueça a manteiga ou margarina em uma panela e adicione a cebola. Refogue para que fique bem macia e coloque na panela os pedaços de mandioquinha. Refogue por mais alguns minutos. Tempere com as ervas e salpique com o sal e a pimenta-do-reino.

4   Sirva como guarnição para carnes em geral.

Purê de Mandioquinha

- 600 g de mandioquinha
- 2 colheres (sopa) de manteiga
- 1 gema
- ½ xícara (chá) de creme de leite ou leite integral
- 2 colheres (sopa) de parmesão ralado
- Sal e pimenta-do-reino

1   Lave e descasque as mandioquinhas.

2   Cozinhe-as em água levemente salgada. Quando estiverem macias, escorra e passe pelo espremedor de batatas.

3   Coloque-as em uma panela, acrescente a manteiga, a gema e o creme de leite, adicionando-os às mandioquinhas. Leve ao fogo e cozinhe, misturando até obter uma consistência bem cremosa. Junte o parmesão e tempere com o sal e a pimenta-do-reino.

Nota: A mandioquinha também é conhecida por batata-baroa.

VERDURAS, LEGUMES E BATATAS

Mandioquinha com Picadinho

- 500 g de carne bovina
- ¼ de xícara (chá) de óleo
- 1 cebola picada
- 1 dente de alho picado
- 1 xícara (chá) de tomate sem pele picado
- Sal
- 1 pitada de pimenta-do-reino
- 300 g de mandioquinha

1 Para o picadinho, corte a carne em cubos de 2 cm. Coloque o óleo, a cebola e o alho numa caçarola e leve ao fogo até que a cebola fique dourada. Adicione a carne e mexa até fritá-la.

2 Acrescente os tomates picados, o sal e a pimenta-do-reino, tampe a caçarola e deixe cozinhar, em fogo brando, com o próprio vapor do picadinho. Cozinhe até que a carne esteja macia (o tempo de cozimento irá depender da carne que estiver utilizando). Se necessário, acrescente um pouquinho de água.

3 Misture no picadinho as mandioquinhas raspadas e cortadas em pedaços e deixe cozinhar em uma panela bem tampada.

4 Tudo bem cozido, acerte o ponto do sal e da pimenta-do-reino, retire do fogo e sirva quente.

Bolinhos de Milho Verde

- 6 espigas de milho verde
- 3 ovos
- 1 xícara (chá) rasa de farinha de trigo
- 1 pimenta esmagada
- 2 colheres (sopa) de cheiro-verde picado
- 1 colherinha (chá) de fermento em pó
- Sal
- Óleo para fritar

1 Cozinhe as espigas e corte o milho com uma faca.

2 Junte os ovos, sendo as claras batidas separadamente, a xícara de farinha de trigo, a pimenta esmagada, o cheiro-verde picado e a colherinha de fermento, tempere com sal e misture tudo muito bem.

3 Frite dos dois lados, às colheradas, em azeite ou óleo bem quente.

4 Se a massa tiver ficado dura, amoleça-a com um pouco de leite.

Nota: Em vez das espigas, você pode usar uma lata de milho verde.

CREME DE MILHO SIMPLES

- 1 lata de milho verde
- 1 colher (sopa) de manteiga
- 1 xícara (chá) de molho branco (pág. 463)
- 1 colher (sopa) de salsa picada
- Sal

1   Refogue o milho na manteiga por 3 minutos. Adicione o molho branco e cozinhe alguns minutos para que engrosse bem.

2   Adicione a salsinha e tempere com um pouco de sal.

3   Sirva acompanhando carnes e aves.

CREME DE MILHO VERDE

- 8 espigas de milho
- 2 xícaras (chá) de leite
- 2 colheres (sopa) de fubá mimoso
- 2 colheres (sopa) de manteiga ou margarina
- 1 cebola pequena picada
- Sal

1   Rale o milho e embeba os sabugos em leite, raspando-os em seguida. Adicione 3 xícaras de leite e passe o mingau obtido por uma peneira fina.

2   Junte ao mingau 2 colheres de fubá mimoso, misture bem e acrescente os grãos de uma ou 2 espigas, separando-os das espigas com uma faca.

3   Refogue a cebola na manteiga, adicione o mingau à panela e cozinhe até engrossar. Acerte o ponto do sal e sirva.

VIRADO DE MILHO VERDE

- 1 xícara (chá) de milho verde debulhado
- ¼ de xícara (chá) de óleo
- Sal
- 2 dentes de alho
- 1 cebola pequena picada
- Salsa picada
- Cebolinha-verde fatiada finamente
- 1 e ½ xícara (chá) de farinha de milho

1   Cozinhe o milho verde e, tão logo esteja cozido, refogue (como se fosse feijão) com o óleo, o sal, o alho, a cebola e os temperos.

2   Despeje, aos poucos, a farinha de milho, mexendo sempre. Se o óleo for pouco, acrescente mais ½ colher, de modo que o virado fique molhado.

3   Ao tirar do fogo, junte um picadinho de salsa e cebolinha-verde, mexa e arrume num prato, dando-lhe forma com uma colher.

4   Enfeite com cubos fritos de presunto ou rodelas fritas de salsicha.

Nota: Você pode substituir o milho verde debulhado por uma lata de milho verde.

Palmito Refogado

- 1 lata ou vidro de palmito
- 2 colheres (sopa) de manteiga
- 1 colher (sopa) de salsa picada
- Sal e pimenta-do-reino

1   Escorra bem os palmitos e lave em água corrente. Afervente-os por 15 minutos em água levemente salgada. Retire, deixe esfriar e corte em pedaços de 1 cm a 2 cm.

2   Aqueça a manteiga em uma frigideira grande ou panela e adicione os palmitos. Refogue até que estejam bem quentes.

3   Salpique com a salsinha e acerte o ponto do sal e da pimenta-do-reino.

Creme de Palmito

- 1 lata de palmitos
- 2 colheres (sopa) de manteiga
- 1 colher (sopa) de cebola picada
- 1 alho-poró em fatias
- 1 xícara (chá) de caldo de carne
- 2 colheres (sopa) de maisena
- 1 xícara (chá) de leite
- 2 gemas
- 1 colher (chá) de salsinha picada
- Sal

1   Escorra e pique os palmitos grosseiramente.

2   Coloque em uma panela a manteiga, adicione a cebola e o alho-poró. Refogue até estarem macios e acrescente o caldo de carne e o palmito. Cozinhe por 2 minutos.

3   Em um recipiente, junte a maisena, o leite e as gemas. Adicione essa mistura à panela e misture bem. Cozinhe para que o creme engrosse. Acerte o ponto do sal e salpique com a salsinha.

4   Sirva quente acompanhando carnes grelhadas.

Pepinos em Conserva a Frio

- 500 g de pepinos pequenos para conserva
- Sal
- 2 dentes de alho
- 12 grãos de pimenta-do-reino
- 2 ramos de estragão
- 1 cebola fatiada
- Vinagre

1   Escolha pepinos bem tenros, limpe-os com um guardanapo e acondicione-os numa saladeira ou terrina, alternando uma camada de pepinos e uma de sal, de modo que todos os pepinos fiquem cobertos de sal. Deixe-os assim durante 24 horas.

2   Passadas as 24 horas, deixe os pepinos durante ½ hora numa peneira, a fim de que fiquem bem enxutos.

3   Acondicione os pepinos em vidros de boca larga. Junte o alho em dente, a pimenta-do-reino em grão, o estragão e as cebolas picadas e encha os vidros com um bom vinagre.

4   Os pepinos, assim, conservam-se por muito tempo.

Pepinos em Conserva a Quente

- 500 g de pepinos para conserva
- Sal
- Vinagre
- ½ pimentão vermelho
- 2 ramos de estragão
- 12 grãos de pimenta-do-reino
- 2 dentes de alho
- 2 cebolas pequenas

1   Escolha pepinos bem tenros, limpe-os com um guardanapo e acondicione-os numa saladeira ou terrina: uma camada de pepinos, uma de sal, outra de pepinos, outra de sal, de modo que todos os pepinos fiquem cobertos de sal. Deixe-os assim.

2   Depois de 24 horas, deixe os pepinos durante ½ hora numa peneira para que fiquem bem enxutos.

3   Ponha os pepinos numa saladeira ou terrina, cubra-os inteiramente com vinagre aquecido, tampe a vasilha e deixe em infusão por 24 horas. Os pepinos ficarão amarelos.

4   Tire os pepinos do vinagre e leve este ao fogo numa vasilha refratária.

5   Quando o vinagre começar a ferver, torne a pôr nele os pepinos, deixando-os na fervura por uns 5 minutos, com o que readquirirão a cor verde.

6   Tire do fogo, deixe esfriar e coloque os pepinos, o pimentão em pedaços, o estragão, a pimenta-do-reino em grão, os dentes de alho e as cebolinhas em vidros. Cubra tudo com vinagre e tampe.

7   Sirva depois de alguns dias.

Pimentões Fritos

- 4 pimentões verdes ou vermelhos
- Azeite
- Sal e pimenta-do-reino

1   Limpe os pimentões, corte-lhes a parte dos cabos, abra-os ao meio no sentido do comprimento, elimine as sementes, polvilhe-os com sal e pimenta e frite-os em azeite.

2   Escorra em papel absorvente e salpique com o sal e a pimenta-do-reino. Coloque em uma travessa.

3   Ao levá-los à mesa, regue-os com um fio de azeite.

Verduras, Legumes e Batatas

Pimentões à Napolitana

- *4 colheres (sopa) de manteiga ou ¼ de xícara (chá) de óleo*
- *Sal*
- *2 xícaras (chá) de farinha de rosca crua*
- *2 ou 3 anchovas sem espinhas e picadinhas*
- *2 colheres (sopa) de salsinha verde picada*
- *12 azeitonas pretas graúdas, sem caroço, picadas*
- *2 ou 3 colheres (sopa) de água*
- *6 pimentões vermelhos sem pele*
- *1 xícara (chá) de molho de tomate (pág. 465)*
- *2 colheres (sopa) de azeite*

1 Coloque o óleo em uma frigideira grande. Aqueça bem e adicione a farinha de rosca. Vá misturando como se estivesse preparando uma farofa, para que a farinha fique levemente dourada. Salpique com um pouco de sal.

2 Retire do fogo, coloque em uma tigela e adicione as anchovas, a salsa picada, as azeitonas pretas e a água. Misture bem.

3 Retire o fundo e a semente dos pimentões e recheie-os com a mistura.

4 Arrume os pimentões em um recipiente que possa ir ao forno.

5 Faça um molho simples de tomates maduros ou com o purê de tomates e despeje-o sobre os pimentões. Regue com o azeite e leve ao forno médio por 30 minutos.

Pimentões à Piemontesa

- *6 pimentões verdes ou vermelhos*
- *Sal e pmenta*
- *1 xícara (chá) de molho de tomate (pág. 465)*
- *½ xícara (chá) de farinha de rosca*
- *¼ de xícara (chá) de queijo ralado*
- *12 azeitonas sem caroço picadas*
- *1 ovo cozido picado*
- *2 colheres (sopa) de salsa picada*
- *2 colheres (sopa) de uvas-passas*
- *2 colheres (sopa) de manteiga ou margarina*
- *½ xícara (chá) de caldo (de sua preferência) ou água*

1 Limpe os pimentões, corte-lhes uma tampa na parte do cabo (deixando-a de reserva), tire com cuidado as sementes, escalde-os e polvilhe-os com sal e pimenta.

2 Para o recheio, faça um molho de tomate bem grosso, misturando nele farinha de rosca e queijo ralado. Misture e acrescente as azeitonas, os pedacinhos de ovo cozido, a salsa picada e as passas.

3 Recheie os pimentões com o molho e tampe-os, prendendo as tampas com palitos.

4 Numa frigideira, faça um refogado com manteiga (margarina), adicione um pouco de caldo ou de água e tempere com sal.

5 Coloque os pimentões no refogado, despeje por cima um pouco de manteiga ou margarina derretida, polvilhe com queijo e leve ao forno para assar por 30 minutos.

Pimentões Recheados à Bolonhesa

- 6 pimentões verdes ou vermelhos
- ½ xícara (chá) de óleo
- 1 cebola picada
- 1 dente de alho picado
- 500 g de carne bovina moída
- 1 xícara (chá) de tomate picado
- 12 azeitonas sem caroço picadas
- 2 colheres (sopa) de uvas-passas
- Sal e pimenta-do-reino
- 1 colher (sopa) de salsa picadinha
- 2 ovos cozidos bem picados
- Azeite
- Queijo ralado

1 Limpe os pimentões, corte-lhes uma tampa pelo lado do cabo (reserve as tampas) e elimine as sementes.

2 Para o recheio, coloque o óleo, a cebola e o alho numa caçarola e leve ao fogo até que a cebola fique dourada. Junte a carne e mexa até fritá-la. Acrescente os tomates, as azeitonas, as uvas-passas, a salsa, o sal e a pimenta-do-reino. Deixe cozinhar em fogo brando até que o recheio adquira uma consistência firme. Adicione os ovos picados e misture. Recheie os pimentões e coloque as tampas, prendendo-as com um palito.

3 Coloque os pimentões em uma assadeira pequena, regue-os com azeite e asse-os no forno por uns 30 minutos.

4 Ao retirá-los do forno, polvilhe com queijo ralado.

Quiabo Cozido

- 300 g de quiabos
- 2 colheres (sopa) de óleo
- 1 cebola pequena picada
- 2 tomates sem pele e sem sementes
- Sal e pimenta-do-reino

1 Escolhidos os quiabos, corte-lhes as pontas e os cabos. Cozinhe num bom refogado com o óleo, a cebola, os tomates, o sal e a pimenta-do-reino.

2 Retire a caçarola do fogo quando os quiabos estiverem macios.

VERDURAS, LEGUMES E BATATAS

QUIABOS COM PICADINHO

- ¼ de xícara (chá) de óleo
- 1 cebola picada
- 1 dente de alho picado
- 500 g de carne moída ou picada
- 1 xícara (chá) de molho de tomate (pág. 465)
- 1 colher (sopa) de cheiro-verde picado
- Sal
- 1 pitada de pimenta-do-reino
- 300 g de quiabos lavados
- Angu de fubá (pág. 379)

1   Prepare o picadinho colocando o óleo, a cebola e o alho numa caçarola. Leve ao fogo até que a cebola fique dourada. Junte a carne e mexa até fritá-la.

2   Acrescente o molho de tomates, o cheiro-verde, o sal e a pimenta-do-reino. Tampe a caçarola e deixe cozinhar, em fogo brando, com o próprio vapor do picadinho. Cozinhe por cerca de 20 minutos. Se precisar, acrescente um pouquinho de água.

3   Corte os quiabos em rodelas de um dedo e adicione ao picadinho. Cozinhe até que os quiabos fiquem macios. Acerte o ponto do sal.

4   Prepare o angu de fubá, molde-o numa forma e coloque-o no meio de um prato, virando nele o picadinho com os quiabos em volta.

BOLO DE LEGUMES

- ¼ de repolho
- ½ couve-flor
- 3 cenouras
- 100 g de vagens
- 4 claras em neve
- 4 gemas
- 1 colher (sopa) de manteiga ou margarina derretida
- Sal
- 2 colheres (sopa) de queijo ralado

1   Cozinhe em água com sal o repolho, a couve-flor, as cenouras e as vagens, separadamente.

2   Tudo bem cozido, parta em pequenos pedaços.

3   Unte uma forma de bolo e vá dispondo nela os legumes em camadas alternadas.

4   Bata as claras em neve, junte as gemas, a colher de manteiga derretida e o sal, despejando tudo sobre os legumes.

5   Ponha por cima o queijo ralado.

6   Leve ao forno quente, em banho-maria, por alguns minutos.

Repolho Ensopado

- 1 repolho
- 4 tomates sem pele e sem sementes
- 2 colheres (sopa) de óleo
- 1 cebola picada finamente
- Salsinha picada
- Sal

1 Escolha e lave as folhas de um repolho. Enrole-as, formando um maço, e corte-as em fatias finas. Pique bem os tomates.

2 À parte, faça um bom refogado com o óleo, a cebola, os tomates e a salsinha.

3 Coloque o repolho no refogado e adicione sal. Cozinhe com a panela tampada.

Repolho Recheado

- 1 repolho
- 1 ramo de cheiros
- Recheio de carne, peixe ou camarão (à sua escolha)
- 2 colheres (sopa) de óleo
- 8 tomates sem pele e sem sementes
- 2 cebolas pequenas picadas
- Queijo ralado
- Sal e pimenta

1 Escolha uma porção de folhas inteiras de um repolho e ponha-as para cozinhar, com um ramo de cheiros, em água temperada com sal.

2 Assim que estiverem ligeiramente cozidas, retire-as do fogo, deixando que escorram.

3 Faça, à parte, um recheio de carne, peixe ou camarão, coloque um pouco dele no meio de cada folha e enrole, formando charutinhos.

4 Em seguida, faça um bom refogado com o óleo, os tomates, a cebola e os demais temperos e ponha nele os rolinhos dentro para cozinhar.

5 Na hora de servir, ao tirá-los do fogo, despeje por cima o molho e polvilhe com queijo.

Nota: O recheio mais simples é feito com um pouco de manteiga (ou margarina) ou óleo, carne picada ou moída, cebolas picadas, tomates, salsa, sal e pimenta. Junte um pouco de miolo de pão embebido em leite e, se quiser tornar o recheio mais rico, um pouco de presunto ou linguiça moída e azeitonas sem caroço.

Couve-de--bruxelas Salteada

- 2 colheres (sopa) de manteiga ou margarina
- 1 cebola pequena ralada
- 300 g de couve-de-bruxelas aferventado em água com sal
- 1 colher (sopa) de salsa picada
- 1 pitada de sal
- 1 pitada de pimenta-do-reino

1 Ponha a margarina e a cebola numa caçarola, levando ao fogo até amolecer a cebola.

2 Acrescente a couve-de-bruxelas, a salsa, o sal e a pimenta. Não tampe a caçarola, sacudindo-a até saltear bem a couve no molho.

3 Sirva quente, acompanhando carnes assadas ou grelhadas.

Repolho Roxo Agridoce

- 2 maçãs descascadas
- 2 colheres (sopa) de óleo
- 4 fatias de bacon picadas
- 1 cebola média cortada em rodelas
- 1 dente de alho picado
- 1 repolho roxo médio, picado finamente
- 1 xícara (chá) de caldo de carne fervente
- ½ colher (café) de pimenta-do--reino
- 1 colher (chá) de açúcar
- 1 colher (sopa) de vinagre

1 Descasque as maçãs e corte em cubos de 2 cm.

2 Coloque o óleo e o *bacon* numa panela e leve ao fogo até dourar. Junte a cebola e o alho. Refogue até que comecem a dourar. Acrescente as maçãs. Frite ligeiramente.

3 Acrescente o repolho, o caldo, a pimenta e o açúcar. Tampe a panela e deixe cozinhar em fogo médio por 15 minutos ou até o repolho ficar macio.

4 Adicione o vinagre e misture bem. Retire do fogo.

5 Sirva como acompanhamento de pratos alemães, carne ou pato assado.

Tortilhão de Repolho

- *1 repolho*
- *1 ramo de cheiros*
- *Recheio de carne, peixe ou camarão*
- *Manteiga ou margarina*
- *200 g de presunto gordo*
- *6 colheres (sopa) de queijo ralado*
- *2 ovos*
- *Sal e pimenta-do-reino*

1 Escolha uma porção de folhas inteiras de um repolho, cozinhe-a com um ramo de cheiros em água temperada de sal e, assim que estiver levemente cozida, retire-a do fogo e escorra.

2 Prepare, à parte, um recheio com carne, peixe ou camarão.

3 Unte uma fôrma com manteiga ou margarina, ponha no fundo tiras de presunto gordo e arrume por cima algumas folhas de repolho, de maneira que fiquem bem abertas. Sobre estas coloque uma camada de recheio e polvilhe queijo ralado, nova camada de folhas de repolho, outra de recheio, salpicando sempre queijo entre uma e outra, até quase encher a fôrma. Espalhe por cima um pouco de manteiga ou margarina derretida e 2 ovos bem mexidos.

4 Leve ao forno não muito quente. Retire assim que a camada de cima estiver bem corada.

5 Tire da fôrma e enfeite o prato com salsichas ou com folhas de alface.

Tomates à Provençal

- *4 tomates firmes e vermelhos*
- *4 dentes de alho bem picados*
- *1 colher (sopa) de alcaparras picada*
- *4 filés de anchovas bem picados*
- *1 colher (chá) de tomilho*
- *2 colheres (sopa) de salsinha picada*
- *1 colher (chá) de cebolinha picada*
- *1 xícara (chá) de pão amanhecido e bem seco*
- *3 colheres (sopa) de manteiga*
- *Sal*

1 Corte os tomates ao meio e elimine as sementes. Corte uma fina fatia da parte arredondada de cada metade para fazer uma base em que o tomate se apoie. Unte um refratário com um pouco de manteiga e arrume as metades de tomates.

2 Em uma tigela misture o alho, as alcaparras, as anchovas, o tomilho, a salsinha e a cebolinha. Rale o pão no lado grosso do ralador e adicione à mistura. Coloque a manteiga e o sal e amasse bem para incorporar todos os ingredientes.

3 Distribua a mistura sobre as metades dos tomates. Leve ao forno preaquecido para que os tomates assem e uma crosta dourada se forme no recheio. Sirva como entrada ou acompanhamento.

Tomates Recheados com Maionese

- 4 tomates grandes lavados
- ½ colher (chá) de sal
- 1 pitada de pimenta-do-reino
- 2 colheres (sopa) de maionese
- 1 maçã pequena descascada e picada
- 2 colheres (café) de suco de limão
- 2 batatas médias cozidas e picadas
- 1 pimentão verde ou vermelho limpo e picado
- 1 colher (chá) de cebola ralada
- 1 colher (chá) de salsa picada
- 1 xícara (chá) de frango cozido e desfiado
- Folhas de alface para guarnecer

1 Corte a parte superior dos tomates e, com uma faca afiada, esvazie-os. Lave rapidamente e vire-os sobre um pano de copa. Depois de escorridos, polvilhe a parte interna com um pouco do sal e pimenta. Reserve-os.

2 Misture todos os ingredientes da maionese e recheie os tomates.

3 Arrume as folhas de alface numa travessa, coloque nela os tomates e, ao centro, ponha uma folha de alface enrolada.

Tomate Recheado

- 2 colheres (sopa) de óleo
- 300 g de carne moída
- 1 cebola pequena picada
- 1 dente de alho
- 1 colher (chá) de salsa picada
- ½ xícara (chá) de purê de tomates
- Sal e pimenta-do-reino
- ½ xícara (chá) de palmito picado
- 6 tomates graúdos
- 4 colheres (sopa) de queijo ralado
- 4 colheres (sopa) de farinha de rosca
- 2 colheres (sopa) de manteiga ou margarina

1 Coloque em uma panela o óleo e a carne moída. Refogue em fogo alto para dourar a carne. Adicione a cebola e o alho. Refogue por mais 3 minutos e regue com o purê de tomate e ½ xícara de água. Cozinhe em fogo baixo até que os líquidos sequem. Salpique com a salsinha e tempere com sal e pimenta do reino. Adicione o palmito e reserve.

2 Corte uma tampa na parte dos cabos dos tomates, remova as sementes e recheie-os com o refogado de carne e palmito. Cubra-os com queijo ralado e farinha de rosca.

3 Feche os tomates com as tampas e pincele com um pouco de manteiga ou margarina. Leve ao forno para assar por 20 minutos.

Vagens com Ovos

- 500 g de vagens
- Sal
- 1 colher (sopa) de açúcar
- 2 colheres (sopa) de óleo
- 1 cebola pequena picada
- 4 ovos

1   Tire os fiapos das vagens e leve-as para cozinhar em água fervente com sal e uma colher de açúcar.

2   Depois de cozidas, escorra-as bem.

3   Faça um bom refogado com o óleo e a cebola em uma frigideira funda e despeje as vagens nela.

4   Assim que abrir fervura, faça com a colher algumas cavidades entre as vagens, quebre um ovo em cada uma e tampe a frigideira, deixando que os ovos cozinhem em fogo lento, sem que as gemas endureçam. Tempere com sal.

5   Retire com cuidado da frigideira para que os ovos não se rompam.

Nota: O mesmo prato pode ser preparado também com as vagens picadinhas. Se gostar, você pode regar as vagens com um pouco de molho de tomates.

Vagens Cozidas

- ½ kg de vagens
- Sal a gosto
- 1 colher (café) de açúcar
- 2 colheres (sopa) de manteiga ou margarina
- 1 colher (chá) de caldo de limão

1   Quebre as pontas e os cabos das vagens e retire os fiapos.

2   Ferva um pouco de água em uma panela e adicione o sal e o açúcar. Coloque as vagens e cozinhe para que fiquem macias.

3   Aqueça uma panela e adicione a manteiga. Assim que derreter, salpique com um pouco de sal e adicione o caldo de limão.

4   Escorra as vagens e adicione ao molho de manteiga. Misture bem.

5   Sirva como acompanhamento para carnes, aves ou peixes.

VERDURAS, LEGUMES E BATATAS

Vagens na Manteiga

- 300 g de vagens
- Sal a gosto
- 3 colheres (sopa) de manteiga
- 1 colher (sopa) de salsa picada

Cozinhe as vagens em água fervente com sal. Escorra-as e leve-as de novo ao fogo com a manteiga ou margarina. Tempere com sal e salsa picada e retire-as assim que tomarem bem o gosto da manteiga.

Vagem Relâmpago

- 4 colheres (sopa) de óleo
- 1 cebola grande ralada
- 1 xícara (chá) de tomate batido no liquidificador
- 500 g de vagens cozidas e cortadas em 3 pedaços
- 1 colher (chá) de molho inglês
- 1 pitada de sal

1   Leve o óleo e a cebola ao fogo até que ela fique dourada. Junte o tomate e deixe ferver um pouco.

2   Acrescente as vagens, o molho inglês e o sal. Tampe a panela e deixe ferver, em fogo brando, por 4 minutos.

3   Sirva com purê de batata, polenta, arroz branco ou carnes.

Virado de Vagens

- ½ xícara (chá) de óleo
- 1 cebola média ralada
- 1 xícara (chá) de tomate batido no liquidificador
- 1 pimenta-cumari socada
- 500 g de vagens picadas fino e afervendadas em água e sal
- 1 colher (chá) de sal
- 1 xícara (chá) de farinha de milho

1   Coloque o óleo e a cebola numa panela e leve ao fogo até dourar a cebola. Acrescente o tomate e a pimenta. Tampe a panela e deixe ferver por 3 minutos.

2   Junte as vagens e o sal aos demais ingredientes que estão cozinhando. Quando levantar fervura, adicione a farinha de milho aos poucos, até ficar com a consistência de um virado de feijão úmido.

3   Coloque em uma travessa funda e sirva bem quente.

Nota: Prato regional brasileiro próprio para acompanhar costeletas de porco, lombo assado ou vitelas fritas.

Arroz

Arroz

Arroz básico 345	Arroz com polvo 354
Arroz escaldado 345	Arroz com suã 355
Arroz à grega 346	Arroz com tomate 355
Arroz à piemontesa 346	Arroz de carreteiro 356
Arroz caribenho 346	Arroz frito 357
Arroz com amêndoas 347	Arroz de forno 357
Arroz com amêndoas e frango 347	Arroz indiano 358
Arroz com camarões 348	Arroz de Braga 358
Arroz com camarões secos 348	Arroz e feijão à moda cubana 359
Arroz com camarões à moda do norte 349	Arroz na fôrma com parmesão 360
Arroz com castanhas-do-pará 350	Arroz recuperado 360
Arroz com champanhe 350	Risoto à moda americana 361
Arroz com galinha 351	Risoto de camarões 362
Arroz com legumes 351	Risoto de frango ensopado 362
Arroz com milho verde 352	Risoto italiano de açafrão 362
Arroz com molho pardo 352	Risoto italiano de cogumelos secos 363
Arroz com ovos e ervilhas 353	Bolinhos simples de arroz 364
Arroz com repolho 353	Bolinhos especiais de arroz 364
Arroz com peixe 354	Torta de arroz 365

Arroz Básico

- *2 xícaras (chá) de arroz branco*
- *4 xícaras (chá) de água*
- *1 cebola pequena picada*
- *2 colheres (sopa) de óleo*
- *1 folha de louro (opcional)*
- *Sal a gosto*

1 Lave bem o arroz em água corrente, esfregando-o entre as mãos. Escorra e reserve. Coloque a água para ferver – sempre o dobro da quantidade de arroz que você for utilizar. Pique finamente a cebola. Coloque óleo numa panela e leve ao fogo. Quando estiver bem quente, junte a cebola. Mexa e deixe dourar levemente.

2 Adicione o arroz e mexa bem. Misture e refogue por mais 2 ou 3 minutos, despeje a água fervente, a folha de louro e mexa bem. Tempere com sal. Abaixe o fogo. Tampe a panela e deixe cozinhar até a água secar totalmente. Vá provando para ver se o arroz já está cozido. Caso contrário, acrescente mais um pouco de água.

3 Quando a água secar no fundo da panela, apague o fogo e deixe o arroz descansar em panela tampada por 10 minutos. Com a ajuda de um garfo, solte bem o arroz. Sirva.

Arroz Escaldado

- *2 xícaras (chá) de arroz branco*
- *8 xícaras (chá) de água*
- *1 cebola graúda descascada*
- *4 colheres (chá) de sal*
- *1 folha de louro*
- *2 colheres (sopa) de manteiga*

1 Lave bem o arroz em água corrente, esfregando-o entre as mãos. Coloque para secar em uma peneira.

2 Coloque em uma panela grande a água, a cebola, o sal, a folha de louro e a manteiga. Leve para ferver.

3 Assim que começar a ferver, coloque o arroz e tampe a panela. Abaixe o fogo e cozinhe por cerca de 15 minutos.

4 Retire um pouco de arroz com um garfo e experimente para ver se está no ponto. Se estiver, escorra imediatamente em uma peneira. Balance a peneira para retirar todo o excesso de água. Descarte a folha de louro e a cebola.

5 Despeje em uma travessa e sirva.

ARROZ À GREGA

- 2 cenouras
- 100 g de vagem
- ½ pimentão vermelho
- 2 colheres (sopa) de manteiga
- 1 receita de arroz básico (pág. 345)
- Sal

1 Raspe as cenouras e cozinhe-as em água fervente. Na mesma água, cozinhe as vagens. Escorra e reserve o líquido do cozimento.

2 Corte as cenouras em cubos de 1 cm. Corte o pimentão também em cubos de 1 cm. Fatie finamente as vagens.

3 Coloque a manteiga em uma panela e adicione o pimentão picado. Refogue por 1 minuto e adicione os cubos de cenoura e a vagem. Refogue por 3 minutos e adicione o arroz. Misture bem. Se ficar muito seco, adicione um pouco da água do cozimento dos legumes.

4 Acerte o ponto do sal e sirva.

ARROZ À PIEMONTESA

- 1 receita de arroz básico (pág. 345)
- 150 g de champignons frescos
- 2 colheres (sopa) de manteiga
- 2 colheres (sopa) de vinho branco seco
- ¼ de xícara (chá) de creme de leite fresco ou longa vida
- ¼ de xícara (chá) de queijo parmesão ralado
- Sal

1 Prepare a receita do arroz básico e reserve.

2 Fatie finamente os *champignons* e refogue-os em uma panela com a manteiga. Quando estiverem macios, regue com o vinho branco e deixe evaporar.

3 Adicione o arroz à panela e mexa bem. Misture em fogo baixo para aquecer o arroz e adicione o creme de leite e o parmesão ralado. Se necessário, acerte o ponto do sal.

4 Misture novamente e sirva.

ARROZ CARIBENHO

- 2 xícaras (chá) de arroz cozido
- 1 e ½ xícara (chá) de feijão-preto cozido
- ¼ de xícara (chá) de azeite
- 1 cebola graúda picada finamente
- 4 colheres (sopa) de coentro picado
- 2 colheres (sopa) de molho inglês
- Sal

1 Cozinhe o arroz e o feijão de modo tradicional. Escorra o feijão e reserve o líquido. Coloque em uma panela o azeite e leve ao fogo para que aqueça bem. Adicione a cebola picada e metade do coentro.

2 Refogue em fogo baixo para que a cebola doure. Regue com o molho inglês e acrescente o feijão com um pouco do líquido de cozimento. Aqueça e adicione o arroz.

3 Misture e salpique com sal e o coentro restante. Misture novamente e sirva com banana-da-terra frita.

Arroz com Amêndoas

- 1 litro de água
- 1 colher (sopa) de manteiga ou margarina
- 1 cebola pequena inteira
- 1 colher (chá) de sal
- ½ kg de arroz
- 150 g de amêndoas torradas e picadas

1   Coloque numa caçarola a água, a manteiga ou margarina, a cebola e o sal.

2   Quando ferver, acrescente o arroz já lavado e deixe cozinhar até que a água seque.

3   Retire a cebola. Coloque o arroz em uma travessa e misture delicadamente as amêndoas.

Arroz com Amêndoas e Frango

- 2 peitos de frango
- 2 colheres (sopa) de óleo
- ½ cebola média picada
- 1 dente de alho espremido
- 1 folhinha de louro
- Sal
- 4 xícaras (chá) de água
- 1 e ½ xícara (chá) de arroz
- 1 colher (sopa) de manteiga ou margarina
- ¼ de xícara (chá) de uvas-passas sem sementes
- ½ xícara (chá) de amêndoas picadas

1   Refogue os peitos de frango no óleo e acrescente a cebola, o alho espremido, a folhinha de louro, um pouco de sal e as 4 xícaras de água.

2   Deixe cozinhar até ficar bem macio.

3   Desfie o frango e reserve-o; reserve também 3 e ½ xícaras da água em que ele foi cozido.

4   Tempere o arroz como de costume e despeje sobre ele a água em que o frango foi cozido.

5   Em panela à parte, refogue o frango desfiado na manteiga, acrescentando-lhe as passas e as amêndoas picadas. Tempere com um pouco de sal e reserve.

6   Quando o arroz estiver pronto, arrume-o em uma travessa rasa e coloque por cima o frango com as amêndoas e as passas.

7   Sirva quente.

Arroz com Camarões

- *1 kg de camarões grandes*
- *Sal e pimenta-do-reino*
- *3 ramos de coentro*
- *1 colher (sopa) de manteiga*
- *1 cebola picada*
- *200 g de tomate sem pele picadinho*
- *1 colher (sopa) de massa de tomate*
- *3 xícaras (chá) de arroz cozido (pronto)*

1 Afervente os camarões com água, sal e coentro; descasque-os, separe 3 dos maiores e deixe o resto de reserva.

2 Refogue na manteiga a cebola, o tomate e a massa de tomate, acrescentando em seguida 1 xícara (chá) de água.

3 Deixe cozinhar um pouco, coe e ponha no caldo obtido os camarões (inteiros ou picados, como preferir).

4 Faça um arroz branco solto e, quando pronto, misture os camarões.

5 Na hora de servir, coloque tudo numa travessa e enfeite com os 3 camarões que ficaram separados, abrindo-os ao meio e ao comprido, formando uma flor sobre o arroz.

Arroz com Camarões Secos

- *1 kg de camarões secos*
- *2 colheres (sopa) de óleo*
- *½ kg de arroz*
- *1 cebola média picada*
- *2 dentes de alho picados*
- *4 tomates maduros picados*
- *1 folha de louro*
- *Cheiro-verde a gosto*
- *Sal*

1 Tire as cabeças e as cascas dos camarões e afervente-os.

2 Soque as cabeças e as cascas e afervente-as separadamente.

3 Passe as cabeças e as cascas afervetadas em uma peneira, deixando a água de reserva.

4 Refogue no óleo o arroz com a cebola batidinha, o alho e os tomates bem picados.

5 Depois de tudo bem refogado, junte ao arroz a água em que aferventou as cabeças e cascas, assim como um pedaço de folha de louro, cheiro-verde e sal. Se gostar, pode juntar também um pouco de purê de tomate.

6 Quando o arroz estiver quase seco, adicione os camarões aferventados, misture tudo muito bem e deixe ainda uns minutos no fogo.

Observação: Este arroz não deve ficar seco, mas sim úmido e macio.

Arroz com Camarões à Moda do Norte

- 1 kg de camarões secos
- 3 colheres (sopa) de óleo ou azeite
- 1 cebola graúda picada
- 2 dentes de alho
- ½ kg de tomates maduros
- 1 folha de louro
- 2 colheres (sopa) de cheiro-verde
- Pimenta-verde picada a gosto
- Sal e pimenta-do-reino
- 1 colher (sopa) de purê de tomate
- 1 receita de arroz básico (pág. 345)
- ½ xícara (chá) de leite de coco
- 1 colher (sopa) de azeite de dendê

1 Tire as cascas e as cabeças dos camarões, soque-as e afervente-as.

2 Passe tudo por uma peneira e guarde a água.

3 Afervente os camarões e refogue-os em óleo ou azeite de oliva com cebola e alho picados.

4 Depois de bem refogados, adicione ½ kg de tomates maduros bem picados, meia folha de louro, cheiro-verde, uma pitada de pimenta-do-reino, pimentas-verdes amassadas, um pouco de purê de tomate e água o suficiente para fazer um molho, deixando no fogo para que os camarões cozinhem bem. Se o molho ficar muito reduzido, junte mais um pouco de água.

5 Prepare a receita de arroz básico, utilizando a água que foi usada para aferventar as cascas e cabeças dos camarões.

6 Quando o arroz estiver seco e o molho de camarões, pronto, junte a este último o leite de coco e torne a levá-lo ao fogo.

7 Assim que o molho ferver, retire-o do fogo, juntando-lhe 1 colher de azeite de dendê previamente aquecido em banho-maria.

8 Numa travessa, arrume uma camada de arroz, outra de camarões com o molho, outra de arroz, e assim até o fim.

9 Sirva bem quente.

Arroz com Castanhas-do-pará

- *1 litro de água*
- *1 colher (sopa) de manteiga ou margarina*
- *1 cebola pequena inteira*
- *1 colher (chá) de sal*
- *½ kg de arroz*
- *150 g de castanhas-do-pará torradas e picadas*

1 Coloque a água, a manteiga ou margarina, a cebola e o sal numa panela.

2 Quando ferver, junte-lhes o arroz lavado e deixe cozinhar até que o líquido seque. Apague o fogo e deixe o arroz na panela por mais 10 minutos. Retire a cebola e misture as castanhas-do-pará.

3 Sirva em seguida.

Arroz com Champanhe

- *2 colheres (sopa) de manteiga ou margarina*
- *1 cebola pequena picada*
- *2 xícaras (chá) de arroz*
- *1 xícara (chá) de cogumelos picados*
- *1 litro de caldo básico de galinha ou frango (pág. 228)*
- *½ xícara (chá) de champanhe*
- *300 g de mozarela picada ou queijo brie*
- *2 colheres (sopa) de queijo parmesão ralado*
- *Sal*

1 Leve a manteiga ou margarina e a cebola ao fogo.

2 Quando dourar, junte o arroz e mexa até fritar bem.

3 Ao mesmo tempo, misture os cogumelos e adicione, de uma só vez, o caldo de galinha.

4 Deixe ferver em fogo fraco.

5 Quando o caldo secar, adicione o champanhe e deixe secar por mais 5 minutos.

6 Desligue o fogo e, com um garfo, acrescente, misturando levemente, a mozarela ou o *brie*.

7 Polvilhe com queijo ralado e sirva imediatamente.

Nota: Voccê pode substituir o caldo básico de galinha por 2 tabletes de caldo concentrado diluídos em 1 litro de água fervente.

Arroz com Galinha

- 1 kg de galinha cortada em pedaços
- Sal
- 3 dentes de alho picados
- Cheiro-verde a gosto
- 2 colheres (sopa) de óleo
- 1 cebola graúda picada
- 4 tomates sem pele picados
- Água fervente
- 2 xícaras (chá) de arroz
- 1 folha pequena de louro

1 Tempere os pedaços de galinha com sal, alho e cheiro-verde.

2 Leve ao fogo uma caçarola com óleo e, quando este estiver quente, junte os pedaços de galinha e refogue-os muito bem.

3 Quando os pedaços de galinha estiverem dourados, adicione a cebola picada, deixando refogar por mais algum tempo.

4 Acrescente os tomates sem pele, refogue mais um pouco e junte água fervente o suficiente para cozinhar os pedaços de galinha. Cozinhe por 30 minutos.

5 Acrescente o arroz e mais água fervente para cobrir 3 cm acima do arroz.

6 Ponha a folha de louro e o cheiro-verde, tampando a panela para que cozinhe, em fogo forte, por alguns minutos.

7 Baixe o fogo para brando e deixe que o arroz e a carne de galinha cozinhem completamente, se necessário acrescentando mais um pouco de água fervente.

Nota: Este arroz não deve ficar seco, e sim úmido e macio.

Arroz com Legumes

- 1 xícara (chá) de arroz
- ½ cebola picada
- 4 colheres (sopa) de óleo
- ½ colher (chá) de sal
- 2 xícaras (chá) de água
- 2 cenouras cozidas em água e sal e picadas
- ½ xícara (chá) de ervilhas
- ½ xícara (chá) de cogumelos em conserva fatiados

1 Lave o arroz e deixe-o no escorredor.

2 Leve a cebola picada e o óleo ao fogo. Deixe-a dourar, junte o arroz e frite por 2 minutos. Em seguida, tempere com o sal e acrescente a água.

3 Tampe a panela e deixe cozinhar até que a água seque, o que demora cerca de 20 minutos.

4 Desligue o fogo e deixe a panela tampada por 10 minutos.

5 Adicione a cenoura, as ervilhas e os cogumelos ao arroz, mexendo levemente com um garfo.

6 Sirva quente.

Arroz com Milho Verde

- 1 xícara (chá) de arroz
- 2 colheres (sopa) de óleo
- 2 colheres (sopa) de cebola picada
- ½ xícara (chá) de milho verde em lata
- 1 tablete de caldo de galinha
- 2 xícaras (chá) de água fervente
- Sal, se necessário
- Salsa picada

1   Refogue o arroz com óleo e cebola e mexa bastante.

2   Acrescente o milho verde, mexa mais um pouco e adicione o tablete de caldo de galinha.

3   Cubra com a água fervente, mexa e tampe a panela. Abaixe o fogo e cozinhe até que a água seque. Desligue o fogo e deixe o arroz descansar com a panela tampada por 10 minutos.

4   Antes de servir, acrescente a salsinha picada.

Arroz com Molho Pardo

- 1 galinha para abate
- 1 colher (sopa) de vinagre
- Sal
- 2 dentes de alho picados
- Cheiro-verde a gosto
- 4 colheres (sopa) de óleo
- 2 xícaras (chá) de arroz
- 1 cebola bem picada
- 4 tomates sem pele picados
- 5 xícaras (chá) de água fervente
- 2 folhas de louro
- Salsinha e cebolinha a gosto

1   Ao abater a galinha, deixe o sangue escorrer num prato com o vinagre, para não coagular. Limpe a galinha, retire os miúdos e reserve-os para outra finalidade. Corte a galinha em pedaços e tempere com sal, alho e cheiro-verde.

2   Leve ao fogo uma caçarola com óleo e, quando este estiver quente, adicione os pedaços de galinha, refogando muito bem.

3   Quando a galinha estiver dourada por igual, coloque na caçarola o arroz e a cebola batidinha, deixando refogar por mais algum tempo.

4   Acrescente os tomates, refogue mais um pouco e coloque água fervente o necessário para cozinhar a galinha (cerca de 5 xícaras de chá). Adicione um pouco de sal.

5   Ponha meia folha de louro, cheiro-verde, salsinha, cebolinha e tampe a panela para que cozinhe, em fogo forte, por alguns minutos.

6   Abaixe o fogo para que o arroz e a galinha cozinhem lentamente.

7   Pouco antes de servir, misture ao arroz o sangue que foi guardado e deixe ficar mais uns minutos no fogo para completar o cozimento.

Arroz com Ovos e Ervilhas

- *1 receita de arroz básico (pág. 345)*
- *1 colher (sopa) de manteiga ou margarina*
- *1 lata de ervilhas*
- *4 ovos*
- *2 colheres (sopa) de óleo*
- *2 colheres (sopa) de cheiro-verde picado*
- *Sal*
- *2 colheres (sopa) de queijo parmesão*

1 Faça um arroz básico e, depois de pronto, acrescente 1 colher de manteiga ou margarina e as ervilhas (depois de escorrida a água).

2 Bata os 4 ovos (primeiro as claras, depois as gemas).

3 Adicione o sal e o cheiro-verde e despeje tudo numa frigideira com o óleo. Quando a parte de baixo estiver frita, revolva os ovos com um garfo, deixando pedaços de tamanho regular.

4 Mexa um pouco para que todos os pedaços fritem por igual. Junte a fritada ao arroz e sirva logo em seguida, polvilhado com queijo parmesão, se preferir.

Arroz com Repolho

- *2 colheres (sopa) de óleo ou azeite*
- *200 g de linguiça*
- *1 cebola picada*
- *Sal a gosto*
- *1 dente de alho picado*
- *3 tomates sem pele picados*
- *½ repolho branco*
- *2 xícaras (chá) de arroz lavado*
- *5 xícaras (chá) de água fervente*
- *1 ramo de salsa*
- *1 ramo de manjerona*

1 Coloque o óleo ou azeite em uma caçarola e leve ao fogo. Fatie as linguiças.

2 Quando o óleo ou azeite estiver quente, adicione os pedaços de linguiça e deixe fritar um pouco. Acrescente a cebola batidinha, o sal, o alho e os tomates. Refogue muito bem.

3 Junte ao refogado as folhas inteiras de repolho branco e o arroz.

4 Refogue tudo mais um pouco e acrescente água fervente o suficiente para cozinhar o arroz. Ao juntar a água, junte também a salsa e a manjerona. Cozinhe até dar ponto. Acerte o sal e sirva.

Nota: Este arroz também fica muito gostoso quando se acrescentam a ele batatas-doces partidas ao meio.

Arroz com Peixe

- 1 kg de peixe de carne firme
- 4 colheres (sopa) de óleo
- 1 cebola picada
- Sal
- 2 dentes de alho picados
- 4 tomates sem pele
- 2 xícaras (chá) de arroz lavado
- Cheiro-verde a gosto
- 1 folha de louro
- Pimenta-verde a gosto
- Água fervente
- 2 colheres (sopa) de manteiga ou margarina
- Azeitonas e ovos cozidos para decorar

1 Tire as espinhas e a pele do peixe, corte-o em pedaços e refogue-os em uma caçarola com óleo, cebola batidinha e sal com alho.

2 Quando os pedaços estiverem dourados, junte os tomates, o arroz, o cheiro-verde, um pedacinho de folha de louro e, se gostar, pimenta-verde amassada.

3 Deixe refogar mais um pouco e cubra tudo com água fervente. Tampe a caçarola e deixe cozinhar em fogo forte.

4 Quando o arroz estiver secando, abaixe o fogo.

5 Depois de seco, adicione 2 colheres de manteiga ou margarina e torne a tampar a caçarola.

6 Na hora de servir, revolva o arroz com um garfo e retire o cheiro-verde.

7 Sirva enfeitado com azeitonas grandes e pedaços de ovo cozido.

Arroz com Polvo

- 1 polvo médio
- 1 maço pequeno de cheiro-verde
- 2 folhas de louro
- 4 colheres (sopa) de azeite
- 2 xícaras (chá) de arroz
- 3 tomates picados sem pele
- 1 cebola média picada
- Sal
- Azeitonas para decorar
- Salsinha picada

1 Lave bem o polvo, retire a areia das ventosas (o que se consegue batendo nelas fortemente com uma colher de pau), lave-o novamente e cozinhe em uma panela coberto com água. Adicione o cheiro-verde e as folhas de louro.

2 Quando estiver mole (espete um garfo para saber), retire-o da água. Reserve a água e meça 5 xícaras; se faltar, complete com água. Parta o polvo em pedaços de tamanho regular e ponha-os para refogar numa caçarola com o azeite.

3 Quando os pedaços estiverem dourados, junte o arroz, os tomates, cebola batidinha e um pouco de sal.

4 Refogue mais um pouco e cubra tudo com a água reservada. Prove o sal e deixe cozinhar em fogo forte.

5 Quando estiver quase seco, passe para fogo brando.

6 Na hora de servir, revolva o arroz com um garfo, tire a salsa, enfeite com azeitonas grandes e salpique com salsinha picada.

Arroz com Suã

- 1 kg de suã (parte inferior do lombo do porco) em pedaços
- Sal a gosto
- 3 dentes de alho amassados
- Cheiro-verde a gosto
- 3 colheres (sopa) de óleo
- 2 cebolas picadas
- 2 xícaras (chá) de arroz
- 4 tomates sem pele
- Salsa e cebolinha-verde

1 Tempere os pedaços de suã com o sal, o alho e o cheiro-verde.

2 Numa panela com óleo, refogue a cebola picada, junte os pedaços de suã e continue refogando até que fiquem bem corados.

3 Junte ao refogado o arroz e a cebola batidinha, refogue mais um pouco, ponha os tomates picados sem pele, refogue de novo até que desmanchem e junte água fervente até cobrir o arroz, ficando uns três dedos acima dele.

4 Quando o arroz estiver cozido, junte cebolinha-verde e salsa.

Observação: Este arroz não deve ficar seco, e sim macio, com um pouco de caldo. Cozinhe sempre em panela tampada.

Arroz com Tomate

- 2 xícaras (chá) de arroz
- 4 colheres (sopa) de óleo
- 2 tomates sem pele e sem sementes picados
- 2 colheres (sopa) de cebola picada
- Sal
- 1 colher (chá) de colorau
- 1 dente de alho picado
- 1 folha de louro ou 1 ramo de salsa

1 Lave o arroz em diversas águas, esfregando entre as mãos, e deixe-o escorrer numa peneira.

2 Leve-o ao fogo numa panela com uma colher de óleo.

3 Quando o óleo estiver quente, adicione o arroz, mexendo sempre, para não pegar na panela. Se começar a pegar, ponha mais um pouco de óleo.

4 Depois de bem frito o arroz (quando não estiver mais embolado), afaste-o um pouco no centro, de forma a ver o fundo da panela, e coloque mais meia colher de óleo, os tomates picados, a cebola picada, o sal, o alho e o colorau.

5 Esmague bem os temperos e vá misturando-os ao arroz até que os tomates fiquem completamente desmanchados. Adicione a folha de louro ou a salsa.

6 Junte água fervente, cobrindo o arroz até uns 2 dedos acima dele. Ou meça 4 xícaras de água fervente. Assim que levantar fervura, abaixe o fogo, tampe a panela e deixe até que o arroz cozinhe por igual. Não mexa o arroz quando ele estiver cozinhando.

7 Na hora de servir, descarte a folha de louro e, com a ajuda de um garfo, misture delicadamente o arroz para que os grãos se soltem bem.

Arroz de Carreteiro

- *600 g de carne-seca*
- *150 g de toucinho*
- *2 colheres (sopa) de azeite*
- *1 xícara (chá) de cebola picada*
- *2 dentes de alho picados finamente*
- *2 xícaras (chá) de arroz*
- *5 xícaras (chá) de água fervente*
- *3 tomates sem pele e sem sementes picados*
- *¼ de xícara (chá) de salsinha picada*

1 Lave a carne para eliminar parte do sal. Corte-a em pedaços graúdos. Coloque-os em um recipiente e cubra com água fria. Deixe de molho por 12 horas, trocando a água umas 3 vezes. Escorra, seque bem e reserve.

2 Corte o toucinho em cubos pequenos e coloque-os em uma panela de ferro juntamente com o azeite. Misture bem e leve ao fogo para dourar o toucinho. Adicione os cubos de carne e frite-os por 10 minutos ou até dourar.

3 Coloque a cebola e o alho na panela e refogue em fogo baixo por 3 minutos, misturando regularmente. Adicione 1 xícara de água e cozinhe a carne por mais 30 minutos.

4 Lave bem o arroz e escorra. Deixe secar e coloque na panela. Refogue o arroz por 5 minutos e adicione os tomates. Refogue mais um pouco e adicione as 4 xícaras de água restantes.

5 Assim que ferver novamente, tampe a panela e abaixe a chama ao mínimo.

6 Cozinhe o arroz por cerca de 20 minutos. Apague o fogo e deixe descansar por 5 minutos. Adicione a salsinha picada e misture delicadamente. Sirva como acompanhamento para churrascos.

Arroz Frito

- 2 xícaras (chá) de arroz
- ½ xícara (chá) de óleo
- ¼ de xícara (chá) de cebola picada
- 2 tomates sem pele e sem sementes
- 4 xícaras (chá) de água fervente
- 2 ramos de salsa
- Sal

1 Lave bem o arroz e deixe-o escorrer.

2 Leve ao fogo uma caçarola com o óleo e, quando estiver quente, junte o arroz e vá mexendo, sem parar, até que ele frite por igual, adquirindo uma cor alourada.

3 Despeje o arroz sobre uma peneira, para que todo o óleo escorra, e torne a levar ao fogo a panela com apenas 2 colheres de óleo, a cebola batidinha e os tomates bem picados.

4 Quando a cebola e os tomates estiverem refogados, adicione o arroz (que já deve ter escorrido bem), misture tudo e junte água fervente o suficiente para cobrir o arroz, ficando uns 2 dedos acima dele.

5 Acrescente o ramo de salsa e sal a gosto, tampe a panela e deixe-a em fogo forte.

6 Quando o arroz estiver quase seco, baixe o fogo, tornando-o bem brando, até acabar de secar.

7 Antes de servir, retire o galho de salsa e mexa o arroz com um garfo.

Arroz de Forno

- 1 *receita de* arroz com tomate *(pág. 355)*
- 2 colheres (sopa) de manteiga ou margarina
- 2 gemas
- 4 colheres (sopa) de queijo parmesão ralado
- 2 ovos levemente batidos
- Farinha de rosca o quanto baste
- 12 azeitonas sem caroços
- 2 ovos cozidos
- Presunto e mozarela (opcional, ver nota)

1 Prepare a receita de arroz com tomate. Depois de pronto, e ainda quente, misture a manteiga, as gemas e metade do parmesão.

2 Arrume o arroz em uma travessa refratária, alise-o bem com uma faca e salpique com o parmesão restante. Cubra com os dois ovos batidos e polvilhe com farinha de rosca.

3 Leve ao forno preaquecido para aquecer bem e dourar.

4 Enfeite com as azeitonas e fatias de ovos cozidos.

5 Sirva bem quente.

Nota: Você pode arrumar o arroz em duas camadas, colocando entre uma e outra fatias de presunto e mozarela e cobrindo tudo como já foi explicado.

Arroz Indiano

- ½ kg de arroz
- 2 litros de água
- Sal

Molho:
- 4 colheres (sopa) de manteiga ou margarina
- 1 colher (sopa) de cebolinha-verde picada (só a parte branca)
- 1 colher (chá) de salsa picada fininho
- 1 peito de frango cortado em tiras finas
- ¼ de xícara (chá) de água
- 1 colher (sobremesa) de curry em pó (caril)
- 1 gema
- ½ xícara (chá) de creme de leite
- 1 colher (café) de sal
- 1 pitada de pimenta-branca

1 Para o molho, leve ao fogo a manteiga ou margarina, a cebolinha e a salsa.

2 Quando a cebola estiver dourada, adicione as tiras de frango. Acrescente a água e refogue até o líquido evaporar quase todo. Misture bem os ingredientes restantes numa tigela e despeje a mistura sobre o refogado, mexendo sempre. Reserve.

3 Logo que o molho se tornar homogêneo, retire-o do fogo. Não deixe ferver.

4 Cozinhe o arroz na água com o sal, mexendo de vez em quando para não pegar no fundo.

5 Depois de uns 20 minutos de fervura em fogo forte, deve estar cozido. Escorra o arroz em uma peneira.

6 Bem escorrido, espalhe-o num tabuleiro forrado com um guardanapo úmido e leve-o ao forno morno.

7 Sirva-o colocando em uma travessa e despejando o molho de *curry* por cima.

Arroz de Braga

- 1 kg de pedaços de frango
- 2 colheres (sopa) de óleo
- 100 g de toucinho defumado em pedaços
- 4 tomates sem pele picados
- 4 paios sem a pele
- 2 linguiças portuguesas
- ½ kg de arroz lavado e escorrido
- 6 xícaras (chá) de água fervente
- 3 folhas de repolho
- 1 colher (sopa) de salsa picada
- 1 colher (sopa) de cebolinha picada
- Sal e pimenta-do-reino

1 Refogue os pedaços de frango numa panela com o óleo e o toucinho defumado. Quando estiver tudo bem corado, junte 1 tomate picado, o paio e a linguiça em pedaços e logo a seguir o arroz.

2 Refogue durante mais alguns minutos, junte a salsa, a cebolinha, o sal, a pimenta e os 3 tomates, assim como as folhas de repolho, e cubra com a água fervente.

3 Deixe ferver cerca de 30 minutos em fogo brando.

4 Se quiser, quando estiver quase pronto, reparta em panelas de barro individuais, deixe ferver suavemente por mais 5 minutos e sirva nas próprias panelas.

Nota: O arroz de Braga é mais gostoso quando bem úmido, com um pouco de caldo. Se for preparado em panela de barro (o que é preferível), sirva na própria panela.

Arroz e Feijão à Moda Cubana

- *1 xícara (chá) de feijão-preto*
- *2 xícaras (chá) de arroz branco cozido*
- *50 g de toucinho*
- *150 g de paio*
- *150 g de presunto defumado*
- *2 colheres (sopa) de azeite*
- *1 cebola média picada*
- *1 dente de alho picado*
- *1 tomate maduro*
- *1 folha de louro*
- *Cominho*
- *1 colher (café) de pimenta em pó*
- *4 xícaras (chá) de caldo de frango*
- *Sal e pimenta-do-reino*
- *2 colheres (sopa) de suco de limão*

1 Coloque o feijão de molho em 4 xícaras de água fria, deixe de molho por cerca de 8 horas ou por uma noite e escorra.

2 Cozinhe o arroz branco como de costume.

3 Pique finamente o toucinho, corte o paio em fatias e o presunto em cubos de 1 cm.

4 Coloque em uma panela o toucinho e o azeite. Leve ao fogo baixo e doure, acrescente as fatias de paio e os cubos de presunto, refogue por 5 minutos e acrescente a cebola picada, o alho e a folha de louro. Misture bem e deixe refogar por mais 5 minutos.

5 Rale ou pique finamente o tomate e acrescente-o à panela. Salpique com o cominho e acrescente o feijão escorrido e a pimenta em pó. Misture e refogue por um minuto. Acrescente o caldo de frango, tampe parcialmente a panela e cozinhe por cerca de 1 e ½ hora ou até o feijão estar macio. Tempere com sal e pimenta-do-reino. Deve sobrar cerca de 1 e ½ xícara do caldo. Se necessário complete com um pouco mais de caldo.

6 Nesse momento, acrescente o suco do limão e 2 xícaras do arroz branco já cozido. Misture bem e sirva acompanhado de gomos de limão.

Nota: Um bom acompanhamento para esta receita são bananas-da-terra fritas.

Arroz na Fôrma com Parmesão

- *2 xícaras (chá) de arroz lavado*
- *Óleo*
- *1 cebola pequena picada*
- *Sal a gosto*
- *2 tomates sem pele*
- *4 xícaras (chá) de água fervente*
- *Cheiro-verde a gosto*
- *2 colheres (sopa) de manteiga ou margarina*
- *5 colheres (sopa) de queijo parmesão ralado*
- *2 ovos inteiros*

1   Lave o arroz e refogue-o em um pouco de óleo, cebola batidinha, sal e os 2 tomates.

2   Depois de refogar por uns minutos, junte água fervente e cheiro-verde, deixando cozinhar em fogo forte.

3   Quando estiver secando, passe para fogo brando, a fim de que seque bem.

4   Retire o cheiro-verde e junte 2 colheres de manteiga ou margarina, 4 colheres de queijo parmesão ralado e 2 ovos inteiros.

5   Misture tudo muito bem e leve para assar em fôrma untada com manteiga ou margarina.

6   Ao servir, vire a fôrma sobre uma travessa e polvilhe com queijo parmesão ralado.

Arroz Recuperado

- *2 colheres (sopa) de azeite ou manteiga*
- *100 g de presunto cozido (ou mortadela)*
- *½ cebola picada*
- *3 xícaras (chá) de arroz cozido*
- *Farinha de rosca*
- *2 ovos cozidos fatiados*
- *¼ de xícara (chá) de queijo ralado*
- *2 ovos levemente batidos*
- *Molho de tomate (opcional)*

1   Em um pouco de azeite ou manteiga, refogue o presunto cozido ou a mortadela e a meia cebola picada. Fora do fogo, misture o arroz já cozido.

2   Numa fôrma refratária, untada com manteiga ou margarina e polvilhada com farinha de rosca, coloque alguns pedacinhos de presunto ou mortadela e 6 rodelas de ovo cozido, acrescente uma camada de arroz, polvilhe com queijo ralado e 2 ou 3 colheradas de ovo batido. Repita até terminarem os ingredientes.

3   Por fim, aperte bem e deixe em forno quente durante meia hora.

4   Vire numa travessa e sirva bem quente.

Nota: Você pode servir também com molho de tomate e mais queijo ralado.

Risoto à Moda Americana

- 1 cebola grande
- 1 pimentão verde
- 3 talos de salsão
- 4 tomates
- 150 g de presunto defumado
- 250 g de linguiça calabresa
- 80 g de bacon
- ¼ de xícara (chá) de azeite
- 2 dentes de alho
- 2 xícaras (chá) de arroz lavado
- 4 xícaras (chá) de caldo de carne
- Sal e pimenta-do-reino a gosto
- Molho de pimenta-vermelha a gosto
- 200 g de camarões pequenos
- ½ xícara (chá) de salsinha picada
- ¼ de xícara (chá) de cebolinha picada

1   Pique finamente a cebola, o pimentão e o salsão. Retire a pele dos tomates, elimine as sementes e corte-os em cubos. Corte o presunto em cubos pequenos, fatie a linguiça e pique o *bacon*.

2   Coloque em uma caçarola o azeite e o *bacon*, leve ao fogo e refogue até o *bacon* estar dourado, acrescente o presunto e a linguiça, refogue até que dourem. Junte o salsão, o pimentão, a cebola e o alho. Abaixe o fogo e refogue por 15 minutos, misturando regularmente.

3   Coloque o arroz e refogue até que esteja levemente dourado. Acrescente os tomates e refogue por mais 5 minutos. Coloque o caldo. Adicione um pouco de sal, pimenta-do-reino e pimenta-vermelha, leve para ferver e tampe a panela, cozinhando até que a metade do caldo tenha sido absorvida. Acrescente os camarões e misture levemente, tampe novamente a panela e cozinhe até que todo o caldo seja absorvido.

4   Acrescente a salsinha e a cebolinha, misture bem e sirva.

Risoto de Camarões

- 1 kg de camarões pequenos
- Sal e pimenta-do-reino
- 4 dentes de alho
- 4 colheres (sopa) de cebola picada
- 4 colheres (sopa) de óleo
- 3 colheres (sopa) de salsinha picada
- 1 xícara (chá) de palmito picado
- 1 xícara (chá) de molho de tomate (pág. 465)
- 2 xícaras (chá) de água fervente
- 2 xícaras (chá) de arroz lavado
- ½ xícara (chá) de ervilhas em lata (escorridas)
- 2 colheres (sopa) de cebolinha picada
- 1 colher (sopa) de suco de limão

1   Limpe os camarões e tempere com sal e pimenta-do-reino.

2   Pique o alho e a cebola. Coloque o óleo em uma panela e acrescente os dentes de alho e a cebola, refogue em fogo baixo por cerca de 5 minutos, junte metade da salsinha e metade da cebolinha picada, misture e adicione o palmito e os camarões.

3   Refogue e junte o molho de tomate e a água fervente. Assim que começar a ferver, coloque um pouco de sal, pimenta-do-reino e o arroz, misturando bem. Tampe a panela e leve para ferver em fogo baixo até dar ponto no arroz (cerca de 20 minutos). Se secar muito, acrescente um pouco de água fervente.

4   Confira o ponto do arroz e o tempero, acrescente as ervilhas, a salsa e a cebolinha restantes e misture cuidadosamente. Tampe a panela e deixe o risoto descansar por 5 minutos. Sirva.

Risoto de Frango Ensopado

- 1 *receita de* arroz básico *(pág. 345)*
- 1 *frango ensopado em pedaços*
- 2 *colheres (sopa) de manteiga ou margarina*
- 1 *cebola picadinha*
- 6 *tomates maduros*
- ½ *lata de ervilhas escorridas*
- *Azeitonas sem caroço*
- *Sal*
- ¼ *de xícara (chá) de queijo parmesão ralado*
- 2 *ovos cozidos*

1 Prepare a receita de arroz básico e reserve.

2 Faça um frango ensopado em pedaços.

3 Retire os ossos de todos os pedaços, desprezando as peles. Desfie os pedaços de frango e refogue em um pouco de manteiga ou margarina e cebola picada.

4 Junte ao refogado o molho em que foi feito o ensopado. Adicione os tomates picados e sem pele, deixando tudo cozinhar mais um pouco até se formar um molho grosso. Quando o molho estiver pronto, adicione as ervilhas e algumas azeitonas sem caroço. Acerte o ponto do sal.

5 Arrume numa travessa refratária uma camada de arroz, outra de carne de frango ou galinha com o molho, salpique com parmesão ralado, monte mais uma camada de arroz, mais outra da carne com molho e parmesão. Repita até que não haja mais ingredientes, mas de modo que a última camada seja de carne com molho salpicada com queijo ralado.

6 Enfeite com rodelas de ovo cozido. Sirva quente.

Risoto Italiano de Açafrão

- 3 *colheres (sopa) de manteiga*
- 20 *g de tutano de boi (opcional)*
- 2 *colheres (sopa) de cebola picada*
- 2 *xícaras (chá) de arroz tipo arborio (ver nota)*
- ½ *xícara (chá) de vinho branco seco*
- 1 *envelope de açafrão*
- 1 *litro de caldo de carne fervente*
- *Sal*
- 50 *g de parmesão ralado*

1 Coloque metade da manteiga em uma panela. Passe o tutano por uma peneira e acrescente-o à manteiga. Coloque a cebola picada, refogue até que a cebola esteja transparente, junte o arroz e misture bem para envolver todos os grãos em manteiga.

2 Regue com o vinho branco e deixe absorver; acrescente o açafrão e vá regando com o caldo, concha a concha, até o arroz estar *al dente*. Misture constantemente, por cerca de 18 minutos; tempere com um pouco de sal.

3 Apague o fogo e acrescente o parmesão e a manteiga restante; misture bem. Tampe a panela e deixe descansar por mais 5 minutos.

Nota: O arroz arborio *é importado da Itália, tem grão curto e não deve ser lavado para o preparo do risoto. Nas capitais brasileiras pode ser encontrado em supermercados. Caso você não encontre, pode preparar a mesma receita utilizando arroz parbolizado. O resultado ficará bem diferente, mas não menos saboroso.*

Risoto Italiano de Cogumelos Secos

- *20 g de cogumelos secos* (funghi secchi)
- *4 colheres (sopa) de manteiga sem sal*
- *2 colheres (sopa) de cebola picada*
- *2 xícaras (chá) de arroz tipo arborio (ver nota na receita anterior)*
- *½ xícara (chá) de vinho branco seco*
- *1 litro de caldo de carne ou galinha*
- *Sal*
- *50 g de parmesão ralado*

1 Lave bem os cogumelos e coloque-os de molho por 30 minutos em 1 xícara (chá) de água fervente. Escorra, reserve o líquido e pique os cogumelos.

2 Coloque metade da manteiga e a cebola picada em uma panela larga. Leve ao fogo e refogue até que a cebola esteja transparente; coloque o arroz e misture bem para envolver todos os grãos em manteiga. Acrescente os cogumelos picados e refogue por mais um minuto.

3 Regue com o vinho branco e deixe absorver. Acrescente a água reservada (dos cogumelos) e vá regando com o caldo, concha a concha, misturando constantemente até o arroz estar *al dente* (aproximadamente 18 minutos). Tempere com um pouco de sal.

4 Apague o fogo e acrescente o parmesão e a manteiga restante; misture bem. Tampe a panela e deixe descansar por mais 5 minutos.

Bolinhos Simples de Arroz

- 2 xícaras (chá) de arroz pronto
- 2 ovos
- 1 colher (chá) de manteiga ou margarina
- 2 colheres (sopa) de queijo parmesão ralado
- Sal
- 1 colher (sopa) de salsa picada
- Leite o quanto baste
- Óleo para fritar

1 Bata no processador ou liquidificador o arroz já pronto (os bolinhos de arroz, geralmente, são feitos com sobras de arroz).

2 Adicione os ovos, a manteiga ou margarina, o queijo parmesão ralado, o sal, a salsa picadinha e um pouco de leite (para que a massa não fique dura) e bata tudo muito bem.

3 Frite às colheradas, em óleo bem quente.

4 Sirva sobre folhas de alface.

Bolinhos Especiais de Arroz

- 2 xícaras (chá) de arroz já cozido
- ½ xícara (chá) de leite
- 2 ovos
- 3 colheres (sopa) de parmesão ralado
- 1 colher (sopa) de salsinha picada
- 100 g de mozarela cortada em cubos pequenos
- ¼ de colher (chá) de noz-moscada
- Sal e pimenta-do-reino
- 4 colheres (sopa) de farinha de trigo
- 1 colher (café) de fermento em pó
- Óleo para fritar

1 Coloque o arroz em uma panela e acrescente o leite. Cozinhe em fogo baixo, misturando regularmente para que o arroz fique bem macio e o leite seja absorvido de forma completa. Retire do fogo e deixe esfriar.

2 Coloque em um recipiente o arroz, os ovos, o parmesão, a salsinha, os cubos de mozarela, a noz-moscada, o sal e a pimenta-do-reino. Misture bem e acrescente a farinha de trigo e o fermento.

3 A massa deve ficar em ponto que se possa moldar às colheradas. Se necessário, acrescente mais um pouco de farinha de trigo.

4 Aqueça o óleo em uma panela e vá colocando a massa às colheradas para formar os bolinhos. Frite até estarem dourados. Escorra e coloque sobre papel absorvente. Sirva quente.

Nota: O ideal para o preparo desta receita é utilizar sobras de arroz pronto.

Torta de Arroz

Massa:
- *2 xícaras (chá) de arroz cozido*
- *2 xícaras (chá) de leite*
- *½ xícara (café) de óleo*
- *2 colheres (sopa) de farinha de trigo*
- *3 colheres (sopa) de queijo ralado*
- *Sal e pimenta-do-reino*
- *¼ de xícara (chá) de farinha de rosca*
- *1 colher (sopa) de manteiga*
- *3 ovos separados, com as claras em neve*
- *1 colher (sopa) de fermento em pó*

Recheio:
- *Palmito picado com ovos cozidos e ervilhas ou*
- *Picadinho de carne, ovos cozidos picados e azeitonas ou*
- *Molho de tomate ou*
- *A seu critério, dependendo das sobras disponíveis*

1 Com exceção das claras em neve e do fermento em pó, bata tudo no liquidificador.

2 Junte e misture, a seguir, as claras em neve e o fermento, mexendo bem com uma colher.

3 Unte com a manteiga uma fôrma refratária e polvilhe-a com farinha de rosca.

4 Coloque na fôrma metade da massa, ponha o recheio e cubra com a outra metade.

5 Leve para assar em forno preaquecido até que fique dourado.

Feijão

Feijão

Feijão simples	369
Feijão assado à moda americana	369
Cassoulet	370
Feijão com leite de coco	371
Tutu de feijão	371
Virado de feijão	372
Feijão-guandu	372
Virado de feijão-guandu	373
Feijão-branco	373
Feijão-verde	374
Acarajé	374
Croquetes de feijão	375
Feijoada completa	375

Feijão Simples

- *3 xícaras (chá) rasas de feijão*
- *1 folha de louro*
- *Sal e pimenta-do-reino*
- *3 colheres (sopa) de óleo*
- *2 dentes de alho*
- *1 cebola picada finamente*
- *Ramos de salsa e cebolinha*

1 Lave o feijão em várias águas.

2 Leve-o ao fogo num caldeirão com 2 litros de água fria, a folha de louro e um pouco de sal. Cozinhe em fogo regular até que fique bem macio; se necessário, vá adicionando água aos poucos.

3 Em outra panela, coloque o óleo, o alho, a cebola picada e uma pitada de pimenta-do-reino.

4 Quando a cebola estiver corada, junte ao refogado 2 ou 3 conchas de grãos e amasse um pouco.

5 Junte ao refogado o caldo e o resto do feijão que ficou no caldeirão. Cozinhe em fogo brando para engrossar.

6 Se gostar, pode adicionar um galho de salsa e de cebolinha.

Feijão Assado à Moda Americana

- *2 xícaras (chá) de feijão tipo jalo*
- *2 colheres (chá) de sal*
- *Pimenta-do-reino*
- *¼ de xícara (chá) de açúcar mascavo*
- *½ colher (chá) de mostarda*
- *1 cebola graúda inteira*
- *150 g de toucinho magro*

1 Lave os feijões e coloque-os de molho em 4 xícaras (chá) de água fria por 8 horas. Escorra e elimine a água. Coloque os feijões em uma panela com 8 xícaras (chá) de água e leve ao fogo baixo, cozinhando até que os feijões estejam macios (cerca de 40 minutos). Escorra e reserve o líquido do cozimento.

2 Em uma cumbuca de barro com capacidade para 1 e ½ litro aproximadamente, coloque o sal, a pimenta-do-reino, o açúcar mascavo e a mostarda. Misture bem.

3 Coloque os feijões escorridos e mexa bem. Coloque a cebola inteira dentro dos feijões e também o líquido do cozimento até cobri-los. Corte fatias grossas do toucinho e coloque sobre tudo. Cubra a cumbuca com papel-alumínio e leve ao forno médio por 4 horas; se necessário coloque um pouco de água nos feijões na metade do tempo.

4 Nos últimos 20 minutos, retire o papel-alumínio para fazer uma pequena crosta nos feijões. Sirva com carnes grelhadas.

Cassoulet

- 2 xícaras (chá) de feijão-branco
- 1 frango pequeno
- 1 talo de salsão picado
- 1 ramo de tomilho
- 1 folha de louro
- 4 talos de salsinha
- 1 pedaço de alho-poró
- 100 g de toucinho
- 6 dentes de alho descascados
- 2 cebolas médias descascadas
- 1 cravo-da-índia
- 2 cenouras raspadas
- 80 g de bacon *cortado em cubos*
- Sal e pimenta-do-reino
- 400 g de tomates sem pele e sem sementes
- 200 g de linguiça defumada
- ¾ de xícara (chá) de farinha de rosca

1   Lave bem os feijões e coloque-os de molho em água fria por 4 horas. Escorra.

2   Corte o frango em 8 pedaços. Prepare os aromas, colocando em uma gaze o talo de salsão, o tomilho, o louro, os talos de salsinha e o pedaço de alho-poró. Amarre a gaze com barbante, fazendo uma trouxinha.

3   Coloque os feijões em uma panela e cubra com água suficiente para ultrapassar 10 cm dos feijões. Adicione à panela o toucinho, 3 dentes de alho, uma cebola espetada com o cravo-da-índia, uma cenoura e o amarrado de aromas. Leve ao fogo e cozinhe por aproximadamente 1 e ½ hora para que os feijões fiquem macios, se necessário adicionando mais um pouco de água.

4   Enquanto o feijão cozinha, coloque os pedaços de *bacon* em uma panela e leve-os ao fogo baixo para que liberem a gordura. Doure os cubos de *bacon*, escorra e elimine a gordura. Junte os pedaços de frango à panela. Doure bem, em fogo alto. Retire os pedaços da panela e coloque em papel absorvente. Reserve a gordura do frango que ficou na panela. Escorra o feijão, reservando o líquido. Descarte os vegetais, o pedaço de toucinho e a trouxinha de aromas. Adicione os cubos de *bacon* frito ao feijão reservado e tempere com sal e pimenta-do-reino.

5   Escalde a linguiça em água fervente por 10 minutos. Escorra, retire a pele e corte em fatias. Reserve. Corte a cenoura restante em fatias grossas e pique grosseiramente as cebolas restantes.

6   Coloque na panela em que dourou o frango juntamente com 4 dentes de alho picados. Refogue por 10 minutos e adicione os tomates bem picados. Refogue por mais 5 minutos, coloque os pedaços de frango e tempere com sal e pimenta-do-reino. Cubra com a água do cozimento dos feijões, misture bem e cozinhe em fogo baixo por cerca de 1 hora para que o frango fique macio. Retire os pedaços de frango. Aqueça o forno a 170 °C. Em uma panela que possa ir ao forno ou cumbuca grande de barro, coloque 2 colheres (sopa) da gordura de frango reservada.

7   Coloque metade dos feijões, cubra com as fatias da linguiça, por cima coloque pedaços de frango e regue com o molho do cozimento do frango. Cubra com o feijão restante e, se necessário, adicione um pouco de água.

8   Cubra com a farinha de rosca. Leve ao forno por cerca de 30 minutos para dourar a crosta. Sirva com arroz.

Feijão

Feijão com Leite de Coco

- ½ kg de feijão
- Sal
- 1 vidro pequeno de leite de coco
- 2 colheres (sopa) de azeite-de-dendê

1 Lave o feijão em várias águas.

2 Cozinhe-o em água fervente até que fique macio.

3 Quando estiver cozido, bata-o no liquidificador e passe-o por uma peneira.

4 Torne a levar o caldo ao fogo, deixe que engrosse e ponha o sal.

5 Quando o caldo estiver grosso, junte o leite de coco e deixe mais um pouco no fogo, só para abrir fervura.

6 Na hora de servir, vire-o numa tigela e junte-lhe um pouco de azeite-de-dendê aquecido em banho-maria.

Tutu de Feijão

- ¼ de xícara (chá) de óleo
- 1 cebola pequena picada
- 3 talos de cebolinha-verde picados
- 2 dentes de alho picados
- Sal e pimenta-do-reino
- 3 xícaras (chá) de feijão já cozido
- Farinha de mandioca o quanto baste
- Toucinho defumado a gosto

1 Faça um refogado com bastante óleo, cebola, cebolinha, sal, alho e uma pitada de pimenta-do-reino.

2 Junte ao refogado o feijão já cozido, com um pouco do caldo.

3 Deixe ferver um pouco e, depois, vá juntando farinha de mandioca, mexendo sempre e sem tirar a panela do fogo, até que fique com uma consistência mole.

4 Sirva enfeitado com torresmos ou pedaços de toucinho defumado fritos.

VIRADO DE FEIJÃO

- ¼ de xícara (chá) de óleo
- 1 cebola fatiada
- Cebolinha
- Sal e pimenta-do-reino
- 2 dentes de alho
- 3 xícaras (chá) de feijão já cozido
- Farinha de milho o quanto baste
- Linguiça
- Ovos fritos
- Costeletas de porco grelhadas (opcional)

1 Faça um refogado com óleo, rodelas de cebola e cebolinha, sal com alho e pimenta-do-reino (uma pitada) e junte o feijão já cozido, com um pouco de caldo.

2 Deixe ferver um pouco e vá juntando a farinha de milho, mexendo sempre e sem tirar a panela do fogo, até que fique com uma boa consistência.

3 Sirva enfeitado com linguiça frita, com ovos estrelados ou com costeletas de porco.

FEIJÃO-GUANDU

- 3 xícaras (chá) de feijão-guandu
- ½ kg de carne de porco defumada
- 3 colheres (sopa) de óleo
- 1 colher (chá) de sal com alho
- 1 cebola picada
- Pimenta-do-reino
- 1 folha de louro
- 2 tomates sem pele
- Salsa e cebolinha (se gostar)
- Ovos tantos quantas forem as pessoas a servir

1 Debulhe o feijão, lave-o bem e leve-o ao fogo para ferver.

2 Em outra panela, ferva também uma quantidade de água igual à da primeira.

3 Quando as duas águas estiverem fervendo, escorra o feijão e ponha-o na água da outra panela, deixando-a em fogo brando. A água em que o feijão foi fervido ficou amarga e não deve ser usada para cozinhá-lo.

4 Se quiser, passe a carne de porco defumada por uma fervura e junte-a ao feijão.

5 Faça, no óleo, um refogado de sal com alho, cebola picadinha, uma pitada de pimenta-do-reino, um pedacinho de folha de louro e os tomates.

6 Quando a cebola estiver corada, junte ao refogado 2 ou 3 conchas de grãos e amasse um pouco.

7 Tempere com o refogado o caldo e o resto do feijão que ficou na panela, deixando em fogo brando para engrossar.

8 Se gostar, ponha um galho de salsa e cebola-verde.

9 Pouco antes de servir, quebre os ovos dentro do feijão.

Virado de Feijão-guandu

- ¼ de xícara (chá) de óleo
- 1 cebola picada
- Cebolinha a gosto
- Sal com alho a gosto
- 1 pitada de pimenta-do-reino
- 2 xícaras (chá) de feijão-guandu cozido
- Farinha de milho o quanto baste
- Linguiça (opcional)
- Ovos estrelados (opcional)
- Costeletas de porco (opcional)

1 Faça um refogado com óleo, rodelas de cebola e cebolinha, sal com alho e pimenta-do-reino.

2 Junte ao refogado o feijão-guandu já cozido, com um pouco de caldo.

3 Deixe ferver um pouco e vá juntando farinha de milho, mexendo sempre e sem tirar a panela do fogo, até que fique com uma boa consistência.

4 Sirva enfeitado com linguiça frita, ovos estrelados ou costeletas de porco.

Feijão-branco

- 3 xícaras (chá) de feijão-branco
- 4 colheres (sopa) de óleo
- 2 dentes de alho
- 1 cebola média picada
- Sal e pimenta-do-reino
- 1 pedacinho de folha de louro
- 4 tomates sem pele picados
- 1 ramo de salsa e cebolinha
- Costeletas ou lombo de porco, pedaços de linguiça ou salsicha (opcional)

1 Escolha o feijão, lave-o bem e leve-o ao fogo num caldeirão com água fria (uns 2 litros), deixando-o em fogo regular até que fique bem macio.

2 Em outra panela, em óleo, refogue alho, cebola batidinha, uma pontinha de pimenta-do-reino, a folha de louro e os tomates.

3 Quando a cebola estiver corada, junte ao refogado 2 ou 3 conchas de grãos e amasse um pouco.

4 Junte ao refogado o caldo e o resto do feijão que ficou no caldeirão e deixe em fogo brando para engrossar. Tempere com sal.

5 Se gostar, adicione ramos de salsa e cebolinha.

Observação: Cozido com costeletas ou lombo de porco (defumados ou frescos), é muito gostoso. Também podem ser adicionados ao refogado pedaços de linguiça ou salsicha.

FEIJÃO-VERDE

- 2 xícaras (chá) de feijão-verde
- Água com sal
- 2 colheres (sopa) de óleo
- ¼ de xícara (chá) de cebola picada
- Sal e pimenta-do-reino
- Cheiro-verde

1 Debulhe certa quantidade de feijão-verde e leve-o para cozinhar em água com sal. (Deixe a panela destampada, para que o feijão não perca a cor.)

2 Quando estiver cozido, tempere-o com um refogado de óleo, sal, cebola picada, pimenta-do-reino e cheiro-verde.

3 Deixe ferver um pouco para que não fique com muito caldo. Sirva.

ACARAJÉ

- 600 g de feijão-fradinho
- 4 cebolas médias
- 350 g de camarões secos
- 1 xícara (chá) de azeite-de-dendê

Molho:
- 1 cebola média
- 300 g de camarões secos
- 5 pimentas-malagueta
- ½ colher (chá) de sal
- 2 colheres (sopa) de azeite-de-dendê
- 5 tomates (sem pele e sem sementes) batidos no liquidificador
- 250 g de camarões frescos descascados (de preferência médios)

1 Deixe o feijão de molho em água fria por 12 horas.

2 Escorra os grãos e vá adicionando pequenas porções deles dentro de um guardanapo. Esfregue-os bem, até retirar toda a casca.

3 Vá pondo os feijões descascados numa vasilha e, quando esse trabalho estiver terminado, passe os feijões pelo processador.

4 Passe pelo processador, também os camarões e as cebolas.

5 Depois de moído, amasse tudo muito bem e vá batendo, para ligar a massa, até que se formem pequenas bolhas, o que leva mais ou menos 10 minutos.

6 Faça com a massa bolinhos do tamanho de um ovo, e reserve-os.

7 Leve ao fogo, numa frigideira pequena e funda, o azeite-de-dendê e aqueça-o por 3 minutos.

8 Aquecido o azeite-de-dendê, frite os acarajés de 2 em 2, primeiro de um lado (por 3 minutos), depois do outro (mais 3 minutos).

9 À medida que for retirando os acarajés da frigideira, coloque-os para escorrer em papel absorvente, e reserve-os.

10 Para o recheio, passe pelo processador a cebola, o camarão seco, a pimenta e o sal. Coloque o azeite-de-dendê numa frigideira, aqueça-o por 2 minutos e adicione os tomates passados no liquidificador; deixe ferver por 2 minutos, acrescente a mistura passada pela máquina e mais os camarões frescos; deixe no fogo por mais 10 minutos, ou até obter um molho denso, que tanto servirá para rechear como para ser derramado sobre os acarajés.

11 Para rechear os acarajés, abra-os ao meio e coloque dentro o molho.

Croquetes de Feijão

- 1 xícara (chá) de arroz pronto
- 1 xícara (chá) de feijão pronto escorrido
- 1 dente de alho
- 1 pitada de sal
- Cebolinha
- Salsa picadinha
- 3 ou 4 colheres (sopa) de queijo parmesão ralado
- 2 colheres (sopa) de farinha de trigo
- ½ xícara (chá) de leite
- 1 ovo inteiro
- Farinha de rosca para empanar
- Ovo batido para empanar
- Óleo para fritar

1 Passe por uma peneira as porções de feijão e arroz, perfazendo 2 xícaras (chá) de massa (usam-se, geralmente, sobras das refeições).

2 Tempere a massa com o dente de alho socado numa pitada de sal mais cebolinha, salsa picadinha e o queijo parmesão ralado.

3 Adicione à massa temperada as 2 colheradas de farinha de trigo dissolvidas no leite e leve ao fogo, misturando sempre, durante 10 minutos.

4 Retire do fogo, deixe esfriar e junte 1 ovo inteiro, misturando bem.

5 Em seguida, com as mãos e um pouco de farinha de rosca, faça bolinhos menores que um ovo, passe-os em ovo batido e farinha de rosca e frite-os em óleo bem quente.

Feijoada Completa

- ½ kg de carne de porco salgada
- ½ kg de carne-seca
- 1 pé, 1 orelha e 1 focinho de porco salgados
- 1 kg de feijão-preto
- ½ kg de carne bovina (ponta-de-agulha ou braço)
- ½ kg de linguiça
- 1 osso de presunto
- 1 paio
- 100 g de toucinho defumado
- Algumas costeletas de porco ou ½ kg de lombo de porco fresco
- 1 cebola graúda picada
- 2 colheres (sopa) de óleo
- 3 dentes de alho
- Cheiro-verde a gosto
- Sal (opcional)

1 Ponha de molho, na véspera, a carne de porco salgada, a de carne-seca, o pé, a orelha e o focinho de porco salgados.

2 No dia seguinte, de manhã, leve o feijão-preto ao fogo num caldeirão com bastante água.

3 Em outra panela, dê uma fervura nos ingredientes que deixou de molho.

4 Uma hora depois que o feijão estiver no fogo, junte nele os ingredientes fervidos e mais a carne bovina (ponta-de-agulha ou braço), a linguiça, o osso de presunto, o paio, o toucinho defumado e as costeletas de porco ou o lombo de porco fresco.

5 Quando tudo estiver mais ou menos cozido, junte um refogado feito à parte com cebola picadinha, 1 colher (sopa) de óleo, alho socado e cheiro-verde.

6 Prove o sal e deixe ferver, até que tudo fique bem cozido, em fogo brando, para que não pegue no fundo do caldeirão.

7 Na hora de servir, coloque todos os ingredientes em uma travessa, arrumando com jeito. (O feijão será levado à mesa numa tigela de barro.)

8 Sirva junto molho, couve refogada, arroz, farinha de mandioca e laranjas doces, picadas e polvilhadas com sal fino.

Angu, Pirão e Polenta

> "Toute fantaisie, ou admission hors nature, doivent en être rigouresement proscrites."
>
> Texto da edição de 1944 de *Dona Benta*.

Angu, Pirão e Polenta

Angu baiano para peixe 379
Angu de fubá 379
Pirão de farinha de mandioca 380
Pirão de semolina 380
Polenta básica 381
Polenta cremosa com cogumelos 381
Polenta de forno com bacalhau 382
Polenta frita 382
Polenta grelhada com calabresa 383

Angu Baiano para Peixe

- 4 xícaras (chá) de água ou caldo em que o peixe foi cozido
- 1 colher (sopa) de manteiga ou margarina
- Salsinha, cebolinha e coentro picado
- Pimenta-vermelha picada
- Farinha de arroz ou de mandioca o quanto baste

1 Ferva um pouco de água ou caldo do peixe com a manteiga ou margarina, os cheiros picados e algumas pimentas.

2 Vá juntando, aos poucos, a farinha de arroz ou de mandioca, mexendo sem parar, de modo a não encaroçar. O angu deve ficar bem cozido e não muito duro.

Angu de Fubá

- 4 xícaras (chá) de água
- 1 colher (sopa) de óleo
- Sal a gosto
- 2 xícaras (chá) de fubá mimoso

1 Leve ao fogo uma panela com água, deixe ferver e tempere com o óleo e o sal.

2 Junte o fubá aos poucos, mexendo para não encaroçar, até que tome uma boa consistência e comece a desgrudar da panela.

3 Retire do fogo e vire o angu sobre um prato fundo molhado.

4 Ao servir, vire de novo em outro prato.

Pirão de Farinha de Mandioca

O pirão é um excelente acompanhamento para cozidos em geral, seja de carnes ou de pescados. Moquecas, pucheros e cozidos à moda portuguesa rendem bons caldos. Um bom pirão é preparado a partir do caldo em que foi preparado o cozido, mas pode ser feito com caldos industrializados ou mesmo com água.

- *4 xícaras (chá) de caldo de cozido ou ensopado*
- *1 colher (sopa) de óleo*
- *2 colheres (sopa) de cebola picada*
- *1 colher (sopa) de salsa ou coentro picado*
- *1 colher (sopa) de cebolinha picada*
- *Farinha de mandioca o quanto baste*
- *Sal*

1   Faça primeiro o cozido ou ensopado e reserve as 4 xícaras de caldo.

2   Em uma panela, refogue a cebola no óleo, adicione o caldo, acrescente a salsa (ou o coentro) e a cebolinha e leve à fervura.

3   Adicione pouco a pouco a farinha de mandioca e mexa ininterruptamente para incorporar bem. Quanto mais farinha colocar, mais espesso ficará o pirão. Cozinhe por mais alguns minutos e acerte o ponto do sal. Sirva acompanhando o cozido.

Nota: Você pode acrescentar ao refogado pimentão picado ou tomates cortados em cubos. Se gostar do pirão mais picante, acrescente ao refogado uma pimenta-dedo-de-moça bem picada.

Pirão de Semolina

- *6 xícaras (chá) de caldo de carne ou frango*
- *2 colheres (sopa) de manteiga*
- *2 xícaras (chá) de semolina*
- *Sal e pimenta-do-reino*

1   Coloque o caldo para ferver e adicione a manteiga. Adicione aos poucos a semolina, misturando bem para não encaroçar. Cozinhe por alguns minutos para adquirir a consistência desejada.

2   Acerte o ponto do sal e da pimenta-do-reino e sirva acompanhando carnes e aves cozidas ou ensopadas.

Polenta Básica

- 8 xícaras (chá) de água ou caldo
- 1 colher (sopa) de sal
- 2 xícaras (chá) de fubá
- 4 colheres (sopa) de manteiga

1 Coloque a água para ferver e acrescente o sal. Assim que estiver fervendo vigorosamente, coloque o fubá, deixando cair aos poucos na água fervente. Mexa constantemente para que não empelote.

2 Cozinhe a polenta por cerca de 40 minutos, mexendo regularmente. Apague o fogo, acrescente a manteiga, misture bem e utilize conforme solicitado.

Nota: Para uma polenta mais firme, utilize 3 xícaras (chá) de água para cada xícara de farinha. Para uma polenta mais cremosa, utilize 5 xícaras (chá) de água para cada xícara de farinha.

Polenta Cremosa com Cogumelos

- 40 g de cogumelos secos
- 2 xícaras (chá) de água fervente
- 200 g de cogumelos shitake
- 200 g de champignons *Paris*
- 2 colheres (sopa) de manteiga
- 2 colheres (sopa) de cebola picada
- 4 folhas de sálvia picadas
- *Vinho branco*
- 60 g de queijo gorgonzola
- 6 xícaras (chá) de água fria
- 2 colheres (chá) de sal
- *Pimenta-do-reino*
- 2 xícaras (chá) de fubá mimoso
- 2 colheres (sopa) de salsinha picada
- 60 g de queijo parmesão
- 1 e ½ xícara (chá) de requeijão ou cream cheese

1 Lave bem os cogumelos secos e cubra com as 2 xícaras (chá) de água fervente. Deixe hidratar por 20 minutos. Escorra, reserve a água e pique-os finamente.

2 Fatie os *shitake* e os champignons. Coloque a manteiga em uma frigideira e acrescente a cebola. Refogue para que fique bem macia e comece a dourar. Acrescente os *shitake*, os champignons e a sálvia. Refogue novamente até que fiquem macios. Acrescente os cogumelos secos e misture novamente. Regue com o vinho branco e deixe evaporar.

3 Acrescente o queijo gorgonzola e misture para que derreta bem. Se necessário, acrescente umas 2 colheres (sopa) de água para ajudar o queijo a derreter. Acerte o sal e a pimenta-do-reino. Adicione a salsinha. Retire do fogo e reserve.

4 Coloque 4 xícaras (chá) de água para ferver em uma panela grande.

5 Coloque no liquidificador 2 xícaras (chá) de água e 2 xícaras (chá) do líquido reservado dos cogumelos secos. Adicione o sal e o fubá. Bata até obter uma pasta bem lisa. Despeje lentamente na panela com a água fervente, sem parar de mexer. Cozinhe a polenta por 30 minutos, mexendo sem parar. Se a mistura estiver pesada, acrescente um pouco mais de água fervente.

6 Junte o parmesão e misture bem. Apague o fogo e adicione o requeijão, misturando sem parar até que a polenta fique bem cremosa. Tampe a panela por 5 minutos.

7 Aqueça o molho enquanto a polenta estabiliza. Coloque-a em pratos fundos e cubra com um pouco de molho.

Polenta de Forno com Bacalhau

- 4 xícaras (chá) de água fria
- 1 xícara (chá) de fubá
- 1 colher (sopa) de sal
- 2 colheres (sopa) de manteiga
- 12 azeitonas pretas sem caroço
- 1 pimentão vermelho sem pele e sem sementes
- 1 pimentão amarelo sem pele e sem sementes
- 6 tomates sem pele e sem sementes
- 4 colheres (sopa) de azeite
- $\frac{1}{3}$ de xícara (chá) de cebola picada
- 2 dentes de alho picados
- 300 g de bacalhau desfiado (dessalgado)
- Orégano
- Sal e pimenta-do-reino
- 1 colher (sopa) de salsinha picada
- Azeite

1 Aqueça o forno a 180 °C. Em um recipiente, misture bem a água, o fubá e o sal. Despeje em um refratário, distribua a manteiga em pedacinhos sobre a polenta e leve ao forno por 40 minutos. Enquanto isso, prepare o molho.

2 Corte as azeitonas em lâminas e os pimentões em tiras finas. Pique bem os tomates.

3 Coloque o azeite em uma frigideira e acrescente a cebola. Refogue até que ela comece a dourar e junte o alho picado. Misture e refogue por mais 1 ou 2 minutos. Coloque o bacalhau e misture. Adicione os pimentões e os tomates.

4 Misture bem e cozinhe em fogo alto por cerca de 8 minutos. Tempere com o orégano, o sal e a pimenta-do-reino. Acrescente as azeitonas.

5 Após 40 minutos, retire a polenta do forno e misture bem com um garfo. Cubra com o molho e leve ao forno por mais 10 minutos.

6 Retire e salpique com a salsinha picada. Sirva regando com um fio de azeite.

Polenta Frita

- 1 receita de polenta básica (pág. 381)
- Óleo para fritar
- Parmesão ralado (opcional)

1 Prepare a receita de polenta básica e despeje em uma assadeira untada com óleo, deixando a polenta com cerca de 2 cm de espessura. Cubra e leve à geladeira por algumas horas.

2 Aqueça bastante óleo em uma panela. Corte a polenta em palitos (como batatas fritas) ou em quadradinhos. Doure no óleo e escorra em papel absorvente.

3 Sirva polvilhando o parmesão.

Polenta Grelhada com Calabresa

- *1 receita de polenta básica (pág. 381) firme*
- *250 g de linguiça calabresa*
- *2 colheres (sopa) de azeite*
- *1 cebola pequena*
- *½ colher (chá) de sementes de erva-doce*
- *¼ de xícara (chá) de vinho marsala ou porto*
- *2 xícaras (chá) de tomates sem pele e sem sementes*
- *2 xícaras (chá) de brócolis pré-cozidos*
- *Sal e pimenta-do-reino*
- *2 colheres (sopa) de salsinha picada*

1   Prepare a polenta conforme indicado na receita. Despeje em um refratário em uma camada de 2 cm a 3 cm de espessura. Leve à geladeira para esfriar completamente.

2   Elimine a pele da calabresa, moa a carne no processador ou pique finamente com uma faca bem afiada.

3   Coloque o azeite em uma frigideira, aqueça e acrescente a linguiça moída. Refogue em fogo baixo para que a linguiça fique dourada. Aumente a chama e coloque a cebola picada e as sementes de erva-doce. Refogue para que a cebola comece a dourar. Regue com o vinho marsala e adicione os tomates. Misture bem, regue com um pouco de água e cozinhe o molho por 20 minutos, amassando os tomates com a ajuda de um garfo.

4   Quando o molho estiver consistente, acrescente os brócolis e cozinhe por mais 2 minutos. Acerte o ponto do sal e da pimenta-do-reino e acrescente a salsinha.

5   Corte a polenta em quadrados ou no formato desejado. Coloque sobre uma chapa ou grelha e doure bem dos dois lados. Sirva cobrindo com o molho.

FONDUE

"Fondue é o prato ideal para reunir amigos íntimos. (...) Seu acompanhamento indispensável é o pão-bengala especial, bem fininho."

Texto da edição de 1998 de *Dona Benta*.

Fondue

Fondue *de queijo* 387
Fondue *de peixe* 388
Fondue *de batatas* 388
Fondue bourguignonne 389

Fondue

A *fondue* é o prato ideal para reunir amigos. A receita original vem dos Alpes suíços.

No seu preparo entram, como ingredientes principais, 2 tipos de queijo, *kirsch* e vinho branco. Seu acompanhamento clássico é o pão-bengala fino ou a baguete. O ideal é utilizar o pão amanhecido, pois tem textura mais firme e o queijo adere melhor a ele.

Existem outras variações interessantes: *fondue* de peixe, *fondue bourguignonne*, *fondue* de batatas e outros.

Fondue de Queijo

- *2 baguetes (pão) amanhecidas*
- *1 dente de alho (descascado)*
- *250 g de queijo* gruyère *ralado grosso*
- *250 g de queijo* emmenthal *ralado grosso*
- *2 xícaras (chá) de vinho branco seco*
- *1 colher (sobremesa) de maisena*
- *3 colheres (sopa) de* kirsch *ou vodca*
- *1 pitada de sal*
- *1 pitada de pimenta-do-reino*
- *1 pitada de noz-moscada ralada*
- *Pão-bengala*

1 Corte o pão em cubos de 2 a 3 cm e arrume-os em uma cestinha.

2 Amasse o alho levemente, sem deixar que se parta. Espete-o em um garfo e passe-o no fundo da panela (própria para fondues) preaquecida.

3 Coloque os queijos e o vinho na panela, com chama baixa. Logo que começarem a derreter, mexa (traçando um 8) com uma colher de pau para que os queijos não embolem.

4 Quando os queijos estiverem derretidos, adicione a maisena dissolvida no *kirsch*, o sal, a pimenta e a noz-moscada. Continue mexendo, como foi indicado, até que a *fondue* fique com textura de creme espesso, mas uniforme. Coloque a panela na espiriteira apropriada e leve à mesa.

5 Para consumir, espete um pedacinho de pão-bengala no garfo, passe-o na *fondue* e deguste-o.

Observação: Com esta fondue *você pode servir também quadradinhos de pera e abacaxi ao natural ou ainda cubos de maçã.*

Fondue de Peixe

- 500 g de filé de pescada branca
- 1 colher (chá) de sal
- ½ xícara (chá) de farinha de trigo
- 2 ovos ligeiramente batidos
- 1 xícara (chá) de farinha de rosca
- 2 xícaras (chá) de óleo para fritar
- 2 xícaras (chá) de flores de brócolis cozidos
- 1 xícara (chá) de cebolinhas em conserva
- 2 cenouras cozidas e cortadas em pedacinhos

Molho de mostarda
- 1 xícara (chá) de maionese
- 1 colher (sopa) de mostarda
- 1 colher (chá) de gengibre ralado

Molho rosado
- 1 xícara (chá) de maionese
- 1 colher (sobremesa) de vinagre de estragão
- 1 colher (sobremesa) de ketchup
- 1 salsa picada

1 Prepare o molho de mostarda do seguinte modo: misture 1 xícara (chá) de maionese com 1 colher (sopa) de mostarda. Ponha a mistura obtida numa molheira. Polvilhe com 1 colher (chá) de gengibre ralado.

2 Prepare o molho rosado misturando 1 xícara (chá) de maionese, 1 colher (sobremesa) de vinagre de estragão e 1 colher (sobremesa) de *ketchup*. Coloque o molho numa molheira e decore com salsa picada.

3 Corte a pescada em filezinhos de 3 cm de comprimento por 1,5 cm de largura e tempere-os com o sal. Passe-os na farinha de trigo, nos ovos batidos e na farinha de rosca. Arrume-os numa travessa.

4 Ponha o óleo na panela própria para *fondue*.

5 Arrume numa travessa os brócolis, as cebolinhas e as cenouras.

6 Arrume a espiriteira na mesa, os garfos próprios, as travessas com o peixe e os legumes e as molheiras.

7 No momento de servir, esquente o óleo, espete um filezinho de peixe e frite-o. Depois, passe-o no molho de sua preferência.

8 Sirva-se alternadamente de peixe e de legumes.

Nota: A mesma receita pode ser preparada com camarões, não sendo necessário cortá-los.

Fondue de Batatas

- ½ kg de batatas tipo bolinha descascadas
- ½ litro de água
- 1 colher (chá) de sal
- 2 xícaras (chá) de óleo para fritar
- 200 g de pão tipo suíço
- Molhos (pág. 457)

1 Cozinhe as batatas em água fervente e sal por 20 minutos.

2 Ponha-as no recipiente em que serão levadas à mesa, escorridas e frias.

3 Misture a maionese com o iogurte e coloque numa tigelinha.

4 Esquente o óleo no fogão e leve-o à mesa na panela da *fondue* e coloque sobre a espiriteira apropriada para mantê-lo aquecido.

5 Espete com o garfo a batata e frite-a na própria mesa, mergulhando-a, a seguir, no molho de maionese preparado ou em outro molho de sua preferência.

Fondue Bourguignonne

- *350 g de filé-mignon limpo cortado em cubos de 2 a 3 cm*
- *Picles (cenoura e couve-flor)*
- *Pepinos em conserva*
- *Cebolinhas em conserva*
- *2 xícaras (chá) de óleo para fritar*
- *Sal e pimenta-do-reino*

1 Arrume a carne no prato em que a vai servir.

2 Coloque os picles num pratinho.

3 Ponha sobre a mesa a espiriteira e coloque sobre ela a panelinha com o óleo. Ao lado, disponha os garfos próprios para *fondue*.

4 Arrume sobre a mesa os pratinhos com a carne, os picles, os pepinos em conserva e as molheiras. Acenda a espiriteira para esquentar o óleo.

5 Espete um pedacinho de carne no garfo e frite-o no óleo quente. Tempere com o sal e a pimenta-do-reino. Passe a carne no molho de sua preferência.

Molho de iogurte rosado:
- *1 xícara (chá) de maionese*
- *½ xícara (chá) de iogurte natural*
- *1 colher (sopa) de* ketchup
- *1 pitada de sal*

Misture os ingredientes e coloque o molho em uma molheira ou tigela pequena.

Molho de queijo:
- *1 xícara (chá) de requeijão*
- *1 pitada de pimenta-do-reino branca*
- *1 pitada de sal*
- *1 colher (chá) de salsa picada*

Misture os ingredientes e coloque o molho em uma molheira ou tigela pequena.

Molho com alcaparras:
- *½ xícara (chá) de maionese*
- *1 colher (sopa) de cebola picada*
- *1 colher (chá) de alcaparras picadas*
- *2 colheres (sopa) de creme de leite*

Misture os ingredientes e coloque o molho em uma molheira ou tigela pequena.

Molho de mostarda:
- *½ xícara (chá) de maionese*
- *1 colher (sopa) de mostarda amarela*
- *2 colheres (sopa) de creme de leite*
- *Sal e pimenta-do-reino*

Misture os ingredientes e coloque o molho em uma molheira ou tigela pequena.

Massas e Panquecas

Neste capítulo há receitas que incluem macarrão, panquecas e outras massas. Lembramos que as quantidades proporcionais de água e farinha podem variar sensivelmente nas receitas, pois dependem de fatores como a umidade do ar e a marca da farinha. Portanto, é possível que as quantidades precisem ser ajustadas.

As massas são refeições completas, e na maioria das receitas o preparo é fácil e rápido.

> *"As massas, especialmente as italianas, são, na culinária internacional, um capítulo de destaque. São pratos fortes, ricos em sabor e valor nutritivo."*
>
> Texto da edição de 1998 de *Dona Benta*.

Massas

Massa caseira para macarrão	394
Massa clássica para macarrão	394
Canelone de ricota	395
Capelete à romanesca	395
Espaguete ao alho e óleo	396
Espaguete à carbonara	396
Espaguete primavera	397
Espaguete à puttanesca	397
Gravatinhas com salmão	398
Lasanha	398
Macarrão à bolonhesa	399
Macarrão à francesa	399
Macarrão com tomate e manjericão	399
Macarrão com pesto genovês	400
Macarrão gratinado	400
Macarrão na manteiga	400
Macarrão ao forno com fígado de frango	401
Macarrão aos quatro queijos	401
Macarrão com mariscos ou vôngoles	402
Macarrão com sardinhas à siciliana	402
Macarrão oriental	403
Macarronada de domingo	403
Macarronada com bracciola	404
Macarronada com brócolis	404
Macarronada com molho de camarão	405
Nhoque de farinha de trigo	405
Nhoque de batata	406
Nhoque de polenta	406
Nhoque de ricota	407
Penne com abóbora e espinafre	407
Penne com atum e rúcula	408
Penne picante arrabiata	408
Rigatone recheado	409
Raviole	410
Talharim com berinjela	410

Panquecas

Massa para panquecas e crepes	412
Panquecas com carne	412
Panquecas com espinafre	413
Panquecas com molho de tomate	413

Massas
Massas

Massa Caseira para Macarrão

- ½ kg de farinha de trigo
- 6 ovos
- Salmoura

1 Ponha numa vasilha funda a farinha de trigo, os ovos e um pouco de salmoura morna. Amasse, adicionando aos poucos mais salmoura, até que a massa fique com boa consistência. Estenda-a com um rolo, sobre uma mesa enfarinhada, até ficar bem fina. Coloque-a, a seguir, estendida sobre guardanapos secos, para secar.

2 Depois de mais ou menos meia hora, leve de novo a massa para a mesa, polvilhe-a com farinha de trigo e corte-a em tiras finas ou mais grossas, conforme o gosto. Abra, então, as tiras com as mãos, para que se soltem umas das outras. (Caso tenha máquina de cortar macarrão, pegue pequenas porções da massa, depois de pronta, e corte-as na máquina.)

3 Cortados os macarrões, coloque em uma peneira para secar.

Massa Clássica para Macarrão

- 500 g de farinha de trigo
- 1 colher (sopa) de óleo
- 5 ou 6 ovos

1 Peneire a farinha sobre uma superfície plana e molde em formato de vulcão. Quebre os ovos no centro do vulcão e adicione o óleo. Com a ajuda de um garfo, vá incorporando a farinha aos ovos. Quando começar a se formar uma massa consistente, amasse bem com as mãos até obter uma massa lisa e elástica.

2 Se necessário, adicione um pouco mais de farinha de trigo. Coloque a massa em um saco plástico e deixe descansar por 3 minutos.

3 O ideal é abrir a massa com o cilindro apropriado, o que vem acompanhado dos cortadores para talharim e *tagliatelle*. Caso não possua o cilindro, divida a massa em 6 pedaços e estenda-os com a ajuda de um rolo. Corte a massa no formato desejado. Utilize imediatamente ou coloque em um varal para secar.

Nota: Nesta massa não se usa sal, pois ele é adicionado à água do cozimento.

Canelone de Ricota

- *1 pacote de massa fresca para lasanha*
- *½ kg de ricota fresca*
- *Sal*
- *Canela em pó*
- *Salsinha bem picada*
- *150 g de queijo ralado*
- *1 colher (sopa) de manteiga*
- *1 pitada de noz-moscada*
- *1 receita de molho de tomate (pág. 465)*

Molho cremoso:
- *1 cebola*
- *1 colher (sopa) de manteiga*
- *3 colheres (sopa) de farinha de trigo*
- *2 cubos de caldo de carne*
- *½ litro de leite quente*
- *Sal*

1 Refogue a cebola na manteiga, junte a farinha de trigo já misturada com o leite e o caldo de carne e deixe engrossar. Corrija o sal.

2 Cozinhe a massa de lasanha em água e sal e, depois de cozida, corte-a pelo meio no sentido da largura.

3 À parte, misture a ricota (amassada com o sal, a canela em pó e a salsinha), a metade do queijo ralado, a manteiga e a noz-moscada.

4 Com a mistura obtida, recheie a massa da lasanha, formando pequenos rolos.

5 Arrume tudo da seguinte maneira: forre um refratário com o molho de tomate; coloque sobre o molho os canelones; cubra os canelones com o molho cremoso e o queijo ralado. Leve ao forno para gratinar. Sirva quente.

Capelete à Romanesca

- *60 g de champignons em conserva*
- *100 g de presunto cozido*
- *2 colheres (sopa) de manteiga*
- *½ lata pequena de ervilhas*
- *1 receita de molho branco (pág. 463)*
- *50 g de parmesão ralado*
- *¼ de xícara (chá) de creme de leite fresco*
- *Sal e pimenta-do-reino*
- *400 g de capeletes de frango*

1 Coloque água para ferver em um caldeirão e salgue levemente. Corte os *champignons* em lâminas e pique o presunto.

2 Em uma panela média, coloque a manteiga e adicione os cogumelos e o presunto. Refogue por 2 minutos e adicione as ervilhas e o molho branco. Ferva e adicione o parmesão e o creme de leite. Tempere com sal e pimenta-do-reino e mantenha o molho aquecido.

3 Coloque a massa para cozinhar na água fervente até que esteja *al dente*. Escorra e acrescente ao molho, misturando bem.

4 Sirva imediatamente ou coloque em um refratário, salpique com mais parmesão e leve ao forno para dourar.

Espaguete ao Alho e Óleo

- ½ kg de macarrão tipo espaguete
- *Água fervente e sal*
- *2 colheres (sopa) de óleo*
- *5 dentes de alho fatiados*
- *Salsa picada*

1 Cozinhe o macarrão na água com sal e um fio de óleo, tomando o cuidado de não deixá-lo amolecer demais.

2 Leve ao fogo uma panela com o óleo e os dentes de alho. Refogue-os, não deixando que o alho escureça.

3 Quando as fatias de alho começarem a dourar, adicione a salsa e 3 colheres (sopa) da água de cozimento do macarrão.

4 Escorra o macarrão e adicione ao molho; misture bem.

5 Sirva, bem quente, numa travessa.

Nota: Nesta receita o sal adicionado à água do cozimento deverá ser suficiente para temperar a massa.

Espaguete à Carbonara

- *150 g de* bacon
- *2 colheres (sopa) de azeite*
- *1 colher (sopa) de cebola picada*
- *400 g de espaguetes*
- *5 ovos*
- *¼ de xícara (chá) de creme de leite*
- *Sal e pimenta-do-reino*
- *4 colheres (sopa) de parmesão*

1 Encha uma tigela com água fervente para que a tigela fique aquecida. Corte o *bacon* em cubos de 1 cm. Coloque abundante água para ferver e salgue-a levemente.

2 Coloque em uma frigideira os cubos de *bacon* com o azeite, leve ao fogo baixo e frite até que os cubos estejam dourados; adicione a cebola picada e refogue. Apague o fogo e reserve. Coloque a massa para cozinhar.

3 Escorra a água quente da tigela e coloque nela os ovos, batendo-os levemente. Acrescente o creme de leite, o sal, a pimenta-do-reino, o refogado de *bacon* e cebolas e o parmesão; misture bem.

4 Quando a massa estiver no ponto, escorra e despeje diretamente na tigela com os ovos. Misture rapidamente. Sirva.

Espaguete Primavera

- 4 tomates firmes
- Folhas de manjericão a gosto
- ½ colher (chá) de orégano
- 1 dente de alho
- 4 bolas de mozarela de búfala
- 400 g de espaguetes
- 4 colheres (sopa) de azeite
- Sal e pimenta-do-reino

1 Lave os tomates e corte-os ao meio no sentido horizontal. Esprema levemente para retirar as sementes. Corte a polpa em cubos de 2 cm e coloque em uma tigela funda. Acrescente o manjericão, o orégano e o alho cortado em lâminas.

2 Corte as mozarelas em cubos de 2 cm e reserve. Coloque abundante água para ferver e cozinhe os espaguetes.

3 Regue os tomates com o azeite e tempere com sal e pimenta-do-reino. Acrescente os cubos de mozarela e misture delicadamente.

4 Escorra os espaguetes e despeje imediatamente sobre o preparado de tomates. Misture bem e sirva imediatamente.

Espaguete à Puttanesca

- 400 g de espaguetes
- 2 colheres (sopa) de azeite ou óleo
- 4 filés de anchovas picados
- Pimenta-calabresa em flocos
- 1 receita de molho napolitano básico (pág. 476)
- 1 colher (sopa) de alcaparras
- 1 colher (sopa) de salsinha picada
- 8 azeitonas pretas sem caroço fatiadas
- Sal

1 Prepare o molho napolitano com antecedência.

2 Coloque abundante água para ferver e salgue levemente. Quando a água ferver, coloque a massa para cozinhar, misturando para que não grude.

3 Coloque o azeite em uma panela ou frigideira grande e aqueça. Adicione as anchovas e a pimenta-calabresa. Refogue por 2 ou 3 minutos e coloque o molho napolitano na panela.

4 Leve à fervura e cozinhe por 5 minutos. Adicione as alcaparras, a salsinha e as azeitonas. Prove o ponto do sal e, se necessário, faça a correção.

5 Escorra a massa e adicione ao molho. Misture bem e sirva em uma travessa ou tigela funda.

Gravatinhas com Salmão

- 2 colheres (sopa) de manteiga
- 1 colher (chá) de sementes de erva-doce
- 2 alhos-porós
- 4 colheres (sopa) de vinho branco seco
- 100 g de salmão defumado
- 1 e ½ xícara (chá) de creme de leite fresco
- Sal e pimenta-do-reino branca
- 1 colher (chá) de salsa picada
- 400 g de massa tipo gravatinha

1   Coloque abundante água para ferver e salgue levemente. Em uma frigideira, derreta a manteiga em fogo baixo com as sementes de erva-doce. Retire do fogo e deixe repousar por 5 minutos.

2   Fatie finamente a parte branca dos alhos-porós (reserve a parte verde para aromatizar caldos e sopas).

3   Coe a manteiga e retorne à frigideira até que borbulhe. Acrescente o alho-poró e refogue por 2 minutos. Misture bem e regue com o vinho branco. Deixe evaporar.

4   Acrescente metade do salmão picado grosseiramente e o creme de leite. Cozinhe em fogo baixo até o creme espessar. Acerte o sal e a pimenta-do-reino. Cozinhe a massa *al dente* e acrescente ao molho, juntamente com o salmão picado restante e a salsinha picada.

5   Sirva bem quente.

Lasanha

- 1 receita de molho à bolonhesa fácil (pág. 467)
- 1 receita de molho branco (pág. 463)
- ½ kg de massa para lasanha
- 2 colheres (sopa) de manteiga ou margarina
- Noz-moscada (opcional)
- ½ kg de mozarela em fatias
- ¼ de xícara (chá) de parmesão ralado

1   Prepare o molho à bolonhesa e deixe esfriar. Reserve. Prepare o molho branco e reserve.

2   Cozinhe a lasanha aos poucos, em água fervente. Escorra e coloque imediatamente em uma tigela com água gelada, escorra novamente e vá colocando-a espalhada sobre um pano limpo.

3   Unte um refratário com a manteiga e coloque uma camada de lasanha, uma de molho à bolonhesa, outra de lasanha, uma de molho branco (acrescente noz-moscada, se gostar) e uma de mozarela; repita a operação, terminando com uma camada de molho branco. Salpique com o parmesão e leve ao forno por mais ou menos 30 minutos.

4   Sirva no refratário.

Nota: A massa para lasanha pode ser preparada utilizando a receita de massa clássica para macarrão (pág. 376). Abra com um rolo ou cilindro e corte retângulos de 10 x 20 cm.

Macarrão à Bolonhesa

- *1 receita de molho à bolonhesa (pág. 467)*
- *500 g de massa tipo espaguete ou outra*
- *Sal*
- *Óleo*
- *4 colheres (sopa) de parmesão ralado*

1 Prepare o molho conforme a receita.

2 Coloque 4 litros de água para ferver em um caldeirão e adicione 2 colheres (sopa) de sal e um fio de óleo. Cozinhe a massa na água fervente.

3 Aqueça bem o molho. Escorra a massa e adicione ao molho. Misture bem e coloque em uma travessa.

4 Salpique com o parmesão ralado e sirva.

Macarrão à Francesa

- *2 cubos de caldo de carne*
- *1 litro de água fervente*
- *300 g de macarrão (espaguete ou talharim)*
- *1 colher (sopa) de manteiga*
- *2 gemas*
- *2 colheres (sopa) de leite*
- *2 colheres (sopa) de queijo ralado*

1 Dissolva os cubos de caldo de carne na água fervente.

2 Junte o macarrão e cozinhe até que esteja no ponto. Escorra.

3 Coloque o macarrão bem quente numa travessa e adicione a manteiga, as gemas e o leite (previamente misturados). Mexa bem, para incorporar.

4 Polvilhe o macarrão com o queijo ralado e sirva.

Macarrão com Tomate e Manjericão

- *1 receita de molho de tomate (pág. 465)*
- *2 colheres (sopa) de manteiga*
- *2 colheres (sopa) de parmesão ralado*
- *500 g de massa tipo espaguete ou talharim*
- *¼ de xícara (chá) de folhas de manjericão*

1 Prepare o molho como indicado na receita.

2 Coloque em uma tigela a manteiga amolecida e o parmesão.

3 Cozinhe a massa em abundante água fervente levemente salgada. Escorra sem deixar que passe do ponto e despeje na tigela com a manteiga e o parmesão. Misture bem.

4 Cubra com o molho e salpique com as folhas de manjericão.

MASSAS

Macarrão com Pesto Genovês

- 500 g de massa tipo talharim
- 1 receita de molho al pesto (pág. 468)

1 Cozinhe a massa em abundante água levemente salgada.

2 Coloque o molho (em temperatura ambiente) em uma tigela funda ou sopeira.

3 Escorra bem a massa e adicione-a ao molho, misturando muito bem para incorporar os ingredientes.

4 Sirva imediatamente.

Macarrão Gratinado

- ½ kg de macarrão
- Sal
- 3 gemas
- 1 receita de molho branco (pág. 463)
- ¼ de xícara (chá) de creme de leite
- ¼ de xícara (chá) de queijo parmesão ralado
- Farinha de rosca

1 Cozinhe o macarrão na água fervente com sal, não deixando amolecer demais. Escorra e coloque em uma tigela. Reserve.

2 Misture as gemas ao molho branco e adicione o creme de leite. Acerte o ponto do sal do molho e misture-o com a massa cozida.

3 Coloque em um refratário e salpique com o parmesão e um pouco de farinha de rosca.

4 Leve a massa ao forno bem quente para dourar.

Nota: Você pode adicionar ao molho tiras finas de presunto, ervilhas e cogumelos fatiados.

Macarrão na Manteiga

- 2 litros de água fervente
- 2 colheres (sopa) de sal
- Óleo
- 300 g de macarrão espaguete ou talharim
- 3 colheres (sopa) de manteiga amolecida
- 3 colheres (sopa) de parmesão ralado

1 Coloque a água para ferver e adicione o sal e um fio de óleo.

2 Junte o macarrão e cozinhe até que esteja no ponto. Escorra.

3 Coloque o macarrão numa travessa, junte a manteiga e o parmesão, misture bem e sirva quente.

Macarrão ao Forno com Fígado de Frango

- *1 cebola fatiada finamente*
- *150 g de presunto picado*
- *Sal e pimenta-do-reino*
- *8 a 10 fígados de frango*
- *6 tomates maduros sem pele e sem sementes (picados)*
- *100 g de manteiga*
- *Farinha de trigo o quanto baste*
- *½ kg de macarrão talharim ou espaguete*
- *½ xícara (chá) de queijo ralado*
- *3 ovos*

1 Prepare o molho, dourando a cebola na manteiga. Adicione o presunto e uma pitada de pimenta-do-reino. Junte os fígados picados e os tomates. Misture bem e tempere com sal.

2 Cozinhe em fogo baixo por cerca de 20 minutos ou até que o molho esteja espesso.

3 Em bastante água e 1 colher (sopa) de sal, cozinhe a massa e escorra. Reserve.

4 Numa fôrma com furo no meio, untada com manteiga e polvilhada com farinha de trigo, coloque o macarrão em camadas leves, polvilhando cada camada com queijo ralado e pedacinhos de manteiga.

5 Bata os 3 ovos (inteiros) com uma pitada de sal, despeje em cima da última camada de macarrão e leve ao forno quente durante 10 minutos.

6 Retire do forno, vire no prato que irá à mesa e ponha na cavidade e em volta o molho de fígado. Salpique tudo com mais parmesão ralado.

Macarrão aos Quatro Queijos

- *500 g da massa de sua escolha (espaguete, penne etc.)*
- *1 receita de molho aos quatro queijos (pág. 469)*

1 Cozinhe a massa em água fervente levemente salgada.

2 Aqueça o molho, escorra a massa e incorpore-a ao molho.

3 Sirva bem quente.

Macarrão com Mariscos ou Vôngoles

- 1 kg de mariscos ou vôngoles na casca
- 1 talo de salsão
- 1 cenoura pequena
- 2 colheres (sopa) de salsinha picada
- 2 dentes de alho
- ½ cebola
- ½ xícara (chá) de azeite
- ½ kg de tomates sem pele e sem sementes
- Sal e pimenta-do-reino
- ½ kg de talharim ou espaguete
- Queijo parmesão ralado

1 Lave bem os mariscos ou vôngoles, remova os fiapos que os prendiam às pedras, ponha-os no fogo em uma panela sem água (para que se abram), tire-os das conchas, separe-os e guarde a água que deles se desprendeu, coando-a.

2 Pique finamente o salsão, a cenoura, a salsa, o alho e a cebola, refogando tudo na ½ xícara de azeite.

3 Junte ao refogado os tomates, a água que sobrou dos mariscos, a pimenta-do-reino e um pouco de sal, deixando ferver durante 15 minutos.

4 Acrescente os mariscos ou vôngoles e deixe no fogo por mais 10 minutos. Reserve.

5 Cozinhe o talharim ou espaguete em bastante água e sal, escorrendo-o bem. Adicione ao molho.

6 Sirva, se quiser, com salsa picadinha e parmesão ralado.

Macarrão com Sardinhas à Siciliana

- 200 g de sardinhas em lata escorridas
- ½ erva-doce fatiada
- ¼ de xícara (chá) de azeite
- 2 colheres (sopa) de cebola picada
- 1 colher (chá) de alho picado
- ½ xícara (chá) de suco de laranja
- 300 g de polpa de tomate
- 1 colher (sopa) de uvas-passas
- 1 colher (chá) de raspas de casca de laranja
- Sal e pimenta-do-reino
- 2 colheres (sopa) de salsinha
- ½ kg de espaguete

1 Limpe bem as sardinhas, retirando as espinhas. Corte a erva-doce em tiras finas.

2 Aqueça o azeite em uma frigideira e acrescente as tiras de erva-doce. Refogue por 3 minutos, acrescente a cebola e o alho. Refogue até a cebola ficar macia, coloque as sardinhas picadas grosseiramente e refogue por um minuto.

3 Regue com o suco de laranja e deixe evaporar. Acrescente os tomates e misture novamente. Abaixe o fogo e cozinhe por 5 minutos. Acrescente as uvas-passas, as raspas de casca de laranja e misture novamente, acerte o sal e a pimenta-do--reino e salpique com a salsinha.

4 Cozinhe o espaguete em abundante água fervente levemente salgada. Escorra e acrescente ao molho.

Nota: Esta receita pode ser preparada com sardinhas frescas. Para tanto, limpe bem as sardinhas, remova as espinhas e escalde-as por 5 minutos em água fervente levemente salgada. Escorra, elimine as peles e pique as sardinhas. Utilize como as sardinhas em conserva.

Macarrão Oriental

- *200 g de lombo de porco*
- *½ pimentão verde*
- *½ pimentão vermelho*
- *1 cebola média*
- *1 talo de salsão*
- *1 cenoura*
- *60 g de champignons*
- *60 g de ervilha torta ou brócolis*
- *4 folhas de acelga*
- *500 g de macarrão oriental*
- *1 colher (sopa) de maisena*
- *6 colheres (sopa) de óleo de soja*
- *3 colheres (sopa) de molho de soja*
- *1 e ½ xícara (chá) de caldo de frango*
- *1 colher (chá) de óleo de gergelim (opcional)*

1 Corte o lombo em bifes finos e os bifes em tiras. Pique os pimentões, a cebola e o salsão em cubos de 2 cm. Corte a cenoura em fatias finas e diagonais, fatie os *champignons* em lâminas e a ervilha em pedaços.

2 Pique grosseiramente as folhas de acelga e reserve. Coloque água para ferver e cozinhe a massa até estar no ponto; escorra e passe em água fria. Reserve. Dissolva a maisena no caldo frio e reserve.

3 Aqueça 3 colheres (sopa) do óleo em uma frigideira grande em fogo alto. Quando estiver bem quente, coloque o macarrão pré-cozido e refogue rapidamente. Coloque a massa em uma travessa e a mantenha aquecida. Na mesma panela, coloque o óleo restante e deixe aquecer novamente. Acrescente as tiras de lombo e refogue por 3 minutos. Junte a cenoura e refogue.

4 Coloque o salsão, o pimentão e a cebola, refogue por 2 minutos e acrescente as ervilhas e os *champignons*. Refogue mais 2 minutos e adicione o molho de soja.

5 Coloque o caldo de frango com a maisena e acrescente as folhas de acelga. Dê ponto no molho e coloque o óleo de gergelim. Sirva o molho sobre o macarrão.

Macarronada de Domingo

- *1 receita de molho rústico para massas (pág. 476)*
- *½ kg de macarrão caseiro*
- *Queijo parmesão ralado*

1 Faça o molho na véspera, para ficar mais saboroso.

2 Prepare a massa e cozinhe em abundante água fervente levemente salgada. Escorra e adicione ao molho bem quente.

3 Sirva salpicando com bastante parmesão.

Macarronada com Bracciola

- 500 g de carne magra cortada numa só fatia da grossura de um bife
- 1 talo de salsão picado
- 1 cenoura de tamanho médio
- 3 dentes de alho picados
- Sal e pimenta-do-reino
- 100 g de presunto cru em fatias
- 4 colheres (sopa) de óleo
- 1 cebola picada
- 8 tomates bem maduros, sem pele e sem sementes
- 500 g de macarrão
- Queijo parmesão ralado

1 Estenda a carne e espalhe por cima o salsão, a cenoura e um dos dentes de alho previamente picados. Adicione uma pitada de pimenta-do-reino e outra de sal. Cubra esses temperos com as fatias de presunto, enrole e amarre.

2 Coloque no fogo uma caçarola com óleo e doure o rolo de carne (*bracciola*) completamente por todos os lados.

3 Adicione a cebola e os dois outros dentes de alho, os tomates ou a massa de tomate dissolvida em água, deixando cozinhar, com a panela aberta e em fogo forte, por alguns minutos.

4 Tampe a panela e deixe ferver lentamente cerca de 2 horas, até o molho ficar reduzido a quase a metade.

5 Cozinhe o macarrão em bastante água e sal, escorra e junte o molho.

6 Corte a *bracciola* em fatias e enfeite com elas a travessa de macarrão.

7 Sirva, quente, com parmesão ralado.

Macarronada com Brócolis

- 1 maço de brócolis
- ½ xícara (chá) de azeite
- 1 cebola picada
- 3 dentes de alho picados
- 6 tomates em pedaços e sem sementes
- ½ xícara (chá) de água
- 2 colheres (sopa) de salsa picada
- Sal e pimenta
- 500 g de macarrão
- Queijo ralado

1 Separe as folhas das flores do maço de brócolis, lave-as bem e cozinhe-as em água e sal, colocando as flores em cima, pois elas cozinham mais rapidamente.

2 Numa panela com 1 xícara (chá) de azeite, deixe dourar a cebola e os dentes de alho picadinhos.

3 Junte os tomates picados, a ½ xícara (chá) de água e a salsa picada. Tempere com a pimenta e sal a gosto, deixando ferver durante alguns minutos.

4 Acrescente os brócolis escorridos e levemente picados (reserve algumas flores para enfeitar o prato) e misture tudo, deixando cozinhar mais algum tempo.

5 Cozinhe o macarrão em bastante água, escorra-o, misture os brócolis, polvilhe com bastante queijo ralado, enfeite a travessa com as flores de brócolis reservadas e sirva bem quente.

Macarronada com Molho de Camarão

- 1 receita de molho napolitano básico (pág. 476)
- 500 g de camarões médios limpos
- 4 colheres (sopa) de azeite
- 2 colheres (sopa) de cebola picada
- 2 colheres (sopa) de vinho branco seco (opcional)
- Sal e pimenta-do-reino
- 2 colheres (sopa) de salsinha picada
- 500 g de massa a sua escolha (espaguete, talharim etc.)
- Ramos de salsinha

1 Prepare o molho napolitano básico e reserve.

2 Corte cada camarão em 2 pedaços.

3 Aqueça o azeite em uma panela e adicione a cebola picada. Refogue em fogo baixo para que fique bem macia. Aumente a chama do fogão e regue com o vinho branco. Adicione os pedaços de camarão. Refogue por 3 minutos e salpique com sal e pimenta-do-reino.

4 Despeje o molho reservado na panela e leve para ferver. Ferva por mais 5 minutos e apague o fogo. Tempere com a salsinha, e se necessário mais um pouco de sal. Reserve.

5 Cozinhe a massa em abundante água fervente levemente salgada. Escorra e coloque em uma travessa.

6 Cubra o macarrão com o molho bem quente.

7 Sirva decorando com ramos de salsa.

Nhoque de Farinha de Trigo

- 4 colheres (sopa) de farinha de trigo
- 1 copo de leite
- 1 pitada de sal
- 4 ovos
- 1 colher (sopa) de queijo ralado

1 Desmanche a farinha no leite com o sal e leve para cozinhar.

2 Deixe esfriar e amasse com os ovos e o queijo ralado.

3 Faça rolinhos, cortando pedaços de 3 cm a 4 cm.

4 Cozinhe-os em água fervente levemente salgada. Quando vierem à superfície, estarão cozidos.

5 Depois de escorridos, coloque-os num prato e sirva-os com molho de tomate ou à bolonhesa.

Nhoque de Batata

Esta é a receita básica para o preparo do nhoque. Escolha um destes molhos: *molho de tomate* (pág. 465), *molho para macarronada ou nhoque* (pág. 477), *molho à bolonhesa* (pág. 467) ou *molho aos quatro queijos* (pág. 469).

- 1 kg de batatas
- 1 ovo inteiro
- 300 g de farinha de trigo
- Sal
- Noz-moscada
- Queijo parmesão ralado

1 Lave as batatas e coloque-as em água fervente. Ferva até que estejam macias. Escorra e passe pelo espremedor. Não é necessário tirar a casca, pois ela ficará presa no espremedor. Coloque em uma superfície plana e deixe esfriar. Assim que a batata esfriar, acrescente o ovo, a metade da farinha de trigo, o sal e a noz-moscada. Amasse bem até a massa estar com uma boa consistência. Se necessário, acrescente mais farinha de trigo.

2 Polvilhe farinha de trigo em uma mesa ou mármore, pegue porções de massa, enrole-as da grossura de um dedo, corte esses rolos em pedaços pequenos (os nhoques) e coloque-os em cima da mesa ou do mármore polvilhados.

3 Preparados todos os nhoques, leve-os para cozinhar em água fervente com sal. Quando subirem à tona, estarão cozidos.

4 Retire os nhoques cozidos com a escumadeira e escorra-os bem.

5 Cozidos e escorridos todos os nhoques, arrume num prato uma camada deles, polvilhe com queijo ralado, cubra com o molho e vá fazendo assim até acabarem os nhoques, de modo a terminar com uma cobertura de molho.

Nhoque de Polenta

- ½ kg de fubá
- 1 e ½ litro de água
- 1 pitada de sal
- Molho (de tomate ou de carne) ou manteiga derretida
- Queijo parmesão ralado

1 Com o fubá, a água e a pitada de sal, faça uma polenta (mingau) e deixe cozinhar, mexendo sempre, durante cerca de ½ hora, até conseguir uma massa bem encorpada.

2 Despeje sobre mármore untado e estenda com uma faca até a grossura de 1 cm.

3 Deixe esfriar e corte em rodelas, arrumando-as numa vasilha refratária untada com manteiga.

4 Cubra com o molho de seu gosto ou manteiga derretida e polvilhe com o queijo.

5 Depois de 15 minutos em forno bem quente, sirva.

Nhoque de Ricota

- 600 g de ricota
- 1 ovo
- 1 gema
- 4 colheres (sopa) de farinha de trigo
- Sal e pimenta-do-reino
- Noz-moscada
- 6 colheres (sopa) de parmesão
- 4 colheres (sopa) de manteiga
- 10 folhas de sálvia

1 Passe a ricota por uma peneira ou amasse bem com um garfo. Coloque em uma tigela e acrescente o ovo e a gema. Misture bem. Coloque a farinha de trigo, o sal, a pimenta-do-reino, a noz-moscada e o queijo parmesão.

2 Coloque abundante água para ferver e salgue levemente.

3 Com a massa de ricota, faça bolinhas de 5 cm. Ponha os nhoques na água fervente e cozinhe até subirem à tona. Escorra com uma escumadeira e coloque em uma travessa. Coloque a manteiga em uma frigideira e leve ao fogo. Acrescente as folhas de sálvia picadas grosseiramente. Tempere com uma pitada de sal. Regue os nhoques com essa manteiga. Se preferir, salpique com mais parmesão e leve ao forno quente por 10 minutos.

Nota: Você pode servir estes nhoques cobertos com molho de tomate *(pág. 465).*

Penne com Abóbora e Espinafre

- 500 g de abóbora
- Sal e pimenta-do-reino
- ½ maço de espinafres
- 50 g de bacon
- 1 colher (sopa) de manteiga
- 2 colheres (sopa) cebola picada
- 1 colher (sopa) de farinha trigo
- 1 xícara (chá) de caldo de frango
- ½ xícara (chá) de creme de leite
- 2 colheres (sopa) de parmesão ralado
- Noz-moscada
- 500 g de massa tipo penne

1 Descasque a abóbora e corte em cubos de 1 cm. Tempere com sal e pimenta-do-reino e leve ao forno preaquecido até estarem macios, porém firmes.

2 Lave bem as folhas do espinafre e corte-as em tiras.

3 Coloque abundante água para ferver.

4 Corte o *bacon* em cubinhos e coloque em uma panela. Leve ao fogo até estar bem dourado, escorra o excesso de gordura e acrescente a manteiga à panela. Coloque a cebola bem picada e refogue. Acrescente a farinha de trigo e misture bem, regue com o caldo e cozinhe por 5 minutos.

5 Acrescente os cubos de abóbora e o espinafre, cozinhe por 2 minutos e regue com o creme de leite; acrescente o parmesão e deixe o molho engrossar levemente. Tempere com sal, pimenta-do-reino e noz-moscada.

6 Cozinhe a massa e acrescente-a ao molho. Sirva bem quente.

Penne com Atum e Rúcula

- *400 g de massa tipo penne*
- *1 maço de rúcula*
- *1 lata de atum em conserva*
- *4 colheres de sopa de azeite*
- *2 dentes de alho*
- *Sal e pimenta-do-reino*

1   Coloque água para ferver (salgue levemente) e cozinhe a massa.

2   Enquanto a massa cozinha, pique grosseiramente a rúcula e reserve. Escorra o atum e reserve.

3   Em uma frigideira grande coloque o azeite e os dentes de alho levemente amassados. Leve ao fogo baixo até que o alho esteja dourado; descarte o alho, retire a frigideira do fogo e acrescente o atum. Misture bem e acrescente metade da rúcula e ¼ de xícara (chá) da água do cozimento da massa, tempere com sal e pimenta-do-reino e cozinhe por um minuto.

4   Despeje esse molho em uma travessa funda. Escorra a massa e coloque-a sobre o molho, acrescente a rúcula restante e misture bem. Sirva.

Penne Picante Arrabiata

- *1 receita de molho napolitano básico (pág. 476)*
- *1 pimenta-dedo-de-moça*
- *Sal*
- *400 g de massa tipo penne*
- *2 colheres (sopa) de azeite*
- *1 cebola pequena picada finamente*
- *2 colheres (sopa) de salsinha picada*

1   Prepare o molho napolitano e reserve.

2   Retire as sementes da pimenta e corte-a em tiras finas.

3   Coloque bastante água para ferver em um caldeirão e adicione um pouco de sal. Assim que a água estiver fervendo, adicione a massa, misturando para não grudar.

4   Coloque em uma panela o azeite, leve ao fogo e adicione a cebola. Refogue para que fique macia e acrescente a pimenta-dedo-de-moça picada. Refogue por mais 2 minutos e adicione o molho napolitano à panela. Ferva e cozinhe por 3 minutos. Adicione a salsinha e um pouco de sal.

5   Escorra a massa e adicione ao molho. Misture bem e sirva.

Rigatone Recheado

- 500 g de rigatones
- Queijo parmesão ralado

Recheio 1:
- 250 g de ricota
- 100 g de queijo parmesão ralado
- 1 punhadinho de salsa picada
- 1 ovo inteiro

Recheio 2:
- 150 g de carne magra moída
- ½ cebola
- Cheiro-verde
- ½ colher (sopa) de massa de tomate
- 100 g de presunto picado
- 1 punhado de queijo parmesão ralado

Recheio 3:
- Espinafres
- ½ colher (sopa) de manteiga
- 1 ovo inteiro
- Pimenta-do-reino
- Queijo parmesão ralado
- 3 ovos mal batidos
- ½ xícara (chá) de leite
- Sal
- Molho a escolher

1 Em bastante água e sal, cozinhe os rigatones. Escorra-os quando ainda não estiverem totalmente cozidos e divida-os em 3 partes.

2 Recheie uma das partes com a ricota amassada com o queijo parmesão, a salsa e o ovo indicados para o *recheio 1*.

3 Recheie outra parte com um picadinho feito com a carne e os outros ingredientes do *recheio 2*.

4 Para rechear a terceira parte dos rigatones, cozinhe, esprema, pique e passe os espinafres na manteiga, juntando (quando mornos) os demais ingredientes do *recheio 3*.

5 Recheados os rigatones, arrume-os numa fôrma forrada com papel e untada com manteiga, colocando-os em pé um ao lado do outro.

6 Polvilhe com queijo ralado e despeje em cima de tudo os ovos mal batidos misturados com a ½ xícara (chá) de leite e o sal.

7 Leve ao forno quente por meia hora, vire num prato e cubra com molho de tomate ou outro a seu gosto.

Raviole

Massa:
- ½ kg de farinha de trigo
- 1 colherinha de sal
- 6 ovos
- 1 colher (chá) de manteiga ou margarina
- 1 colher (sopa) de queijo ralado
- Água morna

Recheio (a escolher):
1. Picadinho feito com galinha ou frango cozido e desfiado, bem temperado e misturado com um pouco de presunto picado.
2. Espinafre bem batido e passado na manteiga ou margarina.
3. Picadinho de carne, ao qual se misturou presunto ou linguiça picados.

Molho:
- Molho simples para macarronada (pág. 462)
- Queijo parmesão ralado

1 Prepare a massa do seguinte modo: misture bem os ingredientes e vá juntando água morna até obter uma massa lisa e uniforme.

2 Leve a massa para uma mesa polvilhada com farinha de trigo e divida-a em 4 ou 5 pedaços.

3 Estenda cada pedaço de massa com um rolo, formando uma faixa fina e comprida.

4 Distribua o recheio escolhido sobre a faixa de massa, formando, de distância em distância, montinhos do tamanho de uma avelã.

5 Umedeça ligeiramente uma das beiradas da massa e dobre a outra sobre ela, pressionando para que fiquem bem coladas.

6 Corte os ravioles junto ao recheio com a boca de um cálice pequeno.

7 Cozinhe em água fervente por uns 10 minutos.

8 Retire-os antes de ficarem muito moles e leve-os para um escorredor.

9 Arrume numa travessa uma camada de ravioles, polvilhe-os com queijo ralado e cubra com um pouco do molho para macarronada. Coloque por cima outra camada de ravioles, outra de queijo e outra de molho. Repita até que não haja mais ravioles, de modo que a última camada seja de molho.

10 Se quiser, leve o prato ao forno por alguns minutos. Sirva bem quente.

Talharim com Berinjela

- 1 receita de molho rústico para massas (pág. 476)
- ½ xícara (chá) de azeite ou óleo
- 2 berinjelas cortadas em fatias finas
- ½ kg de talharim fresco
- 6 colheres (sopa) de queijo parmesão ralado
- Sal

1 Prepare com antecedência o molho rústico para massas e reserve.

2 Coloque o azeite em uma frigideira e aqueça bem. Doure as fatias de berinjela e reserve.

3 Cozinhe o talharim em água com sal e, depois de cozido, escorra-o.

4 Numa travessa refratária, arrume uma camada de talharim, polvilhe com o queijo ralado e cubra com um pouco do molho feito. Em cima do molho, disponha uma camada de berinjelas, sobre estas coloque outra camada de talharim, polvilhe de queijo, cubra com o molho, ponha outra camada de fatias de berinjela e vá fazendo assim até que acabem os ingredientes, de modo que a última camada seja de talharim com o queijo e o molho.

5 Leve ao forno para dourar e sirva na própria travessa.

Panquecas
Panquecas

Massa para Panquecas e Crepes

- 5 colheres (sopa) de farinha de trigo
- 2 ovos
- 2 e ½ xícaras (chá) de leite
- ½ colher (café) de sal
- 100 g de manteiga ou margarina

1. Misture a farinha com os ovos e adicione pouco a pouco o leite misturado com o sal. Deixe essa massa descansar por 10 minutos.

2. Leve ao fogo uma frigideira de 20 cm de diâmetro (ou um pouco maior) e, quando esquentar, unte-a com manteiga ou margarina.

3. Ponha 2 ou 3 colheres (sopa) da massa e gire a frigideira para que ela se espalhe por igual. Deixe no fogo até dourar (mais ou menos 3 minutos).

4. Vire a massa e retire-a da frigideira.

Nota: Para crepes ou panquecas menores, use frigideira com 8 cm a 12 cm de diâmetro.

Panquecas com Carne

Molho:
- 500 g de tomates
- 2 colheres (sopa) de azeite
- 1 dente de alho picado
- 2 colheres (sopa) de cebola picada
- Sal e pimenta-do-reino

Recheio:
- 300 g de carne moída
- 2 colheres (sopa) de óleo
- 2 colheres (sopa) de cebola picada
- 1 colher (sopa) de azeitonas picadas
- 1 colher (sopa) de salsinha picada
- 4 tomates maduros batidos no liquidificador
- Sal e pimenta-do-reino
- 1 ovo cozido picado

Massa:
- ⅓ de xícara (chá) de farinha de trigo
- Sal
- 3 ovos
- 3 colheres (sopa) de manteiga
- 1 xícara (chá) de leite
- Óleo para fritar

1. Prepare o molho, retirando a pele e as sementes e picando grosseiramente os tomates. Coloque em uma panela o azeite e refogue a cebola picada e o alho. Acrescente os tomates picados e refogue por 2 minutos, junte a água e cozinhe em fogo baixo até que os tomates estejam macios. Bata no liquidificador e passe por uma peneira. Coloque novamente na panela e deixe cozinhar até dar ponto. Tempere com o sal e a pimenta-do-reino e reserve.

2. Prepare o recheio, colocando o óleo e a carne moída em uma panela, leve ao fogo alto e cozinhe até que a carne doure. Acrescente a cebola picada e refogue até que a cebola esteja macia. Adicione a salsinha e as azeitonas, refogue por mais um minuto e coloque os tomates batidos. Misture bem e tempere com o sal e a pimenta-do-reino. Cozinhe até que os líquidos sequem. Coloque o ovo cozido picado, misturando delicadamente. Reserve.

3. Prepare a massa, colocando em uma tigela a farinha de trigo e o sal, acrescente os ovos levemente batidos e misture até que estejam incorporados à farinha. Junte a manteiga derretida e o leite aos poucos, misturando bem, e deixe a massa descansar por 10 minutos.

4. Frite as panquecas em uma frigideira antiaderente, coloque um pouco do recheio no centro de cada panqueca e enrole. Arrume em uma travessa refratária, regue com o molho e leve ao forno por 10 minutos.

Panquecas com Espinafre

- *1 receita de* massa para panquecas e crepes *(pág. 412)*
- *2 xícaras (chá) de espinafre cozido e escorrido*
- *2 colheres (sopa) de cebola picada*
- *2 colheres (sopa) de manteiga*
- *1 receita de* molho bechamel *(pág. 461)*
- *4 colheres (sopa) de queijo parmesão ralado*
- *Sal e pimenta-do-reino*

1   Prepare as panquecas conforme indicado na receita e reserve-as.

2   Esprema bem o espinafre para retirar o excesso de água e pique-o finamente.

3   Coloque a manteiga em uma panela e adicione a cebola. Refogue até a cebola estar macia e adicione o espinafre. Misture bem e refogue por 3 minutos. Adicione ¼ de xícara (chá) do molho bechamel e metade do queijo parmesão. Tempere com o sal e a pimenta-do-reino e deixe esfriar.

4   Para a montagem do prato, coloque um pouco do recheio de espinafre no centro de cada panqueca e enrole. Unte um refratário com um pouco de manteiga e arrume as panquecas nele. Cubra com o molho bechamel restante e salpique com o parmesão que sobrou.

5   Leve ao forno quente para aquecer bem.

Panquecas com molho de Tomate

- *2 copos de leite*
- *2 xícaras (chá) de farinha de trigo*
- *2 ovos*
- *Sal*
- *1 colher (chá) de fermento em pó*
- *Óleo ou margarina*
- *Queijo ralado*
- Molho de tomate *(pág. 465)*

1   Junte o leite, a farinha de trigo, os ovos, uma pitada de sal e o fermento em pó, batendo-os no liquidificador.

2   Depois de batida, deixe a mistura descansar durante 10 minutos. (Essa massa serve para recheios doces e salgados.)

3   Unte uma frigideira pequena com óleo ou manteiga, deixe-a esquentar em fogo brando e ponha dentro dela colheradas de massa até forrar-lhe o fundo.

4   Quando a parte de baixo da panqueca já estiver consistente, vire-a e deixe-a fritar do outro lado. (Cada vez que for fritar uma panqueca, repita a operação de untar e esquentar a frigideira.)

5   Depois que a panqueca estiver frita, ponha-a num prato, coloque o recheio no meio e dobre-a sobre si mesma, ou a enrole como rocambole.

6   Vá colocando as panquecas num prato refratário, polvilhe cada uma delas com queijo ralado e cubra com molho de tomate.

7   Leve-as ao forno para gratinar.

Pastéis, Pizzas e Tortas

"O prazer da mesa é de todas as idades, de todas as condições, de todos os países e de todos os dias. Associa-se a todos os demais prazeres, e é o último que nos resta fiel e nos consola à perda dos outros."

BRILLAT-SAVARIN. TEXTO DA EDIÇÃO DE 1942 DE *DONA BENTA*.

PASTÉIS

Massa para pastel 418
Massa com leite para pastel 418
Pastéis 419
Pastéis em flor 419
Pastéis de forno 420

PIZZAS

Massa para pizzas 422
Pizza à alemã 422
Pizza ao alho e óleo 422
Pizza de anchovas 423
Pizza de atum 423
Pizza de calabresa 423
Pizza especial de escarola 424
Pizza diferente de catupiri 424
Pizza à francesa 424
Pizza de espinafre com ovos 425
Pizza de frango com catupiri 425
Pizza de mozarela 425
Pizza napolitana 426
Pizza à portuguesa 426
Pizza à romana 426
Pizza de quatro queijos 427
Pizza calzone 427
Rocambole de presunto 428
Braço cigano 428

TORTAS

Massa quebrada para tortas 430
Massa quebrada com ovos 430
Massa podre para tortas e empadas 430
Massa podre básica (para empadas ou tortas) 431
Massa para tortas salgadas 431
Quiche de alho-poró 432
Quiche lorraine 432
Torta de camarões 433
Torta de frango 434
Torta de palmito 435
Torta de creme de leite 436
Torta de quatro queijos 436

PASTÉIS
Pastéis

Massa para Pastel

- 500 g de farinha de trigo
- 2 ovos inteiros
- 2 colheres (sopa) de óleo
- 1 colher (sopa) de cachaça
- Água fria e sal

1 Peneire a farinha de trigo sobre uma mesa ou uma superfície de mármore.

2 Faça um monte da farinha, abra uma cova no centro dele e deite lá os 2 ovos inteiros, as 2 colheres (sopa) de óleo, 1 colher (sopa) de cachaça e um pouco de salmoura feita com água fria e sal.

3 Misture tudo muito bem, amasse e vá juntando aos poucos a salmoura até que se forme uma massa lisa e uniforme, de boa consistência (nem dura nem mole demais).

4 Coloque a massa numa vasilha funda, cubra-a com um guardanapo úmido e deixe-a descansar por pelo menos uma hora.

Massa com Leite para Pastel

- ½ kg de farinha de trigo
- 2 colheres (sopa) de óleo
- Sal
- Leite o quanto baste

1 Peneire a farinha de trigo e ponha-a numa vasilha funda. Adicione as 2 colheres de óleo, o sal a gosto, e vá amassando com leite até que a massa fique de boa consistência, nem dura nem mole.

2 Deixe-a em repouso por algum tempo.

PASTÉIS

- Massa para pastel *(pág. 418)* ou Massa com leite para pastel *(pág. 418)*

Recheios:
- *Recheio da* torta de palmito *(pág. 435)*
- *Recheio da* torta de frango *(pág. 434)*
- *Recheio da* torta de camarões *(pág. 433)*
- *Recheio da* panqueca com carne *(pág. 412)*

1 Descansada a massa, leve-a para uma mesa ou uma superfície de mármore (polvilhada com farinha de trigo) e divida-a em 4 ou 5 pedaços.

2 Pegue cada um dos pedaços e abra-o com um rolo, formando uma faixa comprida e fina. Sobre essa faixa, deixando uma beirada de uns 4 dedos, arrume, de distância em distância, montinhos do recheio escolhido.

3 Dobre por cima a beirada que ficou livre, corte junto ao recheio com a carretilha de cortar massas, aperte cada pastel junto ao corte e vá colocando de lado sobre a mesa enfarinhada.

4 Quando todos os pastéis estiverem prontos, frite-os em um tacho ou em uma panela funda com bastante óleo, em fogo regular, cuidando para que não fiquem escuros demais.

5 Depois de fritos, retire-os com uma escumadeira e escorra-os bem.

PASTÉIS EM FLOR

- *1 xícara (chá) de leite*
- *1 colher (sopa) de manteiga*
- *2 ovos inteiros*
- *1 colher (chá) de sal*
- *Farinha de trigo*
- *Óleo para fritar*
- *Recheios de sua preferência*

1 Para preparar a massa, coloque numa vasilha funda o leite, a manteiga, os ovos e o sal.

2 Misture tudo muito bem. Vá adicionando a farinha de trigo aos poucos, mexendo sempre até que se forme uma massa de boa consistência.

3 Sove um pouco a massa, abra-a com um rolo, enrole-a por uma das pontas e deixe-a repousar por 2 horas.

4 Passadas 2 horas, parta a massa em rodelas finas e abra-as com o rolo (para que fiquem mais finas ainda).

5 Sobre cada faixa de massa, no centro, coloque porções do recheio escolhido, dobre ao meio e depois dobre em 4. Aperte ao redor do recheio e abra as pontas que ficaram para fora.

6 Frite os pastéis em panela funda com bastante óleo bem quente e retire-os para uma peneira até escorrerem bem.

Pastéis de Forno

Massa:
- *2 e ½ xícaras (chá) de farinha de trigo*
- *1 colher (chá) de fermento em pó*
- *3 ovos*
- *1 colher (sopa) de manteiga ou margarina*
- *1 colher (sopa) de óleo*
- *4 colheres (sopa) de leite*
- *Sal*
- *1 colher (chá) de cachaça*

Recheios:
Camarão, palmito e azeitonas; carne, azeitonas e ovos duros picados; galinha e palmito; presunto; queijo etc.

1 Misture a farinha com o fermento e peneire-os.

2 Despeje a mistura numa tigela, adicione os ovos no centro, juntando a manteiga (margarina), o óleo, o leite e o sal. Mexa tudo muito bem.

3 Acrescente a cachaça e torne a misturar. Em seguida, estenda a massa, com um rolo, sobre uma mesa polvilhada com farinha de trigo. Corte-a em rodelas do tamanho da boca de uma taça (ou um pouco menor).

4 Sobre uma parte de cada rodela coloque uma colher do recheio escolhido. Dobre a outra parte por cima. Feche comprimindo com os dedos. Pincele de ovo batido todos os pastéis e leve-os ao forno quente em uma assadeira.

5 Retire-os do forno assim que ficarem corados.

Pizzas

Massa para Pizzas

- 2 xícaras (chá) de farinha de trigo
- 1 colher (sopa) de açúcar
- 1 colher (chá) de fermento em pó
- 1 colher (chá) de sal
- 3 colheres (sopa) de azeite ou óleo
- 2 colheres (sopa) de cachaça
- $2/3$ de xícara (chá) de leite ou água

1 Misture todos os ingredientes na ordem indicada e amasse.

2 Sove um pouco a massa, cubra-a com um pano de copa e deixe-a repousar durante 10 minutos.

3 Se preferir 2 pizzas médias, corte a massa ao meio e abra uma de cada vez. Se vai fazer uma pizza grande, abra a massa com o rolo de uma só vez e em forma circular, polvilhando farinha sempre que necessário.

4 Coloque a massa numa assadeira levemente untada e asse-a em forno quente por 10 minutos ou até que a massa fique semiassada. (Pode também assá-la, colocando-a diretamente numa panela elétrica, fazendo 2 pizzas: uma de cada vez.)

5 A partir desta massa semipronta, siga as instruções de cada receita.

Pizza à Alemã

- 1 porção de massa para pizzas (pág. 422)
- 300 g de mozarela
- 100 g de bacon cortado em fatias
- 1 cebola grande cortada em rodelas
- 1 colher (sopa) de azeite
- 1 e ½ xícara de queijo parmesão ralado

1 Leve a massa de pizza ao forno e mantenha lá até ficar quase assada.

2 Retire-a do forno e cubra-a com a mozarela fatiada. Espalhe por cima as fatias de *bacon* e as rodelas de cebola e regue com azeite.

3 Leve ao forno quente até que o queijo ralado fique levemente tostado.

Pizza ao Alho e Óleo

- 1 porção de massa para pizzas semiassada (pág. 422)
- 1 xícara (chá) de molho de tomate (pág. 465)
- 6 dentes de alho picados e fritos
- 1 e ½ xícara (chá) de queijo parmesão ralado

1 Espalhe o molho de tomate sobre a massa e, a seguir, os alhos e o queijo.

2 Leve ao forno até gratinar o queijo e a massa ficar levemente tostada.

Pizza de Anchovas

- *1 porção de* massa para pizzas *semiassada (pág. 422)*
- *1 xícara (chá) de* molho de tomate *(pág. 465)*
- *3 tomates cortados em rodelas*
- *150 g de filé de anchovas*
- *½ xícara (chá) de azeitonas verdes*

1   Asse a massa até ficar semipronta.

2   Retire-a do forno e espalhe por cima dela o molho de tomate.

3   Coloque sobre o molho as rodelas de tomate, os pedaços de filé de anchovas e as azeitonas.

4   Leve novamente ao forno até que a pizza fique bem assada.

Pizza de Atum

- *1 porção de* massa para pizzas *semiassada (pág. 422)*
- *1 xícara (chá) de* molho de tomate *(pág. 465)*
- *1 xícara (chá) de atum*
- *2 cebolas grandes cortadas em rodelas finas*
- *½ xícara (chá) de azeitonas pretas*

1   Espalhe o molho de tomate sobre a massa semipronta e leve ao forno para assar um pouco mais.

2   Retire a massa do forno, espalhe sobre ela o atum, as cebolas e as azeitonas.

3   Leve novamente ao forno até a pizza assar bem.

Pizza de Calabresa

- *1 porção de* massa para pizzas *semiassada (pág. 422)*
- *½ xícara (chá) de* molho de tomate *(pág. 465)*
- *300 g de linguiça calabresa defumada fatiada*
- *2 cebolas médias cortadas em rodelas finas*
- *½ xícara (chá) de azeitonas pretas*

1   Espalhe o molho sobre a massa semipronta e leve-a ao forno por 10 minutos.

2   Retire a massa do forno e espalhe sobre ela as rodelas de linguiça, depois as rodelas de cebola e, por fim, as azeitonas.

3   Leve outra vez ao forno para assar até que a massa fique ligeiramente tostada.

Pizza Especial de Escarola

- *1 porção de* massa para pizzas *semiassada (pág. 422)*
- *1 xícara (chá) de* molho de tomate *(pág. 465)*
- *2 colheres (sopa) de óleo*
- *2 escarolas limpas e picadas*
- *½ colher (café) de sal*
- *1 copo médio de requeijão*
- *8 filés de anchovas*
- *½ xícara (chá) de azeitonas pretas*

1   Leve o óleo ao fogo e refogue a escarola. Tampe a frigideira, deixe-a cozinhar com o próprio líquido e depois a tempere com o sal. Apague o fogo.

2   Espalhe sobre a massa de pizza o requeijão, a escarola preparada, os filés de anchovas e as azeitonas.

3   Leve ao forno quente até que a borda da massa fique bem corada.

Pizza Diferente de Catupiri

- *1 porção de* massa para pizzas *semipronta (pág. 422)*
- *2 colheres (sopa) de ketchup*
- *1 copo de requeijão cremoso ou 1 caixa pequena de queijo catupiri*
- *½ xícara (chá) de azeitonas pretas*

1   Sobre a massa quente, espalhe o *ketchup*.

2   A seguir coloque o requeijão ou o queijo (este deve ser previamente derretido em banho-maria).

3   Ponha as azeitonas dispersas sobre o requeijão ou o queijo e leve ao forno por 10 minutos ou até que a beirada da massa fique assada.

Pizza à Francesa

- *1 porção de* massa para pizzas *semipronta (pág. 422)*
- *1 xícara (chá) de* molho de tomate *(pág. 465)*
- *150 g de presunto fatiado e cortado em tiras largas*
- *150 g de mozarela fatiada e cortada em tiras largas*
- *½ copo de requeijão*
- *2 ovos cozidos picados*
- *½ xícara (chá) de azeitonas pretas*

1   Espalhe o molho de tomate sobre a massa e leve-a ao forno durante 10 minutos.

2   Coloque o presunto e a mozarela sobre o molho e cubra-os com o requeijão. Polvilhe com os ovos cozidos e espalhe as azeitonas.

3   Asse em forno quente por mais 10 minutos, quando a pizza já deve estar pronta.

Pizza de Espinafre com Ovos

- 1 porção de massa para pizzas semipronta *(pág. 422)*
- ½ xícara (chá) de molho de tomate *(pág. 465)*
- 1 maço de espinafre limpo, cozido e picado
- 2 ovos cozidos cortados em rodelas
- 1 colher (sopa) de queijo ralado

1 Espalhe o molho de tomate sobre a massa e cubra-a com o espinafre, espalhando-os bem com um garfo. Arrume as rodelas de ovos cozidos sobre o espinafre e polvilhe com queijo.

2 Leve a pizza ao forno por 15 minutos ou até ficar bem assada.

Pizza de Frango com Catupiri

- 1 peito de frango cozido e desfiado, temperado com sal
- 1 e ½ xícara (chá) de molho de tomate *(pág. 465)*
- 1 porção de massa para pizzas semipronta *(pág. 422)*
- ½ caixa pequena de queijo catupiri cortado em fatias finas

1 Misture o frango com o molho de tomate e espalhe-os sobre a massa.

2 Arrume as fatias de catupiri sobre o frango e em volta da pizza.

3 Leve ao forno quente por 15 minutos ou até que a pizza fique assada.

Pizza de Mozarela

- 1 porção de massa para pizzas semipronta *(pág. 422)*
- 1 xícara (chá) de molho de tomate *(pág. 465)*
- 1 colher (sobremesa) de orégano
- 400 g de mozarela
- 1 colher (sopa) de azeite ou óleo

1 Espalhe o molho sobre a massa e leve-a ao forno quente por 10 minutos.

2 Retire a massa do forno, polvilhe o orégano e espalhe sobre ela as fatias de mozarela.

3 Regue com o óleo ou azeite e leve ao forno quente até derreter a mozarela.

Pizza Napolitana

- 1 porção de massa para pizzas (pág. 422)
- ½ kg de mozarela cortada em fatias bem fininhas
- 10 tomates bem maduros
- Sal
- Pimenta-do-reino
- 2 colheres (sopa) de azeite
- Orégano
- Azeite

1 Prepare uma massa para pizza.

2 Coloque as fatias de mozarela numa tigela com água e deixe-as de molho durante ½ hora.

3 Corte os tomates em pedaços e tempere com o sal, a pimenta-do-reino e as 2 colheres de azeite.

4 Abra a massa, ponha-a na assadeira untada com o azeite, espalhando por cima os tomates e uma pitada de orégano.

5 Asse em forno bem quente durante cerca de 20 minutos.

6 Retire do forno, escorra a mozarela e distribua-a rapidamente por cima dos tomates. Regue com 3 ou 4 colheres (sopa) de bom azeite e volte a pôr no forno bem quente por 5 ou 6 minutos.

Pizza à Portuguesa

- 1 porção de massa para pizzas semipronta (pág. 422)
- 1 xícara (chá) de molho de tomate (pág. 465)
- 200 g de presunto gordo e 200 g de mozarela fatiados
- 1 cebola grande cortada em rodelas finas
- 2 ovos cozidos cortados em rodelas
- ½ xícara (chá) de azeitonas pretas
- 1 colher (sopa) de azeite ou óleo

1 Espalhe o molho de tomate sobre a massa e leve ao forno quente por 10 minutos.

2 Coloque as fatias de presunto sobre a massa. Cubra o presunto com a mozarela e em cima desta coloque as rodelas de cebola, os ovos cozidos e as azeitonas, intercalando-os.

3 Regue com o azeite ou óleo e ponha em forno quente por mais 10 minutos ou até que a massa da beirada fique levemente tostada.

Pizza à Romana

- 1 porção de massa para pizzas semipronta (pág. 422)
- 1 xícara (chá) de molho de tomate (pág. 465)
- 300 g de mozarela ralada grossa
- 100 g de filés de anchovas
- 1 colher (sopa) de azeite ou óleo

1 Espalhe o molho de tomate sobre a massa e asse-a durante 12 minutos.

2 Espalhe a mozarela e depois os filés sobre o molho da massa. Regue com o azeite ou o óleo.

3 Deixe no forno por mais 8 minutos ou até que a pizza fique assada.

Pizza de Quatro Queijos

- *1 porção de* massa para pizzas semipronta *(pág. 422)*
- *1 xícara (chá) de* molho de tomate *(pág. 465)*
- *100 g de queijo provolone cortado em fatias*
- *100 g de mozarela cortada do mesmo modo*
- *100 g de queijo tipo parmesão ralado*
- *100 g de queijo catupiri também cortado em fatias*
- *1 colher (sopa) de azeite*

1 Espalhe o molho de tomate sobre a massa e leve-a ao forno por 10 minutos.

2 Rale a mozarela e o provolone em um ralador grosso. Reserve.

3 Retire a massa do forno. Misture o parmesão, a mozarela e o provolone ralados e distribua-os sobre a pizza. Arrume as fatias do catupiri sobre os queijos e regue com o azeite.

4 Asse em forno quente por mais 10 minutos ou até que a massa fique assada.

Pizza Calzone

- *1 porção de* massa para pizzas *(pág. 422)*
- *1 porção de recheio à sua escolha*
- *1 ovo ligeiramente batido (para dourar a massa)*

1 Abra a massa com o rolo, deixando-a com a espessura de ½ cm e formato circular.

2 Ponha a massa numa fôrma de pizza grande ou 2 médias levemente untadas.

3 Coloque o recheio escolhido sobre metade da massa e feche-a como se fosse um grande pastel.

4 Doure com o ovo batido e leve a pizza ao forno quente, assando-a até que fique bem corada.

Observação: A pizza calzone *fica melhor quando o recheio não leva muito molho. Fica ótima quando preparada com vegetais cozidos e levemente temperados com sal, óleo e limão. O recheio clássico leva ricota, presunto e mozarela.*

Rocambole de Presunto

- 1 xícara (chá) de presunto cozido moído
- 2 xícaras (chá) de farinha de trigo
- 4 colheres (chá) de fermento em pó
- 1 colher (chá) de sal
- 2 colheres (sopa) de manteiga ou margarina
- 2 ovos
- 1 xícara (chá) de leite

1 Misture o presunto com 1 colher (sopa) de manteiga.

2 Peneire os ingredientes secos por 3 vezes e depois misture a eles o leite, 1 colher de manteiga (margarina) e os ovos, amassando bem.

3 Com um rolo de grossura regular, abra a massa. Espalhe o presunto sobre ela, enrole-a e, com uma faca bem afiada, corte-a em rodelas.

4 Unte uma assadeira com manteiga (margarina) e coloque nela as rodelas.

5 Asse em forno quente durante 20 minutos.

6 Arrume num prato e sirva, se quiser, com molho de tomate ou ketchup.

Braço Cigano

Massa:
- 50 g de fermento biológico
- 1 copo de leite ou água morna
- 1 colher (chá) de açúcar
- 1 colher (sopa) de margarina
- Sal e farinha (o quanto baste)

Recheio:
- 4 tomates cortados em pedaços de 2 cm
- Azeite
- Sal
- Orégano
- Vinagre
- 100 g de presunto picado
- 100 g de mozarela picada
- Gemas
- Margarina

1 Para o preparo da massa, ponha o fermento com o leite morno (ou a água) e o açúcar para crescer numa vasilha coberta. Crescido o fermento, acrescente o resto dos ingredientes, amasse e vá adicionando farinha até a massa despregar da mão. Deixe crescer um pouco.

2 Para o recheio, tempere os tomates com o azeite, o sal, o orégano e um pouco de vinagre.

3 Divida a massa em 3 ou 4 pedaços.

4 Estenda os pedaços de massa e espalhe em cada um deles um pouco da salada de tomates, uma camada de presunto e outra de mozarela.

5 Enrole os pedaços de massa como um rocambole. Pincele-os com gema e margarina e asse em forno quente.

Tortas
Tortas

Massa Quebrada para Tortas

- ½ kg de farinha de trigo
- 1 copo de leite
- 1 colher (chá) de sal
- 125 g de manteiga ou margarina

1 Peneire a farinha de trigo sobre uma mesa ou um mármore, formando um monte.

2 Faça uma cova no centro do monte de farinha e coloque ali o leite, o sal e a manteiga ou margarina.

3 Misture tudo devagar até que se forme uma massa bem ligada. Faça então uma bola com ela, aperte-a 2 ou 3 vezes, com a palma das mãos, de encontro à mesa ou ao mármore, e em seguida estenda-a com o rolo.

4 Você pode empregá-la na preparação de pastéis, tortas e empadas.

Massa Quebrada com Ovos

- 1 kg de farinha de trigo
- 2 ovos inteiros
- 50 g de manteiga ou margarina
- Sal
- 1 copo de água

1 Peneire a farinha de trigo sobre uma mesa ou uma superfície de mármore, formando um monte.

2 Abra uma cova no centro e quebre ali os ovos.

3 Adicione a manteiga ou margarina e o sal. Amasse tudo.

4 Junte a água e vá misturando a farinha que está por baixo até que se forme uma massa uniforme.

5 Estenda a massa com um rolo.

6 Abra-a e enrole-a novamente umas 4 vezes, sem parar. Deixe em repouso durante mais ou menos uma hora.

7 Você pode empregá-la na preparação de empadas, tortas ou pastéis.

Massa Podre para Tortas e Empadas

- ½ kg de farinha de trigo
- 5 ovos inteiros
- 1 colherinha (café) de sal
- 250 g de banha gelada

1 Ponha a farinha de trigo numa vasilha funda e junte os ovos, o sal e a banha.

2 Amasse tudo, sem sovar, até que fique bem ligada.

Nota: Esta massa não precisa descansar.

Massa Podre Básica
(para Empadas ou Tortas)

- 1 kg de farinha de trigo
- 400 g de banha de porco
- 100 g de margarina
- 3 gemas
- 1 xícara (chá) de água
- 1 colher (sobremesa) de sal

1 Misture bem todos os ingredientes.

2 Vá juntando água até formar uma massa homogênea que não grude nas mãos.

3 Utilize conforme solicitado na receita.

Nota: Esta massa não deve ser sovada.

Massa para Tortas Salgadas

- ½ kg de farinha de trigo
- 3 colheres (sopa) de manteiga ou margarina
- 1 colher (sopa) de banha
- 3 ovos inteiros
- 1 colher (sopa) de fermento em pó
- 1 colher (sopa) de sal
- 6 colheres (sopa) de água gelada
- Gema de ovo

1 Ponha a farinha de trigo numa tigela funda, junte a colher de manteiga ou margarina, a banha, os 3 ovos, o fermento em pó, o sal e um pouco de água. Amasse muito bem e deixe a massa repousar por pelo menos uma hora. Se necessário, adicione um pouco mais de água.

2 Depois de 1 hora, abra a metade da massa com um rolo e forre com ela uma fôrma de torta (no fundo e nos lados), cortando a massa junto às bordas da fôrma.

3 Encha com o recheio escolhido, abra a outra metade da massa, cubra a torta e apare os rebordos, apertando-lhe as duas metades, uma contra a outra.

4 Com os pedaços de massa que sobraram, faça rolinhos finos e prepare, com eles, uma grade em cima da torta, para enfeitá-la.

5 Pincele com gema de ovo misturada com manteiga ou margarina e leve a torta ao forno quente.

6 Quando estiver com uma bela cor dourada, sirva quente na própria fôrma.

Nota: Esta torta também fica muito boa quando, depois de aberta finamente, é besuntada em toda a superfície com manteiga ou margarina e dobrada sobre si mesma. Ao forrar a fôrma, ponha a massa dobrada assim (em dois), fazendo o mesmo ao cobri-la.

Quiche de Alho-poró

Massa:
- 1 e ¼ de xícara (chá) de farinha de trigo
- 1 ovo
- 1 colher de sopa de água
- ½ colher (chá) de sal
- ⅓ de xícara (chá) de manteiga gelada

Recheio:
- 2 alhos-porós graúdos
- 2 colheres (sopa) de manteiga
- 3 ovos
- 1 e ¼ de xícara (chá) de creme de leite
- 100 g de queijo emmenthal ralado grosso
- 2 colheres (sopa) de parmesão ralado
- Sal e pimenta-do-reino

1 Prepare a massa colocando a farinha de trigo em uma superfície de mármore e abrindo um buraco no meio. Bata levemente o ovo com a água e o sal. Reserve. Coloque a manteiga gelada cortada em cubos no centro da farinha. Misture para incorporar. Adicione a mistura do ovo e ligue a massa. Deixe descansar por 20 minutos.

2 Aqueça o forno em temperatura média. Abra a massa com um rolo e forre o fundo e as laterais de uma assadeira com aro removível de 22 cm de diâmetro por aproximadamente 2 cm de altura. Com um garfo, faça alguns furos no fundo da massa e leve à geladeira.

3 Corte os alhos-porós em fatias finas. Coloque a manteiga em uma frigideira, aqueça e refogue o alho-poró até que esteja bem macio. Reserve.

4 Bata ligeiramente os ovos e acrescente o creme de leite, o *emmenthal* e o parmesão. Tempere com o sal e a pimenta-do-reino. Retire a massa da geladeira e arrume sobre ela o refogado de alho-poró.

5 Cubra com o creme de ovos e leve ao forno. Asse por cerca de 30 minutos ou até o recheio firmar e a torta estar levemente dourada. Deixe esfriar um pouco antes de cortar.

Quiche Lorraine

Massa:
- 200 g de farinha de trigo
- 4 colheres (sopa) de manteiga
- 1 ovo
- 1 colher (sopa) de água
- Sal

Recheio:
- 60 g de bacon
- 3 ovos graúdos
- 1 e ½ xícara (chá) de creme de leite
- Sal, pimenta-do-reino e noz-moscada
- 100 g de queijo tipo gruyère ou similar

1 Prepare a massa colocando a farinha de trigo em uma superfície de mármore e abrindo um buraco no meio. Coloque o ovo no centro da farinha e acrescente a manteiga gelada cortada em cubos. Misture com a ponta dos dedos até a massa ligar. Bata levemente o ovo com a água e o sal e adicione à mistura de farinha. Ligue a massa. Deixe descansar por 20 minutos.

2 Aqueça o forno em temperatura média. Abra a massa com um rolo e forre o fundo e as laterais de uma assadeira com aro removível de aproximadamente 22 cm de diâmetro por 2 cm de altura.

3 Pique grosseiramente o *bacon* e leve a uma frigideira para dourar levemente. Retire e coloque em papel absorvente. Bata ligeiramente os ovos e acrescente o creme de leite. Tempere com o sal, a pimenta-do-reino e a noz-moscada. Retire a massa do forno e arrume sobre ela o *bacon* frito e o queijo cortado em cubos pequenos ou ralado bem grosso.

4 Cubra com o creme de ovos e leve ao forno (na parte baixa) para assar. Asse por cerca de 30 minutos ou até o recheio firmar e a torta estar levemente dourada. Deixe esfriar um pouco antes de cortar.

Torta de Camarões

- *1 receita de massa para tortas salgadas (pág. 431)*

Recheio:
- *1 kg de camarões descascados e limpos*
- *4 colheres (sopa) de manteiga ou margarina*
- *1 cebola picada*
- *2 dentes de alho picados*
- *4 tomates sem pele*
- *2 colheres (sopa) de farinha de trigo*
- *1 xícara (chá) de leite*
- *2 gemas*
- *Sal e pimenta-do-reino*
- *12 azeitonas sem caroço e picadas*
- *Cheiro-verde picado*

1 Prepare a massa conforme a receita.

2 Para o recheio, parta os camarões em pedaços e leve-os para refogar numa panela com a manteiga, a cebola batidinha, o alho e os tomates bem picados.

3 Depois de tudo bem refogado, junte um pouco de água, para formar um molho, e deixe cozinhar.

4 Terminado o cozimento, retire a panela do fogo e adicione a farinha de trigo desmanchada no leite e 2 gemas. Misture tudo muito bem e torne a levar a panela ao fogo para que o molho engrosse. (Não deixe de mexer, a fim de que o molho fique sem caroços.) Tempere com o sal e a pimenta-do-reino.

5 Engrossado o molho, adicione as azeitonas picadas e o cheiro-verde. Deixe o recheio amornar.

6 Abra a metade da massa com um rolo e forre com ela uma fôrma de torta (no fundo e nos lados), cortando a massa junto às bordas.

7 Encha com o recheio, abra a outra metade da massa, cubra a torta e apare os rebordos, apertando-lhe as 2 metades, uma contra a outra.

8 Com os pedaços de massa que sobraram, faça rolinhos finos e prepare com eles uma grade em cima da torta, para enfeitá-la.

9 Pincele com gema de ovo misturada com manteiga ou margarina e leve a torta ao forno quente.

10 Quando estiver com uma bela cor dourada, retire e deixe esfriar um pouco para desenformar.

Torta de Frango

- 1 receita de massa para tortas salgadas *(pág. 431)*

Recheio:
- 1 frango cortado pelas juntas
- 4 colheres (sopa) de óleo ou margarina
- Sal e pimenta-do-reino
- 2 dentes de alho picados
- 1 cebola graúda picada
- 2 colheres (sopa) de cheiro-verde picado
- 1 folha de louro
- 4 tomates maduros, sem pele, picados
- 3 colheres (sopa) de farinha de trigo
- 12 azeitonas grandes, sem caroço, picadas
- 1 ovo cozido picado
- ½ lata de ervilhas
- 2 colheres (sopa) de salsa picadinha

1. Prepare a massa conforme a receita e reserve.

2. Refogue os pedaços de frango em óleo ou manteiga ou margarina com o sal, o alho e metade da cebola picada.

3. Junte água (o suficiente para cozinhar), o cheiro-verde e a folha de louro, deixando cozinhar.

4. Quando a carne estiver cozida, separe-a de todos os ossos, desprezando as peles.

5. Leve os pedaços de carne para refogar em um pouco de manteiga ou margarina com os tomates picados e a cebola picada restante.

6. Junte ao refogado 2 xícaras (chá) do caldo em que a galinha cozinhou, engrossando-o com a farinha de trigo. Cozinhe para engrossar e junte as azeitonas, os pedaços de ovo cozido e as ervilhas. Acerte o tempero do sal e da pimenta-do-reino e adicione a salsa picadinha. Deixe o recheio esfriar.

7. Abra a metade da massa com um rolo e forre com ela uma fôrma de torta (no fundo e nos lados), cortando a massa junto às bordas da fôrma.

8. Encha com o recheio, abra a outra metade da massa, cubra a torta e apare os rebordos da massa, apertando as duas metades uma contra a outra.

9. Com os pedaços de massa que sobraram, faça rolinhos finos e prepare com eles uma grade em cima da torta, para enfeitá-lo.

10. Pincele com gema de ovo misturada com manteiga ou margarina e leve a torta ao forno quente.

11. Quando estiver com uma bela cor dourada, retire e deixe esfriar um pouco para desenformar.

Torta de Palmito

- *1 receita de massa para tortas salgadas (pág. 431)*

Recheio:
- *2 colheres (sopa) de manteiga*
- *1 cebola pequena picada*
- *1 e ½ xícara de palmito picado*
- *Sal a gosto e pimenta-do-reino*
- *4 colheres (sopa) de farinha de trigo*
- *1 xícara (chá) de leite*
- *2 colheres (sopa) de salsinha picada*
- *1 colher (sopa) de cebolinha picada*
- *1 gema*

1. Prepare a massa conforme a receita.

2. Coloque a manteiga em uma panela, leve ao fogo e acrescente a cebola. Refogue por 3 minutos, mexendo regularmente, até ficar bem macia. Adicione os palmitos. Refogue por mais 5 minutos. Salpique com sal e pimenta-do-reino, misture e coloque a farinha de trigo.

3. Misture muito bem para desmanchar a farinha. Acrescente o leite e continue misturando para incorporar. Cozinhe em fogo baixo por cerca de 8 minutos para obter um recheio cremoso. Salpique com a salsinha e a cebolinha. Misture bem e deixe o recheio amornar. Aqueça o forno em temperatura média.

4. Abra a metade da massa com um rolo e forre com ela uma fôrma de torta (no fundo e nos lados), cortando a massa junto às bordas.

5. Encha com o recheio, abra a outra metade da massa, cubra a torta e apare os rebordos da massa, apertando as duas metades uma contra a outra.

6. Com os pedaços de massa que sobraram, faça rolinhos finos e prepare com eles uma grade em cima da torta, para enfeitá-la.

7. Pincele com gema de ovo misturada com manteiga ou margarina e leve a torta ao forno quente.

8. Quando estiver com uma bela cor dourada, retire e deixe esfriar um pouco para desenformar.

Torta de Creme de Leite

Massa:
- 1 tablete de fermento biológico
- ½ colher (sopa) de açúcar
- 10 colheres (sopa) de leite morno
- 300 g de farinha de trigo
- 1 ovo
- 2 colheres (sopa) de margarina
- Sal

Recheio:
- 150 g de presunto
- 1 lata de creme de leite sem soro
- Uvas-passas sem semente
- 150 g de mozarela
- Gema para pincelar
- Margarina

1. Ponha o fermento para crescer com o açúcar e o leite morno.

2. Junte os outros ingredientes e vá amassando até obter uma massa que não grude na mão.

3. Deixe a massa descansar por 15 minutos.

4. Divida-a em 2 partes e, com uma delas, forre uma assadeira.

5. Coloque o recheio assim: uma camada de presunto, em seguida o creme de leite, depois algumas uvas-passas e, por fim, a mozarela.

6. Cubra com a outra metade da massa e deixe crescer por mais ½ hora.

7. Pincele com gema e margarina e leve para assar.

Torta de Quatro Queijos

Massa e cobertura:
- 1 receita de massa para tortas salgadas (*pág. 431*)
- 2 ovos batidos
- ½ xícara (chá de leite)
- 50 g de queijo ralado

Recheio:
- 1 dente de alho espremido
- 1 colher (sopa) de manteiga
- 1 cebola pequena batidinha
- 1 colher (sopa) de salsa picadinha
- Sal a gosto
- 1 copo de leite quente
- 200 g de queijo prato ralado
- 100 g de queijo provolone ralado
- 50 g de queijo parmesão ralado
- ½ queijo catupiri (pequeno)
- 1 lata de creme de leite sem soro
- 50 g de uvas-passas sem sementes

1. Doure o alho na manteiga e coloque a cebola, a salsa, o sal, o leite e os queijos. Deixe que tudo derreta em fogo baixo e vá mexendo sempre. Quando tudo estiver derretido, desligue o fogo, verifique o sal e acrescente o creme de leite.

2. Unte uma assadeira com um pouco de manteiga e forre-a com uma camada de massa para tortas. Sobre ela coloque os queijos derretidos. Depois dos queijos, ponha a uva-passa e cubra com outra camada de massa. Sobre essa segunda camada ponha os ovos batidos com o leite e o queijo ralado.

3. Leve para assar e deixe corar.

PÃES E PÃEZINHOS

"O destino das nações depende da maneira de alimentar do seu povo."

BRILLAT-SAVARIN. TEXTO DA EDIÇÃO DE 1942 DE *DONA BENTA*.

PÃES

Pão de batata 439
Pão de batata-doce ou cará 439
Pão de Clélia 440
Pão de fôrma 440
Pão de abobrinha com grãos 441
Pão de milho 441
Pão napolitano de linguiça 442
Pão de mandioca 442
Pão de ricota 443
Pão recheado 443

PÃEZINHOS

Bagel 444
Croissants 444
Pãozinho básico 445
Pãezinhos comuns 445
Pão doce 445
Pão doce de trança 446
Pão doce Maria 446
Pãezinhos de batata I 447
Pãezinhos de batata II 447
Pãezinhos para chá 448
Pãezinhos com creme 448
Pão kuken 449
Pão de mel simples 449
Pão de mel com cobertura 450
Pão de minuto I 451
Pão de minuto II 451
Pão de minuto de queijo 451
Pão de nozes 452
Pão de nozes e gergelim 452
Pão de queijo I 453
Pão de queijo II 453
Pão de queijo III 453
Pãezinhos com passas 454
Pãezinhos de trança 454
Panetone 455
Rolinhos com canela 455

Pão de Batata

- 50 g de fermento biológico
- 2 copos de leite morno
- 1 colher (sopa) de açúcar
- 4 batatinhas cozidas e espremidas
- 1 colher (sopa) de sal
- 1 colher (sopa) de manteiga
- 4 gemas
- 2 claras
- Farinha de trigo o quanto baste

1 Bata no liquidificador o fermento, o leite morno e o açúcar.

2 Junte os outros ingredientes e vá adicionando farinha e amassando até que a massa se solte das mãos.

3 Coloque a massa em uma tigela e cubra-a com um pano.

4 Deixe o pão crescer por cerca de 1 hora ou até que dobre de volume. Coloque em uma assadeira e deixe crescer por mais 20 minutos. Asse em forno quente.

Pão de Batata-doce ou Cará

- 2 tabletes de fermento biológico
- ½ litro de leite morno
- 1 e ½ xícara (chá) de açúcar
- ½ kg de batata-doce (ou cará) cozido em água e sal
- 2 colheres (sopa) de manteiga ou margarina
- 1 colher (sopa) de banha derretida
- 5 ovos separados
- ½ kg de farinha de trigo peneirada
- Farinha de trigo o quanto baste

1 Desmanche o fermento no leite morno e no açúcar.

2 Esprema a batata-doce ou o cará ainda quente e adicione a manteiga ou margarina, a banha, as gemas, as claras em neve e o fermento misturado no leite. Adicione o ½ kg de farinha de trigo e sove até que a massa desgrude das mãos.

3 Misture tudo muito bem e deixe crescer em lugar quente até que fique bem esponjosa a mistura (leva de 1 e ½ hora a 2 horas para crescer).

4 Se necessário, amasse com mais farinha de trigo aos poucos até que tome consistência de pão.

5 Continue amassando até que se formem bolhas. Faça os pães do tamanho que preferir, arrumando-os em uma mesa forrada com cobertor e (sobre ele) uma toalha polvilhada com farinha de trigo.

6 Cubra com outra toalha e deixe que a massa fique levedada. (Sabe-se que a massa está levedada pondo uma bolinha feita com um pouco dela dentro de um copo com água: quando a bolinha sobe à tona, a massa está no ponto.)

7 Arrume os pães em assadeiras, uns bem separados dos outros. Dê-lhes um talho no meio, pincele-os com gema e leve-os para assar em forno bem quente.

PÃO DE CLÉLIA

- 2 xícaras (chá) de farinha de trigo
- 1 colher (chá) de sal
- 1 colher (sopa) de fermento em pó
- 1 xícara (chá) de leite
- 1 colher (sopa) de manteiga
- Queijo mineiro
- Gema de ovo

1 Peneire a farinha com o sal e o fermento.

2 Acrescente o leite, misture tudo muito bem e amasse ligeiramente.

3 Abra a massa com um rolo na espessura de um dedo.

4 Passe manteiga em toda a superfície da massa e espalhe por cima fatias de queijo mineiro.

5 Enrole como rocambole, pincele com gema e leve para assar em forno quente.

6 Sirva bem quente.

PÃO DE FÔRMA

- 2 colheres (sopa) de fermento biológico
- 1 copo de água morna
- 3 colheres (sopa) de açúcar
- ½ copo de óleo
- 2 ovos inteiros
- 1 colher (sopa) de sal
- ½ kg de farinha de trigo
- 1 copo de água fria
- Farinha de trigo o quanto baste

1 Misture o fermento com a água morna e o açúcar. Deixe a mistura coberta por 10 minutos.

2 Junte o óleo, os ovos, o sal e a farinha, misturando bem. (Essa massa deve ter a consistência de massa de bolo.)

3 Cubra a massa e deixe-a crescer até dobrar o volume.

4 Depois de crescida, acrescente a água fria e vá amassando com farinha de trigo até não grudar mais nas mãos.

5 Depois de bem sovada a massa, faça 8 tiras, como se fosse para nhoque.

6 Enrole as tiras, entrelaçando-as, e coloque-as para crescer em fôrmas para pão de fôrma. (Deixe-as crescer até dobrarem de tamanho.)

7 Asse em forno quente. Rende 4 pães.

Pão de Abobrinha com Grãos

- 1 e ½ xícara (chá) de farinha de trigo
- 1 xícara (chá) de açúcar mascavo
- 1 colher (chá) de canela em pó
- ½ colher (chá) de noz-moscada
- 2 colheres (sopa) de sementes de linhaça
- 2 colheres (sopa) de aveia em flocos
- 2 colheres (sopa) de gérmen de trigo
- Sal
- 2 colheres (chá) de fermento em pó
- ½ xícara (chá) de óleo
- 2 ovos
- ¼ de xícara (chá) de iogurte
- 1 xícara (chá) de abobrinha italiana ralada

1 Coloque em uma tigela a farinha de trigo, o açúcar mascavo, a canela, a noz-moscada, a linhaça, a aveia, o gérmen de trigo, o sal e o fermento. Em outra tigela coloque o óleo, os ovos e o iogurte. Misture bem e despeje sobre a mistura de farinha, incorporando bem os ingredientes.

2 Acrescente a abobrinha, misture novamente e asse em forno médio por 30 minutos, ou até que um palito enfiado no centro do pão saia seco.

Pão de Milho

- 4 colheres (sopa) de manteiga
- 1 e ¼ de xícara (chá) de farinha de trigo
- ¾ de xícara (chá) de fubá mimoso
- 2 colheres (chá) de fermento em pó
- ⅓ de xícara (chá) de açúcar
- ¾ de colher (chá) de sal
- 1 e ¼ de xícara (chá) de leite
- 1 ovo

1 Unte com manteiga ou óleo uma fôrma de bolo inglês. Derreta a manteiga em fogo baixo e reserve.

2 Misture em uma tigela a farinha de trigo, o fubá, o fermento, o açúcar e o sal.

3 Em outro recipiente, misture o leite, o ovo e a manteiga. Despeje os líquidos sobre os secos e misture bem.

4 Coloque o pão no forno e asse por 10 minutos em temperatura alta. Baixe para médio e asse por mais 15 minutos. Teste com um palito enfiando-o no centro do pão. Se sair seco, o pão já estará pronto.

Pão Napolitano de Linguiça

- 50 g de fermento biológico
- 1 colher (chá) de açúcar
- 1 e ½ xícara (chá) de água morna
- 1 kg de farinha de trigo
- 1 colher (sopa) de sal
- 250 g de linguiça calabresa defumada
- ¼ de xícara (chá) de parmesão ralado
- 2 colheres (sopa) de azeite

1 Coloque o fermento em uma tigela funda e salpique com o açúcar. Com um garfo, amasse-os até obter uma pasta. Acrescente metade da água morna e misture.

2 Coloque na mistura 1 xícara (chá) da farinha de trigo, misture e deixe a massa fermentar por 15 minutos.

3 Adicione a farinha restante e o sal, misture bem e vá acrescentando água morna aos poucos para obter uma massa lisa e macia. Amasse por 10 minutos e coloque a massa novamente na tigela. Cubra com um pano úmido.

4 Deixe a massa dobrar de volume (leva cerca de 1 hora). Fatie finamente a linguiça calabresa. Sove novamente a massa por 5 minutos e abra-a com um rolo, formando um retângulo de aproximadamente 50 cm x 40 cm.

5 Arrume a linguiça fatiada sobre a massa e salpique com o parmesão. Enrole como se fosse um rocambole e, com a ponta dos dedos, aperte bem a emenda.

6 Faça uma rosca com a massa, unindo bem as extremidades. Coloque o pão em uma fôrma de bolo de 25 cm de diâmetro (com furo no meio). Cubra novamente e deixe o pão crescer por cerca de 30 minutos. Preaqueça o forno em temperatura média. Pincele o pão com um pouco de azeite e leve ao forno para assar por cerca de 1 hora. Deixe esfriar completamente para desenformar.

Pão de Mandioca

- 1 kg de farinha de trigo
- 2 tabletes de fermento biológico
- 400 g de mandioca cozida e passada na peneira
- 1 colher (sopa) de banha
- 1 colher (sopa) de açúcar
- 10 ovos
- 2 colheres (chá) de sal
- 1 colher (sopa) de manteiga ou margarina

1 Peneire a farinha, junte o fermento, amasse um pouco e depois acrescente os outros ingredientes.

2 Sove bastante, deixe crescer e leve ao forno bem quente em assadeira untada com banha.

PÃES E PÃEZINHOS

PÃO DE RICOTA

Massa:
- 500 g de fermento biológico
- 1 xícara (chá) de leite morno
- 2 colheres (sopa) de açúcar
- 2 ovos
- 1 colher (chá) de sal
- 1 colher (sopa) de manteiga
- ½ kg de farinha de trigo

Recheio:
- ½ kg de ricota fresca
- 100 g de uvas-passas sem sementes
- 2 ovos
- 1 colher (sopa) de manteiga ou margarina
- 6 colheres (sopa) de açúcar
- 1 colher (chá) de baunilha

1 Misture o fermento com o leite e o açúcar. Deixe crescer em uma vasilha tampada. Acrescente os outros ingredientes e vá amassando até que a massa se solte das mãos. Divida a massa em 2 porções (para fazer 2 pães).

2 Estenda cada porção de massa com o rolo na espessura de ½ cm.

3 Faça o recheio juntando todos os ingredientes.

4 Espalhe metade do recheio sobre cada porção da massa, enrole como rocambole, ponha na assadeira e deixe crescer por 2 horas.

5 Pincele com gema e leve para assar em forno quente.

PÃO RECHEADO

Massa:
- 1 kg de farinha de trigo
- 50 g de fermento biológico
- ½ xícara (chá) de água morna
- 1 colher (chá) de sal
- 300 g de manteiga ou margarina
- 4 ovos
- 1 xícara (chá) de leite (ou um pouco mais, se a massa estiver rija)
- 2 colheres (sopa) de azeite
- 1 ovo batido (para pincelar)

Recheio:
- ½ kg de linguiça defumada fatiada
- 300 g de toucinho defumado fatiado
- 2 colheres (sopa) de salsa picada

1 Para o preparo da massa, retire da quantidade de farinha indicada 1 xícara (chá) para polvilhar a massa sempre que necessário; retire mais ½ xícara (chá) para preparar o fermento. Coloque essa ½ xícara de farinha numa tigela, junte o fermento esfarelado e amasse-o com a ponta dos dedos, adicionando a água morna.

2 Depois de misturado, polvilhe com farinha e deixe levedar por 10 minutos.

3 Coloque a farinha restante em uma tigela maior e ao centro disponha todos os outros ingredientes para a massa. Misture, junte o fermento e amasse tudo muito bem, sovando a massa até torná-la bem elástica (se estiver rija, ponha um pouco mais de leite). Cubra a massa com um pano e deixe-a levedar durante 1 hora.

4 Coloque a massa sobre uma mesa polvilhada com farinha e estenda-a com o rolo, dando-lhe forma retangular. Intercale as fatias de linguiça com as de toucinho defumado sobre a massa e salpique com a salsa picada.

5 Enrole a massa como rocambole e coloque-a numa assadeira untada com manteiga ou margarina. Cubra com um pano e deixe levedar durante 1 e ½ hora ou até dobrar de volume. Pincele com ovo batido e leve ao forno quente até dourar.

PÃES E PÃEZINHOS

BAGEL

- *20 g de fermento biológico*
- *¾ de xícara (chá) de água morna*
- *2 e ½ xícaras (chá) de farinha de trigo*
- *1 colher (chá) de sal*
- *3 colheres (chá) de açúcar*
- *1 ovo levemente batido*
- *Sementes de papoula ou sal grosso*

1 Coloque o fermento para desmanchar na água morna. Em uma tigela, despeje 1 xícara de farinha de trigo, o sal e o açúcar.

2 Misture bem e acrescente a água com fermento. Misture até obter uma pasta uniforme. Acrescente a farinha restante. Trabalhe a massa por 10 minutos. Coloque-a em uma tigela, cubra com um pano e deixe descansar por cerca de ½ hora. Trabalhe a massa novamente por mais 5 minutos e divida-a em 6 partes iguais. Faça uma bolinha com cada parte. Com um dedo, faça um furo no meio da bolinha e vá alargando o furo para fazer uma rosquinha, cerca de 15 cm de diâmetro por 1 e ½ de espessura.

3 Coloque 2 litros de água para ferver com 1 colher (chá) de açúcar e ferva os bagel 2 a 2 por cerca de 7 minutos. Escorra e coloque em uma assadeira não untada, pincele com ovo e salpique com a papoula ou o sal grosso. Leve ao forno médio por cerca de 25 minutos até que estejam bem dourados.

CROISSANTS

- *20 g de fermento biológico*
- *1 copo de leite morno*
- *½ kg aproximadamente de farinha de trigo peneirada*
- *1 colher (chá) de sal*
- *200 g de manteiga*

1 Desmanche o fermento no leite morno; junte 125 g de farinha e deixe levedar bem.

2 Acrescente o sal e a manteiga, vá juntando o restante da farinha e molhe com um pouco de leite, se precisar. (Deve ficar uma massa mais para dura do que para mole.)

3 Depois de bem amassada, forme uma só bola, cubra-a e deixe-a levedar bem.

4 Estenda a massa com ½ cm de espessura e corte diversos triângulos de aproximadamente 10 cm de lado. Enrole cada pãozinho da parte mais larga para a mais fina, dando-lhes a forma de meia-lua.

5 Deixe que cresçam em lugar bem quente, pincele-os com gema e asse-os em forno quente.

PÃES E PÃEZINHOS

PÃOZINHO BÁSICO

- 1 tablete de fermento biológico
- 1 copo de água morna
- 1 copo de leite morno
- 2 xícaras (chá) de açúcar
- 1 xícara (chá) de óleo
- 2 ovos
- 1 pitada de sal
- Farinha de trigo suficiente para que a massa não grude nas mãos

1 Bata no liquidificador o fermento com a água, o leite e o açúcar, e deixe crescer.

2 Acrescente, depois de crescido, os outros ingredientes e vá pondo a farinha e amassando até que a massa não grude mais nas mãos.

3 Faça os pãezinhos e deixe-os crescer.

4 Pincele-os com gema e leve-os para assar em assadeira untada, em forno quente.

PÃEZINHOS COMUNS

- 1 tablete de fermento biológico
- 1 xícara (chá) de leite morno
- ½ kg de farinha de trigo aproximadamente
- 3 colheres (sopa) de manteiga derretida
- 3 colheres (sopa) de açúcar
- 1 colher (sopa) de sal
- 2 ovos

1 Dissolva o fermento no leite morno e misture com o resto dos ingredientes – mas apenas a metade da farinha de trigo. Deixe levedar bem.

2 Quando bem levedado, junte aos poucos o restante da farinha de trigo, amassando bem até atingir a consistência de pão.

3 Amasse mais, até formar bolhas, e faça os pãezinhos. Deixe crescer até que dobrem de tamanho.

4 Pincele os pães com gema batida e leve para assar em forno quente.

PÃO DOCE

- 3 tabletes de fermento biológico
- 1 e ½ copo de leite morno
- 1 xícara (chá) de açúcar
- 150 g de margarina
- 1 colher (sopa) de óleo
- 1 colher (café) de sal
- 3 ovos
- 1 kg de farinha de trigo aproximadamente

1 Bata no liquidificador o fermento com o leite morno e o açúcar.

2 Deixe crescer.

3 Acrescente os outros ingredientes e vá pondo farinha e amassando até que a massa se solte das mãos.

4 Faça os pães e deixe-os crescer.

5 Pincele com ovo batido e leve-os para assar.

Pão Doce de Trança

Fermento:
- 750 ml de leite
- ½ kg de farinha de trigo
- 50 g de fermento biológico
- 8 colheres (sopa) de açúcar

Massa:
- 4 gemas
- 2 colheres (sopa) de margarina
- 2 colheres (sopa) de banha
- 1 colher (chá) de sal
- 700 g de farinha de trigo
- Frutas cristalizadas ou passas
- Calda de 1 xícara (café) de leite e 1 colher (sopa) de açúcar

1 Aqueça o leite e misture-lhe o ½ kg de farinha, o fermento e o açúcar. Coloque numa vasilha tampada e deixe crescer.

2 Depois de crescida, adicione os outros ingredientes da massa e amasse bem.

3 Divida a massa em 3 pedaços, abra-os, coloque-lhes frutas cristalizadas (ou passas) e faça a trança.

4 Deixe crescer e leve para assar.

5 Depois de assado, jogue por cima a calda de 1 xícara (café) de leite e uma colher (sopa) de açúcar.

Pão Doce Maria

- 3 tabletes de fermento biológico
- 1 e ½ copo de leite morno
- 1 xícara (chá) de açúcar
- 150 g de margarina
- 1 colher (sopa) de óleo
- 1 colher (café) de sal
- 3 ovos inteiros
- Farinha de trigo (o suficiente para que a massa não grude nas mãos)

1 Junte o fermento, o leite e o açúcar e bata tudo no liquidificador.

2 Deixe crescer.

3 Acrescente os outros dos ingredientes; vá amassando e juntando farinha de trigo até que a massa não grude mais nas mãos.

4 Faça os pãezinhos, deixe-os crescer, pincele-os com gema e leve-os para assar em assadeira untada, em forno quente.

Pãezinhos de Batata I

- *Água e sal*
- *3 batatas de tamanho médio*
- *1 colher (sopa) de manteiga ou margarina*
- *1 colher (sopa) de banha*
- *2 colheres (sopa) de açúcar*
- *1 colher (chá) de sal*
- *1 tablete de fermento biológico*
- *1 copo de leite morno*
- *3 ovos separados*
- *Farinha de trigo*

1 Descasque e cozinhe as batatas em água e sal.

2 Esprema-as enquanto quentes e junte-lhes a colher de manteiga (ou margarina), a de banha, o açúcar e o sal.

3 Adicione o fermento dissolvido no leite e os ovos, sendo as claras em neve.

4 Amasse tudo com farinha de trigo até tomar consistência.

5 Faça pãezinhos redondos e deixe crescer até que fiquem leves. Pincele-os com gema e asse-os em forno quente.

Pãezinhos de Batata II

- *50 g de fermento biológico*
- *2 copos de leite morno*
- *4 colheres (sopa) de açúcar*
- *8 batatas médias cozidas e espremidas*
- *2 ovos*
- *1 pitada de sal*
- *1 xícara (chá) de banha derretida*
- *2 colheres (sopa) de manteiga ou margarina*
- *Farinha de trigo suficiente para dar consistência à massa*
- *1 gema para pincelar*

1 Desmanche o fermento no leite morno e no açúcar.

2 Misture com as batatas amassadas, os ovos, o sal, a banha, a manteiga e a farinha. Amasse bem, até que a massa não grude nas mãos.

3 Faça os pãezinhos em forma de bolinhas e coloque-os em assadeira untada para crescerem. (Ponha uma bolinha de massa dentro de um copo com água – quando esta subir, a massa estará fermentada no ponto certo.)

4 Pincele os pãezinhos com gema e leve-os para assar em forno quente.

Pãezinhos para Chá

- 2 ovos separados
- 500 g de farinha de trigo
- 2 colheres (sopa) de açúcar
- 2 colheres (sopa) de manteiga
- 2 colheres (sopa) de fermento em pó
- 1 colher (chá) de sal
- Leite suficiente para dar consistência à massa

1 Bata as claras em neve, junte as gemas, torne a bater e acrescente os outros ingredientes.

2 Junte o leite aos poucos e vá amassando até ficar em ponto de enrolar.

3 Faça os pãezinhos e leve-os ao forno quente em assadeira untada.

Pãezinhos com Creme

Massa:
- ½ litro de leite morno
- 2 tabletes de fermento biológico
- 5 colheres (sopa) de açúcar
- Farinha de trigo (até dar o ponto)
- 2 ovos
- 100 g de margarina
- Sal

Recheio:
- 2 copos de leite
- 2 colheres (sopa) de maisena
- 2 gemas
- Gotas de essência de baunilha

1 Para preparar a massa, coloque numa vasilha o leite com o fermento e o açúcar. Tampe e deixe crescer por 10 minutos. Adicione os outros ingredientes e vá juntando farinha e amassando até que a massa fique lisa e macia e não grude nas mãos. Cubra e deixe crescer.

2 Faça o creme para o recheio: misture os ingredientes e leve ao fogo para engrossar.

3 Depois que a massa crescer, estenda-a com o rolo, não a deixando muito fina; espalhe o creme sobre ela, enrole-a como rocambole e corte-a em pedaços de uns 3 cm.

4 Arrume em uma assadeira untada e salpicada com farinha e leve ao forno quente para que os pães fiquem bem assados.

PÃES E PÃEZINHOS

Pão Kuken

Massa:
- 4 ovos separados
- 150 g de manteiga
- 3 xícaras (chá) de açúcar
- 1 colher (sopa) de banha
- ½ litro de leite
- 4 xícaras (chá) de farinha de trigo
- 1 pitada de sal
- 1 e ½ colher (sopa) de fermento em pó

Cobertura:
- 1 colher (sopa) de banha
- ½ xícara (chá) de farinha de trigo
- ½ xícara (chá) de açúcar
- 2 colheres (sopa) de canela em pó

1 Bata as claras em neve e reserve.

2 Para o preparo da massa, bata bem a manteiga com o açúcar, a banha e as gemas. Acrescente o leite, a farinha e o sal. Por último, adicione as claras bem batidas em neve e o fermento. Misture tudo, sem bater.

3 Para a cobertura, derreta a banha, e, quando ela estiver bem quente, adicione a farinha de trigo. Retire do fogo e acrescente o açúcar e a canela; misture bem.

4 Para a montagem do pão, cubra a massa ainda crua com a cobertura e leve ao forno em fôrma untada com manteiga. Depois de esfriar, corte em pedaços.

Pão de Mel Simples

- 500 g de farinha de trigo
- 300 g de açúcar
- 1 colher (chá) de canela em pó
- 1 colher (chá) de cravo moído
- 1 colher (sobremesa) de bicarbonato
- 4 colheres (sopa) de mel morno
- 3 ovos inteiros

1 Misture todos os ingredientes e amasse bem.

2 Unte e enfarinhe uma assadeira e espalhe nela a massa com a mão.

3 Leve para assar.

4 Deixe esfriar.

5 Depois de frio, cubra com glacê de chocolate de sua preferência.

6 Corte em quadradinhos.

Pão de Mel com Cobertura

Massa:
- 250 g de açúcar
- ¼ de xícara (chá) de água
- 250 g de mel
- 2 ovos
- 1 colher (chá) de canela em pó
- 1 colher (chá) de gengibre em pó
- 1 pitada de noz-moscada
- 1 pitada de cravo moído
- ½ kg de farinha de trigo
- 1 colher (chá) de bicarbonato de sódio

Cobertura de chocolate:
- ½ kg de chocolate para cobertura (tablete)

Cobertura de açúcar:
- 4 xícaras (chá) de açúcar
- ¾ de xícara (chá) de leite

1 Prepare a massa colocando o açúcar e a água numa panelinha. Leve ao fogo médio por 3 minutos, a fim de dissolver o açúcar sem queimá-lo, e adicione o mel. Deixe ferver por 5 minutos; retire a panela do fogo e deixe a mistura esfriar durante 10 minutos.

2 Adicione os ovos, a canela, o gengibre, a noz-moscada e o cravo moído. Incorpore a farinha e o bicarbonato e bata a massa com uma colher de pau durante 20 minutos ou até fazer bolhas.

3 Pegue uma colher (sopa) de massa e coloque-a sobre a assadeira untada com manteiga (margarina) e polvilhada com farinha de trigo, formando um bolinho redondo; faça os outros pãezinhos de mel do mesmo modo.

4 Asse em forno com temperatura moderada por ½ hora ou até que fiquem dourados.

5 Retire do forno e deixe esfriar durante 1 hora. A seguir, cubra-os com a cobertura de chocolate ou com a cobertura de açúcar.

6 Preparo da cobertura de chocolate: pique o chocolate bem miúdo e coloque-o numa panela própria para banho-maria; tampe a panela e leve-a ao fogo durante 10 minutos; mexa o chocolate com uma colher, em movimento de vaivém, durante 3 minutos, para a cobertura ficar lisa.

7 Preparo da cobertura de açúcar: misture o açúcar e o leite numa panela própria para banho-maria; leve a panelinha ao fogo médio e mexa os ingredientes durante 8 minutos.

8 Coloque cada pão de mel sobre um garfo e mergulhe-o na cobertura escolhida.

9 Deixe escorrer o excesso e coloque cada pão sobre papel impermeável.

10 Deixe os pães secarem por ½ hora, se foram cobertos de chocolate; durante 1 hora, se foram cobertos de açúcar.

11 Conserve-os em recipientes fechados.

Pão de Minuto I

- 4 xícaras (chá) de farinha de trigo
- 4 colheres (sopa) de manteiga
- 4 colheres (sopa) de açúcar
- 1 colher (sopa) de fermento em pó
- ½ colher (sopa) de sal
- 4 ovos inteiros
- ½ xícara (chá) de leite

1 Peneire os ingredientes secos, misture bem a manteiga, quebre no meio da massa os ovos e vá misturando com uma colher de pau, pondo, aos poucos, o leite. (Não bata.)

2 Pingue em uma assadeira não untada e asse em forno quente.

Pão de Minuto II

- 4 e ½ xícaras (chá) de farinha de trigo peneirada
- 4 ovos inteiros
- 4 colheres (sopa) de açúcar
- 2 colheres (sopa) de manteiga
- 2 colheres (sopa) de fermento em pó
- ½ colher (sopa) de sal

1 Peneire a farinha, faça-lhe uma cova no meio e coloque nela todos os outros ingredientes.

2 Junte-os e vá amassando até a massa soltar-se das mãos.

3 Faça bolinhas, passe-lhes gema por cima e leve-as, em assadeira untada, para assar.

Pão de Minuto de Queijo

- 3 ovos separados
- ¾ de xícara (chá) de farinha de trigo
- 2 e ½ colheres (sopa) de manteiga
- 2 colheres (sopa) de açúcar
- 1 colher (sopa) de fermento em pó
- 1 pitada de sal
- Leite suficiente para formar uma massa macia
- 2 colheres (sopa) de queijo-de--minas em pedacinhos

1 Bata as claras em neve e adicione os outros ingredientes, deixando o queijo por último.

2 Asse em forno quente, em forminhas untadas com manteiga.

PÃO DE NOZES

- 2 ovos separados
- 2 xícaras (chá) de açúcar
- 2 xícaras (chá) de leite
- 2 xícaras (chá) de nozes
- 4 xícaras (chá) de farinha de trigo
- 2 colheres (sopa) de fermento em pó
- 2 colheres (chá) de sal

1 Bata as claras em neve. Adicione as gemas e o açúcar e torne a bater.

2 Junte à mistura os outros ingredientes, um por um. Misture muito bem, batendo sempre, e deixe descansar em lugar quente por 20 minutos.

3 Coloque em uma fôrma de pão e asse em forno regular.

PÃO DE NOZES E GERGELIM

- ½ kg de farinha de trigo
- 2 tabletes de fermento biológico
- ¼ de xícara (chá) de água morna
- 5 colheres (sopa) de açúcar
- 2 colheres (sopa) de margarina ou manteiga
- 1 xícara (chá) de leite
- 1 ovo
- 1 gema
- 1 xícara (chá) de nozes moídas
- 1 ovo batido para pincelar
- 2 colheres (sopa) de sementes de gergelim para polvilhar

1 Retire ½ xícara (chá) da farinha, junte o fermento esfarelado e amasse com a água morna.

2 Deixe levedar enquanto coloca em outra tigela a farinha, o açúcar, a margarina, o leite, o ovo, a gema e as nozes moídas. Adicione a mistura de farinha e fermento, amasse bem, cubra a massa com um pano e deixe-a levedar por 1 hora.

3 Ponha a massa numa fôrma retangular ou, se preferir, corte-a em 15 porções e enrole-as como pãezinhos.

4 Coloque os pãezinhos em uma assadeira untada com manteiga ou margarina e deixe-os levedar mais 1 hora, ou até dobrarem de volume.

5 Pincele-os com o ovo batido, polvilhe as sementes de gergelim e leve a assadeira ao forno quente. (Depois de corados, estarão prontos.)

Nota: Em pães e doces, as sementes de gergelim acentuam o sabor das nozes.

Pão de Queijo I

- 1 kg de polvilho azedo
- 1 e ½ copo de leite morno
- 2 colheres (sopa) de manteiga ou margarina
- 1 copo de óleo
- 4 ovos
- 1 prato fundo cheio de queijo mineiro (meia-cura) ralado
- Pedacinhos do mesmo queijo
- Sal a gosto

1 Peneire bem o polvilho e, se houver grumos, desfaça-os.

2 Abra no polvilho uma cova e ponha nela o leite morno, a manteiga e o óleo, para escaldar o polvilho. Sove até obter uma farofa úmida.

3 Quebre os ovos e vá mexendo e sovando até o ponto de fazer bolinhas.

4 Quando a massa estiver consistente, acrescente o queijo ralado e o queijo picado. Amasse novamente e verifique o sal.

5 Unte uma assadeira e as mãos com óleo e faça bolinhas não muito pequenas.

6 Asse em forno moderado durante mais ou menos 20 minutos.

Pão de Queijo II

- 800 g de polvilho doce
- 200 g de polvilho azedo
- 1 kg de queijo meia-cura ralado
- 4 ovos
- 100 g de margarina
- 50 g de sal
- ½ litro de leite

1 Misture os polvilhos. Faça uma cova no centro e nela coloque o queijo, os ovos, a margarina e o sal. Vá colocando o leite devagar e amassando. (Se a massa ficar mole, adicione mais polvilho doce; se ficar dura, ponha mais leite.)

2 Com o auxílio de uma concha de sorvete ou de 2 colheres, faça os pães e coloque-os em uma assadeira untada com óleo.

3 Leve ao forno ligeiramente aberto (mais ou menos um dedo) por 20 minutos.

Pão de Queijo III

- 2 xícaras (chá) de leite
- 1 xícara (chá) de gordura vegetal ou óleo
- 1 colher (sobremesa) de sal
- 2 e ½ xícaras (chá) de polvilho doce
- 2 e ½ xícaras (chá) de polvilho azedo
- 5 ovos ligeiramente batidos
- 4 xícaras (chá) de queijo curado ralado

1 Ferva o leite com a gordura e o sal.

2 Escalde os polvilhos com o leite fervente e misture-os.

3 Acrescente os ovos e vá amassando.

4 Adicione, por último, o queijo ralado; amasse bem e faça bolinhas.

5 Coloque as bolinhas em assadeira não untada e leve para assar.

Pãezinhos com Passas

- 2 tabletes de fermento biológico
- ½ xícara (chá) de leite morno
- 200 g de farinha de trigo
- 1 colher (sopa) de manteiga
- Sal
- 3 colheres (sopa) de açúcar
- 100 g de uvas-passas
- Gema para pincelar

1 Dissolva numa tigela o fermento com o leite morno. Junte a farinha de trigo, a manteiga, uma pitada de sal e o açúcar. Misture tudo e bata bem até obter uma massa lisa e consistente.

2 Acrescente as passas previamente amolecidas, durante 15 minutos, em água morna e escorridas, amassando até que elas se incorporem completamente à massa.

3 Tome pedaços do tamanho de um ovo, forme bolinhas com eles e ponha-as numa assadeira untada com manteiga e polvilhada de farinha de trigo.

4 Deixe repousar durante ½ hora, pincele com a gema e asse em forno quente por cerca de 20 minutos.

Pãezinhos de Trança

- 5 tabletes de fermento biológico
- 1 xícara (chá) de leite morno
- 2 colheres (sopa) de manteiga ou margarina
- 1 pitada de sal
- 6 colheres (sopa) de açúcar
- 500 g de farinha de trigo
- Gema para pincelar
- Açúcar cristal

1 Dissolva o fermento no leite morno. Junte a manteiga ou margarina, o sal, o açúcar e 250 g de farinha de trigo e bata bem, até obter uma massa bem lisa.

2 Deixe descansar por uns 10 minutos e adicione o restante da farinha de trigo (se a massa ficar dura demais, junte mais leite).

3 Amasse muito bem, enrole 3 pedaços de cada vez e faça as tranças, deixando-as repousar, durante cerca de 2 horas, na própria assadeira untada com manteiga ou margarina e polvilhada com farinha de trigo.

4 Antes de levar ao forno quente – durante 20 ou 25 minutos –, pincele com a gema e polvilhe com o açúcar cristal.

PANETONE

- 5 tabletes de fermento biológico
- 1 copo de leite morno
- 5 ovos
- 250 g de manteiga
- 2 e ½ xícaras (chá) de açúcar
- 1 copo de rum
- Raspas da casca de uma laranja
- 250 g de frutas cristalizadas
- 100 g de passas (que devem ficar de molho no rum)
- ½ colher (café) de sal
- 1 kg de farinha de trigo mais 100g
- 1 colher (chá) de essência de panetone (opcional)

1 Desmanche o fermento no leite morno e nos 100 g de farinha. Deixe crescer.

2 Bata os ovos, junte-os ao fermento e continue a bater bem.

3 Acrescente os demais ingredientes e deixe crescer numa vasilha funda untada com manteiga, até que dobre de volume.

4 Divida a massa em 3 partes e ponha-as em fôrmas para panetone de 2 kg, untadas com manteiga e polvilhadas com farinha de trigo. Deixe crescer novamente.

5 Antes de levar ao forno, corte a superfície em cruz com uma lâmina, sem encostar as mãos.

6 Leve para assar em forno quente por 45 minutos e, depois, em forno médio, para terminar de assar. Teste com um palito, se for necessário.

7 Sirva no dia seguinte.

ROLINHOS COM CANELA

- 15 g de fermento biológico
- ¾ de xícara (chá) de leite morno
- ½ xícara (chá) de batatas cozidas e amassadas
- ½ xícara (chá) de açúcar
- 1 ovo
- ¼ de xícara (chá) de água morna
- ⅓ de xícara (chá) de manteiga
- 1 colher (chá) de sal
- 3 xícaras (chá) de farinha de trigo
- ¼ de xícara (chá) de açúcar mascavo
- 2 colheres (sopa) de canela

1 Dissolva o fermento no leite morno e acrescente a batata amassada e o açúcar.

2 Bata o ovo levemente com a água morna, a manteiga amolecida e o sal. Acrescente à mistura do fermento e mexa bem. Acrescente a farinha aos poucos até obter uma massa lisa e macia. Coloque em uma tigela, cubra com um pano e deixe dobrar de volume.

3 Amasse novamente e abra um retângulo com a massa. Pincele com mais manteiga e salpique com o açúcar mascavo e com a canela. Enrole como um rocambole e corte em 12 fatias. Coloque em uma assadeira untada e deixe dobrar de volume. Asse em forno forte por cerca de 25 minutos.

Molhos Básicos e Simples

"O molho é como a essência da flor e o suco da fruta. É ele que define o acepipe e lhe transmite as qualidades peculiares."

RAMALHO ORTIGÃO. TEXTO DA EDIÇÃO DE 1944 DE *DONA BENTA*.

MOLHOS BÁSICOS E SIMPLES

Maionese comum 459
Maionese econômica 459
Molho simples 460
Molho básico 460
Molho básico para frango 460
Molho bechamel 461
Molho bérnaise 461
Molho boêmio 462
Molho breton 462
Molho simples para macarronada 462
Molho básico para peixe 463
Molho branco 463
Molho branco com parmesão 463
Molho com cogumelos 464
Molho de manteiga com salsa 464
Molho de manteiga com limão 464
Molho de tomate 465
Molho de curry (caril) 465
Chutney de manga 466
Court-bouillon 466
Molho à bolonhesa 467
Molho à bolonhesa fácil 467
Molho al pesto 468
Molho calabrês para macarronada 468
Molho carioca 469

Molho coquete 469
Molho aos quatro queijos 469
Molho cremoso com frango 470
Molho de alcaparras para peixe cozido 470
Molho de galinha para macarrão 471
Molho de hortelã 471
Molho de pimenta 471
Molho de sidra e passas para lombo ..472
Molho escabeche 472
Molho especial para bifes 473
Molho forte para peixe 473
Molho holandês 474
Molho inglês caseiro 474
Molho madeira simples 475
Molho meunière 475
Molho napolitano básico 476
Molho rústico para massas 476
Molho para macarronada ou nhoque ...477
Molho simples para peru e pernil 477
Molho remoulade 478
Molho rosado italiano 478
Molho rosado simples 478
Molho tártaro 479
Molho velouté 479
Molho vinagrete 479

Molhos Básicos e Simples

Maionese Comum

- 2 ovos inteiros
- Sal e pimenta-do-reino a gosto
- ½ colher (chá) de mostarda
- 1 colher (sopa) de vinagre
- Óleo o quanto baste

1   Coloque no liquidificador os ovos, o sal, a pimenta-do-reino, a mostarda e o vinagre.

2   Junte óleo suficiente para cobrir as lâminas do liquidificador.

3   Ligue e desligue rapidamente por 5 vezes, até a maionese atingir o ponto certo.

4   Junte mais 1 colher de óleo, ligue novamente e vá acrescentando óleo até ficar na consistência desejada.

5   Verifique se está temperada a seu gosto e caso seja necessário acrescente sal, batendo sempre.

Nota: O preparo de alimentos com ovos crus é desaconselhável por causa do risco de contaminação pela bactéria salmonela. Evite oferecer maionese preparada com ovos crus para crianças e idosos. Utilize imediatamente a preparação e, se sobrar, não conserve, mesmo que seja em geladeira.

Maionese Econômica

- 2 ovos gelados
- 1 colher (café) de sal
- 1 colher (sopa) de suco de limão
- 1 e ½ xícara (chá) de óleo gelado

1   Coloque os ovos, o sal, o suco de limão e 2 colheres (sopa) de óleo gelado no copo do liquidificador.

2   Bata na velocidade mínima até misturar os ingredientes, acrescentando o óleo colher por colher até obter a consistência desejada.

Nota: O preparo de alimentos com ovos crus é desaconselhável por causa do risco de contaminação pela bactéria salmonela. Evite oferecer maionese preparada com ovos crus para crianças e idosos. Utilize imediatamente a preparação e, se sobrar, não conserve, mesmo que seja em geladeira.

Molho Simples

- 2 colheres (sopa) de óleo
- 1 cebola cortada em fatias
- 2 tomates partidos em 4
- 1 colher (chá) de vinagre
- Sal e pimenta-do-reino
- Cheiro-verde picado
- Água

1 Refogue no óleo as rodelas de cebola. Junte os tomates, refogue mais um pouco e pingue algumas gotas de vinagre.

2 Acrescente uma pitada de pimenta-do-reino, o sal, o cheiro-verde picadinho e um pouco de água, deixando ferver.

Observação: Pode ser empregado em qualquer prato que requeira um molho rápido e fácil.

Molho Básico

- 1 cebola média cortada em rodelas
- 2 colheres (sopa) de óleo
- 1 dente de alho amassado e picado
- 2 tomates sem pele picados
- 3 ramos de salsinha
- 1 ramo de cebolinha-verde
- Água
- 2 colheres (sopa) de purê de tomate
- Sal e pimenta a gosto

1 Coloque as rodelas de cebola para fritar no óleo e, quando douradas, acrescente o alho bem amassado ou picado.

2 Deixe fritar um instante e adicione os tomates sem pele e picados. Coloque a salsinha e a cebolinha-verde.

3 Desmanche os pedaços de tomate com uma colher de pau enquanto vai refogando.

4 Adicione ½ xícara (chá) de água e o purê de tomate, acerte o sal e a pimenta-do-reino e deixe cozinhar por aproximadamente 5 minutos.

Observação: Este molho serve, com pequenas variações, para qualquer prato. Veja a seguir como usá-lo em algumas receitas.

Molho Básico para Frango

- 1 receita de molho básico (pág. 460)
- Pés de frango (para dar sabor)
- 2 tomates sem pele bem picados
- Pedaços de frango em cubos

1 Faça o molho básico e passe-o para uma panela de pressão.

2 Acrescente os pés do frango e os tomates picados. Tampe a panela e cozinhe por 10 minutos na pressão.

3 Passados os 10 minutos, o molho está pronto. Espere a panela esfriar, destampe e elimine os pés de frango. Coloque no molho os pedaços de frango (já dourados em panela à parte) e cozinhe sem a tampa por mais 20 minutos, acrescentando um pouco de água se for necessário.

Molho Bechamel

- 1 cebola (média) picada
- 1 xícara (chá) de água
- 3 colheres (sopa) de manteiga ou margarina
- 2 colheres (sopa) de farinha de trigo
- 3 xícaras (chá) de leite fervente
- 1 folha de louro
- 1 cravo-da-índia
- Sal e pimenta-do-reino
- Noz-moscada

1 Leve a cebola e a água, numa caçarola tampada, ao fogo brando e cozinhe até a cebola ficar macia. Escorra e passe-a na peneira para obter um purê.

2 Coloque o purê de cebola na caçarola, junte a manteiga (margarina) e a farinha. Leve de novo ao fogo. Mexa bem e, quando a manteiga derreter, adicione o leite aos poucos, mexendo bem após cada adição. Acrescente a folha de louro e o cravo. Cozinhe mexendo regularmente até obter uma textura cremosa. Tempere com o sal, a pimenta-do-reino e a noz-moscada.

3 Utilize conforme solicitado na receita.

Molho Bérnaise

- 1 colher (sopa) de cebola picada
- 4 grãos de pimenta-do-reino
- 3 colheres (sopa) de vinagre branco
- 1 colher (sopa) de vinho branco seco
- 1 ramo de estragão fresco
- 1 colher (sopa) de água
- 2 gemas
- 160 g de manteiga
- Sal e pimenta-do-reino branca
- 1 colher (chá) de cebolinha-verde picada
- 1 colher (chá) de estragão picado

1 Coloque em uma panela a cebola picada, os grãos de pimenta grosseiramente quebrados, o vinagre, o vinho e o ramo de estragão.

2 Leve ao fogo baixo e cozinhe até restar somente o equivalente a uma colher (sopa) de líquido na panela. Retire do fogo e acrescente a água. Misture e reserve.

3 Coloque as gemas em uma tigela de inox, bata levemente, coe o líquido reservado sobre as gemas e bata bem.

4 Coloque a tigela sobre uma panela com água fervente (banho-maria). Com o fogo baixíssimo, vá acrescentando lentamente a manteiga, batendo com um batedor (fouet) sem parar, até encorpar bem o molho. Se estiver muito quente, retire um pouco do banho-maria e continue a bater. Assim que o molho estiver parecido com uma maionese rala, tempere com sal e pimenta-do-reino branca. Adicione o estragão e a cebolinha. Retire do vapor e mantenha aquecido sem deixar ferver. Se o molho ficar muito grosso, pode ser afinado com um pouco de água morna.

5 Sirva sobre medalhões de filé grelhados ou com peixes.

Molho Boêmio

- 1 gema
- 1 pitada de sal
- 1 pitada de pimenta-do-reino
- Gotas de vinagre
- ½ xícara (chá) de molho branco (pág. 463)
- 1 e ½ xícara (chá) de azeite
- ½ colher (chá) de vinagre
- 1 colher (chá) de mostarda

1 Misture numa tigela a gema, o sal, a pimenta e as gotas de vinagre ao molho branco.

2 Bata a mistura no liquidificador (ou batedeira), junte o azeite, o restante do vinagre, a mostarda e bata um pouco mais, até obter uma maionese comum.

Observação: Este molho serve para maioneses de legumes, camarão ou galinha.

Molho Breton

- 3 ovos cozidos
- 1 colher (café) de mostarda
- 2 colheres (café) de salsa picada bem fina
- Suco de 1 limão
- 2 colheres (sopa) de manteiga ou margarina
- Sal e pimenta-do-reino

1 Passe as gemas pela peneira e misture todos os ingredientes.

2 Leve ao fogo, mexendo sempre, mas não deixe ferver.

Nota: Molho indicado para acompanhar peixes (especialmente bacalhau) e batatas.

Molho Simples para Macarronada

- 1 receita de molho básico (pág. 460)
- 3 tomates sem pele
- 1 lata pequena de extrato de tomate
- 1 xícara (chá) de água
- 1 colher (chá) de orégano
- Sal

1 Faça o molho básico e passe-o para uma panela de pressão.

2 Acrescente mais 3 tomates sem pele, o extrato de tomate, a água e o orégano.

3 Tampe a panela e deixe no fogo baixo por 15 minutos após começar a pressão.

4 Acerte o sal e sirva com qualquer prato de massa.

Molho Básico para Peixe

- 1 receita de molho básico (pág. 460)
- 1 ramo de coentro
- 1 pimenta-de-cheiro
- 2 xícaras (chá) de água quente
- Sal
- Postas de peixe

1 Faça o molho básico, acrescente um ramo de coentro e uma pimenta-de-cheiro.

2 Deixe ferver bem e adicione 2 xícaras (chá) de água quente.

3 Ponha nesse molho postas de peixe já temperadas e acerte o sal.

4 Abaixe o fogo e deixe cozinhar até as postas de peixe ficarem macias.

Nota: Use uma panela grande, a fim de que todas as postas fiquem cobertas pelo molho.

Molho Branco

- 2 colheres (sopa) de manteiga ou margarina
- 3 colheres (sopa) de farinha de trigo
- 3 xícaras (chá) de leite fervente
- ½ colher (chá) de sal

1 Coloque a manteiga ou margarina numa caçarola e leve ao fogo. Quando derreter, polvilhe a farinha de trigo e cozinhe, misturando até começar a dourar.

2 Acrescente o leite pouco a pouco, mexendo bem após cada adição.

3 Tempere com sal e deixe ferver por mais alguns minutos.

Nota: Para um molho mais espesso, basta cozinhar por mais alguns minutos. Para um molho mais ralo, adicione mais leite.

Molho Branco com Parmesão

- 1 receita de molho branco (pág. 463)
- ¼ de xícara (chá) de queijo parmesão ralado
- 1 pitada de noz-moscada

Prepare o molho branco conforme a receita e adicione o parmesão e a noz-moscada.

Molhos Básicos e Simples

Molho com Cogumelos

- ½ maço de salsa limpa e picada
- 1 cebola média picada
- 3 dentes de alho picados
- 1 vidro pequeno de cogumelos picados
- 1 copo de vinho branco seco
- 1 colher (café) de sal
- 1 pitada de pimenta-do-reino
- 1 colher (sopa) de azeite
- 1 colher (chá) de farinha de trigo
- 2 colheres (sopa) de água

1 Junte numa caçarola os primeiros 5 ingredientes, tampe e deixe ferver por 15 minutos.

2 Tempere com o sal, a pimenta e o azeite, deixando levantar fervura.

3 No momento de servir, adicione a farinha dissolvida na água e mexa até ferver por mais 3 minutos.

Observação: Este molho pode ser usado em pratos de peixe.

Molho de Manteiga com Salsa

- 4 colheres (sopa) de manteiga
- 2 colheres (sopa) de salsa picada
- Sal e pimenta-do-reino a gosto

1 Coloque todos os ingredientes em uma panela pequena e leve-os ao fogo, em banho-maria.

2 Quando a manteiga começar a derreter, mexa constantemente, para que o molho fique espesso.

Observação: Este molho é próprio para filés de peixe grelhados, peixe cozido e legumes.

Molho de Manteiga com Limão

- 125 g de manteiga ou margarina
- 2 colheres (sopa) de suco de limão
- Sal e pimenta-do-reino a gosto

1 Derreta a manteiga ou margarina em banho-maria até ficar líquida.

2 Junte o suco de limão, o sal e a pimenta.

3 Mexa um pouco e sirva numa molheira.

Observação: Molho excelente para acompanhar peixes cozidos ou grelhados.

Molhos Básicos e Simples

Molho de Tomate

Este é o molho de tomate básico utilizado em muitas das receitas do livro. Também chamado de molho *al sugo*, combina com massa, carnes e legumes em geral.

- *1 kg de tomates bem vermelhos*
- *1 ramo de salsa ou manjericão*
- *1 cebola picada finamente*
- *1 dente de alho inteiro*
- *½ xícara (chá) de azeite ou óleo*
- *1 colher (sopa) de manteiga*
- *½ colher (chá) de açúcar*
- *Sal e pimenta-do-reino*

1 Lave os tomates e leve-os ao fogo, cobrindo-os com água. Junte a salsa e cozinhe em fogo fraco por ½ hora. Passe pela peneira e reserve.

2 Nesse meio-tempo, leve o azeite ou óleo ao fogo e acrescente a cebola e o dente de alho. Deixe dourar, coe e junte ao purê de tomate. Leve tudo novamente ao fogo e cozinhe até obter um molho espesso.

3 Adicione a manteiga, o açúcar o sal e a pimenta. Sirva ou utilize conforme solicitado na receita.

Molho de Curry (Caril)

- *4 colheres (sopa) de manteiga ou margarina*
- *1 colher (sopa) de cebolinha-verde picada (só a parte branca)*
- *1 colher (chá) de salsa picada finamente*
- *1 xícara (café) de água*
- *1 colher (sobremesa) de* curry
- *1 gema*
- *½ xícara (chá) de creme de leite*
- *Sal e pimenta-do-reino*

1 Leve ao fogo a manteiga margarina, a cebolinha e a salsa.

2 Quando a cebola estiver dourada, acrescente a água e refogue até quase todo o líquido evaporar.

3 Misture bem os ingredientes restantes numa tigela e despeje a mistura sobre o refogado, mexendo sempre.

4 Logo que o molho se tornar homogêneo, retire-o do fogo. Não o deixe ferver.

Nota: Este molho pode ser servido com peixes e frutos do mar, carnes e aves.

Chutney de Manga

- 6 mangas graúdas
- 1 cebola média
- ½ pimentão vermelho
- 2 colheres (sopa) de uvas-passas escuras
- 2 e ½ xícaras (chá) de vinagre branco
- 2 xícaras (chá) de açúcar refinado
- ½ xícara (chá) de açúcar mascavo
- 2 colheres (sopa) de gengibre ralado
- ½ colher (chá) de canela em pó
- 3 cravos-da-índia
- Sal

1   Descasque as mangas e corte a polpa em cubos pequenos.

2   Pique finamente a cebola e o pimentão e reidrate as passas em um pouco de água fervente. Coloque em uma panela o vinagre e o açúcar mascavo, misture bem, leve ao fogo até que o açúcar dissolva e acrescente os demais ingredientes.

3   Misture bem e cozinhe em fogo baixo até obter a consistência de geleia. Retire do fogo e deixe esfriar. Sirva com carnes, aves e *curries* em geral.

Nota: Fica muito bom em sanduíches.

Court-bouillon

- 3 xícaras (chá) de água
- 2 xícaras (chá) de vinho branco
- Sal e pimenta
- 1 buquê de cheiros
- 2 cravos-da-índia
- 1 ou 2 cenouras raspadas
- 1 cebola grande cortada em rodelas finas

1   Despeje numa vasilha água e vinho branco em quantidade a permitir que o peixe fique completamente mergulhado.

2   Tempere com o sal, a pimenta, o buquê de cheiros, o cravo-da-índia, as cenouras e as rodelas finas de cebola.

3   Leve ao fogo e, quando estiver fervendo bem, coloque o peixe, deixando cozinhar em fogo brando.

4   Cozido o peixe, retire a vasilha do fogo, deixando o peixe dentro do molho até o momento de servir.

Nota: O court-bouillon *é indicado para cozinhar peixes, carnes e aves. Serve também para temperar a carne em geral e dar-lhe gosto.*

Molhos Básicos e Simples

Molho à Bolonhesa

- 1 kg de tomates maduros sem pele
- 1 xícara (chá) de água
- ¼ de xícara (chá) de óleo
- ½ kg de carne bovina moída
- 4 colheres (sopa) de manteiga
- 1 cebola picada
- 1 talo de salsão picado
- 1 cenoura pequena ralada grosseiramente
- 1 dente de alho picado
- 1 folha de louro
- 1 galho de manjericão
- 1 pitada de noz-moscada
- ½ colher (café) de pimenta-do-reino
- 1 colher (chá) de sal

1 Bata os tomates no liquidificador com a água.

2 Esquente o óleo em uma panela e frite a carne até começar a dourar. Adicione a manteiga. Coloque na panela a cebola, o salsão, a cenoura e o alho picado. Refogue bem por mais alguns minutos e adicione o suco de tomate, o louro, o manjericão, a noz-moscada, a pimenta e o sal.

3 Ferva em fogo brando até o molho apurar e chegar na consistência desejada.

4 Para servir com massa, o molho deve ser mais cremoso. Já para recheios, deixe o molho apurar um pouco mais para ficar bem espesso.

Molho à Bolonhesa Fácil

- 4 colheres (sopa) de óleo
- 500 g de carne moída (coxão mole ou patinho)
- 1 colher (sopa) de massa ou purê de tomate
- 2 cubos de caldo de carne
- 1 e ½ xícara (chá) de água fervente

1 Leve ao fogo o óleo e, quando estiver quente, despeje nele a carne moída. Frite para que doure bem. Adicione a massa de tomate e refogue por mais alguns minutos.

2 Dissolva os cubos de caldo de carne na água fervente e acrescente à panela. Cozinhe em fogo baixo por cerca de 10 minutos.

Molhos Básicos e Simples

Molho Al Pesto

Este molho é de origem italiana e é especialmente indicado para ser servido com massas. Cozinhe a massa de sua preferência, adicione o molho (em temperatura ambiente) e misture bem. Ótimo também com carnes grelhadas.

- ⅔ de xícara (chá) de azeite
- 1 dente de alho pequeno socado
- ½ xícara (chá) de nozes sem casca
- 2 xícaras (chá) de folhas de manjericão fresco
- Sal
- ½ xícara (chá) de queijo parmesão ralado

1 Coloque em um processador ou liquidificador o azeite, o alho e as nozes. Processe por 10 segundos e adicione as folhas de manjericão. Bata bem até obter um creme espesso (se necessário, adicione mais um pouco de azeite).

2 Tempere o molho com sal e coloque em um recipiente.

3 Adicione o queijo ralado e misture bem.

4 Leve ao fogo o azeite, o purê de tomate e o dente de alho bem picadinho.

Molho Calabrês para Macarronada

- 3 colheres (sopa) de óleo
- ½ kg de carne cortada em pedaços
- 2 cebolas grandes picadas finamente
- 2 folhas de louro
- 1 pitada de orégano
- 1 kg de tomates lavados e cortados ao meio
- 1 colher (chá) de sal
- 2 colheres (sopa) de massa ou purê de tomate

1 Coloque o óleo, a carne, as cebolas, o louro e o orégano numa panela, tampe e leve ao fogo.

2 Deixe cozinhar lentamente até a cebola ficar oleosa, o que demora mais ou menos 15 minutos.

3 Acrescente os tomates apenas lavados e cortados ao meio.

4 Deixe em fogo brando até formar um molho cremoso.

5 Tempere a carne com o sal e cozinhe um pouco mais.

6 Quando a carne estiver macia e o molho, pronto, ou na hora de levar à mesa, junte a massa ou o purê de tomate, deixe levantar fervura e sirva.

Observação: Use este molho para um pacote de macarrão cozido.

Molhos Básicos e Simples

Molho Carioca

- 2 colheres (sopa) bem cheias de pimenta-cumari ou malagueta bem curtidas
- 1 porção de salsa picada bem fino
- 1 pitada de sal
- Suco de limão-galego

1   Amasse bem as pimentas.

2   Junte a salsa e o sal.

3   Coloque numa molheira e cubra tudo com o suco de limão-galego.

Nota: Este molho pode ser feito com pimenta-verde ardida. A preferência, porém, é pela malagueta, que é mais forte e picante. Acompanha a feijoada ou o cozido.

Molho Coquete

- 1 copo de leite
- 2 colheres (sopa) de maisena
- 1 colher (sopa) de manteiga ou margarina
- 2 colheres (sopa) de cebola picada
- Sal
- Salsa
- 1 gema

1   Despeje o leite, devagar, sobre a maisena, mexendo de maneira a não formar caroços.

2   Adicione os ingredientes restantes, menos a gema, e leve ao fogo para engrossar, mexendo sempre.

3   Assim que o molho estiver um pouco compacto, retire-o do fogo e misture-lhe a gema, desmanchada, para lhe dar cor.

Observação: Sirva com cenouras cozidas ou couve-flor.

Molho aos Quatro Queijos

- 2 colheres (sopa) de manteiga
- 1 dente de alho picado
- 1 cebola pequena picada
- 1 copo de leite quente
- 200 g de queijo mozarela ralado
- 100 g de queijo provolone ralado
- 100 g de queijo parmesão ralado
- 150 g de queijo catupiri ou similar
- 1 lata de creme de leite sem soro
- Sal

Derreta a manteiga em uma panela e refogue nela o alho e a cebola. Acrescente os queijos ralados e o leite quente. Quando os queijos estiverem derretidos e incorporados ao molho, prove o sal, desligue o fogo e acrescente o creme de leite.

Molho Cremoso com Frango

- ½ peito de frango
- Sal a gosto
- 1 pitada de noz-moscada ralada
- 1 colher (chá) de pimenta-do-reino
- 4 colheres (sopa) de molho inglês
- 4 colheres (sopa) de manteiga ou margarina
- 1 cebola grande
- 1 tablete de caldo de galinha
- 4 colheres (sopa) de purê de tomate
- 1 lata de creme de leite

1 Corte o peito de frango em tiras finas e tempere-as com sal a gosto, a noz-moscada, a pimenta-do-reino e o molho inglês, deixando em repouso.

2 Leve ao fogo uma panela com a manteiga ou margarina e frite nela a cebola cortada em rodelas.

3 Despeje na panela o preparado de frango e misture bem.

4 Amasse o tablete de galinha e junte-o ao molho.

5 Ponha o purê de tomate e deixe refogar. Prove.

6 Um pouco antes de retirar do fogo, junte o creme de leite, misturando tudo muito bem, em fogo brando (não deixe ferver).

Nota: Este molho é próprio para macarrão. Cozinhe a massa escolhida e cubra com o molho.

Molho de Alcaparras para Peixe Cozido

- 1 e ½ colher (sopa) de manteiga ou margarina
- 1 colher (sopa) de farinha de trigo
- 1 copo de leite
- Sal
- 1 colher (sopa) de alcaparras

1 Leve ao fogo 1 colher de manteiga ou margarina e a farinha de trigo.

2 Assim que dourar, junte o leite e o sal e deixe engrossar, mexendo sempre.

3 Ao retirar do fogo, acrescente ½ colher de manteiga ou margarina e uma de alcaparra.

4 Sirva numa molheira.

Molhos Básicos e Simples

Molho de Galinha para Macarrão

- 1 galinha cortada em pedaços
- Sal
- 2 dentes de alho
- 1 cebola graúda picada
- ½ kg de tomates sem pele
- 2 colheres (sopa) de purê de tomate
- 1 colher (chá) de açúcar
- Cheiro-verde a gosto

1 Refogue os pedaços da galinha com o sal, o alho e a cebola picada.

2 Depois de dourados, deixe-os cozinhar bastante.

3 Quando estiverem quase macios, adicione os tomates, o purê de tomate, o açúcar e o cheiro-verde. Cozinhe em fogo baixo para apurar o molho.

4 Pronto o molho, retire os pedaços de galinha e sirva-os à parte, acompanhando a massa escolhida.

5 Coe o molho e com ele regue a massa.

Molho de Hortelã

- ¾ de xícara (chá) de geleia de abricó ou de abacaxi
- 3 colheres (sopa) de hortelã fresca picada
- 2 colheres (sopa) de vinagre branco

1 Misture bem todos os ingredientes e está pronto o molho.

2 Sirva acompanhando carnes assadas, especialmente de carneiro.

Molho de Pimenta

- 50 g de pimenta-malagueta verde ou vermelha
- 1 colher (café) de sal
- 3 colheres (sopa) de vinagre
- 3 colheres (sopa) de azeite

1 Coloque todos os ingredientes no copo do liquidificador e bata-os, em velocidade média, durante 3 minutos.

2 Coloque o molho num vidro e deixe-o curtir por 8 dias.

Observação: Pode acompanhar qualquer prato.

Molho de Sidra e Passas para Lombo

- ¼ de xícara (chá) de açúcar
- 1 colher (sopa) de maisena
- 1 pitada de sal
- 1 xícara (chá) de vinho de maçã (sidra)
- ¼ de xícara (chá) de passas sem caroços
- 5 cravos-da-índia inteiros
- 4 pedacinhos de canela em pau

1 Misture o açúcar, a maisena e o sal.

2 Junte o vinho de maçã (sidra) e as passas.

3 Junte os cravos e a canela envolvidos numa trouxa de gaze.

4 Ferva a mistura toda durante uns 10 minutos, retire as especiarias e vire-a sobre as fatias de lombo.

Nota: Fica ótimo também sobre fatias de presunto.

Molho Escabeche

- 1 copo de azeite ou óleo
- 2 cebolas grandes cortadas em rodelas
- 6 dentes de alho fatiados
- 2 folhas de louro
- 3 pimentas-verdes
- 6 grãos de pimenta-do-reino
- ½ copo de água
- 1 colher (sopa) de extrato, massa ou purê de tomate
- ½ copo de vinagre branco
- 1 colher (café) de sal

1 Coloque numa caçarola o azeite ou óleo, as cebolas, os dentes de alho, as folhas de louro, as pimentas-verdes e os grãos de pimenta-do-reino.

2 Leve a caçarola ao fogo e deixe fritar ligeiramente até as cebolas ficarem moles.

3 Acrescente a massa de tomate dissolvida na água, tampe a panela e deixe ferver por 5 minutos ou até que a cebola fique cozida.

4 Desligue o fogo e acrescente o vinagre e o sal.

Nota: Use este molho para peixe frito, cobrindo as postas com ele e deixando-as na geladeira por até 3 dias.

Molho Especial para Bifes

- *2 colheres (sopa) de manteiga ou margarina*
- *2 cálices de vermute tinto*
- *1 colher (sopa) de molho inglês*
- *1 colher (sobremesa) de mostarda*
- *Salsinha picada*

1 Misture todos os ingredientes e leve-os ao fogo para que fervam um pouco.

2 Cubra os bifes prontos, cubra-os com o molho e salpique com salsinha picada.

Molho Forte para Peixe

- *3 gemas*
- *½ xícara (chá) de azeite*
- *1 colher (chá) de mostarda*
- *4 pimentas-verdes pisadas*
- *1 pitada de pimenta-do-reino*
- *3 ou 4 colheres (sopa) do molho do próprio peixe*
- *Suco de 2 limões pequenos*
- *Alcaparras*
- *Pepinos em conserva*

1 Coloque as gemas numa panela. Despeje sobre elas, aos poucos, o azeite.

2 Incorpore com uma colher de pau. Junte a mostarda, as pimentas-verdes e a pitada de pimenta-do-reino. Misture tudo muito bem e leve ao fogo apenas para aquecer (não deixe ferver). Mexa sempre.

3 Logo que estiver quente, junte o molho do próprio peixe, misture bem e retire do fogo.

4 Coe e junte o caldo dos limões. Tempere a gosto e despeje na molheira.

5 Querendo, adicione alcaparras e pedacinhos de pepinos em conserva.

Observação: Este molho vai bem com qualquer tipo de peixe.

Molhos Básicos e Simples

Molho Holandês

- ½ xícara (chá) de manteiga
- 3 gemas
- 2 colheres (sopa) de suco de limão
- ¼ de colher (chá) de sal
- Pimenta-do-reino

1 Coloque a manteiga em uma panela e leve ao fogo para derreter. Leve ao liquidificador as 3 gemas, o suco de limão, o sal e a pimenta-do-reino. Bata por 10 segundos.

2 Quando a manteiga estiver borbulhando, ligue novamente o liquidificador, retire a tampa e vá adicionando lentamente a manteiga. Essa operação deve durar de 30 a 40 segundos. Você vai obter um molho com a textura de maionese bem leve.

3 Retire do liquidificador e acerte o ponto do sal e da pimenta-do-reino.

4 Sirva com peixes, carnes brancas ou legumes cozidos.

Molho Inglês Caseiro

- 15 g de pimenta madura
- 30 g de gengibre
- 15 g de pimenta-do-reino
- 3 cravos
- 6 g de noz-moscada
- 1 pé de aipo
- 1 folha de louro
- ¼ de xícara (chá) de salsa picada
- Orégano
- 300 g de açúcar
- 1 e ½ litro de vinagre branco
- 80 g de sal
- ½ copo de aguardente

1 Passe pelo moedor ou processador a pimenta madura, o gengibre, a pimenta-do-reino, os cravos, a noz-moscada, o aipo, a folha de louro, a salsa e o orégano.

2 Leve ao fogo uma panela com o açúcar e mexa-o sem parar, até que fique marrom (não ponha água).

3 Junte o vinagre (sempre mexendo), o sal e os ingredientes passados pela máquina, deixando ferver por uns 15 a 20 minutos.

4 Retire do fogo e despeje tudo numa tigela.

5 Alguns dias depois, coe, misture a aguardente e deixe repousar por mais alguns dias, mexendo de vez em quando com uma colher de pau.

6 Coe definitivamente e deixe em um recipiente tampado pelo maior tempo possível (mais de um mês).

7 Passado esse tempo, pode engarrafá-lo.

Molho Madeira Simples

- 2 colheres (sopa) de manteiga
- 1 colher (sobremesa) de farinha de trigo
- 1 e ½ xícara (chá) de molho de carne assada bem quente
- 1 cálice de vinho madeira ou izidro
- ½ xícara (chá) de cogumelos picados

1 Leve ao fogo uma colher de manteiga. Quando estiver derretida, polvilhe com farinha e deixe corar bem, mexendo sempre.

2 Acrescente o molho de carne, pouco a pouco, mexendo bem após cada adição.

3 Em seguida, junte os cogumelos e o vinho madeira, deixando ferver em fogo brando.

4 Em separado, derreta a colher de manteiga que sobrou em fogo lento e deixe fritar, mexendo sempre até ficar escura.

5 Adicione essa manteiga ao molho que preparou, verifique o sal e a pimenta (o molho de carne já contém temperos). Se precisar, adicione um pouco mais.

6 Sirva acompanhando carnes, filés grelhados e rosbifes.

Nota: Obtém-se o molho de carne *quando se prepara um assado. Retire a peça de carne, escorra a gordura e aproveite-a para outros assados. Aos temperos (mesmo chamuscados) da assadeira acrescente 2 xícaras (chá) de água. Coloque a assadeira sobre a chama do fogão e deixe ferver. Raspe os temperos com a espátula e desligue o gás. Coe o molho e use-o, ou guarde-o na geladeira por até uma semana. Na hora de usá-lo, se faltar líquido, acrescente um pouco de água.*

Molho Meunière

- 100 g de manteiga ou margarina
- 2 colheres (sopa) de suco de limão
- 1 pitada de sal
- 1 pitada de pimenta-branca
- 2 colheres (sopa) de alcaparras picadas

1 Misture todos os ingredientes numa frigideira.

2 Quando a manteiga ou margarina começar a derreter, diminua a chama do fogo e vá mexendo até misturar todos os ingredientes.

3 Sirva acompanhando batatas cozidas e filés de peixe grelhados.

MOLHOS BÁSICOS E SIMPLES

MOLHO NAPOLITANO BÁSICO

- *1 kg de tomates vermelhos e firmes*
- *6 colheres (sopa) de azeite ou óleo*
- *3 dentes de alho picados*
- *1 colher (chá) de orégano*
- *Sal e pimenta-do-reino*

1 Para retirar a pele, primeiro retire o talinho do tomate. Faça um corte em forma de cruz na parte superior. Esse corte deverá ser bem superficial.

2 Coloque abundante água para ferver e mergulhe os tomates por um minuto, retirando-os com uma escumadeira e transferindo diretamente para um recipiente com água e pedras de gelo. Esse procedimento cessa o cozimento, e o choque térmico ajuda a romper a celulose, facilitando a retirada da pele, o que deve ser feito em seguida.

3 Corte os tomates ao meio, no sentido horizontal, e esprema levemente as metades para eliminar as sementes. Coloque sobre uma peneira por 30 minutos, para que percam um pouco de líquido. Corte as metades em cubos de aproximadamente 1,5 cm.

4 Aqueça uma panela ou frigideira grande e adicione o azeite. Coloque os dentes de alho e refogue por 2 ou 3 minutos. Acrescente os tomates picados e cozinhe em fogo forte por alguns minutos ou até que os líquidos evaporem, lembrando que os tomates devem permanecer em pedaços macios. Adicione o orégano e tempere com o sal e a pimenta-do-reino.

5 Utilize conforme solicitado na receita.

Nota: Este molho pode ser incrementado com alcaparras, azeitonas, pimenta-calabresa seca, manjericão ou outros ingredientes.

MOLHO RÚSTICO PARA MASSAS

- *1 kg de tomates sem pele e sem sementes*
- *1 kg de carne bovina (lagarto ou coxão mole) cortada em cubos*
- *150 g de toucinho defumado picado grosso*
- *3 ramos de manjericão picados*
- *3 ramos de cheiro-verde picados*
- *2 dentes de alho picados grosseiramente*
- *½ colher (sobremesa) de sal*
- *½ colher (café) de pimenta-do-reino*
- *4 colheres (sopa) de óleo*

1 Bata os tomates no liquidificador e reserve.

2 Tempere a carne entremeada com o toucinho, misturando o manjericão, o cheiro-verde, o alho, o sal e a pimenta, e deixe tomar gosto por ½ hora.

3 Ponha o óleo em uma panela e leve ao fogo.

4 Quando estiver quente, acrescente a carne com os toucinhos e core-a bem por todos os lados, mexendo com uma colher de cabo longo.

5 Acrescente o tomate, tampe a panela e deixe cozinhar em fogo brando até a carne ficar bem macia e o molho, espesso. Se necessário, adicione mais um pouco de água ou caldo para cozinhar totalmente a carne. Tempere com sal e pimenta-do-reino.

Molho para Macarronada ou Nhoque

- 1 kg de carne bovina (alcatra, coxão mole, patinho ou coxão duro)
- Sal
- 2 dentes de alho
- 4 colheres (sopa) de óleo
- 2 cebolas
- 1 colher (sopa) de manteiga ou margarina
- ½ kg de tomates
- 1 pedaço de linguiça picante
- ½ folha de louro
- Ramos de salsa
- 1 galho de manjerona ou segurelha
- 1 colher (sopa) de purê de tomate
- 1 pitada de pimenta-do-reino
- ½ xícara (chá) de vinho branco
- 1 pitada de açúcar
- Água

1 Tempere a carne com o sal e o alho e refogue-a bem, em óleo quente. Deixe corar todos os lados. Adicione a cebola, a manteiga, os tomates, o pedaço de linguiça, a folha de louro, os ramos de salsa, o galhinho de manjerona ou segurelha, o purê de tomate, a pimenta e água que cubra bem todo o pedaço de carne.

2 Deixe cozinhar em fogo brando e, se for preciso, vá juntando mais água aos poucos.

3 Quando a carne estiver quase mole, junte o vinho branco e uma pitada de açúcar.

4 Cozida a carne e engrossado o molho, ele pode ser coado para um acabamento mais sofisticado, de acordo com seu gosto.

Molho Simples para Peru e Pernil

- 1 colher (sopa) de farinha de trigo
- 1 colher (sopa) de manteiga ou margarina
- 2 cebolas graúdas fatiadas
- 1 colher (chá) de mostarda
- 2 colheres (sopa) de vinho tinto
- Sal e pimenta-do-reino

1 Misture a farinha com a manteiga ou a margarina, ponha-as numa panela e leve ao fogo para corar.

2 Junte as fatias finas de cebola, um pouco de água, a mostarda e o vinho tinto.

3 Tempere com o sal e a pimenta-do-reino.

4 Deixe ferver e sirva quente.

Molho Remoulade

- 1 xícara (chá) de maionese
- 1 colher (sopa) de picles picados
- 1 colher (sopa) de salsa picadinha
- 3 anchovas picadas

1 Misture todos os ingredientes delicadamente. Conserve em geladeira.

2 Use o molho com peixe cozido ou grelhado.

Molho Rosado Italiano

- 1 kg de tomates sem pele cortados em 4
- 1 maço de cheiro-verde
- 1 copo de vinho branco seco
- 1 colher (café) de sal
- 1 pitada de pimenta-do-reino
- 1 xícara (chá) de molho branco de textura fluida
- 1 pitada de açúcar
- Caldo de carne (se precisar dar ponto)

1 Leve o tomate, o cheiro-verde e o vinho branco ao fogo numa caçarola.

2 Deixe cozinhar, em fogo brando, por 20 minutos, mexendo de vez em quando, para não pegar no fundo.

3 Tempere com o sal e a pimenta e deixe esfriar um pouco.

4 Bata no liquidificador e reserve.

5 Prepare o molho branco e acrescente, pouco a pouco, o tomate reservado. Adicione a pitada de açúcar.

6 Se for necessário, deixe ferver até obter uma textura espessa, ou acrescente mais caldo, se preferir um molho mais fluido.

Nota: Use este molho para um pacote de espaguete ou talharim cozido ou para legumes e cozidos.

Molho Rosado Simples

- 1 e ½ xícara (chá) de maionese
- ½ xícara (chá) de ketchup
- 1 pitada de sal

1 Misture a maionese com os demais ingredientes.

2 Empregue imediatamente ou guarde na geladeira por 3 dias.

Nota: Para utilizar com sanduíches, legumes crus ou cozidos, peixes e carnes frias.

Molho Tártaro

- 1 xícara (chá) de maionese
- 2 colheres (sopa) de picles picados ou de alcaparras
- 2 colheres (sopa) de pepinos em conserva picados
- ½ colher (chá) de suco de limão
- 1 colher (chá) de salsinha

1 Misture todos os ingredientes em um recipiente e coloque na geladeira por uma hora.

2 Sirva com peixes, carnes ou sanduíches.

Molho Velouté

- 2 xícaras (chá) de caldo de carne, frango, peixe ou legume
- 2 colheres (sopa) de manteiga ou margarina
- 1 colher (sopa) de farinha de trigo
- Sal e pimenta-do-reino branca

1 Prepare o caldo adequado para a receita. Se for uma receita com frango, use caldo de frango, e assim por diante.

2 Derreta a manteiga ou margarina numa caçarola e junte a farinha.

3 Mexa bem e, quando a mistura dourar, junte o caldo aos poucos, mexendo bem após cada adição.

4 Ferva por alguns minutos para dar consistência, tempere com o sal e a pimenta-do-reino.

5 Sirva sobre a carne ou o legume escolhido.

Nota: Este molho, por ser básico, pode ser preparado mais espesso, bastando para isso adicionar mais um pouco de farinha de trigo. Pode também ser enriquecido com vinho branco.

Molho Vinagrete

- 1 xícara (chá) de óleo
- ¼ de xícara (chá) de vinagre ou suco de limão
- 1 colher (café) de sal
- 1 pitada de pimenta-do-reino

1 Misture todos os ingredientes.

2 Use em saladas de legumes (crus e cozidos), saladas de feijão-branco, lentilha ou grão-de-bico, carnes frias e grelhados.

Nota: Você pode variar o molho vinagrete adicionando 2 colheres (sopa) de cebola e 2 de cheiro-verde picado, juntando um tomate sem pele e sem sementes picado, acrescentando um ovo cozido picadinho, ou ainda pimentão picado e outras ervas de sua preferência.

Aves

"Depene e limpe o frango, abrindo para limpá-lo, embaixo das pernas e não pelas costas. Depois de bem limpo e lavado, fure-o por todas as partes com um garfo de cozinha. Esfregue-o com cheiro-verde e tempere-o com sal e alho. Unte-o todo com azeite português."

Texto da edição de 1942 de *Dona Benta*.

Frango e Galinha

Como rechear uma ave 483
Como trinchar um frango 483
Coxinhas de frango picantes 484
Escalopes de frango com laranja 484
Estrogonofe de frango 485
Frango ao alho e óleo 485
Frango à caçadora simples 486
Frango à caçadora tradicional 486
Frango à moda de Parma 487
Frango ao curry asiático 487
Frango assado 488
Frango ao molho pardo 488
Frango assado com limão 489
Frango ensopado com batatas 489
Frango recheado 490
Frango xadrez 490
Fricassê de frango 491
Maionese de frango 491
Franguinhos de leite 492
Galinha-d'angola assada 492
Maionese rápida de galinha 493
Puchero de galinha 493
Vatapá de galinha 494
Xinxim fácil de galinha 494

Peru

Como trinchar um peru 495
Peru à brasileira 496
Peru recheado à mineira 498

Outras Aves

Codornas com uva-itália 500
Codorna no espeto 500
Marreco assado com frutas 501
Pato assado 502
Pato novo assado 502
Perdiz grelhada 503
Perdiz à flamenga 503

Frango e Galinha

Como Rechear uma Ave

Coloque com cuidado um pouco de recheio na cavidade do pescoço; dobre a pele do pescoço sobre o recheio, estique-a para trás e prenda-a com um ou dois espetinhos ou palitos.

Com o peito da ave virado para cima, levante-lhe as asas em direção ao pescoço e dobre-as para baixo e para trás de maneira que permaneçam no lugar. Assim, o frango ficará na posição certa.

Aos poucos, coloque o recheio dentro da cavidade aberta na ave, sem encher demais. Em seguida, feche a cavidade, dobrando com cuidado a pele sobre a abertura e prendendo-a com espetinhos ou palitos.

Amarre as coxas e o rabo da ave com linha limpa para que o frango mantenha sua forma.

Como Trinchar um Frango

Colocando o frango assado com as pernas para a direita (de quem trincha), comece pelo lado de dentro, cortando a perna com a mão direita e puxando com a esquerda.

Com um garfo fazendo pressão no peito, corte fundo no lugar onde a asa se prende ao corpo, separando completamente a asa.

Começando nesse ponto (onde a asa se unia ao corpo), corte fatias finas de carne branca, trabalhando sempre paralelamente ao osso do peito.

Coloque a perna num prato ao lado, segurando-a pela coxa e cortando-a em fatias.

Em seguida tire o recheio.

Coxinhas de Frango Picantes

- 600 g de coxinhas da asa de frango
- Sal e pimenta-do-reino
- Farinha de trigo o quanto baste
- Óleo para fritar
- 1 colher (sopa) de açúcar mascavo
- 2 colheres (sopa) de vinagre de maçã
- 1 colher (chá) de molho de pimenta-vermelha
- 3 colheres (sopa) de manteiga derretida

1 Tempere as coxinhas com sal e pimenta-do-reino.

2 Coloque cerca de 1 xícara (chá) de farinha de trigo em um saco plástico e ponha as coxinhas dentro. Feche o saco e balance para enfarinhar as coxinhas; depois passe por uma peneira para retirar o excesso de farinha.

3 Aqueça abundante óleo e frite as coxinhas até que fiquem bem douradas e cozidas.

4 Em uma panela pequena coloque o mascavo, o vinagre e a manteiga. Leve ao fogo até dissolver o açúcar e a manteiga; retire e acrescente a pimenta-vermelha e o sal.

5 Escorra as coxinhas em papel absorvente e coloque-as em uma tigela. Regue-as com o molho e misture bem.

6 Sirva como antepasto.

Escalopes de Frango com Laranja

- 2 peitos de frango inteiros
- Sal e pimenta-do-reino
- Farinha de trigo o quanto baste
- 2 colheres (sopa) de manteiga
- 2 colheres (sopa) de vinho branco
- ½ xícara (chá) de suco de laranja
- 2 colheres (sopa) de suco de limão
- ⅔ de xícara (chá) de caldo de frango
- 2 colheres (sopa) de alcaparras

1 Divida os peitos de frango e bata com um martelo de cozinha para obter 4 escalopes.

2 Tempere com sal e pimenta-do-reino e passe-os pela farinha de trigo. Retire o excesso.

3 Coloque em uma frigideira metade da manteiga. Quando estiver borbulhando, acrescente 2 escalopes e, em fogo alto, doure-os dos dois lados. Retire e reserve. Acrescente a manteiga restante e doure os escalopes reservados.

4 Coloque todos os escalopes na frigideira. Regue com o vinho branco. Misture e deixe evaporar. Acrescente o suco de laranja e o de limão. Ferva e adicione o caldo de frango.

5 Cozinhe até que o molho encorpe. Adicione as alcaparras. Tempere com sal e pimenta-do-reino. Sirva com purê de batatas.

Estrogonofe de Frango

- 600 g de peito de frango
- Sal e pimenta-do-reino
- 2 colheres (sopa) de manteiga
- 1 cebola pequena picada
- ½ xícara (chá) de champignons fatiados
- Farinha de trigo
- 2 colheres (sopa) de conhaque
- 1 colher (chá) de molho inglês
- ¼ de xícara (chá) de ketchup
- ¼ de xícara (chá) de suco de tomate
- 1 xícara (chá) de caldo de frango
- ½ xícara (chá) de creme de leite fresco

1 Corte os filés de frango em tiras e tempere-as com um pouco de sal e pimenta-do-reino. Reserve.

2 Leve uma panela ao fogo, aqueça-a e adicione a manteiga e a cebola picada. Refogue até que esteja macia.

3 Coloque os pedaços de frango e cozinhe por 2 minutos. Adicione os *champignons* e refogue por mais 3 minutos. Salpique com a farinha de trigo e misture.

4 Regue com o conhaque e deixe evaporar. Coloque o molho inglês e o ketchup. Misture bem e regue com o suco de tomate e com o caldo de frango.

5 Cozinhe em fogo baixo por 10 minutos e acrescente o creme de leite. Tempere com sal e pimenta-do-reino. Sirva com arroz e batata palha.

Frango ao Alho e Óleo

- 1 kg de frango em pedaços
- Sal
- 2 dentes de alho socados
- 1 cebola picada
- Suco de limão
- Óleo para fritar
- 4 dentes grandes de alho fatiados finamente
- 1 colher (sopa) de salsa picada

1 Tempere os pedaços de frango com o sal, o alho socado, a cebola batidinha e o suco de limão.

2 Deixe o frango descansar no tempero por mais ou menos 30 minutos e ponha-o, então, para escorrer.

3 Meia hora antes de servir, frite-o em óleo fervente até que fique dourado. Mexa de vez em quando, para que todos os pedaços dourem por igual.

4 Terminada a fritura, junte ao óleo quente os 4 dentes de alho fatiados e deixe fritar mais um pouco, até que os pedaços de frango e as rodelas de alho fiquem dourados. Escorra bem e coloque em uma travessa.

5 Sirva bem quente, salpicando com a salsinha.

Frango à Caçadora Simples

- *1 frango cortado em pedaços*
- *Sal e pimenta-do-reino*
- *2 dentes de alho*
- *1 cebola fatiada finamente*
- *2 colheres (sopa) de cheiro-verde picado*
- *4 colheres (sopa) de óleo*
- *6 tomates sem pele e sem sementes*
- *Fatias de pão torradas com manteiga ou margarina*

1 Tempere o frango com o sal, o alho, a cebola, o cheiro-verde e a pimenta-do-reino.

2 Leve ao fogo uma panela com óleo e, quando este estiver quente, refogue os pedaços de frango até que fiquem bem fritos e dourados.

3 Adicione os tomates picados e os temperos em que o frango marinou. Tampe a panela para que a carne cozinhe com o bafo. O molho deve ficar bem reduzido. Tempere com sal e pimenta-do-reino.

4 Sirva com fatias de pão torradas com manteiga ou margarina.

Frango à Caçadora Tradicional

- *1 frango cortado em pedaços*
- *Sal e pimenta-do-reino*
- *2 dentes de alho*
- *Óleo*
- *1 cebola fatiada finamente*
- *200 g de cogumelos* shiitake *ou* champignons *frescos*
- *½ xícara (chá) de vinho branco seco*
- *6 tomates sem pele e sem sementes*
- *2 colheres (sopa) de salsinha picada*
- *Fatias de pão torradas com manteiga ou margarina*

1 Tempere o frango com o sal, o alho e a pimenta-do-reino.

2 Leve ao fogo uma panela com óleo e, quando este estiver quente, refogue os pedaços de frango até que fiquem bem fritos e dourados. Coloque as fatias de cebola na panela e refogue para que dourem levemente.

3 Acrescente os cogumelos cortados em lâminas e refogue para que fiquem macios.

4 Regue com o vinho branco e deixe reduzir à metade.

5 Adicione os tomates picados e os temperos em que o frango marinou. Tampe a panela para que a carne cozinhe com o bafo. O molho deve ficar bem reduzido. Tempere com sal e pimenta-do-reino.

6 Sirva com fatias de pão torradas com manteiga ou margarina e salpique com salsinha.

Frango à Moda de Parma

- *8 escalopes de peito de frango*
- *Sal e pimenta-do-reino*
- *4 colheres (sopa) de manteiga*
- *Farinha de rosca*
- *8 fatias de presunto cru*
- *4 colheres (sopa) de vinho branco seco*
- *1 gema graúda*
- *1 xícara (chá) de creme de leite fresco*
- *¼ de xícara (chá) de queijo parmesão*

1   Tempere os escalopes com sal e pimenta-do-reino. Reserve.

2   Coloque 1 colher de manteiga em uma frigideira grande, leve ao fogo e aqueça bem. Passe os escalopes de frango na farinha de rosca e pressione bem. Coloque 2 escalopes e doure dos dois lados; retire e reserve. Adicione mais um pouco de manteiga e doure mais 2 escalopes. Repita até que todos estejam dourados.

3   Arrume os escalopes em um refratário e cubra cada um deles com uma das fatias de presunto cru.

4   Retire o excesso de manteiga da frigideira, deixando nela o equivalente a 2 colheres. Regue com o vinho branco e ferva. Misture a gema com o creme de leite e despeje na frigideira. Assim que ferver, apague o fogo e adicione o parmesão.

5   Tempere com sal e pimenta-do-reino e regue os escalopes. Sirva com purê de batatas ou de cenouras.

Frango ao Curry Asiático

- *2 dentes de alho*
- *1 pimenta-dedo-de-moça pequena*
- *1 colher (chá) de açúcar mascavo*
- *2 colheres (sopa) de suco de limão*
- *1 colher (sopa) de cúrcuma*
- *1 cebola pequena*
- *1 colher (sopa) de gengibre ralado*
- *500 g de peito de frango*
- *Sal e pimenta-do-reino*
- *2 colheres (sopa) de óleo*
- *1 xícara (chá) de caldo de frango*
- *1 xícara (chá) de leite de coco*
- *Folhas de coentro e manjericão a gosto*

1   Soque em um pilão ou coloque em um processador o alho, a pimenta sem sementes, o açúcar, o limão, a cúrcuma, a cebola e o gengibre. Soque ou processe até obter uma pasta. Reserve.

2   Corte os peitos de frango em tiras, temperando-as com sal e pimenta-do-reino.

3   Aqueça o óleo em uma frigideira e adicione a pasta preparada. Refogue até que fique macia e adicione os pedaços de frango. Misture bem e cozinhe por 5 minutos. Tempere com sal e regue com o caldo de frango. Ferva por 10 minutos em fogo baixo e adicione o leite de coco. Cozinhe por mais 5 minutos e acerte o ponto do sal.

4   Coloque em uma travessa e salpique com folhas de coentro e de manjericão.

5   Sirva com arroz branco.

FRANGO ASSADO

- Sal e pimenta-do-reino
- 2 dentes de alho amassados
- 3 colheres (sopa) de vinagre
- 1 frango inteiro limpo
- 4 fatias de bacon
- 2 colheres (sopa) de manteiga ou margarina

1   Faça uma vinha d'alhos com o sal, o alho socado, o vinagre e a pimenta.

2   Fure o frango com um garfo e passe a vinha d'alhos por dentro e por fora do frango. Deixe-o nesse molho durante umas 2 horas, virando-o de vez em quando.

3   Cubra o peito do frango com tiras de *bacon* e unte o resto dele com manteiga ou margarina.

4   Asse durante 1 hora.

FRANGO AO MOLHO PARDO

- 1 frango vivo
- 2 colheres (sopa) de vinagre
- 4 colheres (sopa) de óleo
- Sal e pimenta-do-reino
- 2 dentes de alho socados
- 1 cebola picada
- 4 tomates sem pele picados
- Cheiro-verde a gosto
- Angu de fubá *(pág. 379)*

1   Ao abater o frango, proceda do seguinte modo: coloque em um prato fundo 2 colheres (sopa) de vinagre. Retire, com a faca, as penugens do pescoço do frango e corte-o bem fundo, deixando o sangue escorrer sobre o prato. Mexa rapidamente para que o sangue não coagule. Guarde o sangue na geladeira até a hora em que for utilizar. Depene o frango, limpe-o e corte-o pelas juntas.

2   Leve ao fogo uma panela com o óleo e, quando estiver quente, coloque os pedaços de frango. Frite-os bem. Quando estiver dourado, retire uma boa parte do óleo, juntando ao resto o sal, o alho e a cebola picada e mexendo para refogar por alguns minutos.

3   Acrescente os tomates, uma pitada de pimenta-do-reino e um pouco de água; tampe a panela e deixe o frango cozinhar em fogo brando. Tenha cuidado para que não desmanche e que reste uma boa quantidade de molho.

4   Na hora de servir, acrescente o cheiro-verde e misture muito bem um pouco de molho no sangue que foi guardado. Despeje tudo na panela e leve ao fogo para ferver por mais 1 ou 2 minutos.

5   Sirva com angu de fubá.

Frango Assado com Limão

- 1 frango cortado em pedaços
- Sal e pimenta-do-reino
- ¼ de xícara (chá) de azeite
- ¼ de xícara (chá) de suco de limão
- 4 dentes de alho
- 2 colheres (sopa) de vinho branco seco
- 2 ramos de alecrim

1   Tempere os pedaços de frango com o sal e a pimenta-do-reino. Em uma tigela coloque o azeite, o suco de limão, o alho, o vinho e as folhas de alecrim. Misture bem e acrescente aos pedaços de frango.

2   Misture bem para o tempero incorporar e tempere com mais um pouco de sal e pimenta-do-reino. Coloque tudo em uma assadeira e leve ao forno moderado por cerca de 50 minutos ou até que os pedaços de frango estejam dourados.

3   Sirva com batatas assadas.

Frango Ensopado com Batatas

- 1 frango cortado em pedaços
- 2 colheres (sopa) de vinagre ou caldo de limão
- Sal e pimenta-do-reino
- 2 dentes de alho picados
- 1 cebola média picada
- 2 colheres (sopa) de cheiro-verde picado
- ½ folha de louro
- 3 colheres (sopa) de óleo
- 6 batatas médias descascadas
- 4 tomates sem pele picados

1   Tempere os pedaços de frango com o vinagre ou caldo de limão, sal com alho, uma pitada de pimenta-do-reino, a cebola batidinha, o cheiro-verde e a folha de louro.

2   Deixe descansar dentro do tempero por 1 hora ou mais.

3   Leve ao fogo uma panela com óleo e, quando este estiver quente, adicione os pedaços de frango, sem o tempero.

4   Deixe refogar até que o frango doure e adicione as batatas descascadas, inteiras ou cortadas ao meio.

5   Refogue mais um pouco, junte os tomates sem pele e também o molho da marinada em que temperou o frango.

6   Tampe a panela e deixe cozinhar até que as batatas fiquem moles, tendo cuidado para que não amoleçam demais.

7   Sirva com o próprio molho.

Nota: Se gostar, poderá juntar também algumas cenouras cortadas pelo comprimento ou então empregar só as cenouras, sem as batatas.

FRANGO RECHEADO

- 1 frango limpo e aberto por baixo
- 4 colheres (sopa) de cheiro-verde picado
- Sal e pimenta-do-reino
- 2 dentes de alho
- 2 colheres (sopa) de vinagre
- 4 colheres (sopa) de azeite, manteiga ou margarina
- Miúdos do frango
- 1 cebola média picada
- Farinha de mandioca o quanto baste
- 2 ovos cozidos picados
- 12 azeitonas sem caroço picadas
- Óleo

1 Fure o frango por todas as partes com um garfo. Prepare uma mistura de cheiro-verde, sal, alho picado, vinagre e pimenta-do-reino e esfregue por todo o frango. Unte bem a ave com azeite, manteiga ou margarina. Coloque na geladeira por 6 a 12 horas.

2 Cozinhe os miúdos em um pouco de manteiga e corte-os em pedacinhos.

3 Leve-os ao fogo numa frigideira com manteiga (margarina), sal com alho e cebola picada, refogando tudo muito bem; pingue água para cozinhar um pouco. Adicione 2 colheres de cheiro-verde bem picado e mexa um pouco. Acrescente farinha de mandioca o suficiente para fazer uma farofa não muito seca. Quando a farofa estiver amarelada, retire-a do fogo e coloque ovos cozidos picados e algumas azeitonas.

4 Recheie o frango com a farofa e passe-lhe as pernas, em cruz, pela abertura.

5 Leve ao forno em uma assadeira untada com óleo. Cubra com papel-alumínio e asse por 30 minutos, virando-o de vez em quando e regando com o próprio molho. Retire o papel e asse por mais 30 minutos para que o frango fique bem dourado.

FRANGO XADREZ

- 4 filés de frango cortados em cubos
- Sal e pimenta-do-reino
- 1 xícara (chá) de amendoim ou castanha-de-caju
- 1 cebola graúda cortada em quadrados de 2 cm
- 1 pimentão verde cortado em quadrados de 2 cm
- 1 pimentão vermelho cortado em quadrados de 2 cm
- 2 talos de salsão cortados em quadrados
- 1 colher (sopa) de maisena
- 1 xícara (chá) de caldo de frango
- 2 colheres (sopa) de molho de soja
- 2 colheres (sopa) de ketchup ou oyster sauce (ver nota)

1 Tempere os cubos de frango com o sal e a pimenta.

2 Coloque 1 xícara (chá) de óleo numa panela, frite nela o amendoim; escorra e reserve.

3 No mesmo óleo, frite o frango, mas sem deixar dourar. Escorra e reserve.

4 Ainda no mesmo óleo, frite a cebola, o pimentão e o salsão, sem deixar que murchem.

5 Retire o óleo da panela e deixe o equivalente a 2 colheres (sopa). Adicione o frango, a cebola, o salsão e os pimentões já fritos.

6 Dissolva a maisena no caldo de frango e adicione o molho de soja e o ketchup. Misture bem e adicione à panela. Cozinhe por 1 minuto para engrossar. Acerte o ponto do sal e coloque em uma travessa. Salpique com o amendoim.

7 Sirva com arroz branco.

Nota: Oyster sauce *é um molho típico chinês preparado a partir de caramelo e ostras. É o molho que dá o sabor característico daquela culinária.*

Fricassê de Frango

- 1 frango cortado pelas juntas
- Água morna
- Miúdos do frango
- 1 colher (sopa) de manteiga ou margarina
- 1 xícara (chá) de água quente ou vinho branco
- Sal a gosto
- 2 cravos-da-índia
- 150 g de cogumelos fatiados
- 2 gemas
- 2 colheres (sopa) de farinha de trigo
- 1 colher (chá) de caldo de limão

1 Deixe os pedaços de frango de molho, por algum tempo, em água morna, juntando-lhes os miúdos.

2 Leve ao fogo uma panela com 1 colher (sopa) de manteiga ou margarina e coloque os pedaços de frango.

3 Deixe refogar um pouco, sem tomar cor.

4 Coloque na panela a água quente (ou vinho branco), sal a gosto e os cravos-da-índia. Cozinhe em fogo brando.

5 Quando o frango estiver cozido, junte os cogumelos, deixando no fogo por mais algum tempo.

6 Retire os pedaços de frango e arrume-os num prato.

7 À parte, faça uma ligação com as gemas, a farinha de trigo e um pouco do caldo de limão, misturando tudo muito bem.

8 Junte a ligação obtida ao molho, bem devagar, e vá mexendo sempre, até que ele engrosse. Se ficar muito grosso, adicione um pouco de água.

9 Sirva o frango com esse molho, bem quente.

Nota: Para que o fricassê de frango fique bom, é preciso que este tenha a carne bem branca.

Maionese de Frango

- 300 g de vagens cozidas com uma pitada de bicarbonato
- 6 batatas cozidas sem casca
- 6 cenouras cozidas com um pouco de sal
- 2 ovos cozidos
- 3 gemas
- 2 colheres (chá) de sal
- 1 colher (chá) de mostarda
- Pimenta-do-reino
- 1 colher (sopa) de vinagre
- Azeite
- 500 g de carne de frango cozido desfiada
- Alface picada
- Cubos de tomate

1 Cozinhe os legumes, deixe-os esfriar e pique-os em pequenos pedaços. Reserve.

2 Para o preparo da maionese, passe as gemas (2 cozidas e 3 cruas) por uma peneira. Coloque no liquidificador e misture o sal, a mostarda, a pimenta-do-reino e o vinagre. Ligue o liquidificador e vá adicionando azeite em fio bem lentamente até começar a engrossar e chegar à textura de maionese.

3 Tire um pouco da maionese e misture com o frango desfiado, os legumes picados e a clara dos ovos cozidos devidamente picada. Depois dos ingredientes bem incorporados, coloque-a num prato fundo, aperte bem e leve à geladeira.

4 Depois de gelada, vire-a num prato grande e enfeite-o com o resto da maionese, alface picadinha e cubos pequenos de tomate.

Franguinhos de Leite

- 4 franguinhos de leite
- 2 colheres (sopa) de suco de limão
- 2 dentes de alho socados
- Sal e pimenta-do-reino
- 2 colheres (sopa) de cebola picada
- 1 colher (sopa) de salsa picada
- Azeite

1   Depois de bem limpos, abra os franguinhos, pelo comprimento, do lado do peito.

2   Tempere-os com o sumo de limão, o alho socado, a pimenta-do-reino, a cebola e a salsa, deixando-os descansar por algum tempo nesse tempero.

3   Escorra e frite em azeite bem quente durante cerca de 10 minutos de cada lado (melhor ainda é colocá-los em espetos sobre brasas ou em forno bem quente durante ½ hora).

4   Sirva-os, bem quentes, com batatas fritas ou com legumes cozidos e refogados na manteiga ou margarina.

Galinha-d'angola Assada

- 1 galinha-d'angola limpa
- 1 xícara (chá) de vinho branco
- 2 dentes de alho picados
- ½ xícara (chá) de cebola picada
- 8 fatias de toucinho fresco
- 2 cebolas fatiadas
- 4 tomates sem pele picados
- Sal e pimenta-do-reino
- Salsa picada
- Fatias de pão torradas com manteiga ou margarina

1   Tempere a galinha-d'angola com o vinho branco, o sal, o alho e a cebola. Deixe-a descansar no tempero por 4 horas.

2   Coloque a galinha em uma assadeira untada, cobrindo-a com as tiras de toucinho. Leve-a ao forno quente e asse, regando-a de vez em quando com o molho em que foi temperada.

3   Quando estiver assada, retire a galinha da assadeira e reserve. Coloque a assadeira sobre a chama do fogão e, no óleo que ficou, refogue bem as cebolas fatiadas e os tomates. Tempere com sal e pimenta-do-reino e salpique com a salsinha.

4   Sirva a galinha coberta com esse molho e rodeada de fatias de pão torradas com manteiga ou margarina.

Maionese Rápida de Galinha

- *300 g de cenouras cozidas e picadas*
- *250 g de vagens cozidas e picadas*
- *250 g de ervilhas escorridas*
- *500 g de batatas cozidas e picadas*
- *1 peito de galinha cozido e desfiado*
- *2 e ½ xícaras (chá) de maionese*
- *1 colher (café) de pimenta-do-reino*
- *Sal a gosto*

1 Misture os legumes cozidos com o peito de galinha desfiado, metade da maionese e a pimenta. Tempere com sal.

2 Coloque a mistura numa travessa funda e, depois, vire-a sobre outra travessa do mesmo tamanho ou maior, mas que seja rasa. Assim, a maionese ficará em relevo.

3 Cubra com a maionese restante.

4 Decore colocando galhos de salsa e azeitonas pretas.

5 Leve à geladeira por 2 horas.

Puchero de Galinha

- *1 galinha*
- *1 buquê de cheiros*
- *6 batatas médias descascadas*
- *3 cenouras raspadas*
- *2 cebolas médias*
- *1 alho-poró*
- *1 ou 2 colheres (sopa) de manteiga ou margarina*
- *Semolina o quanto baste*

1 Coloque a galinha para cozinhar, em água levemente salgada, e adicione o buquê de cheiros. Cozinhe por 30 minutos.

2 Adicione as batatas, a cebola, a cenoura e o alho-poró e deixe cozinhar mais, até que a galinha fique bem macia.

3 Terminado o cozimento, misture ao caldo as colheres de manteiga ou margarina.

4 Retire a galinha e os legumes e arrume-os em uma travessa.

5 Engrosse o caldo com um pouco de semolina ou faça com ele um pirão. Sirva.

Vatapá de Galinha

- 1 galinha cortada em pedaços
- 4 colheres (sopa) de óleo
- 1 cebola bem picada
- Sal e pimenta-do-reino
- 3 dentes de alho picados
- Água
- Cheiro-verde
- Salsinha, coentro e cebolinha picados
- Pimenta-verde amassada (a gosto)
- 1 e ½ xícara (chá) de leite de coco
- Farinha de arroz o quanto baste
- 2 colheres (sopa) de azeite-de-dendê
- Angu de farinha de arroz

1 Leve os pedaços de galinha para refogar em um pouco de óleo, com cebola picada e sal com alho. Junte depois água e cheiro-verde, o suficiente para ela cozinhar.

2 Cozida a galinha, retire a carne dos ossos, picando-a bem, e tempere-a com pimenta-verde amassada e pimenta-do-reino. Descole os ossos e peles e coloque os pedaços de galinha em uma panela. Adicione o leite de coco e o caldo em que ela foi cozida. Cozinhe em fogo baixo e engrosse com a farinha de arroz.

3 No momento de servir, apague o fogo e adicione o azeite-de-dendê previamente aquecido em banho-maria. (Não deixe ferver depois de acrescentar esse azeite.)

4 Sirva com angu de farinha de arroz.

Xinxim Fácil de Galinha

- 100 g de camarões secos
- 1 galinha (1 e ½ kg)
- 1 colher (chá) de sal
- ½ colher (café) de pimenta-do-reino
- ½ xícara (chá) de azeite de oliva
- 1 cebola picada finamente ou ralada
- 1 colher (sopa) de cheiro-verde picado
- 1 colher (sopa) de coentro picado
- 1 tablete de caldo de galinha dissolvido em ½ litro de água fervente
- 2 colheres (sopa) de azeite-de-dendê

1 Deixe os camarões de molho em água fria durante 2 horas. Descasque-os e pique-os.

2 Limpe a galinha, corte-a pelas juntas e tempere-a com o sal e a pimenta.

3 Leve ao fogo o azeite de oliva e a cebola. Quando dourarem, acrescente os pedaços de galinha e refogue. Acrescente o cheiro-verde e o coentro.

4 Junte os camarões à galinha, refogue um pouco mais e adicione caldo fervente, sempre que o molho diminuir.

5 Quando a galinha estiver macia, adicione o dendê, ferva durante 2 minutos e sirva.

Peru

Como Trinchar um Peru

Como remover a coxa

Retire a coxa pela junta. Coloque a faca entre a coxa e o corpo do peru e corte a pele na junta. Pressione a coxa para fora, dobre-a para trás e, usando a ponta da faca, separe a coxa na junta.

Como cortar a coxa em fatias

Coloque a coxa num prato raso grande. Corte-a, começando pela parte mais fina, até a junta. Corte toda a carne em fatias.

Como cortar a carne branca

Enfie um garfo no peito, fazendo pressão (para firmar a ave). Faça um corte longo até o osso onde a asa se prende ao corpo, separando-a completamente. Começando nesse ponto (onde a asa se unia ao corpo), vá cortando fatias finas da carne branca, trabalhando sempre paralelamente ao osso do peito.

Repita toda essa operação do outro lado do peru. Em seguida, tire o recheio.

Peru à Brasileira

- 1 peru limpo
- 3 xícaras (chá) de vinho branco
- ½ xícara (chá) de vinagre
- 5 dentes de alho
- 2 cebolas graúdas picadas
- 1 cenoura picada
- 4 folhas de louro
- 10 talos de salsa lisa
- 6 cebolinhas-verdes
- 1 ramo de manjerona
- 1 ramo de manjericão
- Sal e pimenta-do-reino
- Fatias de toucinho

Recheio:
- Moela e fígado do peru
- 4 colheres (sopa) de manteiga ou margarina
- 1 cebola graúda picada
- 4 tomates sem pele picados
- 200 g de presunto picado
- 24 azeitonas grandes sem caroço em rodelas
- 1 kg, aproximadamente, de farinha de mandioca
- 4 colheres (sopa) de salsa picada
- 2 ovos cozidos e picados

1 Remova a embalagem com os miúdos.

2 Lave a ave em água corrente.

3 Faça um corte junto da mitra, enfie nele as pernas do peru, dobre suas asas para trás e leve-o para uma vasilha bem grande ou para uma bacia de cozinha.

4 Numa tigela grande, misture o vinho branco, o vinagre, o sal socado com os dentes de alho, as cebolas picadas, a cenoura picada, as folhas de louro, os talos de salsa, a cebolinha-verde, a manjerona, o manjericão e a pimenta-do-reino. Reserve.

5 Fure o peru por dentro e por fora, no peito, nas pernas e nas costas, com a ajuda de um garfo de cozinha. Despeje a marinada reservada sobre o peru, esfregando-o muito bem com os cheiros.

6 Ponha um pouco do molho no interior do peru.

7 Deixe o peru marinando por 12 horas.

8 De vez em quando, vire-o no molho, deixando o peito para baixo durante a noite toda.

9 Cozinhe a moela, o fígado e o coração do peru até que fiquem bem macios.

10 Parta-os em pedacinhos e leve-os a refogar em uma panela com a manteiga ou margarina, a cebola picada finamente e os tomates.

11 Depois de tudo bem refogado, acrescente o presunto picado, as azeitonas e a farinha de mandioca, obtendo uma farofa meio úmida.

12 Retire-a do fogo, prove o sal e acrescente a salsa picadinha e pedaços dos ovos cozidos. Misture bem e reserve. Utilize para rechear o peru conforme indicado na receita.

13 Retire o peru do molho e leve-o para uma superfície de mármore ou uma travessa grande.

14 Enxugue-o, com um guardanapo, por dentro e por fora.

15 Em seguida, encha a cavidade com o recheio, apertando bem e costurando a pele com linha grossa ou amarrando-a bem forte.

16 A seguir, limpe o peru todo com um guardanapo seco, besunte-o de manteiga ou margarina e leve-o para uma assadeira grande e funda com um pouco de óleo.

17 Cubra com fatias de toucinho defumado e toucinho fresco todo o peito do peru, prendendo essas fatias com palitos.

18 Cubra, enfim, todo o peru com uma folha de papel-alumínio. Coloque um pouco de óleo em cima desse papel e despeje na assadeira todo o molho que ficou na vasilha ou bacia em que pousou o peru. Leve para o forno quente.

19 Enquanto o peru assa, regue-o de vez em quando, levantando o papel, com o molho, que deve estar fervendo na assadeira. (De vez em quando, antes de regá-lo, fure-lhe o peito e as pernas com um garfo.)

20 Quando o peru estiver macio, retire o papel e continue assando para que doure bem.

21 Depois de bem dourado, retire o peru do forno e deixe-o esfriar um pouco antes de trinchá-lo.

Peru Recheado à Mineira

- 1 peru preparado e limpo como na receita de peru à brasileira (pág. 496)

Recheio:
- 4 colheres (sopa) de manteiga ou margarina
- 100 g de toucinho picado
- Miúdos do peru
- 300 g de carne de porco moída
- 1 cebola pequena picada
- 1 dente de alho picado
- 6 fatias de presunto picadas
- 4 xícaras (chá) de miolo de pão amolecido no vinho
- ½ xícara (chá) de farinha de amendoim torrado
- 2 colheres (sopa) de salsa picada
- Sal e pimenta-do-reino
- 500 g de castanhas cozidas e descascadas
- Óleo

1 Prepare e limpe o peru conforme a receita.

2 Para o recheio, coloque em uma panela a manteiga e o toucinho. Refogue para que o toucinho comece a dourar e adicione os miúdos picados com a carne de porco moída. Refogue e adicione a cebola, o alho e o presunto. Misture bem e adicione o miolo de pão devidamente espremido, para eliminar o excesso de vinho.

3 Adicione a farinha de amendoim e a salsa picada. Tempere com sal e pimenta-do-reino. Pique grosseiramente as castanhas e adicione-as ao recheio. Reserve.

4 Retire o peru do molho e leve-o para um mármore ou uma travessa grande.

5 Enxugue-o, com um guardanapo, por dentro e por fora.

6 Em seguida, encha a cavidade com o recheio, apertando bem e costurando a pele com linha grossa ou amarrando-a bem forte.

7 A seguir, limpe o peru todo com um guardanapo seco, besunte-o de manteiga ou margarina e leve-o para uma assadeira grande e funda com um pouco de óleo.

8 Cubra com fatias de toucinho defumado e toucinho fresco todo o peito do peru, prendendo essas fatias com palitos.

9 Cubra, enfim, todo o peru com uma folha de papel-alumínio. Coloque um pouco de óleo em cima desse papel e despeje na assadeira todo o molho que ficou na vasilha ou bacia em que pousou o peru. Leve para o forno quente.

10 Enquanto o peru assa, regue-o de vez em quando, levantando o papel, com o molho, que deve estar fervendo na assadeira. (De vez em quando, antes de regá-lo, fure-lhe o peito e as pernas com um garfo.)

11 Quando o peru estiver macio, retire o papel e continue assando para que ele doure bem.

12 Depois de bem dourado, retire o peru do forno e deixe-o esfriar um pouco antes de trinchá-lo.

Outras Aves

Codornas com Uva-itália

- 24 bagos de uva-itália
- 8 codornas desossadas e limpas
- Sal e pimenta-do-reino
- Farinha de trigo o quanto baste
- 4 colheres (sopa) de manteiga
- ¼ de xícara (chá) de conhaque
- 1 xícara (chá) de caldo de frango
- ¼ de xícara (chá) de amêndoas torradas e picadas

1 Retire as cascas das uvas, corte-as ao meio e elimine as sementes. Reserve as metades.

2 Tempere as codornas com sal e pimenta-do-reino. Passe-as na farinha de trigo e retire o excesso.

3 Aqueça metade da manteiga em uma frigideira grande e doure nela 4 codornas. Retire-as e coloque em uma travessa. Coloque a manteiga restante na frigideira e doure as outras 4 codornas.

4 Coloque todas as codornas na frigideira e regue com o conhaque. Balance a frigideira para flambar. Flambe e acrescente o caldo de frango. Abaixe o fogo e cozinhe por cerca de 10 minutos. Adicione as metades das uvas e acerte o ponto de sal do molho.

5 Arrume as codornas em uma travessa e regue com o molho. Para servir, salpique com as amêndoas.

Codorna no Espeto

- 8 codornas limpas
- 4 colheres (sopa) de azeite
- ¼ de xícara (chá) de vinho branco
- 1 colher (sopa) de cheiro-verde picado
- ½ cebola picada
- 1 dente de alho picado
- Sal

1 Limpe e depene a codorna como as demais aves.

2 Prepare uma marinada com azeite, vinho branco, cheiro-verde, cebola, alho e sal.

3 Coloque as codornas na mistura e deixe na geladeira por 2 horas.

4 As codornas podem ser assadas no espeto em uma churrasqueira ou ainda em uma chapa bem quente.

Outras aves

Marreco Assado com Frutas

- 1 marreco limpo
- Sal e pimenta-do-reino
- 1 dente de alho picado
- 1 cebola picada
- 2 colheres (sopa) de azeite
- ½ colher (chá) de alecrim picado
- 1 colher (sopa) de salsa picada
- 4 colheres (sopa) de suco de limão
- 4 colheres (sopa) de manteiga
- 8 fatias de abacaxi
- 2 maçãs descascadas
- 12 ameixas-pretas sem caroço
- Açúcar para o abacaxi
- 1 xícara (chá) de vinho branco

1 Faça alguns furos na pele do marreco com a ajuda de um garfo.

2 Tempere a ave com o sal, a pimenta-do-reino, o alho, a cebola, o azeite, o alecrim, a salsa e o suco de limão. Deixe no tempero em geladeira por 4 horas ou mais.

3 Arrume o marreco numa assadeira e besunte-o bem com a manteiga ou margarina e regue-o com a marinada.

4 Leve-o ao forno quente, assando por 20 minutos e regando regularmente com o próprio molho.

5 Corte as maçãs em 4 e corte cada fatia do abacaxi também em 4 pedaços (cada um ficará em forma de um pequeno leque).

6 Retire do forno e arrume na assadeira as fatias de abacaxi passadas no açúcar, as maçãs e as ameixas, e regue com o vinho branco.

7 Leve ao forno novamente, abaixe a temperatura para moderada e asse por mais 40 minutos, regando-o de vez em quando com o próprio molho.

8 Depois de assado e bem dourado, arrume a gosto, servindo fatias e pedaços das frutas regados com um pouco de molho que ficou na assadeira.

Pato Assado

- 1 pato de bom tamanho
- Sal e pimenta-do-reino
- 2 dentes de alho socados
- 1 maço de cheiro-verde
- 1 cebola bem picada
- 4 colheres (sopa) de óleo
- Água para cozinhar o pato
- ¼ de xícara (chá) de manteiga ou margarina

1 Tempere o pato com o sal, o alho socado, a pimenta-do-reino, o cheiro-verde sem picar e a cebola bem picada. Deixe marinando por 12 horas.

2 Na hora de cozinhar, ponha-o numa panela de pressão com óleo, em fogo forte, e deixe-o fritar até ficar bem corado.

3 Reduza então o fogo, junte um pouco de água, tampe a panela e deixe cozinhar até ficar bem macio.

4 Quando bem macio, retire o pato da panela e besunte-o de manteiga ou margarina.

5 Ponha-o, em seguida, numa assadeira, regue-o com o molho em que foi cozido e leve-o ao forno para terminar de assar.

6 Sirva-o com o próprio molho.

Pato Novo Assado

- 1 pato novo limpo
- Sal e pimenta-do-reino
- Cheiro-verde
- 1 cebola picada
- 4 colheres (sopa) de manteiga ou margarina
- Purê de maçã ou de castanhas

1 Fure o pato, tempere-o com o sal, o cheiro-verde e a cebola picada.

2 Na hora de assar, retire o cheiro-verde, besunte bem o pato de manteiga ou margarina e leve-o ao forno quente, regando-o de vez em quando com o próprio molho.

3 Sirva-o com um purê de maçãs ou de castanhas.

Perdiz Grelhada

- 1 perdiz nova
- Sal e pimenta-do-reino
- 2 colheres (sopa) de azeite
- 4 colheres (sopa) de vinho branco
- 2 folhas de sálvia
- 1 colher (chá) de alecrim picado
- 1 dente de alho pequeno picado

1 Abra a perdiz ao meio e achate-a com uma faca, apertando-a bem. Tempere com sal e pimenta-do-reino.

2 Misture em um recipiente o azeite, o vinho, a sálvia, o alecrim e o alho. Coloque a perdiz nessa marinada e deixe-a repousar por uma hora.

3 Coloque para assar em uma churrasqueira ou em uma chapa bem quente.

Perdiz à Flamenga

- 1 perdiz limpa
- Azeite, óleo, manteiga ou margarina
- 1 cebola picada
- 1 pimentão vermelho picado
- 3 tomates sem pele picados
- 1 folha de louro
- 2 dentes de alho picados
- Sal e pimenta-do-reino
- Farinha de trigo
- 1 xícara (chá) de molho de tomate (pág. 465)
- 1 xícara (chá) de creme de leite fresco

1 Frite ligeiramente a perdiz em azeite, óleo, manteiga ou margarina.

2 Depois de frita, retire-a do fogo e, no mesmo óleo em que a fritou, coloque as rodelas de cebola, os tomates, o pimentão, a folha de louro e o alho. Refogue e tempere com sal e pimenta-do-reino.

3 Adicione um pouco de farinha de trigo, deixando ferver.

4 Coloque a perdiz no refogado e adicione o molho de tomate, deixando cozinhar lentamente em fogo brando. Quando a perdiz estiver bem macia, adicione o creme de leite e misture. Acerte o ponto do sal e retire do fogo. Elimine a folha de louro.

5 Na hora de servir, retire a perdiz do molho e passe-o em uma peneira.

6 Coloque a perdiz numa travessa e sirva com o molho bem quente.

Carne Bovina

"A denominação carne de vaca é dada nos açougues e frigoríficos à carne de boi. A qualidade da carne depende do estado e idade do animal, condições difíceis de serem averiguadas nas carnes vendidas a retalho. Bois doentes, mal-nutridos, cansados e velhos só podem fornecer carne péssima, geralmente escura e flácida e com uma gordura demasiadamente rija."

Texto da edição de 1944 de *Dona Benta*.

Os Cortes da Carne 507

Assados e Cozidos

Carne assada com bacon 508
Carne de panela 508
Carne de panela à portuguesa 509
Carne fria acebolada 509
Carne guisada 510
Carne oriental com brócolis 510
Carne recheada com farofa 511
Estrogonofe rápido 511
Ensopado húngaro 512
Lagarto à vienense 513
Picanha ao forno 513
Rosbife de filé 514
Rosbife de lagarto 514
Filé ao molho mostarda 515
Filé ao molho de pimenta-verde 515
Filé apimentado 516
Filé-mignon festivo 516
Filé à Wellington 517
Tournedos com cogumelos 518
Saltimbocca à romana 518
Ossobuco à ambrosiana 519
Puchero argentino 519
Bifes temperados 520
Bifes acebolados 520
Bifes simples 520
Bifes ao molho acebolado com tomate 521
Bifes a cavalo 521
Bifes à milanesa 521
Bifes com cogumelos 522
Bifes à cordon-bleu 522
Bifes à parmiggiana 523
Bife rolê com ovos 523
Bife rolê com cerveja 524
Escalopes simples ao madeira 524
Bife rolê com cenoura e bacon 525
Bife rolê com linguiça 525

Carne Moída

Almôndegas 526
Almôndegas à russa 526
Almôndegas especiais 527
Almondegão de Budapeste 528
Almondegão de Viena 529
Bolinhos de carne 529
Bolo de carne simples 530
Croquete de sobras 530
Picadinho simples de carne 531
Picadinho de carne com batatas 531
Picadinho de carne com cenouras 531
Picadinho de carne com quiabo 532
Madalena de carne 532
Bife à tártara 533
Quibe de forno 533
Moussaka 534

Carne-Seca

Carne-seca desfiada 535
Carne-seca com purê de mandioca 535
Carne-seca no espeto 536
Carne-seca refogada 536
Paçoca de carne-seca 536
Farofa de carne-seca 537
Carne de fumeiro ou charque 537

Vitela

Vitela tonné 538
Vitela assada 539
Vitela assada com creme 539
Vitela de caçarola 540
Costeletas de vitela alla milanese 540
Costeletas de vitela grelhadas 541
Escalopes de vitela ao madeira 541

Os Cortes da Carne

Os cortes e sua nomenclatura:

1. pescoço
2. acém
3. peito
4. paleta ou braço
5. fraldinha
6. ponta de agulha
7. filé-mignon
8. filé de costela
9. contrafilé ou filé de lombo
10. capa de filé
11. alcatra
12. patinho
13. coxão duro
14. coxão mole
15. lagarto
16. músculo dianteiro
17. músculo traseiro
18. aba de filé
19. maminha
20. picanha
21. cupim

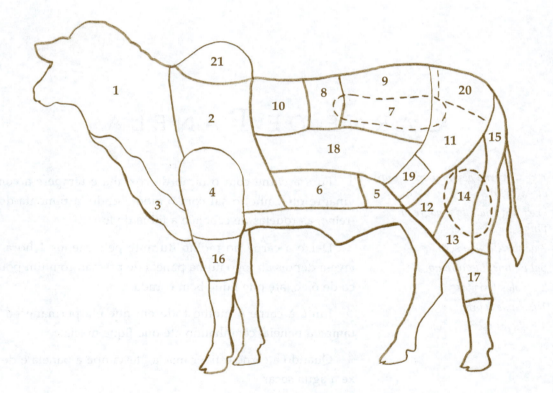

Denominação da carne, segundo a qualidade:

1ª qualidade: fraldinha, filé-mignon, contrafilé, alcatra, coxão mole, lagarto, maminha, picanha, cupim;

2ª qualidade: acém, paleta, ponta de agulha, filé de costela, patinho, coxão duro, músculo dianteiro;

3ª qualidade: peito, capa de filé, músculo traseiro, aba de filé;

4ª qualidade: pescoço.

Carne Assada com Bacon

- 1 kg de patinho moído
- 1 pacote de sopa de cebola em pó
- 1 ovo cru
- 50 g de presunto fatiado
- 50 g de queijo prato fatiado
- 2 ovos cozidos picados
- ¼ de xícara (chá) de azeitonas picadas
- 6 fatias de bacon

1 Misture ao patinho moído a sopa de cebola e o ovo cru.

2 Misture bem, estenda a massa em formato de retângulo e recheie com o presunto, o queijo, os ovos cozidos picados e as azeitonas também picadas.

3 Feche a massa, cobrindo o recheio e formando um rolo.

4 Unte uma assadeira e coloque nela o bolo de carne, cobrindo-o todo com o *bacon* em fatias.

5 Leve para assar.

Carne de Panela

- 1 kg de carne bovina (coxão duro ou lagarto)
- ¼ xícara (chá) de vinagre ou vinho
- 2 dentes de alho socados
- Sal e pimenta-do-reino
- 2 cebolas fatiadas
- 1 folha de louro
- 4 colheres (sopa) de óleo

1 Fure a carne com o facão de cozinha e tempere-a com vinagre ou vinho, o sal com o alho socado, a pimenta-do-reino, as rodelas de cebola e a folha de louro.

2 Deixe a carne no molho durante pelo menos 1 hora e leve-a depois ao fogo numa panela de pressão com um pouco de óleo, até que fique bem corada.

3 Junte à carne o molho todo em que ela permaneceu e tampe a panela, cozinhando até que fique macia.

4 Quando a carne estiver macia, destampe a panela e deixe a água secar.

5 Assim que começar a fritar de novo, pingue mais água, vire a carne e vá fritando e pingando água quantas vezes forem necessárias para a carne ficar dourada.

6 Depois de pronta, parta-a em fatias e sirva-a com o molho que ficou na panela.

Carne de Panela à Portuguesa

- 1 receita de carne de panela (pág. 508)
- 6 batatas
- 4 cenouras

1 Prepare a carne conforme indicado na receita de *carne de panela*.

2 Quando a carne estiver bem macia, acrescente as batatas descascadas (inteiras) e as cenouras, raspadas e cortadas em pedaços graúdos. Adicione um pouco mais de água à panela e cozinhe até que as batatas e as cenouras fiquem macias e com uma bela cor escura.

3 Sirva a carne inteira, rodeada com as cenouras e as batatas e coberta com o molho que ficou na panela.

Carne Fria Acebolada

- 1 lagarto bovino
- Sal a gosto
- 10 grãos de pimenta-do-reino
- 1 cebola inteira
- 1 cenoura
- 1 talo de salsão
- 1 folha de louro
- 6 xícaras (chá) de água fervente

Molho:
- ¼ de xícara (chá) de azeite
- 6 cebolas fatiadas
- ½ xícara (chá) de vinagre
- ½ xícara (chá) do caldo de cozimento
- Sal e pimenta-do-reino
- ¼ de xícara (chá) de alcaparras
- 10 azeitonas verdes sem caroço fatiadas
- 2 colheres (sopa) de salsinha

1 Tempere a carne com o sal e a pimenta-do-reino.

2 Coloque a água para ferver em uma panela de pressão e acrescente a cebola cortada, a cenoura e o talo de salsão. Acrescente a folha de louro e os grãos de pimenta-do-reino. Ferva por 20 minutos.

3 Coloque a carne na água fervente e leve para ferver. Abaixe o fogo, tampe a panela e cozinhe por 1 hora. Deixe esfriar no caldo. Retire da panela e reserve o líquido do cozimento.

4 Para o molho, aqueça o azeite em uma panela e acrescente as cebolas fatiadas. Refogue até estarem bem macias, acrescente o vinagre e o caldo de cozimento da carne. Tempere com o sal e a pimenta-do-reino.

5 Arrume as fatias de carne em uma travessa, alternando com o molho acebolado, as alcaparras, as azeitonas e a salsinha picada. Sirva fria como entrada ou para rechear sanduíches.

Carne Guisada

- ½ xícara (chá) de óleo
- 2 cebolas picadas
- 3 dentes de alho triturados
- 1 kg de alcatra limpa cortada em cubos de 4 cm
- 1 xícara (chá) de tomate limpo picado
- 1 folha de louro
- 2 xícaras (chá) de caldo de carne fervente
- 1 colher (chá) de sal
- ½ colher (café) de pimenta-do-reino
- 1 colher (sopa) de massa de tomate

1 Leve o óleo, as cebolas e os dentes de alho ao fogo numa panela até que as cebolas fiquem coradas.

2 Acrescente a carne e mexa para corar as cebolas um pouco mais.

3 Junte o tomate picado, o louro e um pouco de caldo. Tampe a panela e refogue.

4 Quando o líquido tiver evaporado, acrescente o caldo que sobrou, o sal e a pimenta. Tampe outra vez a panela e deixe cozinhar em fogo médio por 10 minutos ou até que a carne fique macia.

5 Acrescente a massa de tomate e deixe levantar fervura. Retire do fogo e sirva acompanhada de arroz ou purê de batata.

Carne Oriental com Brócolis

- 400 g de contrafilé em bifes
- 2 colheres (sopa) de maisena
- ½ maço de brócolis cozidos
- 4 colheres (sopa) de óleo
- 2 dentes de alho picados
- 1 colher (sopa) de gengibre ralado
- 1 cebola fatiada
- 1 pimentão vermelho fatiado
- 1 xícara (chá) de caldo de frango ou carne
- 2 colheres (sopa) de molho de soja
- 1 colher (chá) de óleo de gergelim torrado

1 Bata os bifes com cerca de ½ cm de espessura. Corte em tiras finas. Coloque em uma tigela e misture com metade da maisena. Reserve. Pique os brócolis grosseiramente.

2 Aqueça metade do óleo em uma frigideira, e, quando estiver bem quente, adicione a carne. Misture e refogue por cerca de 3 minutos, retire da frigideira e reserve.

3 Acrescente o óleo restante à frigideira e aqueça novamente. Refogue nele o alho e o gengibre, misture bem e acrescente as tiras de cebolas e os pimentões. Refogue por 1 minuto e leve as tiras de carne novamente à panela.

4 Misture e adicione os brócolis. Cozinhe por 2 minutos.

5 Misture o caldo de carne com o molho de soja e a maisena restante. Acrescente a mistura e deixe engrossar. Coloque o óleo de gergelim, misture bem e sirva com arroz branco.

Carne recheada com Farofa

- *1 kg de alcatra ou coxão mole*
- *Sal e pimenta-do-reino*
- *2 dentes de alho picados*
- *2 colheres (sopa) de suco de limão*
- *1 xícara (chá) de farinha de mandioca*
- *2 colheres (sopa) de manteiga ou margarina*
- *12 azeitonas sem caroço picadas*
- *1 ovo cozido picado*
- *4 colheres (sopa) de óleo*

1 Limpe a carne, bata-a e abra em forma de manta com uma faca afiada para que fique bem estendida.

2 Tempere com o sal, o alho, o limão e a pimenta-do-reino.

3 À parte, faça uma farofa com farinha de mandioca e manteiga ou margarina e junte as azeitonas e os pedaços de ovo cozido.

4 Ponha a farofa no meio da manta de carne, enrole e amarre com um barbante grosso.

5 Coloque o óleo em uma panela e aqueça bem. Acrescente a carne e doure-a por todos os lados.

6 Quando a carne estiver dourada, junte o molho em que foi temperada e vá pondo água aos poucos, para cozinhar, até que fique bem macia.

7 Retire o barbante da carne e corte em fatias. Sirva bem quente, acompanhada do próprio molho.

Estrogonofe Rápido

- *500 g de filé-mignon*
- *150 g de champignons*
- *4 colheres (sopa) de manteiga*
- *Sal e pimenta-do-reino*
- *1 cebola graúda picada finamente*
- *2 colheres (sopa) de conhaque*
- *1 colher (chá) de molho inglês*
- *2 colheres (sopa) de ketchup*
- *2 colheres (sopa) de farinha de trigo*
- *½ xícara (chá) de caldo de carne*
- *½ xícara (chá) de suco de tomate*
- *½ xícara (chá) de creme de leite*

1 Corte o filé em tiras e os cogumelos em lâminas. Coloque uma panela no fogo e aqueça bem. Adicione metade da manteiga, e, quando estiver borbulhando, acrescente as tiras de filé. Essa etapa deve ser feita em 2 ou 3 vezes, pois isso evita que a carne solte muito líquido.

2 Quando estiverem douradas, tempere com um pouco de sal e pimenta-do-reino. Retire e reserve.

3 Coloque mais um pouco de manteiga na panela e acrescente a cebola picada. Refogue bem para que fique macia e levemente dourada. Acrescente os cogumelos e refogue por 2 minutos. Coloque a carne novamente na panela e regue com o conhaque.

4 Acrescente o molho inglês. Misture bem e adicione o ketchup e a farinha de trigo. Misture novamente e regue com o caldo de carne e com o suco de tomate. Cozinhe por 5 minutos. Acrescente o creme de leite e misture novamente. Aqueça bem e acerte o ponto do sal e da pimenta-do-reino. Sirva com arroz e batata palha.

Ensopado Húngaro

- 1 kg de coxão mole ou acém
- 1 colher (sopa) de óleo
- ¼ de xícara (chá) de vinho tinto
- 60 g de bacon
- 500 g de cebolas graúdas bem picadas
- Sal e pimenta-do-reino
- 2 colheres (sopa) de páprica suave
- ½ xícara (chá) de pimentão verde picado
- ¼ de xícara (chá) de creme de leite

1 Corte a carne em cubos de 5 cm e reserve.

2 Aqueça uma frigideira e coloque o óleo e uma parte dos cubos de carne. Doure em fogo alto e transfira os cubos dourados para uma panela. Repita até que todos estejam dourados.

3 Regue a frigideira com o vinho, raspando bem com uma colher de pau. Acrescente 1 xícara de água à frigideira para soltar o caramelizado da carne e do vinho, despeje esse líquido na panela com os pedaços de carne e leve ao fogo baixo com a panela tampada.

4 Pique o *bacon* e coloque em uma frigideira. Refogue em fogo baixo para que libere a gordura e doure levemente. Acrescente as cebolas, aumente o fogo e doure. Salpique com o sal, a pimenta-do-reino e a páprica, misture bem e regue a frigideira com ½ xícara de água. Despeje o conteúdo na panela em que está cozinhando a carne, acrescente o pimentão picado e cozinhe em fogo baixo por cerca de 2 horas ou até que a carne esteja macia – se necessário, acrescentando um pouco de água ao molho.

5 Tempere com o sal e a pimenta-do-reino e cozinhe mais um pouco com a panela destampada para que o molho engrosse um pouco.

6 Adicione o creme de leite, misture e retire do fogo.

7 Sirva com macarrão passado na manteiga.

Lagarto à Vienense

- 1 e ½ kg de lagarto num pedaço só
- Sal e pimenta-do-reino
- 1 dente de alho
- 2 colheres (sopa) de óleo
- 1 colher (sopa) de farinha de trigo
- 1 colher (sopa) de purê de tomate
- 1 copo de água fervente
- 1 copo de vinho tinto
- 150 g de toucinho defumado
- 2 cebolas grandes cortadas em rodelas
- 150 g de ameixas pretas sem caroço

1   Fure o lagarto em vários lugares com a ponta de uma faca e tempere-o com o sal, o alho espremido e a pimenta-do-reino. Deixe marinando no tempero por 2 horas.

2   Frite o lagarto em óleo quente até dourar por igual.

3   Retire a carne e junte ao óleo a farinha de trigo, mexendo muito para não tostar nem encaroçar.

4   Deite novamente a carne na panela, junte o purê de tomate dissolvido em água fervente, o vinho, o toucinho (bem picadinho) e as cebolas (em rodelas) e deixe cozinhar por umas 3 horas em panela comum ou por 60 minutos em panela de pressão.

5   Vire a carne de vez em quando e cuide para que ela não fique seca, sem molho.

6   Uns 15 minutos antes de tirar a carne do fogo, coloque as ameixas.

7   Sirva acompanhada do molho que ficou no fundo da panela.

Picanha ao Forno

- 2 dentes de alho picados
- Pimenta-do-reino a gosto
- 1 colher (sopa) de alecrim picado
- 4 colheres (sopa) de azeite
- 2 colheres (sopa) de vinho branco seco
- 1 picanha
- 1 kg de sal grosso

1   Misture em um recipiente o alho picado, a pimenta-do-reino, o alecrim, o azeite e o vinho. Espalhe esse tempero sobre a picanha e deixe marinando por uma hora.

2   Aqueça o forno na temperatura máxima. Despeje o sal grosso em uma assadeira para forrá-la completamente e coloque a picanha sobre o sal, com o lado da gordura para cima.

3   Asse por 30 minutos.

4   Vire a picanha, colocando o lado da gordura para baixo.

5   Asse por mais 20 minutos. Retire do forno e espere 5 minutos para fatiar a carne.

6   Fatie finamente. Sirva com farofa, arroz e molho vinagrete.

Rosbife de Filé

- 1 kg de filé-mignon
- 1 colher (chá) de sal
- 4 colheres (sopa) de vinho branco
- 1 colher (sopa) de cebola picada
- 1 dente de alho socado
- 1 pitada de pimenta-branca
- 3 colheres (sopa) de manteiga ou margarina

1 Retire a gordura da carne e amarre-a com barbante em todo o comprimento. Tempere com o sal, o vinho branco, a cebola, o alho e a pimenta misturados.

2 Meia hora depois, coloque uma assadeira de alumínio grossa sobre 2 bicos de gás do fogão e ponha nela um pouco de manteiga ou margarina.

3 Quando a margarina estiver bem quente, coloque a carne e vá rolando-a de um lado para o outro, colocando mais manteiga ou margarina aos poucos, para a carne não grudar. (Faça isso até que o rosbife fique bem tostado.)

4 Regue com mais um pouco de vinho e role a carne até que o líquido seque.

Nota: O rosbife deve ficar malpassado por dentro.

Rosbife de Lagarto

- 1 e ½ kg de lagarto limpo
- Sal e pimenta-do-reino
- ¼ de xícara (chá) de mostarda escura
- ½ xícara (chá) de óleo de soja

1 Tempere o lagarto com o sal e a pimenta-do-reino.

2 Pincele a carne com bastante mostarda, coloque na geladeira e deixe marinando por 3 horas. Acenda o forno e aqueça em temperatura máxima. Aqueça o óleo em uma assadeira sobre o fogão (para que a carne caiba facilmente).

3 Coloque a carne no óleo quente e doure por todos os lados (15 minutos aproximadamente). Retire e transfira para uma assadeira limpa. Coloque no forno forte por 10 minutos, apague o fogo e deixe a carne por mais 5 minutos. Retire, deixe esfriar completamente e fatie bem fino.

Filé ao Molho Mostarda

- *800 g de filé-mignon*
- *2 colheres (sopa) de manteiga*
- *Sal e pimenta-do-reino*
- *¼ de xícara (chá) de conhaque*
- *2 colheres (sopa) de mostarda*
- *1 xícara (chá) de molho branco (pág. 463)*
- *¼ de xícara (chá) de creme de leite fresco*

1 Corte o filé em 8 fatias de aproximadamente 100 g cada.

2 Coloque metade da manteiga em uma frigideira (preferivelmente de ferro) e aqueça bem.

3 Acrescente metade dos filés. Doure dos 2 lados, salpicando com o sal e a pimenta-do-reino. Retire e coloque em uma travessa, mantendo aquecidos. Faça o mesmo com os filés restantes.

4 Regue com o conhaque a frigideira em que fritou a carne e deixe evaporar. Acrescente a mostarda e o molho branco. Misture bem e junte o creme de leite. Aqueça bem, tempere com o sal e a pimenta-do-reino e despeje o molho sobre os filés.

5 Sirva com batatas *sauté* e brócolis passados na manteiga.

Filé ao Molho de Pimenta-verde

- *800 g de filé-mignon*
- *2 colheres (sopa) de manteiga*
- *Sal e pimenta-do-reino*
- *2 colheres (chá) de pimenta-verde em grãos (poivre vert)*
- *¼ de xícara (chá) de conhaque*
- *1 colher (chá) de molho inglês*
- *1 xícara (chá) de molho branco (pág. 463)*
- *¼ de xícara (chá) de creme de leite fresco*

1 Corte o filé em 8 fatias de aproximadamente 100 g cada.

2 Coloque metade da manteiga em uma frigideira (preferivelmente de ferro) e aqueça bem.

3 Acrescente metade dos filés. Doure dos 2 lados, salpicando com o sal e a pimenta-do-reino. Retire e coloque em uma travessa. Faça o mesmo com os filés restantes.

4 Acrescente as pimentas à frigideira e regue com o conhaque. Deixe evaporar e adicione o molho inglês. Junte o molho branco. Misture bem e acrescente o creme de leite.

5 Coloque os filés novamente na frigideira, aqueça bem e tempere com o sal e a pimenta-do-reino. Arrume a carne em uma travessa e regue com o molho.

6 Sirva com batatas cozidas e cenouras na manteiga.

Filé Apimentado

- 800 g de filé-mignon
- Sal (a gosto)
- 1 colher (sopa) de pimenta-do-reino-branca em pó
- 4 colheres (sopa) de manteiga
- 1 cálice de conhaque
- 2 colheres (sopa) de pimenta-do-reino em grãos

1   Limpe a carne e corte-a em 4 bifes de, aproximadamente, 200 g cada um.

2   Bata os bifes ligeiramente, para deixá-los levemente achatados, e tempere-os com o sal e a pimenta-do-reino moída.

3   Leve ao fogo uma frigideira com a manteiga e deixe-a aquecer. Coloque os filés, fritando-os durante 4 minutos de cada lado.

4   Regue com o conhaque e deixe os filés no fogo por mais 2 minutos.

5   Retire-os, disponha-os no prato em que irá servi-los e moa, por cima deles, a pimenta em grãos.

6   Sirva com batatas fritas e arroz.

Filé-mignon Festivo

- 1 porção de molho com cogumelos (pág. 464)
- 1 e ½ kg de filé-mignon limpo
- 1 colher (sobremesa) de sal
- 1 colher (café) de pimenta-do-reino
- 2 colheres (sopa) de óleo
- 3 colheres (sopa) de manteiga ou margarina

1   Prepare o *molho de cogumelos* conforme a receita e reserve.

2   Tempere o filé com o sal e a pimenta-do-reino.

3   Coloque uma assadeira retangular de alumínio sobre o fogão e acenda dois bicos de gás. Adicione à assadeira 1 colher (sopa) de óleo e deixe esquentar bem.

4   Ponha o filé na assadeira e role-o com dois garfos até tostar bem por todos os lados. Quando a assadeira ficar seca, acrescente o óleo restante. Assim que a carne estiver no ponto, desligue o fogo e pincele a manteiga sobre a carne.

5   Leve a carne ao forno quente por 30 minutos, virando-a de vez em quando.

6   Retire o filé do forno e coloque-o numa travessa. Fatie e sirva acompanhado do molho de cogumelos.

7   Como acompanhamento, batata frita corada.

Filé à Wellington

- 1 e ½ kg de filé-mignon limpo
- 100 g de patê de fígado ou presunto
- 1 colher (sopa) de sal
- Pimenta
- 2 colheres (sopa) de margarina

Massa:
- 2 e ½ xícaras (chá) de farinha de trigo
- 3 colheres (sopa) de margarina
- 3 colheres (sopa) de água
- 2 colheres (sopa) de vinho branco seco
- 2 gemas
- ½ colher (café) de sal
- 1 porção de molho madeira simples *(pág. 475)*
- 1 ovo ligeiramente batido (para dourar a massa)

1. Com uma faca, abra o filé (limpo e sem gordura) no sentido do comprimento.

2. Recheie-o com o patê.

3. Amarre com barbante de algodão em toda a volta e tempere com o sal e a pimenta.

4. Coloque um pouco de margarina numa assadeira retangular e ponha esta sobre dois bicos de gás até que fique bem quente.

5. Ponha o filé na assadeira e role-o com a ajuda de dois garfos. Toste-o, acrescentando a margarina aos poucos, até que fique bem corado.

6. Deixe o filé esfriar, reservando o molho que ficou na assadeira para acrescentar ao molho madeira.

7. Coloque os ingredientes para a massa em uma tigela e amasse-os bem. Sove a massa e leve-a à geladeira por 30 minutos.

8. Abra a massa com um rolo, procurando fazer um retângulo em que se possa embrulhar o filé.

9. Retire o barbante do filé e coloque-o sobre a mesa. Recorte o excesso de massa e separe-a cuidadosamente.

10. Embrulhe o filé, fechando bem as extremidades da massa. Decore-o com as tiras da massa deixadas em separado, cortando-as com 1 cm de largura e estendendo-as em forma de losangos sobre a massa.

11. Ponha o filé em assadeira untada e polvilhada e pincele-o com o ovo batido.

12. Asse-o em forno quente durante 30 minutos ou até que a massa fique dourada.

13. Coloque o molho madeira, bem quente, numa molheira.

14. Sirva o filé com jardineira de legumes.

Tournedos com Cogumelos

- 1 kg de filé-mignon
- 12 fatias de bacon ou toucinho
- Sal e pimenta-do-reino
- 4 colheres (sopa) de óleo
- 1 colher (sopa) de cebola picada
- 1 colher (chá) de molho inglês
- 2 colheres (sopa) de vinho branco seco
- 1 colher (sopa) de ketchup
- ½ xícara (chá) de cogumelos picados

1 Corte o filé em fatias de 4 cm de altura. Circunde cada fatia com *bacon* ou toucinho. Prenda com palitos ou amarre com barbante. Tempere os *tournedos* com o sal e bastante pimenta-do-reino.

2 Leve uma frigideira ao fogo com óleo, aqueça bem e coloque os *tournedos* deitados (ao lado do *bacon*) na frigideira. Frite girando a carne para que todo o *bacon* fique dourado. Deite os *tournedos*, doure a carne por 2 minutos, vire e doure o outro lado. Coloque os bifes na travessa em que serão servidos e elimine os palitos ou o barbante.

3 Frite a cebola na mesma frigideira por 2 minutos e junte o molho inglês, o vinho branco, o ketchup e os cogumelos. Deixe ferver.

4 Despeje o molho obtido sobre os *tournedos* e sirva.

Nota: Tournedos *são bifes grossos de contrafilé ou filé-mignon enrolados em tiras de toucinho ou* bacon.

Saltimbocca à Romana

- 600 g de filé-mignon
- Sal e pimenta-do-reino
- 12 folhas de sálvia fresca
- 150 g de presunto cru em fatias
- Farinha de trigo o quanto baste
- 2 colheres (sopa) de manteiga
- ¼ de xícara (chá) de vinho branco
- 1 xícara (chá) de caldo de carne

1 Corte a carne em 12 pequenos bifes.

2 Bata os bifes entre 2 sacos plásticos para obter escalopes de aproximadamente 8 cm de diâmetro. Tempere com a pimenta-do-reino e pouco sal, porque o presunto é salgado.

3 Coloque uma folha de sálvia fresca sobre cada escalope e cubra-o com uma fatia de presunto dobrada ao meio. Prenda tudo com um palito para que o presunto não se solte.

4 Passe os escalopes em farinha de trigo e retire o excesso.

5 Coloque metade da manteiga em uma frigideira, aqueça bem e doure primeiro do lado da carne. Assim que dourar, vire e doure do lado do presunto. Frite 4 escalopes por vez, adicionando um pouco de manteiga sempre que necessário.

6 Coloque todos os escalopes já dourados na frigideira, regue com o vinho, misture e deixe evaporar. Regue com o caldo de carne e cozinhe em fogo baixo por alguns minutos, para que o molho chegue à consistência desejada.

7 Sirva com purê de batatas.

Ossobuco à Ambrosiana

- 6 ossobucos
- Sal e pimenta-do-reino
- Farinha de trigo o quanto baste
- 2 colheres (sopa) de manteiga
- 1 cebola graúda picada
- 1 cenoura picada
- 2 talos de salsão picados
- ½ copo de vinho seco (ou caldo de carne)
- ¼ de xícara (chá) de salsa picada
- ½ dente de alho picado
- 1 colher (chá) de casca de limão ralada

1   Tempere os *ossobucos* com o sal e a pimenta-do-reino. Passe-os levemente em farinha de trigo.

2   Coloque a manteiga em uma panela e aqueça bem. Adicione os *ossobucos* e frite-os até ficarem bem corados de ambos os lados.

3   Junte a cebola, a cenoura e o salsão. Refogue por alguns minutos.

4   Regue com o vinho seco ou o caldo de carne, deixe evaporar e junte água suficiente para cobrir completamente os *ossobucos*.

5   Cozinhe em fogo baixo, por cerca de 2 horas, com a panela tampada. Retire a tampa e deixe ferver por mais alguns minutos, até o molho ficar bem reduzido.

6   Misture a salsa picada, o alho e as raspas da casca de limão. Coloque a mistura na panela. Acerte o ponto de sal do molho.

7   Misture tudo, deixe ferver por mais 5 minutos e sirva acompanhado de polenta ou risoto.

Puchero Argentino

- 500 g de lagarto bovino
- 1 maminha pequena
- 1 folha de louro
- 6 talos de salsinha
- Sal e pimenta-do-reino
- 4 alhos-porós
- 4 dentes de alho descascados
- 150 g de toucinho magro
- 4 cebolas médias
- 4 batatas
- 1 nabo pequeno
- 1 pimentão vermelho ou verde

1   Coloque os pedaços de carne para cozinhar em um caldeirão ou em uma panela de pressão com 3 litros de água. Adicione a folha de louro e os talos de salsinha.

2   Na primeira fervura, espume bem o caldo para retirar as impurezas. Adicione à água um pouco de sal e os dentes de alho.

3   Corte o toucinho em pedaços graúdos e leve à panela. Cozinhe em fogo baixo por cerca de 1 hora ou até as carnes estarem macias. Adicione as cebolas e os demais legumes. Deixe cozinhar durante uns 30 minutos ou até os legumes estarem macios. Escorra as carnes e os legumes e arrume o cozido numa travessa.

Nota: Com o caldo coado, faça um pirão, engrossando-o com semolina ou farinha de mandioca. Pode-se também reservar o caldo para o preparo de sopas.

BIFES TEMPERADOS

- 4 bifes (filé, alcatra, coxão mole, patinho)
- Sal e pimenta-do-reino
- 1 dente de alho amassado
- 2 colheres (sopa) de vinagre ou suco de limão
- 2 colheres (sopa) de azeite ou óleo

1 Corte os bifes não muito grossos, seguindo o fio da carne.

2 Bata-os levemente com um martelo de cozinha.

3 Tempere com o sal, o alho, o vinagre ou o suco de limão e a pimenta-do-reino.

4 Na hora de servir, frite-os em óleo ou azeite bem quente de um lado e do outro, sem mexer nos bifes, a não ser no momento de virá-los.

5 Sirva rapidamente.

BIFES ACEBOLADOS

- 4 bifes de contrafilé com 150 g cada
- Sal e pimenta-do-reino
- 1 colher (sopa) de suco de limão
- 3 colheres (sopa) de manteiga
- 1 colher (sopa) de molho inglês
- 2 cebolas grandes cortadas em rodelas
- 1 colher (sopa) de salsa picada

1 Tempere os bifes com o sal e a pimenta, acrescentando algumas gotas do suco de limão.

2 Leve um pouco de manteiga numa frigideira ao fogo e, quando estiver quente, frite os bifes dos dois lados e reserve-os.

3 Na mesma frigideira, acrescente um pouco mais de manteiga e as rodelas das cebolas, frite-as até que fiquem ligeiramente douradas, adicione o molho inglês e misture.

4 Coloque as cebolas sobre os bifes e sirva-os a seguir, salpicando com a salsinha.

Nota: Acompanhe os bifes com batatas cozidas ou arroz.

BIFES SIMPLES

- 4 bifes de contrafilé ou alcatra com 150 g cada
- 1 colher (chá) de sal
- ½ colher (café) de pimenta-do-reino
- Manteiga ou margarina

1 Tempere os bifes com o sal e a pimenta.

2 Leve um pouco de manteiga ao fogo numa frigideira e, quando estiver quente, frite os bifes dos dois lados, acrescentando mais margarina.

3 Coloque-os numa travessa e sirva com batatas fritas.

BIFES AO MOLHO ACEBOLADO COM TOMATE

- *1 receita de bifes simples (pág. 520)*
- *1 colher (sopa) de óleo ou manteiga*
- *1 cebola grande cortada em rodelas*
- *1 xícara (chá) de tomate picado*
- *½ xícara (chá) de vinho branco seco*
- *Sal e pimenta-do-reino*

1 Tempere e frite os bifes simples. Reserve-os.

2 Coloque a colher de manteiga e as rodelas de cebola na mesma frigideira em que fritou os bifes e frite até que a cebola fique macia.

3 Acrescente o tomate picado e o vinho branco seco. Tampe a frigideira e deixe ferver durante 5 minutos.

4 Tempere com uma pitada de sal e outra de pimenta.

5 Espalhe o molho sobre os bifes e sirva com *purê de batata* (pág. 298).

BIFES A CAVALO

- *1 receita de bifes simples (pág. 520)*
- *4 ovos*
- *Sal*
- *Molho inglês a gosto*

1 Prepare os bifes simples.

2 Simultaneamente, frite os ovos em outra frigideira, tendo o cuidado para que as gemas não se desmanchem. Salpique com uma pitada de sal.

3 Arrume um ovo em cima de cada bife.

4 Sirva com molho inglês.

BIFES À MILANESA

- *4 bifes (150 g cada um)*
- *Sal e pimenta-do-reino*
- *½ xícara (chá) de farinha de trigo*
- *2 ovos levemente batidos*
- *1 xícara (chá) de farinha de rosca*
- *2 xícaras (chá) de óleo*

1 Bata os bifes com um martelo de cozinha para que fiquem finos. Tempere com o sal e a pimenta.

2 Passe-os na farinha de trigo, depois nos ovos batidos, em seguida na farinha de rosca, retirando o excesso. Frite no óleo não muito quente (para não queimar a farinha de rosca) até ficarem dourados.

3 Escorra-os em papel absorvente e sirva com legumes, batatas ou saladas.

Bifes com Cogumelos

- 4 bifes (150 g cada um) de contrafilé
- 1 colher (chá) de sal
- ½ colher (café) de pimenta-do-reino
- Margarina
- 1 cebola pequena ralada
- 1 xícara (chá) de cogumelos (frescos ou em conserva)
- ½ xícara (chá) de suco de tomate
- ½ xícara (chá) de vinho branco seco
- 1 pitada de sal

1 Tempere os bifes com o sal e a pimenta.

2 Leve um pouco de margarina ao fogo numa frigideira e, quando estiver quente, frite os bifes dos dois lados e coloque-os numa travessa, conservando-os quentes.

3 Ponha na mesma frigideira, ainda com o molho que ficou, 1 colher (chá) de margarina e a cebola pequena ralada. Deixe fritar.

4 Acrescente os cogumelos (inteiros), frite-os ligeiramente e adicione o suco de tomate, assim como o vinho branco seco.

5 Tempere com uma pitada de sal e deixe levantar fervura.

6 Sirva com purê de batata.

Bifes à Cordon-bleu

- 6 bifes (100 g cada) de contrafilé limpos
- 1 colher (chá) de sal
- ½ colher (café) de pimenta-do-reino
- 6 fatias de presunto
- 6 fatias de queijo prato
- ½ xícara (chá) de farinha de trigo
- 2 ovos ligeiramente batidos
- 1 xícara (chá) de farinha de rosca
- ½ xícara (chá) de óleo para fritura
- 2 colheres (sopa) de manteiga ou margarina

1 Tempere os bifes com o sal e a pimenta.

2 Ponha os 6 bifes sobre a tábua de carne. Coloque sobre cada um uma fatia de presunto e uma de queijo. Junte um bife a outro, formando três pares (como se fossem sanduíches).

3 Corte o excesso de presunto e queijo, se ultrapassarem o tamanho da carne.

4 Passe os bifes recheados na farinha de trigo, nos ovos batidos e na farinha de rosca. Em seguida, frite-os em óleo ou manteiga não muito quente, até que fiquem dourados.

5 Escorra-os sobre papel absorvente e sirva-os com legumes cozidos na manteiga ou com salada verde.

Bifes à Parmiggiana

- *1 receita de* bifes à milanesa *(pág. 521)*
- *1 xícara (chá) de* molho de tomate *(pág. 465)*
- *4 fatias de mozarela*
- *¼ de xícara (chá) de queijo parmesão ralado*

1. Prepare os bifes à milanesa e coloque-os numa travessa.

2. Espalhe sobre eles o molho de tomate. Coloque sobre cada bife uma fatia de mozarela e polvilhe com um pouco de parmesão.

3. Leve ao forno quente, para derreter o queijo.

4. Sirva com arroz branco.

Bife Rolê com Ovos

- *6 bifes finos (100 g cada) de coxão mole*
- *2 dentes de alho picados*
- *1 colher (chá) de sal*
- *½ colher (café) de pimenta-do-reino*
- *1 colher (café) de vinagre*
- *4 ovos cozidos e descascados*
- *5 colheres (sopa) de óleo*
- *2 cebolas picadas*
- *1 xícara (chá) de caldo de carne fervente*
- *1 folha de louro*
- *Folhas de manjericão*
- *1 maço pequeno de cheiro-verde amarrado*
- *2 xícaras (chá) de tomate batido no liquidificador*

1. Tempere a carne com o alho, o sal, a pimenta e o vinagre. Pique grosseiramente os ovos cozidos.

2. Coloque sobre cada bife um pouco do ovo picado, enrole-o e prenda-o com dois palitos ou amarre-o com linha grossa. Reserve.

3. Leve o óleo ao fogo até esquentar bem. Frite os bifes até deixá-los corados. Adicione a cebola picada e doure.

4. Acrescente um pouco do caldo fervente e tampe a caçarola por 2 minutos para refogar as cebolas e os bifes.

5. Junte o louro, o manjericão, o cheiro-verde, o tomate batido e o caldo restante. Tampe a caçarola. Deixe ferver, em fogo brando, por 20 minutos, para reduzir o molho e amaciar os bifes.

6. Elimine as folhas de louro e o cheiro-verde.

7. Sirva com arroz ou macarrão ao alho e óleo.

Bife Rolê com Cerveja

- 6 bifes finos (100 g cada) de coxão mole
- 2 dentes de alho picados
- 1 colher (chá) de sal
- ½ colher (café) de pimenta-do-reino
- 1 colher (café) de vinagre
- 200 g de bacon picado
- 5 colheres (sopa) de óleo
- 2 cebolas picadas
- 1 xícara (chá) de cerveja
- 1 folha de louro
- Folhas de manjericão
- 1 maço pequeno de cheiro-verde amarrado
- 2 xícaras (chá) de tomate batido no liquidificador

1 Tempere a carne com o alho, o sal, a pimenta e o vinagre.

2 Coloque sobre cada bife um pouco do *bacon* picado, enrole-o e prenda-o com dois palitos ou amarre-o com linha grossa. Deixe-os de reserva.

3 Leve o óleo ao fogo até esquentar bem. Frite os bifes até deixá-los corados. Adicione a cebola picada e doure.

4 Acrescente um pouco da cerveja e tampe a caçarola por 2 minutos para refogar as cebolas e os bifes.

5 Junte o louro, o manjericão, o cheiro-verde, o tomate batido e a cerveja restante. Tampe a caçarola. Deixe ferver, em fogo brando, por 20 minutos, para reduzir o molho e amaciar os bifes.

6 Elimine as folhas de louro e o cheiro-verde.

7 Sirva com arroz ou macarrão ao alho e óleo.

Escalopes Simples ao Madeira

- 600 g de carne bovina (filé-mignon, alcatra ou coxão mole)
- Sal e pimenta-do-reino
- 4 colheres (sopa) de óleo
- 1 colher (sopa) de manteiga ou margarina
- 1 cebola (média) picada finamente
- 1 colher (sopa) de farinha de trigo
- 1 xícara (chá) de caldo de carne fervente
- ½ xícara (chá) de cogumelos picados
- ½ xícara (chá) de vinho madeira

1 Corte a carne em 8 bifes pequenos. Tempere-os com o sal e a pimenta.

2 Frite-os no óleo quente até ficarem dourados. Reserve.

3 Leve a manteiga ou margarina e a cebola ao fogo até dourar. Polvilhe a farinha sobre elas, mexendo até que fique dourada.

4 Acrescente um pouco do caldo fervente e mexa bem, para dissolver a farinha. Coloque os bifes que ficaram de reserva. Tampe a panela e deixe cozinhar, em fogo brando, durante 15 minutos.

5 Adicione os cogumelos e o vinho madeira. Tampe a panela e deixe ferver, por mais 5 minutos, em fogo médio.

6 Sirva os escalopes acompanhados de purê de batata.

Nota: O vinho madeira pode ser substituído por vinho branco seco.

Bife Rolê com Cenoura e Bacon

1 Prepare como a receita de *bife rolê com ovos* (pág. 523), substituindo os ovos cozidos por cenouras descascadas cortadas em palitos e 100 g de *bacon* cortado em fatias.

2 Recheie cada bife com um pedaço de cenoura e uma fatia de *bacon*.

Bife Rolê com Linguiça

- 6 bifes finos (100 g cada) de coxão mole
- 2 dentes de alho picados
- 1 colher (chá) de sal
- ½ colher (café) de pimenta-do-reino
- 1 colher (café) de vinagre
- 2 ovos cozidos
- 150 g de linguiça calabresa defumada
- ¼ de xícara (chá) de azeitonas verdes picadas
- 5 colheres (sopa) de óleo
- 2 cebolas picadas
- 1 xícara (chá) de caldo de carne fervente
- 1 folha de louro
- Folhas de manjericão
- 1 maço pequeno de cheiro-verde amarrado
- 2 xícaras (chá) de tomate batido no liquidificador

1 Elimine a pele das linguiças e pique-as grosseiramente.

2 Tempere a carne com o alho, o sal, a pimenta e o vinagre. Pique grosseiramente os ovos cozidos.

3 Coloque sobre cada bife um pouco da linguiça picada e das azeitonas. Enrole-os e prenda-os com dois palitos ou amarre-os com linha grossa. Deixe-os de reserva.

4 Leve o óleo ao fogo até esquentar bem. Frite os bifes até deixá-los corados. Adicione a cebola picada e doure.

5 Acrescente um pouco do caldo fervente e tampe a caçarola por dois minutos para refogar as cebolas e os bifes.

6 Junte o louro, o manjericão, o cheiro-verde, o tomate batido e o caldo restante. Tampe a caçarola. Deixe ferver, em fogo brando, por 20 minutos, para reduzir o molho e amaciar os bifes.

7 Elimine as folhas de louro e o cheiro-verde.

8 Sirva com arroz ou macarrão ao alho e óleo.

Nota: Se preferir, substitua a linguiça calabresa por presunto cozido picado.

ALMÔNDEGAS

- 500 g de carne moída
- 1 ovo
- 2 colheres (sopa) de cebola picada
- 1 colher (sopa) de salsa picada
- 1 colher (sopa) de queijo parmesão ralado
- Sal, pimenta-do-reino e noz-moscada
- 2 colheres (sopa) de farinha de trigo
- 4 colheres (sopa) de óleo
- Molho de tomate *(pág. 465)*

1   Junte à carne moída o ovo, a cebola picada, a salsa, o queijo parmesão ralado, o sal, a pimenta-do-reino e uma pitada de noz-moscada ralada. Adicione a farinha de trigo.

2   Misture tudo muito bem e prove o sal.

3   Faça bolas de tamanho regular e passe-as levemente na farinha de trigo. (Se a massa ficar demasiadamente mole, acrescente mais farinha de trigo.)

4   Frite em bastante óleo quente até que fiquem douradas, retirando-as então para uma peneira.

5   Faça à parte o molho de tomate.

6   Assim que o molho ferver, coloque nele as almôndegas fritas e abafe, para que cozinhem por dentro e para que o molho engrosse.

7   Sirva bem quentes.

ALMÔNDEGAS À RUSSA

- 500 g de carne bovina moída
- 1 colher (chá) de sal
- ½ colher (café) de pimenta-do-reino
- Noz-moscada
- 2 ovos
- 4 colheres (sopa) de farinha de trigo
- ½ xícara (chá) de vinho branco seco
- 1 xícara (chá) de óleo
- 1 cebola grande picada finamente
- 1 xícara (chá) de caldo de carne fervente
- 1 colher (sopa) de extrato de tomate

1   Tempere a carne com o sal, a pimenta e a noz-moscada. Adicione os ovos e metade da farinha. Amasse apenas para misturar os ingredientes.

2   Coloque num prato a farinha restante e, ao lado, deixe a xícara com o vinho.

3   Com o auxílio de uma colher, retire porções de massa do tamanho de uma noz grande e, com as mãos molhadas no vinho branco, modele as almôndegas em forma de bolas.

4   Passe as bolas de carne na farinha de trigo, frite-as na metade do óleo e reserve-as.

5   Leve ao fogo, numa caçarola, o óleo restante e a cebola. Quando a cebola estiver corada, acrescente um pouco do caldo. Tampe a caçarola e refogue por 3 minutos.

6   Junte o caldo restante e o extrato de tomate. Ferva e diminua a chama para cozinhar em fogo baixo, com a panela tampada, por cerca de 10 minutos.

7   Coloque as almôndegas e o molho numa travessa funda e sirva-as com purê de batata ou arroz.

Carne Bovina: carne moída

Almôndegas Especiais

- *500 g de carne bovina moída*
- *100 g de* bacon *moído*
- *1 colher (chá) de sal*
- *½ colher (café) de pimenta-do-reino*
- *1 pitada de noz-moscada*
- *2 ovos*
- *4 colheres (sopa) de farinha de trigo*
- *½ xícara (chá) de vinho branco seco*
- *½ xícara (chá) de óleo*
- *1 cebola (grande) triturada*
- *1 xícara (chá) de caldo de carne fervente*
- *1 colher (sopa) de extrato de tomate*

1 Misture a carne e o *bacon* moídos. Tempere com o sal, a pimenta e a noz-moscada.

2 Acrescente os ovos e metade da farinha. Amasse apenas para misturar os ingredientes.

3 Ponha num prato a farinha que sobrou e, ao lado, a xícara com o vinho branco seco.

4 Com o auxílio de uma colher, retire porções de massa do tamanho de uma noz grande e, com as mãos molhadas no vinho branco, modele as almôndegas em forma de bolas. Em seguida, passe-as na farinha de trigo e coloque-as num prato grande. Reserve.

5 Leve ao fogo o óleo e a cebola numa caçarola. Quando a cebola estiver corada, acrescente um pouco do caldo. Tampe a caçarola e refogue por 3 minutos.

6 Junte ao refogado o caldo restante e o extrato de tomate. Deixe levantar fervura e reduza a chama para temperatura moderada.

7 Coloque cuidadosamente as almôndegas na panela, tampe-a e deixe cozinhar por 10 minutos ou até que as almôndegas fiquem cozidas por igual (experimente abrindo uma).

8 Coloque as almôndegas e o molho numa travessa funda e sirva acompanhadas de purê de batata ou arroz.

Carne Bovina: carne moída

Almondegão de Budapeste

- 300 g de carne (coxão mole) cozido
- 1 xícara (chá) de caldo de carne
- 1 pão francês amanhecido
- ½ xícara (chá) de leite
- 2 colheres (sopa) de manteiga ou margarina
- 1 cebola graúda picada finamente
- 2 dentes de alho picados
- 1 xícara (chá) de tomate sem pele picado
- 100 g de linguiça calabresa moída
- 1 colher (chá) de sal
- ½ colher (café) de pimenta-do-reino
- 1 pitada de noz-moscada
- 1 colher (sopa) de farinha de trigo
- 1 colher (sopa) de salsa picada
- 1 colher (sopa) de farinha de rosca
- 1 ovo ligeiramente batido
- 1 colher (sopa) de queijo ralado

1 Cozinhe a carne em caldo ou água fervente até que esteja macia. Pode utilizar a panela de pressão. Moa a carne depois de cozida.

2 Coloque o pão de molho no leite.

3 Ponha a manteiga, a cebola e o alho numa caçarola. Leve ao fogo, misturando até dourá-los.

4 Acrescente o tomate e metade do caldo; tampe a caçarola e refogue por 5 minutos.

5 Acrescente a carne e a linguiça moídas, o pão amolecido e esfarelado, o sal, a pimenta e a noz-moscada. Refogue por mais 5 minutos.

6 Dissolva a farinha no caldo restante e misture ao refogado. Cozinhe por mais 5 minutos.

7 Acrescente a salsa. Retire do fogo e deixe amornar.

8 Coloque a massa de carne numa forma refratária redonda média previamente untada e polvilhada com farinha de rosca.

9 Despeje a massa na forma, alise-a e pincele o ovo sobre ela.

10 Polvilhe sobre a massa a farinha de rosca previamente misturada com o queijo ralado.

11 Leve a fôrma ao forno quente e asse até dourar bem.

12 Retire do forno, deixe esfriar um pouco e sirva, acompanhado de saladas ou massas.

Almondegão de Viena

- 2 colheres (sopa) de manteiga ou margarina
- 4 gemas
- 1 pãozinho embebido em leite
- 250 g de presunto
- 150 g de carne cozida
- 2 colheres (sopa) de farinha de rosca
- Sal e pimenta-branca
- 2 colheres (sopa) de cheiro-verde picado
- Molho de tomate (pág. 465)
- Queijo parmesão ralado

1 Coloque numa tigela a manteiga e amasse-a com uma espátula. Acrescente as gemas uma a uma, depois o pão embebido em leite, e misture bem.

2 Quando a massa estiver compacta e uniforme, deixe-a descansar um pouco.

3 Enquanto a massa descansa, prepare o seguinte recheio: moa o presunto e a carne, misture a farinha de rosca e a pimenta-branca e tempere a gosto com o sal e o cheiro-verde.

4 Abra sobre a mesa um guardanapo de linho. Esparrame sobre ele a massa que estava descansando. Cubra-a com o recheio. Vá enrolando até ficar bem apertado.

5 Amarre as pontas do guardanapo, mergulhe o almondegão em água fervente, deixando-o cozinhar por 1 hora ou mais.

6 Retire do fogo, desamarre o guardanapo, vire o almondegão num prato comprido, cubra-o com o molho de tomate e polvilhe-o de parmesão.

Bolinhos de Carne

- 500 g de carne (coxão mole ou patinho) moída
- 1 cebola média picada
- 2 dentes de alho amassados
- 2 colheres (sopa) de salsa picada
- 1 colher (café) de pimenta-do-reino
- 1 colher (chá) de sal
- 1 xícara (chá) de farinha de trigo
- 2 ovos ligeiramente batidos
- 1 xícara (chá) de óleo para fritar

1 Misture a carne, a cebola e o alho, a salsa, a pimenta, o sal e metade da farinha de trigo.

2 Retire porções de massa com uma colher (sopa) e modele os bolinhos.

3 Passe os bolinhos na farinha restante e depois nos ovos batidos.

4 Frite-os no óleo quente até ficarem corados.

5 Escorra-os do óleo e ponha-os num prato forrado com papel absorvente.

6 Arrume-os numa travessa e sirva-os acompanhados de uma salada mista ou arroz e feijão.

Bolo de Carne Simples

- 500 g de carne moída (patinho)
- 1 cebola média picada
- 1 colher (chá) de sal
- 1 pitada de pimenta
- 1 pitada de noz-moscada
- 2 pães (tipo francês) esfarelados e amolecidos em leite ou caldo de carne
- 2 gemas
- Farinha de rosca
- 1 colher (sopa) de queijo ralado
- 2 ovos cozidos
- 10 azeitonas pretas descaroçadas
- 1 colher (sopa) de salsa picada
- Manteiga

1 Exceto as claras, misture bem em uma tigela todos os ingredientes.

2 Bata as claras em neve bem firme e misture-as delicadamente à massa.

3 Coloque a massa numa fôrma de bolo com orifício central previamente untada com manteiga e polvilhada com farinha de rosca.

4 Polvilhe por cima 2 colheres (sopa) de farinha de rosca e uma de queijo ralado e asse em forno quente por 30 minutos ou até que se forme uma crosta dourada. (Espete um palito no bolo para verificar se está no ponto.)

5 Retire do forno, deixe esfriar um pouco e desenforme no prato em que vai servir.

Croquete de Sobras

- 3 xícaras (chá) de sobras de carne moídas (cozidas ou assadas, bovina, suína, de aves)
- 1 colher (sopa) de manteiga ou margarina
- 1 dente de alho socado
- ½ cebola picada
- Sal
- Pimenta-do-reino a gosto
- 1 xícara (chá) de miolo de pão molhado em ½ xícara (chá) de leite
- 1 ovo inteiro
- Farinha de rosca
- Óleo para fritar

1 Refogue a carne com a manteiga, o alho, a cebola, o sal e a pimenta-do-reino.

2 Tire do fogo e adicione o miolo de pão e o ovo.

3 Torne a colocar no fogo, misturando continuamente até tomar consistência.

4 Deixe esfriar, faça pequenas bolas, passe no ovo batido e na farinha de rosca e frite em óleo quente.

Carne Bovina: carne moída

Picadinho Simples de Carne

- ½ xícara (chá) de óleo
- 1 cebola grande picada finamente
- 1 dente de alho picado
- 500 g de carne (coxão mole ou patinho) moída
- 1 xícara (chá) de tomates sem pele picados
- 1 colher (chá) de sal
- 1 pitada de pimenta-do-reino

1 Coloque o óleo, a cebola e o alho numa caçarola e leve ao fogo. Refogue até que a cebola fique dourada.

2 Junte a carne e mexa até fritá-la.

3 Acrescente os tomates picados, o sal e a pimenta-do-reino. Tampe a caçarola e deixe cozinhar, em fogo brando, com o próprio vapor do picadinho.

4 Se for necessário, acrescente um pouquinho de água.

5 Sirva com arroz.

Nota: Para reforçar o sabor do picadinho simples, pode-se adicionar salsinha picada, azeitonas e ovos cozidos também picados.

Picadinho de Carne com Batatas

- ½ xícara (chá) de óleo
- 1 cebola grande picada finamente
- 1 dente de alho picado
- 500 g de carne (coxão mole ou patinho) moída
- 1 xícara (chá) de tomates picados sem pele
- 500 g de batatas
- 1 colher (chá) de sal
- 1 pitada de pimenta-do-reino

1 Coloque o óleo, a cebola e o alho numa caçarola e leve ao fogo. Refogue até que a cebola fique dourada.

2 Junte a carne e mexa até fritá-la.

3 Acrescente os tomates picados, as batatas, o sal e a pimenta-do-reino. Cubra com água quente, tampe a caçarola e deixe cozinhar, em fogo brando, até que as batatas estejam macias.

4 Destampe a panela e cozinhe mais alguns minutos para engrossar o molho. Acerte o ponto do sal.

5 Sirva com arroz.

Picadinho de Carne com Cenouras

Prepare uma receita de *picadinho de carne com batatas* substituindo as batatas por cenouras.

Carne Bovina: carne moída

Picadinho de Carne com Quiabo

- 500 g de quiabo
- ½ xícara (chá) de óleo
- 1 cebola grande picada finamente
- 1 dente de alho picado
- 500 g de carne (coxão mole ou patinho) moída
- 1 xícara (chá) de tomates sem pele picados
- 1 colher (chá) de sal
- 1 pitada de pimenta-do-reino

1 Lave bem os quiabos e descarte os talos. Corte os quiabos em pedaços de 3 cm. Leve ao fogo numa frigideira antiaderente e aqueça bem. Refogue rapidamente em fogo alto para que percam a gosma. Retire do fogo e reserve.

2 Coloque o óleo, a cebola e o alho numa caçarola e leve ao fogo. Refogue até que a cebola fique dourada.

3 Junte a carne e mexa até fritá-la.

4 Acrescente os tomates picados, os quiabos, o sal e a pimenta-do-reino. Adicione um pouco de água e tampe a caçarola. Cozinhe em fogo brando com o próprio vapor do picadinho.

5 Se for necessário, acrescente mais um pouquinho de água.

6 Sirva com arroz.

Madalena de Carne

- ½ xícara (chá) de leite
- 2 gemas
- 2 colheres (sopa) de manteiga
- Queijo parmesão ralado
- ½ xícara (chá) de óleo
- 1 cebola grande picada finamente
- 1 dente de alho picado
- 500 g de carne (coxão mole ou patinho) moída
- 1 xícara (chá) de tomates sem pele picados
- 1 colher (chá) de sal
- 1 pitada de pimenta-do-reino
- 6 batatas graúdas

1 Para o picadinho, coloque o óleo, a cebola e o alho numa caçarola e leve ao fogo. Refogue até que a cebola fique dourada.

2 Junte a carne e mexa até fritá-la.

3 Acrescente os tomates picados, o sal e a pimenta-do-reino. Tampe a caçarola e deixe cozinhar, em fogo brando, com o próprio vapor do picadinho.

4 Se for necessário, acrescente um pouquinho de água. Reserve.

5 Cozinhe as batatas em água fervente até que fiquem bem macias. Escorra, descasque e passe as batatas pelo espremedor. Coloque a massa em uma panela e acrescente o leite, as gemas e a manteiga. Leve ao fogo e misture para aquecer bem. Tempere com o sal e a pimenta-do-reino.

6 Coloque o picadinho de carne no fundo de um refratário e cubra com o purê de batata. Salpique com um pouco de parmesão ralado e leve ao forno aquecido para dourar.

7 Sirva quente com arroz.

Bife à Tártara

- 400 g de filé-mignon
- Sal e pimenta-do-reino
- 1 colher (chá) de molho inglês
- 1 colher (sopa) de azeite
- 4 gemas pequenas
- Gomos de limão
- 2 colheres (sopa) de alcaparras
- 4 colheres (sopa) de cebola picada
- 2 colheres (chá) de salsinha picada
- Pepinos em conserva

1 Tempere a carne com o sal e a pimenta-do-reino e adicione o molho inglês e o azeite. Misture.

2 Divida em 4 partes e, com as mãos, forme 4 bolos, colocando um em cada prato. Achate-os um pouco e aperte-os no centro, colocando ali uma gema crua de ovo.

3 Sirva enfeitando cada prato com gomos de limão, alcaparras, cebola e salsa picada e pepinos em conserva.

4 Cada pessoa faz a mistura a seu gosto.

Quibe de Forno

- 2 xícaras (chá) de trigo fino para quibe
- 1 kg de carne moída 2 vezes (patinho ou coxão mole)
- 1 cebola picada finamente
- ¼ de xícara (chá) de hortelã picada
- 1 colher (chá) de tempero sírio
- Sal a gosto
- 4 colheres (sopa) de manteiga

1 Lave o trigo em água corrente e coloque-o de molho por 15 minutos.

2 Coloque em uma peneira e esprema bem para eliminar o máximo de água.

3 Coloque a carne em uma tigela e tempere-a com a cebola e a hortelã. Misture e acrescente o trigo, o sal e o tempero sírio. Amasse a mistura com as mãos para obter uma massa bem macia. Unte um refratário com a manteiga e coloque a carne.

4 Aperte e alise. Risque losangos, com uma faca, sobre a carne e leve ao forno.

5 Asse em forno médio por 35 a 40 minutos. Sirva acompanhado de gomos de limão.

Nota: Você pode substituir o tempero sírio por ½ colher (chá) de canela, uma pitada de cravo em pó e uma de pimenta-do-reino. e outra de cravo em pó.

Moussaka

- 3 colheres (sopa) de manteiga
- 3 colheres (sopa) de farinha de trigo
- 2 e ½ xícaras (chá) de leite
- Sal, pimenta-do-reino e noz-moscada
- 1 kg de berinjelas
- ¼ de xícara (chá) de azeite
- 400 g de carne moída
- 3 cebolas médias picadas
- 3 dentes de alho picados
- 1 folha de louro
- ½ colher (chá) de orégano
- 1 colher (café) de canela
- 200 g de polpa de tomate
- 2 colheres (sopa) de salsinha
- 1 xícara (chá) de farinha de rosca
- Queijo parmesão ralado a gosto
- 1 receita de molho branco (pág. 463)

1 Para o molho branco, coloque a manteiga e a farinha em uma panela e leve ao fogo, misturando bem, até que a manteiga derreta. Acrescente o leite aos poucos, cozinhe por cerca de 15 minutos para o molho engrossar, tempere com o sal, a pimenta-do-reino e a noz-moscada. Reserve.

2 Corte as berinjelas no sentido do comprimento em fatias de ½ cm de espessura. Salpique com sal e deixe que percam a água por cerca de 30 minutos.

3 Em uma panela grande, aqueça 3 colheres de azeite e frite a carne até que esteja bem seca. Acrescente a cebola e o alho picado, refogue por alguns minutos e tempere com a folha de louro, o orégano e a canela. Misture bem e acrescente a polpa de tomate. Abaixe o fogo e cozinhe por cerca de 30 minutos. Acerte o sal e a pimenta-do-reino e salpique com a salsinha.

4 Frite as fatias no azeite restante até estarem douradas e escorra.

5 Unte um refratário com a manteiga e salpique com um pouco de farinha de rosca. Arrume uma camada de berinjela fritas, salpique com um pouco de sal e polvilhe com parmesão e farinha de rosca, coloque o refogado de carne e polvilhe novamente com a farinha de rosca e com o parmesão. Cubra tudo com o molho branco, espalhando bem. Salpique novamente com parmesão e farinha de rosca.

6 Leve ao forno por cerca de 40 minutos ou até que a *moussaka* esteja bem gratinada.

Carne-seca Desfiada

- 500 g de carne-seca
- 4 colheres (sopa) de óleo
- 1 pimentão verde pequeno picado
- 1 cebola média picada
- 2 colheres (sopa) de vinagre
- 1 colher (sopa) de coentro
- 2 colheres (sopa) de cebolinha-verde fatiada
- Sal e pimenta-do-reino

1 Corte a carne-seca em cubos de 5 cm e lave-os bem. Coloque de molho em água fria e leve à geladeira por 8 horas. Escorra bem a água, coloque os cubos de carne em uma panela de pressão e cubra com água fria.

2 Feche a panela e cozinhe em fogo baixo por 40 minutos. Deixar esfriar totalmente sem abrir a panela.

3 Após esfriar, retire os pedaços de carne e desfie finamente, dispensando as partes gordurosas.

4 Coloque em uma panela o óleo e acrescente a carne desfiada, refogue em fogo forte até que a carne fique bem sequinha e dourada; se necessário adicione mais um pouco de óleo.

5 Adicione o pimentão e a cebola e refogue por 10 minutos; regue com o vinagre, misture bem e deixe evaporar; acerte o sal e coloque o coentro, a pimenta e a cebolinha.

Carne-seca com Purê de Mandioca

- 1 receita de carne-seca desfiada

Para o purê:
- 1 kg de mandioca (aipim)
- Sal e pimenta-do-reino
- ½ xícara (chá) de leite
- 1 gema
- 1 colher (sopa) de manteiga
- 100 g de queijo de coalho

1 Prepare a receita de carne-seca desfiada e reserve.

2 Descasque a mandioca e corte-a em pedaços. Coloque-a para cozinhar em água fervente levemente salgada e cozinhe até que os pedaços estejam macios.

3 Escorra as mandiocas e passe-as pelo espremedor de batatas. Misture em uma panela com o leite e leve ao fogo, acrescentando a gema e a manteiga. Tempere com sal e pimenta-do-reino e misture. Se necessário, acrescente mais um pouco de leite.

4 Arrume a carne em um refratário, cubra com o purê e alise bem; salpique com o queijo ralado no ralo grosso e leve ao forno quente por 10 minutos.

Carne-seca no Espeto

- 1 kg de carne-seca gorda e limpa
- ½ xícara (chá) de óleo
- Suco de 2 limões
- ½ colher (café) de sal
- 1 colher (sopa) de cheiro-verde
- 3 pimentas-verdes amassadas ou pimenta a gosto

1 Deixe a carne-seca de molho em água de um dia para o outro.

2 Seque a carne num pano de copa e coloque-a no espeto.

3 Asse-a até ficar tostada.

4 Enquanto assa, prepare o molho, misturando todos os outros ingredientes.

5 Sirva com o molho na molheira.

Carne-seca Refogada

- 500 g de carne-seca limpa e aferventada
- ½ xícara (chá) de óleo
- 2 cebolas cortadas em rodelas
- 3 dentes de alho triturados
- 1 xícara (chá) de água fervente
- 1 xícara (chá) de tomate limpo e picado
- 1 colher (sopa) de cheiro-verde picado
- 1 pitada de pimenta-do-reino
- Sal

1 Corte a carne em fatias e reserve-as.

2 Refogue o óleo e a cebola. Adicione as fatias de carne e frite-as bem.

3 Acrescente o alho e, logo que estiver dourado, junte a água fervente.

4 Tampe a panela e deixe cozinhar por 5 minutos.

5 Junte ao refogado os ingredientes restantes e volte a refogar até que a carne fique macia.

6 Prove o sal.

Paçoca de Carne-seca

- 500 g de carne-seca
- Óleo para fritar
- Farinha de mandioca ou de milho

1 Tome um pedaço de carne-seca magra, afervente-o e corte-o em pedaços pequenos. Frite em óleo bem quente.

2 Misture farinha de mandioca ou de milho e, em seguida, soque tudo muito bem num pilão.

Farofa de Carne-seca

- ½ xícara (chá) de óleo
- 1 cebola grande picada
- 2 xícaras (chá) de carne-seca aferventada e desfiada
- 4 xícaras (chá) de farinha de mandioca torrada
- 2 colheres (sopa) de cheiro-verde picado
- ½ colher (café) de pimenta-do-reino

1 Leve o óleo e a cebola ao fogo, mexendo até fritar.

2 Acrescente a carne-seca desfiada e frite bem.

3 Adicione a farinha de mandioca, o cheiro-verde e a pimenta, mexendo bem.

4 Sirva acompanhando churrasco ou carnes assadas.

Nota: Se quiser a farofa com sabor mais suave, deixe a carne-seca de molho na véspera antes de aferventar.

Carne de Fumeiro ou Charque

- 1 kg de coxão mole
- ¼ de xícara (chá) de suco de limão
- Sal e salitre
- Óleo
- Alho em fatias
- Cebola em fatias

1 Lanhe a carne e tempere-a com o suco de limão, o sal e uma pequenina quantidade de salitre.

2 Deixe a carne descansar durante 24 horas no molho. Escorra e leve ao fumeiro (ou defumador para carnes) para realizar o processo de defumação e secagem.

3 Passados uns dias, pode prepará-la do seguinte modo: numa frigideira, coloque óleo, alho em fatias, cebola também em fatias e, quando o óleo estiver bem quente, junte a carne.

4 Deixe fritar devagar, juntando aos poucos mais óleo.

5 Sirva com caldo de limão e salsa picadinha.

Vitela

Para ser boa, a vitela deve ter de 6 semanas a 2 meses de idade e sua carne deve ser ligeiramente rosada e tenra. Essa carne é macia e úmida.

As melhores partes da vitela são as molejas, o fígado, as tripas, os rins, a perna redonda, o traseiro, a alcatra, as costeletas, o peito e o lombo. As molejas são a parte que fica embaixo da goela. São, segundo dizem, o pedaço mais apreciado pelos *gourmets*, embora outros prefiram as costeletas e outros, ainda, os rins.

Vitela Tonné

- 4 colheres (sopa) de óleo
- 2 cebolas cortadas em rodelas
- 2 dentes de alho cortados ao meio
- 1 litro de vinho branco seco
- 1 kg de lagarto de vitela limpo
- 2 folhas de louro
- 1 colher (chá) de sal
- ½ colher (café) de pimenta-do-reino
- 1 lata de atum
- 4 filés de anchovas
- 1 xícara (chá) de maionese
- 2 pepinos em conserva fatiados

1 Ponha o óleo, as cebolas e os alhos numa caçarola grande e leve-a ao fogo para que refoguem e fiquem macios.

2 Acrescente um pouco de vinho, mexa e tampe a caçarola, refogando por alguns minutos.

3 Coloque a carne na caçarola e vire-a de vez em quando, até ficar corada.

4 Junte um pouco mais de vinho, o louro, o sal e a pimenta.

5 Tampe a caçarola e deixe cozinhar em fogo médio, acrescentando o vinho aos poucos.

6 Quando tiver evaporado todo o vinho, a carne estará macia: retire-a da caçarola para a tábua e deixe-a esfriar.

7 Corte a carne em fatias e reserve.

8 Coloque o molho da carne (que restou na panela), o atum e as anchovas no liquidificador e triture. Acrescente a maionese e bata novamente, até que fique um molho espesso.

9 Arrume fatias de carne e espalhe molho, em camadas alternadas, na travessa em que vai servir, de modo que a última camada seja de molho.

10 Guarneça a travessa e decore a gosto com as fatias de pepino em conserva.

11 Leve a travessa à geladeira por uma hora.

12 Sirva como entrada.

CARNE BOVINA: VITELA

Vitela Assada

- 1 perna ou lombo de vitela
- Sal e pimenta-do-reino
- 2 dentes de alho picados
- 1 cebola picada
- 2 colheres (sopa) de vinagre
- ½ xícara (chá) de vinho branco
- 1 ramo de alecrim
- 2 ramos de salsinha
- 1 ramo de tomilho
- 6 fatias de bacon

1 Fure a carne com uma faca de cozinha e tempere-a com o sal, o alho, a pimenta-do-reino, o vinagre, o vinho branco, a cebola, o alecrim, a salsa e o tomilho.

2 Deixe a carne no molho por umas 2 horas.

3 Passadas 2 horas, leve a carne ao forno quente numa assadeira com óleo, cobrindo com tiras de *bacon*.

4 Despeje o molho por cima da carne, vire-a de vez em quando e regue com o molho que fica no fundo da assadeira.

5 Deixe a carne no forno até que fique corada de todos os lados e bem macia (o que se verifica espetando um garfo).

6 Desengordure o molho que ficou na assadeira e sirva a carne com ele.

Vitela Assada com Creme

- 1 litro de leite
- 150 g de manteiga ou margarina
- Sal, pimenta-do-reino e noz-moscada
- Salsa
- 1 cebola em rodelas
- 1 lombo de vitela lardeado
- Fatias de limão
- Fatias de cebola
- Batatas na manteiga

1 Ferva o leite com a manteiga, o sal, a pimenta, a salsa, a noz-moscada ralada e uma cebola em rodelas.

2 Assim que o leite ferver, junte o lombo de vitela e deixe ferver de novo por algum tempo.

3 Quando a carne estiver quase cozida, retire a panela do fogo e deixe esfriar.

4 Ponha a vitela numa assadeira. Cubra com rodelas de limão, cebolas fatiadas e, por último, com 1 papel-alumínio bem untado com manteiga ou margarina.

5 Leve a assadeira ao forno quente e deixe a carne corar.

6 Sirva com batatas passadas na manteiga ou margarina.

Vitela de Caçarola

- 1 kg de vitela (alcatra ou lombo)
- Sal e pimenta-do-reino
- 2 dentes de alho picados
- 1 folha de louro
- 2 colheres (sopa) de vinagre
- ¼ de xícara (chá) de vinho branco
- 4 colheres (sopa) de manteiga ou margarina
- 2 cebolas em rodelas
- 4 tomates sem pele
- 4 cenouras inteiras
- Água ou caldo

1 Tempere a carne com sal, alho, louro, pimenta, vinagre e um pouco de vinho.

2 Deixe-a de molho no tempero durante umas horas e leve-a, depois, ao fogo, numa caçarola com manteiga para refogar bem.

3 Junte o molho em que descansou, algumas rodelas de cebola, tomates sem pele, algumas cenouras inteiras e um pouco de água ou caldo.

4 Vire de vez em quando e vá pingando água até que fique bem macia.

5 Sirva com o próprio molho e as cenouras.

Costeletas de Vitela Alla Milanese

- 4 costeletas de vitela
- Sal, pimenta-do-reino e noz-moscada
- 4 colheres (sopa) de manteiga
- 2 colheres (sopa) de óleo
- 2 ovos levemente batidos
- 1 xícara (chá) de farinha de rosca

1 Bata levemente as costeletas com um martelo de cozinha para que fiquem com espessura uniforme e alongada.

2 Tempere-as com sal, pimenta-do-reino e uma pitada de noz-moscada.

3 Aqueça em uma frigideira metade da manteiga e metade do óleo.

4 Passe as costeletas pelos ovos batidos e em seguida empane-as na farinha de rosca, apertando bem com as mãos para que a farinha grude.

5 Frite 2 costeletas até que estejam douradas dos dois lados. Elimine a manteiga utilizada na fritura e adicione a manteiga e o óleo restante à frigideira. Frite as costeletas restantes.

6 Sirva as costeletas acompanhadas de gomos de limão.

COSTELETAS DE VITELA GRELHADAS

- 6 costeletas de vitela
- Sal e pimenta-do-reino
- 2 dentes de alho picados
- 2 colheres (sopa) de suco de limão
- Manteiga ou margarina
- Rodelas de limão
- Salsa picadinha

1 Tempere as costeletas com sal, alho, pimenta-do-reino e umas gotas de limão.

2 Momentos antes de servir, passe-as, uma por uma, em manteiga derretida e leve-as a assar em uma grelha, sobre brasas em uma churrasqueira, até que dourem dos dois lados.

3 Sirva-as, bem quentes, com rodelas de limão e salsa picadinha.

ESCALOPES DE VITELA AO MADEIRA

- 600 g de vitela
- 1 colher (chá) de sal
- ½ colher (café) de pimenta-branca
- 1 colher (sobremesa) de suco de limão
- 4 colheres (sopa) de óleo
- 1 colher (sopa) de manteiga ou margarina
- 1 cebola média ralada
- 1 colher (chá) de farinha de trigo
- 1 xícara (chá) de caldo de carne fervente
- ½ xícara (chá) de cogumelos picados
- ½ xícara (chá) de vinho madeira

1 Corte a vitela em 8 bifes.

2 Tempere-os com o sal, a pimenta e o suco de limão.

3 Frite-os no óleo quente até ficarem dourados. Reserve.

4 Leve a manteiga ou margarina e a cebola ao fogo. Polvilhe a farinha sobre elas, mexendo até que a cebola fique dourada.

5 Acrescente um pouco de caldo fervente e mexa bem, para dissolver a farinha. Junte todo o caldo e os bifes que ficaram de reserva. Tampe a panela e deixe cozinhar, em fogo brando, durante 15 minutos.

6 Adicione os cogumelos e o vinho madeira. Tampe a panela e deixe cozinhar, por mais 5 minutos, em fogo médio.

7 Sirva os escalopes acompanhados de purê de batata.

Nota: O vinho madeira pode ser substituído por vinho branco seco.

Carne Suína

"A qualidade primacial de um cozinheiro é a exatidão. Deve ser também a do convidado."
Brillat-Savarin. Texto da edição de 1942 de *Dona Benta*.

Carne Suína

Cortes do porco 545	Lombo à toscana 553
Carne de porco assada 546	Lombo recheado à florentina 554
Costeletas de porco fritas 546	Lombo recheado à francesa 555
Costeletas de porco grelhadas 547	Conserva de lombo de porco 556
Costelinhas de porco agridoces 547	Pernil assado 556
Costeletas de porco à milanesa 548	Linguiça comum 557
Lombo à alentejana 548	Linguiça picante 557
Lombo à brasileira 549	Linguiça de lombo 558
Lombo à francesa 549	Leitão assado 558
Lombo à milanesa 550	Tênder made gostoso 559
Lombo à mineira 550	Tênder à Califórnia 560
Lombo de panela 551	Tênder à paulista 560
Lombo com abacaxi 551	Tênder à Virgínia 561
Lombo doce e azedo 552	Sarapatel 561
Lombo de porco à paulista 552	

Cortes do Porco

1. cabeça
2. paleta
3. lombo/lombinho
4. pernil
5. barriga
6. perna dianteira

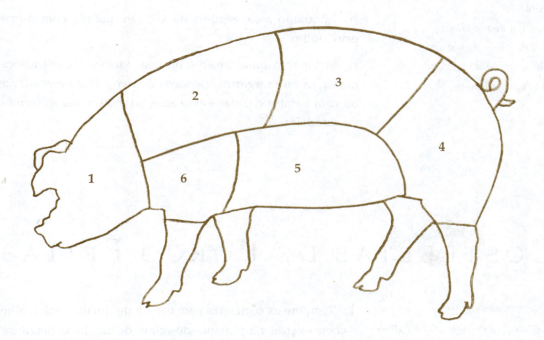

Carne Suína

Carne de Porco Assada

- 1 pedaço de carne de porco magra
- ½ xícara (chá) de vinho branco
- ½ xícara (chá) de vinagre
- 2 colheres (sopa) de suco de limão
- Sal e pimenta-do-reino
- 2 dentes de alho
- Salsa
- Cebolinha-verde
- 1 cebola picada finamente
- Óleo

Farofa:
- Farinha de mandioca
- Manteiga ou margarina
- Ovos cozidos em pedaços
- Azeitonas picadas

1 Fure a carne de porco com uma faca pontuda e junte o vinho branco, o vinagre, o suco de limão, o sal com alho, a salsa, a cebolinha-verde e a cebola.

2 Esfregue a carne com os temperos e mexa-a, de um lado para outro, dentro do molho que se formou.

3 Polvilhe com pimenta-do-reino e deixe-a nos temperos por 12 horas, conservando na geladeira.

4 No dia seguinte, leve a carne ao forno numa assadeira funda com uma boa quantidade de óleo e todo o molho que a temperou.

5 Enquanto assa, regue-a de vez em quando com o próprio molho.

6 Sirva com uma farofa feita com farinha de mandioca, manteiga ou margarina, pedaços de ovo cozido e azeitonas ou com batatas cozidas e passadas no molho que se formou na assadeira.

Costeletas de Porco Fritas

- 8 costeletas de porco
- 2 colheres (sopa) de suco de limão
- Sal e pimenta-do-reino
- 2 dentes de alho
- 2 colheres (sopa) de cheiro-verde picado
- Óleo

1 Tempere as costeletas com o suco de limão, o sal, o alho, o cheiro-verde e a pimenta-do-reino, deixando-as descansar nesse tempero durante, pelo menos, uma hora.

2 Leve ao fogo uma frigideira com o óleo e, quando este estiver quente, frite as costeletas de um lado e do outro, até ficarem bem douradas.

3 Sirva com um molho feito de limão, salsa picada, cebola em rodelas e pimenta.

Carne Suína

Costeletas de Porco Grelhadas

- 8 costeletas de porco
- 2 colheres (sopa) de suco de limão
- Sal e pimenta-do-reino
- 2 dentes de alho
- 2 colheres (sopa) de cheiro-verde picado
- Manteiga ou margarina derretida
- Molho carioca (pág. 469)

1 Tempere as costeletas com o suco de limão, o sal, o alho, o cheiro-verde e a pimenta-do-reino, deixando-as descansar nesse tempero durante, pelo menos, uma hora.

2 Pincele as costeletas com a manteiga ou margarina e coloque na churrasqueira ou grelha para que dourem de um lado e do outro.

3 Sirva com o molho carioca.

Costelinhas de Porco Agridoces

- 1 colher (sopa) de óleo
- 1 cebola pequena picada
- ½ xícara (chá) de açúcar mascavo
- ½ xícara (chá) de vinagre
- 2 colheres (sopa) de molho inglês
- 1 e ½ xícara (chá) de ketchup
- 1 xícara (chá) de água
- ½ colher (chá) de cominho em pó
- 1 colher (sopa) de páprica suave
- Sal e pimenta-do-reino
- 2 kg de costelinhas de porco

1 Prepare o molho, refogando a cebola no óleo até estar bem macia. Acrescente o açúcar mascavo, misturando até dissolvê-lo, o vinagre e o molho inglês. Adicione o *ketchup*, o cominho e a páprica. Junte a água e cozinhe por 10 minutos ou até o molho engrossar. Tempere com o sal e a pimenta-do-reino, coe e reserve.

2 Coloque as costelinhas em uma assadeira e tempere com o sal e a pimenta-do-reino. Cubra com papel-alumínio e leve ao forno por 20 minutos. Retire as costelinhas do forno, elimine o papel-alumínio e pincele com o molho, aumente a temperatura do forno e asse as costelinhas por mais 10 minutos, pincele novamente e asse mais 10 minutos. Repita mais duas vezes essa operação. Sirva com mais molho à parte.

Carne Suína

Costeletas de Porco à Milanesa

- 8 costeletas de porco
- 2 colheres (sopa) de suco de limão
- Sal e pimenta-do-reino
- 2 dentes de alho
- 2 colheres (sopa) de cheiro-verde picado
- Farinha de rosca o quanto baste
- 2 ovos batidos
- Óleo para fritar

1 Tempere as costeletas com o suco de limão, o sal, o alho, o cheiro-verde e a pimenta-do-reino, deixando-as descansar nesse tempero durante, pelo menos, 1 hora.

2 Passe-as em farinha de rosca, depois em ovos batidos, novamente em farinha de rosca e frite-as em óleo quente.

3 Sirva com gomos de limão ou *molho tártaro* (pág. 479).

Lombo à Alentejana

- 1 kg de lombo de porco
- Sal e pimenta-do-reino
- 2 dentes de alho espremidos
- Suco de 1 limão e de 1 laranja
- ½ xícara (chá) de vinho branco seco
- 3 colheres (sopa) de banha de porco
- 1 colher (sopa) de purê de tomate

1 Tempere o lombo com o sal, a pimenta-do-reino, o alho, o suco de limão e de laranja e o vinho. Deixe marinando por 2 horas para pegar gosto.

2 Misture a banha com o purê de tomate.

3 Retire o lombo do tempero e esfregue-o com a mistura de banha e purê de tomate. Coloque em uma assadeira e acrescente todos os temperos.

4 Asse em forno quente, regando a carne, de vez em quando, com o próprio molho.

5 Depois de assado, retire o lombo para a tábua de carne, corte-o em fatias e arrume numa travessa, conservando-o quente.

6 Escorra o excesso de gordura do molho e adicione 1 xícara (chá) de água à assadeira. Coloque sobre a chama do fogão e ferva até que as partículas do assado se despreguem do fundo da assadeira. Coe, acerte o ponto do sal e coloque o molho numa molheira.

7 Guarneça o lombo com batatas fritas à portuguesa, maçãs assadas (inteiras e com a casca) e agriões.

Nota: Se não tiver ou não quiser usar banha, use ¾ de xícara (chá) de manteiga ou óleo.

Carne Suína

Lombo à Brasileira

- 1 kg de lombo de porco
- 1 cebola média picada
- 2 dentes de alho picados
- 1 colher (chá) de sal
- 1 colher (café) de pimenta-do--reino
- 2 folhas de louro
- 4 colheres (sopa) de suco de limão
- ½ xícara (chá) de tomate sem pele e sem sementes picado
- ½ xícara (chá) de caldo de carne ou água
- 100 g de bacon fatiado
- Óleo

1 Tempere o lombo com a cebola e o alho triturados, o sal, a pimenta, o louro e o suco de limão, deixando-o nesses temperos durante 2 horas.

2 Ponha o lombo e todos os temperos numa assadeira. Junte o tomate e o caldo de carne, espalhe as fatias de *bacon* por cima e regue com o óleo.

3 Leve para assar em forno quente e regue com o próprio molho de vez em quando.

4 Retire o lombo assado para uma tábua, corte-o em fatias e arrume-as numa travessa, guarnecendo com farofa e decorando com gomos de limão.

Lombo à Francesa

- 1 kg de lombo de porco
- 2 cebolas médias picadas
- 1 cenoura fatiada
- 3 ramos de salsa amarrados
- Sal e pimenta-do-reino
- 1 xícara (chá) de vinho branco seco
- 4 colheres (sopa) de óleo
- 2 colheres (sopa) de manteiga ou margarina
- 100 g de bacon cortado em fatias finas

1 Tempere o lombo com as cebolas, a cenoura, a salsa, o sal, a pimenta e o vinho branco, deixando-o no tempero durante 2 horas.

2 Ponha o lombo numa assadeira e coloque sobre ele o molho dos temperos, o óleo, a manteiga e o *bacon*.

3 Asse em forno quente, regando de vez em quando com o próprio molho, até ficar corado.

4 Retire, depois de assado, para a tábua de carne, deixe esfriar um pouco, corte em fatias de 1 cm de espessura e remonte-o na travessa. Reserve.

5 Retire o excesso de gordura do molho que ficou na assadeira, acrescente uma xícara (chá) de água e leve ao fogo para ferver até os temperos desprenderem-se do fundo.

6 Verifique o tempero do molho e, se preciso, adicione uma pitada de sal.

7 Sirva o lombo, colocando o molho numa molheira.

Carne Suína

Lombo à Milanesa

- 500 g de lombo de porco
- Sal e pimenta-do-reino
- ½ xícara (chá) de farinha de trigo
- ½ xícara (chá) de farinha de rosca
- 2 colheres (sopa) de água
- 1 colher (sopa) de mostarda
- 2 ovos
- Molho tártaro (pág. 479)

1 Corte o lombo em fatias de 3 cm a 4 cm. Bata as fatias com o martelo de carne para fazer bifes com cerca de 20 cm de diâmetro. Tempere os bifes de lombo com o sal e a pimenta-do-reino.

2 Coloque a farinha de trigo em um prato e em outro coloque a farinha de rosca.

3 Coloque a água e a mostarda em um prato fundo e bata levemente para incorporar a mostarda. Adicione os ovos e bata levemente.

4 Passe cada bife de lombo pela farinha de trigo e retire o excesso. Passe pela mistura de ovos e em seguida pela farinha de rosca. Frite em uma frigideira com óleo quente. Doure um bife de cada vez.

5 Escorra em papel absorvente e sirva com gomos de limão e molho tártaro.

Nota: O óleo não deve estar quente demais, pois o lombo deve cozinhar enquanto frita.

Lombo à Mineira

- 1 kg de lombo de porco
- 1 cebola picada
- 2 dentes de alho triturados
- Sal e pimenta-do-reino
- 2 folhas de louro
- 4 colheres (sopa) de suco de limão
- ½ xícara (chá) de tomates sem pele e sem sementes picados
- 1 xícara (chá) de caldo de carne
- 100 g de bacon fatiado
- ¾ de xícara (chá) de óleo

1 Tempere o lombo com a cebola e o alho triturados, o sal, a pimenta, o louro e o suco de limão, deixando-o nesses temperos por 2 horas.

2 Coloque o lombo e todos os temperos numa assadeira.

3 Junte o tomate e metade do caldo de carne e espalhe por cima as fatias de *bacon*.

4 Regue com o óleo.

5 Leve para assar em forno quente, regando com o próprio molho de vez em quando.

6 Retire o lombo para uma tábua, corte-o em fatias e arrume-as numa travessa, conservando-as quentes.

7 Tire o excesso de gordura do molho, colocando-o num recipiente.

8 Junte ao molho que ficou na assadeira a ½ xícara (chá) de caldo de carne restante e leve ao fogo para que os temperos se desprendam do fundo. Está pronto o molho, que é conhecido como molho ferrugem.

9 Espalhe o molho ferrugem sobre o lombo, guarneça-o com *tutu de feijão* (pág. 371), *couve à mineira* (pág. 316), *bacon* assado, ovos cozidos cortados em 4 e linguiça frita.

Nota: Se quiser um molho mais fluido, coe o molho ferrugem e sirva-o na molheira.

Carne Suína

Lombo de Panela

- 1 kg de lombo de porco
- 1 cebola média picada
- 3 dentes de alho espremidos
- 1 maço de cheiro-verde amarrado
- 1 folha de louro
- 1 colher (chá) de colorau
- 1 colher (chá) de molho de pimenta
- 2 xícaras (chá) de vinho branco seco
- Sal a gosto
- 1 xícara (chá) de óleo

1   Tempere o lombo com todos os ingredientes, exceto o óleo. Deixe tomar gosto por 2 horas.

2   Reserve os temperos e coloque o lombo e o óleo na panela. Esquente bem e core o lombo, virando-o para que tome cor por igual.

3   Acrescente os temperos reservados. Tampe a panela e deixe cozinhar em fogo médio, mexendo e virando-o de vez em quando. O lombo deverá ficar bem corado e o molho, espesso.

4   Depois de assado, corte o lombo em fatias e remonte-o na travessa. Mantenha aquecido.

5   Retire o excesso de gordura do molho que ficou na panela, elimine o cheiro-verde e a folha de louro.

6   Adicione ao molho ½ xícara (chá) de água e leve-o ao fogo para ferver até que todos os temperos se desprendam do fundo. O molho ficará com cor de ferrugem.

7   Coloque o molho obtido sobre o lombo ou, se preferir, coe-o e sirva numa molheira.

8   Guarneça o lombo com batatas coradas, arroz ou farofa.

Nota: Você pode usar qualquer uma das outras guarnições que apresentamos em nossas diferentes receitas de lombo assado.

Lombo com Abacaxi

- 2 kg de lombo de porco
- 1 colher (sopa) de sal
- 4 dentes de alho socados
- ½ colher (café) de pimenta-branca
- 2 xícaras (chá) de vinho branco seco
- 1 e ½ xícara (chá) de óleo
- 1 abacaxi tipo pérola (maduro)

1   Ponha o lombo numa travessa funda. Tempere-o com o sal, o alho, a pimenta e o vinho, e deixe-o tomar gosto por 2 horas, virando de vez em quando.

2   Coloque-o, em seguida, numa assadeira, junte o óleo e leve ao forno quente. Regue de vez em quando com a gordura da assadeira e a vinha-d'alho que sobrou.

3   Uma hora depois, vire o lombo e asse-o por mais 30 minutos, a fim de que fique dourado por igual.

4   Retire do forno, coloque sobre a tábua de carne, espere esfriar e corte o lombo em fatias de 1 cm de espessura.

5   Descasque o abacaxi e corte-o em rodelas também de 1 cm de espessura; parta-as ao meio e apare-as com a tesoura de cozinha, de modo que fiquem com o tamanho das fatias de lombo.

6   Em travessa própria, arrume as fatias de lombo e abacaxi, intercalando-as.

Carne Suína

Lombo Doce e Azedo

- 400 g de lombo de porco
- Sal e pimenta-do-reino
- 2 pimentões verdes
- 2 fatias de abacaxi
- 1 cebola graúda
- 2 ovos
- 1 xícara (chá) de farinha de trigo
- ¾ de xícara (chá) de açúcar
- ⅓ de xícara (chá) de vinagre
- 3 colheres (sopa) de molho de soja
- 1 e ½ colher (sopa) de maisena
- 1 xícara (chá) de água
- 1 colher (sopa) de extrato de tomate
- Óleo para fritar

1 Corte o lombo em fatias de 1 cm e corte as fatias em quadrados de 3 cm. Tempere as fatias com a pimenta-do-reino e o sal. Reserve.

2 Corte os pimentões em cubos de 3 cm. Faça o mesmo com a cebola e com as fatias de abacaxi. Aqueça 2 xícaras (chá) de óleo em uma panela. Bata ligeiramente os ovos, passe os cubos de lombo pelos ovos e depois pela farinha de trigo. Retire o excesso e doure aos poucos no óleo quente. Escorra.

3 Em uma panela pequena, coloque o açúcar, o vinagre e o molho de soja. Leve ao fogo baixo até que o açúcar dissolva e acrescente o extrato de tomate. Dissolva a maisena na água fria e acrescente ao açúcar e ao vinagre, ferva por 30 segundos e reserve.

4 Em uma panela grande, coloque 4 colheres (sopa) do mesmo óleo em que fritou os pedaços de lombo. Aqueça-o e acrescente os cubos de cebola e de pimentão – refogue rapidamente em fogo alto. Coloque os cubos de abacaxi e os pedaços de lombo, misture bem e regue com o molho agridoce. Cozinhe em fogo baixo por 2 minutos.

5 Sirva com arroz branco.

Lombo de Porco à Paulista

- 1 lombo bem magro
- 2 dentes de alho picados
- 1 cebola graúda picada
- Suco de 1 limão
- Sal e pimenta-do-reino
- Fatias de toucinho
- Gomos de limão

1 Tempere o lombo, numa travessa funda, com o alho, a cebola, o limão, a pimenta e o sal, deixando-o no tempero por algumas horas.

2 Em seguida, coloque-o numa assadeira e cubra-o com fatias de toucinho.

3 Leve ao forno para assar e tire-o depois de bem corado.

4 Sirva com os gomos de limão e uma farofa de farinha de mandioca feita com manteiga ou margarina.

Carne Suína

Lombo à Toscana

Lombo:
- *1 kg de lombo de porco*
- *1 xícara (chá) de vinho branco seco*
- *1 colher (sobremesa) de sal*
- *1 cebola média picada*
- *2 dentes de alho picados*
- *1 folha de louro*
- *1 galho de alecrim*
- *1 colher (chá) de pimenta-do-reino em grão*
- *1 colher (chá) de colorau*
- *1 xícara (chá) de óleo*
- *1 porção de molho à toscana (ver abaixo)*

Molho à toscana:
- *1 xícara (chá) de gordura de assado ou óleo*
- *2 cebolas médias cortadas em rodelas*
- *3 dentes de alho cortados em fatias*
- *1 cenoura pequena triturada*
- *1 colher (café) de páprica*
- *1 xícara (chá) de molho de assado ainda quente*
- *2 colheres (sopa) de purê de tomate*
- *1 colher (sopa) de azeitonas pretas picadas*
- *1 colher (sopa) de alcaparras trituradas*

1 Tempere o lombo com o vinho, o sal, a cebola, os dentes de alho, o louro, o alecrim, a pimenta-do-reino e o colorau.

2 Deixe-o no tempero durante 2 horas, virando-o de vez em quando para tomar gosto por igual. (Pode-se também deixá-lo temperado de véspera na geladeira.)

3 Coloque o lombo com todos os temperos e o óleo numa assadeira e asse-o em forno quente, regando-o de vez em quando com o próprio molho.

4 Depois de assado, retire o lombo para a tábua de carne, deixe esfriar um pouco, corte-o em fatias e reserve.

5 Escorra o excesso de gordura da assadeira (molho ou gordura do assado) e reserve também.

6 Adicione 1 xícara (chá) de água à assadeira e leve-a ao fogo para ferver até que os temperos se desprendam do fundo, obtendo assim o molho do assado, que também será reservado.

7 Prepare o molho à toscana do seguinte modo: coloque a gordura do assado (ou óleo), as cebolas, os alhos e a cenoura numa panela e leve-a ao fogo, mexendo de vez em quando. Refogue por 3 ou 4 minutos e polvilhe a páprica. Misture e acrescente todos os outros ingredientes. Tampe a panela e deixe ferver por uns 3 minutos, em fogo brando.

8 Numa travessa, em camadas alternadas, arrume as fatias de lombo e o molho à toscana. Sirva com *batata assada* (pág. 289) e brócolis ao alho e óleo.

CARNE SUÍNA

Lombo Recheado à Florentina

- *1 kg de lombo de porco*
- *2 cebolas médias*
- *1 cenoura cortada em rodelas finas*
- *3 galhos de salsa amarrados*
- *1 colher (sobremesa) de sal*
- *1 colher (café) de pimenta-do-reino branca*
- *1 xícara (chá) de vinho branco seco*
- *1 xícara (chá) de espinafre cozido picadinho*
- *3 ovos (pequenos) cozidos inteiros e descascados*
- *4 colheres (sopa) de óleo*
- *2 colheres (sopa) de margarina*
- *100 g de* bacon *cortado em fatias finas*

1 Tempere o lombo com as cebolas, a cenoura, a salsa, o sal, a pimenta e o vinho branco, deixando-o no tempero durante 2 horas.

2 Retire o lombo do tempero para a tábua de carne e corte-o ao meio até quase o fim, no sentido do comprimento, de modo que as metades fiquem ligadas numa das extremidades.

3 Faça mais dois cortes (um de cada lado do lombo), abrindo-o no sentido do comprimento; espalhe neles o espinafre e coloque os ovos.

4 Feche o lombo, prendendo-lhe as extremidades com palitos.

5 Trance um barbante de algodão entre os palitos e amarre as pontas firmemente.

6 Coloque o molho dos temperos, o óleo, a margarina e o *bacon* sobre o lombo.

7 Asse-o em forno quente, regando-o de vez em quando com o próprio molho, até ficar corado.

8 Depois de assado, retire-o para a tábua de carne, deixe-o esfriar um pouco, retire o barbante e os palitos, corte-o em fatias de 1 cm de espessura e remonte-o na travessa. Reserve.

9 Retire o excesso de gordura do molho que ficou na assadeira, acrescente 1 xícara (chá) de água e leve ao fogo para ferver até que os temperos se soltem do fundo da assadeira.

10 Verifique o tempero e, se preciso, adicione uma pitada de sal.

11 Coloque o molho numa molheira e sirva o lombo com *batata palha* (pág. 291) ou *arroz com amêndoas* (pág. 347).

Carne Suína

Lombo Recheado à Francesa

- 1 kg de lombo de porco
- 2 cebolas (médias) e 1 cenoura cortadas em rodelas finas
- 3 galhos de salsa amarrados
- 1 colher (sobremesa) de sal
- 1 colher (café) de pimenta-do-reino branca
- 1 xícara (chá) de vinho branco seco
- 1 maçã grande, descascada e picada
- ½ xícara (chá) de ameixas-pretas picadas
- 4 colheres (sopa) de óleo
- 2 colheres (sopa) de margarina
- 100 g de bacon cortado em fatias finas

1 Tempere o lombo com as cebolas, a cenoura, a salsa, o sal, a pimenta e o vinho branco, deixando-o no tempero durante 2 horas.

2 Retire o lombo do tempero para a tábua de carne e corte-o ao meio até quase o fim, no sentido do comprimento, de modo que as metades fiquem ligadas.

3 Faça mais dois cortes (um de cada lado do lombo), abrindo-o no sentido do comprimento; espalhe neles a maçã e as ameixas previamente misturadas.

4 Feche o lombo, prendendo-lhe as extremidades com palitos.

5 Trance um barbante de algodão entre os palitos e amarre as pontas com dois nós firmes.

6 Coloque o molho dos temperos, o óleo, a margarina e o *bacon* sobre o lombo.

7 Asse-o em forno quente, regando-o de vez em quando com o próprio molho, até ficar corado.

8 Depois de assado, retire-o para a tábua de carne, deixe-o esfriar um pouco, retire o barbante e os palitos, corte-o em fatias de 1 cm de espessura e remonte-o na travessa. Reserve.

9 Retire o excesso de gordura do molho, acrescente 1 xícara (chá) de água ao molho que ficou na assadeira e leve-a ao bico do gás para ferver até os temperos se desprenderem do fundo.

10 Verifique o tempero e, se necessário, acrescente uma pitada de sal.

11 Coloque o molho na molheira.

12 Sirva com *batata palha* (pág. 291) ou *arroz com amêndoas* (pág. 347).

Nota: *Se quiser, pode temperar o lombo de véspera e deixá-lo na geladeira.*

Carne Suína

Conserva de Lombo de Porco

- 1 lombo de porco
- 4 colheres (sopa) de suco de limão
- 1 cebola média picada
- 2 dentes de alho picados
- ¼ de xícara (chá) de azeite
- ¼ de xícara (chá) de vinagre
- Sal e pimenta-do-reino
- Banha derretida

1 Misture o limão, a cebola, o alho, o azeite e o vinagre. Tempere o lombo com bastante sal e pimenta-do-reino. Cubra com a marinada e leve à geladeira por 24 horas.

2 Retire o lombo e leve-o ao forno até corar bem.

3 Depois de bem corado, mergulhe o lombo na banha derretida e deixe-o ficar ali por até 90 dias.

4 Para servir-se dele, basta tirá-lo da banha derretida e colocá-lo de novo no forno.

Pernil Assado

- 1 pernil de 4 kg

Vinha-d'alho:
- 2 xícaras (chá) de vinho branco seco
- 1 xícara (chá) de vinagre branco
- 1 colher (sopa) de pimenta-do-reino em grãos
- 4 dentes de alho socados
- 2 folhas de louro
- 1 colher (sopa) de sal

Assado:
- 3 pimentões vermelhos
- 3 pimentões verdes
- 6 tomates sem pele
- 2 cebolas grandes
- 1 folha de louro
- 1 ramo de cheiro-verde
- 1 colher (sobremesa) de colorau
- 1 colher (chá) de pimenta-branca
- 1 colher (chá) de sal
- 1 xícara (chá) de óleo
- 2 xícaras (chá) de vinha-d'alho

1 Misture numa assadeira os tomates, os pimentões, as cebolas, a folha de louro e o cheiro-verde, tudo grosseiramente picado.

2 Sobre essa mistura coloque o pernil e besunte-o com um molho feito com o colorau, a pimenta, o sal e 2 colheres (sopa) de óleo. Despeje na assadeira o restante dessa mistura.

3 Leve o pernil para assar, coberto com papel-alumínio em toda a extensão da assadeira, para que a carne cozinhe com o vapor, principalmente a que fica junto do osso.

4 Uma hora depois, retire o papel-alumínio e deixe assar durante 3 horas, regando a carne, de vez em quando, com o próprio molho. Se este secar, acrescente mais vinha-d'alho.

5 Quando o pernil estiver assado, retire-o da assadeira e escorra a gordura para um recipiente refratário.

6 Fatie e sirva com o molho que se formou na assadeira.

Linguiça Comum

- 1 kg de carne de porco meio gorda
- ½ kg de carne bovina (alcatra)
- 2 colheres (sopa) de suco de limão
- 1 copo de vinho branco seco ou um pouco de vinagre
- Sal e pimenta-do-reino
- 2 dentes de alho
- 1 cebola cortada em rodelas grossas
- 2 galhos de salsa
- Cebolinhas-verdes
- 1 folha de louro
- Tripas

1 De véspera, fure bem com uma faca de ponta as 2 peças de carne e coloque-as numa vasilha. Tempere-os bem com o suco de limão, o vinho branco (ou vinagre), a pimenta-do-reino, o sal, o alho, as rodelas grossas de cebola, a salsa, as cebolinhas-verdes e a folha de louro, de modo que fiquem cobertos por esse molho.

2 Cubra a vasilha com uma peneira ou um guardanapo e deixe em repouso num lugar bem fresco, virando as carnes de vez em quando para que tomem bem o gosto dos temperos.

3 No dia seguinte, retire as carnes do molho e moa-as ou pique-as em pedaços bem miúdos. Encha as tripas, furando-as de longe em longe com um garfo. Amarre as pontas e dependure as linguiças sobre o fumeiro ou em lugar bem arejado.

Linguiça Picante

- 1 kg de carne de porco meio gorda
- Sal e pimenta-do-reino
- 2 dentes de alho socados
- Pitada de pimenta-calabresa seca
- 4 colheres (sopa) de vinho branco seco
- Tripas

1 De véspera, pique a carne em pedaços bem miúdos ou moa-a. Coloque-a numa tigela com o sal e o alho socado, a pimenta-calabresa e a pimenta-do-reino. Regue com o vinho branco seco. Cubra com uma peneira ou um guardanapo e deixe em repouso na geladeira.

2 No dia seguinte, encha as tripas com a carne moída temperada, usando o funil especial. Fure as tripas de longe em longe com um garfo e amarre as extremidades; dependure as linguiças sobre o fumeiro ou em lugar bem arejado.

LINGUIÇA DE LOMBO

- 1 e ½ kg de lombo de porco
- 2 colheres (sopa) de suco de limão
- 1 copo de vinho branco ou um pouco de bom vinagre
- Sal e pimenta-do-reino
- 2 dentes de alho picados
- 1 cebola cortada em rodelas grossas
- Galhos de salsa
- Cebolinhas-verdes
- 1 folha de louro
- 150 g de toucinho
- Tripas

1   De véspera, fure bem, com uma faca de ponta, o lombo. Coloque numa vasilha e tempere com o suco de limão, o vinho branco (ou vinagre), a pimenta-do-reino, o sal, o alho, as rodelas de cebola, a salsa, as cebolinhas-verdes e o louro, de modo que a carne fique coberta por esse molho. Cubra a vasilha com uma peneira ou um guardanapo e deixe em repouso na geladeira. Vire a carne de vez em quando para que tome bem o gosto dos temperos.

2   No dia seguinte, retire o lombo do molho e moa-o ou pique-o em pedaços bem miúdos. Misture o lombo moído com pedaços de toucinho e, com essa mistura, encha as tripas, furando-as de longe em longe com um garfo e amarrando-lhes as pontas. Dependure as linguiças sobre o fumeiro para defumar ou conserve-as na geladeira.

LEITÃO ASSADO

- 1 leitão (ou leitoa)
- 1 maço de cheiro-verde
- 4 dentes de alho socados
- Pimenta-verde (opcional)
- ¼ de xícara (chá) de suco de limão
- 2 colheres (sopa) de vinagre
- Sal e pimenta-do-reino

1   De véspera, limpe o leitão, divida-o ao meio ou em quartos e mergulhe os pedaços em água fria para sair todo o sangue; escorra bem a água e enxugue com um pano.

2   Com uma faca de ponta fina, fure todo o leitão. Esfregue bem o cheiro-verde e, depois, o alho socado com sal e a pimenta-verde. Regue com o suco de limão e o vinagre. Polvilhe com a pimenta-do-reino. Deixe-o por 12 horas no tempero, virando de vez em quando.

3   No dia seguinte, asse-o em forno brando até cozinhar bem (½ ou ¼ de cada vez), regando-o com o molho. Aumente depois o fogo para corar. (Querendo que o couro fique pururuca, ponha uma frigideira no fogo com um pouco de óleo quente e borrife sobre o leitão.)

4   Sirva com *tutu de feijão* (pág. 371).

CARNE SUÍNA

Tender Made Gostoso

- 1 presunto de 3 kg, aproximadamente
- 4 colheres (sopa) de mostarda
- 2 latas de pêssegos em calda
- 2 latas de abacaxi em calda
- ½ vidro de Karo® (glucose de milho)
- 1 cálice de conhaque
- Cravos-da-índia
- Pimenta-do-reino em grãos
- 6 maçãs ácidas descascadas e cortadas em fatias
- 100 g de ameixas-pretas sem os caroços

1 Desembrulhe o presunto e remova todo o couro e a gordura, deixando só um pedaço do osso com couro. Com uma faca afiada, faça cortes em toda a superfície do presunto em forma de losangos.

2 Besunte o presunto com bastante mostarda.

3 Junte a calda dos pêssegos e do abacaxi, assim como a glucose de milho e o conhaque, numa vasilha e reserve.

4 Depois de bem besuntado com mostarda, espete os cravos nos presuntos em forma de losangos, juntamente com grãos de pimenta.

5 Despeje sobre o presunto as caldas, a glucose de milho e o conhaque reservados.

6 Deixe o presunto descansar nesses temperos por umas 2 horas, virando de vez em quando.

7 Leve-o ao forno quente e, de quando em quando, regue com a calda.

8 Quando estiver corado, retire-o da assadeira e leve de volta ao forno o molho que ficou nela, deixando-o apurar bem, até quase caramelizar. Coloque então o abacaxi e a maçã para assar um pouco.

9 Quando o presunto estiver frio, corte-o em fatias e enfeite com as frutas que foram ao forno e também com os pêssegos e as ameixas.

10 Sirva com farofa, com ou sem castanhas.

Tênder à Califórnia

- 1 tênder de 3 kg já cozido
- Cravos-da-índia
- 100 g de manteiga ou margarina
- ½ copo de suco ou calda de abacaxi
- ½ copo de suco de laranja
- 1 lata (1 kg) de pêssegos em calda
- 1 lata (1 kg) de abacaxi em calda
- ½ lata (½ kg) de ameixas em calda
- ½ lata (½ kg) de figos em calda
- 1 vidro (pequeno) de cerejas em calda
- Óleo (opcional)

1 Corte a parte superior do tênder em losangos superficiais de 2,5 cm e espete um cravo-da-índia em cada losango.

2 Ponha o tênder numa assadeira untada com manteiga ou óleo.

3 Regue-o com o suco ou calda de abacaxi e o suco de laranja. Espalhe a manteiga ou margarina, em pedacinhos, sobre ele.

4 Asse o tênder, durante uma hora, em forno com temperatura moderada, ou até ficar corado.

5 Coloque-o na travessa em que o vai servir, decorando o osso com papel-alumínio.

6 Guarneça com as frutas previamente escorridas da calda. Se quiser, pode cortar os figos e as rodelas de abacaxi ao meio.

Tênder à Paulista

- 1 tênder de 3 kg já cozido
- ½ copo de suco de laranja
- ½ copo de guaraná
- 150 g de margarina
- ½ xícara (chá) de açúcar
- ½ xícara (chá) de farinha de rosca

1 Sulque, com uma faca, a parte superior do tênder, formando losangos superficiais de 2 cm.

2 Coloque o tênder numa assadeira untada e regue-o com o suco de laranja e com o guaraná.

3 Espalhe metade da margarina sobre o tênder e coloque o restante na assadeira.

4 Asse o tênder, em forno quente, durante 40 minutos, regando-o de vez em quando com o próprio molho.

5 Retire a assadeira do forno e polvilhe o tênder com o açúcar e a farinha de rosca misturados.

6 Leve-o novamente ao forno por mais 20 minutos ou até ficar com a crosta dourada.

7 Retire-o do forno e coloque-o na assadeira.

8 Decore o osso com papel-alumínio e guarneça o tênder com farofa doce ou salgada.

Tênder à Virgínia

- 1 tênder de 3 kg já cozido
- 1 xícara (chá) de açúcar mascavo
- 24 cravos-da-índia
- 200 g de manteiga ou margarina
- 1 lata (1 kg) de abacaxi em calda
- 3 laranjas (tipo pera) descascadas e cortadas em fatias
- 1 vidro (pequeno) de cerejas em calda

1 Corte a parte superior do tênder em losangos superficiais de 2 cm.

2 Salpique-o com o açúcar mascavo e espete um cravo em cada losango.

3 Coloque o tênder, cuidadosamente, numa assadeira previamente untada. Espalhe pedacinhos da margarina sobre ele e ponha o restante dentro da assadeira.

4 Leve ao forno quente por 30 minutos ou até o tênder ficar bem corado.

5 Arrume-o na travessa em que vai servir, decorando o osso com papel-alumínio.

6 Guarneça com as fatias de laranja e de abacaxi em calda, previamente escorridas, e decore com as cerejas.

Sarapatel

- Sangue e miúdos de um leitão (coração, fígado, rim, bucho e tripas)
- Sal, suco de limão e fubá
- 4 colheres (sopa) de óleo
- 2 dentes de alho picados
- 1 cebola graúda picada
- Salsinha e cebolinha-verde picadas
- Água
- Pimenta-verde ou pimenta-do-reino
- Angu de fubá (pág. 379)

1 Lave os miúdos do leitão muito bem. (O bucho e as tripas devem ser virados antes de lavar.) Para lavá-los, use o sal, o limão e um pouco do fubá, esfregando tudo muito bem.

2 Cozinhe todos os miúdos juntos com a água e o sal.

3 Cozinhe o sangue em separado, para não desmanchar.

4 Pique tudo (menos o sangue) bem miúdo e leve a refogar numa panela com o óleo, o sal, o alho e a cebola picada.

5 Depois de bem refogado, tampe a panela e vá pingando água até cozinhar bem.

6 Pouco antes de servir, amasse o sangue com um garfo e junte-o com um pouco de cebolinha-verde e salsinha picadinhas.

7 Ponha pimenta-verde ou pimenta-do-reino (como preferir) e deixe mais um pouco no fogo.

8 Sirva com angu de fubá.

Outras Carnes

Cabrito, carneiro e cordeiro, coelho

Cabrito

Cabrito assado no forno 565
Cabrito ensopado 565
Cabrito à bragantina 566
Caldeirada de cabrito 566

Carneiro e Cordeiro

Carneiro com batatas 567
Costeletas de cordeiro à duquesa 567
Costeletas de carneiro à milanesa 568
Costeletas de cordeiro empanadas 568
Costeletas de carneiro grelhadas 569
Cordeiro com purê de batatas-roxas 569
Perna de carneiro assada à gringo 570

Coelho

Como marinar ou temperar um coelho............571
Coelho à andaluza 571
Coelho à baiana 572
Coelho à caçadora 572
Coelho com presunto cru e aspargos 573
Coelho ao vinho madeira 574
Coelho à francesa 574

Cabrito Assado no Forno

- 1 cabrito novo com 3 a 4 kg
- 2 colheres (sopa) de sal
- 6 dentes de alho espremidos
- 3 colheres (sopa) de cebolinha-verde picada
- 4 colheres (sopa) de salsa picada
- 1 colher (sopa) de orégano
- 200 g de toucinho
- 1 xícara (chá) de vinagre
- Pimenta-do-reino
- Óleo
- 12 fatias de bacon

1 Corte o cabrito em quartos e limpe-os bem, retirando a pele e a gosma. (Não os molhe, para facilitar a limpeza.)

2 Retire a massa gordurosa (que produz aroma desagradável) localizada entre o tendão e o osso da perna traseira. Um corte longitudinal profundo facilita a sua retirada.

3 Depois de limpos, lave os quartos do cabrito em água fria.

4 Faça o tempero, misturando o sal, os dentes de alho espremidos, a cebolinha, a salsa e o orégano.

5 Fure os quartos do cabrito com uma faca de ponta e esfregue-os bem com os temperos.

6 Coloque pedacinhos de toucinho fresco ou defumado nos furos que fez com a ponta da faca.

7 Regue-os com o vinagre, polvilhe com a pimenta-do-reino e deixe-os repousar até o dia seguinte.

8 No dia seguinte, coloque o cabrito numa assadeira untada de óleo, distribua por cima fatias de *bacon* e leve-o a assar. (Se o forno estiver muito quente, cubra a carne com papel-alumínio para ficar bem cozida.) Retire o papel para dourar e regue de vez em quando com o próprio molho.

9 Sirva com brócolis e *batatas sauté* (pág. 293)

Cabrito Ensopado

- 500 g de sobras de um cabrito assado no forno *(pág. 565)*
- 4 colheres (sopa) de óleo
- 2 cebolas em rodelas ou picadas
- Sal e pimenta-do-reino (se gostar)
- 1 dente de alho
- 4 tomates sem pele picados
- Cebolinha-verde picada
- Salsa picada
- Orégano a gosto

1 Corte as sobras do cabrito assado no forno em pedaços pequenos.

2 Leve uma panela ao fogo com o óleo e refogue o cabrito até dourar.

3 Retire um pouco do óleo; junte as cebolas (em rodelas ou picadas) e o sal com o alho; refogue mais um pouco, mexendo bem, e coloque os tomates. Adicione um pouco de água quente e tampe a panela, para cozinhar.

4 Vá pingando água à medida que for preciso. Quando os tomates estiverem desmanchados, junte a cebolinha-verde, a pitada de orégano e a salsa.

5 Tempere com o sal e a pimenta-do-reino. Sirva com polenta.

… Outras carnes

Cabrito à Bragantina

- 1 cabrito com os miúdos (coração e fígado)
- 4 colheres (sopa) de azeite
- 4 colheres (sopa) de manteiga ou margarina
- ½ colher (sopa) de pimenta-do-reino
- 2 colheres (sopa) de colorau
- Sal a gosto
- 6 limões fatiados
- 6 a 8 batatas cortadas em cubos
- 4 ovos cozidos picados
- ½ xícara (chá) de salsa picada
- 1 cebola graúda picada
- 24 azeitonas sem caroço

1 Unte o cabrito inteiro com uma mistura de azeite, manteiga (margarina), pimenta-do-reino, colorau e sal.

2 Cubra-o com rodelas de limão e deixe-o repousar por 6 a 12 horas na geladeira.

3 Para o recheio, corte os miúdos (coração e fígado) em pedaços pequenos, adicione as batatas, os ovos cozidos e a salsa.

4 Refogue o recheio com a manteiga, a cebola picada e a pimenta.

5 Pronto o refogado, acrescente azeitonas e recheie o cabrito.

6 Costure a abertura e leve para assar numa assadeira até que a carne esteja bem macia.

Caldeirada de Cabrito

- 3 cebolas cortadas em rodelas
- 1 dente de alho amassado
- Sal e pimenta-do-reino
- 1 pitada de cravo em pó
- Óleo ou azeite
- Fatias de toucinho
- 1 cabrito cortado em pedaços pequenos
- Água
- 2 xícaras (chá) de arroz lavado

1 Coloque numa caçarola as rodelas de cebola, o alho, o sal, a pimenta, a pitada de cravo, um pouco de óleo ou azeite e algumas tiras de toucinho.

2 Refogue e, quando a cebola estiver dourada, adicione os pedaços de cabrito e deixe refogar bem.

3 Quando o cabrito estiver dourado, retire os pedaços, coe o molho, junte a água e leve-o de novo ao fogo com o arroz.

4 Assim que a água secar, junte ao arroz os pedaços de cabrito e deixe tudo ficar bem enxuto.

Carneiro com Batatas

- 1 kg de carne de carneiro (espádua ou peito)
- ¼ de xícara (chá) de suco de limão
- Sal
- 2 cebolas em rodelas
- 4 grãos de pimenta-do-reino
- 1 pitada de noz-moscada
- Óleo (azeite, manteiga ou margarina)
- 2 dentes de alho picados
- 2 colheres (sopa) de salsa picada
- 2 colheres (sopa) de vinho branco
- Água
- Batatas descascadas e cortadas em 4

1 Corte a carne de carneiro em pedaços pequenos e ponha-os num prato.

2 Tempere com o suco de limão, o sal, as cebolas em rodelas, os grãos de pimenta-do-reino e a pitada de noz-moscada, deixando em repouso por algum tempo.

3 Em seguida, refogue os pedaços de carne, numa caçarola, com o óleo (azeite, manteiga ou margarina), o alho picado, a salsa picada e a pimenta.

4 Depois de refogados, junte o molho em que a carne ficou em repouso, mais 2 colheres (sopa) de vinho branco, um pouco de água e algumas batatas descascadas e cortadas em 4 e deixe cozinhar em fogo brando, com a panela tampada.

5 Quando estiverem cozidas as batatas, destampe a caçarola para que o molho engrosse.

Costeletas de Cordeiro à Duquesa

- 12 ou mais costeletas de cordeiro
- Sal e pimenta-do-reino
- Noz-moscada
- Manteiga ou margarina
- 1 receita de purê de batata (pág. 298)
- 1 colher (sopa) de queijo ralado
- ½ xícara (chá) de leite
- 2 gemas
- 1 clara
- 1 ovo batido
- Farinha de rosca
- Óleo ou azeite para fritar

1 Lave as costeletas, retire as peles, raspe a ponta dos ossos e tempere-as com o sal, a pimenta e a noz-moscada.

2 Ponha numa frigideira 2 colheres (sopa) de manteiga ou margarina e frite ligeiramente as costeletas.

3 Prepare o purê de batata, juntando uma colher (sopa) de queijo ralado, uma de manteiga e o leite, assim como as 2 gemas, a clara e o sal.

4 Envolva as costeletas com o purê obtido, passe-as em seguida, uma por uma, em ovo batido e farinha de rosca, fritando-as em óleo ou azeite quente.

Outras carnes

Costeletas de Carneiro à Milanesa

- 8 costeletas de carneiro
- Sal
- Suco de limão
- Farinha de trigo o quanto baste
- 2 ovos batidos
- Farinha de rosca o quanto baste
- Óleo para fritar
- Gomos de limão
- Molho de hortelã

1   Tire as peles que ficam junto ao osso das costeletas, de modo que fiquem arregaçadas.

2   Bata-as com um batedor ou com as costas de uma faca, achatando-as bem, e tempere-as com o sal e o suco de limão. Deixe nesse tempero por 30 minutos.

3   Retire-as do tempero, enxugue-as com um pano e passe-as na farinha de trigo, depois nos ovos batidos e na farinha de rosca.

4   Frite-as em óleo quente, sem deixá-las passar do ponto, isto é, até que fiquem bem douradas.

5   Sirva-as com gomos de limão e molho de hortelã.

Costeletas de Cordeiro Empanadas

- 16 costeletas de cordeiro
- Sal e pimenta-do-reino
- Cheiro-verde
- 1 colher (sopa) de alecrim picado
- 1 colher (sopa) de salsinha picada
- ½ xícara (chá) de manteiga ou margarina
- 1 xícara (chá) de farinha de rosca
- ½ xícara (chá) de queijo ralado
- 2 ovos
- Óleo para fritar

1   Tire a gordura das costeletas, de modo que fiquem bem redondas, e tempere-as com o sal, o cheiro-verde, o alecrim, a salsinha e a pimenta-do-reino.

2   Passe-as na manteiga ou margarina derretida e, em seguida, na farinha de rosca e no queijo ralado.

3   Bata os ovos levemente e passe neles as costeletas.

4   Passe-as, de novo, uma a uma, na farinha de rosca e no queijo ralado, e torne a passá-las na manteiga ou margarina.

5   Doure as costeletas em óleo quente, escorra e sirva com gomos de limão e *batatas sauté* (pág. 293).

Costeletas de Carneiro Grelhadas

- *12 costeletas de carneiro*
- *Sal e pimenta-do-reino em pó*
- *Azeite*

1 Bata as costeletas com uma faca e apare-as convenientemente.

2 Tempere-as com o sal e a pimenta em pó.

3 Pincele com o azeite e coloque na grelha sobre brasas ou sobre uma chapa bem quente.

4 Assim que ficarem bem macias e grelhadas, sirva-as quentes, acompanhadas de *purê de batata* (pág. 298) e *molho de hortelã* (pág. 471).

Cordeiro com Purê de Batatas-roxas

- *½ xícara (chá) de vinho branco*
- *1 dente de alho picado*
- *2 colheres (sopa) de gengibre picado*
- *12 costeletas de cordeiro*
- *600 g de batata-roxa ou batata-doce*
- *2 colheres (sopa) de manteiga*
- *3 colheres (sopa) de creme de leite*
- *Sal e pimenta-do-reino*
- *Farinha de trigo o quanto baste*
- *2 colheres (sopa) de suco de limão*
- *1 xícara (chá) de caldo de cordeiro ou frango*
- *Hortelã picada*

1 Prepare uma marinada com o vinho branco, o dente de alho e o gengibre. Coloque as costeletas do cordeiro na marinada por 20 minutos.

2 Asse as batatas até estarem bem macias, passe-as pelo espremedor e acrescente a manteiga, o creme de leite, o sal e a pimenta-do-reino. Mantenha aquecido.

3 Escorra o cordeiro da marinada e reserve o líquido. Seque levemente o cordeiro e tempere-o com o sal e a pimenta-do-reino. Passe pela farinha de trigo, retire o excesso e doure as costeletas na manteiga. Retire da frigideira, escorra o excesso de manteiga e regue a frigideira com o líquido reservado. Deixe evaporar e acrescente o suco de limão e regue com o caldo.

4 Tempere com o sal e a pimenta. Retorne as costeletas à frigideira e salpique com a hortelã picada. Sirva com o purê de batata-roxa.

Outras carnes

Perna de Carneiro Assada à Gringo

- 1 perna de carneiro limpa
- ¼ de xícara (chá) de suco de limão
- 2 colheres (sopa) de salsa picada
- 2 folhas de louro
- 3 dentes de alho
- Sal e pimenta-do-reino
- 1 colher (sopa) de manjerona
- 1 cebola graúda picada
- 2 talos de cebolinha-verde picados
- 1 copo de vinho branco
- ¼ de xícara (chá) de vinagre
- 4 colheres (sopa) de azeite
- Óleo

1 Faça uma marinada com o suco de limão, a salsa, o louro, o alho, a pimenta, a manjerona, a cebolinha e a cebola, socando tudo com o sal.

2 Esfregue a perna de carneiro com a marinada e deixe-a repousar nele por mais ou menos 1 e ½ hora.

3 Depois desse tempo, sem retirar a carne do molho, regue-a com o vinho, salpique umas gotas de vinagre e um fio de azeite e deixe-a no molho por mais ½ hora.

4 Passada ½ hora, coloque um pouco de óleo em uma assadeira e depois a perna de carneiro. Junte um pouco do caldo em que ela ficou de repouso e leve-a ao forno para assar.

5 Regue-a regularmente com o molho da assadeira.

Outras carnes

COELHO

Como Marinar ou Temperar um coelho

Esfregue bem o coelho com uma mistura socada de sal, alho, louro, cheiro-verde, cebola, pimenta-do-reino e pimenta fresca, regando, em seguida, com vinagre branco, vinho e um bom fio de azeite. Deixe ficar assim por algum tempo, tendo o cuidado de mexer os pedaços de vez em quando. Para assados, as melhores partes são o lombo e as coxas.

COELHO À ANDALUZA

- 1 coelho cortado em pedaços
- 4 colheres (sopa) de azeite
- Sal
- 2 cebolas fatiadas
- 6 tomates sem pele
- 2 dentes de alho amassados
- 2 pimentões vermelhos fatiados
- 1 maço de cheiros
- 3 xícaras (chá) de vinho branco
- 1 colher (sopa) de vinagre

1 Ponha os pedaços de coelho numa caçarola com azeite e doure-os. Salpique com o sal e adicione a cebola, os tomates, o alho amassado, os pimentões, os cheiros-verdes, o vinho branco e o vinagre.

2 Deixe cozinhar em fogo brando durante 2 horas, se necessário adicionando mais um pouco de água.

3 Acerte o ponto do sal do molho e sirva.

Coelho à Baiana

- 1 coelho limpo e partido em pedaços
- 4 colheres (sopa) de óleo
- Farinha de trigo
- 1 xícara (chá) de caldo de frango ou carne
- 1 xícara (chá) de suco de laranja azeda
- Pimentas-malagueta
- 2 pimentões picados
- 2 colheres (sopa) de gengibre ralado
- Sal
- 2 colheres (sopa) de salsa
- 200 g de cogumelos fatiados

1 Deite os pedaços de coelho numa caçarola com as 4 colheres de óleo.

2 Assim que tenham tomado cor, tire os pedaços de coelho (reserve o óleo), passe-os na farinha de trigo e coloque-os de novo na caçarola com a xícara do caldo, a do suco de laranja azeda, algumas pimentas-malagueta, os pimentões, um pouco do gengibre ralado, o sal, a salsa, os cogumelos e o óleo em que o coelho foi frito.

3 Deixe cozinhar para que o coelho fique macio e sirva.

Coelho à Caçadora

- 1 cebola picada
- ¼ de xícara (chá) de salsinha picada
- 100 g de toucinho defumado em fatias
- 2 dentes de alho esmagados
- 2 copos de vinho branco
- 1 colher (chá) de vinagre
- 1 pedaço de folha de louro
- ½ xícara (chá) de caldo de carne
- Sal e pimenta-do-reino
- 1 coelho cortado em pedaços
- 4 colheres (sopa) de azeite ou óleo

1 Coloque o óleo em uma panela e aqueça bem. Tempere os pedaços de coelho com o sal e a pimenta-do-reino e adicione à panela. Doure os pedaços e adicione a cebola picada, a salsinha picada, o toucinho defumado, os dentes de alho esmagados e um pouco de pimenta. Refogue bem e adicione o vinho branco, o vinagre, o pedaço de folha de louro e o caldo de carne.

2 Tampe a panela e deixe cozinhando, em fogo brando, durante o tempo necessário para que o coelho fique macio. Se secar muito, adicione um pouco de água durante o cozimento.

3 Quando a carne estiver macia, destampe a panela e aumente o fogo, deixando reduzir o molho.

4 Sirva quente.

Coelho com Presunto Cru e Aspargos

- *1 coelho limpo e desossado*
- *Sal e pimenta-do-reino*
- *½ xícara (chá) de vinho branco seco*
- *½ xícara (chá) de vinho do Porto*
- *6 fatias de presunto cru*
- *12 aspargos frescos*
- *1 ramo de alecrim*
- *1 ramo de sálvia*
- *2 colheres (sopa) de azeite*
- *1 xícara (chá) de caldo de frango*

1 Peça ao açougueiro para que desosse o coelho e abra-o no formato de um retângulo.

2 Tempere o coelho com o sal e a pimenta-do-reino e coloque em uma travessa. Regue com o vinho branco e com o vinho do Porto. Deixe tomar gosto por 2 horas. Escorra bem, reservando o líquido.

3 Seque levemente a parte interna com papel absorvente e cubra com as fatias do presunto cru. Coloque os aspargos sobre o presunto cru no sentido do comprimento.

4 Enrole o coelho lateralmente como se fosse um rocambole. Ficará com cerca de 40 cm de comprimento. Coloque o ramo de alecrim e o de sálvia sobre o coelho. Amarre bem o coelho com um barbante. Coloque em uma assadeira e salpique com mais um pouco de sal e pimenta. Regue com o azeite e com o vinho reservado.

5 Leve para assar em forno moderado por cerca de uma hora a 1 e ½ hora, regando com o líquido da assadeira. Retire do forno e deixe esfriar um pouco. Elimine o barbante.

6 Com o que restou na assadeira, faça o molho, colocando a assadeira com os resíduos sobre a chama do fogão e regando com o caldo de frango. Misture bem e raspe a assadeira com uma colher de pau. Ferva e coe o molho.

7 Corte o coelho em fatias de 2 cm. Arrume em uma travessa e regue com o molho.

8 Sirva com *purê de batata* (pág. 298) e legumes cozidos.

Coelho ao Vinho Madeira

- 1 coelho de 2 e ½ kg
- 1 colher (sobremesa) de sal
- 200 g de manteiga ou margarina
- 2 xícaras (chá) de óleo
- ½ litro de caldo de carne
- 1 xícara (chá) de purê de tomate
- ½ colher (chá) de pimenta-branca
- 1 ramo de cheiro-verde
- 1 colher (chá) de sal
- 1 cebola picadinha
- 2 colheres (sopa) de manteiga ou margarina
- ½ xícara (chá) de vinho madeira

1 Corte o coelho pelas juntas e, depois, em pedaços.

2 Tempere-o com o sal e, 1 hora depois, frite-o na manteiga ou margarina e no óleo.

3 Quando estiver dourado, escorra a gordura da caçarola e junte o caldo de carne fervente, o purê de tomate, o cheiro-verde e a pimenta. Deixe cozinhar em fogo baixo até que a carne fique macia (aproximadamente 1 hora).

4 Separadamente, doure as 2 colheres (sopa) de manteiga ou margarina e a cebola picada, juntando finalmente o vinho. Aqueça bem e adicione à panela com o coelho.

5 Deixe cozinhar em fogo baixo, para reduzir o molho formado. Deixe cozinhar por mais 15 minutos.

6 Sirva acompanhado de *purê de batata* (pág. 298).

Coelho à Francesa

- 12 cebolas bem pequenas
- 100 g de toucinho cortado em cubos
- 2 colheres (sopa) de manteiga ou margarina
- 1 coelho cortado em pedaços
- 2 colheres (sopa) de farinha de trigo
- 3 xícaras (chá) de vinho tinto
- 1 xícara (chá) de água
- Sal e pimenta
- 2 colheres (sopa) de salsinha picada
- 12 batatas tipo bolinha cozidas

1 Doure, numa caçarola, as cebolas com o toucinho e um pouco de manteiga ou margarina.

2 Quando as cebolas estiverem douradas, retire-as e coloque na panela os pedaços de coelho.

3 Assim que a carne dourar, acrescente ao molho a farinha de trigo e deixe cozinhar por 2 minutos. Adicione o vinho tinto, a água, o sal e a pimenta.

4 Meia hora antes de servir, adicione à panela as cebolas, a salsinha e as batatinhas.

5 Com uma colher, remova o excesso de gordura que se forma na superfície. Acerte o ponto do sal e sirva.

Miúdos e outros cortes

Coração, dobradinha, fígado, língua, miolo, mocotó, rabada, rim

Coração
Preparação 577
Coração refogado..577

Dobradinha
Dobradinha simples 578
Dobradinha com feijão-branco 578

Fígado
Preparação 579
Bifes de fígado 579
Bifes de fígado acebolados 580
Bifes de fígado ao molho de vinho branco 580
Bifes de fígado com pimentão 581
Fígado à veneziana 581
Fígado com molho madeira 582
Pasta de fígado simples 582

Língua
Língua fatiada 583
Língua de panela 583
Língua ao fricassê 584
Língua à parmiggiana 584
Língua com presunto à milanesa 585
Língua ao vinagrete 585

Miolo
Preparação 586
Miolo à italiana 586
Miolo à milanesa 586

Rim
Preparação 587
Rim guisado com batatas 587
Rim à boêmia 588
Rim no espeto 588
Rim ao Porto 588

Mocotó
Preparação 589
Ensopado de mocotó 589
Mocotó com feijão-branco 590

Rabada
Rabada ao vinho tinto 591
Rabada com molho de tomate 591

CORAÇÃO

PREPARAÇÃO

- 1 coração (de boi, vitela, cabrito, carneiro ou porco)
- Água
- 1 maço de cheiro-verde
- 1 folha de louro
- Sal

1 Lave o coração, retire-lhe a gordura com uma faca afiada e corte-o em pedaços médios.

2 Afervente os pedaços de coração em água com o cheiro-verde e o louro.

3 Quando o coração estiver quase macio, tempere-o com o sal. Ferva um pouco mais.

4 Elimine a água e os temperos. O coração está pronto para ser usado em qualquer receita.

CORAÇÃO REFOGADO

- 4 colheres (sopa) de óleo
- 1 cebola grande picada
- 2 dentes de alho socados
- 2 xícaras (chá) de tomate e picado
- 1 pitada de cominho
- 1 pitada de pimenta-do-reino
- 1 colher (chá) de sal
- 1 colher (sopa) de salsa picada
- 1 xícara (chá) de vinho branco seco
- 1 coração limpo e picado

1 Leve o óleo, o alho e a cebola ao fogo até ficarem dourados.

2 Acrescente o tomate, todos os temperos e o coração.

3 Tampe a panela e deixe cozinhar, em fogo brando, durante 30 minutos, aproximadamente, ou até reduzir o molho e o coração ficar macio.

Nota: Sirva com arroz branco ou sobre pirão de farinha de mandioca (pág. 380). *Você pode substituir o vinho branco por caldo de carne.*

Dobradinha Simples

- ½ kg de dobradinha
- Água
- Limão
- Sal

1   Lave a dobradinha, corte-a em pedaços grandes e raspe-a com faca não afiada.

2   Lave novamente a dobradinha e esfregue com limão cortado ao meio.

3   Lave mais uma vez a dobradinha e deixe-a de molho, em água e suco de limão, de um dia para outro ou durante 2 horas, no mínimo.

4   Cozinhe a dobradinha em água e sal até que esteja macia.

5   Quando estiver macia, elimine a água e corte a dobradinha em pedaços pequenos.

6   A dobradinha está pronta para ser usada em qualquer prato.

Dobradinha com Feijão-branco

- 2 xícaras (chá) de feijão-branco
- 200 g de paio ou linguiça defumada
- 60 g de toucinho defumado
- 1 e ½ litro de água
- 2 folhas de louro
- ¼ de xícara (chá) de óleo
- 2 cebolas picadas
- 1 dente de alho socado
- 2 tomates sem pele picados
- 500 g de dobradinha e cozida (receita anterior)
- 1 colher (chá) de sal
- Pimenta-do-reino
- Cominho (opcional)

1   Lave o feijão e deixe-o de molho num litro de água de um dia para o outro. Escorra, coloque o feijão numa panela grande e cubra-o com um litro de água. Adicione o paio, o toucinho defumado e as folhas de louro.

2   Tampe a panela e deixe cozinhar até o feijão ficar quase macio.

3   Enquanto isso, refogue as cebolas, o alho e o tomate no óleo.

4   Acrescente um pouco de água, junte a dobradinha ao refogado e refogue um pouco mais.

5   Ponha o refogado com a dobradinha no feijão, que ainda está cozinhando.

6   Tempere com o sal, a pimenta e o cominho e deixe cozinhar até que o feijão e as carnes fiquem macios. Se necessário, acrescente mais água fervente.

7   Retire o paio (ou a linguiça) e o *bacon* para uma tábua e corte-os em fatias finas, colocando-as no feijão.

8   Sirva acompanhada de arroz.

FÍGADO

PREPARAÇÃO

- Fígado (de boi, de vitela, de porco, de cabrito, de carneiro ou de aves)

1. Lave o fígado e retire os nervos, a gordura e a pele que o envolve.

2. Corte-o de acordo com a receita que vai preparar.

BIFES DE FÍGADO

- 500 g de bifes de fígado
- Sal e pimenta-do-reino
- 1 dente de alho picado
- 2 colheres (sopa) de azeite
- 2 colheres (sopa) de suco de limão
- 2 colheres (sopa) de manteiga ou margarina
- 1 cebola fatiada finamente
- 2 ou 3 tomates sem pele
- Água
- Cheiro-verde
- Molho inglês (opcional)

1. Corte o fígado em bifes não muito grossos e tempere com o sal, o alho e algumas gotas de azeite e de limão. Salpique com um pouco de pimenta-do-reino.

2. No momento de servir, frite os bifes, dos dois lados, em um pouco de manteiga ou margarina ou azeite bem quente e retire-os, depois de fritos, com um garfo.

3. Na própria frigideira, junte mais um pouco de azeite ou manteiga e a cebola em rodelas.

4. Deixe fritar um pouco, acrescente os tomates sem pele e picados. Refogue bem, pingue um pouco de água, junte cheiro-verde picado e deixe o molho ferver.

5. Sirva os bifes cobertos com o molho, juntando, se gostar, algumas gotas de molho inglês.

Bifes de Fígado Acebolados

- 500 g de fígado cortado em bifes
- ½ xícara (chá) de vinagre branco
- 2 cebolas cortadas em rodelas
- 3 dentes de alho cortados em fatias
- 1 colher (chá) de sal
- 1 colher (café) de molho de pimenta
- 3 colheres (sopa) de óleo
- ½ xícara (chá) de caldo de carne quente
- 1 colher (sopa) de massa ou purê de tomate

1 Tempere os bifes de fígado com o vinagre, as cebolas, os alhos, o sal e o molho de pimenta. Deixe no tempero por 30 minutos.

2 Leve ao fogo o óleo e, quando estiver quente, frite os bifes de fígado dos dois lados e reserve-os.

3 No óleo que ficou na frigideira frite as cebolas e os dentes de alho que serviram de tempero para o fígado.

4 Acrescente os bifes, o caldo e a massa de tomate ao molho. Tampe a frigideira e deixe cozinhar, em fogo brando, durante 5 minutos.

5 Sirva com *purê de batata* (pág. 298) ou de *mandioquinha* (pág. 328).

Bifes de Fígado ao Molho de Vinho Branco

- 500 g de fígado cortado em bifes finos
- 2 colheres (sopa) de suco de limão
- 1 colher (chá) de sal
- 1 pitada de pimenta-do-reino
- 3 colheres (sopa) de margarina
- 1 colher (sobremesa) de farinha de trigo
- ½ xícara (chá) de caldo de carne fervente
- 1 xícara (chá) de suco de tomate
- ½ xícara (chá) de vinho branco seco

1 Tempere o fígado com o suco de limão, o sal e a pimenta. Deixe tomar gosto por 20 minutos.

2 Coloque 2 colheres (sopa) da margarina numa frigideira e leve ao fogo. Quando estiver quente, frite os bifes de fígado dos 2 lados.

3 Adicione a margarina que sobrou numa caçarola e leve ao fogo. Quando derreter, salpique com a farinha, deixando-a dourar.

4 Acrescente o caldo pouco a pouco, mexendo bem após cada adição.

5 Junte o suco de tomate e o vinho branco seco.

6 Coloque os bifes no molho obtido, tampe a caçarola e deixe ferver, em fogo brando, por 5 minutos.

7 Sirva com *purê de batata* (pág. 298) ou *arroz básico* (pág. 345).

Bifes de Fígado com Pimentão

- 500 g de fígado cortado em bifes
- ½ xícara (chá) de vinagre branco
- 2 pimentões verdes ou vermelhos cortados em tiras
- 1 colher (chá) de sal
- 1 colher (café) de molho de pimenta
- 3 colheres (sopa) de óleo
- ½ xícara (chá) de caldo de carne quente
- 1 colher (sopa) de massa ou purê de tomate

1 Tempere os bifes de fígado com o vinagre, os pimentões, o sal e o molho de pimenta. Deixe no tempero durante 30 minutos.

2 Leve ao fogo o óleo e, quando estiver quente, frite os bifes dos dois lados e reserve-os.

3 No óleo que ficou na frigideira, frite os pimentões que temperaram o fígado até ficarem moles.

4 Acrescente os bifes, o caldo e a massa de tomate ao molho. Tampe a frigideira e deixe cozinhar, em fogo brando, durante 5 minutos.

Fígado à Veneziana

- 500 g de fígado cortado em tiras largas
- Leite
- ¼ de xícara (chá) de azeite
- 4 cebolas fatiada
- Sal e pimenta-do-reino
- Farinha de trigo
- 2 colheres (sopa) de manteiga
- Suco de limão a gosto
- 2 colheres (sopa) de salsa picada

1 Coloque as tiras de fígado de molho em um pouco de leite.

2 Coloque o azeite em uma frigideira grande e adicione as cebolas fatiadas. Leve ao fogo e doure bem as cebolas. Retire as cebolas e reserve.

3 Escorra as tiras de fígado do leite e seque levemente com papel absorvente. Tempere com o sal e a pimenta-do-reino e passe as tiras na farinha de trigo, removendo o excesso.

4 Na mesma frigideira em que dourou as cebolas, coloque a manteiga. Aqueça bem e coloque as tiras de fígado. Doure de um lado, vire e doure o outro lado.

5 Coloque as cebolas novamente na frigideira e regue tudo com um pouco de suco de limão. Salpique sal e pimenta-do-reino e adicione a salsinha. Misture bem e sirva quente.

Fígado com Molho Madeira

- 500 g de fígado
- 1 colher (sopa) de suco de limão
- 1 dente de alho
- Sal e pimenta-do-reino
- Manteiga ou margarina
- 1 colher (sopa) de salsa
- 2 tomates sem pele picados
- Sal
- 1 colher (sopa) de farinha de trigo
- 2 cálices de vinho madeira seco
- Caldo ou água

1   Corte o fígado em pedacinhos e deixe de molho no suco de limão com o sal, o alho e a pimenta-do-reino durante alguns minutos.

2   Frite os pedacinhos de fígado na manteiga ou margarina até que fiquem corados.

3   Prepare um molho com 1 colher (sopa) de manteiga ou margarina, a salsa, os tomates, o sal e 1 colher (sopa) de farinha de trigo.

4   Cozinhe nesse molho os pedaços de fígado, mexendo sempre.

5   Pouco antes de retirar do fogo, adicione ao molho 2 cálices de vinho madeira seco e uma concha de caldo ou de água, deixando ferver mais alguns minutos para que o molho encorpe.

6   No momento de levar à mesa, junte a salsa picadinha.

Pasta de Fígado Simples

- 1 xícara (chá) de farinha de trigo
- 2 xícaras (chá) de leite
- 2 ovos
- 500 g de fígado de frango moído
- 1 colher (sopa) de sal
- 150 g de manteiga derretida
- 1 pitada de cravo moído
- 1 pitada de noz-moscada
- ½ colher (café) de pimenta-do-reino
- Ramos de salsa

1   Desmanche a farinha de trigo no leite com os ovos.

2   Passe a mistura na peneira e junte o fígado, o sal, a manteiga, o cravo, a noz-moscada e a pimenta-do-reino.

3   Unte uma fôrma com manteiga, coloque nela a pasta obtida e leve para cozinhar, em forno quente, durante 1 hora.

4   Deixe esfriar, retire da fôrma e decore com os ramos de salsa.

Língua Fatiada

- 1 língua de boi
- 1 cebola
- 2 cravos-da-índia
- Pimenta-do-reino em grãos
- 1 folha de louro
- 1 maço de cheiro-verde
- Água

1 Lave a língua e escalde-a em água fervente, raspando-a com a faca para retirar a pele grossa que a envolve. (Não a deixe por muito tempo na água, para não cozinhar.)

2 Depois de limpá-la, cozinhe a língua para deixá-la mais macia, juntando uma cebola inteira descascada com 2 cravos-da-índia espetados nela, a pimenta-do-reino em grãos, a folha de louro, o maço de cheiro-verde amarrado e água suficiente para cobrir tudo.

3 Depois de cozida e macia, corte a língua em fatias e use-a na preparação das receitas em que for solicitada.

Nota: Se preferir, você poderá simplesmente retirar a pele da língua e deixá-la cozinhar no molho da receita que escolher, acrescentando água suficiente para o seu cozimento completo.

Língua de Panela

- ½ xícara (chá) de óleo
- 2 cebolas picadas
- 2 dentes de alho triturados
- 150 g de bacon cortado em fatias grossas
- 1 xícara (chá) de tomate sem pele e picado
- 1 cenoura média cortada em rodelas grossas
- 1 maço de salsa amarrado
- 1 folha de louro
- 1 colher (sopa) de vinagre
- 2 xícaras (chá) de água fervente
- 1 língua cozida (inteira)
- 1 colher (chá) de sal
- ½ colher (café) de pimenta-do-reino

1 Leve o óleo, as cebolas, o alho e o *bacon* ao fogo numa caçarola grande até que as cebolas fiquem coradas.

2 Adicione o tomate, a cenoura, a salsa, o louro, o vinagre e um pouco de água quente.

3 Tampe a panela e refogue.

4 Coloque a língua e a água quente que sobrou no molho, deixando cozinhar até ela ficar quase macia. Vire-a de vez em quando e mexa o molho, para não pegar no fundo da panela.

5 Tempere a língua com o sal e a pimenta e ferva-a, com a caçarola tampada, até ficar bem macia.

6 Retire a língua da panela, corte-a em fatias e ponha-as na travessa com o *bacon*.

7 Elimine o cheiro-verde e o louro. Bata o molho no liquidificador e despeje-o, ainda quente, sobre a língua.

8 Sirva com *purê de batata* (pág. 298).

Língua ao Fricassê

- ½ xícara (chá) de óleo
- 2 cebolas picadas
- 2 dentes de alho triturados
- 1 xícara (chá) de tomate e picado
- 1 maço de salsa amarrado
- 1 folha de louro
- 1 colher (sopa) de vinagre
- 2 xícaras (chá) de água fervente
- 1 língua cozida inteira
- 1 colher (chá) de sal
- ½ colher (café) de pimenta-do-reino
- 2 gemas
- 1 colher (sopa) de suco de limão

1 Leve o óleo, as cebolas e o alho ao fogo numa caçarola grande até as cebolas ficarem coradas.

2 Adicione o tomate, a salsa, o louro, o vinagre e um pouco de água quente.

3 Tampe a panela e refogue.

4 Coloque a língua e a água quente que sobrou no molho, deixando cozinhar até a língua ficar quase macia. (Vire-a de vez em quando, para não pegar no fundo da panela.)

5 Tempere com o sal e a pimenta e ferva em panela semitampada até que ela fique bem macia.

6 Retire a língua da panela, corte-a em fatias e coloque-as na travessa.

7 Coe o molho e leve-o ao fogo para esquentar. Acrescente 2 gemas e 1 colher (sopa) de suco de limão, mexendo sempre, mas não deixando ferver.

8 Espalhe o molho sobre a língua.

9 Sirva com *arroz básico* (pág. 345).

Nota: Não deixe o molho fricassê ferver, para não talhar.

Língua à Parmiggiana

- 1 língua cozida e cortada em fatias
- 1 *porção de* molho de tomate (pág. 365)
- 150 g de mozarela fatiada
- 1 colher (sopa) de óleo

1 Arrume as fatias de língua num prato refratário.

2 Prepare o molho de tomate e regue as fatias de língua com ele.

3 Coloque sobre as fatias de língua a mozarela fatiada.

4 Regue com o óleo e leve ao forno quente para gratinar.

5 Sirva com *purê de batata* (pág. 298).

Língua com Presunto à Milanesa

- 1 língua cozida e cortada em fatias
- 200 g de presunto cortado em fatias grossas
- 1 e ½ xícara (chá) de farinha de trigo
- 3 ovos
- 1 e ½ xícara (chá) de farinha de rosca
- 2 xícaras (chá) de óleo para fritar

1. Coloque uma fatia de presunto sobre cada fatia de língua.
2. Passe-as na farinha de trigo, nos ovos batidos e na farinha de rosca.
3. Frite-as em óleo quente até ficarem douradas.
4. Escorra-as e arrume-as sobre papel absorvente.

Língua ao Vinagrete

- 1 língua cozida e cortada em fatias
- Molho vinagrete (*pág. 479*)

1. Arrume as fatias de língua numa travessa funda.
2. Adicione 1 xícara (chá) de molho vinagrete.
3. Cubra a travessa com papel-alumínio e leve à geladeira até o dia seguinte.
4. Sirva fria, acompanhada de saladas.

Miolo

Preparação

1   Lave bem o miolo (de boi, de vitela, de cabrito, de carneiro ou de porco) e deixe em vinagre e água durante 1 hora. Em seguida, retire cuidadosamente a pele que o envolve, lave-o de novo e afervente-o. Tire-o, então, da água e deixe-o esfriar.

2   Depois de frio, pique-o ou corte-o em fatias, de acordo com a receita que vai preparar.

Miolo à Italiana

- 1 miolo
- 2 gemas
- 1 colher (sopa) de farinha de trigo
- 1 colher (sopa) de sal
- 2 colheres (sopa) de queijo ralado
- 1 xícara (café) de leite
- 2 claras batidas em neve
- Óleo
- Folhas de alface

1   Corte o miolo em pedaços pequenos e reserve-os.

2   Numa tigela, misture as gemas, a farinha, o sal, o queijo e o leite, mexendo bastante para misturar bem.

3   Acrescente as claras batidas em neve e o miolo que ficou reservado.

4   Leve o óleo ao fogo numa frigideira e, quando estiver quente, frite a mistura às colheradas.

5   Escorra bem o óleo.

6   Guarneça com folhas de alface e sirva.

Miolo à Milanesa

- 1 miolo cortado em fatias
- 1 colher (chá) de suco de limão
- 1 colher (café) de sal
- 1 pitada de pimenta-do-reino
- 1 xícara (chá) de farinha de trigo
- 2 ovos ligeiramente batidos
- 1 xícara (chá) de farinha de rosca
- Óleo para fritar

1   Salpique as fatias de miolo com o suco de limão, o sal e a pimenta-do-reino.

2   Passe as fatias de miolo temperadas na farinha de trigo, nos ovos batidos e na farinha de rosca.

3   Frite-as em óleo quente até ficarem douradas.

4   Escorra o excesso de óleo sobre papel absorvente.

5   Sirva com gomos de limão.

Rim

Preparação

1 Lave o rim (de boi, de vitela, de cabrito, de carneiro, de coelho ou de porco) e retire a pele e o sebo, que lhe dá um gosto ruim.

2 Lave-o novamente e corte-o fininho.

3 Ponha-o numa caçarola (sem água) e leve-o ao fogo por 3 minutos, mexendo de vez em quando para que o líquido seja eliminado.

4 Lave-o mais uma vez em água corrente. O rim está pronto para ser temperado de acordo com a receita.

Rim Guisado com Batatas

- 1 rim bovino cortado em pedaços
- Sal e pimenta-do-reino
- 2 dentes de alho
- 1 cebola picada finamente
- 1 colher (sopa) de azeite
- 2 tomates sem pele picados
- 4 fatias de presunto gordo
- 4 batatas cozidas cortadas em rodelas
- ¼ de xícara (chá) de vinho branco
- 2 colheres (sopa) de salsa picada
- 1 colher (sopa) de suco de limão

1 Tempere os pedaços de rim com o sal, o alho e a cebola batidinha.

2 Leve ao fogo numa panela com o azeite quente e deixe refogar bem.

3 Junte a pimenta-do-reino e os tomates partidos em 4, continuando a refogar mais um pouco.

4 Acrescente as fatias de presunto gordo cortadas em tiras e as rodelas grossas de batatas cozidas, refogando por mais uns minutos.

5 Junte, por fim, o cálice de vinho branco e a salsa picada. Prove o sal e deixe ferver por uns minutos.

6 Sirva bem quente, regando com o suco de limão.

Rim à Boêmia

- 1 rim bovino cortado em fatias finas
- 1 colher (chá) de sal
- 1 pitada de pimenta-do-reino
- 3 colheres (sopa) de óleo
- 6 cebolinhas pequenas (inteiras)
- 1 folha de louro
- ½ xícara (chá) de caldo de carne quente
- 1 colher (sobremesa) de salsa picada

1 Tempere o rim com o sal e a pimenta, deixando tomar gosto por 20 minutos.

2 Frite-o no óleo quente e, na mesma frigideira, frite também as cebolinhas.

3 Acrescente a folha de louro, o caldo de carne e a salsa.

4 Tampe a frigideira e deixe cozinhar em fogo brando até reduzir o molho.

5 Sirva acompanhado de arroz.

Rim no Espeto

- 2 rins bovinos cortados em fatias finas
- 1 colher (chá) de sal
- 1 pitada de pimenta-do-reino
- 2 colheres (sopa) de manteiga ou margarina derretida
- ½ xícara (chá) de farinha de rosca
- Molho vinagrete *(pág. 479)*

1 Tempere o rim com o sal e a pimenta, deixando tomar gosto por 20 minutos.

2 Coloque as fatias de rim nos espetos.

3 Pincele-as com a manteiga ou margarina derretida e polvilhe-as com a farinha de rosca.

4 Leve-as ao fogo não muito forte sobre a grelha ou a churrasqueira, deixando assar por 7 minutos de cada lado ou até que os rins fiquem no ponto.

5 Acompanhe de molho vinagrete e fatias de pão caseiro.

Rim ao Porto

- 1 rim bovino cortado em pedacinhos
- Sal e pimenta-do-reino
- 2 dentes de alho picados
- 1 colher (sopa) de vinagre
- 1 colher (sopa) de manteiga ou margarina
- 1 cebola picada finamente
- 2 cálices de vinho do Porto
- Água
- Farinha de trigo
- Salsa picada

1 Tempere os pedacinhos de rim com o sal, o alho, a pimenta-do-reino e o vinagre.

2 Leve a refogar, em 1 colher (sopa) de manteiga ou margarina ou óleo, a cebola batidinha, mexendo sempre e tendo o cuidado de não cozinhar por muito tempo para não ficar duro (refogue por uns 5 minutos).

3 Retire da panela, ponha nesta os 2 cálices de vinho do Porto, pingue água, engrosse com farinha de trigo e torne a juntar os pedaços de rim com a salsa picadinha, deixando ferver por mais 2 minutos.

4 Sirva sobre *purê de batata* (pág. 298) ou com *risoto italiano de açafrão* (pág. 362).

Mocotó

Preparação

1 Lave bem o mocotó, que já vem raspado e limpo do açougue.

2 Deixe-o de molho em água e sal durante 1 hora.

3 Cozinhe-o, num caldeirão, com bastante água, um maço de cheiro-verde, folhas de louro, pimenta-do-reino em grão e um pouco de sal, até ficar macio.

4 Desligue o fogo e deixe esfriar.

5 Elimine a gordura que ficou por cima, retire-o do fogo e corte-o em pedaços, desprezando os ossos.

6 O mocotó e a água gelatinosa do cozimento estão prontos para serem usados em pratos salgados.

Ensopado de Mocotó

- *2 ou 3 mocotós*
- *Água*
- *3 colheres (sopa) de óleo*
- *1 cebola picada finamente*
- *Sal e pimenta-do-reino*
- *2 dentes de alho picados*
- *4 tomates sem pele picados*
- *2 colheres (sopa) de cheiro-verde picado*
- *Pimenta-verde amassada (opcional)*
- *Pedaços de pão torrados com manteiga ou margarina*

1 Deixe os mocotós de molho por 2 horas em água fria, e depois cozinhe-os em água fervente até estarem macios e se soltando do osso. Coloque na geladeira com o caldo.

2 No dia seguinte, tire com uma escumadeira toda a gordura que ficou em cima dos mocotós; retire-os, então, e corte-os em pedaços.

3 Leve ao fogo uma panela com o óleo, a cebola picada e o sal com alho. Refogue e acrescente os tomates sem pele picados, o cheiro-verde picado, uma pitada de pimenta-do-reino e, se gostar, pimenta-verde amassada, refogando tudo um pouco mais.

4 Junte 2 conchas da água em que cozinhou os mocotós, deixe ferver e acrescente então os pedacinhos dos mocotós, deixando tudo ferver mais um pouco a fim de que o molho se torne grosso.

5 Ao servir, forre uma travessa funda com pedacinhos de pão torrados com manteiga ou margarina e vire por cima, bem quente, o ensopado de mocotó.

Nota: A água em que os mocotós foram cozidos poderá ser aproveitada para a preparação de uma geleia de mocotó (pág. 736).

Mocotó com Feijão-branco

- 2 xícaras (chá) de feijão-branco
- 200 g de paio ou linguiça defumada
- 100 g de toucinho defumado
- 1 e ½ litro de água aproximadamente
- 2 folhas de louro
- ½ xícara (chá) de óleo
- 2 cebolas picadas
- 1 dente de alho socado
- 1 tomate picado
- 1 mocotó cozido cortado em pedaços
- 1 colher (chá) de sal
- 1 pitada de pimenta-do-reino
- 1 pitada de cominho

1   Lave o feijão e deixe-o de molho na água de um dia para outro.

2   Ponha o feijão e a água em que ele ficou de molho numa panela de pressão grande e junte o paio (ou a linguiça), o toucinho defumado e as folhas de louro.

3   Tampe a panela e deixe cozinhar até que o feijão fique quase macio.

4   Enquanto o feijão cozinha, refogue, em óleo, as cebolas, o alho e o tomate.

5   Acrescente um pouco de água, junte o mocotó ao refogado e refogue um pouco mais.

6   Ponha o refogado com o mocotó no feijão, que ainda deve estar cozinhando.

7   Tempere com o sal, a pimenta e o cominho e deixe cozinhar até que o feijão e as carnes fiquem macios. (Se necessário, acrescente mais água fervente.)

8   Retire o paio (ou a linguiça) e o *bacon* para uma tábua e corte-os em fatias finas, colocando-as no feijão.

9   Sirva acompanhado de arroz.

Miúdos e outros cortes

Rabada ao Vinho Tinto

- 1 rabo de boi
- Sal e pimenta-do-reino
- Cheiro-verde a gosto
- ¼ de xícara (chá) de óleo
- 1 cebola graúda fatiada
- 8 tomates sem pele ou purê de tomate
- Pimenta-verde (opcional)
- 1 ou 2 conchas de água
- ½ copo de vinho tinto

1 Corte o rabo pelos nós e cozinhe-o, na panela de pressão, com um pouco de sal e um maço de cheiros até a carne ficar bem macia.

2 Em óleo, refogue as rodelas de cebola, os tomates ou o purê de tomate, o cheiro-verde picado, a pimenta-do-reino e, se gostar, a pimenta-verde.

3 Junte a rabada ao refogado e acrescente o vinho. Ferva e adicione uma ou 2 conchas de água. Deixe ferver em fogo baixo até que a carne esteja macia.

4 Deixe engrossar o molho, acerte o ponto do sal e da pimenta e sirva bem quente.

Rabada com Molho de Tomate

- ¼ de xícara (chá) de óleo
- 2 cebolas cortadas em rodelas
- 1 kg de tomates picados
- 1 maço de cheiro-verde amarrado
- 1 colher (chá) de sal
- ½ colher (café) de pimenta-do-reino
- 2 xícaras (chá) de água
- 1 rabo de boi
- ½ xícara (chá) de vinho branco seco

1 Leve o óleo e as cebolas ao fogo até que estas fiquem douradas.

2 Acrescente os tomates, o cheiro-verde, o sal, a pimenta e a água. Ferva em fogo brando por 10 minutos.

3 Acrescente ao molho a rabada e o vinho branco. Tampe a panela e deixe em fogo lento até a rabada ficar macia.

4 Sirva acompanhada de *polenta frita* (pág. 382).

Peixes e Frutos do Mar

Peixes em Geral

Como escolher os peixes 598
Como preparar e como servir os peixes 598
Como limpar o peixe 599
Como fritar o peixe 599
Massa para fritar peixes 599
Bolinhos de peixe 600
Linguado à belle meunière 600
Moqueca de cação 601
Moqueca de peixe 601
Moqueca de namorado 602
Peixe à fiorentina 602
Peixe assado com recheio 603
Peixe ensopado 603
Peixe assado inteiro 604
Peixe cozido com legumes 604
Peixe em escabeche 605
Posta de peixe com molho de alcaparras 605
Vatapá de peixe 606
Vatapá à baiana 607
Dourado assado 608
Enguia frita 608
Garoupa assada 609
Peixe inteiro com molho de camarões 609
Lambaris ou manjubas fritos 610
Pescadinha frita 610
Pescadinha à doré 610
Filés de pescadinha à milanesa 611
Filés de pescadinha com molho tártaro 611
Piaba cozida 612
Filé de salmão 612
Salmão com maracujá 612
Salmão com molho holandês 613
Sardinhas à portuguesa 613
Sardinhas na brasa 614
Traíra frita em postas 614

Bacalhau

Removendo o sal 615
Bacalhoada à moda 615
Bacalhau à espanhola 616
Bacalhau na fôrma 616
Bacalhau à baiana 617
Bacalhau com leite de coco 617
Bacalhau gratinado 618
Bacalhau à moda de Nice 619
Bacalhau à moda do Porto 619
Bacalhoada portuguesa 620
Bolinhos de bacalhau 620

Camarão

Bobó de camarão 621
Bobó cremoso de camarão 622
Molho para bobó de camarão 622
Bolinhos de camarão 623
Camarões à baiana 623
Camarões à portuguesa 624
Camarões à provençal 624
Camarões ao forno com catupiri 625
Camarões com catupiri 626
Camarões com curry 626
Camarões com palmito 627
Camarões na moranga 627
Casadinhos de camarão 628
Fritada de camarões 629
Molho cremoso de camarões 629
Musse de camarão 630

Lagosta

Lagosta à Newburg 631
Lagosta à Thermidor 632

Lula

Lulas à catalã 634
Lulas enfarinhadas 634

Caranguejo e Siri

Caranguejos cozidos 636
Virado de caranguejos 636
Frigideira de caranguejos 637
Siris recheados 637
Casquinhas de siri 638

Ostra

Cuidados e modo de abrir 639
Ostras à Floriano 640
Ostras ao natural 640
Ostras à New Orleans 641

"Há bem pouco as donas de casa, nos grandes jantares, se ufanavam em mandar para a mesa um enorme dourado, uma piabanha respeitável ou uma avantajada piracanjuba recheada, num travessão azul-nanquim, com as infalíveis folhas de alface, as batatinhas doré, as azeitonas maduras e as rodelas de ovo e de limão galego a servirem-lhe de ornamento indispensável."

Texto da edição de 1944 de *Dona Benta*.

Peixes em Geral

Como Escolher os Peixes

As características do peixe de boa qualidade são as seguintes: olhos brilhantes e claros, brânquias avermelhadas, ventre bem cilindrado, carne consistente, cheiro agradável, escamas bem aderentes e nadadeiras perfeitas. O peixe nessas condições pode ser usado sem o menor receio.

Deve-se rejeitar sempre o pescado que apresente olhos embaçados, brânquias acinzentadas, ventre comprimido, carne mole, cheiro forte e desagradável, escamas facilmente destacáveis e nadadeiras arruinadas.

O peixe fresco sempre é melhor, e para reconhecê-lo basta verificar se as guelras estão úmidas e bem vermelhas e se os olhos estão ressaltados e brilhantes.

Como Preparar e Como Servir os Peixes

Há, para o peixe, uma regra sobre a maneira de servi-lo.

Se o peixe é muito grande, aproveita-se apenas o centro para mandar à mesa, cortando em postas ou toras até a espinha, isto é, até o meio.

Os peixes pequenos são servidos inteiros. As sardinhas, os lambaris e os demais peixes miúdos, tanto fritos como ensopados, estão incluídos nessa categoria.

As pescadas fritas, cozidas ou grelhadas servem-se abrindo ao meio, em todo o comprimento da espinha, de modo que esta fique perfeitamente destacada.

Como Limpar o Peixe

Primeiro escame-o. Para isso tome uma faca, raspando-a, com o corte, da cauda para a cabeça. É preciso ter cuidado para não machucar a pele. Essa operação não é difícil, mas é conveniente solicitar ao peixeiro que forneça o peixe já sem as escamas.

Depois de escamado, destripe-o, dando um corte em todo o comprimento da barriga, para melhor retirar as tripas e limpá-lo internamente. Pode-se tirar as tripas pela abertura das guelras, mas não aconselhamos esse processo, pois nem todos terão a habilidade necessária.

Assim que o peixe estiver pronto, isto é, escamado e limpo, lave-o em água corrente, até sair todo o sangue, temperando-o em seguida.

Como Fritar o Peixe

A gordura ou o azeite utilizados para fritar o peixe não devem servir para outras frituras, pois lhes transmitiria gosto diferente.

Depois de escamado e limpo o peixe, enxugue-o num guardanapo, e passe-o por farinha de trigo ou pela massa que se tenha preparado.

Segure o peixe pela cabeça e, antes de o colocar na frigideira, mergulhe primeiro a extremidade do rabo na gordura ou no azeite, para verificar se está na temperatura precisa. Se a extremidade se tornar instantaneamente quebradiça ou frágil, é porque o óleo está bom; então é só colocar o peixe dentro, virando-o para que frite igualmente dos dois lados.

Para evitar que o peixe grude e se parta, alguns cozinheiros recomendam salpicar no fundo da frigideira um pouco de sal grosso.

Massa para Fritar Peixes

Coloque numa tigela 110 gramas de farinha de trigo peneirada, uma pitada de sal e outra de páprica. Desfaça a farinha devagar, com água, até ficar uma massa delgada. Bata bem. Adicione uma clara de ovo batida em neve e algumas gotas de azeite (o azeite é indispensável).

Mergulhe na massa filés de peixe, camarões ou lulas e frite em abundante óleo quente.

Bolinhos de Peixe

- 2 colheres (sopa) de manteiga ou margarina
- ½ xícara (chá) de cebola picada
- 2 xícaras (chá) de peixe cozido e desfiado
- 4 batatas moídas ou esmagadas
- Sal e pimenta-do-reino
- 2 ovos levemente batidos
- 1 colher (sopa) de salsa picada
- Óleo para fritar

1 Faça um refogado, numa caçarola, com a manteiga ou margarina e a cebola picada.

2 Assim que o refogado começar a corar, junte o peixe e mexa um pouco.

3 Retire a caçarola do fogo, adicione as batatas moídas ou esmagadas, o sal e a pimenta-do-reino.

4 Ligue tudo com os ovos até formar uma massa mole e adicione a salsa picada.

5 Frite, aos bocados, em óleo. (Devem ficar dourados.)

6 Sirva os bolinhos com rodelas de limão.

Linguado à Belle Meunière

- 4 filés de linguado
- Sal e pimenta-do-reino
- Farinha de trigo
- 2 colheres (sopa) de manteiga

Molho:
- 100 g de champignons
- 200 g de camarões
- 2 colheres (sopa) de alcaparras
- 2 colheres (sopa) de suco de limão
- Sal e pimenta-do-reino
- 2 colheres (sopa) de salsinha picada
- Batatas cozidas

1 Tempere os filés de peixe com sal e pimenta-do-reino.

2 Passe pela farinha de trigo e retire o excesso.

3 Coloque metade da manteiga em uma frigideira antiaderente e leve ao fogo. Quando a manteiga estiver borbulhando, doure os filés de linguado dos dois lados. Reserve, mantendo aquecidos os filés.

4 Coloque a manteiga para o molho na frigideira e acrescente os *champignons* cortados em lâminas; refogue por um minuto e acrescente os camarões. Cozinhe até os camarões ficarem no ponto e acrescente as alcaparras, o suco de limão, o sal e a pimenta-do-reino.

5 Coloque os peixes em uma travessa e regue com um pouco do suco de limão, salpique com a salsinha e cubra com o molho. Sirva com batatas cozidas.

Moqueca de Cação

- 1 kg de cação cortado em postas
- 1 limão
- Coentro a gosto
- Sal
- 1 cebola picada
- ¼ de xícara (chá) de azeite-de-dendê
- 2 cebolas em fatias
- 4 tomates fatiados
- 2 pimentões verdes ou vermelhos
- ¼ de xícara (chá) de cebolinha picada
- ¼ de xícara (chá) de salsinha picada
- 1 vidro de leite de coco (400 ml)
- Pimenta-malagueta a gosto
- Extrato de tomate
- Farinha de mandioca crua

1 Tempere o cação com o limão, o coentro e o sal.

2 Refogue a cebola picada com o azeite-de-dendê.

3 Na panela em que foi refogada a cebola, coloque uma camada de peixe, uma de cebola fatiada, uma de tomate em rodelas, outra de pimentão, outra de cebolinha e salsinha, repetindo até terminarem os ingredientes. Salpique com um pouco mais de sal.

4 Despeje sobre a moqueca o leite de coco, a pimenta-malagueta e um pouco de extrato de tomate.

5 Salpique com sal, tampe a panela e cozinhe rapidamente em fogo baixo.

6 Depois de pronta a moqueca, retire um pouco do caldo que se formou e faça com ele um pirão, adicionando farinha de mandioca.

Moqueca de Peixe

- 2 kg de namorado em postas largas
- Suco de 2 limões
- Sal
- 1 dente de alho socado
- ½ xícara (chá) de azeite-de-dendê
- 1 cebola graúda picada
- Cebolinha e coentro picados
- Cheiro-verde picado
- 1 pimentão em rodelas
- 5 tomates sem pele e sem sementes picados
- 1 colher (chá) de gengibre ralado
- 5 pimentas-malagueta picadas
- 150 g de camarões secos
- 2 xícaras (chá) de leite de coco

1 Tempere as postas do peixe com o suco de limão, o sal e o alho socado. Deixe no tempero por ½ hora.

2 Numa panela com metade do azeite-de-dendê, refogue a cebola, o cheiro-verde, a cebolinha, o coentro, o pimentão, os tomates, o gengibre e a pimenta até formar um molho.

3 Acrescente ao molho o peixe e os camarões e deixe refogar, em fogo baixo, até cozinhar o peixe. Acerte o ponto do sal.

4 Cozido o peixe, adicione o leite de coco e o azeite-de-dendê.

5 Sirva com arroz.

Moqueca de Namorado

- 2 kg de namorado em postas largas
- Suco de 1 limão
- 1 dente de alho socado
- ½ colher (café) de pimenta-branca
- 1 xícara (chá) de azeite
- 2 cebolas cortadas em rodelas
- 4 tomates sem pele e sem sementes picados
- 2 pimentões cortados em 4
- 1 amarrado de cheiro-verde
- 1 colher (chá) de colorau
- Sal
- 1 vidro grande de leite de coco

1 Limpe o peixe e tempere-o com o suco de limão, o alho e a pimenta. Deixe no tempero por ½ hora.

2 Leve ao fogo o azeite e a cebola. Quando dourar, junte os tomates, os pimentões, o cheiro-verde e o colorau. Tampe a panela e deixe refogar.

3 Quando os tomates se desmancharem, junte as postas de peixe. Tampe novamente a panela e deixe cozinhar com o próprio vapor.

4 Verifique o sal; adicione o leite de coco; deixe cozinhar mais um pouco e desligue.

5 Retire o cheiro-verde e os pimentões quando colocar na travessa.

6 Sirva com arroz branco.

Peixe à Fiorentina

- 4 filés de linguado
- Sal e pimenta-do-reino
- 1 receita de molho branco (pág. 367)
- 1 xícara (chá) de espinafre cozido e picado
- 2 colheres (sopa) de manteiga
- Farinha de trigo o quanto baste
- 4 colheres (sopa) de queijo parmesão ralado

1 Tempere os filés de peixe com o sal e a pimenta-do-reino.

2 Prepare o molho branco e adicione a ele o espinafre picado e bem escorrido. Tempere com o sal e a pimenta-do-reino e reserve.

3 Aqueça bem uma frigideira grande e adicione metade da manteiga. Passe os filés de peixe na farinha de trigo, remova o excesso e doure 2 a 2 na frigideira.

4 Unte uma travessa refratária com um pouco de manteiga e coloque os filés de peixe. Cubra com o molho e salpique com o parmesão.

5 Leve ao forno quente para gratinar o queijo.

6 Sirva com batatas cozidas e arroz branco.

PEIXES EM GERAL

Peixe Assado com Recheio

- 1 peixe inteiro (garoupa, dourado, anchova, tainha ou outro peixe grande)
- Sal e pimenta-do-reino
- 1 cebola picada
- 2 dentes de alho picados
- 1 maço pequeno de cheiro-verde
- ¼ de xícara (chá) de suco de limão
- ½ xícara (chá) de vinho branco
- Azeite, limão e sal

Recheio:
- 2 colheres (sopa) de óleo
- 2 colheres (sopa) de manteiga ou margarina
- 1 cebola pequena picada
- 1 dente de alho amassado
- 2 tomates sem pele
- 150 g de camarões pequenos limpos
- 1 colher (sopa) de salsa picada
- 10 azeitonas pretas sem caroço
- Coentro picado a gosto
- Sal e pimenta-do-reino
- Farinha de mandioca o quanto baste

1 Depois de escamado, limpo e bem lavado, esfregue bem o peixe com o sal e a pimenta-do-reino.

2 Bata em um processador a cebola, o alho, o cheiro-verde, o limão e o vinho branco. Esfregue a pasta obtida em toda a superfície do peixe, por dentro e por fora. Deixe-o repousar por uma hora nos temperos. Conserve-o na geladeira ou em lugar fresco.

3 Para o recheio, aqueça o óleo e a manteiga em uma panela e coloque a cebola picada e os dentes de alho. Refogue e acrescente os tomates picados. Cozinhe em fogo baixo e adicione os camarões, a salsa, as azeitonas picadas e o coentro. Misture bem e tempere com sal e pimenta-do-reino.

4 Adicione farinha de mandioca suficiente para fazer um recheio firme.

5 Encha a barriga do peixe com o recheio e costure-a, ou feche-a com palitos.

6 Arrume o peixe recheado em uma assadeira de forno e regue com a marinada em que ele foi temperado. Leve ao forno por 45 minutos aproximadamente, pois o tempo de forno depende do tamanho e peso do peixe.

7 Enquanto assa, regue-o de vez em quando com um pouco do próprio molho da assadeira.

8 Depois de assado, coloque o peixe com cuidado numa travessa e sirva com batatas cozidas ou pirão.

Peixe Ensopado

- 1 kg de postas de peixe
- Sal e pimenta-do-reino
- 1 cebola graúda picada
- 4 tomates sem pele em rodelas
- ¼ de xícara (chá) de cebolinha-verde
- ¼ de xícara (chá) de salsa
- Pimenta-verde a gosto
- 3 colheres (sopa) de suco de limão
- ¼ de xícara (chá) de azeite

1 Tempere as postas de peixe com o sal, a cebola, os tomates, a cebolinha-verde, a salsa, a pimenta-verde, a pimenta-do-reino, um pouco do suco de limão e o azeite.

2 Deixe-as descansar no tempero por 1 hora. Arrume tudo em uma panela e tampe. Leve ao fogo e cozinhe em panela tampada até que o peixe esteja macio. Sirva com arroz branco ou com batatas cozidas e pirão.

Peixe Assado Inteiro

- 1 peixe de 2 kg a 3 kg
- Sal e pimenta-do-reino
- ¼ de xícara (chá) de suco de limão ou vinagre
- ¼ de xícara (chá) de azeite
- Salsa, alecrim e cebolinha picados
- 100 g de manteiga ou margarina

1 Depois de escamado e limpo, dê alguns talhos profundos transversais no peixe, dos dois lados. Tempere o peixe com sal e pimenta-do-reino.

2 Misture o suco de limão, o azeite, a salsa, o alecrim e a cebolinha. Despeje essa marinada sobre o peixe e deixe repousar por 2 horas.

3 Retire-o do molho, unte com manteiga ou margarina e coloque numa travessa refratária ou numa assadeira comprida.

4 Regue com um fio de azeite e leve ao forno quente, regando regularmente com o próprio molho em que foi temperado.

Peixe Cozido com Legumes

- 2 chuchus descascados
- 4 batatas médias descascadas
- 4 cebolas médias descascadas
- 2 cenouras raspadas
- 6 folhas de repolho
- 1 kg de postas de peixe
- Sal e pimenta-do-reino
- 2 colheres (sopa) de óleo
- 2 dentes de alho picados
- 1 pimentão picado
- 2 tomates picados sem pele
- 1 colher (chá) de colorau
- 1 colher (sopa) de cheiro-verde picado
- Farinha de mandioca
- 1 colher (sopa) de farinha de trigo

1 Corte o chuchu e as batatas em 4. Corte as cenouras ao meio.

2 Coloque 3 litros de água levemente salgada para ferver em um caldeirão e acrescente os pedaços de batata e de cenoura. Cozinhe em fogo baixo por 10 minutos e coloque as cebolas inteiras no caldeirão. Cozinhe por mais 4 minutos e adicione os chuchus. Coloque o repolho. Cozinhe até que fique tudo bem macio. Retire com uma escumadeira e mantenha os legumes aquecidos. Reserve o caldo do cozimento.

3 Tempere o peixe com sal e pimenta-do-reino.

4 Em uma panela grande, faça um refogado com o óleo, o alho, o pimentão e os tomates picados, salpicando com o colorau e com o cheiro-verde picado. Refogue bem e coloque as postas de peixe na panela.

5 Regue com a água em que cozinhou os legumes. Acrescente os legumes novamente à panela e cozinhe até que o peixe esteja macio. Separe metade do caldo em outra panela e coloque para ferver. Acrescente aos poucos a farinha de mandioca para fazer o pirão, mexendo bem para dar ponto.

6 Dissolva a farinha de trigo em um pouco de água e misture ao cozido de peixes. Ferva por mais 3 minutos. Tempere com sal e pimenta-do-reino e sirva com o pirão.

Peixe em Escabeche

- *1 receita de* massa para fritar peixes *(pág. 599)*
- *1 receita de* molho escabeche *(pág. 472)*
- *12 filés de pescadinha*
- *Óleo para fritar*

1 O peixe em escabeche deve ser preparado na véspera e conserva-se por muitos dias, desde que o molho o cubra bem.

2 Prepare a massa e o molho escabeche. Reserve.

3 Tempere os filés de pescada com sal e pimenta-do-reino, passe-os pela massa e frite em abundante óleo quente. Escorra e arrume em uma travessa.

4 Regue com o molho escabeche e leve à geladeira por 24 horas.

5 Sirva como entrada.

Posta de Peixe com Molho de Alcaparras

- *4 postas grandes de peixe*
- *2 colheres (sopa) de suco de limão*
- *Sal e pimenta-do-reino*
- *2 colheres (sopa) de azeite*
- *3 colheres (sopa) de manteiga*
- *2 colheres (sopa) de salsa picadinha*
- *50 g de alcaparras*

1 Tempere as postas de peixe com o suco de limão, o sal e a pimenta-do-reino, deixando repousar por algumas horas.

2 Coloque o azeite em uma assadeira ou em um refratário e arrume as postas de peixe. Leve ao forno quente por cerca de 20 minutos e vá regando, de vez em quando, com o próprio molho.

3 Coloque uma pequena panela em fogo baixo e adicione a manteiga, uma pitada de pimenta-do-reino e a salsa picadinha. Não deixe a manteiga derreter totalmente e, quando ela estiver amolecida, junte as alcaparras bem espremidas e misture tudo muito bem até atingir a consistência de um creme grosso.

4 Arrume as postas de peixe num prato ou sirva no próprio refratário em que foram ao forno. Regue com molho e sirva-as bem quentes, acompanhadas de batatas cozidas e rodelas de limão.

Peixes em geral

Vatapá de Peixe

- 2 colheres (sopa) de manteiga
- 1 xícara (chá) de azeite-de-dendê
- ½ kg de tomates sem pele e sem sementes picados
- ½ kg de cebolas médias
- 5 pimentões vermelhos
- 5 pimentões verdes
- 1 xícara (chá) de cheiro-verde
- 1 xícara (chá) de salsa picada
- 1 xícara (chá) de cebolinha picada
- 1 colher (chá) de colorau
- ½ kg de camarões sete-barbas limpos
- Sal
- 1 kg de filés de linguado
- 2 pães de 100 g
- 1 vidro pequeno de leite de coco
- 250 g de castanhas-do-pará ou amendoim
- 2 pimentas-malagueta esmagadas
- ½ kg de camarões médios limpos

1 Coloque numa panela a manteiga, metade do azeite-de-dendê, os tomates picados e as cebolas, deixando-os fritar por 5 minutos ou até que os tomates se desfaçam.

2 Adicione os pimentões bem picados, o cheiro-verde, a salsa, a cebolinha e o colorau. Deixe em fogo baixo.

3 Paralelamente, leve ao fogo uma panela com os camarões sete-barbas e água suficiente para cobri-los. Junte 1 colher (chá) de sal e deixe ferver por 5 minutos.

4 Retire do fogo, escorra e passe os camarões pelo processador.

5 Acrescente-os ao refogado, mexa e mantenha em fogo baixo.

6 Coloque o peixe numa panela com água e leve-o ao fogo por 5 minutos. Retire, escorra e acrescente-o ao refogado.

7 Ponha os pães no leite de coco por 10 minutos. Depois disso, bata-os no liquidificador, em velocidade média, por 3 minutos. Reserve.

8 Passe as castanhas-do-pará ou amendoins pelo processador e junte-as ao refogado. Misture tudo muito bem para que o peixe e os camarões se incorporem aos outros ingredientes. Cozinhe em fogo baixo por 10 minutos.

9 Prove o sal e, se preciso, acrescente mais, aos poucos.

10 Junte a pimenta-malagueta esmagada, mexa e deixe no fogo.

11 Quando o peixe estiver bem desfiado, acrescente os camarões médios, fervidos por 4 minutos em água e sal, com exceção de 6 deles, que devem ser reservados para a decoração.

12 Adicione a mistura de pães e vá mexendo até obter um creme que desgrude da panela.

13 Desligue o fogo, junte o resto do azeite-de-dendê, mexa bastante, ponha numa travessa, decore com os camarões reservados e sirva, bem quente, com arroz branco.

Vatapá à Baiana

- 6 ou 7 pãezinhos d'água com casca e postos de molho no leite
- 50 g de camarões secos
- 100 g de amendoins torrados e sem pele
- 100 g de castanhas-de-caju
- 250 g de farinha de mandioca crua
- 1 cebola grande
- 3 dentes de alho
- 1 raiz de gengibre
- 2 cocos grandes ralados
- 3 copos de água quente
- 8 tomates sem peles
- Salsinha, cebolinha e coentro
- 1 xícara (chá) de azeite-de-dendê
- 1 kg de camarões frescos limpos
- Sal e pimenta-do-reino

1 Coloque os pães de molho em leite de vaca. Depois que os pãezinhos estiverem amolecidos, bata-os com o leite no liquidificador e reserve-os.

2 Aqueça no forno os camarões secos e elimine as cabeças, os olhos e as cascas. Reserve o resto, separadamente.

3 Bata no liquidificador o amendoim, as castanhas-de-caju, os camarões secos, a farinha de mandioca, a cebola, o alho e o gengibre, reduzindo tudo a uma farinha fina. Passe essa farinha 2 vezes por peneira. Reserve.

4 Tome o coco ralado, junte a água quente, deixe descansar um pouco, passe por um pano e esprema, para tirar o leite grosso. Deixe de reserva.

5 Junte as cascas do camarão ao bagaço do coco e leve para ferver num pouco de água. Depois esprema, coe e reserve.

6 Bata no liquidificador os tomates, a salsinha, o coentro e a cebolinha.

7 Junte os tomates batidos ao pão batido, à farofa que foi peneirada e ao caldo das cascas com o coco numa panela grande, levando tudo ao fogo.

8 Adicione o azeite-de-dendê, sempre mexendo com uma colher de pau.

9 Acrescente sal e pimenta e continue mexendo.

10 Quando o vatapá estiver cozido, ele começará a enrugar e desgrudar da panela. Adicione, então, o leite grosso do coco que ficou reservado e os camarões frescos. Cozinhe por mais alguns minutos. Prove para verificar o sal e a pimenta.

11 Sirva com arroz branco.

Dourado Assado

- 1 dourado
- Sal e pimenta-do-reino
- 1 a 2 cebolas picadas
- 1 maço de salsa e cebolinha picada
- 1 folha de louro
- Suco de limão e azeite
- 100 g de manteiga ou margarina
- Folhas de alface
- Fatias de limão
- Batatinhas douradas

1 Limpe, escame e lave bem o peixe.

2 Esfregue-o com um socado de sal, cebola picada, salsa, cebolinha, pimenta e uma folha de louro.

3 Coloque-o numa travessa e regue-o com o suco de limão.

4 Para assar, passe o peixe para uma assadeira, regando-o com manteiga ou margarina, um pouco de azeite e do molho que ficou depositado na travessa. Pode arrumá-lo deitado de comprido ou com a barriga para baixo, o que lhe dará melhor aspecto depois de assado.

5 Enquanto assa, regue de vez em quando com um pouco do próprio molho da assadeira, juntando o resto que ficou reservado.

6 Depois de assado, retire-o para uma travessa, enfeitando-a com folhas de alface.

7 Disponha sobre o peixe rodelas de limão e, à sua volta, coloque as batatinhas douradas no forno.

Enguia Frita

- 1 enguia
- 2 xícaras (chá) de vinho branco
- 1 maço pequeno de cheiro-verde
- 1 folha de louro
- Sal e pimenta-do-reino
- 2 ovos
- 1 colher (sopa) de azeite
- Farinha de rosca

1 Tire a pele da enguia e limpe-a bem, jogando fora a cabeça. Dê-lhe uma volta, encostando a cauda na barriga, e amarre com um barbante para não perder a forma.

2 Corte a enguia em postas e leve-as ao fogo numa caçarola com o vinho branco, o cheiro-verde, o louro, o sal e a pimenta.

3 Quando cozida, retire-a do fogo, escorra o molho e seque os pedaços em papel absorvente.

4 Bata os ovos com um pouco de sal e um fio de azeite.

5 Passe cada posta de enguia em farinha de rosca, depois nos ovos batidos e, de novo, na farinha, fritando-as em azeite ou óleo bem quente.

6 Sirva com o molho que escolher.

Garoupa Assada

- 1 garoupa
- Suco de 1 limão
- Sal e pimenta-do-reino
- Cheiro-verde a gosto
- 2 cebolas
- 2 xícaras (chá) de vinho branco
- Manteiga ou margarina

1 Escame e limpe uma garoupa e tempere-a com o limão, o sal e um ramo de cheiro-verde.

2 Bata no liquidificador um ramo de cheiro-verde, as cebolas e metade do vinho branco, fazendo um purê.

3 Arrume o peixe no meio de uma assadeira estreita e junte o vinho restante.

4 Ponha por cima da garoupa alguns pedaços de manteiga ou margarina e despeje o purê de cebolas em volta do peixe.

5 Leve ao forno, para assar, durante uns 25 minutos.

6 Sirva com o molho que preferir.

Nota: Em vez de garoupa, pode-se usar outro peixe.

Peixe Inteiro com Molho de Camarões

- 1 receita de molho napolitano básico *(pág. 476)*
- 1 peixe de 2 kg a 3 kg (carne branca e firme)
- 2 colheres (sopa) de suco de limão
- Sal e pimenta-do-reino
- 2 cebolas picadas
- 4 colheres (sopa) de manteiga ou margarina
- ½ copo de vinho branco seco
- 3 colheres (sopa) de azeite
- ½ kg de camarões limpos
- 2 colheres (sopa) de salsinha picada

1 Prepare o molho napolitano básico conforme a receita.

2 Limpe o peixe e tempere com o limão, o sal, a pimenta e metade da cebola picada.

3 Deixe-a repousar por 1 hora; depois, coloque-a numa assadeira untada.

4 Ponha sobre o peixe pedacinhos de manteiga ou margarina, regue com ½ copo de vinho branco e leve ao forno para assar.

5 Faça, à parte, um refogado com azeite e o restante das cebolas picadas. Quando a cebola estiver macia, adicione os camarões temperados com sal e pimenta-do-reino.

6 Refogue por 4 minutos e junte o molho napolitano pronto. Misture bem e cozinhe por mais 5 ou 6 minutos. Adicione a salsinha e acerte o ponto do sal.

7 Retire o peixe do forno, arrume-o numa travessa e despeje por cima o molho de camarões.

Lambaris ou Manjubas Fritos

- 1 kg de lambaris ou manjubas
- Sal
- Farinha de trigo
- Óleo para fritar
- Gomos de limão

1 Depois de escamar e de tirar as tripas dos lambaris ou das manjubas, lave-os.

2 Tempere com sal e passe em farinha de trigo. Frite-os em óleo quente até ficarem corados.

3 Sirva com gomos de limão.

Pescadinha Frita

- 1 kg de postas ou filés de pescada
- Sal e pimenta-do-reino
- ¼ de xícara (chá) de suco de limão
- Farinha de trigo
- Óleo ou azeite para fritar

1 Deixe as postas de pescada por 20 minutos num molho de limão, pimenta e sal.

2 No momento de fritá-las, enxugue-as com um pano, passe-as, uma a uma, em farinha de trigo e frite-as em azeite ou óleo quente. (Deixe-as dourar bem, sem que queimem.)

3 Ao retirá-las do fogo, arrume-as sobre papel absorvente para que fiquem bem enxutas.

Nota: As postas de pescada ficarão mais macias e gostosas se forem passadas no leite antes de serem envolvidas na farinha de trigo.

Pescadinha à Doré

- 4 a 6 pescadinhas
- Sal e pimenta-do-reino
- Azeite
- Óleo para fritar
- Massa para fritar peixes (pág. 601)

1 Escamadas e limpas as pescadinhas, tire-lhes as barbatanas, abrindo-as ao meio, pelo comprimento, rente à espinha.

2 Tire as espinhas, apare os lados da barriga, lave e enxugue bem os filés.

3 Ponha-os num prato e tempere-os com sal e pimenta-do-reino e um fio de azeite.

4 Deixe-os no molho por 10 minutos e então retire-os, escorra-os e enxugue-os bem.

5 Depois de preparados, mergulhe os filés na massa e frite-os em óleo ou azeite bem quente.

6 Escorra em papel absorvente e sirva com gomos de limão e *batatas sauté* (pág. 293).

FILÉS DE PESCADINHA À MILANESA

- 600 g de filés de pescadinha
- 2 colheres (sopa) de suco de limão
- Sal e pimenta-do-reino
- 3 ramos de salsa
- 1 colher (chá) de azeite
- Farinha de rosca o quanto baste
- 2 ovos batidos
- 2 xícaras (chá) de óleo
- Gomos de limão ou queijo ralado

1 Coloque os filés em um prato com o suco de limão, o sal, a pimenta, a salsa em ramos, um pouco de água e um fio de azeite, deixando-os repousar nesse molho por uns 15 minutos. Escorra e enxugue os filés com papel absorvente.

2 Passe-os em farinha de rosca, depois nos ovos batidos (clara e gema). Passe os peixes novamente em farinha de rosca e frite-os em óleo bem quente.

3 Sirva-os com gomos de limão ou polvilhe-os com queijo ralado.

FILÉS DE PESCADINHA COM MOLHO TÁRTARO

- 1 kg de filés de pescadinha branca de tamanho médio
- 2 colheres (sopa) de suco de limão
- 1 colher (sobremesa) de sal
- ½ xícara (chá) de farinha de trigo
- 3 ovos
- 1 xícara (chá) de óleo de milho
- 250 g de maionese
- 100 g de picles picados finamente
- 1 colher (chá) de alcaparras

1 Coloque os filés numa travessa, tempere com o suco de limão e o sal e deixe-os tomando gosto por 15 minutos.

2 Enxugue-os em papel absorvente, passe-os na farinha de trigo e reserve-os.

3 Nesse meio-tempo, leve o óleo ao fogo. Bata os ovos e pingue 1 colher (café) de ovo batido no óleo quente. (Se o ovo fritar rápido, pode fritar os filés.)

4 Para fritar os filés, já passados na farinha de trigo, passe um de cada vez nos ovos batidos e coloque 3 ou 4 de cada vez na frigideira. Doure os peixes dos dois lados, escorra e coloque sobre papel absorvente.

5 Misture a maionese com os picles e as alcaparras.

6 Arrume os peixes em uma travessa, espalhe o molho obtido sobre eles ou sirva-o em uma molheira.

Piaba Cozida

- 1 kg de piabas
- 2 colheres (sopa) de suco de limão
- Sal e pimenta-do-reino
- 2 colheres (sopa) de óleo
- 1 cebola cortada em rodelas
- 2 tomates picados sem pele
- ¼ de xícara (chá) de cheiro-verde picado
- Farinha de mandioca

1   Escame e limpe as piabas, colocando para marinar em um molho de limão, sal e pimenta até a hora de ir para o fogo.

2   Faça um refogado com o óleo, a cebola cortada em rodelas, os tomates e o cheiro-verde.

3   Ponha no refogado os peixes, inteiros ou cortados, deixe refogar um pouco mais e junte a água necessária para o cozimento.

4   Depois do cozimento, tire os peixes com uma escumadeira e coe o molho.

5   Reserve uma parte do molho e na outra coloque um pouco de farinha de mandioca e mais um pouco de água, fazendo um pirão.

6   Sirva com o molho e o pirão.

Filé de Salmão

- ½ kg de salmão fresco
- ½ colher (chá) de sal
- 1 colher (sopa) de farinha de trigo
- 1 colher (sopa) de margarina

1   Corte o salmão em 4 filés e tempere com o sal.

2   Dez minutos depois, passe-os na farinha de trigo, unte-os com margarina e grelhe-os, na chapa bem quente, por 5 minutos de cada lado.

3   Sirva-os quentes, com *molho de alcaparras* (pág. 470) e batatas cozidas.

Salmão com Maracujá

- 600 g de salmão limpo em filé
- Sal e pimenta-do-reino branca
- 1 colher (sopa) de manteiga amolecida

Molho:
- ½ xícara (chá) de suco de maracujá concentrado
- 1 maracujá maduro
- 1 colher (chá) de açúcar
- Sal
- 3 colheres (sopa) de manteiga gelada

1   Tempere o salmão com sal e pimenta-do-reino.

2   Unte com a manteiga amolecida 4 retângulos de papel-alumínio; arrume cada filé sobre um retângulo e embrulhe. Coloque os embrulhos de salmão em uma assadeira e leve ao forno médio preaquecido. Asse por 25 minutos.

3   Coloque em uma panela o suco de maracujá, a polpa do maracujá maduro com as sementes, o açúcar e o sal. Leve ao fogo alto até que o suco comece a ferver, abaixe o fogo e ferva por 4 minutos. Retire a panela do fogo e adicione aos poucos a manteiga gelada e cortada em cubos, misturando sem parar para encorpar o molho.

4   Retire o peixe do forno, remova-o do alumínio com cuidado e transfira para uma travessa ou para pratos individuais. Regue com um pouco do molho. Sirva com legumes cozidos no vapor.

PEIXES EM GERAL

Salmão com Molho Holandês

- 1 receita de molho holandês (pág. 474)
- 600 g de salmão fresco cortado em 4 filés
- Sal
- 8 grãos de pimenta-do-reino
- 1 cebola
- 1 cenoura
- 1 alho-poró
- 2 xícaras (chá) de água
- ½ xícara (chá) de vinho branco
- 1 folha de louro

1 Prepare a receita de molho holandês conforme indicado.

2 Tempere o salmão com sal e pimenta-do-reino e reserve por 15 minutos.

3 Pique grosseiramente a cebola, a cenoura e o alho-poró. Coloque-os em uma frigideira funda ou panela rasa e acrescente a água, o vinho branco, a folha de louro, a pitada de sal e os grãos de pimenta-do-reino. Ferva por 15 minutos.

4 Coloque os filés de peixe na panela com o caldo preparado e tampe. Cozinhe em fogo baixo por 15 minutos.

5 Retire cuidadosamente os filés de peixe do caldo e arrume-os em uma travessa ou em pratos individuais. Regue com um pouco do molho holandês e coloque o molho restante em uma molheira. Sirva com batatas cozidas e passadas na manteiga.

Sardinhas à Portuguesa

- 2 dúzias de sardinhas frescas
- 3 dentes de alho
- ¼ de xícara (chá) de suco de limão
- Sal e pimenta-do-reino
- 1 xícara (chá) de azeite
- 1 cebola graúda picada

1 Limpe as sardinhas e descarte as espinhas. Coloque os peixes em um tempero de sal com alho socado, limão e pimenta-do-reino.

2 Escorra-as e ponha-as numa panela de barro, com um pouco de azeite, em camadas, espalhando em cada camada alguns grãos de pimenta-do-reino e ½ colher (sopa) de cebola picada. Vá pondo também, em cada camada, uma colherada de azeite e sal a gosto.

3 Quando a panela estiver quase cheia, cubra com mais azeite e deixe ferver em fogo brando, muito lentamente, com a panela tampada, durante cerca de uma hora.

4 Sirva quando estiverem completamente frias.

Sardinhas na Brasa

- 12 sardinhas frescas limpas
- Sal e pimenta-do-reino
- 1 xícara (chá) de farinha de trigo
- ¼ de xícara (chá) de fubá mimoso
- Azeite e suco de limão
- 1 colher (sopa) de salsa picada

1   Elimine a cabeça das sardinhas e abra-as ao meio. Remova a espinha central. Tempere as sardinhas com sal e pimenta-do-reino. Misture a farinha de trigo com o fubá. Coloque em um prato e enfarinhe os filés de sardinha dos dois lados, retirando o excesso.

2   Coloque em uma grelha sobre as brasas de uma churrasqueira e asse rapidamente, virando as sardinhas para dourarem bem dos dois lados.

3   Arrume em uma travessa e regue com suco de limão e azeite de boa qualidade. Salpique com a salsinha e sirva como antepasto.

Traíra Frita em Postas

- Traíra
- Suco de limão
- Azeite ou óleo
- Sal e pimenta-do-reino
- Farinha de trigo
- Óleo para fritar

1   Depois de escamada, limpa e bem esfregada, corte a traíra em postas.

2   Prepare uma marinada com suco de limão, azeite, sal e pimenta-do-reino.

3   Coloque as postas na marinada até a hora em que for fritá-las.

4   No momento de levá-las à frigideira, enxugue muito bem as postas com papel absorvente e passe-as em farinha de trigo.

5   Frite as postas em óleo ou azeite bem quente.

6   Sirva com um molho vinagrete.

Bacalhau

Removendo o Sal

Pelo fato de ser um peixe seco à base de sal, para o preparo de qualquer receita que utiliza o bacalhau é necessário eliminar seu sal.

Corte o bacalhau em pedaços e lave-os em água corrente. Coloque-os em uma tigela e cubra-os com água fria. Leve à geladeira por 24 horas, trocando a água duas ou três vezes. Utilize conforme solicitado na receita.

Dependendo da qualidade e espessura do peixe, o tempo em que fica de molho para retirar o sal pode variar para mais ou para menos, portanto verifique regularmente, experimentando lascas do peixe ainda cru.

Bacalhoada à Moda

- 1 kg de bacalhau
- 2 maços de couve
- 4 tomates cortados em rodelas
- Sal com alho
- Pimenta-do-reino
- Cheiro-verde picadinho
- 3 cebolas grandes cortadas em rodelas
- 2 kg de batatas cruas cortadas em rodelas não muito finas
- 1 dúzia de ovos cozidos cortados em rodelas
- Azeitonas à vontade
- Azeite a gosto

1 Ponha o bacalhau de molho de um dia para o outro.

2 No dia seguinte, limpe-o das peles e espinhas e corte-o em postas.

3 Rasgue e cozinhe a couve em um pouco de água fervente.

4 Numa panela, monte os ingredientes em camadas, começando com uma de rodelas de tomate, sal com alho, pimenta-do-reino, cheiro-verde picadinho e rodelas de cebola. Coloque uma camada de couve cozida, bacalhau em postas, batatas em rodelas, ovos cozidos em rodelas e azeitonas. Repita as camadas até terminarem os ingredientes.

5 Regue tudo com azeite e leve ao forno para assar por cerca de 1 hora.

Bacalhau à Espanhola

- 750 g de bacalhau dessalgado
- 4 tomates sem pele
- 2 pimentões vermelhos
- 4 batatas
- 2 cebolas
- 1 xícara (chá) de azeite
- 1 colher (sopa) de colorau

1   Afervente o bacalhau. Corte em pedaços e descarte as espinhas.

2   Arrume os pedaços de bacalhau em camadas numa panela, alternando com rodelas de tomate, pedaços de pimentão e rodelas de batata e de cebola, tudo cru.

3   Regue com um bom fio de azeite e polvilhe um pouco de colorau.

4   Tampe bem a panela e ponha para cozinhar, em fogo fraco.

Bacalhau na Fôrma

- ½ kg de bacalhau
- 1 cebola média
- 3 tomates sem pele
- 3 pimentões
- 1 colher (sopa) de extrato de tomate
- ½ xícara (chá) de óleo
- 4 batatas médias
- 3 claras em neve
- 3 gemas
- ¾ de xícara (chá) de maisena
- 2 colheres (sopa) de margarina
- 1 colher (chá) de fermento em pó
- 5 colheres (sopa) de queijo ralado
- 1 xícara (chá) de leite
- Sal e pimenta-do-reino, se necessário
- Azeitonas sem caroços (para guarnecer)

1   Deixe de molho o bacalhau, em água fria, de um dia para o outro.

2   No dia seguinte, escorra e tire as peles e as espinhas.

3   Moa o bacalhau juntamente com a cebola, os tomates e os pimentões. Misture o extrato de tomate.

4   Leve tudo ao fogo, refogue no óleo e reserve.

5   À parte, cozinhe as batatas com as cascas. Depois, escorra-as, descasque-as enquanto quentes e passe-as no espremedor. Reserve.

6   Junte as claras em neve com as gemas, a maisena, a margarina, o fermento, o queijo, o bacalhau e a batata amassada.

7   Por último, adicione o leite, mexa bem, prove o sal e a pimenta, despeje em fôrma refratária untada e leve para assar, em forno moderado, durante 25 minutos.

8   Guarneça com as azeitonas sem caroços.

Bacalhau à Baiana

- 1 kg de bacalhau cortado em postas pequenas
- ½ xícara (chá) de azeite
- 1 cebola picada
- 1 dente de alho socado
- 4 tomates sem pele e sem sementes picados
- 1 pimentão verde cortado em rodelas
- Suco de 1 limão
- 2 colheres (sopa) de salsa picada
- 1 xícara (chá) de leite de coco
- ¼ de xícara (chá) de azeite-de--dendê

1   Lave o bacalhau e deixe-o de molho, numa tigela com bastante água, de um dia para o outro.

2   No dia seguinte, escorra-o e escame-o com uma faca, reservando-o.

3   Leve ao fogo o azeite e a cebola. Doure e acrescente o alho e, pouco depois, os tomates. Refogue até que estes se desmanchem. Acrescente o bacalhau e o pimentão. Misture bem.

4   Junte água fervente sempre que necessário, até que o bacalhau fique cozido.

5   Adicione o suco de limão, a salsa e o leite de coco. Ferva 5 minutos, junte o dendê e sirva.

Bacalhau com Leite de Coco

- 1 kg de bacalhau cortado em pedaços
- 5 colheres (sopa) de óleo
- 1 cebola grande ralada
- 1 dente de alho amassado
- 1 pimentão verde cortado em tiras
- 1 pimentão vermelho cortado em tiras
- 2 colheres (sopa) de farinha de trigo
- 5 tomates batidos no liquidificador e peneirados
- 1 e ½ xícara (chá) de água quente
- 1 pitada de pimenta-do-reino
- 1 xícara (chá) de leite de coco
- ½ xícara (chá) de creme de leite
- ½ xícara (chá) de cheiro-verde picado
- Sal, se necessário

1   Lave o bacalhau, corte-o em postas e ponha-o de molho em água fria, deixando de um dia para o outro para eliminar o sal.

2   No dia seguinte, afervente-o e escorra. Reserve.

3   Refogue a cebola e o alho no óleo; junte os pimentões e refogue por mais alguns minutos. Polvilhe a farinha e mexa. Adicione o bacalhau, os tomates e a água quente.

4   Tampe a panela e deixe cozinhar por 15 minutos.

5   Tempere com a pimenta; junte o leite de coco, o creme de leite e o cheiro-verde; deixe aquecer bem.

6   Retire do fogo e sirva com arroz branco.

Bacalhau Gratinado

- 800 g de bacalhau
- 3 colheres (sopa) de manteiga
- 3 colheres (sopa) de farinha de trigo
- 3 xícaras (chá) de leite
- 2 gemas
- 1 colher (sopa) de mostarda
- 2 colheres (sopa) de suco de limão
- Sal e pimenta-do-reino
- Noz-moscada a gosto
- ¾ de xícara (chá) de creme de leite
- 6 batatas médias
- ½ xícara (chá) de azeite
- 2 cebolas
- 2 colheres (sopa) de parmesão ralado

1 Corte o bacalhau em pedaços e coloque-o de molho em água fria por 48 horas para eliminar o sal. Troque a água por 3 vezes. Escorra.

2 Cozinhe os pedaços de bacalhau em um pouco de água fervente. Escorra e desfie grosseiramente.

3 Coloque a manteiga e a farinha em uma panela, leve ao fogo e misture bem até que estejam bem incorporadas.

4 Acrescente o leite aos poucos, misturando bem para que fique um molho branco cremoso. Cozinhe por 10 minutos em fogo baixo. Reserve.

5 Em uma tigela, misture as gemas, a mostarda e o suco de limão; acrescente ao molho branco e misture rapidamente. Tempere com sal, pimenta-do-reino e noz-moscada.

6 Leve ao fogo novamente, acrescente o creme de leite e cozinhe tudo por mais 3 minutos. Reserve.

7 Descasque as batatas e corte-as em cubos de 2 cm. Coloque o azeite em uma frigideira grande e acrescente as batatas, cozinhando-as por 10 minutos. Acrescente a cebola e cozinhe até que as batatas estejam macias. Tempere com sal e pimenta-do-reino.

8 Coloque a mistura de batatas e cebolas em um refratário, cubra com o bacalhau desfiado e regue com o molho branco.

9 Polvilhe com o parmesão e leve ao forno aquecido para dourar. Sirva com arroz branco.

Bacalhau à Moda de Nice

- 500 g de bacalhau dessalgado
- 4 colheres (sopa) de azeite
- 1 cebola grande fatiada
- 8 tomates sem pele e sem sementes
- 2 colheres (sopa) de salsa picada
- 1 dente de alho picado
- 1 pitada de açafrão em pó
- ½ colher (chá) de páprica
- 8 batatas descascadas
- 100 g de azeitonas descaroçadas
- Sal

1 Corte o bacalhau (que ficou de molho para eliminar o sal) em pedaços, coloque-os numa caçarola, cubra-os de água fria e ferva em fogo baixo por 10 minutos.

2 Em outra panela, preferivelmente de barro, aqueça o azeite, junte a cebola fatiada e, assim que esta dourar, junte os tomates, a salsa picada, o dente de alho e o sal. Adicione o açafrão e a páprica.

3 Tampe a caçarola e deixe cozinhar, lentamente, em fogo brando, por uns 10 ou 12 minutos.

4 Corte as batatas em rodelas finas e coloque-as no refogado. Acrescente água quente suficiente para cobrir tudo.

5 Deixe cozinhar devagar e, assim que as batatas estiverem cozidas, coloque sobre elas os pedaços de bacalhau e as azeitonas.

6 Tampe a caçarola e cozinhe em fogo brando por mais 10 minutos.

7 Sirva na própria panela, envolvida com um pano de prato.

Bacalhau à Moda do Porto

- 1 kg de bacalhau (dessalgado)
- 1 xícara (chá) de azeite
- ¼ de xícara (chá) de cheiro-verde
- 2 cebolas cortadas em fatias finas
- 2 pimentões cortados em fatias finas
- 12 fatias de pão fritas em azeite
- 3 ovos
- 10 batatas
- Azeitonas

1 Corte o bacalhau em fatias e refogue-as num bom fio de azeite.

2 Faça, à parte, um refogado com o azeite, o cheiro-verde e as fatias de cebola e pimentão.

3 Frite as fatias de pão e cozinhe os ovos e as batatas.

4 Arrume, numa panela de barro ou caçarola, uma camada de bacalhau, uma de pão frito, uma de batatas cozidas, uma de ovos, azeitonas e pimentões misturados, e assim sucessivamente, até que a última camada seja de bacalhau.

5 Despeje por cima o refogado e leve para cozinhar, em fogo lento.

6 Quando a camada de bacalhau de cima estiver bem macia, é sinal de que tudo estará cozido e pronto para ser servido.

7 Leve à mesa na própria panela.

Bacalhoada Portuguesa

- 1 kg de bacalhau dessalgado
- 4 batatas grandes
- 3 cebolas inteiras
- 1 maço de couve-tronchuda
- 2 cebolas fatiadas
- 4 tomates grandes sem pele cortados em 4
- Sal e pimenta-do-reino
- 1 folha de louro
- 2 colheres (sopa) de salsa picada
- ¼ de xícara (chá) de vinagre
- 1 xícara (chá) de azeite
- Pedaços de ovo cozido
- Azeitonas grandes

1 Afervente o bacalhau, que foi deixado de molho na véspera.

2 Cozinhe as batatas, descascadas, em água e sal, juntamente com 2 ou 3 cebolas inteiras.

3 Tire o talo das folhas de couve e afervente-as também em água e sal.

4 Faça um molho levando ao fogo uma panela com o azeite e 2 cebolas em fatias e deixando refogar bem. Acrescente os tomates, a pimenta-do-reino, a folha de louro e a salsinha picada. Ferva até que os tomates fiquem bem cozidos. Tempere com pouco sal e uma concha de vinagre.

5 Numa outra panela funda, arrume num lado os pedaços de bacalhau, junto deles as batatas cozidas (inteiras), junto destas as cebolas e, por fim, as folhas de couve; vire por cima o molho feito, retire os galhos de cheiros e leve a panela ao fogo para ferver por uns minutos.

6 No momento de servir, vire tudo numa travessa, enfeitando a bacalhoada com pedaços de ovo cozido e azeitonas grandes.

Bolinhos de Bacalhau

- 300 g de bacalhau
- ½ colher (sopa) de manteiga ou margarina
- 300 g de batatas cozidas e bem amassadas
- 1 colher (sopa) de farinha de trigo
- ½ xícara (chá) de leite
- Salsa picadinha
- 4 ovos separados
- Sal
- Azeite ou óleo para fritar

1 Na véspera, deixe o bacalhau de molho.

2 No dia seguinte, afervente o bacalhau em um pouco de água, elimine as espinhas e as peles e passe-o pelo espremedor. Adicione a manteiga, as batatas, a farinha de trigo, o leite, a salsa e as gemas. Acerte o ponto do sal e misture tudo. Incorpore delicadamente as claras em neve.

3 Frite, às colheradas, em azeite ou óleo quente.

Camarão

Bobó de Camarão

- 1 kg de camarões frescos
- ¼ de xícara (chá) de suco de limão
- 3 dentes de alho socados
- 1 colher (sobremesa) de sal
- 1 e ½ kg de aipim (mandioca)
- ½ xícara (chá) de azeite de oliva
- 1 cebola grande ralada
- ½ kg de tomates sem pele e sem sementes
- 1 pimentão vermelho em rodelas
- 1 colher (chá) de coentro picado
- 1 xícara (chá) de azeite-de-dendê
- 2 xícaras (chá) de leite de coco
- 2 pimentas-malagueta socadas
- Molho para bobó de camarão (pág. 622)

1 Descasque os camarões, limpe-os, tire-lhes as tripas e lave-os.

2 Tempere-os com o suco de limão, um dente de alho e sal. Reserve.

3 Descasque o aipim e corte-o em quadrados, retirando a fibra do meio.

4 Leve ao fogo um caldeirão com a metade do azeite de oliva e a cebola.

5 Deixe dourar; adicione a metade dos tomates, os outros 2 dentes de alho socados com o sal e o pimentão. Refogue até os tomates desmancharem.

6 Junte o aipim, coloque água até cobrir tudo, abafe e deixe cozinhar.

7 Quando o aipim estiver cozido, adicione um copo de água fria, baixe o fogo e deixe cozinhar até que desmanche.

8 Refogue separadamente os camarões com o resto dos temperos e o coentro.

9 Adicione os camarões ao aipim, acrescente o dendê, a pimenta e o leite de coco; ferva um pouco mais.

10 Sirva com arroz branco e o molho para bobó de camarão.

Bobó Cremoso de Camarão

- 1 e ½ kg de camarões
- 2 colheres (sopa) de suco de limão
- 1 pitada de pimenta-do-reino
- 1 colher (chá) de sal
- 1 e ½ kg de mandioca picada
- 1 e ½ litro de água
- 1 folha de louro
- 2 cebolas raladas
- 2 xícaras (chá) de leite de coco
- 1 dente de alho socado
- 5 colheres (sopa) de azeite de oliva
- ½ xícara (chá) de cheiro-verde picado
- 2 pimentões vermelhos picados
- 8 tomates sem pele e sem sementes
- 2 colheres (sopa) de azeite-de-dendê
- Molho para bobó de camarão (veja abaixo)

1 Descasque os camarões e limpe-os. Tempere-os com o suco de limão, a pimenta e o sal.

2 Cozinhe a mandioca, em água fervente, com a folha de louro e uma das cebolas. Junte metade do sal. Escorra a mandioca e bata no liquidificador com metade do leite de coco.

3 Enquanto isso, leve ao fogo o azeite de oliva com a outra cebola picada e o alho socado. Refogue por 5 minutos; adicione o cheiro-verde, os pimentões e os tomates. Cozinhe até os ingredientes estarem macios. Junte os camarões e cozinhe por mais alguns minutos.

4 Misture a mandioca já preparada.

5 Deixe levantar fervura, acrescente o leite de coco restante e o azeite-de-dendê (não deixe ferver).

6 Sirva quente, com arroz e o molho para bobó de camarão.

Molho para Bobó de Camarão

- 1 tomate graúdo cortado em quadradinhos
- 1 pimentão verde cortado em quadradinhos
- 1 cebola cortada em quadradinhos
- 2 colheres (sopa) de suco de limão
- 2 colheres (sopa) de azeite
- 1 colher (sopa) de vinagre
- 2 pimentas-malagueta picadas
- Sal a gosto
- Coentro picado (opcional)

1 Misture bem todos os ingredientes e, se gostar, acrescente um pouco de coentro picado.

2 Coloque em uma molheira e sirva acompanhando o bobó.

BOLINHOS DE CAMARÃO

- 1 kg de camarões limpos
- 2 colheres (sopa) de óleo
- 4 tomates sem pele
- Sal
- 2 dentes de alho
- 1 cebola pequena picada
- 2 colheres (sopa) de cheiro-verde picado
- 1 colher (sopa) de manteiga
- 2 colheres (sopa) de azeite
- 2 xícaras (chá) de leite
- 2 colheres (sopa) de farinha de trigo
- 4 gemas desmanchadas
- Óleo para fritar

1 Refogue os camarões no óleo com os tomates, o sal, o alho, a cebola e o cheiro-verde. Depois de amolecidos, separe 24 dos camarões mais bonitos e pique finamente o restante.

2 Coloque na panela a manteiga e um pouco de azeite. Aqueça e adicione os camarões picados e o leite engrossado com a farinha de trigo. Refogue mais um pouco.

3 Retire do fogo e adicione as gemas. Leve de novo para cozinhar, misturando até despregar do fundo da panela. Acerte o ponto do sal.

4 Retire do fogo e deixe esfriar completamente. Faça os bolinhos, com um formato redondo meio achatado, coloque-lhes no centro um camarão inteiro, e frite-os.

CAMARÕES À BAIANA

- 2 cebolas médias bem picadas
- 2 colheres (sopa) de manteiga
- 2 colheres (sopa) de óleo
- 3 dentes de alho amassados
- 1 kg de tomates sem pele e sem sementes batidos no liquidificador
- Sal a gosto
- 1 kg de camarões médios limpos
- 1 colher (sopa) de pimenta-dedo--de-moça picada
- 1 xícara (chá) de leite de coco

1 Leve ao fogo uma panela com as cebolas, a manteiga, o óleo e o alho e deixe-os fritar por 3 minutos.

2 Acrescente os tomates, tempere com sal e deixe em fogo baixo durante 15 minutos, ou até obter um molho espesso.

3 Acrescente os camarões limpos, lavados e temperados com sal. Adicione a pimenta. Deixe no fogo até que os camarões estejam cozidos e o molho fique bem grosso (cerca de 10 minutos).

4 Adicione o leite de coco, deixe ferver por mais 2 minutos e sirva.

Camarões à Portuguesa

- 1 kg de camarões médios com a casca
- 8 xícaras (chá) de água
- ½ xícara (chá) de sal
- Óleo para fritar

1. Lave bem os camarões em água corrente.

2. Misture a água com o sal para fazer uma salmoura. Coloque nela os camarões e deixe-os de molho por 30 minutos.

3. Escorra-os e leve-os ao forno morno por alguns minutos para que comecem a secar.

4. Coloque abundante óleo numa frigideira e, quando estiver bem quente, frite aos poucos os camarões até que as cascas fiquem bem douradas e crocantes.

5. Sirva com gomos de limão.

Camarões à Provençal

- 20 camarões graúdos
- ½ xícara (chá) de farinha de trigo
- 1 colher (chá) de sal
- 1 colher (café) de pimenta-do-reino
- ½ xícara (chá) de azeite
- 2 colheres (sopa) de manteiga
- 6 dentes de alho picados
- 2 colheres (sopa) de suco de limão
- 2 colheres (sopa) de salsinha picada

1. Limpe os camarões, eliminando as cascas e as tripas. Mantenha a cauda.

2. Prepare uma mistura com a farinha de trigo, o sal e a pimenta-do-reino.

3. Coloque metade do azeite em uma frigideira e leve ao fogo.

4. Seque os camarões em papel absorvente e passe-os na farinha temperada, elimine o excesso de farinha e coloque-os no azeite quente, fritando de 5 em 5 camarões. Doure 3 minutos de cada lado e retire, mantendo-os aquecidos. Termine de fritar os camarões.

5. Acrescente o azeite restante à frigideira e coloque a manteiga. Aqueça e adicione o alho picado, refogue por 2 minutos e coloque novamente os camarões na frigideira. Regue com o suco de limão, salpique com a salsinha picada e, se necessário, acerte o sal do molho.

6. Sirva com arroz branco passado no molho que restar na frigideira.

Camarões ao Forno com Catupiri

- ½ kg de camarões médios limpos
- Sal e pimenta-do-reino
- Farinha de trigo o quanto baste
- 4 colheres (sopa) de óleo
- 2 colheres (sopa) de manteiga
- 1 cebola picada finamente
- 6 tomates sem pele picados
- 2 colheres (sopa) de salsinha picada
- 500 g de requeijão catupiri

1 Tempere os camarões com o sal e a pimenta-do-reino. Passe-os pela farinha de trigo e elimine o excesso. Reserve.

2 Numa panela de fundo largo, aqueça um pouco do óleo com 1 colher (sopa) de manteiga.

3 Nessa mistura, doure aos poucos os camarões empanados na farinha, escorra e coloque mais óleo e manteiga na panela a cada nova adição de camarões. (A farinha passada nos camarões antes de serem fritos se depositará no fundo da panela e fará com que o molho fique mais espesso depois de pronto.)

4 Quando todos os camarões estiverem fritos, retire-os da panela e refogue nela a cebola até que fique bem macia, raspando bem o fundo da panela com uma colher de pau.

5 Acrescente os tomates picados e a salsinha.

6 Coloque um pouco de água e deixe ferver por 20 minutos em fogo baixo para que o molho encorpe. Tempere com sal e pimenta-do-reino e coloque os camarões fritos e reservados na panela. Ferva por mais 5 minutos.

7 Espalhe $1/3$ do catupiri no fundo de uma travessa refratária. Despeje sobre o requeijão o molho com os camarões e coloque por cima de tudo pedacinhos do catupiri restante.

8 Na hora de servir, leve ao forno quente até que ferva e fique dourado por cima.

9 Sirva quente com arroz branco.

Camarões com Catupiri

- 2 kg de camarões-rosa limpos
- Sal e pimenta-do-reino
- 1 cebola ralada em ralo grosso
- ½ xícara (chá) de óleo
- 1 kg de requeijão catupiri
- 2 colheres (sopa) de vinho branco seco
- ½ xícara (chá) de ketchup

1 Tempere os camarões com sal e pimenta-do-reino.

2 Leve ao fogo a cebola ralada e o óleo. Espere dourar e adicione os camarões. Refogue durante 5 minutos.

3 Mexa os camarões até que o líquido seque.

4 Junte o queijo picado e tampe a panela por 2 minutos, a fim de que este derreta bem.

5 Adicione o vinho branco e o ketchup. Deixe no fogo mais 5 minutos, mexendo de vez em quando, para misturar bem. Acerte o ponto de sal do molho.

6 Ponha numa tigela ou sopeira com tampa e sirva quente, acompanhando arroz.

Camarões com Curry

- 1 kg de camarões cozidos em água fervente e sal
- 2 colheres (sopa) de manteiga ou margarina
- 1 cebola média picada finamente
- 1 colher (sopa) de farinha de trigo
- Sal a gosto e pimenta-do-reino
- 1 colher (sobremesa) de pó de curry
- 1 xícara (chá) da água em que foram cozidos os camarões
- 1 xícara (chá) de creme de leite
- Chutney de manga (pág. 466)

1 Cozinhe os camarões em um pouco de água fervente. Descasque-os, eliminando as cascas e removendo as tripas.

2 Leve ao fogo a manteiga com a cebola e, quando esta começar a dourar, adicione a farinha de trigo, o sal e o *curry*. Refogue por 2 minutos e aos poucos adicione a água em que foram cozidos os camarões.

3 Quando começar a ferver, misture os camarões e, em seguida, o creme de leite. Acerte o ponto do sal e da pimenta-do-reino.

4 Retire do fogo após 5 minutos e sirva acompanhado de arroz branco e *chutney* de manga.

Camarões com Palmito

- 1 kg de camarões médios
- 2 colheres (sopa) de óleo
- 1 cebola picada finamente
- 4 tomates sem pele
- 2 colheres (sopa) de cheiro-verde picado
- Sal e pimenta-do-reino
- 1 xícara (chá) de caldo de camarão (pág. 190)
- 1 colher (sopa) de farinha de trigo
- ¼ de xícara (chá) de leite frio
- 1 xícara (chá) de palmito em conserva picado

1 Descasque, limpe e cozinhe os camarões.

2 Refogue no óleo a cebola picada, os tomates, o cheiro-verde e a pimenta-do-reino.

3 Coloque os camarões no refogado e acrescente o caldo de camarões. Cozinhe por 6 minutos. Desmanche a farinha de trigo em ¼ de xícara (chá) de leite frio e acrescente à panela. Tempere com sal e pimenta-do-reino.

4 Assim que ferver, junte o palmito, cortado em pedaços pequenos, misturando com cuidado.

5 Ferva novamente e sirva com arroz branco.

Camarões na Moranga

- 1 moranga média
- Óleo
- 1 e ½ xícara (chá) de caldo de camarão (pág. 229) ou de caldo de legumes (pág. 228)
- 4 colheres (sopa) de manteiga
- 1 cebola graúda
- 1 colher (sopa) de coentro picado (opcional)
- 1 kg de camarões médios limpos
- ½ xícara (chá) de polpa de tomate
- 2 colheres (sopa) de farinha de trigo
- Sal e pimenta-do-reino
- 300 g de queijo catupiri ou requeijão cremoso

1 Corte cuidadosamente a tampa da moranga. Descarte as sementes e unte a casca e a tampa com um pouco de óleo.

2 Coloque novamente a tampa e embrulhe a moranga em papel-alumínio. Asse em forno quente por 30 minutos. Retire o papel-alumínio e coloque novamente no forno para que a polpa da moranga fique macia (cerca de 20 minutos, dependendo do tamanho).

3 Com uma colher, retire parte da polpa.

4 Bata em um liquidificador a polpa da moranga com o caldo de camarões.

5 Coloque em uma panela a manteiga. Aqueça bem e acrescente a cebola e o coentro. Refogue em fogo baixo até que a cebola fique macia. Junte os camarões e refogue por 2 ou 3 minutos. Salpique com a farinha de trigo e misture bem. Adicione o caldo batido com a polpa da moranga. Cozinhe por 5 minutos, acerte o ponto do sal e da pimenta-do-reino.

6 Coloque a preparação dentro da moranga e adicione o requeijão às colheradas; misture delicadamente. Leve ao forno para aquecer bem. Sirva com arroz.

Casadinhos de Camarão

- 1 kg de camarões frescos
- 3 colheres (sopa) de azeite
- 1 cebola pequena picada
- 2 colheres (sopa) de cheiro-verde picado
- Sal
- 2 colheres (sopa) de manteiga ou margarina
- 2 xícaras (chá) de leite
- 2 gemas
- 3 colheres (sopa) de farinha de trigo
- 2 tomates picados sem pele
- Queijo parmesão ralado a gosto
- Farinha de rosca
- 2 ovos

1 Limpe os camarões e divida-os em 2 partes iguais. Conserve uma metade com os camarões inteiros. Moa ou pique a outra metade para fazer a massa.

2 Numa panela com o azeite, ponha a cebola, o cheiro-verde e o sal, refogando aí os camarões inteiros.

3 Em outra panela ponha manteiga, leite, sal e as 2 gemas, engrossando com farinha de trigo até obter um mingau bem grosso.

4 Numa terceira panela ponha 1 colher (sopa) de manteiga e os tomates. Refogue tudo, junte os camarões moídos e refogue mais, sem mexer, para que não se desmanchem.

5 Depois de pronto o refogado, misture-o ao mingau grosso (que já deve estar pronto), juntando queijo ralado a gosto.

6 Ponha a massa obtida na geladeira, para tomar consistência, a fim de facilitar o preparo dos casadinhos.

7 Tome 2 camarões inteiros, cruze-os, espete-os num palito e cubra-os com a massa, passando-os em farinha de rosca e ovos. Frite os casadinhos em óleo quente quase na hora de servir.

CAMARÃO

Fritada de Camarões

- 300 g de camarões descascados e limpos
- 4 colheres (sopa) de óleo
- 2 colheres (sopa) de cebola picada
- Sal e pimenta-do-reino
- 3 tomates sem pele
- 4 ovos separados
- 2 colheres (sopa) de salsa picada

1 Leve os camarões para refogar em óleo com a cebola picada, sal, a pimenta-do-reino e os tomates picados.

2 Quando o molho estiver espesso e os camarões cozidos, retire a panela do fogo.

3 Bata numa vasilha funda as gemas e tempere com sal e a salsa picada. Incorpore ao molho de camarões.

4 Bata as claras em neve e incorpore delicadamente à mistura de gemas e camarões.

5 Unte um refratário retangular e despeje a mistura.

6 Coloque no forno a temperatura moderada, para que asse por igual e forme uma crosta dourada.

Nota: Se não quiser assar, leve o molho de camarões ao fogo numa frigideira antiaderente com um pouco de manteiga ou margarina e despeje os ovos batidos em cima, virando-os com um garfo, cuide para que o fogo não seja muito forte, a fim de que a mistura não pegue no fundo e os ovos não fiquem queimados.

Molho Cremoso de Camarões

- 2 colheres (sopa) de manteiga
- 1 cebola média ralada em ralo grosso
- 1 colher (sopa) de farinha de trigo
- 2 xícaras (chá) de leite
- ½ kg de camarões cozidos em água e sal, descascados e limpos
- 1 pitada de pimenta-branca
- 1 pitada de noz-moscada
- Sal
- Salsa picada

1 Leve a manteiga e a cebola ao fogo. Quando começarem a dourar, adicione a farinha, mexendo bem até tostar ligeiramente.

2 Acrescente aos poucos o leite, os camarões picados, a pimenta, a noz-moscada e o sal. Deixe ferver em fogo baixo até engrossar, sem parar de mexer.

3 Apague o fogo e continue mexendo para esfriar um pouco, sem criar película.

4 Sirva sobre peixes grelhados ou com massas em geral, salpicando com a salsa.

Musse de Camarão

- 1 litro de água
- ½ kg de camarões médios
- 1 colher (sopa) de gelatina incolor
- 1 xícara (chá) de maionese
- 2 colheres (sopa) de ketchup
- 1 colher (sopa) de suco de limão
- 1 cubo de caldo de peixe ou legumes
- Sal e pimenta-do-reino
- ½ xícara (chá) de creme de leite fresco
- 2 claras batidas em neve
- Óleo

1 Coloque a água para ferver e adicione os camarões com as cascas. Ferva por 10 minutos. Escorra os camarões e reserve a água. Elimine as cascas e as tripas dos camarões. Reserve-os.

2 Cubra a gelatina com um pouco de água fria e deixe hidratar.

3 Coloque no liquidificador os camarões, a maionese, o ketchup e o suco de limão e processe até obter uma pasta. Escorra a gelatina e dissolva em banho-maria juntamente com o cubo de caldo e com ½ xícara do caldo de camarões (reservado). Adicione ao liquidificador e bata até obter um creme homogêneo. Tempere com sal e pimenta-do-reino, incorpore o creme de leite sem bater e deixe esfriar completamente.

4 Bata as claras em neve e acrescente delicadamente à mistura de camarões. Unte uma fôrma com um pouco de óleo e despeje a mistura dentro dela. Leve à geladeira por 6 a 8 horas no mínimo. Sirva como entrada.

LAGOSTA

A carne desse crustáceo é finíssima e muito apreciada. A lagosta tem, no centro do corpo, uma tripa verde, que se retira ao prepará-la. Cozinha-se a lagosta em água temperada com sal ou em *court-bouillon* (pág. 466). Dependendo do tamanho, são suficientes 15 minutos para cozinhá-la. Deixe esfriar no próprio caldo do cozimento.

LAGOSTA À NEWBURG

- 2 caudas de lagostas cozidas
- 3 colheres (sopa) de manteiga ou margarina
- ¼ de xícara (chá) de vinho branco
- 2 colheres (sopa) de conhaque
- Sal e pimenta-do-reino
- Pimenta-de-caiena
- 1 xícara (chá) de nata ou de creme de leite
- 3 gemas

1   Divida a lagosta, já preparada e cozida, ao meio e pelo comprimento, retire toda a carne e corte-a em pedaços regulares.

2   Refogue os pedaços de carne com metade da manteiga ou margarina.

3   Acrescente ao refogado o vinho branco e o conhaque. Tempere com sal, pimenta moída e uma pitada de caiena.

4   Aumente o fogo e deixe ferver até que o líquido se reduza à metade.

5   Misture o creme de leite com as gemas e reserve.

6   Retire a panela do fogo e adicione a nata ou o creme de leite. Acerte o ponto do sal.

7   Leve novamente a panela ao fogo, sacolejando-a, para evitar que seu conteúdo entre em ebulição. Retire do fogo e incorpore a manteiga restante quando o molho estiver bem aquecido e bem ligado como um creme.

8   Sirva quente.

Lagosta à Thermidor

- 2 lagostas de aproximadamente 1 kg
- 2 colheres (sopa) de manteiga
- 3 colheres (sopa) de farinha de trigo
- ½ litro de leite
- 4 gemas
- Sal e pimenta-branca
- 200 g de queijo emmenthal ralado
- 1 colher (sopa) de ketchup
- 1 vidro de cogumelos
- 250 g de creme de leite
- 2 colheres (sopa) de parmesão ralado

1 Afervente as lagostas em água e sal durante 10 minutos.

2 Retire toda a carne das carcaças e tire a tripa, do mesmo modo como se procede com o camarão.

3 Leve ao fogo, numa caçarola, a manteiga e a farinha. Deixe dourar e, mexendo sempre com uma colher de pau, adicione o leite quente.

4 Quando engrossar, afaste a panela do fogo e junte as gemas, uma de cada vez, batendo bem após cada adição.

5 Verifique se está bom de sal e junte a pimenta.

6 Torne a levar ao fogo e retire quando começar a ferver.

7 Adicione a carne picada das lagostas, o queijo ralado, o ketchup e os cogumelos fatiados, deixando fritar por alguns minutos.

8 Junte o creme de leite e não deixe ferver.

9 Com a mistura obtida, encha as carcaças das lagostas, polvilhe com queijo ralado e leve ao fogo para gratinar, o que demora de 5 a 10 minutos.

10 Sirva com arroz na manteiga.

Lula
Lula

Lulas à Catalã

- 8 dentes de alho descascados
- 2 pimentões vermelhos
- ½ xícara (chá) de azeite
- ½ colher (chá) de páprica picante
- 1 kg de lulas limpas
- 2 colheres (sopa) de vinho branco
- 4 colheres (sopa) de suco de limão
- Sal e pimenta-do-reino
- 3 colheres (sopa) de salsinha picada
- Fatias de pão

1 Fatie finamente os dentes de alho. Retire as sementes dos pimentões e corte-os em tiras muito finas.

2 Aqueça o azeite em uma frigideira grande e coloque os dentes de alho e as tiras de pimentão, refogue em fogo baixo até que os pimentões estejam macios e o alho levemente dourado.

3 Salpique com a páprica e aumente o fogo.

4 Adicione as lulas à frigideira e refogue por cerca de 4 minutos.

5 Acrescente o vinho branco e deixe evaporar. Apague o fogo e regue com o suco de limão. Tempere com sal e bastante pimenta-do-reino. Coloque em uma travessa.

6 Salpique com a salsinha e sirva com fatias de pão.

Lulas Enfarinhadas

- 500 g de lulas limpas
- ½ xícara (chá) de farinha de trigo
- Óleo para fritar
- Sal

1 Corte as lulas em anéis de 1 cm e seque-as bem.

2 Coloque os anéis de lula em um saco plástico com farinha de trigo. Feche a boca do saco e agite bem. Coloque as lulas em uma peneira e balance para retirar o excesso de farinha.

3 Frite as lulas aos poucos em bastante óleo até estarem douradas. Salpique com sal e sirva com gomos de limão.

Caranguejo e Siri

Esses crustáceos, muito variáveis no tamanho, são saborosos e nutritivos. Deve-se, antes de cozinhá-los, tirar a pequena barbatana do meio da cauda e a tripa preta que se encontra junto a esta e que, quando não é retirada, transmite um gosto desagradável ao caranguejo.

CARANGUEJOS COZIDOS

- *12 caranguejos limpos*
- *1 receita de* court-bouillon *(pág. 466)*
- *Gomos de limão e azeite*

1 Cozinhe os caranguejos no *court-bouillon* por 15 a 20 minutos.

2 Retire-os do caldo, escorra-os bem e arrume-os em uma travessa.

3 Sirva decorando a travessa com gomos de limão e regando com um fio de azeite.

VIRADO DE CARANGUEJOS

- *500 g de carne limpa de caranguejos*
- *3 colheres (sopa) de manteiga ou margarina*
- *1 cebola picada*
- *2 tomates sem pele picados*
- *1 colher (sopa) de colorau*
- *Sal e pimenta-do-reino*
- *1 dente de alho picado finamente*
- *2 colheres (sopa) de azeite*
- *1 xícara (chá) de leite*
- *2 xícaras (chá) de farinha de milho*
- *Molho de pimenta-vermelha*

1 Compre a carne de caranguejo já limpa ou cozinhe alguns caranguejos e retire a carne toda (do corpo e das pernas).

2 Faça um refogado com a manteiga, a cebola picada, os tomates, o colorau, a pimenta e o dente de alho.

3 Assim que o refogado estiver no ponto (não deixe secar muito), coloque nele a carne dos caranguejos, um fio de azeite e o leite. Acerte o tempero do sal e da pimenta-do-reino.

4 Engrosse o virado, adicionando aos poucos a farinha de milho. Se resultar em um virado muito seco, adicione um pouco de água fervente.

5 Sirva com molho de pimenta-vermelha. Se quiser pode colocar o virado para rechear as carcaças dos caranguejos.

Nota: O virado deve ficar com boa consistência, mas não muito duro.

Frigideira de Caranguejos

- 4 colheres (sopa) de óleo
- 1 cebola picada finamente
- 1 dente de alho picado
- 1 pimentão verde pequeno picado
- 500 g de carne limpa de caranguejo
- ½ xícara (chá) de leite de coco
- Sal e pimenta-do-reino
- 5 ovos grandes
- Manteiga e farinha de rosca
- 1 cebola cortada em fatias
- 1 pimentão vermelho fatiado
- 1 tomate fatiado

1 Coloque o óleo em uma frigideira e leve ao fogo, acrescente a cebola picada, o alho picado e o pimentão verde picado. Refogue bem em fogo baixo, até que tudo fique macio. Acrescente a carne de caranguejo, refogue e regue com o leite de coco. Tempere com sal e pimenta-do-reino, apague o fogo e deixe esfriar.

2 Separe os ovos e bata as gemas em uma tigela. Acrescente ao refogado de caranguejo e tempere com sal e pimenta-do-reino.

3 Bata as claras em neve e acrescente aos caranguejos, misturando devagar.

4 Unte um refratário com manteiga e polvilhe com a farinha de rosca. Despeje a mistura no recipiente. Decore com fatias da cebola, pimentão vermelho e fatias de tomate. Salpique com um pouco da farinha de rosca e leve ao forno preaquecido para assar por 25 minutos ou até que esteja bem dourado.

Siris Recheados

- 4 siris
- 1 cebola picada
- 4 colheres (sopa) de salsinha picada
- Sal a gosto e pimenta-do-reino
- 2 colheres (sopa) de pão de milho esfarelado

1 Cozinhe os siris e deixe-os esfriar.

2 Arranque-lhes as patas, quebre-as e aproveite-lhes a carne.

3 Despeje da carcaça a parte que segura as patas e retire a carne e a própria massa amarelo-acinzentada.

4 Coloque numa tigela a carne dos siris e acrescente todos os ingredientes.

5 Encha as cascas dos siris e sirva-as como entrada, acompanhadas de gomos de limão e molho de pimenta--vermelha.

Casquinhas de Siri

- 2 xícaras (chá) de pão amanhecido cortado em cubos
- ¾ de xícara (chá) de leite de coco
- 2 colheres (sopa) de óleo
- 1 cebola pequena picada
- 1 dente de alho
- 1 pimentão pequeno picado
- 300 g de carne de siri
- 2 tomates sem pele e sem sementes picados
- 1 colher (sopa) de farinha de trigo
- Sal e pimenta-do-reino
- 2 colheres (sopa) de farinha de rosca
- 4 colheres (sopa) de queijo parmesão ralado
- 1 colher (sopa) de coentro picado

1 Em uma tigela, cubra os pedaços de pão com o leite de coco para que fiquem bem embebidos. Aqueça o óleo em uma panela e acrescente a cebola, o alho e o pimentão picados.

2 Refogue por 10 minutos e adicione a carne de siri e os tomates.

3 Misture bem e junte a farinha de trigo. Misture novamente e acrescente o pão e o leite em que ficou de molho. Cozinhe misturando até que o pão desmanche e que a mistura fique espessa. Retire do fogo.

4 Tempere com sal e pimenta-do-reino e acrescente o coentro. Deixe esfriar completamente. Recheie as casquinhas do próprio siri ou conchas apropriadas. Salpique-as com farinha de rosca e parmesão ralado e leve-as ao forno para dourar.

Nota: Se gostar das casquinhas com sabor mais picante, adicione ao refogado uma pimenta-dedo-de-moça bem picada.

Ostras

Cuidados e Modo de Abrir

As ostras pequenas são as mais apreciadas. São consumidas geralmente cruas, ligeiramente salpicadas de pimenta grossa ou regadas com caldo de limão. Nunca é demais recomendar muito cuidado na escolha das ostras:

• É preciso que sejam frescas e que, ao abri-las, contenham água. Do contrário, não servem para o consumo, pois podem causar sérias intoxicações.

• Escolha ostras frescas e vivas de um fornecedor de confiança.

• Para abrir as ostras, coloque uma a uma sobre um pano limpo, com o lado mais arredondado para baixo, e introduza uma faca pequena no meio da concha para separar as metades; torça a faca para fazer pressão na concha e, assim que sentir que a pressão aliviou, passe-a em torno da concha para cortar o músculo do molusco.

Ostras à Floriano

- 12 ostras frescas
- 2 colheres (sopa) de manteiga ou margarina
- 1 maço pequeno de cheiro-verde picado
- Sal e pimenta-do-reino
- 1 xícara (chá) de vinho branco
- 3 gemas
- 1 colher (sopa) de suco de limão
- Farinha de rosca

1   Abra as conchas, retire as ostras e coloque-as, com a sua água, num prato.

2   Prepare um molho com manteiga ou margarina, o buquê de cheiro-verde picado, a pimenta e o vinho branco, despejando nele as ostras com a própria água.

3   Deixe ferver até que o molho reduza bem, juntando então uma ligação feita com as gemas e o caldo de limão.

4   Lave bem as cascas e ponha em cada uma um pouco da mistura obtida.

5   Polvilhe com farinha de rosca e regue com manteiga ou margarina derretida e levemente temperada com sal.

6   Leve ao forno quente.

Ostras ao Natural

- 12 ostras frescas
- Gelo triturado
- Gomos de limão
- Pimenta-do-reino

1   Escolha ostras frescas e vivas de um fornecedor de confiança.

2   Para abri-las coloque uma a uma sobre um pano limpo, com o lado mais arredondado para baixo, e introduza uma faca pequena no meio da concha para separar as metades; torça a faca para fazer pressão na concha, e, assim que sentir que a pressão aliviou, passe-a em torno da concha para cortar o músculo do molusco.

3   Retire a parte superior da concha, preservando o líquido da ostra na concha inferior. Arrume as ostras na ½ concha sobre uma camada de gelo triturado.

4   Coloque ao lado gomos de limão e pimenta-do-reino para ser moída na hora.

Ostras à New Orleans

- 24 ostras
- 1 *receita de* massa para fritar peixes *(pág. 564)*
- *Óleo para fritar*

Molho:
- *1 colher (sopa) de molho inglês*
- *½ colher (chá) de molho de pimenta-vermelha*
- *1 colher (sopa) de pasta de raiz-forte*
- *½ xícara (chá) de suco de tomate*
- *2 colheres (sopa) de suco de limão*
- *1 colher (chá) de cebola bem picada*
- *4 colheres (sopa) de maionese*
- *Sal e pimenta-do-reino*

1   Prepare a massa para a fritura das ostras.

2   Abra as ostras, retire-as das conchas e seque-as em papel absorvente. Salpique-as com um pouco de sal e pimenta-do-reino.

3   Aqueça bem o óleo. Mergulhe as ostras na massa, escorra o excesso e doure-as rapidamente no óleo quente.

4   Para o preparo do molho, basta misturar todos os ingredientes em uma pequena tigela.

Caldas, Glacês e Recheios Doces

"Os animais saciam-se; o homem come; só o apreciador sabe comer."

BRILLAT-SAVARIN. TEXTO DA EDIÇÃO DE 1942 DE *DONA BENTA*.

CALDAS

Calda de açúcar 645
Clarificação 645
Ponto de voar 646
Ponto de bala mole ou de açúcar 646
Ponto de quebrar 646
Ponto de espadana 646
Ponto de espelho 646
Ponto de pasta 646
Ponto de fio brando 646
Ponto de fio 647
Açúcar queimado ou caramelo 647
Caramelo para fôrmas de creme e pudim 647
Calda ou molho de chocolate 648
Calda de chocolate para pudins 648

GLACÊS

Fondant 650
Glacê a frio 650
Glacê de caldo de frutas, licores ou xaropes ...651
Glacê de laranja para tortas 651
Glacê de café 651
Glacê de revestimento 652
Glacê real para trabalho com bicos 652
Glacê de chocolate em pó 652
Glacê de chocolate com baunilha 653
Glacê de chocolate esplêndido I 653
Glacê de chocolate esplêndido II 653
Glacê de Kümmel ou rum 654
Glacê de chocolate quente 654
Glacê de confeiteiro 654
Glacê de manteiga 655
Glacê de limão 655
Glacê de manteiga e chocolate 655
Glacê de suspiro 656
Merengue para bolos e tortas 656
Suspiros de enfeitar 656

RECHEIOS DOCES

Creme de café para bolos 658
Creme chantilly 658
Creme de confeiteiro I 659
Creme de confeiteiro II 659
Creme de confeiteiro com chocolate ..659
Creme de confeiteiro com café 660
Recheio de frutas 660
Recheio de nozes 661
Recheio de queijo e passas 661

CALDAS

CALDA DE AÇÚCAR

A calda de açúcar é feita no fogo, com água fervente, na seguinte proporção:

- *açúcar: 500 g – água: ¼ de litro;* ou
- *açúcar: 500 g – água: 2 xícaras (chá).*

CLARIFICAÇÃO

A maneira mais simples de clarificar a calda é juntar à mistura de água e açúcar uma clara batida (antes de levar ao fogo).

A clara, coagulando-se pela ebulição, vem à superfície em forma de espuma, e ficam grudadas nela as impurezas. Retire essa espuma com uma escumadeira e, se quiser (não é indispensável), coe a calda num pano limpo.

Ponto de Voar

Mergulhe a escumadeira na calda e levante-a: se se formarem logo uns fios finos e longos (que parecem quebrar, mas não se desmancham), está no ponto.

Ponto de Bala Mole ou de Açúcar

Despeje um pouco de calda numa xícara com água fria. Procure juntar toda a calda com a ponta dos dedos. Se conseguir fazer isso com facilidade, está no ponto.

Ponto de Quebrar

Despeje um pouco de calda numa xícara com água fria e procure fazer com ela uma bala, juntando-a inteira com a ponta dos dedos: se formar a bala imediatamente e ela ficar dura e quebradiça, estará no ponto.

Ponto de Espadana

A calda está em ponto de espadana quando escorre da escumadeira em lâminas ou quando, imergindo a escumadeira na calda e levantando-a em seguida, você vê a calda cair pelos buracos, formando pequenas pérolas.

Ponto de Espelho

Proceda como para obter o ponto de pasta. Só que, no ponto de espelho, a calda deve ficar mais transparente: ela se adelgaça com uma transparência de espelho.

Ponto de Pasta

É o ponto mais tênue. Mergulhe a escumadeira bem no centro da panela e erga-a dando voltas. A calda está no ponto quando cai formando franja, saindo às vezes um fio mais longo do meio de toda essa franja.

Ponto de Fio Brando

Retire um pouco de calda em um pratinho. Assim que esfriar, molhe nela o polegar, junte o indicador e afaste-o: se formar um fio mole, está no ponto.

Ponto de Fio

Proceda como para obter o ponto de fio brando: quando o fio ficar mole, mas sem quebrar, um fiozinho puxa-puxa, a calda estará no ponto de fio.

Açúcar Queimado ou Caramelo

Ponha 1 xícara (chá) bem cheia de açúcar numa panela e vá mexendo com uma colher de pau até que o açúcar derreta todo. Ponha, depois, 1 xícara (chá) de água, mexa, deixe que o açúcar derreta e que a calda vá fervendo até tomar o ponto para untar fôrmas de pudim.

Caramelo para Fôrmas de Creme e Pudim

Opção 1:
- *250 g de açúcar*
- *Um pouco de água quente*

1 Coloque o açúcar numa frigideira e vá mexendo até que derreta por igual.

2 Quando a calda tomar uma cor dourada, junte um pouco de água quente, desmanchando bem o caramelo que se formou.

3 Entorne, depois, dentro da fôrma.

Opção 2:
- *Açúcar*
- *1 colher (sopa) de água*

1 Tome a fôrma em que vai assar o pudim, coloque nela uma porção de açúcar (variável conforme o tamanho do recipiente a ser revestido) e leve ao fogo, deixando derreter, sem água, até que o caramelo tome uma cor marrom-clara.

2 Junte uma colherinha de água e agite a fôrma em todos os sentidos, de modo que a calda escorra bem por todos os lados e forre toda a fôrma.

Calda ou Molho de Chocolate

- 300 g de chocolate amargo
- ½ xícara (chá) de Karo® ou mel
- ¼ de xícara (chá) de água
- 1 xícara (chá) de leite
- 1 colher (café) de baunilha

1   Leve o chocolate ao fogo, em banho-maria, e junte o Karo® ou o mel.

2   Acrescente água e cozinhe por alguns minutos até começar a engrossar.

3   Retire do fogo e adicione o leite e a baunilha.

Observação: Use esse molho para cobrir fatias de bolo ou para acompanhar sorvetes.

Calda de Chocolate para Pudins

- 120 g de chocolate meio amargo
- 1 xícara (chá) de água
- 3 colheres (sopa) de creme de leite
- 1 colher (chá) de manteiga

1   Dissolva o chocolate no fogo com 1 xícara (chá) de água.

2   Bata as 3 colheres (sopa) de creme de leite com a colher (chá) de manteiga e junte o chocolate frio.

Glacês

Fondant

- *1 xícara (chá) de água*
- *500 g de açúcar*
- *1 colher (chá) de suco de limão*

1 Misture bem a água e o açúcar em uma panela, leve ao fogo e tampe. Ferva tampada por 3 minutos. Retire a tampa e ferva por cerca de 12 minutos até obter o ponto de fio grosso.

2 Despeje sobre uma pedra de mármore e borrife com o suco de limão. Misture com uma espátula de madeira fazendo o movimento de vaivém. A calda irá adquirir uma textura de pasta branca e macia. Teste para ver se consegue modelar a massa. Deixe esfriar e guarde em um recipiente.

3 Quando for utilizar, derreta o *fondant* em banho-maria e aplique conforme solicitado na receita. O *fondant* pode ser colorido com algumas gotas do corante alimentar de sua preferência.

Glacê a Frio

- *2 ou mais claras*
- *Açúcar bem fino ou peneirado*
- *1 colher (sopa) de suco de limão*

1 Coloque numa tigela 2 ou mais claras, segundo a necessidade. Junte aos poucos o açúcar peneirado e vá batendo até formar uma pasta lisa e macia, fácil de trabalhar.

2 Acrescente à pasta o caldo de limão (que não deve estar passado) e continue a bater mais um pouco.

3 Se o glacê passar do ponto, dissolva-o com um pouco de água quente; se não chegou ao ponto, bata mais, até obter a consistência desejada.

Glacê de Caldo de Frutas, Licores ou Xaropes

- *250 g de açúcar*
- *4 colheres (sopa) de caldo de frutas (ou de licor, ou xarope)*

Bata o açúcar (peneirado) com o caldo de frutas, o licor ou o xarope, até obter o ponto necessário.

Nota: Assim se faz glacê de abacaxi, de laranja, de rum etc.

Glacê de Laranja para Tortas

- *¾ de xícara (chá) de suco de laranja*
- *4 colheres (sopa) de açúcar*

Engrosse um pouco no fogo e despeje, quente, sobre a torta.

Glacê de Café

- *250 g de manteiga ou margarina*
- *350 g de açúcar de confeiteiro (glaçúcar)*
- *2 colheres (sopa) de café fervido e frio*

1. Bata a manteiga ou margarina em creme ou até ficar mole.
2. Junte o glaçúcar peneirado e bata até que se incorpore.
3. Adicione o café, colher por colher, batendo constantemente.
4. Leve à geladeira (parte baixa) por 15 minutos. Está pronto.

Nota: Próprio para massas tipo pão-de-ló, de nozes e amanteigadas.

Glacê de Revestimento

- *1 clara*
- *Açúcar (até o ponto)*
- *1 colher (sobremesa) de caldo de limão*

1 Bata a clara em neve e junte, aos poucos, o açúcar.

2 Acrescente o limão e mais açúcar, até o ponto de suspiro firme.

3 Passe o glacê de revestimento sobre o bolo e deixe secar bem.

Glacê Real para Trabalho com Bicos

- *1 clara*
- *Glaçúcar (até o ponto)*
- *1 colher (chá) de caldo de limão*

1 Bata a clara em neve.

2 Junte aos poucos o glaçúcar, intercale o limão e mais glaçúcar, até o ponto de bico.

Glacê de Chocolate em Pó

- *250 g de açúcar (peneirado)*
- *125 g de chocolate em pó*
- *6 a 7 colheres (sopa) de água*
- *1 colher (sopa) de manteiga*

1 Misture todos os ingredientes, sem levar ao fogo.

2 Bata bem e empregue.

Glacê de Chocolate com Baunilha

- 1 colher (sopa) mal cheia de leite
- 2 xícaras (chá) de açúcar
- 2 colheres (sopa) de chocolate em pó
- 2 colheres (sopa) de manteiga
- Baunilha

1 Ferva o leite em fogo brando, com o açúcar e o chocolate, até derreter tudo. Vá mexendo de quando em quando até chegar em ponto de bala mole (tome o ponto na água).

2 Retire do fogo, ponha a manteiga e a baunilha. Deixe esfriar até ficar morno, e bata mais um pouco.

3 Sirva sobre bolos.

Glacê de Chocolate Esplêndido I

- 125 g de chocolate meio amargo picado
- 200 g de açúcar peneirado
- 1 clara batida em neve

1 Ponha o chocolate em banho-maria. Quando estiver mole, retire do fogo e junte o açúcar e a clara, batendo muito bem, com uma colher de pau, até obter uma massa bem lisa.

2 Depois de aplicá-lo como cobertura, leve o doce coberto à boca do forno para que o glacê seque e obtenha brilho.

Glacê de Chocolate Esplêndido II

- 100 g de chocolate em pó
- Açúcar

1 Coloque o chocolate numa tigela.

2 Faça uma calda em ponto de fio e misture, pouco a pouco, ao chocolate, mexendo sempre, até que o chocolate fique bem dissolvido.

3 Empregue imediatamente, antes de esfriar.

Glacê de Kümmel ou Rum

- *250 g de açúcar*
- *4 colheres (sopa) de Kümmel ou rum*
- *1 colher (chá) de gim*

Peneire o açúcar, misture-o com o Kümmel ou o rum, acrescente o gim e bata tudo muito bem.

Glacê de Chocolate Quente

- *150 g de chocolate picado*
- *6 colheres (sopa) de água aproximadamente*
- *250 g de açúcar refinado*

1   Derreta o chocolate em fogo brando, com igual porção de água (mais ou menos 6 colheres das de sopa).

2   Junte o açúcar e vá mexendo até chegar em ponto de calda grossa.

3   Derrame por igual em cima do bolo, levando-o ligeiramente ao forno, para secar.

Glacê de Confeiteiro

- *2 claras*
- *200 g de açúcar*
- *2 colheres (sopa) de suco de limão*
- *2 colheres (sopa) de fécula de batata*

1   Misture numa tigela, pouco a pouco, as claras e o açúcar e bata, com uma colher de pau, durante uns 15 minutos.

2   Adicione um pouco do caldo de limão ou 1 colher (chá) de vinagre e continue a bater. Junte, por fim, a fécula de batata e bata mais um pouco.

3   Conserve o glacê na tigela, cobrindo-o com pano úmido.

Nota: Utilizado em cobertura de bolos.

Glacê de Manteiga

- 2 ovos
- 250 g de açúcar
- 300 g de manteiga ou margarina à temperatura ambiente
- 1 colher (café) de baunilha

1 Misture os ovos com o açúcar e leve ao fogo em banho-maria por 5 minutos, para o açúcar derreter um pouco e os ovos esquentarem.

2 Retire do fogo e bata na batedeira por mais 10 minutos ou até ficarem fofos como para pão-de-ló.

3 Junte a manteiga ou margarina aos poucos, adicione a baunilha e bata um pouco mais.

4 Deixe a tigela do creme em lugar fresco ou na parte baixa da geladeira durante 15 minutos.

Nota: Indicado para cobertura de bolos de massa amanteigada, de nozes e massas folhadas.

Glacê de Limão

- 250 g de açúcar
- 2 colheres (sopa) de caldo de limão
- 2 colheres (sopa) de água

Peneire o açúcar, junte o caldo de limão e a água e bata bem.

Glacê de Manteiga e Chocolate

- 125 g de açúcar
- 200 g de chocolate picado
- 2 e ½ colheres (sopa) de manteiga
- 1 colher (sopa) de água

Misture bem todos os ingredientes e leve essa mistura ao fogo, mexendo sempre, até obter o ponto necessário.

Nota: Esse glacê deve ser usado imediatamente.

Glacê de Suspiro

- *1 copo de açúcar*
- *1 copo de água*
- *2 claras*
- *Baunilha ou gotas de caldo de limão*
- *Fermento em pó*

1 Com o açúcar e a água, faça uma calda bem forte.

2 Bata as claras em ponto de neve e despeje a calda lentamente sobre elas. Bata na batedeira até que esfrie.

3 Perfume com a baunilha ou as gotas de limão, acrescente uma colherinha de fermento em pó e bata bastante.

4 Cubra o bolo com uma espátula e deixe secar, sem levar ao forno.

Merengue para Bolos e Tortas

- *3 claras em neve*
- *200 g de açúcar*

1 Misture as claras em neve com o açúcar peneirado e vá batendo.

2 Tire, com uma colher, um pouco do creme e pingue-o sobre um papel: se não se espalhar, está no ponto.

Suspiros de Enfeitar

- *2 claras*
- *2 colheres (sopa) de açúcar peneirado para cada clara*

1 Bata as claras em neve, juntando, aos poucos, o açúcar, e bata até o ponto desejado.

2 Decore o bolo usando um saco de confeiteiro, o que facilita muito o serviço.

Recheios Doces

Creme de Café para Bolos

- 4 colheres (sopa) de manteiga
- 1 colher (café) de baunilha
- 1 xícara (chá) de açúcar
- Café forte (o quanto baste)

1. Bata a manteiga juntando aos poucos o açúcar.
2. Ao creme obtido misture café, o quanto baste para dar-lhe uma consistência que permita espalhá-lo.
3. Adicione a baunilha, mexa bem e espalhe o creme entre as camadas do bolo. Cubra o bolo também com o mesmo creme.

Nota: Esse creme serve de recheio ou para decorar qualquer bolo comum. É uma maneira simples de torná-lo diferente.

Creme Chantilly

- ½ litro de creme de leite fresco
- 4 colheres (sopa) de açúcar de confeiteiro

1. Misture o creme de leite fresco com o açúcar.
2. Bata, na batedeira, por 5 minutos, até que comece a engrossar.
3. Desligue a batedeira e bata o creme com a colher até ficar grosso.
4. Sirva a seguir ou conserve pronto na geladeira por algumas horas.

Creme de Confeiteiro I

- 6 colheres (sopa) de farinha de trigo
- ½ kg de açúcar
- 1 pitada de sal
- 6 gemas
- 1 litro de leite
- 1 casca de limão verde

1 Misture a farinha com o açúcar e o sal.

2 Junte as gemas e dissolva tudo com o leite.

3 Passe na peneira.

4 Ponha a mistura numa panela e junte a casca do limão.

5 Leve ao fogo e mexa até ferver.

6 Cozinhe por 2 ou 3 minutos e retire, então, do fogo.

7 Tire a casca do limão e deixe esfriar. Se quiser que fique mais liso, bata na batedeira.

Creme de Confeiteiro II

- ½ xícara (chá) de açúcar
- 3 colheres (sopa) de farinha de trigo
- 3 gemas
- 1 colher (chá) de essência de baunilha
- 2 xícaras (chá) de leite

1 Peneire, juntos, todos os ingredientes secos, adicione as gemas e a baunilha e dissolva-os no leite.

2 Leve ao fogo e vá mexendo até ferver, misturando até que o creme engrosse. Deixe esfriar mexendo regularmente.

Creme de Confeiteiro com Chocolate

Adicione à receita de *creme de confeiteiro I* ou *II* (pág. 659) 30 g de chocolate meio amargo e derreta no creme ainda quente.

Creme de Confeiteiro com Café

Adicione à receita de *creme de confeiteiro I* ou *II* (pág. 659) 1 colher (sopa) de café solúvel e dissolva no creme ainda quente.

Recheio de Frutas

- *1 abacaxi de tamanho médio*
- *2 peras*
- *2 maçãs tipo delicious*
- *250 g de uvas-itália*
- *100 g de passas de Corinto*
- *150 g de ameixas pretas*
- *600 g de açúcar*

1   Descasque o abacaxi, as peras e as maçãs. Rale tudo em ralo grosso.

2   Descasque as uvas com cuidado e corte-as ao meio. Retire as sementes e ponha com as outras frutas.

3   Limpe as passas e as ameixas, retirando os caroços e picando as últimas.

4   Misture às outras frutas as passas, as ameixas picadas e o açúcar, mexendo até que este fique dissolvido.

5   Leve ao fogo brando e mexa de vez em quando, para que não pegue no fundo.

6   Quarenta minutos depois, retire um pouco em um prato e verifique se as frutas estão cozidas. (Se for preciso, cozinhe mais, até reduzir o líquido deixado por elas.)

Nota: Se for empregar em tortas de massa folhada, esse recheio não deve ficar muito líquido. Já para massa de pão-de-ló, pode ser mais líquido.

RECHEIOS DOCES

RECHEIO DE NOZES

- 250 g de açúcar
- 1 e ½ xícara (chá) de água
- 250 g de nozes moídas (pesadas sem casca)
- 6 gemas
- 6 claras em neve
- 1 cálice de vinho do Porto

1 Dissolva o açúcar na água e leve a mistura ao fogo até obter ponto de fio médio. (Para saber se chegou a esse ponto, retire da fervura um pouco de calda com uma colher e passe-a entre os dedos: se formar uma mistura pastosa, que se torna esbranquiçada, está no ponto.)

2 Enquanto a calda ferve, passe de vez em quando um pincel molhado em água fria em volta da panela, para dissolver os cristais de açúcar que se formam com a fervura.

3 Assim que a calda ficar pronta, retire-a do fogo e deixe esfriar um pouco.

4 Junte as nozes e mexa com colher de pau. Adicione as gemas ligeiramente batidas, as claras em neve e o vinho. Misture e leve ao fogo brando.

5 Mexa constantemente, até aparecer o fundo da panela.

6 Retire do fogo e deixe esfriar. Está pronto.

Nota: Esse recheio é próprio para bolos de massa amanteigada ou de nozes.

RECHEIO DE QUEIJO E PASSAS

- 125 g de farinha de trigo
- 100 g de queijo ralado
- 300 g de açúcar
- 4 gemas
- ¾ de litro de leite
- 100 g de passas brancas

1 Misture a farinha com o queijo, o açúcar e as gemas; dissolva tudo com o leite e passe na peneira.

2 Leve a mistura ao fogo e mexa até ferver.

3 Deixe cozinhar mais 4 ou 5 minutos para que o queijo derreta completamente.

4 Retire do fogo e continue mexendo até ficar morno.

5 Limpe as passas, retire os cabos e ponha-as sobre um pano umedecido em água fria. Cubra-as com uma parte desse pano e esfregue-o sobre elas.

6 Adicione-as ao creme.

Nota: Esse recheio é próprio para massas tipo pão-de-ló e tortas de massa folhada.

CREMES E PUDINS

> "Un cuisinier, quand je dine,
> Me semble un être divin,
> Qui du fond de sa cuisine
> Gouverne le genre humain."
>
> DESAUGIERS. TEXTO DA EDIÇÃO DE 1942 DE *DONA BENTA*.

CREMES

Ambrosia 666
Creme de abacate 666
Creme especial de baunilha 666
Creme de papaia com cassis 667
Creme rápido de chocolate 667
Creme de chocolate com baunilha 667
Espumone 668
Creme saboroso 668
Creme tricolor 669
Creme de laranja 669
Creme russo 670
Creme seresta 670
Creme de milho verde 671
Pamonha 671
Curau 671
Manjar branco 672
Baba de moça I 672
Baba de moça II 673
Nuvens 673
Doce fofo de ovos 674
Ovos moles de Aveiro 674
Ovos nevados 675
Tabefe 675
Doce de aletria 676
Aletria de leite com ovos 676
Doce de coco 677
Doce de leite 677
Arroz doce simples 678
Arroz doce com leite 678
Doce de queijo mineiro 679
Canjica 679
Canjica à baiana 680
Zabaione 680

PUDINS

Pudim de abacaxi 682
Pudim baiano 682
Pudim de banana 682
Pudim de café 683
Pudim de coco (receita mineira) 683
Pudim de queijo 684
Pudim de bem-casados 684
Quindão cremoso 685
Quindim tradicional 685
Pudim italiano 686
Pudim holandês 686
Caçarola italiana 687
Pudim de nozes e figos com creme 687
Pudim de laranja 688
Pudim de pão 688
Pudim de pão moído 688
Pudim de cará 689
Pudim veludo 689
Queijão 689

CREMES

AMBROSIA

- 1 litro de leite integral
- 300 g de açúcar
- 1 colher (chá) de água de flor de laranjeira
- 6 ovos separados

1 Ferva o leite e coloque-o, ainda quente, numa panela.

2 Adicione o açúcar e mexa durante 2 minutos para dissolvê-lo.

3 Junte a água de flor de laranjeira e leve a panela ao fogo médio até o leite ferver outra vez.

4 Nesse meio-tempo, vá batendo as claras em neve; junte as gemas e bata por mais 2 minutos. Despeje a mistura em uma panela com o leite fervente e tampe-a durante 3 minutos.

5 Com uma faca, corte a mistura já cozida (e firme) em pedaços médios e vire-os com a escumadeira. Deixe por mais um minuto no fogo.

6 Retire a panela do fogo e deixe a ambrosia esfriar durante 10 minutos.

7 Coloque-a na compoteira.

CREME DE ABACATE

- 2 abacates maduros
- ¼ de xícara (chá) de leite
- ¼ de xícara (chá) de açúcar
- 1 colher (café) de essência de baunilha
- Gotas de suco de limão

1 Corte os abacates ao meio e retire a polpa, colocando-a em um liquidificador ou processador. Adicione um pouco do leite, o açúcar e a essência de baunilha. Bata até obter um creme bem liso.

2 Leve à geladeira por 1 hora.

3 Sirva-o gelado com gotas de suco de limão.

CREME ESPECIAL DE BAUNILHA

- 3 e ½ xícaras (chá) de leite
- Açúcar e essência de baunilha a gosto
- 3 claras
- 6 gemas

1 Ferva o leite com a baunilha. Bata bem as claras. Misture as gemas com o açúcar.

2 Junte tudo, ponha em uma fôrma untada com açúcar queimado e cozinhe em banho-maria.

CREME DE PAPAIA COM CASSIS

- 1 papaia maduro
- ½ colher (chá) de essência de baunilha
- 4 colheres (sopa) de licor creme de cassis (ver nota)
- 4 bolas de sorvete de creme

1 Coloque a polpa do papaia em um liquidificador, acrescente a baunilha e 2 colheres (sopa) do licor.

2 Bata até obter um creme liso. Coloque as bolas de sorvete e bata bem até obter um creme grosso e de textura homogênea.

3 Sirva-o em 2 taças, regando com o licor restante.

Nota: O licor de cassis pode ser substituído por licor de jabuticaba.

CREME RÁPIDO DE CHOCOLATE

- 3 gemas
- 10 colheres (sopa) de açúcar
- 4 xícaras (chá) de leite
- 6 folhas de gelatina incolor
- 2 colheres (sopa) de chocolate em pó

1 Faça um creme com as gemas batidas, o açúcar e o leite e leve ao fogo para engrossar. Tire e deixe fora do fogo.

2 Derreta a gelatina em 1 xícara (chá) de água quente e junte ao creme que está fora do fogo.

3 Acrescente o chocolate em pó e misture bem. Coloque em uma fôrma molhada e leve para gelar.

CREME DE CHOCOLATE COM BAUNILHA

- 6 gemas
- 200 g de açúcar
- 125 g de farinha de trigo
- 125 g de chocolate em pó
- ½ litro de leite
- 1 colher (café) de essência de baunilha

1 Bata as gemas com o açúcar por 5 minutos. Adicione a farinha peneirada com o chocolate em pó. Dilua tudo com o leite frio e a baunilha, misturando aos poucos.

2 Leve ao fogo e ferva por 2 minutos. Retire do fogo e mexa até esfriar, para não criar película na superfície.

3 Despeje o creme em taças individuais e coloque-o na geladeira por algumas horas.

4 Sirva-o com *creme chantilly* (pág. 658).

ESPUMONE

- 1 xícara (chá) de açúcar
- ½ copo de água
- 4 colheres (sopa) de chocolate em pó
- 1 lata de leite condensado
- A mesma medida de leite de vaca
- 4 gemas
- 4 claras em neve
- 2 colheres (sopa) de açúcar
- 1 lata de creme de leite sem soro

1 Derreta a xícara de açúcar e, quando ele estiver todo derretido, junte o ½ copo de água e o chocolate em pó. Deixe o açúcar caramelizar com o chocolate e unte, com a mistura, uma fôrma com buraco no meio. Reserve.

2 Faça um creme com o leite condensado, o leite de vaca e as gemas. Leve ao fogo brando e deixe engrossar. Reserve, deixando esfriar completamente.

3 Bata as claras em neve. Junte as 2 colheres (sopa) de açúcar, bata mais um pouco e acrescente o creme de leite sem soro.

4 Quando o creme de leite condensado esfriar, junte-o ao suspiro com creme de leite, mexa bem e despeje na fôrma caramelizada.

5 Leve ao congelador e desenforme no dia seguinte.

CREME SABOROSO

- 6 folhas de gelatina
- 2 xícaras (chá) de água morna
- ⅔ de xícara (chá) de açúcar
- 8 gemas
- 1 pitada de sal
- 1 fava de baunilha dissolvida em 750 ml de leite fervente
- 2 colheres (sopa) de chocolate em pó
- 1 colher (café) de óleo de amêndoas

1 Ponha a gelatina de molho nas 2 xícaras (chá) de água morna.

2 Bata o açúcar com as gemas até que se forme uma massa homogênea. Junte o sal, o leite fervido com a baunilha e, por último, a gelatina, que já deve estar dissolvida. Mexa tudo muito bem e leve ao fogo brando até tingir a colher.

3 Retire do fogo, passe em peneira fina e reparta o creme em 2 partes.

4 Junte o chocolate a uma das partes, misture bem e torne a levar ao fogo brando.

5 Unte uma fôrma com o óleo de amêndoas e coloque nela a parte do creme amarelo e outra do de chocolate, até encher a fôrma.

6 Leve a fôrma à geladeira.

CREME TRICOLOR

1º creme:
- 1 lata de leite condensado
- A mesma medida de leite integral
- 3 gemas
- ½ colher (chá) de essência de baunilha
- Bolachas tipo champanhe

2º creme:
- 1 litro de leite
- 3 colheres (sopa) de açúcar
- 3 colheres (sopa) de maisena
- 3 colheres (sopa) de chocolate em pó

3º creme:
- 3 claras
- 4 colheres (sopa) de açúcar
- 1 lata de creme de leite (sem soro) gelado
- 1 caixa de gelatina vermelha (morango, cereja ou framboesa)
- 1 xícara (chá) de água quente, para dissolver a gelatina

1   Para preparar o 1º creme, misture bem todos os ingredientes e leve ao fogo até ferver. Derrame o creme num pirex e cubra-o com bolachas tipo champanhe.

2   Para preparar o 2º creme, misture tudo muito bem e leve ao fogo para apurar. Quando ferver e engrossar, derrame sobre as bolachas tipo champanhe.

3   Para fazer o 3º creme, bata as claras em neve, junte o açúcar e bata mais. Acrescente, então, o creme de leite e bata mais um pouco. Misture a gelatina dissolvida na água quente e, quando tudo estiver bem misturado, despeje a mistura sobre o creme de chocolate. Leve à geladeira por algumas horas.

4   Sirva bem gelado.

CREME DE LARANJA

- 4 xícaras (chá) de suco de laranja
- 4 colheres (sopa) de maisena
- ¼ de xícara (chá) de açúcar

1   Misture cuidadosamente os ingredientes e leve ao fogo. Cozinhe em fogo baixo, misturando constantemente até que o creme engrosse. Ferva, mexendo sempre, por um minuto.

2   Despeje em uma fôrma molhada e leve à geladeira. Se preferir, pode também deixar amornar um pouco e despejar em taças individuais, levando-as à geladeira.

Creme Russo

Para a 1ª camada:
- 1 litro de leite
- 10 colheres (sopa) de açúcar
- 1 vidro de leite de coco
- 4 colheres (sopa) de maisena
- ½ colher (chá) de sal
- 1 colher (chá) de essência de baunilha

Para a 2ª camada:
- 2 maçãs
- 100 g de ameixas-pretas
- 1 e ½ xícara (chá) de água
- 2 folhas de gelatina vermelha
- 5 colheres (sopa) de açúcar
- 1 colher (chá) de essência de baunilha
- 4 claras

1 Primeira camada: misture o leite, o açúcar, a maisena, o sal e o leite de coco. Leve ao fogo, mexendo até engrossar. Retire do fogo, adicione a baunilha e ponha em taças ainda quente, colocando no centro um pedaço de ameixa.

2 Segunda camada: corte as maçãs em pedaços e leve ao fogo com as ameixas, a água e o açúcar, deixando ferver durante 15 minutos. Retire do fogo, adicione a gelatina e a baunilha. Mexa devagar, retirando as ameixas necessárias para a primeira camada. Passe as maçãs e o caldo na peneira e deixe esfriar. Bata as claras em neve, junte as maçãs às colheradas, batendo sempre, até que tudo fique bem misturado.

3 Coloque a segunda camada sobre a primeira e leve à geladeira.

Creme Seresta

1ª cobertura:
- 200 g de ameixas-pretas
- 2 xícaras (chá) de água
- 1 xícara (chá) de açúcar
- 1 caixa pequena de gelatina em pó sabor morango

Creme:
- 1 lata de leite condensado
- A mesma medida de leite de vaca
- 1 lata de creme de leite sem soro
- 2 gemas

2ª cobertura:
- 300 g de bolacha tipo champanhe
- ½ xícara (chá) de licor de cacau ou vinho branco
- ½ xícara (chá) de leite

1 Prepare a primeira cobertura cozinhando as ameixas com 1 xícara (chá) de água e o açúcar. Deixe ferver por 5 minutos e apague o fogo. Retire os caroços das ameixas e reserve-as. Dissolva a gelatina com a outra xícara (chá) de água fervente. Coloque as ameixas e a gelatina diluída no liquidificador, bata e reserve.

2 Faça o creme do seguinte modo: misture em uma panela todos os ingredientes do creme e leve-os ao fogo. Mexa sem parar, para que o creme engrosse. Quando pronto, coloque-o num pirex.

3 Prepare a segunda cobertura, misturando a bebida com o leite. Molhe as bolachas na mistura e cubra, com as bolachas embebidas, o creme que está no pirex.

4 Coloque por cima das bolachas a primeira cobertura.

5 Leve para gelar.

Creme de Milho Verde

- *12 espigas de milho verde*
- *1 coco médio*
- *1 vidro de leite de coco*
- *1 pitada de sal*
- *1 xícara (chá) de açúcar*

1   Rale as espigas de milho e passe-as na peneira. Rale o coco, tire-lhe o leite puro e junte ao coco ralado água fervente, para tirar mais leite.

2   Misture o leite de coco, o sal e o açúcar ao milho e leve ao fogo, mexendo sempre. Cozinhe o creme até desprender da caçarola.

3   Despeje em fôrma molhada e leve à geladeira.

Pamonha

- *24 espigas de milho verde*
- *Leite o quanto baste*
- *Açúcar a gosto*

1   Tire as palhas das espigas, reservando as que estiverem mais perfeitas. Faça com elas saquinhos, costurados à máquina.

2   Rale todas as espigas dentro de uma gamela ou vasilha funda, molhe com um pouco de leite quente (o suficiente para formar um caldo grosso) e adoce a gosto.

3   Encha os saquinhos com a massa obtida, amarre as bocas e vá deitando-os num caldeirão com água fervente.

4   Quando a palha ficar amarela, as pamonhas estarão cozidas. Retire-as da água e leve-as a escorrer numa peneira.

5   Sirva-as frias ou mornas, sem retirá-las do saquinho.

Curau

- *12 espigas de milho verde tenras*
- *½ litro de leite*
- *½ xícara (chá) de açúcar ou a gosto*
- *1 colher (sopa) de manteiga*
- *Canela em pó*

1   Rale as espigas de milho, junte o leite e coe tudo numa peneira fina ou num guardanapo úmido.

2   Adoce bem, junte a manteiga e leve ao fogo, mexendo sempre, até que o mingau tome uma boa consistência.

3   Retire do fogo e, enquanto quente, despeje em pratos molhados.

4   Salpique com a canela em pó.

Cremes

Manjar Branco

- *1 litro de leite*
- *1 coco grande ralado*
- *4 colheres (sopa) de maisena*
- *200 g de açúcar ou a gosto*

1 Leve o leite ao fogo e, quando ferver, despeje-o sobre o coco ralado. Leve ao fogo novamente, por 2 minutos. Coe num pano e esprema bem. Dissolva a maisena em um pouco de leite frio e adicione ao leite de coco. Coloque o açúcar e misture.

2 Leve ao fogo, mexendo sempre, para não encaroçar, até que fique em ponto de mingau grosso. Retire e despeje em fôrma molhada ou caramelada.

3 Depois de bem gelado, vire num prato e sirva.

Nota: O manjar branco é também muito gostoso quando servido com geleia de ameixa-preta *(pág. 734).*

Baba-de-moça I

- *500 g de açúcar*
- *2 xícaras (chá) de água*
- *1 vidro de leite de coco (200 ml)*
- *4 gemas*
- *Canela em pó*

1 Leve ao fogo o açúcar e a água e deixe ferver até chegar em ponto de fio. (Para saber se foi atingido o ponto de fio, retire um pouquinho de calda para um pires, molhe nele o polegar, junte o indicador ao polegar molhado e afaste-o: se formar um fio mole, mas que não se rompe, como um fiozinho puxa-puxa, está no ponto.)

2 Atingido o ponto de fio, desligue o fogo e deixe a calda esfriar um pouco.

3 Misture à calda o leite de coco e as gemas batidas. Leve ao fogo. Vá misturando com uma colher de pau até engrossar.

4 Retire do fogo, deixe esfriar um pouco, arrume em cálices e polvilhe com canela em pó.

BABA-DE-MOÇA II

- 1 e ½ xícara (chá) de leite de coco
- 300 g de açúcar
- 5 gemas

1 Misture o leite de coco e o açúcar em uma panelinha, mexendo durante 2 minutos para dissolver o açúcar. Leve ao fogo fraco por 15 minutos.

2 Retire a panelinha do fogo e espere 5 minutos, até que a calda fique morna.

3 Enquanto isso, bata levemente as gemas com um garfo e, em seguida, misture-as à calda de leite de coco e açúcar. Mexa para incorporar.

4 Leve a panela ao fogo fraco e mexa a baba-de-moça até engrossar, durante aproximadamente 5 minutos. Retire do fogo e deixe esfriar por 10 minutos. Coloque em uma compoteira e leve à geladeira ou sirva em temperatura ambiente.

NUVENS

- ½ litro de leite comum fervido
- 150 g de açúcar
- 1 colher (chá) de essência de baunilha
- 6 ovos
- 1 colher (sopa) de maisena
- ⅕ de xícara (chá) de água fria
- 1 colher (café) rasa de canela em pó

1 Misture numa panela o leite, o açúcar e a baunilha. Leve ao fogo médio para ferver.

2 Enquanto isso, quebre os ovos, um a um, separando as claras das gemas. Bata as claras em neve bem firme.

3 Quando o leite ferver, vá juntando as claras às colheradas até encher quase toda a superfície do leite. Deixe ferver durante um minuto.

4 Vire cada porção de clara com a escumadeira e deixe cozinhar por mais um minuto.

5 Ponha as nuvens numa compoteira.

6 À parte, dissolva a maisena em água fria e junte as gemas. Incorpore essa mistura ao leite fervente que sobrou, mexendo com uma colher de pau, e ferva durante 3 minutos.

7 Retire a panela do fogo e continue mexendo o creme por mais 5 minutos, para esfriar um pouco.

8 A seguir, despeje o creme delicadamente sobre as nuvens.

9 Polvilhe com a canela e sirva.

Doce Fofo de Ovos

- 250 g de açúcar
- 1 e ½ xícara (chá) de água
- ½ colher (café) de essência de baunilha
- 5 ovos separados
- ½ colher (café) de canela em pó

1 Misture o açúcar e a água numa panela e mexa durante 2 minutos para dissolver o açúcar.

2 Leve a panela ao fogo médio e deixe ferver durante 10 minutos.

3 Retire a panela do fogo e deixe a calda esfriar por 5 minutos.

4 Junte a baunilha e as gemas, ligeiramente batidas, à calda de açúcar.

5 Leve ao fogo e mexa com uma colher de pau, até ferver, durante 5 minutos. Retire do fogo e reserve.

6 Bata as claras em neve e misture-as ao doce que está na panela, levando-o novamente ao fogo e mexendo até que ferva.

7 Retire do fogo e deixe esfriar durante 10 minutos.

8 Coloque o doce na compoteira e salpique com a canela.

9 Sirva.

Ovos Moles de Aveiro

- 12 gemas
- 500 g de açúcar
- 100 g de arroz

1 Faça, com o açúcar e um pouco de água, uma calda em ponto de espadana e, enquanto a prepara, cozinhe o arroz até ficar bem mole. Passe-o, então, por uma peneira fina e junte a massa obtida à calda, que já deve estar pronta.

2 Leve ao fogo, mexendo sempre, até que apareça o fundo da panela.

3 Retire do fogo, deixe esfriar um pouco e, depois, junte as gemas, uma por uma, misturando tudo muito bem.

4 Torne a levar ao fogo, mexendo sempre, até engrossar.

5 Retire, deixe esfriar e sirva em compoteira.

Ovos Nevados

- 1 litro de leite
- 6 ovos separados
- Açúcar a gosto
- Essência de baunilha ou cascas de 2 limões

1 Numa panela larga, leve o leite ao fogo para ferver enquanto bate as claras em neve. Quando elas estiverem bem duras e o leite fervendo, vá colocando colheradas das claras em neve no leite. Deixe ferver um pouco e vire com a escumadeira para que as neves cozinhem dos 2 lados.

2 Cozidas as neves dos 2 lados, retire-as com uma escumadeira e ponha-as numa vasilha funda. Faça do mesmo modo, até que acabem todas as claras, tendo cuidado para que não cozinhem demais.

3 Retire o leite do fogo, junte as gemas batidas com açúcar a gosto, misturando tudo muito bem. Feito isso, torne a levar ao fogo, mexendo sempre, até engrossar. Junte a baunilha e despeje o molho assim obtido sobre as neves que estão na vasilha funda.

Nota: Se for empregar as cascas de limão em vez de baunilha, junte-as ao leite quando adicionar as gemas, retirando-as antes de despejar o molho.

Tabefe

- 300 g de açúcar
- 10 gemas
- 1 litro de leite
- 100 g de amêndoas peladas e moídas
- Canela em pó

1 Bata as gemas com o açúcar, junte o leite e leve tudo ao fogo para ferver, mexendo sempre.

2 Assim que levantar fervura, retire do fogo, junte as amêndoas moídas e deixe esfriar um pouco.

3 Deite em copinhos ou cálices, polvilhe com a canela e sirva-o frio.

DOCE DE ALETRIA

- *200 g de manteiga ou margarina*
- *500 g de aletria (macarrão cabelo-de-anjo)*
- *½ kg de ricota*
- *1 lata de leite condensado*
- *1 xícara (chá) de nozes picadas*
- *1 calda com 2 xícaras (chá) de açúcar e 1 xícara (chá) de água*

1 Derreta a manteiga numa panela grande, junte o macarrão e mexa com uma colher de pau até fritá-lo. Tire do fogo e reserve.

2 Amasse a ricota com um garfo e misture com o leite condensado mais metade das nozes picadas.

3 Arrume metade do macarrão reservado numa forma refratária de 22 cm de diâmetro. Despeje o creme de ricota por cima e cubra com o restante do macarrão. Asse em forno médio (200 °C) por 20 minutos.

4 Para a calda misture o açúcar com a água e as nozes picadas restantes. Leve ao fogo baixo, sem parar de mexer, até formar uma calda.

5 Despeje a calda sobre o doce (depois de assado), espere esfriar e sirva.

ALETRIA DE LEITE COM OVOS

- *½ kg de aletria (macarrão cabelo-de-anjo)*
- *Açúcar a gosto*
- *1 xícara (chá) de leite*
- *6 gemas*
- *Canela em pó*

1 Passe um pouco de água fervente na aletria. Em seguida, cozinhe-a no leite adoçado a gosto.

2 Depois do cozimento, adicione as gemas e torne a levar ao fogo para que cozinhem.

3 Arrume em pratinhos, polvilhando com a canela.

CREMES

DOCE DE COCO

- *400 g de açúcar*
- *2 e ½ xícaras (chá) de água*
- *1 coco grande ralado em ralo fino*

1 Misture o açúcar e a água numa panelinha, mexendo durante 2 minutos para dissolver o primeiro ingrediente.

2 Leve ao fogo médio por 20 minutos, até obter uma calda em ponto de fio forte. (Mergulhe uma escumadeira na calda e levante-a: se o açúcar cair em fio grosso, estará no ponto.)

3 Adicione o coco ralado e mexa, com uma colher de pau, durante 2 minutos, até ferver.

4 Retire a panelinha do fogo. Deixe o doce de coco esfriar por 10 minutos. Coloque-o numa compoteira.

5 Sirva.

DOCE DE LEITE

- *2 litros de leite*
- *500 g de açúcar*

1 Despeje o leite numa panela.

2 Coloque no fundo da panela um pires pequeno de porcelana ou de refratário, para que o leite não derrame enquanto ferve.

3 Leve tudo ao fogo médio por 1 e ½ hora ou até o leite reduzir a ½ litro.

4 Retire o pires com uma escumadeira.

5 Adicione o açúcar ao leite fervente e mexa com uma colher de pau, em movimento de vaivém, até o leite engrossar. (Demora mais ou menos 20 minutos.) Coloque o doce, frio, na compoteira.

ARROZ DOCE SIMPLES

- *1 xícara (chá) de arroz cru*
- *2 xícaras (chá) de água*
- *1 casca de limão-verde*
- *1 xícara (chá) de açúcar*
- *1 colher (sobremesa) de manteiga ou margarina*
- *8 gemas*
- *Canela (para polvilhar)*

1 Lave o arroz em água quente e, depois, em água corrente. Deixe secar por 10 minutos.

2 Leve ao fogo a água com a casca de limão e espere levantar fervura. Junte o arroz. Cozinhe em fogo forte, diminuindo depois, como se faz com o arroz salgado.

3 Quando a água evaporar, o arroz deve estar cozido, mas um pouquinho duro. Adicione o açúcar e a manteiga, deixando tomar gosto em fogo brando.

4 Retire um pouco de arroz para uma tigela, junte as gemas passadas numa peneira e misture tudo novamente na panela, mexendo sempre e com cuidado, para não amassar.

5 Ferva durante 2 minutos. Retire do fogo, ponha na travessa em que vai servir ou em 2 pratinhos de sobremesa. Polvilhe com canela.

ARROZ DOCE COM LEITE

- *2 xícaras (chá) de arroz cru*
- *1 pitada de sal*
- *1 litro de leite*
- *$\frac{1}{3}$ de xícara (chá) de açúcar*
- *1 colher (sobremesa) rasa de manteiga*
- *4 gemas*
- *Canela em pó*

1 Cozinhe o arroz em água com uma pitada de sal, até que fique bem cozido e seco. Mude-o, então, para outra caçarola, junte o leite e torne a levá-lo ao fogo, para que cozinhe mais um pouco.

2 Quando estiver bem mole, adicione o açúcar e a manteiga. Cozinhe em fogo brando, mexendo de vez em quando para que não grude no fundo da caçarola. Quando estiver bem grosso, retire do fogo e adicione as gemas. Volte ao fogo e misture por mais 30 segundos. Deixe esfriar um pouco.

3 Quando estiver quase morno, despeje em taças individuais ou em cálices grandes ou mesmo em pratos, salpicando com canela em pó.

CREMES

DOCE DE QUEIJO MINEIRO

- 500 g de açúcar
- ½ litro de água
- 150 g de queijo mineiro curado ralado bem fino
- 4 gemas

1   Misture o açúcar e a água em uma panela e mexa durante 2 minutos, até dissolver o açúcar.

2   Leve ao fogo médio e deixe ferver por 20 minutos.

3   Retire a panela do fogo. Deixe a calda de açúcar esfriar por 10 minutos.

4   Adicione o queijo e as gemas e mexa tudo rapidamente.

5   Leve ao fogo e mexa durante 5 minutos, deixando o doce ferver e engrossar.

6   Retire do fogo e deixe esfriar por 10 minutos.

7   Coloque o doce na compoteira. Sirva-o.

CANJICA

- ½ quilo de canjica
- 3 xícaras (chá) de leite
- ½ xícara (chá) de açúcar

1   Deixe a canjica de molho em água fria por 4 horas. Escorra, troque a água e leve para cozinhar em fogo brando até que os grãos fiquem macios.

2   Quando os grãos estiverem macios, escorra a água e adicione leite, deixando ferver mais um pouco.

3   Sirva em pratos fundos, adoçando e acrescentando mais leite (quente ou frio), se quiser.

Canjica à Baiana

- ½ quilo de canjica
- 1 litro de leite
- 1 colher (sopa) de manteiga
- Pedaços de canela em pau
- 1 vidro de leite de coco
- Amendoins torrados

1 Deixe a canjica de molho. A seguir, escorra a água, ponha outra e leve a canjica para cozinhar em fogo brando até que os grãos fiquem macios.

2 Acrescente o litro de leite, a manteiga e os pedaços de canela. Deixe ferver até engrossar.

3 Junte o leite de coco e os amendoins torrados e moídos. Deixe ferver novamente e sirva.

Zabaione

- 6 gemas
- 8 colheres (sopa) de açúcar
- 6 colheres (sopa) de vinho marsala ou Porto
- Biscoitos tipo champanhe

1 Coloque as gemas em uma tigela que possa ir ao banho-maria, acrescente o açúcar e bata bem com uma colher de pau até obter um creme liso, espumoso e aveludado. Acrescente aos poucos o vinho e misture.

2 Leve ao banho-maria, batendo sem parar com um batedor de arame até que o creme esteja bem cozido e espumoso. A água do banho-maria não deve ferver.

3 Despeje em taças individuais e sirva morno ou gelado, acompanhado de biscoitos champanhe. Pode-se substituir o marsala por vinho do Porto ou vinho izidro seco.

Pudins

Pudim de Abacaxi

- 12 ovos inteiros
- ½ kg de açúcar
- 1 copo de caldo de abacaxi
- 1 colher (sopa) de maisena
- Manteiga

1 Bata os ovos mal batidos, junte os outros ingredientes e misture tudo sem bater.

2 Despeje em forma bem untada de manteiga e bem polvilhada de açúcar.

3 Leve para cozinhar em banho-maria.

Pudim Baiano

- 250 g de açúcar
- 6 gemas
- Cravo e de canela em pó
- 1 coco ralado
- 1 colher (sopa) de manteiga

1 Faça com o açúcar uma calda em ponto de espelho, deixe esfriar e misture as gemas, a canela e o cravo e, por último, o coco ralado e a manteiga.

2 Misture tudo muito bem, despeje numa fôrma untada com manteiga e leve ao forno regular.

3 Tire da fôrma depois de frio.

Pudim de Banana

- 6 a 9 bananas nanicas, conforme o tamanho
- ¼ de xícara (chá) de vinho branco
- 1 e ½ colher (sopa) de manteiga ou margarina
- 150 g de açúcar
- 3 ovos

1 Cozinhe bem as bananas com a casca, mergulhando-as em água e deixando-as ferver até que as cascas comecem a se partir.

2 Descasque as bananas e coloque-as, junto com os outros ingredientes, no liquidificador. Bata bem.

3 Quando tudo estiver bem batido, despeje numa fôrma untada e leve ao forno quente para corar.

PUDIM DE CAFÉ

- 1 colher (sopa) bem cheia de manteiga ou margarina
- 2 colheres (sopa) de farinha de trigo
- 1 xícara (chá) de café bem forte
- 1 xícara (chá) de leite
- 4 ovos separados
- 1 xícara (chá) de açúcar
- Creme chantilly (pág. 658)

1 Derreta a manteiga ou margarina, adicione a farinha e depois o café e o leite, mexendo sempre, até formar um creme.

2 Retire do fogo e, quando morno, vá juntando as gemas uma por uma, alternadamente com colheradas de açúcar e misturando bem, até que terminem os ingredientes.

3 Junte as claras batidas em neve e cozinhe em banho-maria numa fôrma untada com manteiga ou margarina durante 45 minutos. Deixe esfriar.

4 Sirva-o com o creme *chantilly*.

PUDIM DE COCO
(RECEITA MINEIRA)

- 1 coco ralado
- 600 g de açúcar
- ½ xícara (chá) de queijo-de-minas duro ralado
- 12 ovos separados
- 1 e ½ xícara (chá) de fubá de arroz ou farinha de trigo
- 2 colheres (sopa) bem cheias de manteiga
- 1 cálice de vinho do Porto
- Canela e noz-moscada a gosto

1 Faça uma calda em ponto de pasta, deixe esfriar um pouco e misture com o coco e o queijo ralado.

2 Desmanche, sem bater, 12 gemas e 3 claras e junte-as à massa.

3 Misture e, depois, junte o fubá, a manteiga, o vinho, um pouco de canela em pó e uma pitada de noz-moscada ralada.

4 Misture tudo muito bem e leve para assar no forno médio em fôrma untada com manteiga e forrada com papel-manteiga.

5 Retire-o do forno, deixe esfriar e sirva.

Pudim de Queijo

- 4 ovos
- 10 colheres (sopa) de açúcar
- 4 colheres (sopa) de queijo ralado
- 2 colheres (sopa) de farinha de trigo
- ½ litro de leite

1 Bata bem os ovos com o açúcar, como para pão-de-ló.

2 Junte todos os outros ingredientes e misture tudo muito bem.

3 Coe 3 vezes em peneira fina e asse, em banho-maria, em fôrma untada com açúcar queimado.

Pudim de Bem-casados

- 125 g de manteiga
- 1 vidro de leite de coco
- 6 ovos separados
- 125 g de farinha de trigo
- 450 g de açúcar

1 Bata a manteiga com o leite de coco até obter uma pasta branca homogênea. Adicione 3 gemas e a farinha de trigo.

2 Com o açúcar, faça uma calda grossa em ponto de pasta. Despeje dentro dela os ingredientes já batidos, misturando muito bem.

3 Deixe esfriar, junte as últimas 3 gemas e bata bastante. Só então acrescente as claras batidas em neve e bata tudo durante uns 5 minutos.

4 Coloque em uma fôrma untada com manteiga e leve ao forno médio para assar por 40 minutos.

Quindão Cremoso

- 12 gemas
- 300 g de açúcar
- 1 colher (sopa) de margarina
- 1 e ½ xícara (chá) de coco ralado fresco ou em pacote misturado com ½ xícara (chá) de água

1 Passe as gemas por uma peneira; misture o açúcar, a margarina e o coco. Despeje a mistura em uma fôrma untada com bastante margarina e polvilhada com açúcar. Deixe descansar 30 minutos.

2 Asse, coberto, em banho-maria, em forno médio, até começar a cozinhar; depois, em forno baixo, até que espetando com um palito este saia seco.

3 Deixe esfriar bem, desenforme e leve para gelar.

Quindim Tradicional

- 12 gemas
- 3 ovos inteiros
- ½ kg de açúcar
- 1 coco ralado
- 2 colheres (sopa) de manteiga
- 1 colher (chá) de essência de baunilha (opcional)

1 Misture todos os ingredientes, sem bater.

2 Unte uma fôrma com furo no meio com bastante manteiga e polvilhe-a fartamente com o açúcar.

3 Despeje na fôrma a massa do doce e deixe descansar por 2 horas.

4 Asse em banho-maria, em forno moderado, durante, aproximadamente, 45 minutos.

5 Retire do forno e deixe amornar. Remova da fôrma invertendo-a ainda morna em um prato grande. Leve à geladeira.

Pudim Italiano

- 5 ovos
- 5 colheres (sopa) de açúcar
- 5 colheres (sopa) de farinha de trigo
- 5 colheres (sopa) de queijo-de-minas duro ralado
- 1 pitada de sal
- 1 colher (sopa) de manteiga
- 3 copos de leite

1   Bata as claras em neve e reserve.

2   Bata as gemas com o açúcar e acrescente a farinha de trigo peneirada, o queijo ralado, o sal, a manteiga e o leite. Misture bem e adicione as claras em neve, mexendo muito bem.

3   Despeje em fôrma funda bem forrada com caramelo e leve ao forno em banho-maria (é preciso que a água esteja fervendo e a fôrma deverá ser tampada, para que o pudim não fique muito tostado em cima).

4   Tire a tampa uns 15 minutos antes de o pudim ficar pronto para que ele core um pouco. (Para saber se o pudim está pronto, enfie um palito no centro dele: se o palito sair enxuto, está cozido.)

5   Retire o pudim da fôrma depois de frio, virando-o sobre um prato, de modo que o fundo fique para fora.

Pudim Holandês

- 100 g de amêndoas descascadas
- 4 colheres (sopa) de farinha de trigo
- 3 xícaras (chá) de leite
- 1 pitada de sal
- 2 colheres (sopa) de manteiga ou margarina
- 4 gemas
- 150 g de açúcar
- 100 g de passas sem sementes
- Canela em pó e açúcar a gosto

1   Pique finamente as amêndoas e reserve.

2   Desmanche a farinha de trigo no leite, junte a pitada de sal e a manteiga e leve ao fogo.

3   Quando se formar um creme, tire do fogo, deixe esfriar e junte as gemas, uma a uma, mexendo sempre, assim como o açúcar, as passas e, por fim, as amêndoas.

4   Misture tudo muito bem e despeje numa fôrma bem untada com manteiga, levando-a ao forno médio por cerca de 40 minutos. Desenforme depois de frio.

5   Depois de pronto, polvilhe com açúcar e canela.

Nota: Você pode substituir as amêndoas por amendoins.

Caçarola Italiana

- 5 ovos
- 5 colheres (sopa) de farinha de trigo
- 5 colheres (sopa) de queijo ralado
- 750 ml de leite
- ½ xícara (chá) de açúcar
- 1 colher (sopa) de manteiga

1 Bata os ovos como para pão-de-ló e junte a farinha de trigo, o queijo ralado, o leite e o açúcar misturado com a manteiga.

2 Mexa tudo muito bem e leve para assar, em banho-maria, numa fôrma untada de manteiga.

Pudim de Nozes e Figos com Creme

Pudim:
- 1 xícara (chá) de açúcar
- 4 ovos separados
- 1 xícara (chá) de leite
- 1 xícara (chá) de nozes moídas
- 1 xícara (chá) de figos secos bem picados
- 5 colheres (sopa) de farinha de trigo
- 1 colher (sopa) de fermento em pó

Creme:
- 1 litro de leite
- 1 dúzia de gemas
- 10 colheres (sopa) de açúcar
- Algumas gotas de baunilha

1 Para o pudim, bata o açúcar com as gemas. Depois misture, alternando com o leite, as nozes, os figos, a farinha peneirada com o fermento e as claras em neve. Misture bem e coloque numa fôrma com buraco no meio untada de manteiga. Leve ao forno quente por 25 minutos, aproximadamente; retire e coloque o pudim numa vasilha mais ou menos funda, cobrindo-o com o creme.

2 Prepare o creme misturando todos os ingredientes. Cozinhe a mistura em banho-maria até engrossar. Derrame e espalhe por cima do pudim.

Pudim de Laranja

- 6 ovos (inteiros) batidos
- 1 copo de leite
- 1 copo de caldo de laranja
- 2 xícaras (chá) de açúcar
- 2 colheres (sopa) de maisena

1. Bata os ovos, misture os outros ingredientes e passe tudo por uma peneira.

2. Despeje numa fôrma caramelizada e leve ao forno em banho-maria.

3. Asse até que o pudim esteja firme (cerca de 45 a 50 minutos).

Pudim de Pão

- 2 ou 3 pães amanhecidos
- 1 litro de leite
- 10 ovos separados
- 1 e ½ colher (sopa) de manteiga
- 1 pires (chá) de queijo minas ralado
- 1 cálice de vinho do Porto
- Frutas cristalizadas, passas, canela, noz-moscada e açúcar (a gosto)

1. Descasque o pão levemente, pique em pedaços e ponha de molho no leite morno.

2. Quando o pão estiver mole, passe-o em peneira fina.

3. Bata as claras em neve e deixe de lado.

4. Desmanche as gemas e junte-as, com as claras, à massa.

5. Vá mexendo e adoçando a massa a gosto, acrescentando uma pitada de noz-moscada ralada, canela em pó e os outros ingredientes.

6. Corte as frutas cristalizadas em pequenos pedaços e distribua-os, com as passas, pela massa, que deve ser levada ao forno quente em fôrma untada com manteiga e forrada com papel-manteiga.

Pudim de Pão Moído

- 2 ou 3 pães amanhecidos moídos
- ½ litro de leite
- ½ colher (sopa) de manteiga
- 4 colheres (sopa) de farinha de rosca
- ¼ de xícara (chá) de açúcar
- Canela
- Cravo em pó
- ½ colher (chá) de essência de baunilha
- 2 ovos bem batidos
- Uvas-passas a gosto

1. Misture tudo muito bem e adicione algumas passas.

2. Leve ao forno quente, em fôrma untada de manteiga.

Pudim de Cará

- 12 ovos
- 450 g de açúcar
- 2 xícaras (chá) de cará cozido
- Canela a gosto
- Uvas-passas a gosto
- 2 xícaras (chá) de queijo ralado
- 1 xícara (chá) de manteiga

1 Bata os ovos com o açúcar até estarem claros e espumosos.

2 Passe o cará numa peneira fina; adicione a canela, as passas e a mistura de ovos e açúcar. Acrescente o queijo ralado e misture bem.

3 Coloque a mistura em uma fôrma untada com manteiga.

4 Leve ao forno quente até estar bem assado. Deixe esfriar e sirva.

Pudim Veludo

- 6 ovos
- 750 ml de leite
- 2 colheres (sopa) de maisena
- 10 colheres (sopa) de açúcar
- Raspa da casca de 1 limão

1 Junte todos os ingredientes e bata-os no liquidificador.

2 Coloque a massa em fôrma caramelizada e leve ao forno para cozinhar em banho-maria.

3 Asse por aproximadamente 40 minutos. Retire do fogo e deixe amornar antes de desenformar.

Queijão

- 6 xícaras (chá) de leite
- 300 g de açúcar
- 6 ovos

1 Faça, com o leite e o açúcar, um doce de leite em ponto mole e reserve para o dia seguinte.

2 No dia seguinte, bata os ovos mal batidos e adicione ao doce de leite, misturando bem.

3 Coloque em fôrma untada com manteiga ou caramelo para pudim e asse em banho-maria ou no forno quente.

PAVÊS E CHARLOTES

"A ordem dos comestíveis é dos mais substanciais aos mais leves. A das bebidas: das menos embriagantes às mais aromáticas."

Brillat-Savarin. Texto da edição de 1942 de *Dona Benta*.

Pavês

Pavê simples 694
Pavê de café 694
Pavê de coco 694
Pavê de milho verde 695
Tiramisu 695
Creme para pavê de milho verde 696
Pavê de passas e creme 696

Charlotes

Charlote 698
Charlote real 698
Charlote anglaise 699
Charlote russa 699

Pavês
Pavês

PAVÊ SIMPLES

- 4 gemas
- 150 g de manteiga sem sal
- 150 g de açúcar
- 2 colheres (sopa) de chocolate em pó
- 1 xícara (chá) de café
- 16 bolachas champanhe (150 g)
- 100 g de amêndoas torradas e picadas

1 Bata as gemas com a manteiga e junte o açúcar; em seguida, adicione o chocolate em pó e vá acrescentando, aos poucos, o café, continuando a bater até a massa ficar bem firme.

2 Abra as bolachas ao meio e passe o recheio em todas elas; arrume-as em camadas e enfeite, cobrindo com o recheio que sobrar e salpicando com as amêndoas torradas, descascadas e picadas.

PAVÊ DE CAFÉ

- 6 gemas
- 250 g de açúcar
- 250 g de manteiga
- 1 colherinha (café) de essência de baunilha
- 1 xícara (chá) de café bem forte (frio ou gelado)
- 24 bolachas champanhe
- 100 g de amêndoas descascadas, torradas e picadas

1 Faça o recheio do seguinte modo: bata as gemas com o açúcar; junte a manteiga já meio batida e a baunilha; adicione o café aos pouquinhos e continue batendo até o creme firmar.

2 Arrume, num prato, camadas de bolachas e recheio, alternadamente, até acabarem os ingredientes.

3 Por fim, enfeite com o resto do recheio e as amêndoas, deixando descansar algumas horas na geladeira.

Nota: Para descascar as amêndoas facilmente, ferva-as em água durante 3 ou 4 minutos e torre-as depois numa assadeira em forno quente durante 10 ou 15 minutos.

PAVÊ DE COCO

- 1 litro de leite
- 1 lata de leite condensado
- 2 ovos separados (claras em neve)
- 2 colheres (sopa) de maisena
- Essência de baunilha a gosto
- ½ kg de bolacha champanhe
- 1 lata de creme de leite gelado, sem o soro
- 1 pacote de coco ralado
- 1 pote de geleia (pêssego, morango, damasco, figo...)
- Açúcar

1 Faça um creme com o leite, o leite condensado, as gemas, a maisena e a essência de baunilha.

2 Forre um pirex grande com bolachas e cubra-as com creme. A seguir, polvilhe coco ralado e arrume uma camada de geleia.

3 Repita a operação: bolachas, creme, coco ralado e geleia, até acabar.

4 Bata as claras em neve, acrescente 2 colheres (sopa) de açúcar, bata mais um pouco e junte o creme de leite, fazendo um suspiro.

5 Ponha o suspiro por cima do pavê e leve-o para gelar.

PAVÊ DE MILHO VERDE

- *8 espigas de milho verde*
- *½ kg de açúcar*
- *1 colher (sopa) de manteiga ou margarina*
- *2 vidros de leite de coco*
- *300 g de biscoitos champanhe*
- *1 copo de vermute ou vinho do Porto branco*
- *300 g de nozes*
- *½ xícara (chá) de cerejas*
- *9 fatias de damascos cristalizados*

1 Rale as espigas de milho e passe-as numa peneira.

2 Misture numa caçarola o bagaço resultante das espigas, o açúcar, a manteiga e o leite de coco.

3 Leve a mistura obtida ao fogo, misturando sempre, até o creme engrossar. Retire da chama e deixe esfriar.

4 Forre uma fôrma redonda com papel impermeável e cubra o fundo com os biscoitos champanhe ligeiramente umedecidos no vermute.

5 Sobre os biscoitos despeje um pouco do creme de milho da caçarola e salpique com nozes moídas. Repita essa operação até que terminem os ingredientes.

6 Cubra o pavê com papel impermeável e leve-o à geladeira até o dia seguinte.

7 Como cobertura do pavê, use o creme da receita (pág. 696). Decore com cerejas e damascos.

TIRAMISU

- *4 gemas*
- *⅓ de xícara (chá) de açúcar*
- *400 g de mascarpone (ver nota)*
- *2 colheres (sopa) de vinho marsala ou do Porto*
- *3 claras*
- *2 colheres (sopa) de açúcar*
- *1 xícara (chá) de café forte e frio*
- *1 colher (sopa) de conhaque*
- *250 g de biscoito champanhe*
- *Cacau em pó*
- *Chocolate meio amargo*

1 Coloque as gemas na batedeira e bata com o açúcar até obter uma gemada bem clara, espumosa e firme. Bata o mascarpone com uma colher de pau e misture o vinho marsala. Acrescente delicadamente à gemada. Leve à geladeira.

2 Bata as claras em neve com 2 colheres (sopa) de açúcar. Misture delicadamente as claras ao creme de gemas.

3 Em uma tigela rasa, misture o café ao conhaque. Mergulhe rapidamente os biscoitos na mistura de café e com eles forre uma forma para pavê. Cubra com metade do creme. Molhe mais biscoitos e faça uma segunda camada. Cubra com o creme restante e leve à geladeira por 6 horas. Polvilhe o doce com cacau em pó e com raspas de chocolate meio amargo.

4 Sirva gelado.

Nota: Mascarpone é um tipo de queijo cremoso preparado a partir do creme de leite. É encontrado em alguns supermercados. Se não encontrar, pode substituí-lo por cream cheese, *queijo aerado ou ainda ricota fresca passada na peneira.*

Creme para Pavê de Milho Verde

- 4 claras
- 200 g de açúcar
- 2 latas de creme de leite

1 Bata as claras em neve e junte aos poucos o açúcar.

2 Quando obtiver um suspiro bem firme, adicione o creme de leite gelado e sem soro.

3 Cubra o pavê de milho verde com esse creme e decore-o com cerejas e damascos.

Pavê de Passas e Creme

- 200 g de manteiga ou margarina
- 300 g de açúcar
- 5 gemas
- 200 g de creme de leite
- 100 g de passas
- 1 pacote de biscoitos champanhe
- 50 g de cerejas ao marasquino

1 Bata em uma batedeira a manteiga ou margarina até amolecer.

2 Retire 100 gramas do açúcar pesado e reserve. Junte o restante à manteiga ou margarina, aos poucos, intercalando com as gemas, sem parar de bater.

3 Retire a mistura da batedeira e reserve. Misture o creme de leite com o açúcar reservado e bata-os, na batedeira, por 5 minutos. Retire da batedeira e mexa, para dar mais consistência.

4 Adicione o creme obtido à mistura reservada.

5 Forre uma fôrma de bolo inglês com papel impermeável. Coloque no fundo do creme e polvilhe com passas; coloque uma camada de biscoitos; ponha mais creme e salpique cerejas; ponha outra camada de biscoitos e continue assim até os ingredientes acabarem.

6 Cubra com papel impermeável e deixe na geladeira até o dia seguinte.

7 Vire o pavê no prato em que o vai servir e retire o papel.

8 Ponha o creme reservado no funil de confeitar com o bico perlê.

9 Faça listas de creme enviesadas sobre o pavê e outras (desencontradas) sobre as primeiras.

10 Decore a borda com o bico pitanga.

11 Faça o mesmo na base do pavê, decorando com pitangas de creme.

12 Deixe na geladeira até a hora de servir.

Charlotes
Charlotes

CHARLOTE

1º creme:
- 1 lata de leite condensado
- 1 lata de leite de vaca
- 3 gemas
- 2 gotas de essência de baunilha
- Bolacha champanhe
- Licor de cacau, vinho branco ou leite

2º creme:
- 2 copos de leite
- 2 colheres (sopa) rasas de maisena
- 2 colheres (sopa) de chocolate em pó
- Açúcar a gosto

Chantilly:
- 3 claras em neve
- 3 colheres (sopa) de açúcar
- 1 lata de creme de leite (sem soro) gelado

1. Misture tudo e leve ao fogo para ferver.

2. Coloque num pirex e cubra com bolachas champanhe umedecidas em bebida (licor de cacau ou vinho branco) ou leite.

3. Misture tudo e leve ao fogo para apurar. Coloque o creme obtido em cima das bolachas umedecidas.

4. Para preparar o creme *chantilly*, bata bem as claras em neve; junte o açúcar e bata mais; misture o creme de leite.

5. Coloque o *chantilly* em cima do creme de chocolate (2º creme) e polvilhe chocolate granulado por cima dele.

6. Leve para gelar e só sirva no dia seguinte.

CHARLOTE REAL

- 5 ovos separados
- 8 colheres (sopa) de açúcar
- 150 g de chocolate de cobertura ao leite, picado
- 200 g de biscoitos champanhe
- 6 colheres (sopa) de rum
- 3 colheres (sopa) de água
- ½ xícara (chá) de creme chantilly
- ½ xícara (chá) de cereja ao marasquino

1. Em uma batedeira, bata em creme as gemas e o açúcar e junte, aos poucos, a cobertura de chocolate dissolvida em banho-maria, sem parar de bater.

2. Acrescente as claras em neve levemente.

3. Forre uma forma com papel-alumínio e coloque nela biscoitos embebidos na mistura de rum e água, deixando-os em pé.

4. Pique o restante dos biscoitos, misture-os ao creme e despeje na fôrma. Em seguida, leve à geladeira e deixe por 4 horas ou até o dia seguinte.

5. Desenforme, virando sobre o prato em que será servida a charlote.

6. Retire do papel, decore com o *chantilly* (formando pitangas), coloque uma cereja em cada pitanga e conserve na geladeira até a hora de servir.

Charlote Anglaise

- 4 gemas
- ½ xícara (chá) de açúcar
- 1 colher (sobremesa) de manteiga
- 2 colheres (sopa) de maisena
- 1 colher (chá) de essência de baunilha
- ½ litro de leite
- 3 colheres (sopa) de vinho do Porto ou similar
- 4 colheres (sopa) de licor de cacau
- 600 g de bolacha champanhe
- Pêssegos em calda
- 100 g de passas sem sementes

1 Bata em uma batedeira as gemas com o açúcar e a manteiga, junte a maisena, misture bem e junte a baunilha e o leite, mexendo tudo muito bem.

2 Leve a mistura ao fogo, mexendo sempre, até que engrosse e forme um creme. Tire do fogo e reserve.

3 Numa vasilha funda, misture o vinho do Porto com o licor de cacau e a calda dos pêssegos.

4 Forre o fundo de um pirex liso com os biscoitos molhados nas bebidas.

5 Ponha por cima dos biscoitos uma camada de creme; por cima do creme coloque mais biscoitos e, sobre estes, uma camada de pêssegos picados e passas, outra de biscoitos, e assim por diante, até que se acabem os ingredientes, sendo a última camada de biscoitos.

6 Se sobrar um pouco da mistura de bebidas, despeje por cima do doce.

7 Leve para gelar e sirva somente no dia seguinte.

Charlote Russa

- 7 folhas de gelatina branca
- 1 colher (café) de sementes de erva-doce
- 3 xícaras (chá) de leite integral
- 1 lata de leite condensado
- ½ colher (chá) de essência de baunilha
- 4 gemas
- 1 e ½ xícara (chá) de açúcar
- 1 lata de creme de leite
- Biscoitos champanhe
- Passas sem caroços (opcional)
- Geleia

1 Derreta a gelatina em ½ xícara (chá) de água fervente e junte a erva-doce.

2 Ferva o leite e o leite condensado com a baunilha para engrossar um pouco.

3 Bata as gemas com o açúcar e despeje por cima o leite fervendo.

4 Leve de novo ao fogo brando, mas não deixe ferver.

5 Esfrie, junte a gelatina, passe por uma peneira fina e leve a gelar em qualquer vasilha.

6 Quando estiver duro, junte o creme de leite, mexendo rapidamente.

7 Despeje numa fôrma lisa untada com uma geleia qualquer ou caramelo claro e forrada com biscoitos (palitos franceses) colocados no fundo e ao redor.

8 Se quiser, ponha sobre os biscoitos passas sem caroços embebidas em rum ou pinga.

9 Leve para gelar.

BAVAROISES, GELATINAS E MUSSES

"Embora os mestres de cozinha prefiram o termo 'moscovita' por lhes parecer mais lógico e mais racional, a denominação de 'bavaroise' está consagrada pelo uso, tornando difícil substituí-la. Entretanto, um e outro termo designam a mesma coisa; um creme gelado a despeito de algumas obras os darem como coisas diferentes."

Texto da edição de 1944 de *Dona Benta*.

Bavaroises

Bavaroise de chocolate 704
Creme de baunilha para bavaroise de chocolate 704
Bavaroise de baunilha 705
Bavaroise de coco 705
Bavaroise de morango 706

Gelatinas

Gelatina simples 708
Gelatina de abacaxi e ameixas 708
Taças maravilhosas 709
Gelatina de frutas 709
Gelatina rápida de frutas 710
Gelatina de laranja 710
Gelatina de maçã 710
Gelatina com morangos 711
Gelatina de nozes 711
Maria-mole 712
Sagu 712

Musses

Musse de banana 714
Musse de chocolate em pó 714
Musse de chocolate 715
Musse clássica de chocolate 715
Musse com calda de chocolate 716
Musse branca com calda de chocolate 716
Musse de coco 717
Musse de jaca 717
Musse de laranja 717
Musse de limão 718
Musse simples de limão 718
Musse de maçã 718
Musse de maracujá cremosa 719
Musse de maracujá com calda 719
Musse de morango 719
Musse de morango sofisticada 720
Musse rápida de morango 720
Musse de uva 720

BAVAROISES
Bavaroises

Bavaroise de Chocolate

- ½ kg de chocolate meio amargo
- 4 gemas
- 1 envelope de gelatina branca sem sabor
- ½ xícara (chá) de água fria
- 1 xícara (chá) de leite fervente
- ½ litro de creme de leite
- ½ xícara (chá) de açúcar
- 1 porção de creme de baunilha
- Cerejas para decorar

1   Rale o chocolate num ralo grosso e coloque-o numa panela. Tampe-a e leve-a ao fogo, em banho-maria, por 10 minutos.

2   Retire a panela do fogo e mexa o chocolate com uma espátula, em movimento de vaivém, até que fique maleável.

3   Adicione as gemas e continue misturando.

4   Nesse meio-tempo, amoleça a gelatina na água fria por 10 minutos, junte o leite fervente e dissolva-a, mexendo um pouco. A seguir, coe e adicione ao chocolate.

5   Bata o creme de leite com o açúcar durante 10 minutos, misture-os ao chocolate e mexa bem.

6   Passe a fôrma que vai usar em água fria; coloque a massa preparada dentro dela e leve à geladeira até o dia seguinte.

7   Desenforme sobre o prato em que vai servir e jogue o creme morno por cima.

8   Decore com cerejas no centro.

Creme de Baunilha para Bavaroise de Chocolate

- 1 colher (sopa) de maisena
- 2 colheres (sopa) de açúcar
- 2 gemas
- 1 e ½ xícara (chá) de leite
- ½ colher (café) de essência de baunilha

1   Misture a maisena, o açúcar, as gemas e o leite. Mexa para dissolver os ingredientes secos.

2   Passe por uma peneira, adicione a baunilha e leve ao fogo. Mexa até ferver durante uns 2 minutos.

3   Retire do fogo, sem parar de mexer, e deixe o creme esfriar um pouco (para não criar película). Despeje sobre a bavaroise de chocolate.

BAVAROISE DE BAUNILHA

- 3 folhas de gelatina incolor (6 g)
- 4 gemas
- 120 g de açúcar
- 350 ml de leite
- 1 fava de baunilha
- 300 ml de creme de leite

Calda:
- 200 g de morangos
- 2 colheres (sopa) de açúcar
- 1 colher (chá) de suco de limão
- Folhas de hortelã para decorar

1 Coloque as folhas de gelatina grosseiramente picadas para reidratar em água fria. Misture as gemas e o açúcar em uma tigela, batendo levemente. Coloque o leite em uma panela com a fava de baunilha aberta ao meio, leve ao fogo baixo até que comece a borbulhar nas bordas da panela.

2 Coloque $1/3$ da mistura do leite sobre as gemas e mexa. Coloque essa mistura na panela com o leite restante e leve ao banho-maria, mexendo com uma colher de pau até que o creme espesse (o ponto correto é quando cobre as costas da colher com uma película). Retire do fogo, escorra a gelatina reidratada e acrescente à mistura do leite ainda bem quente; mexa novamente, coe em uma peneira e leve essa mistura à geladeira, mexendo regularmente até que esteja levemente gelada (cuidado para não solidificar).

3 Bata o creme de leite em ponto de *chantilly* e incorpore delicadamente à mistura de gemas. Coloque em uma fôrma ou assadeira de bolo e leve à geladeira por cerca de 6 horas. Prepare a calda de morangos batendo os ingredientes no liquidificador.

4 Desenforme a bavaroise e sirva com a calda decorando com as folhas de hortelã.

BAVAROISE DE COCO

- 1 litro de água
- 10 folhas de gelatina incolor
- 1 xícara (chá) de açúcar
- 4 claras em neve
- 1 vidro pequeno de leite de coco
- 1 lata de creme de leite

1 Leve ao fogo a água com a gelatina picada e o açúcar, até ferver. Deixe esfriar.

2 Junte as claras em neve com o leite de coco, misturando bem, e acrescente à outra mistura fria.

3 Bata o creme de leite ligeiramente e junte-o à mistura completa.

4 Ponha em taças e leve para gelar.

Bavaroise de Morango

- 4 xícaras (chá) de morangos lavados
- 1 envelope de gelatina em pó incolor
- ½ colher (chá) de essência de baunilha
- ½ xícara (chá) de açúcar
- 1 colher (sopa) de suco de limão
- 1 xícara (chá) de creme de leite fresco

1 Reserve 6 morangos para a decoração. Coloque a gelatina em um recipiente pequeno e reidrate com 3 colheres (sopa) de água fria. Deixe descansar por 3 minutos.

2 Coloque o recipiente com a gelatina em banho-maria para que dissolva. Coloque em uma panela os morangos, a baunilha, o açúcar e o suco de limão. Leve ao fogo baixo e cozinhe até que os morangos estejam macios (cerca de 5 minutos). Retire do fogo e deixe esfriar levemente.

3 Coloque os morangos com a calda e a gelatina em um liquidificador. Bata até obter um creme. Deixe esfriar completamente.

4 Coloque o creme de leite em uma batedeira, bata até obter o ponto de creme *chantilly* e acrescente delicadamente ao creme de morangos. Coloque em uma fôrma umedecida e leve à geladeira por 4 horas no mínimo. Retire cuidadosamente da fôrma. Sirva decorando com morangos inteiros.

Gelatinas

Gelatina Simples

- 4 ovos
- ½ xícara (chá) de açúcar
- ½ litro de leite
- 4 folhas de gelatina vermelha
- 4 folhas de gelatina branca
- 1 cálice de vinho branco

1 Separe as claras das gemas e bata as claras até ficarem consistentes, adicionando o açúcar aos poucos.

2 Aqueça o leite, desmanche nele as folhas de gelatina e, em seguida, as gemas, mexendo sem parar. Com o leite ainda quente, adicione as claras que foram batidas com o açúcar e, por fim, junte o vinho branco.

3 Despeje em fôrma molhada e ponha para gelar.

Gelatina de Abacaxi e Ameixas

- 5 envelopes de gelatina sabor abacaxi
- 2 litros de água
- 1 lata de abacaxi em calda
- Ameixas-pretas

1 Ferva a água e dissolva nela a gelatina.

2 Deixe esfriar e coloque uma porção de gelatina no fundo de uma fôrma. Leve à geladeira para endurecer.

3 Depois de endurecida a gelatina, coloque as rodelas de abacaxi cortadas ao meio e leve de novo para gelar.

4 Despeje na fôrma toda a gelatina dissolvida e deixe-a na geladeira durante uma hora ou de um dia para o outro.

5 Para desenformar, esquente-a no bico do gás e vire-a sobre o prato onde será servida a sobremesa.

6 Enfeite com as ameixas.

Taças Maravilhosas

- 1 abacaxi
- 2 copos de água
- 250 g de açúcar
- 9 folhas de gelatina incolor
- 9 folhas de gelatina vermelha
- 1 litro de leite
- 6 gemas
- 6 colheres (sopa) de açúcar
- 1 colher (sopa) de maisena
- ½ colher (chá) de essência de baunilha

1 Descasque o abacaxi e corte em fatias; leve ao fogo com a água e o açúcar. Depois de ferver, tire do fogo e deixe amanhecer.

2 No dia seguinte, separe a calda do abacaxi e meça; se não der 3 xícaras, coloque água para completar e junte as folhas de gelatina. Leve ao fogo, mexendo sempre, até ferver bem. Passe, então, num pano e deixe esfriar. Despeje um pouco em cada taça e leve à geladeira.

3 Faça um mingau com o leite, as gemas batidas com as 6 colheres de açúcar, a maisena e a essência de baunilha; passe tudo em uma peneira e leve ao fogo para engrossar. Retire, deixe esfriar e coloque nas taças, sobre a gelatina.

4 Bata 6 claras com 6 colheres de açúcar e, quando atingir o ponto de suspiro, coloque em cada taça um pouco do suspiro e, se quiser, pedacinhos de gelatina.

Gelatina de Frutas

- 10 folhas de gelatina branca
- 5 folhas de gelatina vermelha
- 6 xícaras (chá) de água
- 4 colheres (sopa) de suco de limão
- 3 xícaras (chá) de açúcar
- 3 claras em neve
- Morangos, uvas, cerejas ou outras frutas em pedaços

1 Pique e dissolva as folhas de gelatina na água quente e depois coe.

2 Junte, em seguida, o suco dos limões, o açúcar e as claras em neve. Mexa bem.

3 Misture tudo, leve ao fogo para ferver e, depois, coe em um pano úmido.

4 Tome uma fôrma de alumínio molhada e faça a seguinte montagem: uma camada da gelatina coada, ainda morna; sobre ela, uma camada de morangos; a seguir, nova camada de gelatina, outra de uvas; mais uma de gelatina, outra de cerejas, e assim por diante, variando as frutas a gosto, até encher a fôrma.

5 Leve para a geladeira e, no momento de servir, passe em volta da fôrma um pano molhado em água fervente e vire a gelatina sobre um prato.

GELATINAS

Gelatina Rápida de Frutas

- 20 folhas de gelatina branca
- 5 folhas de gelatina vermelha
- 6 xícaras (chá) de água fervente
- 3 xícaras (chá) de caldo de laranja
- Caldo de 2 limões
- 1 cálice de vinho do Porto
- 1 cálice de licor
- Frutas frescas cortadas em pedacinhos
- 1 lata de pêssegos em compota
- Açúcar a gosto

1 Desmanche as folhas de gelatina na água fervente e coe em pano fino.

2 À gelatina obtida junte o caldo das laranjas e o dos limões, o vinho do Porto, o licor, as frutas frescas e o pêssego (com a calda), adoçando a gosto.

3 Ponha tudo em formas umedecidas e leve à geladeira.

Gelatina de Laranja

- 8 folhas de gelatina incolor ou 1 envelope
- 1 folha de gelatina vermelha
- 1 xícara (chá) de água fervente
- ½ litro de suco de laranja
- Suco de 1 limão
- 10 colheres (sopa) de açúcar

1 Dissolva a gelatina na água fervente.

2 Junte a laranja, o caldo de limão e o açúcar.

3 Misture bem, coloque em taças e leve para gelar.

Gelatina de Maçã

- ½ kg de maçãs
- 100 g de açúcar
- 5 folhas de gelatina
- Água fervente

1 Corte as maçãs em 4, leve-as a cozinhar com o açúcar e, depois, passe tudo em peneira fina.

2 À parte, derreta as folhas de gelatina em um pouco de água fervente.

3 Junte a gelatina à massa de maçãs, misture bem, coloque em forma umedecida e leve à geladeira.

Gelatina com Morangos

- 4 ovos
- ¾ de xícara (chá) de açúcar
- ½ litro de leite
- 2 folhas de gelatina vermelha
- 2 folhas de gelatina branca
- 1 cálice de vinho branco
- Morangos

1 Separe as claras das gemas e bata as claras até ficarem consistentes, adicionando o açúcar aos poucos.

2 Aqueça o leite, desmanche nele as folhas de gelatina e, em seguida, as gemas, mexendo sem parar. Com o leite ainda quente, acrescente as claras que foram batidas com o açúcar e, por fim, junte o vinho branco.

3 Despeje em taças, ponha em cada taça 2 ou 3 morangos bem maduros, sem os pés e bem lavados, e deixe gelar.

Gelatina de Nozes

- 2 envelopes de gelatina branca sem sabor
- 2 xícaras (chá) de água fria
- ½ litro de leite fervente
- ½ xícara (chá) de rum
- 1 xícara (chá) de nozes moídas (150 g)
- 2 xícaras (chá) de açúcar
- ½ litro de creme de leite fresco
- 50 g de quartos de noz

1 Amoleça a gelatina na água fria durante 5 minutos. Depois, dissolva no leite fervente.

2 Adicione o rum, junte as nozes moídas e uma xícara (chá) de açúcar, e deixe esfriar.

3 À parte, misture o creme de leite com a xícara (chá) de açúcar que restou. Bata-os por 8 minutos na batedeira.

4 Bata um pouco mais com uma colher, para ficar consistente.

5 Deixe de reserva, na geladeira, 4 colheres (sopa) do creme obtido.

6 Misture a gelatina preparada ao creme batido. Coloque essa mistura numa fôrma de pudim sem orifício central e deixe-a na geladeira de um dia para o outro.

7 No dia seguinte, mergulhe a fôrma em água quente por um minuto.

8 Em seguida, vire-a sobre o prato em que vai servir a gelatina.

9 Decore com o creme reservado e os pedaços de nozes.

10 Sirva gelada.

GELATINAS

Maria-mole

- 2 pacotinhos (12 folhas) de gelatina em pó
- 1 e ½ xícara (chá) de água fervente
- 500 g de açúcar
- Manteiga para a fôrma
- Coco ralado seco

1 Ponha a gelatina numa tigela; junte a água fervente; dissolva bem, sem levar ao fogo; adicione o açúcar e bata bem (na batedeira) até endurecer.

2 Despeje em fôrma untada de manteiga. Leve para gelar e corte a gosto, passando os pedaços em coco ralado seco.

Nota: Se quiser fazer maria-mole vermelha, é só usar folhas de gelatina vermelha.

Sagu

- 4 xícaras (chá) de água
- 1 xícara (chá) de sagu
- 1 garrafa (750 ml) de vinho tinto seco
- 1 pau de canela
- 2 cravos-da-índia
- 1 e ¼ xícara (chá) de açúcar
- Creme de leite batido

1 Coloque para ferver a água em uma panela e adicione o sagu. Assim que voltar a ferver, apague o fogo e deixe na água por 15 minutos; acenda o fogo novamente e deixe ferver, misturando para não grudar no fundo da panela. Verifique se o sagu está transparente.

2 Coloque o vinho em outra panela, adicione os cravos e a canela e ferva por 10 minutos. Adicione a mistura de vinho à panela em que preparou o sagu e cozinhe para que este fique macio. Se necessário, acrescente água fervente aos poucos.

3 Acrescente o açúcar e ferva por mais 2 minutos. Despeje em taças individuais e leve à geladeira.

4 Sirva com creme de leite batido.

Musses
Musses

Musse (*mousse*, em francês) significa espuma e é, por definição, algo delicado, fofo, macio: um creme básico ao qual se adicionam claras em neve, gelatina, chocolate, polpa ou suco de frutas, frutas cristalizadas, licor etc. O creme dá a textura; as claras deixam leve. Dependendo da receita, a gelatina confere mais firmeza à consistência, sem endurecê-la.

Musse de Banana

- 8 bananas nanicas picadas
- 1 colher (chá) de suco de limão
- 6 colheres (sopa) de açúcar
- 2 folhas de gelatina branca
- 4 colheres (sopa) de cherry
- 4 colheres (sopa) de rum
- 1 lata de creme de leite
- Bananas em rodelas

1 Misture os 3 primeiros ingredientes e leve ao fogo baixo, mexendo sempre, até desmanchar as bananas (15 minutos, aproximadamente).

2 Junte a gelatina previamente amolecida em água fria e mexa até dissolver.

3 Misture delicadamente o restante dos ingredientes e coloque em taças.

4 Leve à geladeira por algumas horas.

5 Sirva decorando as taças com rodelas de bananas.

Musse de Chocolate em Pó

- 3 ovos separados
- 6 colheres (sopa) de açúcar
- 3 colheres (sopa) de chocolate em pó
- ½ litro de leite
- 4 folhas de gelatina
- 1 xícara (chá) de água
- 250 g de creme de leite fresco
- ½ colher (chá) de essência de baunilha
- Chocolate meio amargo ralado ou amêndoa para decorar

1 Bata as gemas com o açúcar, junte o chocolate até fazer uma pasta e misture o leite aos poucos. Leve ao fogo e cozinhe para engrossar.

2 Bata as claras em neve, adicione a gelatina já desmanchada em água fervente e bata bem.

3 Acrescente o chocolate, já frio, aos poucos, mexendo sempre, e adicione o creme ligeiramente batido e a essência de baunilha. Misture muito bem, coloque em taças e leve ao refrigerador.

4 Enfeite com amêndoas ou chocolate meio amargo ralado.

Musse de Chocolate

- 6 folhas de gelatina
- ½ xícara (chá) de água fervente
- 1 xícara de água fria
- ½ kg de chocolate ao leite
- 250 g de açúcar
- 50 g de manteiga
- 12 gemas
- Raspas de chocolate para decorar

1   Amoleça as folhas de gelatina em água fria e dissolva-as em ½ xícara (chá) de água fervente.

2   Quebre o chocolate em pedacinhos e coloque-o numa panela.

3   Tampe a panela e leve-a ao fogo, em banho-maria, até que o chocolate derreta. Junte o açúcar, a manteiga e as gemas, mexendo bem.

4   Adicione a gelatina e as claras em neve, batendo tudo com um garfo até que os ingredientes se incorporem uns aos outros.

5   Coloque a musse numa tigela funda e leve para gelar durante 2 horas, ou até adquirir consistência.

6   Depois de pronta, decore-a com raspas de chocolate.

Musse Clássica de Chocolate

- 6 claras
- 2 colheres (sopa) de manteiga sem sal
- 200 g de chocolate meio amargo
- 8 gemas
- ½ xícara (chá) de açúcar
- 1 colher (sopa) de conhaque

1   Bata as claras em neve e leve à geladeira.

2   Coloque a manteiga e o chocolate picado em uma tigela e leve ao banho-maria para derreter.

3   Bata na batedeira as gemas e o açúcar, até obter uma gemada clara e espumosa.

4   Com a ajuda de uma colher de pau, misture o chocolate derretido à gemada. Adicione o conhaque.

5   Incorpore delicadamente as claras em neve ao creme de chocolate. Coloque em taças individuais ou em uma tigela de vidro.

6   Leve à geladeira por 4 horas ou mais.

7   Sirva a musse gelada, acompanhada com *creme chantilly* (pág. 658).

Musse com Calda de Chocolate

Musse:
- 1 xícara (chá) de açúcar
- ½ xícara (chá) de água
- 2 claras
- 1 envelope de gelatina em pó sem sabor
- 1 lata de creme de leite
- 1 colher (chá) de essência de baunilha

Calda:
- 1 xícara (chá) de leite
- 2 gemas
- 2 colheres (sopa) de açúcar
- 2 colheres (sopa) de chocolate em pó
- 1 colher (chá) de raspas de laranja
- ½ xícara (chá) de licor de cacau

1 Prepare a musse do seguinte modo: leve ao fogo o açúcar com a água e deixe ferver até obter uma calda grossa; bata as claras em neve, junte aos poucos a calda quente e, sem parar de bater, junte a gelatina (previamente amolecida) dissolvida em banho-maria; misture o creme de leite e a baunilha; coloque em fôrma ligeiramente untada e leve à geladeira por 2 horas.

2 Paralelamente, faça a calda assim: bata no liquidificador o leite, as gemas, o açúcar e o chocolate; leve ao fogo baixo, mexendo sempre, até engrossar; junte as raspas de laranja e retire do fogo; acrescente o licor de cacau.

3 Desenforme a musse e sirva-a com a calda (de preferência, bem gelada).

Musse Branca com Calda de Chocolate

- 1 pacote de gelatina branca em pó, sem sabor, ou 6 folhas de gelatina branca
- ½ copo de água fervente
- 6 claras em neve
- 6 colheres (sopa) de açúcar
- 2 latas de creme de leite gelado, sem soro

Cobertura:
- 1 xícara (chá) de chocolate em pó
- 1 xícara (chá) de açúcar
- 4 colheres (sopa) de mel
- 2 colheres (sopa) de manteiga
- 2 xícaras (chá) de leite

1 Dissolva a gelatina na água fervente. Reserve.

2 Bata as claras em neve, acrescente o açúcar e continue a bater.

3 Junte o creme de leite, mexa bem e, por último, adicione a gelatina dissolvida, já fria.

4 Em taças, leve para gelar.

5 Misture todos os ingredientes da cobertura e leve ao fogo para ferver e engrossar.

6 Quando a mistura estiver grossa, cubra com ela a musse e leve para gelar.

Musse de Coco

- 3 folhas de gelatina branca
- Água fria
- 2 colheres (sopa) de água fervente
- 1 lata de leite condensado
- 1 xícara (chá) de coco ralado
- 3 claras em neve

1. Coloque a gelatina de molho em água fria durante alguns minutos.

2. Escorra a gelatina e dissolva-a em 2 colheres (sopa) de água fervente.

3. Bata no liquidificador ou misture bem o leite condensado com o coco e a gelatina.

4. Acrescente as claras, misturando levemente.

5. Coloque em taças e leve à geladeira por, no mínimo, 2 horas.

Musse de Jaca

- 2 envelopes de gelatina em pó sem sabor
- 1 xícara (chá) de água fervente
- 2 xícaras (chá) de polpa de jaca
- 2 colheres (sopa) de suco de limão
- 2 colheres (sopa) de açúcar
- 3 claras
- 1 xícara (chá) de açúcar de confeiteiro

1. Dissolva a gelatina na água fervente. Reserve.

2. Coloque em um liquidificador a polpa de jaca, o suco de limão e o açúcar refinado. Bata bem e adicione a gelatina previamente dissolvida. Reserve.

3. Bata as claras em neve e adicione aos poucos o açúcar de confeiteiro. Incorpore o suspiro delicadamente à mistura de jaca. Despeje em taças individuais ou em uma fôrma levemente untada com óleo.

4. Leve à geladeira por 4 horas ou mais. Sirva bem gelada.

Musse de Laranja

- 1 pacotinho de gelatina em pó sem sabor
- 1 xícara (chá) de água fervente
- 4 xícaras (chá) de suco de laranja
- 1 e ½ xícara (chá) de açúcar
- 1 lata de creme de leite sem soro

1. Dissolva a gelatina na água fervente.

2. Coloque a mistura, com os outros ingredientes (menos o creme de leite), no liquidificador, e bata bem.

3. Desligue o liquidificador, junte o creme de leite, misture bem e leve para gelar em forma untada.

Musse de Limão

- 3 claras
- 1 envelope de gelatina incolor
- ¾ de xícara (chá) de água fria
- ½ xícara (chá) de suco de limão
- 1 lata de leite condensado
- *Raspas de casca de limão para decorar*

1. Bata as claras em neve e coloque na geladeira. Coloque a gelatina em uma tigela e cubra com um pouco da água fria, deixe repousar por 3 minutos e acrescente a água restante.

2. Coloque a tigela em banho-maria e misture até que a gelatina esteja dissolvida. Retire do fogo e adicione o suco de limão e o leite condensado. Misture bem e deixe esfriar completamente.

3. Incorpore delicadamente as claras em neve. Coloque em taças individuais ou em uma fôrma de pudim. Leve à geladeira por 4 a 6 horas (pode desenformar depois de gelada).

4. Decore as musses com raspas da casca de limão.

Musse Simples de Limão

- 1 lata de leite condensado
- ⅓ de xícara (chá) de suco de limão
- 3 claras batidas em neve
- ⅓ de xícara (chá) de açúcar

1. Bata todos os ingredientes pela ordem.
2. Ponha em taças e leve à geladeira por 3 horas.

Musse de Maçã

- 3 maçãs do tipo delicious ou ácidas
- 1 xícara (chá) de água
- 1 xícara (chá) de açúcar
- 6 folhas de gelatina branca
- 1 lata de creme de leite
- 3 claras em neve

1. Retire as cascas e as sementes das maçãs e leve-as ao fogo com a água e a metade do açúcar. Deixe ferver até reduzir a calda à metade (15 minutos, aproximadamente).

2. Coe e dissolva na calda quente a gelatina previamente amolecida em água fria.

3. Leve ao fogo a polpa das maçãs com o restante do açúcar e deixe cozinhar, com a panela tampada, por 15 minutos.

4. Bata no liquidificador a calda, o doce de maçãs e o creme de leite. Retire e misture levemente as claras em neve.

5. Coloque em fôrma molhada e leve à geladeira para endurecer (3 a 4 horas).

6. Desenforme na hora de servir e decore a gosto.

Musse de Maracujá Cremosa

- 200 g de margarina
- 400 g de açúcar
- 1 lata de creme de leite
- ½ xícara (chá) de suco de maracujá
- 8 gemas
- 1 envelope de gelatina sem sabor
- ½ xícara (café) de água fria
- ½ xícara (chá) de água fervente
- 4 claras em neve

1 Bata em creme a margarina com o açúcar. Adicione o creme de leite, o suco, as gemas e a gelatina (amolecida na água fria e, depois, dissolvida em água quente).

2 Passe tudo na peneira e, em seguida, misture as claras em neve. Experimente e, se achar necessário, adicione mais um pouco de açúcar.

3 Coloque em taças individuais e leve à geladeira.

Musse de Maracujá com calda

Para a musse:
- 3 claras
- 1 envelope de gelatina incolor
- ¾ de xícara (chá) de água fria
- 1 xícara (chá) de suco de maracujá concentrado
- 1 lata de leite condensado

Para a calda:
- 2 maracujás maduros
- 3 colheres (sopa) de açúcar
- ⅓ de xícara (chá) de água

1 Bata as claras em neve e coloque na geladeira. Coloque a gelatina em uma tigela e cubra com um pouco da água fria, deixe repousar por 3 minutos e acrescente a água restante.

2 Coloque a tigela em banho-maria e misture até que a gelatina esteja dissolvida. Retire do fogo e adicione o suco de maracujá e o leite condensado. Misture bem e deixe esfriar completamente.

3 Incorpore delicadamente as claras em neve. Coloque em taças individuais ou em uma forma de pudim. Leve à geladeira por 4 a 6 horas (pode desenformar depois de gelada).

4 Prepare a calda colocando em uma panela a polpa e as sementes dos maracujás. Adicione a água e o açúcar. Leve ao fogo e ferva por um ou 2 minutos. Retire e deixe esfriar.

5 Decore as musses com a calda.

Musse de Morango

- 300 g de morangos frescos
- 150 g de açúcar
- Suco de ½ limão
- 1 cálice de licor Curaçao triple sec
- 250 g de creme de leite
- 2 folhas de gelatina vermelha
- ½ de xícara (chá) de água fervente
- 1 xícara (chá) de leite

1 Passe os morangos numa peneira e adicione o açúcar, o caldo de limão e o licor.

2 Bata ligeiramente o creme com o leite até misturar bem e coloque na geladeira por alguns minutos.

3 Desmanche a gelatina em 2 colheres de água fervente e, quando estiver bem derretida, junte-a à mistura de morangos e leve ao refrigerador para gelar ligeiramente. Misture, então, o creme de leite levemente batido, coloque em tigelas de vidro enfeitado com morangos inteiros e coloque novamente no refrigerador.

Musse de Morango Sofisticada

- 3 ovos separados
- 1 e ½ xícara (chá) de morangos batidos
- 1 cálice de cherry (licor de cerejas)
- 6 folhas de gelatina vermelha
- ½ xícara (chá) de água quente
- Morangos picados
- 200 g de açúcar
- Creme chantilly (pág. 658)

1 Bata as gemas com o açúcar até que elas fiquem bem brancas.

2 Junte os morangos batidos, o *cherry*, a gelatina dissolvida e, por fim, as claras em neve, incorporando-as delicadamente.

3 Ponha em fôrma de buraco no meio previamente umedecida e leve ao refrigerador.

4 Quando estiver solidificada, desenforme, encha o buraco com morangos picados (misturados com licor e açúcar) e cubra com o *chantilly*.

Musse Rápida de Morango

- 3 folhas de gelatina branca
- Água fria
- 2 colheres (sopa) de água fervente
- 1 lata de leite condensado
- 1 e ½ xícara (chá) de morangos fatiados
- 2 colheres (sopa) de suco de limão
- 3 claras em neve

1 Coloque a gelatina de molho em água fria por alguns minutos.

2 Escorra a gelatina e dissolva-a na água fervente.

3 Bata, no liquidificador, o leite condensado com os morangos, o suco de limão e a gelatina dissolvida.

4 Misture delicadamente as claras em neve.

5 Coloque a musse em taças e leve-as à geladeira por, no mínimo, 3 horas.

Musse de Uva

- 1 pacote de gelatina sem sabor
- ½ xícara de água fervente
- 4 claras em neve
- 9 colheres (sopa) de açúcar
- 1 lata de creme de leite com soro
- 1 vidro de suco de uva
- 1 colher (sopa) de maisena

1 Dissolva a gelatina em ½ xícara de água fervente.

2 Bata as claras em neve, junte 6 colheres (sopa) de açúcar e bata mais um pouco. Junte a gelatina derretida, misture, junte o creme de leite com o soro, vá misturando e junte o ½ vidro de suco de uva. Leve para gelar em taças ou numa só fôrma.

3 Leve ao fogo o resto do suco com 3 colheres (sopa) de açúcar e uma colher (sopa) rasa de maisena. Mexa bem. Depois de a musse estar gelada, despeje o creme por cima dela e leve-a de novo para gelar.

SUFLÊS DOCES

"Esperar muito tempo por um convidado é falta de cortesia para os que já estão presentes."

Brillat-Savarin. Texto da edição de 1942 de *Dona Benta*.

Suflês Doces

Suflê de café 723
Suflê de chocolate 723
Suflê de fécula com passas 723
Suflê de goiabada 724
Suflê de maçãs 724
Suflê de Salzburgo 725

Suflê de Café

- *1 litro de leite*
- *1 pitada de sal*
- *10 colheres (sopa) de açúcar*
- *4 colheres (sopa) de fécula de batata*
- *3 gemas*
- *½ xícara (chá) de café bem forte*
- *3 claras em neve*

1 Faça um creme com o leite, o sal, o açúcar, a fécula e as gemas. Tire do fogo e deixe esfriar um pouco. Junte o café e as claras em neve, despeje numa fôrma refratária e leve para assar no forno, em banho-maria.

2 Quando estiver quase na hora de tirar, polvilhe com açúcar e deixe assar por mais alguns minutos.

3 Sirva quente ou frio.

Suflê de Chocolate

- *½ xícara (chá) de manteiga*
- *½ xícara de açúcar*
- *4 ovos separados*
- *½ xícara (chá) de chocolate em pó solúvel*
- *½ xícara (chá) de farinha de rosca*
- *1 colher (chá) de essência de baunilha*
- *1 colher (chá) de fermento em pó*

1 Bata na batedeira a manteiga com o açúcar até formar um creme.

2 Acrescente as gemas, o chocolate, a farinha de rosca e a baunilha.

3 Bata as claras em neve e incorpore delicadamente ao creme de chocolate. Incorpore o fermento e misture novamente.

4 Asse em fôrma refratária untada e polvilhada com farinha de rosca, em forno médio.

5 Sirva quente ou frio.

Suflê de Fécula com Passas

- *4 colheres (sopa) de açúcar*
- *1 colher (sopa) de manteiga*
- *4 colheres (sopa) de fécula de batata*
- *1 litro de leite*
- *8 gemas*
- *8 claras em neve*
- *1 colher (sopa) de passas sem sementes*
- *1 colher (sopa) de rum*

1 Misture o açúcar, a manteiga, a fécula e o leite e leve ao fogo para engrossar.

2 Quando estiver pronto, tire do fogo e acrescente os ingredientes restantes.

3 Despeje numa fôrma untada e leve ao forno em banho-maria.

4 Depois de pronto, polvilhe com açúcar, deixe assar mais alguns minutos e sirva quente ou frio.

Suflê de Goiabada

- *2 colheres (sopa) de manteiga*
- *2 colheres (sopa) de farinha de trigo*
- *1 xícara (chá) de leite*
- *3 ovos separados*
- *1 xícara (chá) de goiabada mole*
- *Açúcar para polvilhar*

1 Coloque em uma panela a manteiga e a farinha de trigo, leve ao fogo e misture bem para incorporar. Adicione o leite pouco a pouco, misturando até obter um creme espesso. Cozinhe mexendo por 2 minutos. Retire do fogo e adicione as gemas. Misture bem.

2 Aqueça levemente a goiabada para que ela fique mais macia e misture-a ao creme de gemas. Deixe esfriar.

3 Bata as claras em neve e incorpore delicadamente ao creme já frio.

4 Aqueça o forno a 180 °C.

5 Unte um refratário próprio para suflês e salpique com bastante açúcar. Coloque a massa no refratário e asse até estar bem crescido e dourado. Sirva quente.

Suflê de Maçãs

- *3 claras*
- *6 colheres (sopa) de açúcar*
- *3 maçãs (com casca) assadas no forno*
- *3 gemas*
- *3 colheres (sopa) de farinha de trigo*
- *1 colher (café) de fermento em pó*
- *1 colher (café) de canela*

1 Bata as claras em neve e junte o açúcar.

2 Passe a polpa das maçãs por uma peneira e junte essa massa às claras.

3 Acrescente as gemas, a farinha de trigo, o fermento e a canela.

4 Unte uma fôrma refratária, ponha nela a massa e leve-a ao forno brando.

5 Depois de pronto, polvilhe com canela e açúcar. Sirva quente ou frio.

Suflê de Salzburgo

- 1 gema
- 2 colheres (sopa) de açúcar
- 1 e ½ xícara (chá) de leite morno
- 5 ovos separados
- 3 colheres (sopa) de manteiga
- 1 xícara (chá) de açúcar
- 2 e ½ colheres (sopa) de farinha de trigo
- 1 pitada de sal
- Açúcar de confeiteiro

1   Misture a gema, o açúcar e o leite morno numa panela e leve ao fogo em banho-maria.

2   Mexa sempre enquanto cozinha a mistura, que não deve ferver. Quando o creme começar a cobrir a colher, está pronto. Reserve-o.

3   Bata as claras em neve e as gemas, separadas, até que fiquem espumosas.

4   Bata a manteiga com o açúcar e misture às gemas.

5   Junte a farinha de trigo com as claras e adicione o sal.

6   Misture as claras com as gemas e mexa bem.

7   Ponha o creme obtido no fundo de uma fôrma de 20 cm de diâmetro, ou num prato fundo de forno.

8   Sobre o creme ponha, aos poucos, a mistura de ovos batidos, sem alisar nem prensar. Leve ao forno.

9   Sirva imediatamente, polvilhando com o açúcar de confeiteiro.

FONDUES DOCES
Fondues Doces

FONDUES DOCES

Fondue de chocolate I 729
Fondue de chocolate II 729

Fondues doces

Fondue de Chocolate I

- *200 g de chocolate ao leite*
- *200 g de chocolate amargo*
- *250 g de creme de leite fresco*
- *1 xícara (chá) de abacaxi em calda cortado em triângulos*
- *12 damascos secos*
- *24 morangos lavados*
- *2 bananas nanicas cortadas em rodelas*
- *2 maçãs descascadas e cortadas em cubos*
- *1 xícara (chá) de uvas-itália*
- *1 xícara (chá) de gomos de mexerica*
- *½ xícara (chá) de cerejas ao marasquino*

1 Ponha o chocolate picado numa panela e leve ao fogo em banho-maria. Mexa até ficar liso, o que demora mais ou menos 8 minutos.

2 Adicione o creme de leite e mexa por 2 minutos até misturar bem a *fondue* na panela própria e leve-a à mesa, conservando-a quente enquanto as pessoas se servem.

3 Antecipadamente, arrume as frutas em recipientes separados, colocando garfos de *fondue* ao lado.

Fondue de Chocolate II

- *500 g de chocolate de cobertura ao leite (ralado)*
- *1 lata de creme de leite sem soro*
- *1 cálice de licor de cacau*
- *5 fatias de abacaxi cortadas em cubos*
- *5 metades de pêssegos em calda cortados em cubos*
- *2 peras descascadas cortadas em cubos*
- *1 xícara (chá) de uvas-itália*
- *24 morangos*
- *12 cerejas em calda*
- *12 gomos de mexerica*

1 Arrume todas as frutas em recipientes separados e coloque-os sobre a mesa. Arrume também os garfos próprios para *fondue*.

2 Coloque o chocolate na panela própria para *fondue*, tampe-a e leve-a ao fogo em banho-maria. Quatro minutos depois, o chocolate deve estar mole. Mexa-o, num movimento de vaivém, até ficar liso, o que demora pouco. Acrescente o creme de leite e o licor de cacau, pouco a pouco, misturando bem após cada adição.

3 Sirva na panela colocada sobre a espiriteira. Cada um espeta a fruta de sua preferência, mergulha-a no chocolate quente e degusta.

Geleias e Doces de Fruta

"Nem tanto ao mar nem tanto à terra, diz o rifão. Nem verde e nem maduro demais. O fruto deve ser comido assim que chega ao estado de maturação. (...) A fervura faz-lhes perder a vitalidade das vitaminas. É por isso que se devem açucarar bastante os doces em calda (compota), para compensar as propriedades perdidas com a cozedura."

Texto da edição de 1944 de Dona Benta.

Geleias

Geleia de ameixa-preta 734
Geleia de amora ou framboesa 734
Geleia de banana 734
Geleia de damasco 735
Geleia de goiaba 735
Geleia de laranja 735
Geleia de marmelo 736
Geleia de mocotó 736
Geleia de morango 736

Compotas

Compota de amoras 738
Compota de abacaxi 738
Compota de araçá 738
Compota de castanha 739
Compota de laranja 739
Compota de maçãs inteiras 740
Compota de maçã sem açúcar 740
Compota de mamão verde 741
Compota de maracujá 741
Compota de morango 741
Compota de pera 742
Compota de pêssego 742

Frutas em Calda

Abacaxi em calda 744
Doce de batata-doce em pedaços 744
Cajus em calda 744
Doce de cidra 745
Cerejas em calda 745
Doce de figos verdes 746
Bananas em calda de mascavo 746
Doce de figos maduros 747
Doce de maracujá 747
Doce de mamão em pedaços 747
Goiabas em calda 748
Mangas flambadas 748

Frutas em Massa

Doce de abóbora simples 750
Doce de abóbora com coco 750
Bananada paulista 750
Bananada 751
Doce de batata-doce 751
Goiabada 751
Doce de cidra ralada 752
Marmelada 752
Goiabada cascão 753
Marmelada de maçãs 753
Marmelada vermelha 753
Perada 754
Pessegada 754
Doce de uvas 754

Frutas Cristalizadas

Abóbora cristalizada 756
Laranjas cristalizadas 756
Limões sicilianos cristalizados 756
Cidras cristalizadas 757
Doce de abóbora na cal 758
Doce de batata-doce seco 758
Figos cristalizados 759
Mamão cristalizado 759

Geleias

GELEIA DE AMEIXA-PRETA

- ½ kg de ameixas-pretas
- 6 xícaras (chá) de água
- Açúcar
- Mel (opcional)

1 De véspera, deixe as ameixas de molho na água. No dia seguinte, tire-as da água e passe-as por uma peneira, coando a água à parte.

2 Meça a quantidade de xícaras da massa de ameixa obtida e adicione o mesmo número de xícaras de açúcar, assim como da água que foi coada.

3 Leve tudo ao fogo brando e mexa regularmente, com uma colher de pau, até que apareça o fundo da panela. Retire do fogo.

4 Você pode adicionar à geleia uma colher de mel e tornar a levar a panela ao fogo até que novamente apareça o fundo.

GELEIA DE AMORA OU FRAMBOESA

- 1 kg de framboesas ou amoras
- 600 g de açúcar

1 Coloque as framboesas ou as amoras em uma panela e cubra com o açúcar. Leve ao fogo e cozinhe lentamente, amassando de leve as frutas com a ajuda de um garfo.

2 Cozinhe até obter o ponto de geleia. Retire do fogo e deixe esfriar.

3 Guarde em vidros.

GELEIA DE BANANA

- 24 bananas-nanicas
- Açúcar
- ½ xícara (chá) de suco de limão-vermelho

1 Cozinhe as bananas, em pouca água, até se desfazerem. Passe por uma peneira e pese. Leve ao fogo com o mesmo peso de açúcar. Adicione o caldo dos limões.

2 Deixe ferver e vá adicionando água aos poucos até que a geleia tome uma cor avermelhada e comece a aparecer o fundo da panela. Retire, deixe esfriar e guarde em compoteiras.

Geleia de Damasco

- ½ kg de damascos
- 6 xícaras (chá) de água
- Açúcar
- Mel (opcional)

1 Deixe os damascos de molho em 6 xícaras de água por 12 horas. Escorra-os da água e passe por uma peneira, coando a água à parte.

2 Meça quantas xícaras de massa de damasco obteve e adicione o mesmo número de xícaras de açúcar, assim como da água que foi coada.

3 Leve tudo ao fogo brando e mexa sempre com uma colher de pau, até que apareça o fundo da panela.

4 Se quiser, adicione à geleia uma colher de mel e torne a levar a panela ao fogo, cozinhando até que novamente apareça o fundo da panela. Guarde em vidros esterilizados.

Geleia de Goiaba

- 2 e ½ kg de goiabas escolhidas
- 3 limões-galegos pequenos
- 1 kg de açúcar cristal

1 Pique as goiabas com as cascas e as sementes e coloque para cozinhar com os limões descascados e cortados.

2 Depois de bem cozido, passe por uma peneira e coe o caldo em um pano grosso.

3 Faça, com o açúcar, uma calda em ponto de quebrar e adicione o caldo das goiabas. Deixe ferver, mexendo de vez em quando, até ficar no ponto de geleia. Para saber se está no ponto, pingue a geleia num prato enxuto: se não esparramar, está pronta.

Geleia de Laranja

- 2 dúzias de laranjas maduras
- Açúcar

1 Lave bem as laranjas e corte-as em 4 gomos, sem remover a casca. Elimine as sementes e fatie finamente os gomos, com a polpa e a casca.

2 Pese e adicione 6 xícaras de água fria para cada ½ kg de laranjas. Deixe de molho por 24 horas. Escorra, troque a água e ferva até a casca estar macia. Escorra novamente e pese.

3 Coloque em uma panela e adicione ½ kg de açúcar para cada ½ kg de laranjas. Leve ao fogo e cozinhe em fogo baixo até conseguir a textura de geleia.

4 Acondicione em vidros e guarde na geladeira.

Geleia de Marmelo

- *2 kg de marmelo*
- *Açúcar*

1 Descasque os marmelos, parta-os em 4, deixando as sementes, e leve-os a cozinhar em água suficiente para cobri-los.

2 Cozinhe até os frutos se desfazerem e coe em um pano grosso, passando a mão de alto a baixo, como quem está espremendo, para que o suco saia completamente. Meça a quantidade de xícaras (chá) de suco obtida.

3 Para cada xícara (chá) de suco, adicione 2 xícaras (chá) de açúcar e leve ao fogo até dar ponto.

4 Para saber se está no ponto, coloque de vez em quando uma colherinha do doce numa xícara de água fria. Quando o doce não se desmanchar na água, está no ponto.

5 Retire do fogo e deixe esfriar. Conserve em vidros na geladeira.

Geleia de Mocotó

- *1 mocotó de vaca*
- *3 a 4 litros de água*
- *3 colheres (sopa) de suco de limão*
- *½ xícara (chá) de vinho do Porto*
- *Açúcar a gosto*
- *8 claras em neve*
- *1 colher (sopa) de sementes de erva-doce*
- *Noz-moscada ralada*
- *4 cravos-da-índia*
- *2 paus de canela*

1 Cozinhe o mocotó na água fervente até se desfazer.

2 Retire do fogo e, com uma colher, remova a gordura que se formou durante o cozimento e que sobe à superfície da panela. Depois de remover a maior parte, absorva com papel absorvente, até eliminar toda a gordura.

3 Coe o caldo num guardanapo de linho molhado, adicione o caldo do limão e o vinho do Porto. Adoce a gosto e, por fim, misture bem as claras em neve.

4 Leve ao fogo e, quando começar a ferver, adicione os ingredientes restantes.

5 Deixe ferver por mais alguns minutos, coe novamente num pano e, em seguida, distribua o caldo em tacinhas ou fôrmas individuais e leve à geladeira para que a geleia firme.

Geleia de Morango

- *1 kg de morangos*
- *Açúcar*
- *Água*

1 Lave bem os morangos, retire os talinhos e leve-os para cozinhar, em um pouco de água, até se desfazerem. Passe-os por uma peneira fina, meça a massa obtida em xícaras (chá). Adicione à panela a mesma quantidade de xícaras (chá) de açúcar.

2 Cozinhe a massa em fogo baixo, mexendo regularmente até aparecer o fundo da panela.

3 Deixe esfriar e guarde em vidros na geladeira.

Compotas

COMPOTAS

Compota de Amoras

- 1 kg de amoras
- ½ kg de açúcar
- 1 pau de canela
- ½ colher (chá) de erva-doce
- 3 cravos-da-índia

1 Ponha as amoras para ferver, em pouca água, até se desfazerem.

2 Prepare a calda de açúcar em *ponto de espadana* (pág. 646), acrescentando a canela, a erva-doce e os cravos.

3 Junte a calda às amoras e dê mais uma fervura.

4 Sirva depois de fria.

Compota de Abacaxi

- 1 abacaxi maduro
- ½ xícara (chá) de vinho do Porto
- 250 g de açúcar
- Canela em pó
- 2 cravos-da-índia

1 Descasque o abacaxi, corte-o em fatias de 1 cm de espessura e coloque-as em uma vasilha funda.

2 Coloque numa panela o vinho do Porto, o açúcar, uma pitada de canela e os dois cravos e ferva em fogo brando até que o açúcar derreta bem, mas sem ferver.

3 Coe o conteúdo da panela e despeje-o quente em cima do abacaxi.

4 Sirva 2 horas depois.

Compota de Araçá

- 1 kg de araçás
- ½ kg de açúcar
- Canela em pau
- Erva-doce
- Cravos

1 Ponha os araçás para ferver, em pouca água, até se desfazerem.

2 Prepare a calda de açúcar, em *ponto de espadana* (pág. 646), acrescentando a canela, a erva-doce e os cravos.

3 Junte a calda aos araçás e dê mais uma fervura.

Compota de Castanha

- ½ kg de castanhas
- Açúcar
- Água
- Essência de baunilha

1 Aqueça as castanhas, pele-as e coloque-as numa panela com açúcar e um pouco de água, deixando-as de molho durante alguns minutos.

2 Com o açúcar, prepare uma calda rala, junte-a aos frutos e dê-lhes algumas fervuras.

3 Quando as castanhas estiverem macias e bem impregnadas da calda, tire-as do fogo e junte-lhes um pouco de essência de baunilha.

4 Retire do fogo e deixe esfriar.

Compota de Laranja

- 6 laranjas
- Água
- Açúcar

1 Escolha 6 laranjas não muito maduras, retire a pele, fure as laranjas com um garfo em 5 ou 6 lugares e deixe-as de molho em água fria.

2 Leve uma panela com água ao fogo e espere a água ferver. Mergulhe nela as laranjas, voltando a colocá-las outra vez em água fria.

3 Escorra a água, prepare uma calda rala com açúcar junte-a às laranjas e ferva por 3 vezes.

4 Retire as laranjas e arrume-as numa vasilha funda ou numa terrina. (Mantenha a calda no fogo.)

5 Quando as laranjas estiverem frias, corte-as em 4 e despeje em cima delas a calda que ficou no fogo.

6 Deixe esfriar e sirva.

COMPOTAS

Compota de Maçãs Inteiras

- 8 maçãs
- ¼ de xícara (chá) de água
- 2 colheres (sopa) de suco de limão
- ½ kg de açúcar

1 Descasque as maçãs, retire os miolos, conservando-as inteiras. Coloque de molho em água fria com suco de limão durante 2 horas.

2 Escorra e arrume as maçãs numa só camada em uma panela grande, cobrindo com uma calda de açúcar rala.

3 Leve a panela ao fogo e cozinhe as maçãs em fogo brando.

4 Depois do cozimento, retire as maçãs, colocando-as em uma compoteira. Cozinhe mais um pouco a calda para ficar reduzida. Apague o fogo e deixe esfriar.

5 Despeje a calda sobre as maçãs. Sirva gelado.

Compota de Maçã sem Açúcar

- 1 kg de maçãs
- 2 xícaras (chá) de água
- 1 sachê de chá preto
- 200 g de damascos
- 150 g de uvas-passas
- Noz-moscada

1 Descasque as maçãs, reservando as cascas. Coloque em uma pequena panela 1 xícara (chá) de água para ferver e acrescente metade das cascas das maçãs. Ferva por 2 minutos e apague o fogo.

2 Em outra panela, ferva a água restante, apague o fogo e acrescente o saquinho de chá. Deixe em infusão para que o chá fique bem forte.

3 Pique grosseiramente os damascos. Corte as maçãs em cubos de 2 cm x 2 cm e coloque em um recipiente que possa ir ao forno. Acrescente as uvas-passas e os damascos picados, salpique com a noz-moscada e regue com o chá preto e com o chá de maçãs (coado). Cubra o recipiente com papel-alumínio e leve ao forno preaquecido em médio.

4 Asse por 2 horas, misturando a cada 30 minutos. Deixe esfriar e conserve na geladeira. Esta compota é ótima para ser servida com sorvete ou com iogurte.

Compota de Mamão Verde

- 2 ou 3 mamões verdes
- Açúcar
- Água
- Cascas de limão

1 Risque os mamões para que percam o leite. Mais ou menos uma hora depois, corte-os em pedaços. Elimine as sementes, raspe-os um pouco por dentro e rale todos os pedaços sem tirar a casca, deixando-os de molho até o dia seguinte.

2 No dia seguinte, escorra muito bem, meça a massa em xícaras (chá) e junte a mesma quantidade de xícaras de açúcar. Leve tudo ao fogo com um pouco de água e com as cascas de limão. Deixe cozinhar em fogo brando e mexa de vez em quando. Quando começar a secar, mexa sem parar, até aparecer o fundo da panela. Deixe esfriar e guarde em compoteiras.

Compota de Maracujá

- 1 kg de maracujás
- ½ kg de açúcar
- Canela
- Erva-doce em sementes
- Cravos

1 Ponha a polpa dos maracujás a ferver, em pouca água, até se desfazerem.

2 Prepare uma calda de açúcar em *ponto de espadana* (pág. 646), acrescentando a canela, a erva-doce e os cravos.

3 Junte a calda aos maracujás e dê mais uma fervura.

4 Deixe esfriar e sirva.

Compota de Morango

- 1 kg de açúcar
- 1 kg de morangos bem maduros lavados

1 Prepare, com o açúcar, uma calda em ponto de fio.

2 Quando a calda atingir o ponto, acrescente os morangos e espere levantar fervura.

3 Assim que ferver, vá retirando a espuma que se forma na superfície da calda. Retire tudo do fogo, deixando repousar um pouco.

4 Ferva novamente, retire do fogo e deixe esfriar.

Compota de Pera

- *12 peras*
- *3 xícaras (chá) de água*
- *1 limão*
- *3 cravos-da-índia*
- *1 pedaço de canela em pau*
- *6 xícaras (chá) de açúcar*
- *½ xícara (chá) de vinho branco seco*

1 Descasque as peras, parta-as ao meio e coloque-as numa panela com a água, o caldo do limão, o cravo, a canela e o açúcar. Leve ao fogo brando e ferva até que as peras fiquem macias.

2 Junte o vinho branco. Ferva por mais 5 minutos e retire as peras para uma compoteira.

3 Apure a calda por mais alguns instantes e despeje-a sobre as peras.

4 Sirva depois de fria.

Compota de Pêssego

- *12 pêssegos*
- *500 g de açúcar*
- *1 cálice de* kirsch *ou* vodca

1 Deite os pêssegos (maduros) em água fervendo até que fiquem sem as peles. Retire-os, parta-os ao meio e elimine os caroços.

2 Cubra o fundo de uma panela com o açúcar, ponha sobre ele os pêssegos e cubra-os com outra camada de açúcar.

3 Leve a panela ao fogo, espere até ferver, escume, retire os pêssegos, deixe-os esfriar e passe-os para uma compoteira.

4 Despeje o *kirsch* ou a vodca na calda que ficou na panela, misture bem, deixe ferver mais um pouco, tire do fogo e, depois de esfriar, vire a calda sobre os pêssegos da compoteira.

5 Sirva depois de fria.

Frutas em Calda

Abacaxi em Calda

- 1 abacaxi maduro
- Açúcar
- ¼ de xícara (chá) de vinho branco

1 Descasque o abacaxi, corte em fatias grossas e remova o miolo das fatias. Arrume-as numa panela, cobrindo-as com bastante açúcar. Deixe repousar assim durante 2 horas.

2 Leve ao fogo brando, deixe ferver até a calda ficar em bom ponto e junte o vinho. Deixe ferver novamente e sirva depois de frio.

Doce de Batata-Doce em Pedaços

- 2 kg de batatas-doces
- Açúcar
- ½ colher (café) de noz-moscada
- 3 cravos
- 1 pedaço de canela em pau

1 Afervente as batatas-doces com casca. Quando estiverem quase moles, retire da água, deixe escorrer, descasque-as e corte-as em fatias redondas grossas.

2 Pese as batatas e adicione peso igual de açúcar. Faça uma calda rala, tempere com uma pitada de noz-moscada ralada, os cravos e a canela em pau. Adicione as fatias de batata-doce e deixe que acabem de ser cozidas em fogo brando.

3 Retire os pedaços, depois de cozidos, com cuidado para não se quebrarem, coloque-os numa vasilha funda ou numa compoteira grande, espere a calda engrossar mais e despeje-a por cima deles.

Cajus em Calda

- 12 cajus grandes e bem maduros
- Água com limão
- 3 xícaras (chá) de açúcar

1 Descasque os cajus e deixe-os de molho em água com limão, para não escurecerem.

2 Leve ao fogo uma panela com água e, quando estiver fervendo, acrescente os cajus, deixando no fogo até que levante fervura novamente.

3 Faça uma calda com 3 xícaras (chá) de açúcar e uma de água. Quando estiver em ponto de pasta, escorra os cajus e deite-os nela, tornando a levá-la ao fogo para tomar novamente o ponto.

4 Guarde os cajus, depois de frios, numa compoteira ou em potes de louça ou vidro.

FRUTAS EM CALDA

DOCE DE CIDRA

- *12 cidras (perfeitas)*
- *Água*
- *1 kg de açúcar*
- *4 cravos*
- *1 pedacinho de canela em pau*

1 Rale cada cidra levemente no ralador de coco, deixando o cabinho. Corte a parte inferior em cruz (ou tire uma rodela) e, por essa abertura, retire o miolo de todas as cidras, levando-as para um tacho ou caldeirão bem grande com bastante água. Dê-lhes uma fervura em fogo forte e, depois, retire-as do fogo.

2 Deixe esfriar, escorra a água e torne a encher o tacho ou caldeirão de água fria, deixando as cidras de molho por uns 2 ou 3 dias. Troque a água 2 vezes por dia, para que desapareça totalmente o amargo das frutas.

3 Decorridos os 2 ou 3 dias, escorra bem as cidras e arrume-as, em camadas, no caldeirão ou tacho, cobrindo cada camada com calda rala feita à parte e temperada com os cravos e um pedacinho de canela em pau. Leve a ferver, em fogo brando, por umas 2 horas. Retire do fogo, mas deixe as cidras no caldeirão ou tacho.

4 No dia seguinte, leve o caldeirão ao fogo e ferva. Apague e deixe as cidras de molho na calda por mais 12 horas.

5 No 3º dia, torne a fazer o doce ferver mais um pouco. Se as cidras estiverem bem passadas e a calda bem grossa, o doce está pronto.

CEREJAS EM CALDA

- *1 kg de cerejas graúdas*
- *Água*
- *Açúcar*

1 Retire os cabinhos e os caroços das cerejas (utilize o descaroçador de azeitonas) e deixe-as de molho em água fria por 15 minutos. Escorra e pese as cerejas.

2 Com uma quantidade de açúcar igual ao peso das cerejas, faça uma calda e adicione as frutas, levando a ferver durante uns 15 minutos.

3 Retire as cerejas para um pote de louça ou uma vasilha funda, deixe a calda no fogo para que fique mais grossa e, depois, despeje-a sobre as frutas.

Doce de Figos Verdes

- Figos verdes
- 1 pitada de bicarbonato de sódio
- Açúcar
- Água

1   Passe gordura nas mãos (para que o leite dos figos não as queime) e descasque, tirando a casca bem fina e pondo-os numa vasilha com água. Em seguida, leve-os a ferver com uma pitada de bicarbonato de sódio. Feito isso, deixe-os de molho em água limpa durante 2 ou 3 dias, mudando sempre a água.

2   No 3º dia, com uma quantia de açúcar equivalente ao dobro do peso dos figos, faça uma calda rala suficiente para cobri-los. Junte, então, os figos à calda e deixe ferver por ½ hora. Retire do fogo e guarde a panela sem tocar nos figos.

3   No dia seguinte, volte a levar a panela ao fogo para que ferva mais um pouco e retire-a novamente.

4   Repita a operação por 3 ou 4 dias: o doce só estará bom quando os figos estiverem bem passados pela calda. (Se a calda engrossar antes que fiquem bem passados, junte mais água.)

Observação: Para limpar os figos verdes, faça um corte em cada um, para que não murchem. Cubra-os com água e leve-os ao fogo para que fervam durante 3 minutos. Escorra-os, deixe-os esfriar, coloque-os num saco plástico, feche o saco e leve ao congelador, deixando de um dia para outro. No dia seguinte, lave cada um em água corrente esfregando-os com um paninho até que a pele dos figos se solte.

Bananas em Calda de Mascavo

- ½ xícara (chá) de manteiga
- 1 xícara (chá) de açúcar mascavo
- 2 colheres (chá) de canela em pó
- 1 xícara (chá) de rum
- 8 bananas cortadas ao meio

1   Coloque em uma frigideira a manteiga, o açúcar e a canela. Deixe o açúcar desmanchar. Acrescente metade do rum e misture bem.

2   Coloque as bananas cortadas ao meio no sentido do comprimento. Abaixe o fogo e cozinhe até que as bananas estejam macias.

3   Acrescente o rum restante e flambe as bananas. Sirva com sorvete de creme ou com fatias de queijo branco.

Doce de Figos Maduros

- *12 figos maduros*
- *Açúcar*

1   Descasque os figos levemente, sem lhes ferir a polpa rosada. Faça uma calda rala suficiente para cobrir os figos e junte-os a ela, deixando ferver em fogo brando por 2 horas. Passado esse tempo, retire a panela do fogo sem mexer nos figos, para que não se desfaçam.

2   No dia seguinte, torne a levar a panela ao fogo brando e deixe ferver por mais ½ hora, sempre sem mexer nos figos.

3   No 3º dia, torne a levar os figos ao fogo para que a calda engrosse e eles fiquem bem passados. Deixe-os, então, esfriar e vire-os, com cuidado, numa compoteira ou num pote.

Doce de Maracujá

- *24 maracujás-mirins (verdes)*
- *1 colher (sopa) de suco de limão*
- *Calda rala*

1   Descasque os maracujás e corte-os ao comprido, até o meio, para que fiquem inteiros e com os cabinhos. Por essa abertura, tire a polpa e leve-os a cozinhar em água com o suco de limão.

2   Depois de cozidos, escorra-os e coloque-os em calda rala. Se for guardá-los, deixe a calda ficar mais grossa.

Doce de Mamão em Pedaços

- *2 mamões verdes*
- *Açúcar*
- *4 cravos-da-índia*
- *1 pedaço de canela em pau*

1   Risque os mamões verdes para que percam o leite. Passada uma hora, descasque-os, corte-os em pedaços, tire as sementes e limpe bem o miolo.

2   Pese os pedaços, tome o mesmo peso de açúcar, leve ambos ao fogo com alguns cravos e um pedaço de canela em pau e deixe cozinhar em fogo brando. Quando o mamão estiver cozido e a calda com boa consistência, retire do fogo, deixe esfriar e sirva em compoteira.

Goiabas em Calda

- *24 goiabas*
- *Água*
- *3 xícaras (chá) de açúcar*
- *Vinho do Porto (opcional)*

1 Descasque as goiabas. Corte-as ao meio, retire os caroços e lave-as muito bem. Cozinhe em água fervente até ficarem macias, tendo o cuidado de não deixar amolecer demais. Escorra numa peneira.

2 Faça uma calda com as 3 xícaras (chá) de açúcar e uma de água e coloque as goiabas cozidas nessa calda. Leve novamente ao fogo para tomar ponto. A calda deve ficar espessa. Adicione o vinho do Porto, espere ferver e retire.

3 Deixe esfriar e guarde numa compoteira. Para aumentar a durabilidade do doce, reduza a calda por mais tempo.

Mangas Flambadas

- *2 mangas*
- *2 colheres (sopa) de manteiga*
- *4 colheres (sopa) de açúcar*
- *1 dose de conhaque*
- *2 doses de licor de laranja*

1 Descasque as mangas e corte-as em 8 fatias grossas.

2 Coloque a manteiga em uma frigideira grande e leve ao fogo. Aqueça bem e adicione as fatias de manga. Doure por um minuto de cada lado e salpique com o açúcar.

3 Vire as fatias de manga e deixe que o açúcar dissolva.

4 Regue com o conhaque e com o licor. Flambe e sirva com sorvete de coco ou creme.

Frutas em Massa

Doce de Abóbora Simples

- 2 kg de abóbora madura
- Açúcar
- Água
- Essência de baunilha ou cravos-da-índia
- Canela em pau

1 Descasque a abóbora e corte-a em pedaços, pese (para saber de quanto açúcar vai precisar) e leve os pedaços para cozinhar com um pouquinho de água, pois a abóbora já contém bastante água.

2 Depois do cozimento, passe os pedaços de abóbora numa peneira, leve a massa obtida para a panela, junte o açúcar e deixe em fogo brando, mexendo sempre até que comece a desgrudar da panela e aparecer o fundo.

3 Acrescente algumas gotas de baunilha ou cravos e uns pedaços de canela em pau e deixe esfriar. Coloque em uma compoteira.

Doce de Abóbora com Coco

- 1 e ½ kg de abóbora d'água madura
- 2 xícaras (chá) de água
- 1 kg de açúcar
- 5 cravos-da-índia
- 2 pedaços de casca de canela
- 1 coco médio ralado

1 Descasque a abóbora, corte-a em pedaços pequenos e coloque-os numa panela. Adicione a água, tampe a panela e leve-a ao fogo forte por uma hora.

2 Retire da chama e deixe a abóbora cozida esfriar por 10 minutos. Em seguida, passe-a por uma peneira grossa com todo o seu líquido.

3 Coloque a massa obtida em uma panela e adicione o açúcar, os cravos, a canela e o coco ralado.

4 Leve a panela ao fogo médio, cozinhando por aproximadamente 30 minutos. Mexa regularmente com uma colher de pau.

5 Retire do fogo e deixe esfriar por 10 minutos.

6 Coloque o doce de abóbora com coco numa compoteira e sirva.

Bananada Paulista

- 12 bananas
- 1 xícara (chá) de açúcar
- Suco de 2 limões
- Polpa de 4 laranjas sem as peles

1 Misture os ingredientes e leve ao fogo, mexendo sempre a partir do momento em que começar a ferver.

2 Quando a massa estiver despregando do fundo, retire do fogo. O doce, depois de pronto, fica avermelhado.

FRUTAS EM MASSA

BANANADA

- 12 bananas-nanicas ou bananas-maçãs
- Açúcar

1 Descasque as bananas e corte-as ao meio. A seguir, cozinhe as bananas e passe-as numa peneira. Pese a massa. Para cada quilo de massa, adicione ½ kg de açúcar e faça uma calda bem grossa.

2 Feita a calda, junte-a à massa e leve tudo ao fogo num tacho, mexendo até o fundo aparecer. (O melhor modo de verificar o ponto é retirar um pouco do doce na ponta de uma faca e bater com ele nas costas da mão: se não pegar, está pronto.)

DOCE DE BATATA-DOCE

- 1 e ½ kg de batatas-doces
- Açúcar
- Essência de baunilha

1 Cozinhe as batatas com casca. Passe-as por uma peneira fina e pese. Coloque a massa em uma panela e adicione o mesmo peso de açúcar.

2 Leve ao fogo brando e vá mexendo até aparecer o fundo da panela.

3 Junte um pouco da baunilha, retire do fogo e deixe esfriar.

GOIABADA

- Goiabas vermelhas e bem maduras
- Água
- Açúcar

1 Corte as goiabas, tire as sementes, lave-as e escorra. (Escolha uma parte dos miolos das goiabas mais bonitas e ponha-as de molho em pouca água.)

2 Afervente as goiabas e passe-as por uma peneira fina.

3 Faça uma calda em *ponto de quebrar* (pág. 646), empregando uma quantidade de açúcar igual à do peso da massa de goiaba. Leve o tacho ao fogo, mexendo sempre com uma colher de pau.

4 Quando estiver quase no ponto de tirar, coe a água em que os miolos estiveram de molho, junte-a à massa e continue a mexer a goiabada até que apareça o fundo do tacho.

5 A goiabada estará pronta quando, tirada com a ponta de uma faca ligeiramente fria, ao ser encostada nas costas da mão, não pegar. Vire, então, o doce em latas ou em formas previamente preparadas para isso.

FRUTAS EM MASSA

Doce de Cidra Ralada

- *Cidra*
- *Água*
- *Açúcar*

1 Rale a cidra e ponha-a num saco plástico grosso, amarrando-lhe a boca numa torneira e deixando, assim, a cidra em água corrente até que perca todo o amargo. Esprema bem a massa e pese-a.

2 Tome uma quantidade de açúcar igual à do peso da massa de cidra, faça com ela uma calda, junte a massa de cidra e leve ao fogo brando, mexendo sempre.

3 Quando aparecer o fundo da panela e começar a fritar, está pronto o doce, que pode ser guardado em potes ou vidros.

Marmelada

- *2 kg de marmelos (perfeitos)*
- *Água para cozinhar os marmelos*
- *Açúcar*

1 Esfregue os marmelos com um pano grosso para lhes tirar os pelos e ponha-o a cozinhar, inteiros, num caldeirão ou tacho com bastante água.

2 Depois de cozidos, escorra-os numa peneira de taquara e passe-os por uma peneira fina.

3 Pese a massa obtida e junte, para cada quilo de massa, 1 e ½ kg de açúcar, fazendo com este uma calda.

4 Cozinhe a calda até o ponto de quebrar. Retire-a, então, do fogo, junte a massa de marmelo, dissolvendo-a bem e mexendo com uma colher de pau.

5 Torne a levar o tacho ou caldeirão ao fogo, mais brando agora, mexendo sempre, para que a marmelada não pegue no fundo. Quando começar a aparecer o fundo do tacho, retire do fogo, mexa ainda um pouco e despeje em fôrmas ou latas já preparadas para esse fim.

6 No dia seguinte, leve essas fôrmas ou latas ao sol e faça assim por 4 ou 5 dias, até que se forme uma espécie de crosta sobre a marmelada.

Goiabada Cascão

- 2 kg de goiabas vermelhas e bem maduras
- Água
- Açúcar

1 Faça uma goiabada simples e, quando começar a aparecer o fundo do tacho, junte-lhe, com um pouquinho de água, algumas goiabas limpas, partidas em 4 e aferventadas à parte.

2 Misture as goiabas limpas à massa enquanto esta estiver no fogo e vá mexendo sempre, até que o doce fique bem apurado.

Marmelada de Maçãs

- 8 maçãs de tamanho regular
- Manteiga
- 250 g de açúcar
- 1 colher (sopa) de suco de limão
- 2 colheres (sopa) de água

1 Descasque as maçãs, lave-as e corte-as em 4. Em seguida, coloque os pedaços numa panela com um pouco de manteiga, 250 g de açúcar e um pouco do suco de limão. Cozinhe tudo com as 2 colheres de água em fogo brando, mexendo sempre para não pegar no fundo.

2 Quando tudo estiver bem cozido, passe numa peneira de taquara e guarde numa compoteira.

Marmelada Vermelha

- 2 kg de marmelo
- Água
- Açúcar

1 Cozinhe os marmelos e guarde a água em que foram cozidos.

2 Escorra os marmelos numa peneira de taquara e depois passe por uma peneira fina também de taquara.

3 Pese a massa obtida e, com 1 e ½ kg de açúcar para cada quilo de massa, faça uma calda de quebrar.

4 Coe a calda, junte-a com a massa de marmelo, mexa com uma colher de pau, acrescente um copo da água em que os marmelos foram cozidos e continue mexendo para não pegar no fundo. Se não tiver ficado de cor vermelha, junte outro copo da mesma água e continue mexendo, fazendo a mesma coisa até que a marmelada se torne vermelha. Deixe ferver até começar a fritar e a aparecer o fundo do tacho ou caldeirão. Retire do fogo e despeje em latas ou fôrmas já preparadas para esse fim.

5 No dia seguinte, leve as latas ou fôrmas ao sol e faça assim por 4 ou 5 dias, até que se forme uma espécie de crosta sobre a marmelada.

FRUTAS EM MASSA

Perada

- Peras
- Açúcar

1   Descasque as peras e retire as sementes. Cozinhe-as, passe em peneira fina e pese a massa obtida.

2   Para cada quilo de massa, tome ½ kg de açúcar e faça uma calda grossa.

3   Junte a calda à massa e leve ao fogo em tacho de cobre, mexendo até aparecer o fundo. (O melhor meio de verificar o ponto é retirar um pouco de doce na ponta de uma faca e bater com ele nas costas da mão: se não pegar, está pronto.)

Pessegada

- 1 kg de pêssegos maduros
- Açúcar

1   Cozinhe os pêssegos, passe numa peneira fina e pese a massa obtida.

2   Com um peso igual de açúcar, faça uma calda em ponto de quebrar, junte a massa de pêssegos e leve tudo ao fogo, num tacho, mexendo sempre com uma colher de pau até o doce despregar do fundo. Vire, então, em latas ou em fôrmas.

Doce de Uvas

- 1 kg de uvas pretas maduras
- ½ kg de açúcar

1   Ponha as uvas numa caçarola, sem água, e leve-as ao fogo.

2   Depois de cozidas, passe-as numa peneira, junte o açúcar e leve tudo ao fogo brando, mexendo sempre até aparecer o fundo da panela.

3   Sirva gelado.

Frutas Cristalizadas

Abóbora Cristalizada

- *1 abóbora madura*
- *1 colher (sopa) de cal virgem (pedra)*
- *2 litros de água*
- *Açúcar*

1   Corte a abóbora em pedaços e retire a casca. Elimine as sementes e deixe os pedaços de molho, por 2 horas, numa mistura da cal virgem dissolvida na água.

2   Findo o prazo, escorra muito bem e lave os pedaços em água corrente. Prepare, então, uma calda rala (suficiente para cobrir os pedaços de abóbora) e ponha essa calda e os pedaços de abóbora num caldeirão, levando a cozinhar em fogo brando.

3   À medida que a calda for secando, vá juntando água aos poucos. Quando os pedaços de abóbora estiverem cozidos e a calda grossa, retire o caldeirão do fogo e deixe a abóbora dormir na calda.

4   No dia seguinte, escorra os pedaços de abóbora numa peneira de taquara, passe-os em açúcar cristalizado e leve-os ao sol para secar.

Laranjas Cristalizadas

Prepare do mesmo modo que a receita de *cidras cristalizadas* (pág. 757), substituindo as cidras por laranjas de casca grossa.

Limões Sicilianos Cristalizados

Prepare do mesmo modo que a receita de *cidras cristalizadas*, substituindo as cidras por limões sicilianos.

Cidras Cristalizadas

- *12 cidras (perfeitas)*
- *Água*
- *1 kg de açúcar*
- *4 cravos*
- *1 pedacinho de canela em pau*

1 Rale as cidras levemente, deixando os cabinhos. Corte a parte inferior de cada uma em cruz (ou tire uma rodela) e, por essa abertura, retire a polpa. Coloque as frutas num tacho ou caldeirão com água e dê-lhes uma fervura em fogo forte.

2 Após a fervura, retire do fogo, deixe esfriar, elimine a água e torne a encher o tacho ou caldeirão de água fria. Coloque as cidras de molho na água por uns 2 ou 3 dias. Troque a água 2 vezes por dia para que desapareça quase totalmente o amargo das frutas.

3 Passados os 2 ou 3 dias, prepare com o açúcar uma calda rala. Escorra bem as cidras e arrume-as em camadas, no caldeirão ou tacho, cobrindo cada camada com calda rala temperada com cravos e um pedacinho de canela em pau. Leve a ferver, em fogo brando, por umas 2 horas. Retire do fogo, mas deixe as cidras no caldeirão ou tacho.

4 No dia seguinte, torne a levar o caldeirão ao fogo, deixando as cidras dormir mais um dia na calda.

5 No 3º dia, faça o doce ferver mais um pouco e, se as cidras estiverem bem passadas e a calda bem grossa, leve-as a escorrer numa peneira. Depois de bem escorridas, passe-as em açúcar cristalizado e deixe-as secar ao sol.

FRUTAS CRISTALIZADAS

Doce de Abóbora na Cal

- 1 kg de abóbora madura
- Água
- 1 colher (sopa) de cal virgem
- ½ kg de açúcar
- Fava de baunilha ou essência

1   Corte a abóbora em pedaços e ponha-os numa vasilha, acrescentando água suficiente para cobri-los. Coloque a cal virgem e misture bem. Deixe-os de molho nessa água por 30 a 40 minutos, virando-os de vez em quando.

2   Escorra a água e fure, com um garfo, pedaço por pedaço, para que a água penetre nos pedaços de abóbora. Lave-os, a seguir, em 2 águas e escalde-os com água fervente.

3   Com o açúcar, prepare uma calda em ponto de fio.

4   Coloque os pedaços dentro da calda ponto de fio, acrescente um pedacinho de fava de baunilha, ferva um pouco e deixe esfriar na calda.

5   No dia seguinte, ponha para escorrer num tabuleiro exposto ao sol.

Doce de Batata-doce Seco

- 1 receita de doce de batata--doce (pág. 751)
- Açúcar cristal

1   Faça como indica a receita de doce de batata-doce, deixando o ponto bem firme (espesso).

2   Deixe esfriar. Tome bocados da massa do doce, enrole--os na mão previamente coberta de açúcar cristal, passe cada doce no mesmo açúcar e leve ao sol para secar.

FIGOS CRISTALIZADOS

- 1 kg de figos verdes
- Água
- 2 kg de açúcar

1 Para limpar os figos verdes, faça um corte em cada um, para que não murchem. Cubra-os com água e leve-os ao fogo para que fervam durante 3 minutos. Escorra-os, deixe-os esfriar, coloque-os num saco plástico, feche o saco e leve ao congelador, deixando aí de um dia para outro. No dia seguinte, esfregue-os, em água corrente, com um paninho até que a pele dos figos se solte.

2 Em seguida, com uma quantia de açúcar equivalente ao dobro do peso dos figos, faça uma calda rala que dê para cobri-los. Junte os figos à calda e deixe ferver por ½ hora. Retire do fogo e guarde a panela, sem tocar nos figos.

3 No dia seguinte, volte a levar a panela ao fogo para que ferva mais um pouco e retire-a novamente.

4 Repita a operação por 3 ou 4 dias. Quando os figos estiverem bem passados pela calda, leve-os a escorrer numa peneira de taquara por um dia inteiro, deixando-os um pouco ao sol.

5 No dia seguinte, passe-os em açúcar cristalizado e leve-os a secar ao sol.

MAMÃO CRISTALIZADO

- 1 mamão verde
- 1 litro de água
- 1 colher (sopa) de cal virgem
- ½ kg de açúcar

1 Misture a cal com a água em uma tigela de vidro ou inox.

2 Descasque o mamão e corte-o em pedaços de 5 cm. Elimine as sementes e deixe-os de molho por 2 horas na mistura de água e cal virgem.

3 Depois dessas 2 horas, escorra muito bem. Com o açúcar e um pouco de água, prepare uma calda rala (suficiente para cobrir os pedaços de mamão) e, num caldeirão ou tacho, leve tudo a cozinhar em fogo brando.

4 À medida que a calda for secando, junte água aos poucos. Quando os pedaços de mamão estiverem cozidos e a calda grossa, retire o caldeirão ou tacho do fogo e deixe o mamão passar 8 horas na calda.

5 No dia seguinte, escorra os pedaços de mamão numa peneira de taquara, passe-os em açúcar cristalizado e leve--os ao sol para secar.

DOCES, DOCINHOS E BALAS

> "Il est bien positif que sans de bonnes matières premières, les plus grand cusinier du monde ne vous fera jamais rien de bon."
>
> Gouffé. Texto da edição de 1942 de *Dona Benta*.

Doces e Docinhos

Cuidados e segredos na preparação de docinhos de festa 765
Beijinhos de abacaxi 766
Docinhos de abacaxi com gemas 766
Docinhos de abacaxi com chocolate 767
Ameixa recheada ou olho de sogra 767
Ameixa recheada com nozes 768
Amandine 768
Amanteigados deliciosos 768
Bem-casados de amêndoas 769
Deliciosas 769
Docinho alemão 769
Geleinhas de cachaça 770
Marzipã 770
Quindim de amêndoas 771
Toucinho do céu 771
Docinhos de amendoim 771
Cajus de amendoim 772
Pés de moleque 772
Pés de moleque com rapadura 773
Carolinas (bombas) 773
Carolinas com creme 774
Bolinhas de castanhas-do-pará 774
Castanhas fingidas 775
Batatinhas de chocolate 775
Brigadeiro 776
Brigadeiro macio 776
Figos de chocolate 776

Marronzinhos de nozes 777
Quadrados de chocolate e nozes 777
Salame de chocolate com amêndoas 778
Salame de chocolate meio amargo 778
Beijos de coco 779
Beijinhos de coco 779
Beijos de cabocla 779
Bom-bocado com queijo 780
Bom-bocado de coco 780
Bom-bocado rico de coco 780
Bom-bocado de queijo e coco 781
Bom-bocado de liquidificador 781
Bom-bocado de milho verde 782
Bom-bocado do norte 782
Brasileiras 783
Baianinhas 783
Brejeirinhas 783
Cajus de coco 784
Cocada ao sol 784
Cocada assada 784
Cocada de colher 785
Cocada de fita 785
Cocada mulatinha 786
Cocada de ovos 786
Cocadinhas com ameixas ou cerejas 786
Cocadinhas decoradas 787
Queijadinha 787
Queijadinha fácil 787

Quero mais 788
Quindim 788
Quindim de coco 788
Tigelinhas amarelas 788
Docinhos de damasco 789
Doce de leite em quadradinhos 789
Beijos de freira 790
Casadinhos de maisena 790
Merengue simples 790
Merengue com fermento 791
Merengue com amêndoas 791
Nozes carameladas 791
Docinhos de batata-doce com nozes 792
Docinhos fantasia 792
Biriba de nozes 793
Camafeu original 793
Camafeu de nozes 793
Caramelo de Natal 794
Hussardos 794
Pés de moleque americano 795
Segredinho de amor 795
Fios de ovos I 795
Fios de ovos II 796
Papos de anjo 796
Suspiros 797
Suspiros turcos 797
Caipirinha 797

BALAS

Alfenins de coco 800
Alfenins com nozes 800
Balas simples 801
Balas de essência 801
Balas de amêndoas 801
Balas de amendoim torrado 802
Balas de banana 802
Balas de café 802
Balas de castanha-do-pará 803
Balas de chocolate 803
Balas de chocolate com canela 803
Balas de damasco 804
Balas de leite 804
Balas de nozes 804
Balas delícia 805
Balas de ovos 805
Balas de ovos com coco 805

Doces e Docinhos

Cuidados e Segredos na Preparação de Docinhos de Festa

Tenha em sua cozinha toda a aparelhagem necessária e própria para o preparo de docinhos: fôrmas e forminhas, tabuleiros, peneiras, balança, colher de pau, abridor de latas, batedor de ovos, pincel, cachetinhas etc.

Tenha sempre em estoque, em sua despensa, os ingredientes necessários.

Mexa os doces com uma colher de pau, em movimentos contínuos, procurando atingir o fundo e os lados da panela.

Retire o doce do fogo quando a massa começar a se desprender do fundo da panela.

Misture bem os ingredientes antes de levar ao fogo.

Para enrolar os docinhos com maior facilidade, deixe-os esfriar bem e enrole-os com as mãos untadas.

Forminhas de papel com docinhos tipo queijadinha ou mãe-benta devem ser colocadas dentro de forminhas de empada, para que não deformem.

Em docinhos que levam açúcar queimado, tenha o cuidado de não deixar que escureça muito, pois pode amargar.

Para tirar a pele das amêndoas facilmente, deixe-as em água fervente por 2 minutos e, em seguida, esprema-as entre os dedos.

Para que a massa dos docinhos esfrie com maior facilidade, coloque-a em prato untado, evitando que haja desperdício.

Para docinhos assados em forminhas e em banho-maria, coloque a água com cuidado quando a assadeira já estiver no forno (com recipiente de bico-jarra), para evitar que entre água nos docinhos na hora de transportá-los para o forno.

Utilize panela funda para o preparo de docinhos, pois, quando fervem, pulam muito.

Ao passar calda vidrada em docinhos, faça-o com calda bem quente, pois a calda fria deixa uma camada muito grossa. Segure os docinhos por um palito e mergulhe-os rapidamente na calda, colocando-os no mármore untado com manteiga.

Beijinhos de Abacaxi

- *1 coco*
- *2 abacaxis*
- *800 g de açúcar*
- *Cravos, para enfeitar*

1 Rale o coco e reserve.

2 Descasque os abacaxis e pique-os finamente ou passe em um moedor, aproveitando o caldo que escorrer.

3 Coloque a massa dos abacaxis em uma panela, o caldo, o coco ralado e o açúcar. Misture tudo muito bem e leve ao fogo brando, mexendo sempre até dar ponto de enrolar.

4 Retire do fogo, deixe esfriar e faça bolinhas ou cajuzinhos, enfeitando cada um com um cravo e arrumando-os em forminhas individuais de papel ou alumínio.

Docinhos de Abacaxi com Gemas

- *6 gemas*
- *500 g de abacaxi fresco, moído e escorrido*
- *1 coco ralado*
- *500 g de açúcar*

1 Passe as gemas por uma peneira e adicione aos outros ingredientes.

2 Leve ao fogo brando e mexa constantemente com uma colher de pau, até obter o ponto de enrolar, o que se verifica quando a massa se desprega da panela.

3 Despeje a massa numa tigela untada com um pouco de óleo, deixe-a esfriar e depois enrole os docinhos, passando-os, por último, em açúcar cristalizado.

4 Cada docinho pode ser modelado com formato de um pequeno abacaxi e enfeitado com um cravo-da-índia.

Docinhos de Abacaxi com Chocolate

- 1 abacaxi médio maduro
- 1 xícara (chá) de água
- 3 xícaras (chá) rasas de açúcar
- 5 gemas
- 1 coco ralado
- 1 tablete grande de chocolate meio amargo

1 Bata o abacaxi no liquidificador, aproveitando todo o caldo.

2 Prepare com a água e o açúcar uma calda grossa: junte o abacaxi, as gemas e o coco; volte ao fogo, mexendo até que a massa se desprenda da panela.

3 Retire do fogo, deixe esfriar e enrole os docinhos em formato de abacaxi. Marque pequenas depressões na parte de cima, imitando a casca da fruta.

4 À parte, derreta o chocolate em banho-maria e, com o auxílio do saco de confeitar com bico perlê ou de um palito, encha as depressões com o chocolate.

5 Enfeite com papel verde, formando cabinhos, e coloque em forminhas de papel.

Ameixa Recheada ou Olho de Sogra

- 1 e ¼ de xícara (chá) de leite
- ½ kg de açúcar
- 6 gemas
- 1 coco ralado
- 60 ameixas

1 Misture o leite com o açúcar e leve ao fogo brando, até que adquira consistência de mingau ralo.

2 Retire do fogo. Junte as gemas, que devem ter sido previamente misturadas com o coco, e incorpore-as bem à mistura.

3 Leve novamente ao fogo para dar ponto, isto é, até que apareça o fundo da panela. Deixe esfriar.

4 Enquanto isso, limpe as ameixas com um pano úmido e coloque-as em uma peneira sobre uma panela, no fogo, com água a ferver, para que fiquem macias.

5 Corte-as ao comprimento, remova os caroços e recheie-as.

Ameixa Recheada com Nozes

- 1 kg de ameixas-pretas bem macias
- 1 xícara (chá) de coco ralado
- 1 xícara (chá) de açúcar
- 6 gemas
- Essência de baunilha
- Nozes moídas

1   Corte as ameixas por um dos lados e retire os caroços, abrindo-as o máximo possível, para recheá-las.

2   Faça com o coco e o açúcar um doce mole e deixe esfriar. Bata as gemas mal batidas, junte-as ao doce de coco e perfume com algumas gotas de baunilha. Leve ao fogo para apertar e vá mexendo sempre, até aparecer o fundo da panela. Junte então um pires mal cheio de nozes moídas.

3   Feito o doce, recheie com ele as ameixas, usando uma colherinha, e polvilhe-as por cima com açúcar cristal, colocando-as em forminhas de papel.

Amandine

- 250 g de amêndoas sem casca
- 250 g de açúcar
- 2 claras
- 1 colherinha (café) de água de flor-de-laranjeira
- Amêndoas picadinhas

1   Soque as amêndoas e, depois de bem socadas, junte aos poucos o açúcar e uma das claras.

2   Misture bem, junte a água de flor-de-laranjeira, amasse tudo e, com a massa, faça umas bolinhas.

3   Quando todas as bolinhas estiverem prontas, molhe uma por uma na outra clara de ovo, passe em amêndoas picadinhas, deixe secar por umas horas e depois leve ao forno brando por uns instantes. Se a massa ficar mole, adicione mais açúcar.

Amanteigados Deliciosos

- ½ kg de açúcar
- 10 gemas
- ½ kg de amêndoas sem pele moídas
- 3 claras batidas em neve

1   Com o açúcar, faça uma calda em ponto de bala meio mole e, quando estiver quase fria, adicione as gemas, as amêndoas moídas e as claras em neve.

2   Misture tudo muito bem e leve ao fogo, mexendo sempre, até que apareça o fundo da panela.

3   Retire do fogo e guarde numa vasilha.

4   No dia seguinte, enrole os amanteigados.

Bem-casados de Amêndoas

- ½ kg de açúcar
- 2 xícaras (chá) de água
- 350 g de amêndoas moídas
- 8 gemas
- 1 colherinha (chá) de essência de baunilha
- 1 colher (sopa), bem cheia, de chocolate em pó

1 Faça uma calda com o açúcar e a água; deixe esfriar, junte as amêndoas moídas e torne a levar ao fogo, mexendo sempre até que a massa desprenda da panela. Junte, então, as gemas e a essência de baunilha e divida a mistura obtida em 2 partes iguais.

2 Leve uma das partes novamente ao fogo até que enxugue bem, despregando do fundo da panela. Retire do fogo e deixe esfriar.

3 À parte, junte o chocolate em pó e leve também ao fogo até que se despregue do fundo da panela. Deixe esfriar.

4 Quando as duas massas estiverem frias, faça bolas, achate-as na palma da mão e una uma branca com uma escura. Arrume em forminhas de papel frisado.

Deliciosas

- 150 g de amêndoas peladas e moídas
- 250 g de farinha de trigo
- 100 g de açúcar
- 125 g de manteiga
- Geleia de sua preferência
- Creme chantilly (pág. 658)

1 Misture bem as amêndoas moídas com a farinha de trigo, o açúcar e a manteiga.

2 Com a massa obtida, forre forminhas (miniempadas) untadas de manteiga, levando-as ao forno para assar.

3 Prontas, arrume-as num prato e coloque dentro um pouco de geleia, enfeitando com o *chantilly* no momento de servir.

Docinho Alemão

- 250 g de manteiga
- ½ xícara (chá) de amêndoas ou castanhas-do-pará moídas
- 150 g de açúcar
- 1 colher (chá) de fermento em pó
- 350 g de farinha de trigo
- 3 gemas
- Amêndoas para enfeitar
- Clara de ovo

1 Misture tudo numa tigela, sem ir ao fogo.

2 Faça as bolinhas, passando-as em clara de ovo e, depois, em amêndoas moídas e em açúcar.

3 Leve ao forno quente para assar.

Doces e docinhos

Geleinhas de Cachaça

- *10 folhas de gelatina branca*
- *4 folhas de gelatina vermelha*
- *2 xícaras (chá) de água fervente*
- *½ kg de açúcar cristal*
- *1 xícara (chá) de cachaça*
- *1 colher (café) de essência de abacaxi*

1   Para fazer as geleinhas, dissolva a gelatina na água fervente.

2   Adicione o açúcar, a cachaça e a essência de abacaxi. Leve ao fogo até ferver.

3   Despeje numa assadeira e leve para gelar.

4   Depois de gelado, corte em quadrados com uma faca untada com manteiga ou margarina.

5   Passe os quadradinhos em açúcar refinado.

Nota: Você pode utilizar outros sabores de essência, como limão, laranja, banana etc.

Marzipã

- *1 kg de amêndoas peladas*
- *400 g de açúcar*
- *Água de flor-de-laranjeira ou essência de amêndoas*

1   Lave bem as amêndoas peladas em água fria, para que fiquem bem brancas; leve-as, depois, por uns minutos, ao forno, para secar.

2   Passe-as na máquina de moer por 2 vezes e junte o açúcar peneirado. Perfume com a água de flor-de-laranjeira e leve ao fogo brando, mexendo sempre, até a massa se despregar do fundo da panela. Aperte a massa com uma colher molhada e, se não pegar, está no ponto.

3   Despeje numa vasilha funda e deixe esfriar bem, ou guarde a massa para o dia seguinte coberta com um pano úmido.

4   No dia seguinte ou no momento de fazer os doces, leve a massa para um mármore polvilhado de açúcar e estenda com o rolo: corte, então, flores com os cortadores próprios, ou modele frutas ou bichinhos, se não tiver as forminhas próprias. Se as tiver, é só apertar a massa dentro delas.

5   Depois de prontos, leve-os à boca do forno para secar.

Nota: Para que os doces fiquem perfeitos, é preciso que as amêndoas estejam bem moídas e a massa uniforme. Modeladas as frutas ou flores, elas podem ser pintadas com tintas comestíveis ou coloridas com corantes alimentares.

Quindim de Amêndoas

- ½ kg de açúcar
- 125 g de amêndoas picadas
- 1 xícara (chá) de leite
- 2 colheres (sopa) de manteiga
- 12 gemas
- Canela em pó para guarnecer

1   Com o açúcar, faça a calda em ponto de espelho. Retire do fogo e misture as amêndoas, o leite, a manteiga e as gemas misturadas e passadas em peneira fina. Cozinhe em fogo brando, mexendo sempre para não queimar, até que engrosse.

2   Quando estiver bem cozido e grosso o creme, ponha-o em taças e salpique canela em pó.

Toucinho do Céu

- 1 kg de açúcar
- 250 g de manteiga
- 12 gemas
- 250 g de amêndoas raladas
- 250 g de farinha de trigo
- Açúcar de confeiteiro para enfeitar

1   Faça uma calda com o açúcar em ponto de pasta, junte a manteiga e deixe esfriar.

2   Depois de fria a calda, adicione as gemas e os outros ingredientes, deixando por último a farinha.

3   Despeje tudo em uma assadeira e leve ao forno não muito quente para corar.

4   Corte em losangos e passe no açúcar de confeiteiro.

Docinhos de Amendoim

- 2 xícaras (chá) de amendoins torrados sem casca
- 2 xícaras (chá) de açúcar
- 2 ovos

1   Coloque os amendoins em um processador para triturá-los. Adicione o açúcar e os ovos. Misture bem e leve ao fogo em uma panela.

2   Cozinhe misturando até que o doce se solte das laterais da panela.

3   Despeje em uma superfície de mármore untado com óleo. Depois de morno, corte em quadradinhos e salpique com açúcar.

Cajus de Amendoim

- *3 xícaras (chá) de açúcar*
- *2 xícaras (chá) de água*
- *1 colher (sopa) de manteiga ou margarina*
- *2 xícaras (chá) de amendoim descascado, torrado e moído*
- *6 gemas*
- *¾ de xícara (chá) de açúcar cristal*
- *¼ de xícara (chá) de amendoim inteiro, descascado e torrado*

1 Dissolva o açúcar na água e leve tudo ao fogo até obter uma calda em ponto de fio médio. Verifique o ponto retirando um pouco de calda fervente com uma colher: se ela cair em fio grosso, está no ponto.

2 Retire a panela do fogo, adicione a manteiga ou margarina e espere esfriar um pouco.

3 Junte o amendoim e as gemas previamente passadas na peneira. Misture bem e leve ao fogo médio, mexendo sempre até a massa se soltar da panela.

4 Despeje a massa num prato untado de manteiga ou margarina e deixe esfriar por 2 ou 3 horas.

5 Retire bolinhas de massa com uma colher (chá) previamente untada com manteiga ou margarina e enrole-as em forma de cajus. Passe cada bolinha no açúcar cristal e coloque um amendoim numa das extremidades.

6 Arrume os cajus em forminhas de papel.

Pés de moleque

- *4 xícaras (chá) de açúcar*
- *2 xícaras de Karo® (rótulo vermelho)*
- *5 xícaras (chá) de amendoim (500 g)*
- *1 colher (sopa) de bicarbonato*

1 Leve os 3 primeiros ingredientes ao fogo até dourar e, quando o amendoim começar a estalar, tire a panela do fogo.

2 Adicione 1 colher (sopa) de bicarbonato e bata bem.

3 Despeje em uma assadeira ou mármore untado com óleo, deixe esfriar um pouco e corte a gosto.

PÉS DE MOLEQUE COM RAPADURA

- 2 xícaras (chá) de rapadura picada
- 1 xícara (chá) de água
- 1 xícara (chá) de açúcar
- 400 g de amendoim
- 1 lata de leite condensado
- 1 colher (chá) de bicarbonato de sódio

1 Leve ao fogo a rapadura com a água e deixe até derreter.

2 Retire, coe num guardanapo úmido, junte o açúcar e o amendoim; leve de novo ao fogo, mexendo sempre, até torrar o amendoim e a calda ficar bem grossa (15 minutos de fogo).

3 Acrescente o leite condensado e o bicarbonato. Mexa por mais 10 minutos.

4 Retire do fogo e bata com uma colher de pau até ficar opaco.

5 Despeje sobre mármore untado, alise com o rolo próprio para massas também untado, deixando-o na espessura desejada.

6 Depois de frio, corte em quadradinhos.

CAROLINAS (BOMBAS)

- 1 litro de água
- 200 g de manteiga
- Uma pitada de sal
- 500 g de farinha de trigo
- 8 ovos inteiros

1 Ferva a água com a manteiga e o sal.

2 Acrescente a farinha de trigo e vá misturando bem, para não encaroçar.

3 Cozinhe bem. Tire do fogo e deixe esfriar.

4 Depois que esfriar, vá amolecendo a massa com os ovos, mexendo bem até ficar em ponto de pingar.

5 Em assadeira untada, vá pingando as bombas e leve-as ao forno bem quente.

6 Quando as bombas estiverem assadas, desligue o forno e deixe-as dentro por mais uns 20 minutos, para não murcharem.

7 Você pode recheá-las com doce ou salgado, à vontade.

Carolinas com Creme

Massa:
- *3 xícaras (chá) de leite*
- *1 xícara (chá) de manteiga*
- *½ kg de farinha de trigo*
- *12 ovos*
- *2 colheres (sopa) de açúcar*
- *2 colheres (sopa) de manteiga para untar o tabuleiro*

Recheio:
- *3 xícaras (chá) de leite*
- *2 colheres (sopa) de maisena*
- *6 gemas*
- *1 fava de baunilha*
- *Açúcar a gosto*

1 Ferva o leite com a manteiga e, mexendo sempre, misture a farinha de trigo, batendo aos poucos para não encaroçar, até obter um angu bem cozido.

2 Despeje o angu obtido em uma tigela de vidro e espalhe-o, para esfriar. Em seguida, adicione os ovos, um a um, misturando muito bem a cada adição. Adicione o açúcar e misture.

3 Coloque a massa amolecida em um saco de confeiteiro que tenha um orifício de 1 cm de diâmetro e esprema-o sobre tabuleiros untados, formando sobre ele as bombas, distanciadas 7 cm umas das outras. Leve-as, então, para assar.

4 Depois de assadas, tire as bombas do forno, abra-as um pouco de um lado e, por essa abertura, introduza em cada uma o recheio.

5 Para fazer o recheio, junte todos os seus ingredientes e leve a mistura ao fogo para cozinhar, mexendo sempre para não pegar.

Nota: Como recheio, você pode usar creme de chocolate, amêndoas, café ou outro creme de sua escolha.

Bolinhas de Castanhas-do-Pará

- *800 g de açúcar*
- *250 g de castanhas-do-pará*
- *8 gemas*
- *½ colher (chá) de essência de baunilha*
- *Cravo-da-índia ou confeito prateado para enfeitar*

1 Faça uma calda com 400 g do açúcar em ponto de fio.

2 Em separado, descasque as castanhas e moa na máquina de moer ou em um processador. Misture com as gemas e a essência e despeje tudo na calda, fora do fogo.

3 Misture bem e leve ao fogo até dar ponto.

4 Atingido o ponto, coloque a massa em uma superfície de mármore e vá amassando para fazer bolinhas.

5 Passe as bolinhas numa calda feita com os restantes 400 g de açúcar ou em açúcar cristalizado, e enfeite cada uma delas com cravo ou confeito prateado.

Castanhas Fingidas

- ½ kg de castanhas
- 400 g de açúcar
- Essência de baunilha
- Glacê de sua preferência

1 Comece pelo preparo da massa. Para isso, cozinhe as castanhas, depois de lhes fazer um corte no bico; descasque-as ainda quentes, passando-as em seguida numa peneira fina ou no espremedor de batatas.

2 Com o açúcar, faça uma calda em ponto de fio, perfume com a baunilha e junte, fora do fogo, a massa de castanhas, misturando tudo muito bem.

3 Leve tudo novamente ao fogo, mexendo sempre até que apareça o fundo da panela.

4 Despeje sobre um mármore polvilhado de açúcar. Polvilhe a mão com açúcar e tome pequenos pedaços da massa. Modele em formato de castanhas (ou use modeladores próprios). Insira um palito na parte superior de cada castanha e mergulhe uma por uma no glacê, tendo cuidado para que a parte superior não seja molhada, porque assim a imitação será mais perfeita.

Batatinhas de Chocolate

- 150 g de amêndoas levemente torradas
- 80 g de açúcar
- 3 colheres (sopa) rasas de chocolate em pó
- 150 g de biscoito champanhe
- 3 xícaras (chá) de leite
- Licor amaretto ou similar

1 Coloque as amêndoas em um processador e triture-as até obter uma farofa fina, ou então passe-as na máquina de moer.

2 Tome a massa de amêndoas e junte o açúcar, o chocolate e os biscoitos esfarelados, molhando tudo com o leite e com o licor, até que fiquem bem ligados.

3 Faça batatinhas, passe-as em chocolate em pó, deixe-as secar e arrume-as em forminhas de papel.

Brigadeiro

- *1 lata de leite condensado*
- *1 colher (sopa) de manteiga ou margarina*
- *2 colheres (sopa) de chocolate em pó*
- *Chocolate granulado para decorar*

1 Misture o leite condensado com a manteiga ou margarina e o chocolate em pó.

2 Leve ao fogo, mexendo sempre, até desprender-se totalmente da panela (cerca de 10 minutos).

3 Retire, passe para um prato untado com manteiga e deixe esfriar.

4 Enrole em forma de bolinhas, passe-as pelo chocolate granulado e coloque-as em forminhas de papel.

Nota: Você pode, se quiser, rechear os brigadeiros com passas embebidas em rum, amêndoas, nozes ou castanhas-de-caju picadas e frutas cristalizadas.

Brigadeiro Macio

- *1 lata de leite condensado*
- *1 lata de leite de vaca*
- *4 colheres (sopa) de chocolate em pó*
- *Manteiga para untar*
- *Chocolate granulado*

1 Misture o leite condensado, o leite de vaca e o chocolate em pó. Leve ao fogo, mexendo sempre.

2 Deixe apurar bem até aparecer o fundo da panela.

3 Despeje num prato untado de manteiga, deixe esfriar, faça bolinhas, passe-as pelo chocolate granulado e arrume-as em forminhas de papel ou alumínio.

Figos de Chocolate

- *½ kg de açúcar*
- *½ kg de amêndoas peladas e moídas*
- *100 g de chocolate em pó*

1 Com o açúcar, faça uma calda em ponto de pasta, junte a massa de amêndoas moídas e torne a levar ao fogo, até que apareça o fundo da panela; junte, então, o chocolate, sem tirar a panela do fogo (brando), mexendo sempre. Depois que a massa estiver bem misturada, retire do fogo.

2 Deixe amornar e passe açúcar nas mãos. Tome bocadinhos da massa, e dê a forma de figo.

Marronzinhos de Nozes

- ½ kg de batata-doce amarela
- 1 e ½ litro de água
- 1 xícara (chá) de açúcar
- 1 colher (sopa) de chocolate em pó
- 100 g de nozes, pesadas sem cascas e picadas
- Manteiga ou margarina para untar
- ½ xícara (chá) de açúcar cristal

1   Lave as batatas e cozinhe-as em água fervente até amaciarem.

2   Escorra toda a água e deixe as batatas esfriarem um pouco. Descasque-as e passe-as na peneira.

3   Coloque o pirão de batatas, com o açúcar e o chocolate em pó, numa panela. Ponha em fogo médio e mexa constantemente até a massa se soltar do fundo. Retire a panela do fogo.

4   Adicione as nozes e mexa, para misturar bem.

5   Despeje a massa num prato untado de manteiga ou margarina e deixe esfriar durante 2 ou 3 horas.

6   Retire porções de massa com uma colher untada com manteiga ou margarina. Enrole-os em forma de bolinhas.

7   Passe cada docinho em açúcar cristal e coloque em forminhas de papel ou alumínio.

Quadrados de Chocolate e Nozes

- 3 xícaras (chá) de açúcar
- 1 xícara (chá) de leite
- 1 xícara (chá) de nozes moídas
- 1 xícara (chá) de chocolate em pó
- 1 colher (sopa) de manteiga ou margarina

1   Coloque em uma panela todos os ingredientes e leve ao fogo, mexendo sempre.

2   Quando a massa estiver despregando do fundo da panela, despeje-a em mármore untado com manteiga.

3   Corte em quadrados.

Salame de Chocolate com Amêndoas

- 3 xícaras (chá) de leite
- 3 colheres (sopa) de chocolate em pó
- 2 xícaras (chá) de açúcar
- 1 colher (sopa) de mel
- 1 colher (sopa) de caldo de limão
- 100 g de avelãs
- 100 g de amêndoas

1 Leve o leite ao fogo com o chocolate, o açúcar e o mel, deixando ficar em ponto de açucarar.

2 Retire do fogo, junte o limão e bata tudo por uns minutos. Feito isso, despeje sobre um mármore untado de manteiga.

3 Tome as avelãs e as amêndoas, tire-lhes a pele e corte-as em diversos tamanhos para imitarem a gordura do salame, juntando-as ao chocolate que está sobre o mármore. Amasse tudo muito bem e, quando começar a açucarar, enrole a massa, dando-lhe o feitio de um salame.

4 Embrulhe em papel-alumínio ou de estanho e sirva em fatias, como se fosse um salame. Se a massa tiver ficado mole, leve-a à geladeira até endurecer.

Salame de Chocolate Meio Amargo

- 400 g de chocolate meio amargo em tablete
- 100 g de bolachas tipo Maizena®

1 Pique o chocolate bem miúdo e coloque-o numa panelinha. Tampe-a e leve-a ao fogo médio, em banho-maria, durante 10 minutos.

2 Quebre as bolachas em pedacinhos e misture-os ao chocolate. Mexa rapidamente e retire do fogo.

3 Ponha a mistura preparada sobre um retângulo de papel-alumínio untado levemente com manteiga ou margarina. Embrulhe-a rapidamente, dando-lhe a forma retangular.

4 Role a mistura embrulhada em papel-alumínio para lhe dar a forma cilíndrica de salame.

5 Leve o salame de chocolate à geladeira durante 2 horas. Passe por cima do papel-alumínio uma folha de celofane, prendendo as extremidades com laços de fita.

Beijos de Coco

- *1 prato fundo, bem cheio, de açúcar*
- *1 copo de leite*
- *6 gemas*
- *1 coco ralado*
- *1 colher (chá) de baunilha*
- *Açúcar cristal para confeitar*
- *Cravos-da-índia*

1 Misture o açúcar com o leite e leve-os ao fogo até formarem um mingau ralo. Se o leite talhar, não faz mal.

2 Retire do fogo, junte as gemas, uma a uma, e em seguida o coco. Misture tudo muito bem e leve novamente ao fogo até que a massa se torne um angu e, quando começar a despregar da caçarola, está no ponto de retirar do fogo.

3 Junte a baunilha, despeje a massa num prato untado de manteiga e deixe esfriar um pouco.

4 Faça bolinhas com a massa, passe-as no açúcar cristalizado e enfeite cada uma com um cravo-da-índia.

Beijinhos de Coco

- *1 lata de leite condensado*
- *2 xícaras (chá) de coco fresco ralado*
- *2 gemas*
- *1 colher (sopa) de manteiga ou margarina*
- *1 colher (chá) de essência de baunilha*
- *Açúcar cristal e confeito prateado para enfeitar*

1 Junte todos os ingredientes numa panela e leve ao fogo, mexendo sem parar, até se soltar da panela completamente.

2 Despeje num prato untado com um pouco de óleo e deixe esfriar.

3 Depois de frio, enrole os docinhos, passe-os pelo açúcar cristal, coloque-os em forminhas de papel e decore-os a gosto com confeito prateado.

Beijos de Cabocla

- *2 cocos*
- *400 g de açúcar*
- *100 g de manteiga*
- *60 g de farinha de trigo*
- *3 gemas*
- *3 ovos inteiros*

1 Rale os dois cocos e esprema em um pano para retirar o leite grosso sem água.

2 Com o açúcar, faça uma calda em ponto de pasta, deixe esfriar e adicione a manteiga, a farinha de trigo, as gemas e os ovos batidos levemente e o leite de coco. Bata bem e leve para assar em forminhas untadas de manteiga.

3 Quando os beijos estiverem assados, tire-os das forminhas com bastante cuidado, para não se juntarem uns aos outros.

Bom-bocado com Queijo

- *1 kg de açúcar cristal*
- *1 e ½ xícara (chá) de água*
- *12 colheres (sopa) de farinha de trigo*
- *12 gemas*
- *3 colheres (sopa) de queijo ralado*
- *150 g de coco ralado*
- *2 colheres (sopa) de manteiga ou margarina*

1 Com o açúcar e a água, faça uma calda em ponto de fio.

2 Quando a calda estiver fria, adicione os outros ingredientes e mexa bem.

3 Coloque em forminhas (para bom-bocado) untadas e leve para assar em forno brando.

Bom-bocado de Coco

- *500 g de açúcar*
- *1 coco ralado*
- *125 g de manteiga*
- *125 g de farinha de trigo*
- *6 gemas*
- *6 claras em neve*

1 Faça, com o açúcar, uma calda grossa e deixe esfriar. Adicione os outros ingredientes, sendo as claras batidas em neve.

2 Misture tudo muito bem e leve ao forno quente, em forminhas untadas com manteiga.

Bom-bocado Rico de Coco

- *½ kg de açúcar*
- *1 xícara (chá) de coco ralado*
- *12 gemas*
- *1 colher (sopa) de manteiga*

1 Faça, com o açúcar, uma calda grossa e deixe esfriar.

2 Junte o coco, as gemas e a manteiga, misture tudo muito bem e leve em banho-maria ao forno quente. É preciso cuidado para que a água não caia dentro das forminhas.

Bom-bocado de Queijo e Coco

- ½ kg de açúcar
- ½ xícara (chá) de coco ralado
- 12 gemas
- ¼ de xícara (chá) de queijo ralado
- 1 colher (sopa) de manteiga

1 Faça, com o açúcar, uma calda grossa e deixe esfriar.

2 Junte o coco, as gemas, o queijo ralado e a manteiga, misture tudo muito bem e leve em banho-maria ao forno quente. É preciso cuidado para que a água não caia dentro das forminhas. Asse até que estejam dourados. Retire do forno, deixe esfriar e remova-os das forminhas.

Bom-bocado de Liquidificador

- 2 xícaras (chá) de leite
- 1 e ½ xícara (chá) de açúcar
- 1 xícara (chá) de fubá
- 1 e ½ xícara (chá) de queijo ralado
- 1 colher (sopa) de farinha de trigo
- 1 colher (sopa) de fermento em pó
- 2 colheres (sopa) de manteiga
- 1 colher (chá) de baunilha
- 3 ovos inteiros
- 1 pitada de sal

1 Bata todos os ingredientes no liquidificador.

2 Despeje em forminhas individuais untadas com manteiga ou óleo e leve para assar.

Bom-bocado de Milho Verde

- *6 espigas de milho verde*
- *1 xícara (chá) de água*
- *1 lata de leite condensado*
- *3 ovos*
- *2 colheres (sopa) de manteiga ou margarina*
- *3 colheres (sopa) de farinha de trigo*
- *Canela em pó*

1 Rale as espigas de milho (raspe bem os sabugos para melhor aproveitamento), junte a água e passe pela peneira.

2 Acrescente o restante dos ingredientes e bata no liquidificador.

3 Despeje em assadeira número 1, untada e polvilhada com canela em pó.

4 Asse, em banho-maria, em forno médio (175 ºC), por 40 minutos.

5 Depois de frio, corte em quadradinhos e coloque-os em forminhas de papel.

6 Querendo, polvilhe açúcar e canela sobre o bom-bocado assim que retirá-lo do forno.

Bom-bocado do Norte

- *½ kg de açúcar*
- *1 pires de queijo de minas fresco e ralado*
- *12 gemas*
- *6 claras em neve*
- *1 colher (sopa) bem cheia de manteiga*
- *2 colheres (sopa) de farinha de trigo*

1 Com o açúcar, faça uma calda grossa; junte o queijo e misture bem; adicione as gemas e depois as claras em neve. Em seguida, acrescente a manteiga e, por último, a farinha, mexendo sempre, para não encaroçar.

2 Depois de tudo misturado, leve ao forno quente, em forminhas bem untadas de manteiga.

3 Tire os bons-bocados das forminhas enquanto quentes.

BRASILEIRAS

- 150 g de açúcar
- 1 coco ralado
- 1 colher (sopa) de manteiga
- 4 gemas
- 1 colher (sopa) de farinha de trigo

1   Com o açúcar, faça uma calda em ponto de fio, acrescente as gemas e misture o resto dos ingredientes.

2   Leve ao fogo, mexendo sempre, até que a massa despregue da panela. Aí, deixe esfriar.

3   Faça pequeninas bolas, arrume-as em tabuleiros e leve ao forno para dourar.

BAIANINHAS

- 500 g de açúcar
- 2 colheres (sopa) de manteiga
- 1 coco ralado
- 18 gemas

1   Misture todos os ingredientes em uma tigela de vidro e deixe descansar durante uns 15 ou 20 minutos.

2   Unte forminhas individuais (de quindim) e encha com a mistura. Leve para assar em forno moderado para que fiquem douradas. Retire-as das forminhas e arrume em uma travessa.

BREJEIRINHAS

- 2 colheres (sopa) de manteiga
- 500 g de açúcar
- 2 colheres (sopa) de farinha de trigo
- ¼ de colher (chá) de sal
- 8 gemas
- 1 coco ralado
- 1 xícara (chá) de leite
- 4 claras

1   Misture a manteiga com o açúcar, a farinha de trigo peneirada, o sal, as gemas e o coco ralado. Incorpore aos poucos o leite.

2   Bata as claras em neve e incorpore delicadamente à mistura.

3   Leve ao forno em forminhas untadas com manteiga.

Cajus de Coco

- 1 coco ralado
- 400 g de açúcar
- 2 claras
- 4 gemas
- Amêndoas

1 Misture tudo muito bem e leve ao fogo, mexendo sempre, até aparecer o fundo da panela. Retire então e deixe esfriar, guardando, se quiser, a massa para o dia seguinte.

2 Para modelar os cajus, passe clara nas mãos e faça os cajus, espetando na parte mais fina uma amêndoa, para imitar a castanha-de-caju.

3 Depois de todos modelados, arrume-os num tabuleiro polvilhado de farinha de trigo, pincele-os com gema e leve ao forno para tostar.

Cocada ao Sol

- 2 xícaras (chá) de coco fresco ralado
- 2 xícaras (chá) de açúcar
- 2 claras (sem bater)
- Açúcar cristal para polvilhar

1 Misture todos os ingredientes em uma tigela.

2 Amasse muito bem, faça as cocadas em forma de pequenas pirâmides ou de gomos e leve ao sol, para secar, em tabuleiro polvilhado de açúcar cristal.

Cocada Assada

- 300 g de coco ralado
- 300 g de açúcar
- 8 claras sem bater

1 Misture tudo, leve ao fogo e mexa bem. Cozinhe até apurar.

2 Tire do fogo, coloque às colheradas na assadeira e leve para assar.

Cocada de Colher

- 300 g de açúcar
- 2 xícaras (chá) de água
- 3 cravos-da-índia
- 1 pedaço de casca de canela
- 1 coco médio ralado em ralo médio
- 6 gemas

1   Misture o açúcar e a água numa panelinha e mexa durante 2 minutos, para dissolver o açúcar.

2   Acrescente os cravos e a canela. Cozinhe em fogo médio por 15 minutos para obter calda em ponto de fio médio.

3   Retire os cravos e a casca de canela com uma escumadeira, eliminando-os.

4   Adicione o coco ralado e mexa com colher de pau em movimento de vaivém, durante 5 minutos. Retire a cocada do fogo e deixe-a esfriar durante 5 minutos.

5   Adicione as gemas e mexa, para que incorporem bem.

6   Leve a panela com a cocada ao fogo e mexa por 2 ou 3 minutos, até levantar fervura.

7   Retire a panela do fogo e deixe a cocada esfriar durante 10 minutos.

8   Ponha na compoteira e sirva.

Cocada de Fita

- 1 coco
- 1 kg de açúcar
- Açúcar cristal
- Confeitos coloridos (opcional)

1   Abra o coco e descasque-o cuidadosamente. Corte-o em fitas regulares e coloque de molho em água fria.

2   Com o açúcar, faça uma calda bem grossa. Quando estiver no ponto, adicione o coco em fitas, misturando com um garfo. Deixe esfriar um pouco.

3   Com porções da mistura, arrume montinhos sobre um tabuleiro polvilhado com açúcar cristal.

4   Sobre os montinhos, enquanto quentes, espalhe os confeitos de cor e leve-os ao sol, para secar.

Cocada Mulatinha

- 1 e ½ xícara (chá) de coco ralado com a casquinha
- 1 e ½ xícara (chá) de açúcar mascavo
- 1 colher (sopa) de gengibre ralado

1   Leve ao fogo o coco juntamente com o açúcar e o gengibre e um pouco de água, mexendo sempre, até que apareça o fundo da panela.

2   Retire do fogo e deixe esfriar. Faça as cocadas e coloque para secar em um tabuleiro untado de manteiga.

Nota: Se quiser, pode pingar as cocadas, enquanto quente a massa, com a própria colher de pau, em mármore untado com manteiga.

Cocada de Ovos

- 1 kg de açúcar
- 1 coco ralado
- 12 gemas
- Essência de baunilha ou canela em pau e cravos

1   Com o açúcar, faça uma calda em ponto de fio e retire do fogo.

2   Junte à calda o coco ralado e as gemas, misture tudo muito bem e torne a levar ao fogo, mexendo sempre, até que fique bem grossa.

3   Retire do fogo e junte a baunilha.

4   Sirva, depois de fria, em compoteira ou em tacinhas individuais.

Nota: Se, no lugar da baunilha, preferir perfumar com canela em pau e cravos, junte-os à mistura da calda com os outros ingredientes antes de levá-la ao fogo.

Cocadinhas com Ameixas ou Cerejas

- 1 coco grande ralado em ralo fino
- 1 colher (sopa) de maisena
- 500 g de açúcar
- 8 gemas
- 1 colher (café) de essência de baunilha
- 50 g de ameixas descaroçadas e picadas ou cerejas cristalizadas picadas
- ¾ de xícara (chá) de açúcar cristal
- Manteiga ou margarina para untar

1   Misture o coco, a maisena, o açúcar, as gemas e a baunilha numa panela. Leve ao fogo médio. Mexa com colher de pau até a massa formar uma bola em volta da colher.

2   Adicione as ameixas-pretas ou as cerejas e mexa o suficiente para misturá-las.

3   Despeje a massa num prato untado com manteiga ou margarina e deixe esfriando durante 2 ou 3 horas.

4   Enrole os pedaços da massa em forma de bolinhas e passe-as em açúcar cristal. Arrume-as em forminhas de papel e coloque-as nos pratos em que serão servidas.

Cocadinhas Decoradas

- 1 coco grande ralado em ralo fino
- 1 colher (sopa) de maisena
- 500 g de açúcar
- 8 gemas
- 1 colher (café) de essência de baunilha
- ¾ de xícara (chá) de açúcar cristal
- 40 cravos-da-índia
- Manteiga ou margarina

1 Misture o coco, a maisena, o açúcar, as gemas e a baunilha numa panela. Deixe em fogo médio.

2 Mexa com colher de pau até ferver e a massa formar uma bola em volta da colher.

3 Despeje-a num prato untado com manteiga ou margarina e espere esfriar.

4 Retire pequenos pedaços de massa com uma colher (chá) untada com manteiga ou margarina. Enrole-os, formando bolinhas, e passe em açúcar cristal. Arrume em forminhas de papel e espete, em cada um, um cravo-da-índia.

Queijadinha

Recheio doce de coco:
- 500 g de açúcar em ponto de calda grossa
- 1 coco ralado
- 12 gemas

Massa:
- 500 g de farinha de trigo
- 3 gemas
- 1 colher (sopa) de manteiga
- 2 colheres (sopa) de vinho do Porto ou conhaque
- Água morna

1 Para o recheio, prepare uma calda grossa com o açúcar, adicione o coco e as gemas. Leve novamente ao fogo para dar ponto.

2 Para a massa, amasse a farinha com as gemas, a manteiga, o vinho do Porto ou conhaque e água morna até a massa ficar em ponto de abrir folhado.

3 Abra-a, então, aos pedaços e recorte rodelas, apertando as pontas e dando o formato que quiser.

4 Em cada rodela ponha uma colherinha do doce de coco. Coloque em assadeira untada e leve para assar em forno regular.

Queijadinha Fácil

- 1 xícara (chá) de coco fresco ralado
- 1 lata de leite condensado
- 1 colher (sopa) de queijo parmesão ralado
- 2 gemas

1 Misture bem todos os ingredientes e despeje a mistura em forminhas de papel (que devem estar dentro de forminhas de empadas).

2 Asse, em banho-maria, em forno quente (200 °C) por 30 minutos.

Quero Mais

- 250 g de açúcar
- 1 clara em neve
- 1 coco ralado
- 1 colher (sopa) de manteiga
- 4 gemas
- 1 colher (sopa) de maisena

1   Com o açúcar, faça uma calda bem grossa e bata a clara à parte, em ponto de neve.

2   Misture tudo e deixe esfriar. Leve ao forno (brando) em forminhas untadas de manteiga.

Quindim

- 1 coco ralado
- ½ kg de açúcar
- 125 g de manteiga
- 60 g de farinha de trigo
- 6 gemas
- Água de flor-de-laranjeira

1   Junte o coco com o açúcar em ponto de espelho.

2   Acrescente a manteiga e a farinha de trigo. Bata bem.

3   Adicione as gemas com um pouco de água de flor-de--laranjeira.

4   Coloque em forminhas individuais untadas e leve ao forno quente.

Quindim de Coco

- 1 coco
- 7 ovos
- 1 colher (sopa) de manteiga derretida
- 3 xícaras (chá) de açúcar

1   Rale o coco, misture-o com os outros ingredientes e deixe repousando por 30 minutos. Despeje em forminhas de papel e coloque estas dentro de forminhas de empada.

2   Asse em forno médio até que os quindins estejam firmes.

Tigelinhas Amarelas

- 450 g de açúcar
- 450 g de coco ralado
- 250 g de manteiga
- 24 gemas

1   Misture tudo numa vasilha funda.

2   Leve ao forno em forminhas untadas de manteiga.

Docinhos de Damasco

- *300 g de damascos secos*
- *1 xícara (chá) de água*
- *½ kg de açúcar*
- *1 colher (sobremesa) de manteiga ou margarina*
- *5 colheres (sopa) de açúcar cristal*
- *50 g de amêndoas*

1 Lave os damascos em água corrente e escorra-os.

2 Coloque-os em uma panela com a água, leve-a ao fogo médio e deixe ferver durante 5 minutos. Retire a panela do fogo e deixe-a esfriar.

3 Bata os damascos no liquidificador com a água do cozimento até reduzi-los a uma pasta. Coloque a pasta na panela com o açúcar e a manteiga ou margarina. Cozinhe em fogo médio, mexendo com uma colher de pau em movimento de vaivém até a massa se soltar da panela ou formar uma bola em volta da colher.

4 Despeje em assadeira untada com manteiga ou margarina e deixe fora da geladeira até o dia seguinte.

5 Corte os docinhos em quadrados de 4 cm, passe-os pelo açúcar cristal e junte as pontinhas diagonalmente opostas, formando cestinhas. Arrume em forminhas de papel.

6 Mergulhe as amêndoas em água fervente durante 2 minutos, escorra, retire a pele, seque-as em forno quente por 2 minutos e coloque 2 em cada docinho, uma de cada lado da alça da cestinha.

Doce de Leite em Quadradinhos

- *1 litro de leite*
- *250 g de açúcar*

1 Coloque o leite numa panela.

2 Coloque dentro da panela um pires pequeno de porcelana ou de refratário, para que o leite não derrame enquanto ferve.

3 Leve tudo ao fogo médio por 1 e ½ hora ou até o leite se reduzir a ½ litro.

4 Retire o pires com uma escumadeira.

5 Adicione o açúcar ao leite fervente e mexa com colher de pau, em movimento de vaivém, até o leite engrossar (demora mais ou menos 20 minutos).

6 Retire do fogo e bata um pouco. Adicione uma colher de açúcar e bata novamente.

7 Despeje sobre mármore levemente molhado e, depois de frio, corte em quadradinhos.

Beijos de Freira

- 450 g de maisena
- 1 xícara (chá) de leite de coco
- 3 gemas
- 1 colher (sopa) de manteiga
- Açúcar a gosto
- Pitada de sal

1   Amasse tudo muito bem e faça os biscoitos, dando-lhes o formato que preferir.

2   Leve para assar em forno regular, colocando os beijos em tabuleiros untados de manteiga.

Casadinhos de Maisena

- 6 gemas
- 1 clara
- 250 g de açúcar
- 400 g de maisena
- 100 g de farinha
- 1 colher (chá) de fermento
- 100 g de manteiga ou margarina
- 3 colheres (sopa) de cachaça
- 1 colher (chá) de essência de baunilha
- 350 g de doce de leite

1   Junte as gemas com a clara e o açúcar e bata até que fique um creme bem liso.

2   Peneire, juntos, a maisena, a farinha e o fermento, colocando-os sobre a mesa.

3   Abra um espaço no meio e coloque ali a manteiga, a aguardente, a essência de baunilha e o batido de gemas e açúcar.

4   Trabalhe bem a massa com a palma das mãos, até que fique bem ligada.

5   Estenda-a meio grossa e corte pequenos medalhões, colocando-os em assadeiras amanteigadas e enfarinhadas.

6   Asse em forno moderado durante 25 minutos.

7   Depois de assados, una-os com o doce de leite. Passe também doce de leite em volta dos casadinhos.

Merengue Simples

- ½ kg de açúcar
- 8 claras em neve
- ½ colher (chá) de essência de baunilha
- Creme chantilly (pág. 658)

1   Faça com o açúcar uma calda em ponto de fio grosso.

2   Bata as claras em neve, junte a baunilha e, depois, vá derramando em cima delas a calda devagar, batendo até esfriar.

3   Forre um tabuleiro com papel-manteiga e pingue sobre ele colheradas da massa obtida, distanciadas umas das outras. Leve o tabuleiro ao forno brando.

4   Depois de prontos, os merengues ficam com uma cor creme. Una 2 a 2 com o creme *chantilly*.

Merengue com Fermento

- 250 g de açúcar
- 4 claras em neve
- 1 colher (chá) de fermento em pó
- ½ colher (chá) de essência de baunilha
- Creme chantilly (pág. 658)

1 Dissolva o açúcar em ½ copo de água e faça uma calda em ponto de fio grosso.

2 Despeje a calda fervente sobre as claras em neve e continue a bater até esfriar. Adicione o fermento e a essência de baunilha.

3 Forre um tabuleiro com papel-manteiga e pingue sobre ele colheradas da massa obtida, distanciadas umas das outras. Leve o tabuleiro ao forno brando.

4 Depois de prontos, os merengues ficam com uma cor creme. Una 2 a 2 com o creme *chantilly*.

Merengue com Amêndoas

- 1 e ¼ de xícara (chá) de açúcar
- 8 claras
- ½ xícara (chá) de amêndoas torradas e trituradas

1 Bata as claras em neve, adicionando o açúcar aos poucos, batendo sempre. Quando a massa estiver bem firme, desligue a batedeira e acrescente delicadamente as amêndoas picadas.

2 Unte com manteiga uma forma de pudim, despeje a massa dentro e leve a assar em banho-maria.

Nozes Carameladas

Massa:
- 150 g de nozes moídas (1 e ¼ de xícara de chá)
- 150 g de açúcar de confeiteiro (1 e ½ xícara de chá)
- 150 g de chocolate meio amargo ralado (1 e $\frac{1}{5}$ de xícara de chá)
- 2 gemas
- 68 metades de nozes (270 g)

Calda:
- 2 xícaras (chá) de açúcar
- ½ xícara (chá) de água
- 1 colher (sopa) de vinagre

1 Para fazer a massa: misture as nozes moídas, o açúcar, o chocolate e as gemas. Aperte um pouco da massa (1 colher de chá) entre 2 metades de nozes. Deixe secar por 2 horas.

2 Para fazer a calda: leve ao fogo o açúcar, a água e o vinagre; mexa até que o açúcar dissolva. Cozinhe, sem mexer, até que doure e chegue ao ponto de caramelo; apague o fogo.

3 Espete os docinhos com garfo e mergulhe um por um na calda.

4 Coloque cada docinho sobre uma grade para deixar a calda endurecer.

Nota: Quando a calda da panela começar a endurecer, volte para o fogo baixo.

Docinhos de Batata-doce com Nozes

- 1 kg de batatas-doces
- Açúcar
- 100 g de chocolate em pó
- 200 g de nozes descascadas e partidas em pedacinhos
- Nozes partidas ao meio

1 Cozinhe as batatas-doces com casca até estarem macias. Descasque-as e passe por uma peneira fina ou espremedor.

2 Meça a massa obtida em xícaras e adicione a mesma medida de açúcar. Leve ao fogo e mexa até a massa começar a desgrudar da panela.

3 Adicione o chocolate e as nozes partidas; misture tudo muito bem e, quando o doce estiver no ponto, retire do fogo e deixe esfriar.

4 Faça com a massa pequenas bolas, achate-as um pouco, passe em açúcar, enfeite cada bola com ½ noz e leve a secar ao sol ou ao forno morno, aberto.

Docinhos Fantasia

- 2 latas de leite condensado
- 250 g de nozes (pesadas sem casca)
- 4 gemas
- 2 colheres (sopa) de Karo®
- 1 colher (sobremesa) de manteiga ou margarina
- 100 g de ameixas-pretas
- 100 g de tâmaras
- 50 g de chocolate meio amargo
- 10 g de açúcar comum

1 Misture numa panela o leite condensado, as nozes picadas e as gemas passadas por peneira. Misture e adicione o Karo®, a manteiga ou margarina e as ameixas e tâmaras descaroçadas e picadas. Misture novamente e coloque o chocolate ralado em ralo grosso.

2 Leve ao fogo e mexa constantemente até ferver e a massa soltar-se do fundo da panela.

3 Despeje-a num prato untado com manteiga ou margarina e deixe esfriando até o dia seguinte.

4 Enrole a massa em bolinhas do tamanho de ovos de codorna. Passe cada docinho em açúcar comum e embrulhe em papel trio (à venda em casas de artigos para festas).

Biriba de Nozes

- 1 lata de leite condensado
- 4 ovos inteiros
- 250 g de nozes moídas

1. Misture tudo muito bem.
2. Leve para assar em forminhas de papel.

Camafeu Original

- 250 g de açúcar
- 5 gemas e 1 clara
- 250 g de nozes moídas
- 1 cálice de licor
- 1 colher (sopa) de chocolate em pó
- Metades de nozes

1. Misture o açúcar com as gemas, as nozes moídas, o licor, o chocolate e a clara batida em neve.
2. Depois de tudo bem misturado, leve ligeiramente ao fogo.
3. Espalhe em pedra mármore na espessura de 1 cm e corte em rodelas com um cálice.
4. Ponha no centro de cada rodela uma colherinha de glacê e, sobre este, ¼ de noz.

Camafeu de Nozes

- 1 e ½ xícara (chá) de nozes trituradas
- 1 lata de leite condensado
- 1 colher (sopa) de manteiga sem sal
- ½ colher (chá) de essência de baunilha
- 400 g de fondant (pág. 650)
- Nozes para decorar

1. Triture as nozes em um processador. Coloque em uma panela a manteiga e o leite condensado. Leve ao fogo e, assim que ferver, acrescente as nozes trituradas; misture em fogo baixo até que o doce se despregue do fundo da panela. Retire do fogo, acrescente a essência de baunilha e misture bem. Deixe esfriar.
2. Unte levemente as mãos com um pouco de óleo e molde os docinhos, formando bolinhas. Derreta o *fondant* em banho-maria.
3. Mergulhe os docinhos no *fondant* quente e coloque sobre papel-manteiga para secar.
4. Decore com metades de nozes enquanto o *fondant* ainda estiver quente. Assim que os docinhos ficarem firmes e secos, coloque nas forminhas de papel.

Doces e docinhos

Caramelo de Natal

- 1 xícara (chá) de Karo® dourado
- ½ xícara (chá) de água
- ¼ de colher (chá) de sal
- 3 xícaras (chá) de açúcar cristal
- 2 claras em neve
- 1 colher (chá) de essência de baunilha
- ¾ de xícara (chá) de frutas e nozes picadinhas
- Óleo de milho para untar

1. Ferva o Karo® dourado com a água, o sal e o açúcar até que, deixando cair uma gota da mistura em água fria, forme-se uma bolinha dura.

2. Bata as claras e, gradualmente, despeje nelas a calda fervente. Vá batendo até que comece a endurecer.

3. Junte a baunilha e as frutas, batendo mais.

4. Despeje numa fôrma retangular levemente untada com óleo de milho.

5. Deixe esfriar e corte em quadradinhos.

6. Embrulhe os quadradinhos em papel celofane colorido.

Hussardos

- 5 colheres (sopa) de margarina
- 3 colheres (sopa) de açúcar
- 3 gemas
- 5 colheres (sopa) de maisena
- 3 colheres (sopa) de farinha de trigo
- 1 xícara (chá) de nozes moídas
- Açúcar peneirado

1. Trabalhe, na batedeira, a margarina e adicione o açúcar aos poucos. Sem parar de bater, adicione as gemas.

2. Diminua a velocidade ao mínimo e adicione a maisena, a farinha e as nozes. Deixe descansar, por ½ hora, na geladeira.

3. Sobre uma superfície esfarinhada, abra a massa em espessura grossa. Corte com um cortador redondo passado por farinha.

4. Coloque em assadeira não untada e asse em forno brando por 10 a 15 minutos ou até ficarem corados.

5. Deixe esfriar e recheie, de 2 em 2, com goiabada derretida.

6. Passe-os em açúcar peneirado antes de servi-los.

Pés de Moleque Americanos

- 3 xícaras (chá) de açúcar
- 1 xícara (chá) de leite
- ½ xícara (chá) de chocolate em pó
- 1 colher (sopa) de manteiga
- 1 colher (café) de essência de baunilha
- 1 xícara (chá) de nozes moídas

1 Junte o açúcar, o leite, o chocolate em pó, a manteiga e a baunilha; leve ao fogo até engrossar e adicione as nozes moídas.

2 Tire do fogo, bata um pouco e despeje sobre uma mesa de mármore untada de manteiga.

3 Deixe esfriar um pouco; passe o rolo até ficar da grossura de ½ cm e corte em losangos.

Segredinhos de Amor

- ½ kg de açúcar
- 8 gemas
- ½ kg de nozes picadas
- 1 e ½ xícara (chá) de água
- 2 claras
- Ameixas-pretas

1 Misture o açúcar com as gemas, as nozes picadas, a água e as claras batidas em neve.

2 Leve ao fogo e, quando despregar do fundo da caçarola, retire e faça os croquetinhos, colocando ½ ameixa dentro de cada um.

3 Passe os croquetinhos no glacê e confeite-os.

Fios de Ovos I

- 1 litro de água
- 2 kg de açúcar
- 26 gemas
- Água de flor-de-laranjeira

1 Com a água e o açúcar, faça uma calda em ponto de fio brando. Passe todas as gemas por uma peneira bem fina.

2 Coloque um pouco das gemas no funil apropriado para fios de ovos, despejando-as na calda fervente e movendo sempre em redor da panela.

3 Retire os fios formados. No momento de retirá-los, adicione um pouco de água fria na calda e vá pondo-os sobre uma peneira.

4 À medida que for tirando e dispondo os fios na peneira, borrife-os ligeiramente com água fria, evitando assim que grudem uns nos outros.

5 Depois de todos os fios prontos, arrume pequenas porções deles em forminhas, pingando por cima um pouco da calda em que foram cozidos. Se quiser, perfume essa calda com água de flor-de-laranjeira.

Fios de Ovos II

- 12 gemas
- 1 e ½ kg de açúcar
- 1 e ½ litro de água

1 Passe as gemas por uma peneira fina.

2 Leve ao fogo o açúcar dissolvido na água. Ferva até formar uma calda rala, mas que não chegue a ponto de fio fraco. Retire a espuma que se formar e passe um pincel (molhado em água fria) em volta da panela; desse modo, irá eliminar os cristais de açúcar que se formam com a fervura.

3 Com o funil próprio para fios de ovos, passe as gemas para a calda que deve estar fervendo em fogo forte.

4 Retire os fios de ovos com uma escumadeira e deixe escorrer numa peneira. Antes de esfriarem, separe-os com 2 garfos.

5 Querendo fios de ovos mais doces, apure a calda e mergulhe-os nela quando estiver morna.

6 Escorra-os 10 minutos antes de utilizar ou servir.

Papos de anjo

- 24 gemas
- 1 kg de açúcar
- 1 e ¼ de litro de água
- ½ xícara (chá) de rum
- Açúcar cristal ou refinado

1 Passe as gemas por uma peneira. Coloque na batedeira e bata até que estejam bem claras e espumosas.

2 Unte forminhas com manteiga, despeje nelas as gemas batidas e leve-as ao forno em banho-maria, por ½ hora, mais ou menos.

3 Enquanto isso, prepare a seguinte calda: leve ao fogo, numa panela grande, o açúcar e a água; deixe ferver até o ponto de fio brando; retire do fogo e adicione o rum, mexendo bem.

4 Coloque na calda os papos de anjo desenformados, deixando-os nela até o dia seguinte.

5 Escorra-os da calda e passe-os em açúcar cristal ou refinado. Pode-se também conservar os papos de anjo na calda.

DOCES E DOCINHOS

SUSPIROS

- 2 claras
- Casca de ½ limão
- 4 colheres (sopa) de açúcar

1   Bata as claras em neve até ficarem bem firmes; adicione a casca de limão e, depois, vá acrescentando as colheres de açúcar uma a uma, batendo sempre depois de juntar cada colher.

2   Retire a casca de limão e pingue a massa num tabuleiro forrado com papel-manteiga.

3   Leve ao forno em temperatura mínima (cerca de 60 °C) e, quando os suspiros estiverem secos, retire-os.

4   Para tirar os suspiros do papel, molhe este por baixo, o que facilitará o trabalho.

SUSPIROS TURCOS

- ½ kg de manteiga
- 750 g de açúcar
- 750 g de farinha de trigo

1   Bata bem a manteiga com o açúcar, até a massa ficar branca. Adicione a farinha de trigo para incorporar bem.

2   Corte os suspiros com cortador de biscoitos tipo meia-lua ou outro. (Teste colocando um suspiro no forno: se achatar, é porque a massa está mole. Nesse caso, ponha mais farinha de trigo.)

3   Arrume os suspiros em assadeira untada e leve ao forno.

CAIPIRINHAS

- 3 colheres (sopa) de manteiga
- 3 colheres (sopa) de açúcar
- 3 gemas
- Farinha de trigo o quanto baste para enrolar
- Goiabada em pedacinhos

1   Misture os ingredientes e amasse-os sem deixar a massa muito dura.

2   Faça bolinhas com porções da massa e em cada bolinha aperte um pedacinho de goiabada.

3   Leve ao forno quente, em assadeira untada.

Balas

Alfenins de Coco

- *1 coco grande*
- *3 xícaras (chá) de água*
- *1 kg de açúcar*
- *Manteiga para untar*

1 Rale o coco. Leve a água ao fogo e, quando ferver, despeje sobre o coco ralado. Deixe repousar por 5 minutos. Esprema a massa com um pano úmido até que o coco fique bem seco. Reserve o coco seco para outra receita.

2 Leve o caldo ao fogo com o açúcar, sem mexer. Quando começar a engrossar, experimente o ponto numa xícara com água fria: quando puser um pouco de bala dentro da água e ela se juntar facilmente, estará no ponto.

3 Retire do fogo e despeje sobre um mármore previamente untado com a manteiga. Deixe esfriar um pouco e meça o ponto: quando levantar com uma faca e ela desgrudar facilmente, estará bom para puxar. Fica melhor e mais fácil quando são duas pessoas; nesse caso, divida a massa em duas partes.

4 Puxe, esticando até que a massa fique bem branca. Faça os cordões, cortando-os com uma tesoura.

Alfenins com Nozes

- *1 coco grande*
- *3 xícaras (chá) de água*
- *1 kg de açúcar*
- *1 xícara (chá) de nozes bem picadas*
- *Manteiga para untar*

1 Rale o coco. Leve a água ao fogo e, quando estiver fervendo, despeje-a sobre o coco ralado. Deixe repousar por 5 minutos. Esprema a massa em um pano úmido até que o coco fique bem seco. Reserve o coco seco para outra receita.

2 Leve o caldo ao fogo com o açúcar, sem mexer. Quando começar a engrossar, experimente o ponto numa xícara com água fria: quando puser um pouco de bala dentro da água e ela se juntar facilmente, estará no ponto.

3 Retire do fogo, adicione nozes bem picadas e despeje sobre um mármore previamente untado com a manteiga. Deixe esfriar um pouco e meça o ponto: quando levantar com uma faca e ela desgrudar facilmente, estará bom para puxar. Fica melhor e mais fácil quando são duas pessoas; nesse caso, divida a massa em duas partes.

4 Puxe, esticando até que a massa fique bem branca. Faça os cordões cortando-os com uma tesoura.

Balas Simples

- 2 xícaras (chá) de açúcar
- 1 xícara (chá) de água
- Óleo

1 Misture bem o açúcar e a água em uma panela.

2 Leve a mistura ao fogo, não mexa mais e deixe a calda apurar até o ponto de quebrar.

3 Despeje num mármore untado com óleo e, quando começar a esfriar, levante, pegue pela parte de baixo e, com uma tesoura, corte em pedaços pequenos, enrolando-os como balas.

4 Depois de frios, envolva-os em papel celofane.

Balas de Essência

Prepare a receita de *balas simples* e adicione algumas gotas da essência escolhida, após retirar a mistura do fogo. Proceda como para as balas simples. Entre os sabores mais comuns estão hortelã, limão, laranja, abacaxi e morango.

Balas de Amêndoas

- ½ kg de amêndoas com casca
- 250 g de açúcar
- 7 gemas
- 2 claras
- Açúcar cristal

1 Descasque as amêndoas e passe-as na máquina de moer ou no processador.

2 Com o açúcar, faça uma calda em ponto de pasta, misturando as amêndoas, as gemas e as claras.

3 Leve a mistura ao fogo brando e cozinhe mexendo até que apareça o fundo da panela e a massa esteja despregando bem. Retire, coloque em um recipiente e reserve.

4 No dia seguinte, faça as balas, passe-as em açúcar cristal e embrulhe-as em papel impermeável.

Balas de Amendoim Torrado

- ½ kg de amendoim torrado
- 250 g de açúcar
- 7 gemas
- 2 claras
- Açúcar cristal

1 Descasque os amendoins e passe-os na máquina de moer ou no processador.

2 Com o açúcar, faça uma calda em ponto de pasta, misturando os amendoins, as gemas e as claras.

3 Leve a mistura obtida ao fogo brando e cozinhe, mexendo até que apareça o fundo da panela e a massa esteja despregando bem. Retire, coloque em um recipiente e reserve.

4 No dia seguinte, faça as balas, passe-as em açúcar cristal e embrulhe-as em papel impermeável.

Balas de Banana

- 12 bananas nanicas maduras
- ½ kg de açúcar
- 1 colher (sopa) de manteiga
- Manteiga para untar

1 Corte as bananas em rodelas, junte o açúcar e a colher de manteiga; ponha tudo numa panela e leve ao fogo brando, mexendo sempre, até aparecer o fundo.

2 Despeje num mármore untado com manteiga, corte em quadradinhos e embrulhe em papel impermeável.

Balas de Café

- 3 xícaras (chá) de açúcar
- 1 xícara (chá) de café forte
- 1 xícara (chá) de leite
- 3 colheres (sopa) de mel
- 1 colher (sopa) de manteiga
- 1 colher (sopa) de farinha de trigo
- 1 gema

1 Misture tudo e leve ao fogo até tomar o ponto de bala.

2 Atingido o ponto de bala, derrame numa mesa de mármore ligeiramente untada com manteiga, deixe esfriar, corte as balas e embrulhe.

Balas de Castanhas-do-pará

- ½ kg de castanhas-do-pará
- 250 g de açúcar
- 7 gemas
- 2 claras
- Açúcar cristal

1   Passe as castanhas na máquina de moer ou no processador.

2   Com o açúcar, faça uma calda em ponto de pasta, misturando as castanhas moídas, as gemas e as claras.

3   Leve a mistura ao fogo brando e cozinhe mexendo até que apareça o fundo da panela e a massa esteja despregando bem. Retire, coloque em um recipiente e reserve.

4   No dia seguinte, faça as balas, passe-as em açúcar cristal e embrulhe-as em papel impermeável.

Balas de Chocolate

- ½ kg de açúcar
- 1 e ½ xícara (chá) de leite
- 6 colheres (sopa) de chocolate em pó peneirado
- 3 colheres (sopa) de mel
- Suco de 1 limão
- 1 colher (sopa) de manteiga

1   Misture tudo, menos a manteiga, e leve ao fogo, mexendo até tomar o ponto de bala.

2   Despeje numa mesa de mármore untada com manteiga; deixe esfriar, corte as balas e embrulhe-as.

Balas de Chocolate com Canela

- 1 litro de leite
- 1 colher (sopa) de chocolate em pó peneirado
- 4 xícaras (chá) de açúcar
- 1 colher (sopa) de manteiga
- 2 colheres (sopa) de mel
- 1 colher (café) de bicarbonato
- 3 pedaços de canela em pau

1   Misture o leite com o chocolate; adicione o açúcar misturado com a manteiga e junte os outros ingredientes. Mexa bem e leve ao fogo.

2   Quando estiver em ponto de bala, retire do fogo e despeje no mármore, sem mexer (não aproveite a raspa da panela).

3   Deixe esfriar, corte as balas e embrulhe-as.

BALAS DE DAMASCO

- 1 xícara (chá) de água fervente
- 100 g de damasco
- Açúcar

1 De véspera, ponha os damascos de molho em uma xícara de água fervente.

2 No dia seguinte, amasse-os muito bem com uma colher ou garfo até que se desfaçam o máximo possível. Junte açúcar até o ponto de enrolar, sem levar ao fogo.

3 Atingido o ponto de enrolar, faça as balas, embrulhando-as em papel de seda.

BALAS DE LEITE

- 4 xícaras (chá) de leite
- 3 xícaras (chá) de açúcar
- 8 colheres (sopa) de mel
- Pitada de bicarbonato

1 Misture bem todos os ingredientes e leve ao fogo, cozinhando e mexendo até tomarem ponto de bala.

2 Despeje sobre mármore ligeiramente untado com manteiga, deixe esfriar e corte.

BALAS DE NOZES

- 500 g de nozes sem casca
- 250 g de açúcar
- 7 gemas
- 2 claras
- Açúcar cristal

1 Passe as nozes na máquina de moer ou no processador.

2 Com o açúcar, faça uma calda em ponto de pasta, misturando as nozes, as gemas e as claras.

3 Leve a mistura ao fogo brando e cozinhe, mexendo, até que apareça o fundo da panela e a massa esteja despregando bem. Retire, coloque em um recipiente e reserve para o dia seguinte.

4 No dia seguinte, faça as balas, passe-as em açúcar cristal e embrulhe-as em papel impermeável.

Balas Delícia

- 3 xícaras (chá) de açúcar
- 2 xícaras (chá) de leite
- 2 xícaras (chá) de nozes moídas ou amendoim
- 2 colheres (sopa) de manteiga
- 1 colher (chá) de essência de baunilha

1 Coloque em uma panela o açúcar, o leite, as nozes ou o amendoim, a manteiga e a baunilha. Misture tudo e leve ao fogo. Cozinhe, mexendo, até aparecer o fundo da panela.

2 Retire do fogo e despeje sobre uma mesa de mármore ligeiramente untada com manteiga ou óleo.

3 Deixe esfriar, corte as balas e embrulhe-as em papel impermeável.

Balas de Ovos

- 1 e ¼ de xícara (chá) de açúcar
- 3 colheres (sopa) de água
- 1 colher (sopa) de manteiga
- 2 ovos
- 20 gemas
- ½ colher (chá) de essência de baunilha (opcional)
- Manteiga para untar

1 Faça, com o açúcar e a água, uma calda grossa. Retire do fogo, deixe amornar e adicione a manteiga e os ovos. Leve ao fogo brando; junte as gemas e vá mexendo até formar uma massa que despregue do fundo da panela. Retire do fogo, adicione a baunilha e deixe esfriar.

2 Faça pequenas bolas; espete cada uma com um palito untado com manteiga e passe-as, uma por uma, em calda em ponto de quebrar.

3 Deixe escorrer bem e ponha as bolas em mármore untado com manteiga.

4 Embrulhe as balas, depois de frias, em papel celofane.

Balas de Ovos com Coco

- 1 e ¼ de xícara (chá) de açúcar
- 3 colheres (sopa) de água
- 1 colher (sopa) de manteiga
- 2 ovos
- 15 gemas
- 1 coco ralado

1 Faça, com o açúcar e a água, uma calda grossa. Retire do fogo, deixe amornar e adicione a manteiga e os ovos. Leve ao fogo brando; junte as gemas e o coco ralado e vá mexendo até formar uma massa que despregue do fundo da panela. Retire do fogo e deixe esfriar.

2 Faça pequenas bolas; espete cada uma com um palito untado com manteiga e passe-as, uma por uma, em calda em ponto de quebrar.

3 Deixe escorrer bem e ponha as bolas em mármore untado com manteiga.

4 Embrulhe as balas, depois de frias, em papel celofane.

Bolos, Roscas e Bolinhos

"No correr deste livro, usando a linguagem adequada, sem rodeios e sem pretensões, as receitas serão explicadas claramente, coligidas e coordenadas de fontes várias. Não faltarão pratos típicos e nem extravagâncias dignas de época."

Texto da edição de 1942 de Dona Benta.

Bolos

Bolo de abacaxi 812	Bolo branco 829
Bolo d'água 812	Colchão de noiva 829
Bolo d'água macio 812	Bolo escuro 830
Bolo de ameixa 813	Bolo campineiro 830
Bolo de araruta 813	Bolo condessa D'Eu 830
Bolo de banana com nozes 814	Bolo de cozinheira 831
Bolo de castanhas-do-pará 814	Bolinhos da Escócia 831
Bolo de chocolate I 815	Bolo futurista 832
Bolo de chocolate II 815	Bolo imperador 832
Bolo formigueiro 816	Bolo inglês fácil 832
Bolo nega maluca 816	Bolo legalista 833
Carrês de chocolate 817	Bolo majestoso 833
Bolo de coco 817	Bolo Mary 833
Bolo de coco em camadas 818	Bolo de minuto 834
Bolo baiano 818	Bolo de Natal 834
Bolo coroa de Frankfurt 819	Bolo de Santa Clara 834
Bolo floresta negra 820	Bolo Rainbow Dessert 835
Bolo de laranja 821	Bolo de São Paulo 835
Bolo de mel 821	Bolo sem-cerimônia 836
Bolo de creme de menta gelado 822	Bolo de Sevilha 836
Bolo de limão 824	Bolo simples 837
Bolo de milho verde 824	Bolo de três ovos 837
Bolo de morango 825	Bolo 1, 2, 3, 4 837
Bolo de nozes 825	Brownie 838
Bolo de nozes seleto 826	Cuca americana 838
Bolo de nozes para chá 826	Quadrados paulistas 839
Russos 827	Pão-de-ló 839
Bolo delicioso 827	Pão-de-ló de água 839
Bolo de queijo 828	Pão-de-ló de chocolate 840
Quadradinhos de queijo 828	Rocambole 840
Beijos de sogra 828	

Roscas

Roscas fritas 842
Rosca soberba 842
Rosca rainha 843
Rosca princesa 843
Rosca de reis 844
Rosca de frutas cristalizadas 844

Bolinhos

Bolinhos de amendoim 846
Bolinhos de amor 846
Bolinhos apressados 846
Bolinhos argentinos 847
Brevidade rápida 847
Brioches delicados 847
Brioches doces 848
Bolinhos caprichosos 848
Bolinho chinês com fruta 848
Bolinhos de queijo 849
Bolinhos da roça 849
Broas saborosas 849
Broinhas de fubá mimoso 850
Filhós de maçãs 850
Flamour 850
Muffins de amêndoas ou castanhas-do-pará ...851
Muffins clássicos 851
Muffins simples 852
Rabanadas 852
Regalos 852
Sonhos 853
Sonhos do pobre 853

Bolos
Bolos

Bolo de Abacaxi

- 2 ovos separados
- 1 xícara (chá) de açúcar
- ½ xícara (chá) de leite
- 1 xícara (chá) de farinha de trigo
- 2 colheres (chá) de fermento em pó
- Açúcar mascavo para untar
- Manteiga para untar
- Fatias de abacaxi
- Chantilly *(opcional)*

1 Separe os ovos. Bata as gemas com o açúcar até ficarem bem claras e espumosas, junte o leite e bata mais um pouco. Bata as claras em neve e adicione delicadamente à mistura de gemas.

2 Acrescente a farinha de trigo peneirada com o fermento e misture tudo muito bem, batendo bastante.

3 Forre uma fôrma com açúcar mascavo, salpique com pedacinhos de manteiga, arrume no fundo as fatias de abacaxi e despeje a massa sobre tudo. Leve ao forno em temperatura média.

4 Quando o bolo estiver assado, vire-o sobre um prato, de modo que as fatias de abacaxi fiquem para cima, e cubra-o com *chantilly*.

Bolo d'Água

- 4 ovos separados
- 8 colheres (sopa) de água
- 2 xícaras (chá) de açúcar
- 2 xícaras (chá) de farinha de trigo
- 1 colher (sopa) de fermento em pó

1 Bata as gemas com a água.

2 Acrescente o açúcar e continue batendo.

3 Ponha a farinha e o fermento peneirados e, por último, as claras batidas em neve.

4 Unte a assadeira e leve para assar em forno regular.

Observação: Essa receita é excelente para rocambole doce.

Bolo d'Água Macio

- 4 ovos separados
- 1 xícara (chá) de açúcar
- 4 colheres (sopa) de água
- 1 xícara (chá) de farinha de trigo
- 1 colher (sobremesa) de fermento em pó
- Chantilly

1 Bata as gemas com o açúcar até obter um creme esbranquiçado.

2 Adicione a água e a farinha aos poucos, mexendo sempre.

3 Acrescente delicadamente as claras batidas em neve e o fermento em pó.

4 Leve ao forno quente por cerca de 25 minutos, em fôrma untada com manteiga ou margarina.

5 Enfeite com *chantilly* e sirva.

Bolo de Ameixa

Doce de ameixa:
- 1 kg de ameixas-pretas
- 2 xícaras (chá) de açúcar
- Água para cobrir os caroços das ameixas

Massa:
- 6 ovos separados (claras em neve)
- 2 xícaras (chá) de açúcar
- 4 colheres (sopa) de manteiga
- 4 xícaras (chá) de farinha de trigo
- Pitada de sal
- 2 colheres (sobremesa) de fermento em pó

1 Tire os caroços das ameixas, cubra-os com água e leve-os para ferver.

2 Depois de fervidos, retire os caroços e elimine-os. Ponha no lugar deles as ameixas com o açúcar e leve-as para ferver. Deixe que amoleçam.

3 Quando amolecidas, deixe as ameixas esfriarem e reserve.

4 Prepare o bolo, batendo as gemas com o açúcar e a manteiga; acrescente a farinha, o sal e o fermento em pó. Adicione delicadamente o doce de ameixa reservado e as claras batidas em neve. Despeje tudo em fôrma untada com um buraco no meio. Asse em forno com temperatura média.

5 Para verificar se o bolo está assado, espete nele um palito: se o palito sair seco, o bolo estará bem assado.

Nota: Essa receita rende 2 bolos.

Bolo de Araruta

- 4 ovos separados
- 2 xícaras (chá) de açúcar
- 250 g de araruta
- 1 colher (chá) de fermento em pó
- Essência de baunilha a gosto

1 Bata as claras em ponto de neve, junte as gemas, o açúcar, a araruta e, por último, o fermento e a essência.

2 Leve ao forno (regular) em forma untada com manteiga.

Bolo de Banana com Nozes

- 3 bananas nanicas maduras
- 1 e $\frac{1}{3}$ de xícara (chá) de açúcar
- 2 ovos graúdos
- 100 g de manteiga derretida
- 1 colher (chá) de essência de baunilha
- 1 e $\frac{1}{2}$ xícara (chá) de farinha de trigo peneirada
- 1 colher (chá) de fermento em pó
- 1 pitada de sal
- 1 colher (chá) de bicarbonato de sódio
- $\frac{1}{2}$ xícara (chá) de nozes picadas
- Açúcar de confeiteiro
- Canela a gosto

1 Aqueça o forno a 180 °C. Unte uma fôrma tipo pão de fôrma (ou duas de bolo inglês) com manteiga e enfarinhe. Retire o excesso. Coloque as bananas em uma tigela e amasse bem com o açúcar.

2 Com a ajuda de um batedor, bata a mistura, incorporando os ovos, a manteiga e a essência de baunilha. Em outro recipiente, misture a farinha, o fermento, o sal e o bicarbonato. Adicione à mistura de bananas, sem bater em excesso.

3 Adicione as nozes. Despeje a massa na fôrma e leve ao forno aquecido por cerca de 50 minutos. Teste com um palito.

4 Retire da fôrma e salpique com açúcar de confeiteiro e canela.

Bolo de Castanhas-do-pará

- 3 ovos separados
- 1 xícara (chá) de açúcar
- 1 colher (sopa) de manteiga
- ¼ de xícara (chá) de leite
- 1 xícara (chá) de farinha de trigo
- 250 g de castanhas-do-pará trituradas
- 1 colher (chá) de fermento em pó

1 Bata as claras em neve e reserve. Bata o açúcar, as gemas e a manteiga até que estejam bem cremosos. Adicione delicadamente as claras batidas em neve, o leite e a farinha de trigo, aos poucos, batendo delicadamente.

2 Misture as castanhas-do-pará trituradas e o fermento, incorporando-os à massa.

3 Leve para assar em forno quente, em fôrma untada com manteiga.

Bolo de Chocolate I

Massa:
- *2 xícaras (chá) de açúcar*
- *3 ovos separados (claras em neve)*
- *1 xícara (chá) de margarina*
- *2 xícaras (chá) de farinha de trigo*
- *2 colheres (sopa) de chocolate em pó*
- *2 xícaras (chá) de leite*
- *1 colher (sopa) de fermento em pó*

Recheio:
- *2 xícaras (chá) de leite*
- *2 colheres (sopa) de chocolate em pó*
- *2 colheres (sopa) de manteiga ou margarina*
- *Açúcar a gosto*

1. Bata bem o açúcar, as gemas e a margarina.
2. Acrescente a farinha e o chocolate peneirados, alternando-os com o leite.
3. Bata bem e junte o fermento em pó e, por fim, as claras em neve.
4. Despeje em assadeira untada e leve ao forno quente.
5. Junte os ingredientes do recheio, leve-os ao fogo e vá mexendo até engrossar bem.
6. Com o creme obtido, recheie e cubra o bolo.

Bolo de Chocolate II

Massa:
- *125 g de manteiga ou margarina*
- *1 e ½ xícara (chá) de açúcar*
- *6 ovos separados*
- *2 colheres (sopa) de chocolate em pó*
- *1 e ½ xícara (chá) de farinha de trigo*
- *1 colher (sopa) de fermento em pó*

Recheio:
- *125 g de manteiga ou margarina*
- *3 colheres (sopa) de chocolate em pó*
- *5 ovos*
- *5 colheres (sopa) de açúcar*

1. Bata na batedeira a manteiga ou margarina com o açúcar. Adicione as gemas uma a uma, sem parar de bater, coloque o chocolate em pó, as claras em neve e, por último, a farinha peneirada e o fermento.
2. Asse em forno quente em duas assadeiras baixas untadas com manteiga. Só abra para ver depois de 15 minutos.
3. Para o recheio, amasse bem a manteiga com o chocolate em pó. Cozinhe em banho-maria os ovos com o açúcar, até obter um creme; retire do fogo e despeje na tigela com o chocolate. Misture bem.
4. Despeje o recheio sobre um dos bolos, cubra com o outro bolo e espalhe o glacê por cima.

BOLO FORMIGUEIRO

Massa:
- 4 ovos separados (claras batidas em neve)
- 2 copos de açúcar
- 3 colheres (sopa) de manteiga ou margarina
- 1 copo de leite
- 2 copos de farinha de trigo
- 1 pacote de coco ralado
- 1 pacotinho de chocolate granulado
- 1 colher (sopa) de fermento em pó

Cobertura:
- 1 colher (sopa) de manteiga ou margarina
- 1 colher (sopa) de chocolate em pó
- 4 colheres (sopa) de leite
- Açúcar a gosto

1 Para preparar o bolo, bata as gemas com o açúcar e a manteiga; acrescente o leite e a farinha e continue batendo.

2 Acrescente as claras em neve e misture bem. Adicione o coco ralado, o chocolate granulado e, por último, o fermento em pó peneirado.

3 Coloque a massa em fôrma untada com manteiga e leve para assar em forno quente.

4 Prepare a cobertura, misturando todos os ingredientes e levando ao fogo para ferver.

5 Quando a mistura estiver fervendo, despeje-a sobre o bolo assado e ainda quente.

BOLO NEGA MALUCA

Massa:
- 3 ovos separados (claras batidas em neve)
- 9 colheres (sopa) de açúcar
- 2 colheres (sopa) de manteiga ou margarina
- 9 colheres (sopa) de farinha de trigo
- 2 colheres (sopa) de chocolate em pó
- 1 colher (sopa) de fermento em pó
- ½ copo de café forte

Cobertura e recheio:
- 1 lata de leite condensado
- ½ litro de leite
- 2 pacotes de pudim de chocolate
- 2 colheres (sopa) de chocolate em pó

1 Bata na batedeira as gemas com o açúcar e a manteiga. Acrescente os ingredientes secos peneirados, continuando a bater. Adicione o café e, por último, as claras em neve.

2 Unte a assadeira com manteiga e despeje nela a massa. Leve para assar em forno quente.

3 Para fazer o recheio e a cobertura, misture todos os ingredientes e leve-os ao fogo, cozinhando até obter um creme.

4 Com o creme obtido, recheie e cubra o bolo.

Carrês de Chocolate

- 4 ovos separados
- 2 colheres (sopa) de manteiga
- 3 xícaras (chá) de açúcar peneirado
- 1 xícara (chá) de leite
- 4 xícaras (chá) de farinha de trigo
- 2 xícaras (chá) de chocolate em pó
- Sal
- 1 colher (sopa) de fermento em pó

1   Bata as claras em neve e reserve.

2   Bata bem na batedeira a manteiga com o açúcar e as gemas, junte um pouco de leite, a farinha, o chocolate e o sal. Dissolva o fermento no leite restante e adicione à massa.

3   Acrescente delicadamente as claras em neve.

4   Asse em tabuleiros, em forno regular.

5   Cubra com glacê vidrado e corte em quadradinhos.

Bolo de Coco

Massa:
- 6 xícaras (chá) de coco ralado
- 6 claras em neve
- 3 xícaras (chá) de açúcar
- 3 colheres (sopa) de maisena

Cobertura:
- 6 gemas
- 4 colheres (sopa) de açúcar
- 1 colher (sopa) de maisena
- 2 xícaras (chá) de leite
- 1 colher (chá) de essência de baunilha
- 1 colher (sopa) de manteiga ou margarina
- 1 xícara (chá) de creme de leite batido

1   Para preparar o bolo, toste o coco numa panela até ficar dourado; bata as claras em neve bem firme e junte aos poucos o açúcar, batendo bem. Acrescente o coco e a maisena. Despeje em fôrma de fundo removível untada e forrada com papel-manteiga também untado. Leve ao forno brando por cerca de 40 minutos ou até que fique dourado e seco. Desenforme quente e remova o papel.

2   Para preparar a cobertura, bata as gemas até triplicarem de volume. Aos poucos, adicione o açúcar, batendo bem. Dilua a maisena no leite e misture-a ao creme, levando-o ao banho-maria. Mexa constantemente até engrossar. Retire do fogo e adicione a baunilha e a manteiga ou margarina, batendo bem. Deixe esfriar por completo e misture delicadamente o creme de leite batido (ponto de *chantilly*).

3   Cubra o bolo e polvilhe-o fartamente com coco ralado e tostado com um pouquinho de açúcar.

Bolo de Coco em Camadas

Massa:
- 3 xícaras (chá) de açúcar
- 3 ovos separados
- 125 g de manteiga
- 3 xícaras (chá) de farinha de trigo
- ½ litro de leite
- Sal
- 2 colheres (chá) de fermento em pó

Recheio:
- ½ kg de açúcar
- 6 ovos separados
- 1 coco ralado
- 2 colheres (chá) de essência de baunilha

1 Para preparar a massa, bata o açúcar com as gemas e a manteiga; junte as claras batidas em neve, a farinha, o leite e o sal. Por último, junte o fermento, sem bater, misturando-o na massa. Coloque em uma assadeira bem untada e leve ao forno quente.

2 Para preparar o recheio, prepare com o açúcar uma calda em ponto de fio brando. Deixe esfriar um pouco e junte as 6 gemas, uma a uma, mexendo com uma colher de pau até ficarem perfeitamente ligadas com a calda. Acrescente $^2/_3$ do coco ralado e leve ao fogo brando para cozinhar. Mexa regularmente, para não pegar no fundo da panela. Quando a cocada estiver grossa, retire do fogo e acrescente a essência de baunilha. Reserve.

3 Para a montagem, divida o bolo em 3 camadas, unindo-as com o recheio. Bata as 6 claras com o açúcar em ponto de suspiro. Cubra com esse glacê o bolo todo. Enfeite o bolo com a parte de coco ralado que foi reservada.

Bolo Baiano

- 2 xícaras (chá) de açúcar
- 3 gemas
- 1 xícara (chá) de maisena
- 2 xícaras (chá) de farinha de trigo
- 1 vidro de leite de coco
- 1 colher (chá) de fermento em pó
- 2 colheres (sopa) de manteiga

1 Bata a manteiga com o açúcar, adicione as gemas uma a uma, sempre batendo. Acrescente a maisena e a farinha de trigo e, por último, o leite de coco, batendo muito bem. Por fim, adicione o fermento quase na hora de ir para o forno.

2 Unte uma fôrma com manteiga e despeje nela a massa. Leve para assar em forno quente.

Bolo Coroa de Frankfurt

Massa:
- *6 ovos separados (claras batidas em neve)*
- *400 g de açúcar*
- *8 colheres (sopa) de água*
- *200 g de maisena*
- *200 g de farinha de trigo*
- *1 colher (café) de essência de baunilha*
- *Casca ralada de um limão*
- *1 colher (sopa) de fermento em pó*

Creme 1:
- *3 copos de leite*
- *3 colheres (sopa) de maisena*
- *Açúcar a gosto*

Creme 2:
- *250 g de manteiga ou margarina*
- *1 vidro (pequeno) de leite de coco*

Cobertura:
- *1 coco ralado em ralo grosso*
- *1 xícara (chá) de açúcar*
- *1 colher (sopa) de manteiga*

1 Para preparar o bolo, bata as gemas com o açúcar e a água. Acrescente a maisena e a farinha peneiradas; adicione a baunilha, as raspas de limão, o fermento e as claras em neve. Despeje em duas assadeiras untadas e leve para assar.

2 Para preparar o creme 1, junte todos os ingredientes, levando ao fogo para apurar. Deixe esfriar.

3 Para preparar o creme 2, bata bem os dois ingredientes. Quando estiverem bem incorporados, junte-os ao creme 1, que deve estar bem frio, e misture bem.

4 Para preparar a cobertura, leve o coco ralado ao fogo com o açúcar e a manteiga, mexendo até o coco ficar douradinho.

5 Depois de assados os bolos, recheie-os e cubra-os com o creme e com o coco ralado, fazendo a cobertura final com o coco ralado.

Bolo Floresta Negra

Massa:
- 8 ovos
- 1 e ½ xícara (chá) de açúcar
- 1 colher (chá) de essência de baunilha
- ¾ de xícara (chá) de farinha de trigo
- ¾ de xícara (chá) de cacau em pó
- Sal
- 200 g de manteiga

Recheio e cobertura:
- 1 litro de creme de leite fresco
- ½ xícara (chá) de açúcar de confeiteiro
- 1 colher (chá) de essência de baunilha
- 100 g de cerejas em calda escorridas
- 400 g de chocolate meio amargo

Calda:
- ½ xícara (chá) de açúcar
- ½ xícara (chá) de água
- ¼ de xícara (chá) de *kirsch* ou vodca

1 Unte e enfarinhe uma fôrma alta para bolo sem furo no meio, com aproximadamente 22 cm. Preaqueça o forno em temperatura média. Para a massa, coloque na batedeira os ovos e o açúcar, bata até que a mistura esteja bem leve e clara. Acrescente a baunilha e bata por mais 30 segundos.

2 Coloque em uma tigela a farinha de trigo peneirada juntamente com o cacau e uma pitada de sal. Derreta a manteiga. Com a batedeira na velocidade mínima, acrescente aos poucos a mistura de farinha e cacau, alternando com a manteiga. Essa operação pode ser feita com uma colher de pau, o que resultará em uma massa mais leve.

3 Coloque a massa na fôrma e leve rapidamente ao forno para assar por cerca de 30 minutos ou até que, testando com um palito, este saia seco. Retire o bolo do forno e deixe esfriar. Retire da fôrma e corte o bolo em 3 camadas iguais.

4 Prepare a calda colocando em uma panela pequena o açúcar e a água e fervendo por 4 minutos. Retire a calda do fogo e acrescente o *kirsch* ou a vodca. Reserve.

5 Para a cobertura, coloque o creme de leite na batedeira e vá acrescentando o açúcar aos poucos, depois a essência de baunilha, batendo sempre até obter o ponto de *chantilly* firme. Leve à geladeira.

6 Pique grosseiramente as cerejas, reservando 6 inteiras para a decoração. Para a montagem, separe as 3 camadas de bolo e pincele-as bem com a calda. Coloque uma das camadas em um prato para bolo e cubra com ¼ do creme batido, salpique com metade das cerejas picadas, coloque a outra camada de bolo e cubra com mais ¼ do creme batido.

7 Acrescente as cerejas restantes e cubra com a terceira camada de bolo. Cubra todo o bolo com o *chantilly* restante e decore com as cerejas inteiras e as raspas de chocolate. Leve à geladeira por 2 horas antes de servir.

BOLO DE LARANJA

- 4 ovos separados
- ½ xícara (chá) de manteiga
- ½ xícara (chá) de açúcar
- Casca ralada de uma laranja
- ½ xícara (chá) de suco de laranja
- 1 e ½ xícara (chá) de farinha de trigo
- ½ xícara (chá) de maisena
- 1 colher (chá) de fermento em pó

1. Bata as claras em neve e reserve.

2. Bata bem a manteiga com o açúcar; adicione as gemas, a casca ralada e o suco de laranja.

3. Diminua a velocidade da batedeira e adicione a farinha, a maisena e o fermento. Bata bem até a massa ficar lisa e macia.

4. Desligue a batedeira e incorpore as claras em neve com a ajuda de uma colher de pau ou espátula.

5. Leve ao forno em fôrma untada com manteiga.

BOLO DE MEL

- 1 xícara (chá) de mel
- 5 colheres (sopa) de manteiga
- 3 ovos
- 2 xícaras (chá) de farinha de trigo
- 3 colheres (chá) de fermento em pó

1. Bata o mel e a manteiga. Junte os ovos bem batidos, a farinha e o fermento.

2. Despeje em fôrma untada com manteiga e leve ao forno regular.

Bolo de Creme de Menta Gelado

Massa:
- 300 g de manteiga ou margarina
- ½ kg de açúcar
- 8 gemas
- 300 g de chocolate amargo ralado em ralo médio
- 1 cálice de licor de cacau
- 700 g de farinha de trigo
- 2 colheres (sobremesa) de fermento em pó
- 2 xícaras (chá) de leite comum
- 8 claras

Creme de menta:
- 3 claras
- 400 g de açúcar refinado
- 400 g de gordura vegetal
- 1 cálice de licor de menta
- 1 colher (chá) de água fria
- 1 pitada de corante vegetal verde

Preparo da massa:

1 Bata a manteiga ou margarina durante 10 minutos ou até amolecer. Adicione o açúcar aos poucos, depois incorpore as gemas uma a uma, batendo bem após cada adição. Junte à massa o chocolate ralado e o licor de cacau, batendo-a por mais 5 minutos.

2 Peneire a farinha com o fermento e adicione-os à massa, intercalando-os com o leite e mexendo com uma colher de pau. Incorpore à massa as claras batidas em neve bem firme. Coloque a massa em duas fôrmas redondas, lisas e com 20 cm de diâmetro, previamente untadas com manteiga ou margarina e forradas com papel impermeável. Asse em temperatura moderada durante 40 minutos. Espete um palito para saber se as massas estão prontas.

3 Estando prontas, retire as massas do forno e deixe-as esfriar durante 2 horas; desenforme e retire o papel impermeável. Reserve.

Preparo do creme de menta:

1 Bata as claras em neve bem firme e adicione-lhes aos poucos o açúcar refinado, sem parar de bater. A seguir, adicione, colher por colher, a gordura vegetal. Bata o creme até ficar bem liso.

2 Junte o licor de menta e bata por mais 5 minutos; dissolva o corante na água, adicione-o ao creme e bata por mais 10 minutos. Reserve.

Bolos

Montagem do bolo:

1 Forre uma fôrma redonda, lisa, com 24 cm de diâmetro e 12 cm de altura, com papel-manteiga. Coloque 6 colheres (sopa) de creme no fundo da fôrma e espalhe-o com uma colher. Disponha sobre o creme uma das massas de chocolate reservadas e pressione-a ligeiramente, o suficiente para aderir ao creme. Coloque o creme de menta em um funil de confeitar com bico grosso e preencha o espaço vazio entre a massa de bolo e a fôrma com esse creme.

2 Coloque mais 6 colheres (sopa) de creme de menta sobre a massa e espalhe com a colher. Disponha a massa restante sobre o creme e pressione-a para aderir. Coloque mais creme de menta no funil de confeitar, preenchendo o espaço vazio entre a massa de bolo e a fôrma. Coloque sobre a massa o creme de menta restante e espalhe-o, de maneira uniforme, com uma colher.

3 Cubra a superfície da fôrma com papel-manteiga e deixe o bolo na geladeira durante 24 horas. No dia seguinte, retire o papel que cobre a superfície da fôrma e vire-a sobre o prato em que será servido o bolo, retirando o papel que forra a fôrma e que pode ter aderido ao bolo. À parte, esquente uma faca na chama de um bico de gás durante um minuto e, com ela, alise alguma imperfeição no creme, provocada pelo papel-manteiga.

Enfeite:
- 100 g de castanha-de-caju

Preparo do enfeite:

1 Coloque as castanhas-de-caju sobre um pano úmido e dobre-o ao meio, deixando as castanhas dentro dele. Pressione o pano levemente para eliminar o sal; corte as castanhas-de-caju em fatias de espessura inferior a 0,5 cm e deixe-as tão perfeitas quanto possível, colocando-as sobre o bolo.

Observação: Este bolo pode ser preparado com 2 dias de antecedência. Conserve-o na geladeira até o momento de servir.

Bolo de Limão

Massa:
- 200 g de manteiga em temperatura ambiente
- ½ xícara (chá) de leite
- 2 colheres (sopa) de suco de limão
- 3 xícaras (chá) de farinha de trigo
- ½ colher (chá) de sal
- 2 colheres (chá) de fermento em pó
- 1 colher (chá) de raspas de casca de limão
- 2 xícaras (chá) de açúcar
- 4 ovos

Cobertura:
- ⅔ de xícara (chá) de açúcar
- ⅓ de xícara (chá) de suco de limão

1 Unte com manteiga 2 fôrmas para bolo inglês com cerca de 25 cm x 10 cm. Misture em um recipiente o leite e o suco de limão. Peneire em uma tigela a farinha de trigo, o sal e o fermento em pó. Adicione as raspas de limão.

2 Coloque em uma batedeira a manteiga e o açúcar, bata em velocidade média até a mistura estar bem cremosa, acrescente os ovos um a um, batendo bem após cada adição. Abaixe a velocidade da batedeira ao mínimo e acrescente alternadamente, em 3 adições, a mistura de leite e a de farinha, terminando com a mistura de farinha.

3 Divida a massa nas duas fôrmas e leve ao forno por cerca de 40 minutos, testando com um palito para verificar o ponto do bolo.

4 Enquanto isso, prepare a cobertura, misturando bem os ingredientes. Retire os bolos do forno e regue com a cobertura de limão.

5 Deixe esfriar por 10 minutos e retire-os das fôrmas, deixando-os esfriar completamente.

Bolo de Milho Verde

- 2 e ½ xícaras (chá) de milho verde cru
- 2 e ½ xícaras (chá) de leite
- 1 colher (sopa) de manteiga ou margarina
- 4 ovos
- 1 copo de açúcar
- 1 colher (sopa) de fermento em pó
- Sal

1 Bata todos os ingredientes no liquidificador.

2 Unte uma fôrma com manteiga e leve o bolo para assar em forno quente.

Bolo de Morango

- 2 xícaras (chá) de farinha de trigo
- 2 colheres (sopa) de açúcar
- 1 colher (sopa) de fermento em pó
- ½ colher (café) de sal
- 2 colheres (sopa) de manteiga ou margarina
- ¾ de xícara (chá) de leite
- ½ kg de morangos
- Açúcar a gosto
- *Creme* chantilly *(pág. 658)*

1 Peneire juntos os ingredientes secos. Junte a manteiga ou margarina e misture. Adicione o leite e amasse levemente.

2 Divida a massa ao meio e de cada metade faça uma rodela.

3 Coloque as rodelas uma sobre a outra, em uma fôrma grande e funda, untando com manteiga entre elas. Asse em forno regular por cerca de 25 minutos.

4 Destaque as duas partes ainda quentes e pincele com manteiga ou margarina.

5 Separe alguns morangos para enfeitar e amasse os restantes com açúcar.

6 Recheie com os morangos esmagados e enfeite com *chantilly* e com morangos inteiros.

Bolo de Nozes

Massa:
- 1 xícara (chá) de manteiga
- 1 xícara (chá) de açúcar
- 1 xícara (chá) de leite
- 3 xícaras (chá) de farinha de trigo
- 6 claras
- 2 colheres (chá) de fermento em pó
- 2 xícaras (chá) de nozes moídas

Glacê:
- 2 xícaras (chá) de açúcar
- ¾ de xícara (chá) de leite
- 300 g de chocolate ralado
- 2 colheres (sopa) de manteiga derretida
- 1 colher (chá) de essência de baunilha

1 Bata bem a manteiga com o açúcar e adicione o leite, alternando com um pouco de farinha de trigo. Junte também as claras batidas em neve. Adicione o fermento e as nozes moídas, batendo tudo até que a massa comece a fazer bolhas.

2 Leve para assar em fôrma untada com manteiga.

3 Faça o glacê, fervendo o leite com o açúcar e o chocolate, até ficar em ponto de bala mole; retire do fogo e junte a manteiga e a baunilha; bata até ficar morno.

4 Corte o bolo ao meio e una as duas partes com o glacê. Cubra o bolo com o glacê restante.

Bolo de Nozes Seleto

Massa:
- 2 e ½ xícaras (chá) de açúcar
- 12 ovos separados
- ½ xícara (chá) de farinha de rosca
- ½ kg de nozes moídas
- 1 colher (chá) de noz-moscada

Recheio:
- ½ kg de ameixas-pretas
- Água suficiente para cozinhar as ameixas
- 1 xícara (chá) de açúcar
- 1 colher (chá) de essência de baunilha

1 Prepare a massa, batendo bem o açúcar com as gemas. Junte as claras em neve e, por fim, adicione a farinha de rosca e as nozes moídas. Misture tudo muito bem e acrescente a noz-moscada. Asse em forno quente em assadeira grande, untada e forrada com papel-manteiga, também untado.

2 Para o recheio, retire os caroços das ameixas. Leve-as ao fogo com o açúcar e água suficiente para cobri-las. Cozinhe bem e retire do fogo. Desfaça um pouco as ameixas, amassando-as com uma colher de pau, e junte a essência.

3 Corte o bolo ao meio e distribua o recheio. Coloque a parte superior e, se gostar, cubra o bolo com suspiro.

Bolo de Nozes para Chá

- 2 xícaras (chá) de açúcar
- 2 colheres (sopa) de manteiga
- 3 gemas
- 1 xícara (chá) de leite
- 1 xícara (chá) de nozes moídas
- 3 xícaras (chá) de farinha de trigo
- 1 colher (chá) de fermento em pó

1 Bata o açúcar com a manteiga e junte as gemas.

2 Junte o leite, as nozes, a farinha de trigo e o fermento, batendo bem.

3 Leve para assar e, depois de assado, cubra com suspiro e enfeite com nozes.

Russos

Massa:
- 6 ovos separados
- 1 xícara (chá) de açúcar
- 46 nozes
- 45 amêndoas
- 3 colheres (sopa) de farinha de trigo

Recheio:
- 100 g de manteiga
- 100 g de açúcar
- 1 clara batida
- 1 colher (chá) de baunilha

1 Para preparar a massa, bata as gemas com o açúcar, junte as claras em neve, as nozes e as amêndoas moídas e a farinha. Depois de tudo bem misturado, leve ao forno brando em uma assadeira bem untada. Depois de assar, tire da assadeira.

2 Deixe esfriar e corte em quadrados ou círculos, usando forminhas para cortar bolachas.

3 Cortados os pedaços, abra-os ao meio e recheie-os.

4 Para o recheio, bata primeiro a manteiga, até ficar bem branca. Junte o açúcar, continuando a bater, e, por último, junte a clara e a essência de baunilha, ligando tudo muito bem até ficar uma pasta bastante fina.

Bolo Delicioso

Massa:
- 6 ovos separados
- 250 g de açúcar
- ½ kg de nozes
- 3 colheres (sopa) de farinha de rosca

Recheio:
- 2 xícaras (chá) de calda em ponto de fio
- 4 gemas

1 Bata bem os ovos, como para pão-de-ló. Adicione o açúcar peneirado, as nozes moídas e, por último, a farinha de rosca.

2 Leve ao forno em uma assadeira rasa e comprida, bem untada.

3 Depois de pronto, divida-o em 3 partes.

4 Para o recheio, junte 2 xícaras de calda em ponto de fio com 4 gemas e deixe engrossar, tomando cuidado para não açucarar.

5 Una as 3 partes do bolo com o recheio e cubra tudo com suspiro.

Bolo de Queijo

- *3 ovos separados*
- *3 xícaras (chá) de açúcar*
- *2 colheres (sopa) de manteiga*
- *Sal*
- *1 xícara (chá) de leite*
- *3 xícaras (chá) de farinha de trigo*
- *1 colher (chá) de fermento em pó*
- *½ xícara de queijo ralado*
- *Farinha de rosca*

1   Bata as claras em neve e reserve.

2   Bata o açúcar com a manteiga. Acrescente as gemas, o sal e o leite, batendo sempre. Acrescente por último a farinha misturada com o queijo e o fermento e as claras batidas em neve. Bata bem.

3   Coloque a massa em uma fôrma untada com manteiga e polvilhada com farinha de rosca. Leve ao forno quente.

Quadradinhos de Queijo

- *2 xícaras (chá) de açúcar*
- *1 xícara (chá) de queijo prato ralado*
- *1 colher (sopa) de manteiga*
- *6 gemas*
- *4 claras em neve*
- *6 colheres (sopa) de farinha de trigo*
- *Água de flor-de-laranjeira*

1   Faça com o açúcar uma calda grossa e, enquanto estiver quente, junte o queijo ralado, a manteiga, as gemas e as claras em neve. Misture tudo muito bem e vá acrescentando a farinha, colher por colher.

2   Depois de bem batida, leve a massa ao forno em uma assadeira untada com manteiga.

3   Quando o bolo estiver pronto, corte-o em quadradinhos e passe-os em açúcar molhado e perfumado com a água de flor-de-laranjeira.

Beijos de Sogra

- *250 g de açúcar*
- *1 colher (sopa) de manteiga*
- *3 ovos*
- *1 e ½ xícara de leite*
- *1 xícara (chá) de queijo ralado*
- *½ kg de farinha de trigo*
- *1 colher (chá) de bicarbonato*

1   Misture o açúcar com a manteiga, os ovos, o leite, o queijo ralado e, por último, a farinha de trigo peneirada com o bicarbonato.

2   Vá misturando muito bem e, depois de tudo ligado, leve ao forno em fôrma untada com manteiga.

Bolo Branco

- 2 xícaras (chá) de açúcar
- 2 colheres (sopa) de manteiga
- 1 xícara (chá) de leite
- 2 e ½ xícaras (chá) de farinha de trigo
- 1 colher (sopa) de fermento em pó
- 5 claras em neve
- Casca ralada de 1 limão
- Geleia a gosto

1 Bata bem o açúcar com a manteiga. Adicione alternadamente o leite, a farinha de trigo e o fermento. Acrescente delicadamente as claras batidas em neve e as raspas de limão.

2 Despeje em fôrma untada e polvilhada com farinha de trigo. Leve ao forno médio.

3 Depois de pronto, desenforme o bolo e corte-o ao meio. Recheie com a geleia escolhida.

Colchão de Noiva

Massa:
- 6 ovos separados
- 8 colheres (sopa) de açúcar
- 4 colheres (sopa) de fécula de batata
- 1 colher (chá) de fermento em pó

Recheio:
- 12 colheres (sopa) de açúcar
- 1 coco bem grande (ou 2 cocos pequenos)

1 Prepare a massa: misture as gemas com o açúcar e bata como para pão-de-ló. Acrescente a fécula de batata, as claras bem batidas e, por último, o fermento. Despeje numa assadeira untada com manteiga e leve para assar em forno bem quente. Depois de assado, divida o bolo em 3 camadas.

2 Prepare o recheio: leve o açúcar ao fogo com 4 colheres (sopa) de água. Assim que o açúcar derreter, adicione o coco, misture bem e cozinhe por alguns minutos. Reserve.

3 Complete o bolo: coloque num prato uma camada do bolo, cubra com uma camada de recheio, e assim seguidamente até chegar ao terceiro e último pedaço. Depois de pronto, cubra a última camada com bastante coco ralado.

Bolo Escuro

- 250 g de manteiga
- ½ kg de açúcar mascavo
- 6 ovos separados
- 2 colheres (sopa) de canela em pó
- ½ kg de farinha de trigo
- 375 ml de leite
- 1 colher (chá) de bicarbonato de sódio
- 3 colheres (sopa) de uvas-passas

1 Bata bem a manteiga com o açúcar. Junte as gemas, em seguida a canela e a farinha de trigo peneirada. Adicione o leite com as claras batidas em neve, o bicarbonato e as passas.

2 Despeje em fôrma untada com manteiga e leve para assar em forno quente.

Bolo Campineiro

- 1 xícara (chá) de manteiga
- 3 xícaras (chá) de açúcar
- 5 ovos separados
- 1 xícara (chá) de leite
- 4 xícaras (chá) de farinha de trigo
- 1 colher (sopa) de fermento em pó

1 Bata a manteiga com o açúcar até ficar branca. Adicione as gemas, continuando a bater, depois o leite (aos poucos), a farinha e o fermento em pó, juntando por último as claras em neve. Misture levemente.

2 Ponha em uma fôrma untada e polvilhada com farinha de trigo e asse em forno regular.

Bolo Condessa D'Eu

- 200 g de amêndoas descascadas e peladas
- 300 g de açúcar
- 250 g de manteiga
- 6 ovos
- 100 g de farinha de trigo
- Sal
- 2 cálices de licor

1 Moa as amêndoas e junte-lhes metade do açúcar.

2 Bata a manteiga com o resto do açúcar até que se forme um creme.

3 Junte ao creme as amêndoas misturadas com o açúcar e adicione em seguida os ovos um a um, batendo sempre.

4 Junte a farinha, o sal e, por último, o licor, batendo bem.

5 Quando a massa estiver uniforme, despeje-a em uma fôrma untada e forrada com papel grosso e leve para assar em forno regular.

Bolo de Cozinheira

- 3 xícaras (chá) de farinha de trigo
- 1 xícara (chá) de açúcar
- 3 ovos separados
- 1 xícara (chá) de leite cru ou de coalhada
- 1 colher (sopa) de banha amolecida
- 1 colher (sopa) de manteiga
- Canela em pó a gosto
- Suco de 1 limão
- Farinha de rosca para polvilhar a assadeira
- 2 colheres (chá) de fermento em pó

1 Bata tudo junto, menos o fermento, até fazer bolhas.

2 Quando a massa estiver bem batida, junte o fermento.

3 Despeje a massa em uma fôrma untada com manteiga e polvilhada com farinha de rosca, levando-a para assar em forno regular.

Bolinhos da Escócia

- 350 g de farinha de trigo
- 250 g de açúcar
- 3 ovos inteiros
- 100 g de manteiga
- 1 colher (café) de fermento em pó
- 10 gotas de essência de baunilha

1 Amasse bem todos os ingredientes até obter uma massa consistente e que se possa enrolar.

2 Com a massa, faça bolinhas de mais ou menos 2 cm de diâmetro.

3 Achate cada bolinha com 2 dedos e leve-as ao forno para assar por 15 minutos.

4 Depois de frios, polvilhe os bolinhos com açúcar de confeiteiro à vontade.

Bolo Futurista

- 4 ovos separados
- 8 colheres (sopa) de água
- 2 xícaras (chá) de açúcar
- 2 xícaras (chá) de farinha de trigo
- 2 colheres (chá) de fermento em pó
- 2 colheres (sopa) de chocolate em pó

1   Bata as gemas com a água, junte o açúcar, a farinha de trigo peneirada, o fermento e, por último, as claras batidas em neve.

2   Divida a massa e em uma parte dela misture as 2 colheres de chocolate em pó. Asse as massas em 2 tabuleiros untados com manteiga.

3   Depois de assados, corte os bolos em tiras e arrume-as num prato, colocando, alternadamente, uma tira preta e outra branca.

Bolo Imperador

- 5 ovos separados
- 3 xícaras (chá) de açúcar
- 3 xícaras (chá) de farinha de trigo
- 1 xícara (chá) de maisena
- 2 colheres (sopa) de manteiga
- 1 xícara (chá) de leite ou cerveja
- 1 colher (sopa) de fermento em pó

1   Bata as gemas com o açúcar e a manteiga, depois as claras e o resto dos ingredientes; por último, acrescente o fermento em pó.

2   Em uma fôrma untada com manteiga e polvilhada com farinha de rosca, leve ao forno quente.

Bolo Inglês Fácil

- 5 ovos separados
- 1 xícara (chá) de açúcar
- 1 colher (sopa) de manteiga
- 1 xícara (chá) de farinha de trigo
- ½ cálice de conhaque
- 10 g de passas
- 100 g de frutas cristalizadas picadas

1   Bata as gemas com o açúcar e a manteiga; junte as claras bem batidas e depois a farinha, batendo sempre. Por último, junte o conhaque, as passas e as frutas cristalizadas.

2   Asse, em fôrma untada com manteiga, em forno regular.

Bolo Legalista

- 250 g de açúcar
- 2 colheres (sopa) de manteiga
- 4 gemas
- 1 coco ralado
- 120 g de farinha de trigo
- 1 colher (chá) de fermento em pó
- 2 claras em neve

1 Bata o açúcar com a manteiga, as gemas (uma a uma), o coco e, por último, a farinha peneirada com o fermento e as claras em neve.

2 Depois de tudo bem misturado, leve ao forno (mais quente do que para pão-de-ló) em fôrma untada com manteiga e polvilhada com farinha de rosca.

Bolo Majestoso

- 1 colher (chá) de fermento em pó
- 1 xícara (chá) de leite
- 2 xícaras (chá) de farinha de trigo
- 1 xícara (chá) de maisena
- 2 xícaras (chá) de açúcar
- 1 xícara (chá) de manteiga
- 4 gemas
- 2 claras em neve
- 1 colher (sopa) de chocolate em pó

1 Misture o fermento com o leite e adicione os demais ingredientes.

2 Leve para assar em forno quente, em fôrma untada com manteiga.

Bolo Mary

- 2 ovos separados
- 1 colher (sopa) de manteiga ou margarina
- 2 xícaras (chá) de açúcar
- 1 xícara (chá) de leite
- 2 xícaras (chá) de farinha de trigo
- 1 xícara (chá) de maisena
- 1 colher (sopa) de fermento em pó

1 Bata as claras em neve e reserve.

2 Bata as gemas com a manteiga ou margarina e vá acrescentando o açúcar e o leite; depois junte a farinha, a maisena e o fermento.

3 Adicione as claras em neve e misture bem.

4 Leve para assar em fôrma untada e em forno quente.

Bolo de Minuto

- 2 ovos separados
- 1 xícara (chá) de açúcar
- 2 colheres (sopa) de manteiga
- 1 xícara (chá) de leite
- 1 colher (chá) de fermento em pó
- 2 xícaras (chá) de farinha de trigo
- Farinha de rosca para polvilhar a assadeira
- Essência de baunilha a gosto

1 Bata as claras em neve, junte as gemas, bata mais. Acrescente o açúcar, batendo sempre, e a manteiga. Continue batendo e, por fim, adicione o leite (com o fermento dissolvido nele) e a farinha de trigo, batendo mais um pouco.

2 Aromatize com a baunilha.

3 Leve ao forno quente em fôrma untada de manteiga e polvilhada de farinha de rosca.

Bolo de Natal

- 12 ovos separados
- ½ kg de açúcar
- 500 g de manteiga amolecida
- 100 g de farinha de trigo
- 100 g de amêndoas, nozes, ameixas, figos e damascos
- 2 colheres (sopa) de chocolate em pó
- 2 cálices de vinho do porto ou similar
- ½ xícara (chá) de leite
- 1 colher (sopa) de fermento em pó

1 Bata as gemas com o açúcar. Adicione a manteiga, a farinha e as claras em neve.

2 Depois de tudo bem batido, ponha as frutas secas picadas em pedacinhos, o chocolate e o vinho.

3 Acrescente, por fim, o leite e o fermento em pó.

4 Coloque sobre tabuleiros untados e asse em forno regular.

Nota: A massa não deve ficar muito seca. Asse-a em pequenos tabuleiros do mesmo tamanho. Entre uma e outra camada ponha doce de ovos, creme, goiabada ou qualquer outro doce. Cubra com glacê e enfeite com nozes.

Bolo de Santa Clara

- 2 xícaras (chá) de açúcar
- 2 colheres (sopa) de manteiga
- 2 xícaras (chá) de farinha de trigo
- 1 xícara (chá) de maisena
- 1 xícara (chá) de leite
- 2 ovos
- 1 colher (sopa) de fermento em pó

1 Bata o açúcar com a manteiga; adicione delicadamente os demais ingredientes.

2 Leve ao forno (regular) em fôrma untada com manteiga.

Bolo Rainbow Dessert

- 3 ovos separados
- 2 xícaras (chá) de açúcar
- 3 colheres (sopa) de manteiga
- 1 colher (sopa) de fermento em pó
- 1 e ½ xícara (chá) de leite
- 3 xícaras (chá) de farinha de trigo
- 1 pitada de sal
- Casca ralada de ½ limão

1   Bata as claras em neve e, batendo sempre, vá juntando as gemas, o açúcar e a manteiga previamente amolecida.

2   Dissolva o fermento no leite e acrescente à massa. Continue batendo e ponha o sal e a farinha de trigo, aos poucos, até acabar. Adicione a casca de limão ralada.

3   Asse em fôrma untada com manteiga e polvilhada com farinha de trigo.

4   Depois de frio, corte o bolo em fatias (4 ou 5 discos) e ponha em cada fatia geleia de frutas de cores variadas (algumas colheres de groselha e outras de licor de menta tornam o bolo muito vistoso ao ser cortado).

5   Sobreponha as fatias uma sobre a outra e enfeite com glacê ou *creme chantilly* (pág. 658) a seu gosto.

Bolo de São Paulo

Massa:
- 6 ovos (só 2 com as claras)
- 250 g de açúcar
- 250 g de manteiga sem sal
- 250 g de farinha de trigo
- 100 g de amêndoas descascadas

Cobertura:
- Suco de 1 laranja
- 250 g de açúcar
- Um pouco da casca da laranja

1   Prepare a massa: bata bem as gemas com o açúcar; junte a manteiga e bata muito. Acrescente as claras (já batidas, à parte, como ovos nevados) e bata até ficar bem ligado. Ponha a farinha de trigo e, por último, as amêndoas (bem picadas), batendo bem. Despeje em uma assadeira untada com manteiga e leve ao forno.

2   Prepare a cobertura e complete o bolo: desmanche num copo o suco de laranja com o açúcar e um pouco da casca, ralada, formando uma calda bem grossa. Logo após tirar o bolo do forno, despeje a calda sobre ele e espalhe com uma espátula. Deixe esfriar e corte em quadrados.

BOLO SEM-CERIMÔNIA

- 4 ovos separados
- 100 g de manteiga fresca
- 3 xícaras (chá) de açúcar
- ½ litro de leite
- 4 xícaras (chá) de farinha de trigo
- Sal
- Casca de 1 limão
- 1 colher (sobremesa) de fermento em pó
- Farinha de rosca

1 Bata as claras em ponto de neve e adicione as gemas, a manteiga e o açúcar, misturando bem.

2 Junte metade do leite e 2 xícaras de farinha, uma a uma, depois de peneiradas, batendo bem a massa.

3 Junte as outras 2 xícaras de farinha (peneirada), o resto do leite e o sal e torne a bater.

4 Rale a casca do limão sobre a massa, batendo-a um pouco.

5 Por fim, acrescente o fermento (desmanchado em um pouco de água fria), misturando-o na massa, sem bater.

6 Se a massa ficar meio dura, junte mais um pouco de leite.

7 Leve ao forno quente, em fôrma untada com manteiga e polvilhada com farinha de rosca.

Observação: Quando o bolo já estiver crescido, e para que core todo por igual, é bom diminuir um pouco a temperatura do forno.

BOLO DE SEVILHA

- 3 xícaras (chá) de açúcar
- 2 xícaras (chá) de manteiga amolecida
- 6 ovos separados
- 2 xícaras (chá) de leite
- 4 xícaras (chá) de farinha de trigo
- 1 colher (sopa) de fermento em pó
- 4 colheres (chá) de canela em pó

1 Bata o açúcar com a manteiga e as gemas. Junte o leite, a farinha peneirada, o fermento e a canela, batendo mais um pouco.

2 Misture, por fim, as claras batidas em neve. Incorpore bem e despeje a massa em uma fôrma untada com manteiga e polvilhada com farinha. Leve ao forno em temperatura moderada.

Bolo Simples

- 2 xícaras (chá) de açúcar
- 1 colher (sopa) de manteiga
- 3 ovos separados
- 1 xícara (chá) de leite
- 3 xícaras (chá) de farinha de trigo
- 1 colher (chá) de fermento em pó
- 1 colher (chá) de bicarbonato de sódio
- 3 colheres (sopa) de uvas-passas

1   Bata o açúcar com a manteiga; junte as gemas, o leite, as claras batidas em neve, a farinha (peneirada com o fermento e o bicarbonato) e, por último, misture as passas.

2   Leve para assar em forno quente, em fôrma untada com manteiga.

Bolo de Três Ovos

- 2 xícaras (chá) de açúcar
- 1 colher (sopa) de manteiga
- 3 ovos separados
- 1 xícara (chá) de leite
- 2 xícaras (chá) de farinha de trigo
- 1 colher (chá) de fermento em pó

1   Bata o açúcar com a manteiga; junte as gemas, as claras batidas em neve, o leite e, por último, a farinha peneirada juntamente com o fermento.

2   Depois de tudo bem misturado, ponha em uma fôrma untada com manteiga e leve ao forno médio para assar.

Bolo 1, 2, 3, 4

- 4 ovos separados
- 1 xícara (chá) de manteiga
- 2 xícaras (chá) de açúcar
- 3 xícaras (chá) de farinha de trigo
- 1 colher (chá) de fermento em pó

1   Bata as claras em neve e reserve.

2   Bata bem a manteiga com o açúcar; junte as gemas, uma a uma. Adicione as claras em neve e, por último, a farinha de trigo e o fermento, batendo até ficar uma massa esbranquiçada.

3   Leve ao forno quente em fôrma untada com manteiga.

Brownie

- 180 g de manteiga sem sal
- 1 e ¾ de xícara (chá) de farinha de trigo
- 6 ovos
- 2 e ½ xícaras (chá) de açúcar
- Sal
- 180 g de chocolate meio amargo
- 2 colheres (chá) de essência de baunilha
- 1 e ½ xícara (chá) de nozes picadas

1   Unte uma assadeira de 25 cm x 40 cm com um pouco de manteiga, coloque um pouco de farinha e sacuda bem para que a fôrma fique bem enfarinhada.

2   Derreta a manteiga e o chocolate em uma panela em banho-maria. Bata os ovos na batedeira até estarem bem claros e espumosos, acrescente o açúcar aos poucos e continue batendo até que os ovos estejam bem firmes.

3   Passe a farinha de trigo e o sal em uma peneira. Acenda o forno em temperatura média. Misture o chocolate e manteiga com a baunilha, coloque os ovos batidos, misturando bem devagar, depois a farinha de trigo e misture sem bater muito a massa. Coloque as nozes picadas.

4   Despeje a massa na assadeira e asse por 30 minutos. Deixe esfriar e corte em quadrados. Você pode servir com sorvete de creme.

Cuca Americana

Massa:
- 2 xícaras (chá) de farinha de trigo
- ½ xícara (chá) de açúcar
- Sal
- 2 colheres (chá) de fermento em pó
- 1 ovo graúdo
- ¾ de xícara (chá) de leite
- 1 colher (chá) de essência de amêndoas ou baunilha

Cobertura:
- 1 xícara (chá) de açúcar mascavo
- 2 xícaras (chá) de farinha de trigo
- 1 colher (chá) de canela em pó
- 1 xícara (chá) de manteiga derretida
- Açúcar de confeiteiro para salpicar

1   Aqueça o forno em temperatura média. Unte e enfarinhe uma assadeira de 40 cm x 20 cm. Prepare a massa, peneirando a farinha de trigo com o açúcar, a pitada de sal e o fermento em pó. Em outro recipiente misture o ovo ao leite e a essência.

2   Despeje a mistura líquida sobre a mistura de farinha e incorpore com uma colher de pau, evitando bater a massa em excesso; ficará uma massa firme. Despeje-a na assadeira e espalhe bem com uma espátula. Parecerá pouca massa, mas é o correto.

3   Em outro recipiente, prepare o crocante, misturando o açúcar mascavo, a farinha de trigo e a canela. Despeje sobre essa mistura a manteiga derretida, e com a ponta dos dedos incorpore os ingredientes, fazendo uma espécie de farofa. Salpique essa farofa sobre a massa do bolo.

4   Leve para assar por 25 minutos aproximadamente (teste com um palito). Retire do forno e deixe esfriar completamente. Salpique com bastante açúcar de confeiteiro.

Quadrados Paulistas

Massa:
- *1 xícara (chá) de manteiga*
- *2 xícaras (chá) de açúcar*
- *4 ovos separados*
- *2 xícaras (chá) de farinha de trigo*
- *1 colher (chá) de fermento em pó*
- *½ xícara (chá) de leite*

Glacê:
- *Açúcar*
- *Água ou caldo de laranja*

1 Bata a manteiga com o açúcar; junte as gemas, batendo sempre e bastante. Depois, aos poucos, junte a farinha. Quando formar uma pasta bem ligada, junte as claras batidas em neve. Por último, dissolva o fermento no leite e adicione à massa.

2 Quando tudo estiver bem batido, ponha em uma assadeira untada com manteiga e leve ao forno quente.

3 Ao retirar o bolo do forno, ainda quente, cubra com um glacê feito com um pouco de açúcar desmanchado em água (ou caldo de laranja), até formar uma pasta.

4 Depois de frio, corte-o em quadrados.

Pão-de-ló

- *2 xícaras (chá) de farinha de trigo*
- *1 xícara (chá) de maisena*
- *1 colher (sopa) de fermento em pó*
- *5 ovos separados*
- *2 xícaras (chá) de açúcar*
- *1 xícara (chá) de água*

1 Peneire junto a farinha, a maisena e o fermento e reserve.

2 Bata as claras em neve. Adicione as gemas uma a uma. Acrescente o açúcar, sempre batendo bem. Junte a água, alternando-a com a mistura de farinha.

3 Misture rapidamente, coloque em uma assadeira untada e forrada com papel-manteiga. Asse em forno regular.

Pão-de-ló de Água

- *6 ovos separados*
- *¾ de xícara (chá) de água*
- *4 xícaras (chá) de açúcar*
- *3 xícaras (chá) de farinha de trigo*

1 Bata as claras em neve e reserve.

2 Bata as gemas com a água e adicione o açúcar, batendo tudo muito bem.

3 Adicione a farinha de trigo e, por último, as claras, misturando-as sem bater.

4 Coloque a massa em uma fôrma untada com manteiga e leve ao forno regular.

BOLOS

Pão-de-ló de Chocolate

Massa:
- *8 ovos separados*
- *4 colheres (sopa) de açúcar*
- *4 colheres (sopa) de farinha de trigo*
- *1 colher (café) de fermento em pó*
- *4 colheres (sopa) de chocolate em pó*

Recheio:
- *4 xícaras (chá) de açúcar*
- *2 colheres (sopa) de Karo®*
- *3 colheres (sopa) de manteiga*
- *Sal*
- *1 xícara (chá) de leite*
- *2 xícaras (chá) de chocolate em pó*

1   Prepare a massa do seguinte modo: bata as claras em neve, junte as gemas uma a uma, acrescente o açúcar aos pouquinhos e continue a bater. Misture a farinha com o fermento e o chocolate e peneire por 3 vezes.

2   Adicione lentamente a mistura de farinha às claras e gemas batidas, batendo um pouco mais. Asse em forno quente por cerca de ½ hora em fôrma untada com manteiga, forrada com papel-manteiga e polvilhada com farinha de trigo.

3   Prepare o recheio, misturando todos os ingredientes e levando a mistura ao fogo por cerca de 10 minutos, mexendo sempre.

4   Use metade do recheio para rechear o pão-de-ló e a outra metade para enfeitá-lo.

Rocambole

- *9 ovos separados*
- *9 colheres (sopa) de açúcar*
- *8 colheres (sopa) de farinha de trigo*
- *Manteiga para untar*
- *Farinha de rosca*
- *200 g de marmelada ou goiabada*
- *Licor (opcional)*

1   Bata as claras em neve e, quando estiverem bem duras, junte as gemas e bata mais.

2   Em seguida, junte o açúcar e torne a bater; depois, vá agregando a farinha, colher por colher, mas sem bater, mexendo apenas, até que tudo fique muito bem misturado.

3   Leve ao forno quente, em assadeira bem untada com manteiga e polvilhada com farinha de rosca.

4   Enquanto o bolo estiver assando, desfaça a marmelada ou goiabada em um pouquinho de água quente e junte, se quiser, um pouco de licor.

5   Quando tirar o bolo do forno, vire-o sobre um pano previamente polvilhado de açúcar e estendido sobre um mármore ou mesa; passe por cima do bolo toda a marmelada desfeita e enrole-o com o auxílio do pano enquanto estiver quente, para não quebrar, ficando, assim, bem redondo.

6   Polvilhe o bolo com açúcar e queime-o, em xadrez, com um espeto de ferro em brasa.

Roscas

Roscas Fritas

- 2 colheres (sopa) de banha
- 1 xícara (chá) de açúcar
- 1 ovo
- ½ xícara (chá) de leite
- ½ colher (chá) de noz-moscada ralada
- 1 colher (chá) de sal
- 3 xícaras (chá) de farinha de trigo
- 1 xícara (chá) de araruta
- 1 colher (sopa) de fermento em pó

1 Bata a banha até ficar macia; adicione o açúcar e, depois, o ovo batido. Acrescente alternadamente o leite e os ingredientes secos peneirados juntos. Se precisar, junte mais farinha.

2 Estenda a massa, com um rolo, na espessura de 1,5 cm.

3 Corte a massa em rodelas, fazendo-lhes um furo no centro; mergulhe essas rodelas em gordura quente e frite-as até tostarem, virando-as uma vez.

4 Ponha as rodelas para escorrer até secarem bem e polvilhe-as com açúcar.

Observação: Estas roscas não necessitam ser servidas quentes, mas devem ser consumidas dentro de 1 ou 2 dias.

Rosca Soberba

- 1 xícara (chá) de leite morno
- 2 tabletes de fermento biológico
- ½ xícara (chá) de açúcar
- ½ xícara (chá) de manteiga
- 2 ovos
- 1 colher (chá) de sal
- ½ kg de farinha de trigo
- Ameixas
- Passas
- Frutas cristalizadas
- Canela

1 Utilize metade do leite morno para dissolver o fermento; na outra metade, dissolva o açúcar e a manteiga.

2 Bata ligeiramente os ovos com o sal e junte todos os ingredientes à farinha (menos as frutas), misturando-os bem e amassando com as mãos até obter uma massa lisa e homogênea.

3 Deixe a massa em repouso numa tigela durante 1 e ½ hora.

4 Torne a sovar ligeiramente a massa, estenda-a com o rolo na espessura de mais ou menos 1 cm e espalhe um pouco de açúcar, misturando com canela e as frutas em pedacinhos.

5 Enrole em formato de rosca e corte com a tesoura, separando cuidadosamente e inclinando cada parte cortada.

6 Deixe crescer novamente durante 1 hora, pincele com o ovo batido somente as partes externas das fatias e leve ao forno quente por ½ hora mais ou menos.

ROSCA RAINHA

- 250 g de farinha de trigo (para o fermento)
- 25 g de fermento biológico
- 12 ovos separados
- 250 g de açúcar
- 500 g de farinha de trigo
- 2/3 de xícara (chá) de gordura vegetal derretida
- 2/3 de xícara (chá) de manteiga derretida
- 1/4 de xícara (chá) de canela em pó

1 Com os primeiros 250 g de farinha, faça pela manhã o fermento. Para isso, amasse a farinha com o fermento biológico dissolvido em um pouco de água morna.

2 À noite, estando o fermento já crescido, bata as 12 claras em neve e junte as gemas, batendo mais. Por último, adicione o açúcar, batendo bem, como se fosse para pão-de-ló.

3 Junte, então, os outros 500 g de farinha de trigo, torne a bater e acrescente o fermento, misturando tudo muito bem. Ponha a massa numa vasilha e cubra com um pano, para crescer.

4 No dia seguinte, à massa já bem crescida acrescente a gordura derretida, depois a manteiga também derretida e, por último, a canela. Depois de tudo bem misturado, vá juntando mais farinha de trigo (se for preciso), até que a massa fique mais macia que a de pão.

5 Faça a rosca e disponha-a num tabuleiro untado com gordura para crescer novamente.

6 Depois de crescida a rosca, pincele-a toda com gema e leve-a ao forno regular.

7 Depois de assada, cubra-a, para que fique bem macia.

Observação: Com essa mesma massa você pode fazer uma rosca bem grande ou, então, algumas menores, de acordo com o gosto de cada um.

ROSCA PRINCESA

- 4 xícaras (chá) de farinha de trigo
- 1 xícara (chá) de maisena
- 2 colheres (sopa) de manteiga
- 1 colher (sopa) de banha
- 1 e ½ xícara (chá) de açúcar
- 2 ovos inteiros
- 1 colher (sopa) de fermento em pó
- Leite o quanto baste

1 Misture todos os ingredientes com o leite, deixe formar uma massa regular que não grude nas mãos e enrole-a como roscas.

2 Asse as roscas em forno regular.

ROSCA DE REIS

- 15 g de fermento biológico
- ⅓ de xícara (chá) de leite morno
- 3 e ½ xícaras (chá) de farinha de trigo
- Sal
- 1 xícara (chá) de açúcar
- 2 colheres (chá) de canela em pó
- ¼ de colher (chá) de anis em pó
- 7 ovos
- 1 colher (chá) de essência de baunilha
- 1 xícara (chá) de frutas cristalizadas
- ½ xícara (chá) de manteiga derretida
- ½ xícara (chá) de uvas-passas
- 1 ovo batido
- Açúcar cristal

1 Coloque o fermento em uma tigela e desmanche-o com 4 colheres do leite morno. Deixe descansar por 5 minutos.

2 Adicione a farinha, o sal, o açúcar, a canela e o anis. Misture e adicione o leite restante e os 7 ovos. Acrescente a essência de baunilha, metade das frutas cristalizadas e as uvas-passas. Sove a massa por 10 minutos em uma mesa e, se necessário, adicione um pouco mais de farinha para dar o ponto.

3 Coloque a massa novamente na tigela e pincele com um pouco de manteiga derretida. Cubra e deixe a massa crescer por 1 hora ou até dobrar de volume.

4 Trabalhe a massa novamente por mais 5 minutos, depois divida-a em 3 partes. Role cada parte em uma mesa para fazer uma tira com cerca de 40 cm. Trance as 3 tiras e molde em forma de rosca.

5 Aqueça o forno a 190 °C.

6 Transfira a massa para uma assadeira untada e pincele com o ovo batido. Pressione levemente as frutas cristalizadas restantes sobre a rosca e salpique o açúcar cristal.

7 Asse por aproximadamente 40 minutos.

ROSCA DE FRUTAS CRISTALIZADAS

Para fazer o fermento crescer:
- 1 copo de leite morno
- 1 colher (sopa) de fermento biológico
- Sal
- 1 colher (sopa) de açúcar
- Farinha de trigo o suficiente para formar um mingau

Para completar a massa:
- 2 ovos ligeiramente batidos
- 1 colher (sopa) de banha
- 1 colher (sopa) de óleo
- 1 xícara (chá) de açúcar
- ½ xícara (chá) de frutas cristalizadas picadas
- Farinha suficiente para a massa não grudar

1 Bata no liquidificador todos os ingredientes indicados para fazer o fermento crescer. Reserve por 2 horas em vasilha tampada.

2 Ao fermento crescido, junte os ingredientes indicados para completar a massa e sove bem.

3 Com a massa, faça as roscas e deixe-as crescer. (Se quiser, adicione à massa um pouco de uvas-passas.)

4 Pincele as roscas com gema e asse-as em forno quente.

BOLINHOS
Bolinhos

BOLINHOS DE AMENDOIM

- 2 e ½ xícaras de açúcar
- 5 ovos separados
- 1 colher (sopa) de manteiga
- 1 xícara (chá) de amendoim torrado e moído
- 5 colheres (sopa) de farinha de trigo

1   Misture o açúcar com as gemas e junte as claras em neve, batendo mais um pouco.

2   Acrescente a manteiga, batendo sempre. Adicione o amendoim e, por último, a farinha.

3   Quando tudo estiver bem batido, asse em forno quente, em forminhas untadas com manteiga.

BOLINHOS DE AMOR

- 1 kg de farinha de trigo
- 500 g de açúcar
- 250 g de manteiga
- 10 ovos (separe 2 gemas para dourar os bolinhos depois de enrolados)
- 1 colher (sopa) de fermento em pó
- Açúcar cristalizado

1   Junte todos os ingredientes, amassando-os muito bem com as mãos.

2   Faça os bolinhos do formato que achar melhor.

3   Passe-os na gema e no açúcar cristalizado.

4   Asse em forno regular, em tabuleiros.

BOLINHOS APRESSADOS

- 1 xícara (chá) de polvilho doce
- 1 xícara (chá) de queijo ralado
- ½ xícara (chá) de açúcar
- ½ xícara (chá) de manteiga
- ½ xícara (chá) de gordura
- 4 ovos
- Leite suficiente para fazer a massa
- Pitada de sal

1   Misture o polvilho com o queijo ralado e o açúcar; em seguida, junte a manteiga, a gordura derretida e os ovos. Acrescente leite suficiente para fazer uma massa de bolo comum. Junte, por último, o sal.

2   Asse em forno quente, em forminhas untadas com manteiga.

Bolinhos Argentinos

- 500 g de açúcar
- 2 colheres (sopa) de manteiga
- 1 coco ralado
- 10 gemas
- 2 claras em neve

1 Mexa bem o açúcar com a manteiga e adicione o coco ralado, as gemas e as claras batidas em neve. Torne a mexer muito bem.

2 Depois de tudo ligado, leve ao forno quente, em forminhas bem untadas com manteiga.

Brevidade Rápida

- 6 ovos separados
- 2 xícaras (chá) de açúcar
- 1 colher (sopa) de casca de limão ralada
- 4 xícaras (chá) de maisena

1 Coloque as claras na batedeira, batendo-as até ficarem bem firmes.

2 Junte as gemas e torne a bater.

3 Acrescente o açúcar e continue batendo até começar a levantar bolhas.

4 Adicione as raspas de limão e a maisena.

5 Coloque as brevidades em forminhas untadas, mas não as encha demais.

6 Asse em forno quente.

Brioches Delicados

- 3 ovos
- ½ xícara (chá) de leite
- 100 g de manteiga
- 50 g de manteiga ou gordura vegetal
- 1 colher (chá) de sal
- 1 colher (sopa) de fermento em pó
- 300 g de farinha de trigo

1 Bata as claras em neve. Adicione as gemas e torne a bater; junte os outros ingredientes, deixando a farinha e o fermento por último. Derreta os 50 g de manteiga e pincele os brioches.

2 Asse em forminhas untadas com manteiga ou margarina.

Brioches Doces

- 2 ovos separados (claras em neve)
- 1 colher (sopa) de manteiga
- 1 xícara (chá) de açúcar
- 1 xícara (chá) de leite
- 2 xícaras (chá) de farinha de trigo
- 1 colher (sopa) de fermento em pó

1 Bata as gemas com a manteiga e o açúcar.

2 Acrescente o leite, a farinha, o fermento e, por último, as claras em neve.

3 Asse em forminhas untadas.

Bolinhos Caprichosos

- 6 colheres (sopa) de manteiga
- 20 colheres (sopa) de açúcar
- 6 ovos
- 1 pires de amêndoas moídas
- 8 colheres (sopa) de farinha de trigo
- 2 colheres (chá) de fermento em pó
- Raspas da casca de 1 limão

1 Bata a manteiga com o açúcar. Adicione as gemas e as claras em neve, batendo mais um pouco.

2 Junte os outros ingredientes e bata até se formarem bolhas.

3 Asse em forno quente, em forminhas untadas com manteiga.

Bolinho Chinês com Fruta

- Óleo para fritura
- 2 maçãs ou bananas
- Açúcar e canela em pó

Massa:
- 1 colher (sopa) de maisena
- 1 clara
- 1 xícara (chá) de água
- 3 colheres (sopa) de óleo vegetal
- 1 xícara (chá) de farinha de trigo (aproximadamente)
- 1 colher (chá) de fermento em pó

1 Prepare a massa, misturando bem a água com a clara e a maisena. Acrescente o óleo e misture novamente. Adicione a farinha de trigo, evitando bater a massa em excesso; coloque o fermento e misture novamente. Reserve.

2 Aqueça ½ litro de óleo em uma panela, não deixando esquentar demais.

3 Descasque as maçãs e corte em cubos de 3 cm x 3 cm. Mergulhe os cubos de maçã na massa, despejando-os imediatamente no óleo quente. Frite até ficarem bem dourados, escorra em papel absorvente e salpique com canela e açúcar. Sirva quente com sorvete de creme.

Bolinhos de Queijo

- 250 g de açúcar
- 6 ovos
- ¼ de queijo curado ralado
- 125 g de manteiga
- 125 g de farinha de trigo
- Canela em pó

1 Coloque numa vasilha o açúcar e os ovos; bata um pouco e junte o queijo ralado, a manteiga, a farinha de trigo e a canela em pó.

2 Depois de tudo misturado, leve ao forno quente em forminhas untadas.

3 Sirva-os passados no açúcar.

Bolinhos da Roça

- 3 xícaras (chá) de polvilho azedo
- 1 xícara (chá) de farinha de milho
- 1 xícara (chá) de gordura vegetal ou banha
- 3 ovos
- 1 colher (chá) de sementes de erva-doce
- Sal
- Leite suficiente para dar consistência à massa

1 Misture todos os ingredientes em uma tigela, deixando o leite por último, em quantidade que forme uma massa que se possa enrolar.

2 Depois de tudo bem amassado, faça pequenos rolos, dê um talho em cada um deles com as costas de uma faca e frite-os em óleo quente.

Broas Saborosas

- 6 ovos
- 350 g de farinha de trigo
- 200 g de açúcar
- Sal
- 1 colher (sopa) de fermento em pó

1 Junte todos os ingredientes e bata bem na batedeira, como para pão de ló.

2 Coloque a massa, às colheradas, numa assadeira para biscoitos untada com manteiga, de modo que as broas fiquem bem longe umas das outras, pois crescem muito.

3 Asse em forno bem quente até ficarem douradas.

BOLINHOS

Broinhas de Fubá Mimoso

- *2 xícaras (chá) de leite*
- *1 colher (sopa) de banha ou gordura vegetal*
- *1 colher (sopa) de manteiga*
- *1 colher (chá) de sal*
- *Fubá mimoso o quanto baste*
- *3 ovos*

1 Esquente no fogo o leite com a banha, a manteiga e o sal.

2 Quando começar a ferver, adicione o fubá, mexendo sempre, até obter um angu em ponto duro.

3 Deixe esfriar e sove a massa com os ovos.

4 Para fazer cada broinha, ponha um pouco de massa numa xícara forrada com fubá, sacudindo-a.

5 Assar em assadeira untada e forrada com fubá, em forno regular.

Nota: Você pode adicionar sementes de erva-doce a esta receita.

Filhós de Maçãs

- *4 maçãs*
- *200 g de farinha de trigo*
- *2 gemas*
- *1 colher (sopa) de cachaça*
- *Sal*
- *1 copo de leite*
- *2 claras em neve*
- *Açúcar*
- *Canela*

1 Descasque as maçãs, elimine as sementes e corte-as em rodelas finas.

2 Faça uma massa com a farinha de trigo, as gemas, a cachaça e a pitada de sal. Misture muito bem e junte o copo de leite aos poucos, evitando assim que encaroce.

3 Quando a massa estiver bem ligada, misture lentamente as duas claras em neve. Tome, então, cada rodela de maçã, envolva-a nessa massa e frite-a em gordura bem quente.

4 Sirva os filhós polvilhados com açúcar e com canela.

Flamour

- *4 gemas*
- *2 claras em neve*
- *8 colheres (sopa) de açúcar*
- *1 colher (sopa) de manteiga*
- *5 colheres (sopa) de farinha de trigo*
- *1 vidro de leite de coco*

1 Bata bem as gemas; em seguida, junte as claras em neve. Acrescente o açúcar, a manteiga, a farinha de trigo e, por último, o leite de coco. Bata tudo muito bem.

2 Asse em forno quente, em forminhas untadas com manteiga.

BOLINHOS

Muffins de Amêndoas ou Castanhas-do-pará

- ½ xícara (chá) de manteiga
- ½ xícara (chá) de açúcar
- 3 ovos separados
- 2 xícaras (chá) de leite
- 4 xícaras (chá) de farinha de trigo
- 1 colher (chá) de fermento em pó
- 1 xícara (chá) de amêndoas picadas ou castanhas-do-pará

1 Bata a manteiga com o açúcar até obter um creme esbranquiçado. Adicione as gemas e depois as claras (em neve), continuando a bater.

2 Junte aos poucos o leite, a farinha (peneirada) e, por último, o fermento.

3 Acrescente as amêndoas picadas (ou as castanhas-do-pará) e bata bem.

4 Coloque em forminhas untadas com manteiga, enfeite cada uma com uma amêndoa (ou castanha-do-pará) e leve ao forno regular.

Muffins Clássicos

- 1 e ½ xícara (chá) de farinha de trigo
- ¼ de xícara (chá) de açúcar
- Sal
- 2 colheres (chá) de fermento em pó
- 2 ovos
- ¾ de xícara (chá) de leite
- 4 colheres (sopa) de manteiga derretida

1 Aqueça o forno a 200 °C.

2 Peneire, em uma tigela, a farinha, o açúcar, o sal e o fermento em pó. Reserve.

3 Em outra tigela, bata levemente os ovos e acrescente a manteiga derretida e o leite. Misture bem.

4 Despeje os ingredientes líquidos sobre os secos e misture rapidamente, evitando bater em excesso. O correto é deixar a massa levemente encaroçada, nunca lisa.

5 Unte com óleo forminhas individuais. Encha-as com a massa até $^2/_3$ da altura, coloque as forminhas em uma assadeira e leve ao forno por 20 a 25 minutos, ou até que os muffins estejam bem dourados.

Nota: Você pode acrescentar à massa um dos ingredientes a seguir: 2 colheres (chá) de essência de baunilha, ¼ de xícara (chá) de gotas de chocolate, ¼ de xícara (chá) de frutas cristalizadas, ¼ de xícara (chá) de nozes trituradas ou 1 banana-nanica bem amassada.

MUFFINS SIMPLES

- ½ xícara (chá) de manteiga
- ½ xícara (chá) de açúcar
- 3 ovos separados
- 2 xícaras (chá) de leite
- 4 xícaras (chá) de farinha de trigo
- 3 colheres (chá) de fermento em pó

1 Bata a manteiga com o açúcar até obter um creme esbranquiçado; junte as gemas e depois as claras em neve, batendo sempre.

2 Acrescente, aos poucos, o leite, a farinha peneirada e, por último, o fermento.

3 Depois de tudo bem batido, leve ao forno regular em forminhas individuais untadas com manteiga.

RABANADAS

- Pão amanhecido
- 4 colheres (sopa) de açúcar
- 1 xícara (chá) de leite
- 2 ovos
- Canela em pó
- Óleo para fritar

1 Corte o pão em fatias de 1 cm. Misture o açúcar ao leite em uma tigela.

2 Mergulhe as fatias de pão no leite e passe-as nos ovos batidos. Frite em óleo bem quente.

3 À medida que forem fritando, vá dispondo-as em um prato e polvilhando com açúcar e canela.

REGALOS

- 2 xícaras (chá) de farinha de trigo
- 5 colheres (chá) de fermento em pó
- 1 colher (sopa) de açúcar
- 1 colher (sopa) de sal
- 1 e ½ xícara (chá) de leite
- 1 colher (sopa) de manteiga

1 Misture todos os ingredientes e coloque 2 colheres da mistura em cada forminha.

2 Asse, em forno regular, durante 20 a 25 minutos.

Nota: Você pode juntar, também, $2/3$ de xícara (chá) de queijo ralado depois de ter preparado a massa comum.

BOLINHOS

SONHOS

Massa:
- *50 g de fermento biológico (para pão)*
- *2 ovos*
- *1 copo de leite morno*
- *1 copo de água morna*
- *1 copo de açúcar*
- *1 colher (sopa) de margarina*
- *1 colher (sopa) de óleo*
- *Farinha de trigo*

Recheio:
- *Goiabada ou creme de confeiteiro de sua preferência*

1 Desmanche o fermento no leite e na água mornos e no açúcar. Coloque a mistura numa vasilha tampada e deixe crescer.

2 Acrescente os outros ingredientes e vá juntando farinha e amassando até que a massa desgrude das mãos (ponto de enrolar).

3 Faça bolas não muito grandes, coloque-lhes goiabada dentro e frite-as em óleo não muito quente, para não ficarem cruas por dentro. (Se quiser rechear com creme, faça as bolas, frite-as e depois dê-lhes um corte e recheie-as com creme de confeiteiro de sua preferência.)

4 Depois de fritos, escorra-os e passe-os em açúcar de confeiteiro.

SONHOS DO POBRE

- *3 ovos separados*
- *2 colheres (sopa) de açúcar*
- *Sal*
- *3 xícaras (chá) de farinha de trigo*
- *Leite suficiente para amolecer a massa*
- *1 colher (sobremesa) de fermento em pó*
- *Canela em pó*
- *Açúcar para polvilhar*
- *Óleo para fritar*

1 Bata as claras em neve; junte as gemas, o açúcar, o sal e a farinha, aos poucos, e, por último, o leite, até obter uma massa macia.

2 Adicione o fermento e frite, às colheradas, em óleo quente, agitando a panela para que os sonhos dourem por igual.

3 Sirva-os, polvilhando com açúcar e canela.

Bolachas, Biscoitos e Sequilhos

*"**Lambisgoias.** – 2 copos de leite; 2 copos de gordura; 2 pratos de polvilho azedo. Com a gordura fervendo escalda-se o polvilho. Amassa-se então com os ovos até ficar bom para espremer no pano, que tenha um furinho redondo bem caseado ou então um saco próprio que tem um funil na ponta, espécie de um coador. Assadeira untada e forno quente."*

Receita recuperada da edição de 1942 de Dona Benta.

Bolachas

Alfajorcitos de maisena	858
Bengalinhas de Viena	858
Bolachas de amêndoas	859
Bolachinhas de amor e canela	859
Bolachinhas de coco I	859
Bolachinhas de coco II	860
Bolachinhas com geleia	860
Bolachinhas com goiabada	860
Bolachinhas de maisena	861
Bolachinhas neutras de nata	861
Bolachinhas de nata com maisena	861
Bolachinhas de nata com baunilha	862
Bolachinhas América	862
Bolachinhas holandesas	863
Bolachinhas mimosas	863
Bolachinhas mineiras	863
Casadinhos	864
Casadinhos em lua de mel	864

Biscoitos

Petit-fours de nozes	866
Biscoitinhos Adelaide	866
Biscoito da Alsácia	866
Biscoitinhos de amêndoas	867
Biscoitos apressados	867
Biscoito carioca	867
Biscoitos de cerveja	868
Biscoitos para chá	868
Biscoitinhos de coco	869
Biscoitos champanhe	869
Biscoitinhos de coco com maisena	870
Biscoitos favoritos	870
Biscoitos de leite	871
Biscoitinhos de milho	871
Biscoitinhos mimosos	871
Biscoitos da roça	872
Biscoitos Palermo	872
Biscoitinhos de queijo	872
Biscuit	873
Cookies adaptados	873
Cookies recheados	873
Cookies clássicos	874
Suspiro de araruta	874
Língua de gato	875
Palito francês	875
Pingos açucarados	876
Tentação	876
Rosquinhas fritas	876
Rosquinhas americanas – doughnuts	877
Rosquinhas alemãs	877
Rosquinhas para chá	878
Rosquinhas ao leite fritas	878
Rosquinhas aromáticas	878
Rosquinhas rústicas	879
Roscas secas	879
Pernas de fidalgo	879
Rosquinhas de maisena	880
Rosquinhas de cachaça	880

Sequilhos

Sequilhos	882
Sequilhos de maisena	882
Sequilhos pauliceia	882
Sequilhos de nata	883
Sequilhos de polvilho	883
Sinhazinha	883

Bolachas
Bolachas

Alfajorcitos de Maisena

- *150 g de manteiga*
- *200 g de açúcar*
- *3 gemas*
- *1 clara*
- *½ cálice de conhaque*
- *1 xícara (chá) de maisena*
- *100 g de farinha de trigo*
- *½ colher (chá) de fermento em pó*
- *1 colher (chá) de essência de baunilha*
- *½ casca ralada de limão*
- *Doce de leite (pág. 677)*
- *Coco ralado*

1 Ponha numa vasilha a manteiga e o açúcar, batendo com uma colher de pau até que a preparação fique cremosa; junte, então, as gemas e a clara e continue batendo.

2 Acrescente o conhaque e, pouco a pouco, também a maisena misturada com a farinha, o fermento em pó, a baunilha e o limão.

3 Quando a massa estiver lisa e uniforme, deixe-a descansar e, em seguida, estire-a sobre uma mesa polvilhada com maisena.

4 Corte a massa em rodelas e coloque-as em uma assadeira para assar em forno regular.

5 Depois de assadas, una uma rodela a outra com bastante doce de leite.

6 Com o doce de leite unte também os lados e polvilhe com coco ralado.

Bengalinhas de Viena

- *800 g de farinha de trigo*
- *2 colheres (sopa) de fermento em pó*
- *400 g de açúcar*
- *40 g de manteiga*
- *4 gemas*
- *1 pitada de sal*
- *1 xícara (chá) de leite*
- *1 colher (sopa) de baunilha*
- *Açúcar cristal*

1 Amasse todos os ingredientes com o leite, deixando, em seguida, a massa descansar.

2 Faça as bengalinhas, passe-as em açúcar cristal e asse-as em forno regular.

3 Quando estiverem duras e secas, retire do forno.

Observação: São próprias para acompanhar o chá.

Bolachas de Amêndoas

- 3 ovos separados
- 500 g de farinha de trigo
- 250 g de açúcar
- 125 g de amêndoas moídas
- 2 colheres (sopa) de manteiga
- ½ colher (chá) de bicarbonato de sódio
- 1 colher (chá) de essência de amêndoas
- Açúcar cristal

1 Bata as claras em neve; junte as gemas e o resto dos ingredientes.

2 Amasse bem, estenda com um rolo e corte as bolachinhas com a boca de um cálice.

3 Pincele as bolachinhas com uma mistura de ovo batido e manteiga derretida, polvilhe-as com açúcar cristal e leve-as ao forno regular em assadeiras untadas e polvilhadas com farinha de trigo.

Bolachinhas de Amor e Canela

- 250 g de farinha de trigo
- 100 g de açúcar
- 80 g de manteiga ou margarina
- 3 gemas
- 1 colher (café) de fermento em pó
- Canela
- Açúcar

1 Amasse bem todos os ingredientes até obter uma massa lisa, que despregue das mãos.

2 Abra a massa com um rolo numa espessura de ½ cm.

3 Corte com cortadores apropriados, no formato desejado.

4 Coloque em assadeira untada com manteiga ou margarina e leve ao forno por 20 minutos.

5 Depois de frias, polvilhe-as com açúcar e canela.

Bolachinhas de Coco I

- 1 coco ralado com a casquinha
- 1 kg de farinha de trigo
- 2 xícaras (chá) de açúcar
- ½ xícara (chá) de manteiga
- 1 colher (sopa) de fermento em pó
- Sal
- 4 ovos
- Leite suficiente para dar ponto à massa
- Açúcar cristal

1 Junte todos os ingredientes, amasse-os bem e estenda com um rolo.

2 Corte as bolachas e passe-as em açúcar cristal. Arrume em uma assadeira untada e asse em forno bem quente.

Bolachinhas de Coco II

- 200 g de maisena
- 20 g de margarina
- 5 colheres (sopa) de açúcar
- 5 colheres (sopa) de farinha de trigo
- 1 pacote (100 g) de coco ralado

1. Junte os ingredientes e amasse-os até obter uma massa bem ligada.

2. Faça bolinhas e achate-as com um garfo.

3. Coloque as bolinhas em assadeira e leve-as para assar. (Não as deixe corar muito.)

4. Guarde-as em lata fechada.

Bolachinhas com Geleia

- 250 g de farinha de trigo
- 125 g de manteiga
- 1 colher (sopa) de açúcar
- ½ colher (café) de essência de baunilha
- Geleia de sua preferência
- Canela em pó

1. Amasse a farinha com a manteiga e o açúcar; junte a essência de baunilha, torne a amassar e deixe descansar por uma hora.

2. Abra a massa com um rolo e corte as bolachas com a boca de uma xícara de café.

3. Leve-as ao forno em assadeira untada e polvilhada com farinha de trigo.

4. Depois de assadas e frias, junte as bolachas 2 a 2, unindo-as com a geleia e polvilhando-as com açúcar e canela.

Bolachinhas com Goiabada

- ¾ de xícara (chá) de farinha de trigo
- 1 colher (chá) de fermento em pó
- ¼ de xícara (chá) de açúcar
- 2 ovos
- 2 colheres (sopa) de manteiga ou margarina
- Goiabada ou marmelada

1. Peneire a farinha, o fermento e o açúcar.

2. Junte os ovos e a manteiga e amasse até que a massa se solte das mãos.

3. Estenda a massa na espessura de cerca de 1 cm.

4. Corte as bolachinhas com a boca de um cálice e coloque um pedacinho de goiabada ou marmelada no meio de cada uma.

5. Polvilhe com açúcar refinado e leve para assar.

Bolachinhas de Maisena

- 2 colheres (sopa) de manteiga
- 1 colher (sopa) de banha ou gordura vegetal
- ½ xícara (chá) de açúcar
- 4 xícaras (chá) de farinha de trigo
- 1 xícara (chá) de maisena
- 3 ovos
- Leite o quanto baste
- 1 colher (chá) de fermento em pó
- Raspas da casca de 1 limão
- 1 colher (chá) de sal

1 Misture a manteiga, a banha e o açúcar.

2 Junte a farinha, a maisena e os ovos, amassando com leite.

3 Junte o fermento, as raspas do limão e o sal.

4 Estenda a massa e corte as bolachas com um cortador redondo ou de outro formato.

5 Arrume os biscoitinhos em uma assadeira untada e enfarinhada e asse em forno regular.

Bolachinhas Neutras de Nata

- 2 xícaras (chá) de nata
- 1 colher (sopa) de manteiga ou margarina
- ½ colher (sopa) de sal
- Farinha de trigo o quanto baste

1 Ponha numa tigela a nata, a manteiga ou margarina e o sal; amasse tudo com a farinha de trigo até formar uma massa consistente.

2 Abra a massa bem fina com um rolo e corte as bolachinhas com um cálice ou cortador.

3 Asse em forno quente.

Bolachinhas de Nata com Maisena

- 1 copo de nata
- 1 copo de açúcar
- 2 ovos
- 1 colher (sopa) de manteiga ou margarina
- 1 colher (sopa) de fermento em pó
- 400 g de maisena ou o quanto baste para dar o ponto

1 Junte e amasse tudo muito bem até que a massa se desprenda das mãos.

2 Enrole como nhoque, corte em pedaços de 2 cm a 3 cm e arrume em uma assadeira untada e enfarinhada. Leve para assar em forno moderado.

Bolachinhas de Nata com Baunilha

- 3 xícaras (chá) de farinha de trigo
- 1 xícara (chá) de nata
- 1 colher (sopa) de manteiga
- 3 colheres (sopa) de açúcar
- 1 colher (café) de essência de baunilha
- 2 gemas
- 1 colher (sopa) de fermento em pó
- 1 colher (café) de sal
- Leite e açúcar cristal para cristalizar as bolachinhas

1 Misture todos os ingredientes e amasse-os bem. Deixe descansar por 30 minutos.

2 Abra a massa com o rolo, corte as bolachinhas com o molde escolhido e pincele-as com o leite e o açúcar cristal.

3 Asse em forno quente, numa assadeira untada e enfarinhada.

Bolachinhas América

- 2 colheres (sopa) de manteiga
- ½ xícara (chá) de açúcar
- 3 xícaras (chá) de farinha de trigo
- 1 colher (sopa) de fermento em pó
- 1 ovo
- 1 xícara (café) de leite
- Óleo para fritar
- Canela em pó

1 Bata a manteiga com o açúcar e misture os outros ingredientes, sendo o ovo levemente batido. Vá amassando até ficar uniforme.

2 Estenda a massa sobre uma mesa, corte-a em rodelas e retire os centros.

3 Frite em óleo quente e deixe escorrer sobre uma folha de papel absorvente.

4 Polvilhe com açúcar e canela.

Bolachinhas Holandesas

- 250 g de farinha
- 150 g de manteiga
- 1 pitada de sal
- ¼ de xícara (chá) de açúcar
- ¼ de xícara (chá) de amêndoas peladas e picadas

1 Misture a farinha, a manteiga e o sal, trabalhando bem a massa. Deixe descansar por 15 minutos.

2 Depois dos 15 minutos, estenda a massa com um rolo até ficar bem fina (½ cm) e corte-a em meias-luas com uma fôrma própria ou com a boca de uma xícara de café.

3 Passe açúcar de um lado das meias-luas; do outro, passe farinha de trigo; coloque-as em tabuleiros untados, de modo que a parte passada no açúcar fique para cima.

4 Pincele com gemas batidas, salpique com as amêndoas picadas (ou amendoim) e leve para assar em forno quente.

Bolachinhas Mimosas

- 250 g de açúcar
- 2 ovos
- 2 colheres (sopa) de manteiga
- Sementes de erva-doce a gosto
- Suco de limão a gosto
- Sal
- 500 g de araruta

1 Bata bem o açúcar com os ovos e vá adicionando a manteiga, a erva-doce, o sal e o suco de limão.

2 Misture tudo muito bem e acrescente a araruta aos poucos.

3 Amasse, corte com forminhas e leve para assar em forno brando.

Bolachinhas Mineiras

- 400 g de maisena
- 100 g de farinha de trigo
- 250 g de manteiga
- 300 g de açúcar
- 1 pitada de sal
- 2 ovos inteiros
- 2 gemas
- 1 colher (chá) de fermento em pó

1 Misture todos os ingredientes numa vasilha e amasse bastante.

2 Abra a massa com um rolo e corte as bolachas com um cálice ou cortador do formato desejado.

3 Leve para assar em forno quente, em assadeira untada e polvilhada de farinha de trigo.

BOLACHAS

CASADINHOS

- 6 gemas
- 3 claras bem batidas
- 250 g de açúcar
- 300 g de farinha de trigo
- 1 colher (sobremesa) de fermento em pó
- Marmelada, goiabada ou creme de sua preferência
- Canela em pó

1 Misture bem as gemas, as claras bem batidas, o açúcar e a farinha de trigo peneirada, juntando em seguida o fermento.

2 Com a massa, faça as bolachinhas e leve-as ao forno em tabuleiros untados e polvilhados com farinha de trigo.

3 Depois de assadas, una as bolachinhas, duas a duas, com marmelada, goiabada ou creme, passando-as a seguir em açúcar com canela.

CASADINHOS EM LUA DE MEL

- 150 g de açúcar
- 100 g de manteiga
- Farinha de trigo (o quanto baste para dar consistência à massa)
- Sal
- Mel ou geleia
- Açúcar vanille

1 Amasse o açúcar com a manteiga; junte a farinha de trigo peneirada com o sal e, depois que a massa estiver pronta, faça as bolachinhas.

2 Leve-as para assar. Depois de assadas, una-as duas a duas com mel ou uma geleia e passe açúcar *vanille*.

BISCOITOS
Biscoitos

Petit-fours de Nozes

- *6 claras*
- *250 g de açúcar*
- *250 g de nozes (ou amêndoas)*

1 Bata as claras em neve com o açúcar, como para suspiro; junte as nozes (ou amêndoas).

2 Ponha em forminhas de papel e leve para assar em forno regular.

Biscoitinhos Adelaide

- *120 g de manteiga*
- *150 g de castanhas-do-pará trituradas*
- *1 colher (chá) de sal*
- *5 colheres (sopa) de maisena*
- *2 colheres (sopa) de açúcar*
- *2 colheres (sopa) de farinha de trigo*

1 Amasse bem a manteiga com as castanhas trituradas e o sal.

2 Junte aos poucos a maisena, o açúcar e, por último, a farinha de trigo.

3 Depois de bem amassado, quando a massa despregar da vasilha, deixe-a descansar uns 15 minutos.

4 Faça os biscoitinhos redondos e leve-os para assar em forno brando.

5 Ao retirá-los do forno, passe-os em açúcar refinado.

Biscoito da Alsácia

- *6 claras*
- *2 ovos inteiros*
- *1 e ½ xícara (chá) de açúcar*
- *1 xícara (chá) de farinha de trigo*
- *2 colheres (sopa) de conhaque*

1 Bata as 8 claras em neve, junte as gemas e o açúcar, tornando a bater.

2 Acrescente a farinha de trigo e o conhaque e amasse tudo muito bem.

3 Quando tudo estiver bem ligado, estenda a massa com um rolo e corte-a com a boca de um cálice ou com cortadores de biscoitos.

4 Asse em forno quente, em assadeira polvilhada com farinha de trigo.

Biscoitinhos de Amêndoas

- 2 ovos inteiros
- 1 gema
- 150 g de açúcar
- 200 g de manteiga ou margarina
- 50 g de amêndoas peladas e moídas
- Farinha de trigo (o quanto baste)
- Sal

1 Junte todos os ingredientes, agregando a farinha de trigo aos poucos até que a massa fique consistente.

2 Enrole os biscoitos e leve-os para assar em forno regular.

Biscoitos Apressados

- 400 g de farinha de trigo
- 200 g de açúcar
- 2 colheres (sopa) de manteiga derretida
- 2 ovos
- ½ colher (chá) de fermento em pó
- Casca ralada de 1 limão

1 Peneire a farinha sobre uma mesa, faça um monte e abra uma cova no meio dele; coloque ali todos os outros ingredientes e amasse até que fique em ponto de enrolar.

2 Faça os biscoitos e leve-os ao forno regular em assadeira untada.

Biscoito Carioca

- 2 xícaras (chá) de araruta
- 1 xícara (chá) de açúcar
- 1 xícara (chá) de fubá
- ½ colher (sobremesa) de fermento em pó
- 2 colheres (sopa) de manteiga ou margarina
- 1 ovo
- Sal

1 Junte os ingredientes e vá amassando até que a massa se desprenda das mãos.

2 Faça os biscoitinhos, ponha-os em uma assadeira untada e leve-os para assar em forno quente.

BISCOITOS DE CERVEJA

- 1 kg de farinha de trigo
- Sal
- 500 g de manteiga
- 8 ovos
- 1 copo de cerveja
- Açúcar cristal

1 Misture a farinha com o sal e a manteiga e vá juntando os ovos, um a um, amassando bem. Quando estiver bem ligado, adicione a cerveja e torne a amassar, batendo bem a massa.

2 Depois de bem batida, enrole (como para nhoques) a massa sobre uma mesa, corte-a em pedacinhos e polvilhe-os com o açúcar cristal.

3 Asse em forno moderado. Não é necessário untar a assadeira.

BISCOITOS PARA CHÁ

- 8 ovos separados
- ¾ de xícara (chá) de açúcar
- 8 colheres (sopa) de farinha de trigo

1 Bata as claras até ficarem firmes; junte as gemas e torne a bater; junte o açúcar, batendo sempre. Acrescente por último, mas sem bater, a farinha de trigo, misturando-a cuidadosamente na massa.

2 Faça os biscoitos, usando um saco de espremer; polvilhe-os com açúcar cristalizado e leve-os para assar (forno brando) em assadeiras forradas de papel-manteiga.

Biscoitinhos de Coco

- *9 colheres (sopa) de farinha de trigo*
- *3 colheres (sopa) de manteiga ou margarina*
- *3 colheres (sopa) de açúcar*
- *3 colheres (sopa) de coco ralado*
- *1 colher (chá) de fermento em pó*
- *1 ovo batido*
- *Açúcar cristal*

1. Amasse a farinha com a manteiga ou margarina.
2. Junte o açúcar, o coco e o fermento, e só então adicione o ovo batido.
3. Amasse tudo até ficar bem ligado.
4. Faça bolinhas, passe-as no açúcar cristal e coloque-as em assadeira untada.
5. Leve para assar em forno quente.

Biscoitos Champanhe

- *7 ovos separados*
- *400 g de açúcar*
- *Sal*
- *½ colher (chá) de bicarbonato de sódio*
- *1 xícara (chá) de manteiga*
- *½ colher (chá) de essência de baunilha*
- *Farinha de trigo suficiente para ligar a massa*
- *Açúcar cristal*

1. Bata os ovos como para pão de ló; junte o açúcar, o sal, o bicarbonato, a manteiga e a baunilha.
2. Amasse tudo muito bem com a farinha de trigo até o ponto de estender.
3. Abra a massa com um rolo, corte os biscoitos com uma forminha, passe-os na clara e jogue o açúcar cristal em cima.
4. Asse em forno quente e, depois, brando (para secar).

Biscoitinhos de Coco com Maisena

- *200 g de maisena*
- *5 colheres (sopa) de farinha de trigo*
- *5 colheres (sopa) de açúcar*
- *1 xícara (chá) de margarina*
- *3 colheres (sopa) de coco ralado*

1 Amasse bem a maisena com os outros ingredientes e faça pequenas bolinhas.

2 Coloque essas bolinhas, separadas, numa assadeira retangular não untada.

3 Achate um pouco os bolinhos com um garfo e asse-os, em forno moderado, até ficarem ligeiramente corados na parte de baixo.

4 Conserve-os em recipientes fechados.

Biscoitos Favoritos

- *500 g de farinha de trigo*
- *5 ovos*
- *1 colher (sopa) de manteiga*
- *6 colheres (sopa) de açúcar*
- *1 colher (sopa) de fermento em pó*
- *Açúcar cristal*

1 Ponha a farinha de trigo sobre uma mesa; junte os ovos, a manteiga, o açúcar e, por último, o fermento.

2 Amasse até ficar em ponto de abrir, estenda com um rolo e corte os biscoitos.

3 Polvilhe-os, um por um, com açúcar cristal e leve-os para assar em forno quente.

Biscoitos de Leite

- 300 g de farinha de trigo
- 80 g de açúcar
- 30 g de manteiga
- 1 colher (café) de fermento em pó
- Leite frio o quanto baste
- 2 gemas batidas
- Sal

1 Amasse bem todos os ingredientes e misture-lhes leite até que a massa fique bem ligada.

2 Abra a massa com um rolo, deixando-a com uma espessura de ½ cm.

3 Corte tiras de 1 cm de largura e 4 cm de comprimento.

4 Torça as pontas de cada tira e coloque-as em uma assadeira untada.

5 Pincele com as gemas batidas e leve ao forno por 20 minutos.

Biscoitinhos de Milho

- 3 xícaras (chá) de farinha de trigo
- 1 xícara (chá) de farinha de milho
- 1 colher (sopa) de fermento em pó
- 2 colheres (sopa) de água
- 2 xícaras (chá) de açúcar
- 2 colheres (sopa) de banha ou gordura vegetal
- Sal
- 2 ovos

1 Passe por uma peneira, 2 ou 3 vezes, a farinha de trigo e a de milho, mais o fermento, misturando-os bem.

2 Junte à mistura todos os outros ingredientes e amasse até obter uma massa bem lisa.

3 Faça os biscoitos, dando-lhes a forma que quiser, e arrume-os na assadeira untada com manteiga ou margarina e polvilhada com farinha de trigo.

4 Forno regular (não muito quente) durante cerca de ½ hora.

Biscoitinhos Mimosos

- 3 colheres (sopa) de margarina
- 3 colheres (sopa) de açúcar
- 3 gemas
- 1 colher (chá) de raspa de limão
- 1 xícara (chá) de coco ralado
- 4 xícaras (chá) de maisena

1 Bata a margarina e, aos poucos, junte o açúcar, batendo sempre.

2 À parte, bata as gemas e incorpore-as ao creme, juntamente com os outros ingredientes.

3 Faça bolinhas e asse-as, em um tabuleiro untado, em forno quente até dourarem levemente.

Biscoitos Palermo

Massa:
- 250 g de farinha de trigo
- 100 g de açúcar
- 25 g de manteiga
- 1 colher (café) de fermento em pó
- Água

Calda:
- 2 xícaras (chá) de açúcar
- 1 xícara (chá) de água
- ½ casca ralada de limão

1 Para a massa, misture todos os ingredientes, adicionando água de forma a obter uma massa consistente, que dê para enrolar. Faça rolos compridos e finos, cortando a cada 8 cm. Trance-os, dando-lhes formato de rosca, e coloque-os em assadeira untada. Leve ao forno quente por 20 minutos. Depois de frios, mergulhe os biscoitos rapidamente na calda.

2 Para a calda, leve ao fogo o açúcar, a água e a casca de limão ralada. Deixe ferver até o ponto de fio bem forte (escorra de uma colher um pouco da calda e, se o fio endurecer imediatamente, podendo-se facilmente quebrá-lo com a ponta dos dedos, a calda estará no ponto). Retire do fogo e bata com uma colher de pau até começar a esbranquiçar.

Biscoitinhos de Queijo

- 3 ovos separados
- 250 g de açúcar
- 400 g de farinha de trigo
- 125 g de manteiga
- 125 g de queijo parmesão ralado
- 1 colher (chá) de fermento em pó
- Farinha de rosca para polvilhar a assadeira

1 Bata as claras em neve; adicione as gemas e o açúcar, sem deixar de bater.

2 Acrescente os outros ingredientes, sendo o fermento por último, batendo sempre.

3 Depois de tudo bem ligado, faça os biscoitinhos e leve-os ao forno regular, em assadeira untada e polvilhada com farinha de rosca.

Biscoitos da Roça

- 1 kg de fubá mimoso
- 700 g de açúcar
- 500 g de manteiga
- 9 ovos separados
- Casca ralada de 1 limão
- Sal

1 Ponha o fubá numa vasilha; junte o açúcar, a manteiga, as gemas e a casca ralada do limão.

2 Misture tudo muito bem e junte as claras batidas em neve e uma pitada de sal. (Se a massa não ficar bem ligada, junte também um pouco de leite até dar ponto de enrolar.)

3 Faça argolinhas e leve-as, em assadeira untada, ao forno quente.

Biscuit

- 3 xícaras (chá) de farinha de trigo
- 1 colher (sopa) de fermento em pó
- 1 colher (café) de sal
- 1 xícara (chá) de leite
- 2 colheres (sopa) de manteiga

1 Junte todos os ingredientes e amasse tudo muito bem.

2 Faça bolinhas e leve-as para assar em tabuleiros untados de manteiga.

3 Asse em forno médio.

Cookies Adaptados

- 1 e ¼ de xícara (chá) de açúcar
- 3 xícaras (chá) de farinha de trigo
- 1 colher (chá) de fermento em pó
- 1 xícara (chá) de manteiga
- 3 ovos
- 1 colher (chá) de essência de baunilha
- Sal

1 Peneire os ingredientes secos, adicione a manteiga, bata com um garfo e junte os ovos não batidos e a essência de baunilha.

2 Estenda a massa, bem fina, sobre uma mesa polvilhada, corte-a em rodelas e arrume-as em uma assadeira.

3 Asse em forno moderado durante 8 minutos.

Cookies Recheados

Massa:
- ⅓ de xícara (chá) de manteiga
- 1 xícara (chá) de açúcar
- 3 ovos
- 4 colheres (sopa) de leite
- 1 colher (chá) de essência de baunilha
- 3 xícaras (chá) de farinha de trigo
- 1 colher (chá) de fermento em pó
- Sal

Recheio:
- ½ xícara (chá) de açúcar
- 2 colheres (chá) de farinha de trigo
- ½ xícara (chá) de água
- ½ xícara (chá) de passas picadas
- ½ xícara (chá) de tâmaras ou figos picados

1 Prepare a massa, batendo a manteiga até tomar uma cor esbranquiçada. Junte o açúcar, misture bem e vá adicionando o ovo batido, o leite e a essência de baunilha.

2 Adicione a farinha peneirada com o fermento e o sal.

3 Estenda a massa em uma mesa polvilhada com farinha de trigo e corte-a com o auxílio de um copo.

4 Prepare o recheio, colocando numa caçarola sobre o fogo o açúcar com a farinha. Misture e adicione a água e as frutas até que se forme um mingau grosso, mexendo sempre para não queimar.

5 Complete os *cookies* colocando o recheio no centro de cada rodela e cobrindo com outra; aperte as extremidades com os dedos; leve para assar em forno moderado por 15 minutos.

Cookies Clássicos

- 100 g de manteiga amolecida
- 2 colheres (sopa) de gordura vegetal
- ¾ de xícara (chá) de açúcar
- ¾ de xícara (chá) de açúcar mascavo
- 1 ovo graúdo
- 1 colher (chá) de essência de baunilha
- 2 xícaras (chá) de farinha de trigo
- ½ colher (chá) de sal
- 1 colher (chá) de bicarbonato de sódio
- ½ xícara de chips de chocolate ou chocolate picado

1 Aqueça o forno a 190 °C.

2 Bata a manteiga e a gordura vegetal na batedeira e acrescente o açúcar e o mascavo, incorporando bem; acrescente o ovo e bata até estar bem leve. Pare de bater, retire a massa da batedeira e misture a essência de baunilha.

3 Com a ajuda de uma colher de pau, acrescente à massa a farinha de trigo, o sal e o bicarbonato; misture até que os ingredientes estejam incorporados, evitando bater a massa em excesso; acrescente os *chips* de chocolate e misture novamente.

4 Se a massa estiver muito mole, junte um pouco mais de farinha de trigo; se estiver muito firme, coloque um pouco de leite. A textura da massa deve ser de sorvete bem cremoso, porém firme.

5 Coloque colheradas da massa em uma assadeira não untada; cada colherada deve equivaler a 1 colher de sopa cheia. Deixe um espaço de 5 cm entre os *cookies*, pois eles se espalham. Asse por cerca de 8 minutos, retire do forno e deixe esfriar por um minuto antes de retirar da assadeira. Asse uma assadeira por vez no centro do forno.

Nota: Você pode substituir os chips *de chocolate por chocolate granulado ou picado, ou ainda por nozes.*

Suspiro de Araruta

- 250 g de açúcar
- 250 g de araruta
- 1 colher (chá) de fermento em pó
- 3 claras em neve
- Raspa da casca de 1 limão

1 Misture e amasse tudo muito bem.

2 Faça bolinhas bem pequenas (elas crescem muito), achate-as e leve para assar.

LÍNGUA DE GATO

- 4 claras
- 7 gemas
- 400 g de açúcar
- 150 g de farinha de trigo
- 150 g de fécula de batata
- 1 colher (chá) de essência de baunilha

1 Bata bem as claras, junte as gemas e o açúcar e bata mais.

2 Acrescente a farinha (peneirada), a fécula e, por último, a essência de baunilha. (Se a massa ficar muito mole, ponha mais um pouco de fécula de batata.)

3 Depois de tudo bem amassado, com um saco de confeitar forme os biscoitos em assadeiras untadas com manteiga e polvilhadas com farinha de trigo.

4 Asse em forno regular.

PALITO FRANCÊS

- ½ kg de farinha de trigo
- 2 colheres (sopa) de manteiga ou margarina
- 4 colheres (sopa) de açúcar
- 2 ovos
- 1 colher (chá) de fermento em pó
- Sal
- Vanilina em pó
- ¼ de xícara (chá) de leite

1 Peneire os ingredientes secos.

2 Misture os ingredientes restantes e amasse até que a massa não grude nas mãos.

3 Estenda a massa com um rolo, não a deixando muito fina; pincele-a com gema e manteiga e polvilhe com bastante açúcar cristal.

4 Corte os palitos com o tamanho de 1 cm x 6 cm, aproximadamente. Coloque-os numa assadeira untada e leve-os para assar.

Pingos Açucarados

- 6 ovos
- 1 colher (café) de sal
- 1 colher (café) de fermento em pó
- Farinha de trigo suficiente para a massa não grudar nas mãos

1   Junte todos os ingredientes e vá adicionando farinha e amassando, até que a massa não grude nas mãos.

2   Enrole como nhoque, corte biscoitinhos bem pequenos e frite-os em óleo quente.

3   Depois de fritos, mergulhe-os numa calda em ponto de fio e retire-os imediatamente.

4   Guarde-os em lata fechada.

Tentação

- 250 g de manteiga
- 2 colheres (sopa) de açúcar
- 500 g de farinha de trigo
- 2 cálices de cerveja
- ½ colher (chá) de sal

1   Misture a manteiga com o açúcar; junte a farinha de trigo (peneirada), a cerveja e o sal.

2   Amasse tudo muito bem. Forme os biscoitos bem pequeninos, passe-os em açúcar cristal e ponha-os em tabuleiros untados e polvilhados.

3   Asse em forno quente.

Rosquinhas Fritas

- 3 xícaras (chá) de farinha de trigo
- 2 colheres (chá) de fermento em pó
- 1 colher (chá) de sal
- 1 colher (sopa) de banha
- 1 colher (sopa) de manteiga ou margarina
- ½ xícara (chá) de açúcar
- 2 ovos
- ½ xícara (chá) de leite

1   Peneire 3 vezes os ingredientes secos; depois misture tudo, juntando o leite aos poucos, até obter uma massa que não pegue nas mãos.

2   Abra com o rolo até cerca de 1 cm de espessura e corte em rodelas (com cortador próprio ou com a boca de uma xícara de chá), furando-as no centro com um pequeno cortador ou com um pequeno cálice.

3   Frite-as em bastante óleo quente, aos poucos, virando-as, até ficarem crescidas e coradas.

Rosquinhas Americanas – Doughnuts

- 1 tablete de fermento biológico
- ½ xícara (chá) de leite
- 2 xícaras (chá) de farinha de trigo
- Sal
- ½ xícara (chá) de açúcar
- 2 colheres (sopa) de manteiga
- 1 ovo inteiro
- 1 gema
- Óleo

1 Dissolva o fermento no leite morno.

2 Numa tigela, bata bem a farinha com o sal, o açúcar, o leite, a manteiga, o ovo inteiro e a gema até obter uma massa que possa ser trabalhada com as mãos.

3 Amasse até que a massa se torne tão lisa que não grude nas mãos.

4 Deixe descansar durante 1 hora e amasse de novo por uns 2 minutos.

5 Estenda a massa com o rolo na espessura de 1 centímetro. Recorte discos de 6 cm de diâmetro. Um copo pode servir para isso.

6 Com um dedal ou tampinha de garrafa *pet*, retire uma rodela do meio de cada disco e deixe as rosquinhas crescerem cobertas com um pano por mais ½ hora.

7 Frite-as, então, em bastante óleo, dos dois lados, até ficarem coradas. Polvilhe com açúcar e sirva-as.

Rosquinhas Alemãs

- 1 kg de farinha de trigo
- ½ kg de manteiga
- Sal
- ½ garrafa de cerveja

1 Amasse a farinha com a manteiga e o sal; junte a cerveja e torne a amassar muito bem.

2 Quando a massa estiver no ponto, faça as rosquinhas, passe-as em açúcar cristal e leve-as ao forno quente.

Rosquinhas para Chá

- 250 g de farinha de trigo
- 250 g de araruta
- 250 g de açúcar
- 125 g de manteiga
- 4 ovos

1 Junte todos os ingredientes, amasse bastante e, quando estiver no ponto, faça as rosquinhas.

2 Asse em forno regular, em assadeiras untadas e polvilhadas de farinha de trigo.

Rosquinhas ao Leite Fritas

- 1 lata de leite condensado
- 3 ovos
- 2 colheres (sopa) de fermento em pó
- Farinha de trigo suficiente para que a massa desgrude das mãos

1 Junte todos os ingredientes, amassando e adicionando farinha de trigo até a massa se soltar das mãos.

2 Faça as rosquinhas do formato que quiser, frite-as em óleo quente e, depois, polvilhe-as com açúcar e canela.

Rosquinhas Aromáticas

- 3 xícaras (chá) de farinha de trigo
- 2 ovos
- 1 colher (sopa) de manteiga ou margarina
- 1 colher (chá) de açúcar
- 1 colher (sopa) de fermento em pó
- ½ colher (chá) de noz-moscada em pó
- ½ colher (chá) de canela em pó
- Leite, se necessário

1 Junte todos os ingredientes e, se precisar, acrescente leite. Amasse bem.

2 Estenda a massa na espessura de ½ cm aproximadamente.

3 Corte as rosquinhas com a boca de um copo e, no centro, tire uma rodinha com a boca de um cálice.

4 Frite as rosquinhas em óleo quente, escorra-as e passe-as em açúcar peneirado.

Rosquinhas Rústicas

- *1 colher (chá) de açúcar*
- *2 colheres (sopa) de manteiga*
- *1 gema*
- *1 copo de leite*
- *Farinha de trigo (o suficiente)*
- *1 colher (sopa) de bicarbonato de sódio*
- *Sal*
- *Farinha de rosca*

1 Bata o açúcar com a manteiga; junte a gema, o leite, a farinha de trigo peneirada, o bicarbonato de sódio e o sal. Amasse bem e deixe descansar por 1 hora.

2 Faça as rosquinhas e leve-as ao forno quente, em tabuleiro untado com manteiga e polvilhado com farinha de rosca.

Roscas Secas

- *1 e ½ kg de farinha de trigo*
- *50 g de fermento biológico*
- *8 colheres (sopa) de açúcar*
- *6 ovos*
- *4 colheres (sopa) de gordura*
- *Água morna com sal*

1 De véspera, tire 500 g de farinha e junte-lhe o fermento biológico bem dissolvido em água morna, amassando muito bem. Deixe dormir coberto.

2 No dia seguinte, ponha o restante da farinha sobre uma mesa, junte os ovos, o açúcar, a gordura e a água morna com sal, esta em quantidade suficiente para ligar a massa. Misture bem, junte o fermento feito na véspera e amasse bastante.

3 Faça as roscas e leve-as para assar em forno quente.

Pernas de Fidalgo

- *250 g de farinha de trigo*
- *75 g de açúcar*
- *25 g de manteiga*
- *½ casca de limão ralado*
- *1 colher (café) de fermento em pó*
- *1 colher (café) de sal*
- *Água*
- *1 gema batida*

1 Misture todos os ingredientes até que a massa fique bem ligada.

2 Corte tiras e enrole-as em forma de rosquinhas alongadas.

3 Coloque as rosquinhas em assadeiras untadas e leve-as ao forno por 20 minutos, pincelando-as antes com a gema batida.

Rosquinhas de Maisena

- 3 gemas
- 100 g de açúcar
- 125 g de manteiga ou margarina
- 200 g de maisena
- 75 g de farinha de trigo

1. Bata as gemas com o açúcar e a manteiga ou margarina, aquecendo ligeiramente a preparação em banho-maria.

2. Retire e continue batendo, até esfriar.

3. Peneire a maisena com a farinha e junte-as à mistura acima, mexendo bem com uma colher de pau.

4. Ponha a massa sobre a mesa e, sem amassar, forme com ela uma bola.

5. Corte a bola de massa em pedacinhos e abra-os em forma cilíndrica; una as pontas dando o formato de rosquinhas.

6. Coloque as rosquinhas em assadeiras untadas e asse-as em forno bem quente até que fiquem levemente douradas.

Rosquinhas de Cachaça

- 1 kg de farinha de trigo aproximadamente
- ½ xícara (chá) de açúcar
- 1 colher (sopa) de manteiga ou margarina
- 2 colheres (sopa) de banha
- ½ copo de cachaça
- 4 ovos
- 2 colheres (sopa) de fermento em pó
- 1 colher (chá) de sal
- 1 xícara (chá) de leite

1. Misture todos os ingredientes e vá amassando até a massa ficar lisa e desgrudar da mão.

2. Deixe descansar por 2 horas e, depois, faça as rosquinhas (bem pequenas).

3. Leve para assar, em assadeira untada, em forno quente.

Sequilhos
Sequilhos

SEQUILHOS

- 500 g de araruta
- 250 g de açúcar
- 4 colheres (sopa) de leite
- 4 colheres (sopa) de manteiga
- 1 ovo
- Sal

1 Junte todos os ingredientes numa vasilha e amasse tudo muito bem.

2 Faça os sequilhos e leve-os ao forno quente, em assadeira untada.

SEQUILHOS DE MAISENA

- ½ colher (sopa) de sementes de erva-doce
- ¼ de xícara (chá) de maisena
- ¼ de xícara (chá) de farinha de trigo
- ¼ de xícara (chá) de açúcar
- 1 colher (sopa) de manteiga
- ½ colher (sopa) de gordura
- 2 ovos

1 Triture bem as sementes de erva-doce.

2 Junte todos os ingredientes numa vasilha e amasse bastante (a massa fica farinhenta).

3 Faça os sequilhos e leve-os ao forno quente em assadeira untada e polvilhada com farinha de trigo.

SEQUILHOS PAULICEIA

- 1 xícara (chá) de açúcar
- 1 e ½ colher (sopa) de manteiga
- 3 xícaras (chá) de polvilho doce
- 1 e ½ xícara (chá) de araruta
- 3 ovos separados
- 1 e ½ colher (sopa) de banha
- 1 colher (café) de sal
- 1 colher (sopa) de fermento em pó
- 1 colher (café) de canela em pó
- Farinha de trigo (se necessário para ligar a massa)

1 Misture o açúcar com a manteiga, o polvilho peneirado, a araruta, as gemas, a banha e as claras batidas em neve.

2 Junte o sal, o fermento em pó e a canela, amassando tudo muito bem.

3 Faça os sequilhos, marque-os com um garfo, coloque-os em uma assadeira untada e enfarinhada e leve-os ao forno regular.

Sequilhos de Nata

- 1 copo de nata
- 1 copo de açúcar
- 1 ovo
- 1 colher (sopa) de manteiga ou margarina
- 1 colher (chá) de fermento em pó
- Maisena (suficiente para dar o ponto)

1 Junte todos os ingredientes e vá amassando-os com maisena até a massa despregar das mãos.

2 Faça os sequilhos e asse-os em forno brando.

Sequilhos de Polvilho

- 1 prato cheio de açúcar
- 4 colheres (sopa) de manteiga
- 2 ovos
- 1 kg de polvilho doce
- 1 coco ralado
- Farinha de trigo

1 Amasse o açúcar com a manteiga. Em seguida, ponha os ovos. Misture e adicione o polvilho peneirado. Por último adicione o coco ralado. Amasse bem.

2 Faça os sequilhos, marque com um garfo e leve-os ao forno quente em assadeira untada com manteiga e polvilhada com farinha de trigo.

Sinhazinha

- 1 kg de polvilho doce peneirado
- 250 g de manteiga
- 300 g de açúcar
- 1 vidro de leite de coco
- 3 gemas

1 Reserve ½ xícara do polvilho para forrar as assadeiras.

2 Junte ao restante do polvilho a manteiga, depois o açúcar, em seguida o leite de coco e, por último, as gemas.

3 Amasse tudo muito bem, faça os sequilhos e leve-os ao forno brando, em assadeiras polvilhadas com o polvilho reservado.

Tortas e Pasteizinhos

Tortas

Massa básica para tortas doces 888
Massa americana para tortas 888
Cheesecake com framboesas 889
Torta alemã de ricota 889
Torta de ameixas à italiana 890
Torta de ameixas-pretas 890
Torta de amêndoas 891
Torta americana de maçãs 891
Torta de bananada 892
Torta de bananas fácil 892
Torta de cerejas 893
Torta de cocada 893
Torta de coco 894
Torta de frutas em calda 894
Torta de frutas secas 895
Torta de goiabada 895
Torta gelada de doce de leite 896
Torta invertida de maçãs 896
Torta de limão 897
Torta de limão à moda americana 897
Torta de maçãs com nozes 898
Torta de maçãs à francesa 898
Torta de maçãs sem massa 899
Torta-musse de chocolate 899
Torta simples de maçãs 900
Torta de maçãs húngara 900
Torta rápida de maçãs 901
Tortinha de maçãs 901
Torta de morangos com chantilly 902
Torta tradicional de morangos 902
Torta de nozes 903
Torta de nozes-pecã 903
Torta de nozes com chantilly 904
Torta de pêssegos 905
Torta romana com geleia 905
Tortinhas de maisena 906
Strudel de maçãs 906

Pasteizinhos

Pasteizinhos à genovesa 908
Pasteizinhos de creme 909

"As tortas, uma das sobremesas mais apreciadas entre os estrangeiros, tornaram-se também quase um hábito entre nós, pois sempre que oferecemos um jantar, mesmo a pessoas muito íntimas, nos lembramos de mandar fazer ou de preparar pelas nossas próprias mãos uma torta qualquer."

Texto da edição de 1944 de *Dona Benta*.

Tortas

As tortas estão entre as sobremesas mais apreciadas. Elas são uma boa opção para finalizar qualquer refeição e também muito apreciadas como lanche ou acompanhamento de chás.

Além do sabor, as tortas nos transmitem uma sensação reconfortante. São simbolicamente receitas de amor, porque são sempre preparadas com carinho.

Há fôrmas especiais para tortas, e entre elas uma é muito prática, com o aro removível, o que facilita bastante o preparo das receitas. Entre as boas opções estão também os pratos refratários para tortas, que distribuem o calor por igual, assando a torta com perfeição. As fôrmas antiaderentes de coloração escura requerem temperaturas mais baixas que as fôrmas de alumínio, pois as escuras absorvem mais calor e podem queimar a massa antes de o recheio estar assado.

Entretanto, para fazer uma torta não é preciso contar com fôrmas especiais; podemos fazê-las em qualquer travessa de vidro que vá ao forno (pirex), numa fôrma rasa, numa assadeira pequena ou até mesmo num prato fundo de alumínio.

O principal é o recheio; a massa pouco varia. A receita básica dessa massa, que vem a seguir, poderá ser alterada para mais ou menos, de acordo com o tamanho da torta que será preparada. Essa massa servirá para qualquer receita, embora algumas indiquem uma fórmula de massa diferente.

Os americanos, quando servem torta, fazem-na acompanhar de um molho que vem à parte. Esse molho geralmente é feito com um pouco de leite, açúcar, 1 ou 2 gemas, uma colherinha de maisena e algumas gotas de baunilha ou caldo de laranja ou limão. É levado ao fogo, de onde se retira quando está em ponto de gemada. Outra opção é servir a torta com creme de *chantilly* ou sorvete de creme.

Massa Básica para Tortas Doces

- *1 xícara (chá) de margarina*
- *3 colheres (sopa) de açúcar*
- *Sal*
- *1 xícara (chá) de maisena*
- *2 xícaras (chá) de farinha de trigo*
- *½ xícara (chá) de água gelada*

1. Misture a margarina com o açúcar e o sal.
2. Junte a maisena, a farinha e a água.
3. Se necessário, ponha um pouco mais de farinha, para que a massa fique lisa e macia.
4. Enfarinhe a mesa e, com um rolo, estenda a massa sobre ela.
5. Para montar a torta: forre a assadeira com metade da massa; sobre essa camada, coloque o recheio escolhido; feche a torta com a outra metade da massa, apertando bem as bordas; pincele com gema (opcional) e leve para assar.

Massa Americana para Tortas

- *2 xícaras (chá) de farinha de trigo*
- *1 colher (chá) de sal*
- *⅔ de xícara (chá) de gordura vegetal*
- *¼ de xícara (chá) de água aproximadamente*

1. Para preparar a massa, coloque a farinha de trigo em uma mesa e faça um vulcão. Salpique com o sal e coloque sobre a farinha a gordura vegetal. Vá picando a gordura na farinha com uma faca até obter uma textura de farinha grossa. Com a ponta dos dedos e sem muita pressão, incorpore a gordura à farinha até obter uma textura de areia. Acrescente a água aos poucos, até a massa estar ligada. Evite trabalhar a massa em excesso. Embrulhe em um plástico e leve à geladeira por 30 minutos.
2. Abra a massa e coloque o recheio escolhido.

Nota: Essa receita é suficiente para uma torta de 24 cm com tampa.

Cheesecake com Framboesas

- *200 g de bolacha água e sal*
- *80 g de manteiga derretida*
- *2 colheres (sopa) de açúcar*
- *800 g de cream cheese (queijo cremoso)*
- *1 e ¼ de xícara (chá) de açúcar*
- *1 colher (chá) de essência de baunilha*
- *3 colheres (sopa) de farinha de trigo*
- *3 ovos graúdos*
- *1 xícara (chá) de iogurte*
- *1 colher (chá) de raspas de casca de limão*
- *200 g de geleia de framboesa*

1   Forre com papel-manteiga o fundo de uma assadeira com 24 cm de diâmetro (aro removível).

2   Triture as bolachas finamente. Coloque a manteiga derretida, a bolacha e o açúcar em uma tigela e incorpore bem. Forre o fundo da assadeira com a massa de bolachas, pressionando bem.

3   Aqueça o forno a 160 °C (médio/baixo).

4   Coloque na batedeira o *cream cheese*, o açúcar e a baunilha, bata até estar cremoso, acrescente a farinha de trigo e continue batendo. Acrescente os ovos um a um, esperando cada ovo estar bem incorporado. Acrescente o iogurte e as raspas da casca de limão. Misture e cubra a massa com o recheio.

5   Leve ao forno por 1 hora. Retire do forno e passe imediatamente uma faca na borda da assadeira para que o *cheesecake* não grude nas laterais. Deixe esfriar por 15 minutos e coloque, ainda quente, na geladeira. Deixe gelar por 6 horas, no mínimo. Cubra a torta com a geleia de framboesas.

Torta Alemã de Ricota

- *½ kg de ricota bem fresca*
- *125 g de manteiga ou margarina*
- *4 ovos separados*
- *2 xícaras (chá) de açúcar*
- *Sal*
- *1 colher (café) de raspas de casca de limão*
- *¾ de xícara (chá) de farinha de trigo*
- *1 colher (chá) de fermento em pó*
- *150 g de passas sem sementes picadas*
- *2 colheres (sopa) maisena*
- *Canela em pó*

1   Passe a ricota por uma peneira.

2   Bata a manteiga em creme e adicione as gemas, uma a uma, e o açúcar. Sempre batendo, vá juntando a ricota, as claras em neve, o sal, as raspas de limão, a farinha peneirada com o fermento e, por último, as passas misturadas com a maisena.

3   Depois de bem batida, ponha a massa numa fôrma de torta de aro removível untada de manteiga e polvilhada com farinha e canela em pó.

4   Asse em forno brando. Depois de assada e ainda morna, passe para um prato, deixe esfriar e cubra com açúcar e canela.

Torta de Ameixas à Italiana

Massa:
- *1 receita de* massa básica para tortas doces *(pág. 888)*

Recheio:
- *1 kg de ameixas-pretas*
- *250 g de açúcar*
- *200 g de passas sem caroço*
- *1 xícara (chá) de vinho branco*
- *1 xícara (chá) de água*
- *6 gemas*
- *Manteiga*

1 Prepare a massa conforme indicado na receita. Com metade da massa, forre uma fôrma untada. Reserve.

2 Retire os caroços das ameixas, corte-as em pedacinhos e leve-as ao fogo com o açúcar e os outros ingredientes, exceto as gemas. Misture até que se forme uma espécie de creme. Junte, então, as gemas (desmanchadas à parte) e continue a mexer, para que o creme fique espesso e as gemas cozinhem.

3 Despeje o recheio na fôrma forrada com a massa. Abra a massa restante e corte em tiras de 2 cm. Faça um gradeado por cima do recheio.

4 Pincele o gradeado com uma gema misturada com um pouco de manteiga. Leve a torta ao forno quente.

Torta de Ameixas-pretas

Massa:
- *1 receita de* massa básica para tortas doces *(pág. 888)*

Recheio:
- *½ kg de ameixas-pretas*
- *2 xícaras (chá) de açúcar*
- *¼ de xícara (chá) de vinho do Porto*
- *1 gema*
- *Manteiga ou margarina*

1 Prepare uma massa doce de torta; divida-a em 2 partes. Abra uma parte e forre com ela uma fôrma ou refratário para tortas.

2 Para o recheio, remova os caroços das ameixas e cozinhe-as com pouca água. Quando as ameixas estiverem prontas, tire-as com uma escumadeira e junte ao caldo o açúcar, deixando a panela no fogo até que se forme uma calda em ponto de pasta. Coloque novamente na panela as ameixas e adicione o vinho. Deixe ferver mais um pouco.

3 Encha a fôrma ou o refratário com o recheio. Abra a massa restante, corte-a em tiras e faça um gradeado por cima do recheio.

4 Pincele com uma gema misturada a um pouquinho de manteiga ou margarina derretida e leve a torta ao forno.

Torta de Amêndoas

Massa:
- 250 g de amêndoas com pele
- 7 ovos separados
- 250 g de açúcar

Recheio:
- 4 colheres (sopa) de manteiga sem sal
- 4 colheres (sopa) de açúcar
- 4 colheres (sopa) de chocolate em pó peneirado
- 1 colher (café) de baunilha
- Açúcar de confeiteiro (opcional)

1. Prepare a massa: moa as amêndoas. Bata as gemas com o açúcar; junte as amêndoas moídas. Retire da batedeira e adicione delicadamente as claras batidas em neve.

2. Leve a massa para assar em 2 fôrmas apropriadas e deixe esfriar.

3. Prepare o recheio: bata a manteiga com o açúcar e junte o chocolate em pó e a colher de baunilha.

4. Cubra uma das tortas com o recheio e coloque a outra por cima, pressione levemente. Se gostar, polvilhe com açúcar de confeiteiro.

Torta Americana de Maçãs

- 1 receita de massa básica para tortas doces (*pág. 888*)
- 5 maçãs descascadas e fatiadas
- 1 colher (sopa) de suco de limão
- ¾ de xícara (chá) de açúcar
- 2 colheres (sopa) de maisena ou farinha de trigo
- 1 colher (chá) de canela em pó
- Noz-moscada
- 2 colheres (sopa) de manteiga

1. Prepare a massa conforme a receita. Deixe descansar. Divida a massa em 2 partes e com uma delas forre uma assadeira redonda para tortas.

2. Em uma tigela, misture as fatias de maçã com o suco de limão, o açúcar, a maisena, a canela e a noz-moscada.

3. Coloque o recheio sobre a massa e salpique com pedacinhos de manteiga.

4. Abra a metade da massa restante e cubra a torta. Aperte bem as bordas e faça alguns furos sobre a massa com um palito (para a saída do vapor).

5. Asse em forno moderado até que a massa esteja bem dourada.

Torta de Bananada

Massa:
- 3 xícaras (chá) de farinha de trigo
- 2 xícaras (chá) de açúcar
- 2 colheres (sopa) de margarina
- 1 colher (sopa) de fermento em pó
- 1 colher (sopa) de óleo
- 3 ovos inteiros
- Leite (se necessário)

Recheio:
- Bananada pronta
- ½ colher (chá) de canela em pó

1 Misture todos os ingredientes para a massa e amasse. Se necessário, acrescente 1 ou 2 colheres de leite.

2 Quando a massa estiver agregada, estenda $2/3$ dela com a mão numa assadeira.

3 Por cima da massa coloque a bananada e salpique com canela.

4 Com o terço restante da massa, corte tiras de 2 cm e enfeite a torta, cruzando as tiras sobre ela (como xadrez).

5 Asse em forno moderado.

Torta de Bananas Fácil

- 5 colheres (sopa) de maisena
- 5 colheres (sopa) de farinha de trigo
- ½ xícara (chá) de óleo
- 3 ovos inteiros
- ½ xícara (chá) de açúcar
- 1 xícara (chá) de leite
- 1 colher (sobremesa) de canela
- 1 colher (sopa) de fermento em pó
- 1 colher (chá) de essência de baunilha
- 1 colher (chá) de raspas de casca de limão
- 6 bananas-nanicas

1 Bata no liquidificador todos os ingredientes, menos as bananas. Deixe descansar por ½ hora.

2 Unte uma fôrma refratária com margarina e polvilhe-a com farinha de trigo. Coloque nela uma porção de massa e cubra-a com uma camada de rodelas de bananas, outra de massa e assim por diante.

3 Asse em forno quente até dourar. Quando estiver morna, polvilhe com açúcar peneirado.

Torta de Cerejas

Massa:
- *1 receita de* massa americana para tortas *(pág. 907)*

Recheio:
- ⅓ *de xícara (chá) de farinha de trigo*
- *1 xícara (chá) de açúcar*
- *4 xícaras (chá) de cerejas frescas sem caroços*
- *2 colheres (sopa) de manteiga*
- *Açúcar de confeiteiro (opcional)*

1. Prepare a massa conforme indicado na receita.

2. Para o preparo do recheio, misture em uma tigela a farinha de trigo e o açúcar. Adicione as cerejas e misture bem. Reserve.

3. Abra ⅔ da massa e forre com ela uma fôrma para tortas com 22 cm de diâmetro. Coloque o recheio dentro da massa.

4. Abra a massa restante e corte tiras de 1 cm a 2 cm de largura. Cruze as tiras sobre a torta para fazer um gradeado. Aperte as emendas.

5. Leve a torta para assar em forno quente por cerca de 35 minutos ou até que a massa esteja dourada e o recheio, borbulhando.

6. Retire do forno e deixe amornar antes de remover da fôrma. Se desejar, salpique com açúcar de confeiteiro.

Torta de Cocada

Massa:
- *2 xícaras (chá) de farinha de trigo*
- *½ xícara (chá) de açúcar*
- *2 colheres (chá) de fermento em pó*
- *2 colheres (sopa) de manteiga ou margarina*
- *2 colheres (sopa) de leite*
- *2 gemas*

Recheio:
- *2 xícaras (chá) de coco ralado*
- *2 xícaras (chá) de açúcar*
- *2 gemas*
- *2 colheres (sopa) de farinha de trigo*
- *1 copo de leite*

1. Para o preparo da massa, misture os ingredientes e amasse-os até que a massa fique lisa e uniforme. Estenda-a numa assadeira, fure-a com um garfo e leve-a para assar por cerca de 20 minutos ou até estar levemente dourada. Retire do forno e deixe esfriar.

2. Para o recheio: misture tudo, leve ao fogo e vá mexendo até dar o ponto de cocada mole.

3. Cubra o recheio com a massa já assada e sobre o recheio coloque 3 claras batidas em neve com ½ xícara (chá) de açúcar. Leve de novo ao forno, só para dourar o suspiro.

TORTA DE COCO

Massa:
- ½ receita de massa básica para tortas doces *(pág. 888)*

Recheio:
- 4 xícaras (chá) de leite
- 1 coco pequeno ralado
- 6 gemas
- 2 colheres (sopa) de maisena
- ⅓ de xícara (chá) de açúcar

1   Prepare metade da receita da massa conforme indicado, pois esta torta não tem tampa.

2   Para preparar o recheio, leve ao fogo o leite, já fervido, com o coco ralado. Quando ferver, tire do fogo, coe em um pano e esprema bem para tirar o leite do coco. Misture as gemas, a maisena e o açúcar ao leite de coco e leve ao fogo para engrossar.

3   Estenda a massa numa assadeira, fure-a com um garfo para não estufar e coloque nela o recheio pronto.

4   Salpique por cima o coco ralado já espremido e leve para assar em forno moderado.

TORTA DE FRUTAS EM CALDA

Massa:
- 200 g de farinha de trigo
- 1 colher (café) de fermento em pó
- 100 g de açúcar
- 1 ovo
- 2 colheres (sopa) de leite

Creme:
- 1 colher (sopa) de maisena
- 125 g de açúcar
- 2 gemas
- 1 copo (250 g) de leite
- 1 colher (café) de baunilha

Montagem:
- 1 xícara (chá) de pêssegos em calda escorridos e fatiados
- ½ xícara (chá) de figos em calda escorridos e cortados em gomos
- ½ xícara (chá) de ameixas-pretas sem caroços e cortadas em 4

1   Para preparar a massa, coloque numa tigela a farinha peneirada com o fermento; no centro acrescente o açúcar, o ovo e o leite. Amasse e misture tudo, sem sovar. Leve à geladeira por ½ hora. Unte uma fôrma redonda com manteiga ou margarina e espalhe a massa no fundo dela. Leve ao forno moderado para assar.

2   Para preparar o creme, misture numa panela a maisena, o açúcar, as gemas, o leite e a baunilha. Dissolva tudo muito bem e leve ao fogo, mexendo até ferver. Apague o fogo depois de 2 minutos e mexa até esfriar um pouco.

3   Espalhe o recheio sobre a massa de maneira uniforme.

4   Para a montagem da torta, coloque em volta da beirada uma circunferência de pêssegos, outra de figos, depois uma de ameixas, e assim por diante, até cobrir tudo.

5   Leve à geladeira e, no momento de servir, coloque no prato próprio.

Torta de Frutas Secas

- ½ xícara (chá) de nozes ou amêndoas picadas
- 1 e ½ xícara (chá) de frutas cristalizadas
- 2 colheres (sopa) de margarina
- ½ xícara (chá) de água fervente
- ¼ de xícara (chá) de suco de laranja
- 1 colher (sopa) de raspas da casca de laranja
- 1 xícara (chá) de açúcar
- ½ colher (chá) de essência de amêndoas
- 2 ovos
- 1 e ½ xícara (chá) de farinha de trigo
- ½ xícara (chá) de maisena
- ¼ de colher (chá) de bicarbonato de sódio
- 2 colheres (chá) de fermento em pó
- ½ colher (chá) de sal
- Açúcar de confeiteiro

1. Pique as nozes e as frutas cristalizadas.
2. Coloque a margarina numa vasilha e despeje sobre ela a água fervente, mexendo até dissolvê-la.
3. Deixe esfriar. Incorpore as raspas da casca e o suco de laranja. Adicione o açúcar, a essência, os ovos levemente batidos, as frutas e as nozes.
4. Peneire os ingredientes secos e misture-os à preparação anterior.
5. Asse em forno regular, numa fôrma de pudim untada e enfarinhada, por cerca de 45 minutos ou até secar.
6. Retire do forno, desenforme e deixe esfriar.
7. Polvilhe com açúcar de confeiteiro e decore a gosto.

Torta de Goiabada

Massa:
- 1 xícara (chá) de maisena
- 2 e ½ xícaras (chá) de farinha de trigo
- ⅔ de xícara (chá) de óleo
- ½ colher (chá) de bicarbonato de sódio
- 1 colher (chá) de fermento em pó
- 1 e ½ xícara (chá) de açúcar
- Suco e raspas de ½ limão
- 1 colher (chá) de canela
- 2 ovos inteiros

Recheio:
- ½ kg de goiabada derretida com o suco de 2 laranjas

1. Com um garfo e sem amassar, misture todos os ingredientes da massa para obter ponto de farofa grossa.
2. Coloque metade da farofa numa fôrma de fundo removível untada com óleo.
3. Ponha o recheio e cubra com o resto da farofa.
4. Leve ao forno quente até dourar (cerca de 35 minutos).

Torta Gelada de Doce de Leite

- 200 g de açúcar
- 120 g de manteiga
- 4 gemas
- 2 latas de creme de leite sem soro
- 400 g de bolacha maisena
- 12 cerejas em calda
- 250 g de doce de leite macio
- 200 g de amendoim torrado sem casca

1 Bata na batedeira 150 g do açúcar com a manteiga até estar bem clara e cremosa. Em outra tigela, bata as gemas com o açúcar restante e leve ao banho-maria, batendo sem parar até obter ponto de gemada.

2 Junte a gemada ao creme de manteiga e continue batendo (fora do fogo).

3 Junte o creme de leite e misture rapidamente para não talhar. Reserve.

4 Forre uma fôrma de 25 cm (com aro removível) com uma camada de bolachas, regue com um pouco da calda das cerejas, coloque uma camada de creme e algumas colheradas de doce de leite. Espalhe levemente o doce de leite com uma espátula e salpique um pouco do amendoim. Coloque outra camada de bolachas, regue com um pouco da calda e cubra com o creme. Coloque colheradas de doce de leite, marmorize e salpique com amendoim. Continue a montar as camadas até terminar os ingredientes, sendo a última camada de creme salpicado com amendoim.

5 Leve à geladeira por 8 horas no mínimo. Desenforme e decore com as cerejas.

Torta Invertida de Maçãs

- 2 maçãs descascadas e fatiadas

Calda:
- 1 e ½ xícara (chá) de açúcar
- 1 colher (sobremesa) de manteiga
- ½ xícara (chá) de água fervente

Creme:
- 3 xícaras (chá) de leite
- 6 colheres (chá) de maisena
- 1 colher (chá) de baunilha
- 1 gema
- ½ xícara (chá) de açúcar

Massa (pão de ló):
- 3 ovos separados (claras em neve)
- 3 colheres (sopa) de açúcar
- 3 colheres (sopa) de farinha de trigo
- 1 colher (chá) de fermento em pó

1 Para preparar a calda, leve ao fogo o açúcar, a manteiga e a água fervente até dourar e engrossar.

2 Forre um refratário com a calda obtida e, em seguida, coloque nela as maçãs descascadas e fatiadas.

3 Faça um creme com o leite, a maisena, a baunilha, a gema e o açúcar, cozinhando-os até engrossar. Despeje-o sobre as maçãs.

4 Para fazer o pão de ló, bata as claras em neve, coloque as gemas e continue batendo. Adicione o açúcar e, sempre batendo, coloque a farinha e o fermento.

5 Despeje a massa de pão de ló sobre o creme e leve para assar.

Torta de Limão

Massa:
- 2 gemas
- 2 colheres (sopa) de maisena
- 2 colheres (sopa) de margarina
- 2 colheres (chá) de açúcar
- 1 colher (chá) de fermento em pó
- 1 colher (café) de sal
- Farinha o quanto baste

Recheio:
- 1 lata de leite condensado
- ¼ de xícara (chá) de suco de limão

Cobertura:
- 2 claras em neve
- 2 colheres (sopa) de açúcar batidas como suspiro

1 Junte todos os ingredientes da massa e vá pondo farinha até a massa ficar consistente.

2 Depois de pronta, estenda numa assadeira e fure o fundo dela com um garfo, para que não estufe. (Cuidado com o forno, pois ela assa rápido.)

3 Bata o leite condensado e vá juntando o caldo de limão, até incorporar bem. (Prove; se gostar, ponha mais limão.)

4 Coloque o creme obtido sobre a massa já assada e adicione a cobertura.

5 Leve ao forno para corar levemente.

Torta de Limão à Moda Americana

- ½ receita de massa americana para tortas (pág. 888)

Recheio:
- ⅓ de xícara (chá) de maisena
- 1 e ⅓ de xícara (chá) de açúcar
- 1 e ¼ de xícara (chá) de água
- 3 gemas
- ½ xícara (chá) de suco de limão
- 1 colher (chá) de raspas da casca de limão
- 2 colheres (sopa) de manteiga

Cobertura:
- 3 claras
- Sal
- ⅓ de xícara (chá) de açúcar

1 Prepare a massa conforme indicado na receita e abra-a com a espessura de ½ cm. Forre um prato refratário para tortas (22 cm aproximadamente) com a massa, retire o excesso das bordas, faça alguns furos no fundo com a ponta de um garfo e leve ao forno preaquecido para assar por cerca de 15 minutos ou até que esteja dourada. Retire do forno e reserve.

2 Para o recheio, misture em uma panela a maisena e o açúcar. Acrescente a água aos poucos e leve a mistura ao fogo baixo. Mexa e ferva por um minuto. Retire do fogo e despeje um pouco dessa mistura sobre as gemas levemente batidas, mexa e coloque o creme novamente na panela. Leve ao fogo e cozinhe por mais um minuto, misturando bem.

3 Retire do fogo e acrescente o suco de limão, as raspas da casca e a manteiga. Misture muito bem e despeje sobre a massa.

4 Para a cobertura, bata em uma batedeira as claras com uma pitada de sal até que estejam bem firmes, vá acrescentando o açúcar aos poucos com a batedeira ligada e bata bem até que o suspiro esteja firme.

5 Cubra a torta com colheradas de suspiro, tendo o cuidado de espalhar o merengue até a borda da torta, pois isso ajuda a manter o suspiro firme. Leve a torta ao forno médio para dourar o suspiro, depois deixe na geladeira por 4 horas ou mais.

Torta de Maçãs com Nozes

Massa:
- 250 g de farinha de trigo
- 60 g de manteiga
- 1 colher (sopa) de açúcar
- 1 ovo
- ¾ de xícara (chá) de leite
- 1 colher (chá) de fermento em pó
- Sal

Recheio:
- 4 maçãs cortadas em fatias
- 150 g de amêndoas moídas
- 250 g de passas claras e escuras sem sementes
- ½ xícara (chá) de vinho do porto
- 2 colheres (sopa) de açúcar
- 150 g de frutas cristalizadas picadas

1 Para preparar a massa, bata bem a manteiga e junte o açúcar, o sal e o ovo. Misture e junte o fermento dissolvido no leite morno. Adicione, por fim, a farinha e misture até soltar das mãos. Deixe a massa descansar por ½ hora.

2 Prepare o recheio cortando as maçãs em fatias. Adicione as amêndoas moídas e depois os outros ingredientes; misture tudo muito bem.

3 Para montar a torta, estenda a massa com um rolo e forre o fundo e os lados de uma fôrma de torta. Encha-a com o recheio. Em cima do recheio, faça um gradeado com os restos da massa e pincele com gema de ovo. Leve ao forno quente para assar.

Torta de Maçãs à Francesa

Massa:
- 1 xícara (chá) de farinha de trigo
- Sal
- 2 colheres (sopa) de açúcar
- 100 g de manteiga ou margarina
- 1 ovo
- 1 xícara (café) de água gelada

Recheio:
- 4 maçãs grandes do tipo delicious ou ácidas
- 1 colher (sopa) de suco de limão
- Açúcar
- 100 g de manteiga ou margarina

1 Para preparar a massa, misture a farinha, o sal e 1 colher (sopa) de açúcar. Peneire, faça uma cavidade no meio e coloque nela a manteiga ou margarina e o ovo. Amasse e adicione a água aos poucos. Coloque a massa em um saco plástico e deixe-a na geladeira até o dia seguinte. No dia seguinte, abra metade da massa até a espessura de ½ cm. Forre o fundo e a lateral de uma fôrma de torta com 22 cm de diâmetro untada com manteiga ou margarina.

2 Para preparar o recheio, descasque as maçãs, corte-as ao meio e elimine as sementes. Corte-as em fatias e regue-as com o suco de limão. Adicione o açúcar e a manteiga em pedacinhos. Coloque o recheio dentro da fôrma. Abra a massa restante e cubra a torta. Faça alguns furos com um garfo e leve ao forno quente por 25 minutos.

3 Depois de assada, polvilhe a torta ainda quente com ½ colher (sopa) do açúcar reservado.

4 Sirva com *creme chantilly* (pág. 658).

Torta de Maçãs sem Massa

- 4 maçãs descascadas e fatiadas
- 1 lata de leite condensado
- 3 ovos separados
- 3 colheres (sopa) de açúcar

1 Arrume as maçãs num refratário não untado.

2 Despeje sobre as maçãs o leite condensado misturado com as gemas e leve ao forno.

3 Assadas as maçãs, bata as claras em neve, junte o açúcar e coloque por cima da torta.

4 Leve ao forno para dourar e, em seguida, deixe esfriar.

5 Ponha para gelar.

Nota: Essa mesma receita pode ser preparada com bananas ou peras.

Torta-musse de Chocolate

- 6 ovos
- 250 g açúcar
- 250 g manteiga
- 250 g de chocolate em pó

1 Separe 3 claras, bata-as em neve e leve à geladeira.

2 Coloque as gemas e as claras restantes em um recipiente. Acrescente metade do açúcar e misture bem. Leve a mistura ao banho-maria e cozinhe mexendo sem parar, até que a mistura atinja uma temperatura de cerca de 70 °C. Retire imediatamente e deixe esfriar.

3 Aqueça o forno na temperatura média. Coloque a manteiga em temperatura ambiente na batedeira e o açúcar restante. Bata por 10 minutos, até obter uma mistura bem lisa e macia. Acrescente aos poucos a mistura de ovos, batendo por mais 10 minutos, peneire o chocolate em pó e vá juntando aos poucos à massa.

4 Quando o chocolate estiver totalmente incorporado, leve a massa à geladeira por 10 minutos. Misture delicadamente as claras em neve à massa. Unte e enfarinhe uma fôrma de aro removível (22 cm) e coloque ¼ da massa no fundo, alise bem e leve ao forno por 15 minutos. Retire do forno e deixe esfriar. Acrescente a musse restante sobre a massa e leve à geladeira por 6 horas, no mínimo.

5 Sirva com *creme chantilly* (pág. 658).

Torta Simples de Maçãs

- 2 colheres (sopa) de margarina
- 2 colheres (sopa) de açúcar
- 1 colher (café) de fermento em pó
- Sal
- 2 colheres (sopa) de leite
- Farinha de trigo para ligar a massa
- 3 maçãs ácidas
- Canela em pó

1 Misture em uma tigela a margarina, o açúcar, o fermento, o sal e o leite. Vá amassando e juntando farinha de trigo até a massa ficar lisa e macia.

2 Estenda a massa em uma fôrma untada e fure-a com um garfo.

3 Descasque e fatie as maçãs.

4 Coloque sobre a massa fatias finas de maçã e açúcar e canela peneirados.

5 Asse em forno quente e, depois, em forno moderado.

Torta de Maçãs Húngara

Massa:
- 250 g de farinha de trigo
- 70 g de açúcar
- 150 g de manteiga ou margarina
- 5 gemas

Recheio:
- 5 maçãs ácidas raladas
- 150 g de açúcar
- 1 colher (chá) de canela em pó
- 1 colher (sopa) de suco de limão
- 50 g de passas brancas

1 Ponha a farinha de trigo numa tigela; junte o açúcar, a manteiga ou margarina e 2 gemas; amasse bem. Deixe essa massa na geladeira por 2 horas.

2 Passadas as 2 horas, abra a massa com um rolo, deixando-a com ½ cm de espessura.

3 Forre o fundo e a lateral de uma fôrma de torta (untada com manteiga ou margarina) com $^2/_3$ de massa; acabe de enchê-la com a mistura dos ingredientes do recheio.

4 Sobre o recheio faça um gradeado com rolinhos de massa. Doure com as gemas restantes e leve ao forno quente por 45 minutos.

5 Retire do forno, deixe esfriar por 1 hora e desenforme.

Torta Rápida de Maçãs

- 3 a 4 maçãs
- 1 e ½ xícara (chá) de farinha de trigo peneirada
- 1 xícara (chá) de açúcar
- 1 colher (sopa) de fermento em pó
- 4 ovos batidos
- 1 colher (café) de essência de baunilha
- 2 colheres (sopa) de manteiga derretida e dourada
- Suco de 1 limão
- 1 xícara (chá) de canela e açúcar misturados

1. Descasque as maçãs e corte-as em fatias.
2. Misture bem, numa vasilha, a farinha de trigo, o açúcar e o fermento em pó. Reserve.
3. Bata os ovos e misture-os à baunilha. Reserve.
4. Unte uma assadeira com bastante manteiga e arrume sobre ela as maçãs.
5. Sobre as maçãs ponha o suco do limão. Sobre a torta toda, ponha a mistura de farinha, açúcar e fermento em pó.
6. Por cima da mistura ponha a manteiga derretida, depois os ovos batidos e, por último, a mistura de canela e açúcar, que deve ser polvilhada sobre a torta.
7. Asse em forno quente.

Tortinha de Maçãs

- 2 colheres (sopa) de manteiga
- 6 colheres (sopa) de açúcar
- 4 colheres (sopa) de água
- Sal
- Farinha de trigo o quanto baste
- 1 maçã
- 3 ovos inteiros
- 1 xícara (chá) de leite
- Canela em pó

1. Coloque numa vasilha a manteiga, 2 colheres de açúcar, a água, uma pitada de sal e vá juntando farinha de trigo até obter uma massa macia.
2. Com a massa obtida, forre as forminhas untadas.
3. Parta a maçã em pedacinhos e misture uma colher de açúcar.
4. Coloque bocados dos pedacinhos de maçã em cada forminha forrada.
5. Bata os ovos com 2 colheres de açúcar e adicione o leite. Passe tudo na peneira e encha as forminhas com a mistura obtida, levando-as para assar.
6. Ao tirar do forno, cubra com açúcar e canela.

Torta de Morangos com Chantilly

Massa:
- 1 receita de massa básica para tortas doces *(pág. 888)*

Recheio:
- *Morangos ao natural*
- *Geleia de morango*
- *Água quente*
- Creme chantilly *(pág. 658)*

1 Prepare uma massa doce de torta e forre com ela uma fôrma funda devidamente untada, furando o fundo da massa para que não estufe e levando-a para assar em forno quente.

2 Depois de assada, tire a massa do forno e deixe esfriar. Passe-a da fôrma para um prato e acabe de enchê-la com morangos crus regados com geleia de morangos diluída com um pouco de água quente.

3 Cubra com creme *chantilly*.

Torta Tradicional de Morangos

- ½ receita de massa básica para tortas doces *(pág. 888)*

Creme:
- *2 xícaras (chá) de leite*
- *¼ de xícara (chá) de maisena*
- *⅔ de xícara (chá) de açúcar*
- *5 gemas*
- *2 colheres (sopa) de manteiga*
- *1 colher (chá) de essência de baunilha*

Recheio:
- *1 caixinha de morangos*
- *½ xícara (chá) de açúcar*
- *½ caixinha de gelatina sabor morango*
- *2 colheres (sopa) de araruta*
- *2 xícaras (chá) de água fria*
- *Amêndoas torradas e picadas*

1 Prepare a massa conforme indicado na receita.

2 Abra a massa em uma superfície levemente enfarinhada e com ela forre o fundo e a lateral (metade da altura) de uma fôrma de aro removível (22 cm). Leve a massa ao forno e asse até que esteja dourada. Retire do forno e deixe esfriar completamente.

3 Para preparar o creme, coloque o leite para ferver. Misture a maisena ao açúcar em uma tigela e acrescente as gemas. Mexa bem. Despeje um pouco do leite fervente na tigela e misture bem. Coloque a mistura na panela com o leite restante e cozinhe em fogo baixo, mexendo bem até ferver. Ferva por 1 minuto. Retire do fogo, adicione a manteiga e a baunilha. Deixe esfriar levemente e encha a massa pré-assada com o creme. Deixe esfriar.

4 Corte os morangos ao meio e decore a superfície da torta. Para a cobertura final, misture o açúcar à gelatina e coloque a araruta. Mexa bem. Acrescente aos poucos a água e continue misturando. Leve ao fogo e cozinhe até engrossar. Deixe esfriar um pouco e despeje sobre a torta. Salpique as bordas com as amêndoas e leve à geladeira.

TORTA DE NOZES

Massa:
- 6 ovos separados (claras batidas em neve)
- 9 colheres (sopa) de açúcar
- 6 colheres (sopa) de farinha de rosca
- 100 g de nozes moídas
- 1 colher (sopa) de fermento em pó

Recheio:
- 1 lata de leite condensado cozido
- 200 g de nozes moídas

1. Bata as gemas com o açúcar até ficar esbranquiçado.
2. Junte as claras em neve, depois a farinha de rosca, as nozes e o fermento em pó.
3. Leve para assar.
4. Recheie e cubra com o leite condensado cozido e com as nozes.

TORTA DE NOZES-PECÃ

Massa:
- ½ receita de massa americana para tortas (*pág. 888*)

Recheio:
- 1 xícara (chá) de nozes-pecã descascadas
- ¾ de xícara (chá) de açúcar
- 3 ovos grandes
- ¼ de xícara (chá) de manteiga derretida
- 1 xícara de (chá) Karo®
- Sal
- 1 colher (sopa) de rum

1. Prepare a massa conforme indicado na receita e forre uma fôrma de 22 cm de diâmetro (fundo removível).
2. Pique grosseiramente as nozes.
3. Prepare o recheio, misturando em uma tigela o açúcar, os ovos, a manteiga derretida, a glucose (Karo®), o sal e o rum; bata levemente e acrescente as nozes. Cubra a massa com o recheio e leve ao forno médio/baixo por cerca de 1 hora. Deixe esfriar para desenformar.

Torta de Nozes com Chantilly

- 12 ovos separados
- 300 g de açúcar
- 200 g de nozes moídas (pesadas sem casca)
- 150 g de farinha de rosca
- 1 colher (chá) de fermento em pó
- Manteiga ou margarina para untar as fôrmas
- 500 g de creme de chantilly
- 300 g de frutas cristalizadas picadas
- 100 g de nozes descascadas e cortadas ao meio e em quartos

1 Bata as claras em neve; misture as gemas e, aos poucos, o açúcar.

2 Retire e reserve ½ xícara (chá) de nozes moídas. Misture à massa o restante das nozes com a farinha de rosca e o fermento em pó.

3 Leve a massa ao forno em 2 fôrmas redondas iguais untadas com manteiga ou margarina e forradas com papel-manteiga, deixando assar durante ½ hora.

4 Retire do forno e deixe esfriar bem. Desenforme e retire o papel.

5 Ponha uma das massas no prato em que vai servir a torta.

6 Retire 1 e ½ xícara (chá) de *chantilly* e misture com as frutas cristalizadas, fazendo o recheio.

7 Coloque o recheio sobre a massa de torta que está no prato e cubra com a outra.

8 Espalhe *chantilly* sobre a torta e à sua volta.

9 Coloque o *chantilly* restante dentro de um funil de confeitar com o bico perlê e faça quadradinhos de 2 cm de lado, com o desenho de ziguezague irregular bem fino sobre a superfície da torta.

10 Dentro de cada quadradinho coloque um pedacinho de noz.

11 Passe as nozes moídas inicialmente (e reservadas) em volta da torta, com uma faca.

12 Faça um remate simples com o bico pitanga em volta da base da torta, colocando pedacinhos de noz de 3 cm em 3 cm.

13 Leve à geladeira por 1 ou 2 horas.

Torta de Pêssegos

- 1 lata de leite condensado
- 1 xícara (chá) de leite de vaca
- 1 gema
- 1 colher (sopa) de maisena
- 1 lata de creme de leite
- 1 pacote de bolachas champanhe
- 1 lata de pêssegos em calda

1 Coloque numa panela o leite condensado, o leite de vaca, a gema e a maisena.

2 Leve ao fogo, mexendo sempre, até obter um mingau.

3 Retire do fogo, adicione o creme de leite, misture bem e despeje num refratário.

4 Sobre o creme disponha as bolachas champanhe, uma ao lado da outra.

5 Regue com a calda dos pêssegos e enfeite colocando as metades dos pêssegos sobre as bolachas.

6 Leve para gelar.

Torta Romana com Geleia

- 150 g de manteiga gelada
- 300 g de farinha de trigo
- 1 colher (sopa) de raspas da casca de limão
- Sal
- 100 g de açúcar
- 2 gemas
- 1 ovo inteiro
- 150 g de geleia de damasco ou de outro sabor

1 Corte a manteiga em cubos. Coloque a farinha, as raspas da casca de limão e o sal em um mármore e acrescente o açúcar. Faça um vulcão, coloque os cubos de manteiga dentro e com uma faca corte-os dentro da farinha. Continue trabalhando a massa com a ponta dos dedos até obter a consistência de areia grossa. Forme o vulcão novamente e acrescente as gemas e o ovo. Ligue a massa, embrulhe em plástico e leve à geladeira por 40 minutos.

2 Retire $2/3$ da massa e abra com a espessura de $1/2$ cm, aproximadamente, em uma superfície enfarinhada. Forre o fundo de uma assadeira de aro removível. Amasse a geleia com um garfo para deixá-la macia e espalhe sobre a massa, deixando uma borda de 1 cm.

3 Abra a massa restante da mesma maneira, e com uma carretilha corte tiras de 2 cm de largura. Vá colocando as tiras sobre a torta para fazer um quadriculado. Corte as pontas e com outra tira circule a torta, cobrindo a borda de 1 cm que ficou reservada quando a geleia foi espalhada.

4 Leve ao forno preaquecido por cerca de 25 minutos ou até a torta estar dourada. Espere esfriar e sirva.

Tortinhas de Maisena

- 100 g de manteiga ou margarina
- 100 g de açúcar
- ½ colher (sopa) de raspas de casca de laranja
- 3 ovos separados
- 200 g de maisena
- 1 colher (chá) de fermento em pó
- 100 g de frutas cristalizadas picadas

1 Bata a manteiga ou margarina com o açúcar até formar um creme.

2 Junte as raspas de laranja.

3 Bata as gemas e incorpore-as ao creme.

4 Misture a maisena com o fermento em pó e as frutas. Junte essa mistura ao creme, ligando bem. Por último, adicione as claras em neve.

5 Encha forminhas untadas e enfarinhadas, somente até a metade.

6 Asse em forno moderado até que fiquem levemente douradas (por cerca de 30 minutos).

Strudel de Maçãs

- 250 g de farinha de trigo
- 1 colher (café) de sal
- 250 g de manteiga ou margarina
- ½ xícara (chá) de água morna
- 5 maçãs
- 300 g de açúcar
- 1 colher (sopa) de canela em pó
- 100 g de farinha de rosca
- 150 g de passas
- 100 g de nozes picadas
- 1 colher (sopa) de açúcar de confeiteiro

1 Coloque a farinha de trigo numa tigela e adicione o sal, 1 colher (sopa) de manteiga ou margarina derretida e a água.

2 Amasse bem; sove a massa durante 10 minutos. Cubra-a com um pano e, depois, com a própria tigela onde foi amassada. (Assim, a massa repousará em local abafado enquanto você prepara os outros ingredientes.)

3 Descasque as maçãs e corte-as em fatias. Junte a elas o açúcar e a canela. Misture e reserve.

4 Reserve a farinha de rosca, as passas e as nozes.

5 Unte o fundo de uma assadeira de alumínio e derreta em banho-maria a manteiga ou margarina que sobrou.

6 Estenda a massa com um rolo e, quando estiver bem fina, coloque-a sobre um pano de copa e puxe-a delicadamente com as mãos para que fique bem fina.

7 Com uma tesoura, apare, em toda a volta, as extremidades da massa, retirando as sobras.

8 Sobre a massa estendida, espalhe as fatias de maçã, a farinha de rosca, as passas e as nozes. Sobre estas borrife a manteiga ou margarina derretida.

9 Enrole como rocambole, coloque na assadeira e pincele a superfície com mais manteiga derretida. Asse em forno quente durante ½ hora ou até estar bem dourada. Polvilhe com o açúcar de confeiteiro.

10 Corte em fatias de 4 cm e sirva com *creme chantilly* (pág. 646).

Pasteizinhos

Você pode preparar deliciosos pasteizinhos aproveitando as sobras de massa de torta. Para isso, basta unir os retalhos de massa doce, abri-los com um rolo, cortá-los com a boca de uma xícara de café (das maiores) ou em quadrados, colocar um pouco de uma geleia de sua preferência ou marmelada no centro, dobrar o pastel sobre si mesmo, pincelar com gema de ovo dissolvida em manteiga derretida e levar ao forno num tabuleiro untado. Se cortar a massa em quadrados, os pastéis ficam muito bonitos quando você reúne as 4 pontas no centro, sobre o recheio, e torce um pouco, dando-lhes a aparência de pequenas almofadas.

Pasteizinhos à Genovesa

Massa:
- 200 g de farinha de trigo
- 200 g de manteiga
- 200 g de ricota
- Sal

Recheio:
- Geleia de sua preferência

1 Coloque todos os ingredientes numa vasilha funda, amasse muito bem e deixe descansar no mínimo ½ hora.

2 Abra a massa com um rolo, corte-a com a boca de um cálice (dos grandes) ou com a boca de uma xícara de café (das maiores). Recheie os pasteizinhos com a geleia escolhida, dobre-os sobre si mesmos e pinte-os com uma gema de ovo dissolvida e em manteiga derretida.

3 Leve os pasteizinhos ao forno num tabuleiro untado e polvilhado com açúcar e canela.

Pasteizinhos de Creme

Massa:
- ½ kg de farinha de trigo
- Sal
- 2 ovos
- 1 colher (sopa) de cachaça
- 2 colheres (sopa) de gordura vegetal
- Água fria

Recheio:
- 1 xícara (chá) de açúcar
- 4 gemas
- 1 colher (sopa) de manteiga
- 2 colheres (sopa) de maisena ou farinha de trigo
- 1 litro de leite
- Sal
- Essência de baunilha
- Óleo para fritar
- Canela e açúcar para salpicar

1 Para preparar a massa, peneire a farinha e o sal sobre uma mesa, faça uma cova no centro e nela quebre os ovos. Junte a cachaça, a gordura e amasse com a água, até que se forme uma massa lisa e uniforme, não muito dura. Cubra a massa obtida com um pano úmido e deixe descansar pelo menos uma hora.

2 Para preparar o recheio, bata o açúcar com as gemas e a manteiga, junte a maisena ou farinha de trigo, misture bem e vá acrescentando o leite aos poucos, mexendo sempre. Leve a mistura ao fogo baixo, mexendo sempre. Adicione a pitada de sal e continue a mexer, até que se forme um creme. Retire o creme do fogo, coloque a baunilha e bata um pouco mais, despejando-o em uma vasilha para esfriar.

3 Para montar os pastéis, abra a massa com um rolo, fazendo uma faixa comprida de uns 4 dedos de largura. No centro dessa faixa, de espaço a espaço, coloque um pouco do recheio de creme. Dobre a massa sobre si mesma; aperte com os dedos, junto ao recheio, e corte-a junto do mesmo com um cortador ou com a boca de um copo. Aperte bem as bordas de cada pastel e, depois de todos prontos, frite-os em óleo bem quente. Escorra e coloque sobre papel absorvente. Arrume num prato e salpique com o açúcar e a canela.

Nota: Esses pasteizinhos também ficam muito bons recheados com pedacinhos de queijo mineiro misturado com açúcar e canela, ou com esse mesmo queijo amassado com açúcar e canela, ou com bananas-nanicas partidas em rodelas, ou com uma geleia qualquer ou marmelada.

WAFFLES E CREPES

"Homero foi o primeiro que no mundo coligiu os preceitos da arte culinária; Sócrates, o pai da filosofia, ensinou os gregos a comer, temperando as comidas com o mais apetitoso dos sais, o sal ático, o sal do espírito com que Platão também adubava suas ceias..."

TEXTO DA EDIÇÃO DE 1942 DE *DONA BENTA*.

WAFFLES

Waffles de banana 914
Waffles 914
Waffles clássicos 914

CREPES

Crepes doces 916
Crepes com geleia 916
Crepes com calda de laranja 916
Crepes com morangos flambados 917
Crepes de queijo 917
Crêpes suzettes 917

Waffles

Waffles

- 1 colher (sopa) de maisena
- 2 xícaras (chá) de farinha de trigo
- 1 colher (chá) de canela
- ½ xícara (chá) de açúcar
- 2 colheres (chá) de fermento em pó
- 1 e ½ xícara (chá) de leite
- ½ colher (chá) de noz-moscada ralada
- ½ xícara (chá) de manteiga derretida
- 3 ovos separados
- ½ xícara (chá) de queijo ralado
- Manteiga e mel a gosto

1 Misture todos os ingredientes secos e adicione as gemas misturadas ao leite. Coloque a manteiga derretida e, por último, as claras batidas em neve.

2 Sirva com mel.

3 Prepare no aparelho para *waffles* ou frite em frigideira com manteiga como crepe grossa.

Waffles Clássicos

- 2 xícaras (chá) de farinha de trigo
- 1 colher (sopa) de açúcar
- 2 colheres (chá) de fermento em pó
- ½ colher (chá) de sal
- 3 gemas
- 1 e ¾ de xícara (chá) de leite
- 4 colheres (sopa) de manteiga derretida
- 3 claras batidas em neve

1 Peneire em um recipiente a farinha de trigo, o açúcar, o fermento e o sal. Reserve. Em outro recipiente, misture as gemas com o leite e a manteiga derretida.

2 Despeje sobre a mistura de farinha e rapidamente incorpore os ingredientes. A massa deve ficar com grumos; se misturada em excesso resultará em *waffles* pesados e duros. Acrescente delicadamente as claras em neve à massa.

3 Aqueça o aparelho para *waffles*. Coloque um pouco de massa em cada molde do aparelho, feche a tampa e asse os *waffles* até que pare de sair vapor. Sirva com manteiga e mel, ou geleia.

Waffles de Banana

- 2 ovos separados
- 2 xícaras (chá) de farinha de trigo
- 3 colheres (chá) de fermento em pó
- 1 colher (sopa) de açúcar
- ½ colher (chá) de sal
- 2 xícaras (chá) de leite
- ½ xícara (chá) de manteiga
- 2 bananas picadas e amassadas com garfo

1 Bata as claras em neve e reserve.

2 Misture os ingredientes secos, junte as gemas acrescentadas ao leite e bata bem.

3 Depois de bem batido, adicione a manteiga, as bananas e, por fim, as claras em neve.

4 Prepare no aparelho para *waffles* ou frite em frigideira com manteiga como crepe grossa.

Crepes

CREPES DOCES

- 1 xícara (chá) de leite
- ¾ de xícara (chá) de farinha de trigo
- 2 colheres (sopa) de manteiga derretida
- 2 ovos
- 1 colher (sopa) de açúcar
- Sal

1   Coloque os ingredientes no liquidificador, começando pelo leite. Bata até obter uma mistura lisa. Retire e deixe repousar por 45 minutos.

2   Unte uma frigideira antiaderente com um pouco de manteiga e leve ao fogo. Aqueça e despeje na frigideira uma concha pequena da massa. Gire até cobrir levemente todo o fundo da frigideira.

3   Após um ou 2 minutos, vire o crepe com a ajuda de uma espátula pequena e deixe cozinhar o outro lado. Transfira para um prato e mantenha-o aquecido.

4   Repita até terminar a massa.

5   Sirva-os quentes ou frios.

CREPES COM GELEIA

- 1 receita de crepes doces
- ½ xícara (chá) da geleia de sua preferência
- Açúcar de confeiteiro

Prepare a massa conforme indicado na receita de crepes doces. Faça os crepes e enrole cada um com um pouco de geleia. Polvilhe com açúcar de confeiteiro.

CREPES COM CALDA DE LARANJA

- 1 receita de crepes doces
- 1 xícara (chá) de suco de laranja
- ⅓ de xícara (chá) de Karo® Dourado

1   Leve ao fogo o suco de laranja e o Karo®, deixando ferver em fogo brando por 8 a 10 minutos.

2   Dobre os crepes 4 ou 6 vezes em formato de leque e coloque-os numa frigideira grande.

3   Despeje o molho obtido sobre os crepes (que estão na frigideira).

4   Leve tudo ao fogo, ferva por 1 ou 2 minutos e sirva a seguir.

Crepes com Morangos Flambados

- *1 receita de* crepes doces *(pág. 916)*
- *2 colheres (sopa) de manteiga*
- *300 g de morangos firmes*
- *1 xícara (chá) de açúcar*
- *¼ de xícara (chá) de conhaque*
- *¼ de xícara (chá) de licor curaçau triple sec*

1   Prepare os crepes conforme a receita e dobre cada um em formato de leque.

2   Coloque a manteiga em uma frigideira grande e adicione os morangos lavados e secos.

3   Misture para que aqueçam e adicione o açúcar. Cozinhe mexendo delicadamente para que o açúcar derreta. Regue com o conhaque e com o licor. Flambe.

4   Arrume os crepes em uma travessa e cubra-os com os morangos e a calda.

5   Sirva com sorvete de creme.

Crepes de Queijo

- *6 ovos separados*
- *5 colheres (sopa) de açúcar*
- *6 colheres (sopa) de queijo ralado*
- *6 colheres (sopa) de farinha de trigo*
- *Sal*
- *Canela em pó e açúcar para polvilhar*
- *Manteiga para untar*

1   Bata as claras em neve e reserve.

2   Misture os ingredientes restantes numa vasilha e adicione as claras em neve.

3   Frite em porções numa frigideira pequena e untada com manteiga.

4   Quando cada porção estiver frita de um lado, vire-a para fritar do outro lado.

5   Sirva quente, com açúcar e canela.

Crêpes Suzettes

- *1 receita de* crepes doces *(pág. 916)*

Calda:
- *6 colheres (sopa) de açúcar cristal*
- *2 colheres (sopa) de suco de limão*
- *¾ de xícara (chá) de suco de laranja*
- *⅓ de xícara (chá) de licor Cointreau®*
- *100 g de manteiga cortada em cubos*

1   Prepare os crepes conforme indicado na receita.

2   Para a calda, coloque o açúcar cristal em uma frigideira e leve ao fogo para derreter. Estando bem derretido, acrescente o suco de limão e o de laranja. Cozinhe até obter ponto de calda fina, retire do fogo para acrescentar o licor e leve novamente ao fogo, deixando o álcool evaporar, ou então flambe.

3   Acrescente a manteiga aos poucos, batendo com um batedor para obter uma calda cremosa. Dobre cada crepe em 4 (formato de leque) e regue com a calda ainda quente.

Sorvetes e Coberturas

"Na preparação de sorvetes, não se devem empregar cremes que tenham sido feitos para outros fins, só com o intuito de aproveitá-los; os cremes devem ser frescos e preparados com leite puro e ovos no melhor estado possível..."

TEXTO DA EDIÇÃO DE 1942 DE *DONA BENTA*.

SORVETES

Sorvete de abacate 922
Sorvete de abacaxi 922
Sorvete de champanhe 923
Sorvete de chocolate 923
Sorvete de coco 924
Sorvete de creme 924
Sorvete de manga 924
Sorvete de limão 925
Sorvete de maracujá 925
Sorvete de morango 926
Sorvete tipo italiano 926

COBERTURAS

Cobertura de caramelo 928
Cobertura de chocolate 928
Cobertura de marshmallow 929
Farofa crocante para sorvetes 929

Sorvetes

Na preparação de sorvetes de creme ou de frutas, devem ser observados princípios importantes para que o resultado seja compensador.

Os sucos de frutas devem ser misturados com água filtrada e açúcar refinado; as frutas devem estar perfeitas. Os cremes devem ser preparados com leite puro e ovos fresquíssimos.

Evite a utilização de corantes, essências aromáticas e xaropes. As frutas são mais saudáveis, além de ter gosto e aroma mais pronunciados.

A utilização de sorveteiras elétricas facilita o trabalho, por isso é aconselhável, mas não indispensável.

Sorvete de Abacate

- *3 abacates de tamanho regular e maduros*
- *1 xícara (chá) de leite*
- *1 colher (café) de baunilha*
- *1 cálice de rum ou marrasquino*
- *2 claras batidas em neve*
- *6 colheres (sopa) de açúcar*

1 Descasque e bata no liquidificador os abacates com o leite, a baunilha e o rum ou marrasquino. Reserve.

2 Bata as claras em neve, junte o açúcar e deixe em ponto de suspiro. Em seguida, misture ao abacate e leve ao freezer ou congelador.

3 Quando estiver quase congelado, tire, bata na batedeira e leve novamente ao freezer.

Sorvete de Abacaxi

- *1 xícara (chá) de água*
- *1 xícara (chá) de açúcar*
- *3 xícaras (chá) de suco de abacaxi (coado)*
- *2 claras em neve*

1 Leve ao fogo a água e o açúcar e, quando ferverem, adicione o caldo do abacaxi.

2 Deixe esfriar e leve ao congelador.

3 Quando estiver gelado, leve ao liquidificador ou batedeira com as claras em neve e bata bem.

4 Volte ao congelador por 1 e ½ hora ou até ficar congelado.

Sorvete de Champanhe

- 10 gemas
- 2 xícaras (chá) de açúcar
- ½ litro de creme de leite
- 2 xícaras (chá) de Champanhe seco
- 1 porção de creme chantilly (pág. 658)
- 20 cerejas ao marrasquino

1   Misture as gemas com o açúcar numa tigela. Bata-os na batedeira por 10 minutos, junte o creme de leite e leve a tigela ao fogo em banho-maria por 5 minutos. Mexa para as gemas não talharem.

2   Retire do fogo e adicione o Champanhe, levando ao congelador por 2 horas ou até que comece a endurecer.

3   Quando começar a endurecer, retire da geladeira e bata na batedeira para a massa ficar uniforme.

4   Em seguida, coloque o sorvete numa fôrma refratária, cubra-a com papel-alumínio e deixe-a no congelador por no mínimo 5 minutos antes de consumir ou até o dia seguinte.

5   Passado esse tempo, faça bolas de sorvete com a colher própria e coloque uma em cada taça.

6   Ao lado do sorvete, coloque 2 colheres (sopa) de creme *chantilly*.

7   Decore com 2 cerejas e sirva.

Sorvete de Chocolate

- 4 gemas
- 1 colher (sopa) de cacau em pó
- 1 xícara (chá) de açúcar
- 1 e ¼ xícara (chá) de leite
- 1 xícara (chá) de creme de leite fresco ou longa vida
- 80 g de chocolate meio amargo
- ½ colher (chá) de essência de baunilha

1   Bata as gemas, o cacau em pó e o açúcar em uma tigela até obter o ponto de gemada. Coloque o leite e o creme de leite em uma panela e leve ao fogo. Assim que começar a ferver, retire e acrescente o chocolate picado.

2   Misture bem para que o chocolate derreta.

3   Despeje a mistura de leite lentamente sobre a gemada, misturando sem parar. Coloque a mistura novamente na panela e leve para cozinhar em banho-maria até que engrosse. Retire do fogo e acrescente a essência de baunilha.

4   Deixe esfriar. Se possuir uma sorveteira elétrica, coloque a mistura e proceda conforme as instruções do aparelho. Caso não tenha o equipamento, coloque em uma tigela larga e leve ao freezer.

5   Assim que começar a endurecer, bata novamente com um batedor ou com uma batedeira sem fio. Isso fará com que entre ar na mistura, e ela ficará mais macia. Coloque novamente no congelador e repita o processo por mais 3 vezes. Deixe congelar totalmente e sirva.

Sorvete de Coco

- 3 claras em neve
- 6 colheres (sopa) de açúcar
- 2 vidros de leite de coco
- ½ copo de água

1 Bata as claras em neve, junte o açúcar e deixe em ponto de suspiro.

2 Dilua o leite de coco com a água e adicione aos poucos ao suspiro, incorporando delicadamente fora da batedeira. Misture bem.

3 Leve ao refrigerador e, quando estiver gelado, retire-o, bata na batedeira e leve novamente ao refrigerador.

Sorvete de Creme

- 6 gemas
- 1 xícara (chá) de açúcar
- 1 colher (chá) de maisena
- 1 e ¼ xícara (chá) de leite
- 1 xícara (chá) de creme de leite fresco ou longa vida
- 1 colher (chá) de essência de baunilha

1 Bata as gemas e o açúcar em uma tigela até obter uma gemada firme e clara. Acrescente a maisena e misture. Coloque o leite e o creme de leite em uma panela e leve ao fogo. Assim que começar a ferver, retire e despeje lentamente sobre a gemada, misturando bem.

2 Coloque a mistura novamente na panela e cozinhe em banho-maria até que o creme engrosse. Retire do fogo e acrescente a essência de baunilha.

3 Deixe esfriar. Se possuir uma sorveteira elétrica, coloque a mistura e proceda conforme as instruções do aparelho. Caso não tenha o equipamento, coloque em uma tigela larga e leve ao freezer.

4 Assim que começar a congelar, bata novamente com um batedor ou uma batedeira sem fio. Coloque novamente no freezer ou congelador e repita o processo por mais 2 vezes. Deixe congelar totalmente e sirva.

Sorvete de Manga

- 4 mangas bem maduras
- ½ copo de água filtrada
- 3 claras
- ½ xícara (chá) de açúcar

1 Descasque, pique e passe as mangas no liquidificador e depois pela peneira.

2 Adicione o ½ copo de água e misture.

3 Bata as claras em neve, junte o açúcar e deixe em ponto de suspiro. Misture ao caldo das mangas.

4 Leve ao refrigerador, deixe gelar, tire, bata na batedeira e leve outra vez ao refrigerador.

Sorvete de Limão

- 2 xícaras (chá) de açúcar
- 2 xícaras (chá) de água
- 1 xícara (chá) de suco de limão

1 Coloque o açúcar e a água em uma panela. Leve ao fogo e cozinhe até que o açúcar esteja dissolvido.

2 Retire e deixe esfriar completamente. Acrescente o suco de limão. Misture bem e leve novamente à geladeira para que a mistura fique bem gelada.

3 Coloque na máquina elétrica para sorvetes e processe conforme as instruções do fabricante. Caso não possua o aparelho, coloque a mistura em forminhas de gelo e leve ao congelador.

4 Quando estiver congelada, coloque no processador para obter uma textura de gelo bem triturado. Coloque em uma tigela e leve novamente ao freezer. Deixe a mistura firmar novamente e sirva em taças.

Sorvete de Maracujá

- ¼ de xícara (chá) de água
- ½ xícara (chá) de açúcar
- 1 e ½ xícara (chá) de suco de maracujá concentrado
- 1 e ½ xícara (chá) de iogurte

1 Coloque a água e o açúcar em uma panela pequena e leve ao fogo até dissolver o açúcar. Retire do fogo e deixe esfriar completamente. Acrescente o suco de maracujá e o iogurte. Misture muito bem e leve à geladeira por 4 horas.

2 Se possuir uma sorveteira elétrica, coloque a mistura e proceda conforme as instruções do aparelho. Caso não tenha o equipamento, coloque em uma tigela larga e leve ao freezer. Assim que começar a endurecer, bata novamente com um batedor ou na batedeira sem fio.

3 Coloque novamente no congelador e repita o processo por mais uma vez. Deixe que congele totalmente.

SORVETE DE MORANGO

- *250 g de morangos maduros*
- *¾ de xícara (chá) de açúcar*
- *2 claras em neve*
- *1 copo de leite*
- *150 g de creme de leite gelado*

1   Lave bem os morangos, retire os cabinhos e bata-os no liquidificador com metade do açúcar. Reserve.

2   Bata as claras em neve e junte a elas a metade restante do açúcar.

3   Junte as claras batidas com açúcar aos morangos batidos com açúcar e misture-os bem.

4   Acrescente o leite e o creme de leite.

5   Mexa muito bem, ponha numa fôrma para sorvete e leve ao congelador.

6   Logo que solidificar, bata até ficar novamente macio. Coloque outra vez no congelador. Repita essa operação por mais 2 vezes.

7   Sirva com morangos frescos.

SORVETE TIPO ITALIANO

- *5 ovos separados*
- *1 e ½ xícara (chá) de açúcar*
- *½ litro de creme de leite*
- *2 colheres (sopa) de castanhas-de-caju picadas*
- *½ xícara (chá) de frutas cristalizadas picadas bem finas (cidra, casca de laranja e figo)*
- *6 biscoitos champanhe*
- *1 cálice de licor de cacau*
- *2 colheres (sopa) de farofa crocante para polvilhar*

1   Bata as gemas com o açúcar por 10 minutos.

2   Junte as claras em neve e o creme de leite.

3   Leve ao fogo em banho-maria por 5 minutos, mexendo para que as gemas não talhem.

4   Retire do fogo, deixe esfriar e adicione todas as frutas em seguida.

5   Amoleça os biscoitos no licor, esfarele-os bem e junte-os à massa. Leve ao congelador por 2 horas ou até que comece a endurecer.

6   Retire da geladeira e bata na batedeira, para que o sorvete fique uniforme.

7   A seguir, ponha-o numa fôrma refratária redonda, cubra com papel-alumínio e deixe por 5 horas no freezer ou congelador.

8   Depois das 5 horas, mergulhe a fôrma em água quente por um minuto e vire-a no prato em que vai servir.

9   Polvilhe com farofa crocante e leve à mesa com a cobertura de sua preferência.

COBERTURAS
Coberturas

Cobertura de Caramelo

- 3 colheres (sopa) de manteiga
- 1 xícara (chá) de açúcar
- 1 colher (sopa) de Karo®
- 1 xícara (chá) de creme de leite
- ½ colher (chá) de essência de baunilha

1 Coloque em uma panela 2 colheres (sopa) da manteiga, o açúcar e o Karo®. Leve ao fogo, misturando até obter uma cor de caramelo claro.

2 Retire do fogo e acrescente o creme de leite aos poucos, misturando sem parar.

3 Leve novamente ao fogo e cozinhe até obter uma mistura lisa e cremosa. Retire do fogo e acrescente a manteiga restante e a essência de baunilha. Mexa bem e deixe esfriar.

Cobertura de Chocolate

- 1 xícara (chá) de chocolate em pó
- ¼ de xícara (chá) de açúcar
- ½ xícara (chá) de água
- 3 colheres (sopa) de Karo®

1 Misture bem todos os ingredientes em uma panela e leve ao fogo.

2 Cozinhe em fogo baixo para que a mistura reduza e fique espessa e cremosa.

3 Sirva com sorvetes.

Cobertura de Marshmallow

- 1 xícara (chá) de água
- 2 e ¼ de xícaras (chá) de açúcar
- ¼ de xícara (chá) de Karo®
- 2 claras
- ½ colher (chá) de essência de baunilha

1 Leve ao fogo a água, o açúcar e o Karo®.

2 Deixe ferver até obter uma calda em ponto de fio.

3 Bata as claras em neve e, com a batedeira ligada, vá acrescentando a calda, batendo até esfriar.

4 Acrescente a essência e bata por mais 2 ou 3 minutos.

Farofa Crocante para Sorvetes

- 4 colheres (sopa) de açúcar
- 2 colheres (sopa) de castanhas-de-caju picadas
- Manteiga ou margarina para untar

1 Misture o açúcar com as castanhas-de-caju.

2 Leve ao fogo, mexendo sempre até que o açúcar derreta e fique marrom-claro.

3 Coloque a mistura sobre um mármore untado com manteiga ou margarina.

4 Espere 5 minutos e quebre o crocante com um martelo de cozinha até formar uma farofa.

Bebidas quentes

Café

Proporção para o preparo 933
Café simples I 934
Café simples II 934
Café com chantilly 934
Café com leite 934
Café expresso 935
Café ristretto 935
Café correto 935
Cappuccino em pó 935

Chá

Infusões 938
Chá com creme 938
Chá com mel 938
Chá com uísque 938
Chá flambado 939
Chá da Gabriela 939
Chá mongol 939
Chá quente com conhaque 940
Chá real 940
Chá-mate 940
Mate chimarrão 940

Chocolate

Chocolatada 942
Chocolatada especial 942
Chocolate em pó 942
Chocolate lady 943
Gemada de chocolate 943
Chocolate em tabletes 943

CAFÉ

Para obter um bom café, você precisa prepará-lo com um produto de qualidade. Café excessivamente torrado, com grãos carbonizados, não tem bom sabor e perde grande parte do aroma. É condição essencial, portanto, para o preparo de um bom café a escolha de um pó de excelência, torrado e moído em casa ou de boa marca.

PROPORÇÃO PARA O PREPARO

1. Para café forte: 1 xícara de pó para 3 de água.
2. Para café fraco: 1 xícara de pó para 5 de água.

Nota: O café deve ser reaquecido somente em banho-maria.

Café Simples I

1   Leve a água ao fogo e, enquanto aguarda a fervura, encha uma xícara de pó.

2   Levantada a fervura, retire imediatamente a panela do fogo e despeje na água a xícara de pó, mexendo com uma colher durante alguns segundos.

3   Torne a levar a panela ao fogo, mexendo lentamente. Assim que iniciar a segunda fervura, retire-a e despeje o seu conteúdo no coador.

4   Está pronto um bom café.

Café Simples II

1   Leve a água ao fogo e, enquanto aguarda a fervura, coloque o pó no coador.

2   Assim que a água levantar fervura, despeje-a sobre o pó.

Café com Chantilly

Sirva o creme à parte, de modo que cada pessoa possa servir-se da quantidade que quiser.

Café com Leite

1   Faça a mistura nas xícaras: servido à francesa, a dose de café deverá ser menor que a de leite; à inglesa, o contrário.

2   Tanto o leite como o café devem ser servidos bem quentes.

Café Expresso

1   Para o preparo do café expresso é necessário o equipamento adequado. Existem diversas marcas de máquinas para uso doméstico; o importante é escolher as de fabricantes conhecidos.

2   Escolha grãos de qualidade, que devem ser moídos em moagem apropriada para esse tipo de equipamento: um pó fino demais irá comprometer a qualidade, e um pó moído grosseiramente deixará o café aguado.

Café Ristretto

É o café expresso chamado "curto", ou seja, bem forte, chegando somente até a metade da xícara.

Café Correto

Café expresso com um toque de grappa.

Cappuccino em Pó

- 6 colheres (sopa) de café solúvel
- ¼ de xícara (chá) de chocolate em pó
- 1 colher (sopa) de canela em pó
- 1 colher (chá) de bicarbonato de sódio
- 1 xícara (chá) de açúcar
- 1 xícara (chá) de leite em pó integral

1   Coloque todos os ingredientes em um liquidificador bem seco. Bata para obter uma mistura homogênea e um pó bem fino.

2   Armazene em vidros bem secos. Prepare-o, misturando com água fervente na proporção desejada, de acordo com seu paladar.

CHÁ

A maneira de preparar e servir o chá varia, dependendo de cada cultura. Os chineses, por exemplo, tomam-no sem leite e sem açúcar; os russos, da mesma maneira, adicionando caldo de limão; os tártaros misturam leite com sal; os ingleses ensinaram o mundo ocidental a tomar o chá com acompanhamentos; os mouros só bebem chá verde com muito açúcar e temperado com gotas de anis.

O vasilhame destinado ao preparo do chá não deve ser utilizado para outro fim, evitando-se dessa maneira que o chá tome gosto diferente. Em caso algum, para a preparação do chá, deve-se usar água requentada ou então água que não seja fervente.

O chá, quanto mais quente, melhor. Essa a razão de se preferirem bules de metal, que conservam por mais tempo o calor. Os bules de porcelana devem ser escaldados antes de receber a infusão, o que se consegue enchendo-os com água fervente.

INFUSÕES

O verdadeiro chá é preparado a partir de folhas de chá verde ou preto; no mais, as preparações, apesar de serem chamadas de chás, são infusões.

Pode-se preparar infusões de diversos ingredientes. As mais conhecidas são as de ervas como hortelã, menta, melissa, lavanda, camomila, erva-cidreira, erva-doce, boldo etc.

Para fazer infusões, basta ferver a erva escolhida com um pouco de água por 2 minutos. Apague o fogo e deixe em infusão por 3 minutos. Coe e sirva, adoçando com açúcar ou mel.

CHÁ COM CREME

- *1 litro de água fervente*
- *1 colher (sopa) de chá preto*
- *1 xícara (chá) de açúcar*
- *1 lata de creme de leite*

1   Prepare o chá, deixando-o em infusão por 3 minutos.

2   Sirva-o com o creme, colocando-o em uma taça ou peça própria.

CHÁ COM MEL

- *1 litro de água fervente*
- *1 colher (sopa) de chá preto*
- *5 rodelas de limão*
- *5 a 10 colheres (sopa) de mel*

1   Prepare o chá, deixando-o em infusão por 10 minutos.

2   Coloque em cada xícara uma rodela de limão e 1 a 2 colheres (sopa) de mel.

3   Despeje nas xícaras o chá quente e sirva-o a seguir.

CHÁ COM UÍSQUE

- *1 litro de água fervente*
- *1 colher (sopa) de chá preto*
- *1 xícara (chá) de açúcar*
- *2 colheres (sopa) de suco de limão*
- *10 colheres (sopa) de uísque*

Prepare o chá, deixando-o em infusão durante 3 minutos. Coe-o e despeje-o em um bule, acrescentando os demais ingredientes. Misture bem e sirva.

CHÁ FLAMBADO

- 1 litro de água fervente
- 3 colheres (sopa) de chá preto
- 1 xícara (chá) de açúcar
- ½ colher (chá) de raspas de casca de limão
- ¾ de xícara (chá) de conhaque
- 12 rodelas finas de limão

1. Prepare o chá e deixe-o em infusão por 3 minutos.

2. Enquanto isso, leve ao fogo o açúcar, as raspas de casca de limão e o conhaque. Logo que aquecer, flambe.

3. Coe o chá e despeje sobre ele a mistura de conhaque ainda flamejante. Misture bem.

4. Sirva a seguir, com as rodelas de limão colocadas num pratinho.

CHÁ DA GABRIELA

- 1 litro de água fervente
- 1 colher (sopa) de chá preto
- 1 xícara (chá) de açúcar
- ½ xícara (chá) de rum
- 1 colher (café) de cravo torrado e moído
- 1 colher (chá) de canela em pó

1. Prepare o chá, deixando-o em infusão por 3 minutos.

2. Enquanto isso, leve ao fogo o açúcar, o rum, o cravo e a canela e, logo que aquecer, flambe.

3. Coe o chá e despeje sobre ele a mistura do rum ainda flamejante.

4. Após misturar bem, sirva.

CHÁ MONGOL

- 1 litro de água fervente
- 2 colheres (sopa) de chá preto
- 1 xícara (chá) de açúcar
- ½ xícara (chá) de leite
- 1 colher (sopa) de manteiga
- 1 pitada de sal

1. Prepare o chá, deixando-o em infusão por 3 minutos.

2. Coe o chá, junte o restante dos ingredientes e leve de novo ao fogo, deixando ferver por mais 5 minutos.

3. Sirva.

Chá Quente com Conhaque

- *1 litro de água fervente*
- *3 colheres (sopa) de chá preto*
- *1 xícara (chá) de açúcar*
- *10 colheres (sopa) de conhaque*

1. Prepare o chá, deixando-o em infusão por 3 minutos.
2. Coe, adoce e junte o conhaque. Sirva bem quente.

Chá Real

- *1 litro de água fervente*
- *3 colheres (sopa) de chá preto*
- *2 colheres (sopa) de açúcar*
- *4 colheres (sopa) de geleia de damasco com abacaxi*
- *1 xícara (chá) de conhaque*
- *10 rodelas finas de limão*

1. Ferva a água na chaleira, acrescente o chá, tampe e deixe no fogo durante 3 minutos. Após esse tempo, coe o chá e despeje-o em um bule.
2. Leve o açúcar, a geleia e o conhaque ao fogo, esquentando até flambar.
3. Despeje a mistura sobre o chá já coado, mexa bem e sirva acompanhado das rodelas de limão colocadas num pratinho.

Chá-mate

1. Use 1 colher (sopa) de erva (folhas beneficiadas) para cada xícara de água fervente.
2. Adoce à vontade.

Mate Chimarrão

1. É uma infusão sem açúcar: coloque o mate moído na cuia e entorne água fervente, observada a proporção de ½ cuia de erva, completando com água fervente.
2. Sirva com a bomba ou bombilha o mais quente que se possa suportar.

Chocolate

É uma mistura de cacau aromatizado com baunilha, açúcar, leite e manteiga de cacau ou gordura.

Chocolatada

1. Junte e misture: ½ litro de leite fervido, 4 colheres (sopa) de chocolate em pó e 2 colheres (sopa) de açúcar.
2. Leve ao fogo e vá mexendo, até ferver.
3. Coe e sirva bem quente.

Chocolatada Especial

1. Ferva 1 litro de leite.
2. Leve ao fogo 1 xícara (chá) do leite fervido misturada com 200 g de chocolate meio amargo (em tablete) e espere o chocolate derreter.
3. Acrescente o leite restante e ferva.
4. Bata no processador.
5. Sirva em canecas ou copos apropriados para bebidas quentes.

Nota: Se quiser, adicione açúcar antes de bater.

Chocolate em Pó

1. Misture numa tigela 1 colher (sopa) de chocolate em pó com outra de açúcar e vá desmanchando com 1 xícara (chá) de leite fervente.
2. Engrosse no fogo e sirva em seguida.

Chocolate Lady

1. Dissolva no fogo 100 g de chocolate de cobertura ao leite com 2 xícaras (chá) de água.
2. Acrescente 1 xícara (chá) de leite.
3. Bata no liquidificador. Coloque num bule e sirva em xícaras.

Gemada de Chocolate

1. Dissolva no fogo 100 g de chocolate com 1 xícara (café) de água e deixe ferver.
2. Bata 2 gemas com 2 colheres (sopa) de açúcar, até ficarem esbranquiçadas.
3. Acrescente o chocolate dissolvido aos poucos sobre as gemas.
4. Sirva em seguida.

Chocolate em Tabletes

1. Empregue um tablete (50 g) para cada xícara de leite.
2. Misture um pouco do leite e o chocolate (desfazendo o tablete em pedaços) e leve ao fogo, mexendo sempre para que o chocolate dissolva bem.
3. Misture o resto do leite e, assim que ferver, bata com um batedor até fazer bastante espuma.
4. Leve de novo ao fogo, mexendo sempre.
5. Quando começar a segunda fervura, retire e sirva.

Nota: Se quiser mais encorpado, deixe mais tempo no fogo.

Sucos e Vitaminas

Sucos e Vitaminas

Suco de abacaxi 947
Suco de caju 947
Suco de framboesa 948
Suco de frutas cítricas 948
Suco de frutas com aveia 948
Suco de goiaba 949
Suco de maçã e uva 949
Suco de manga 949
Suco de maracujá 950
Suco de mexerica ou laranja 950
Suco de morango 950
Suco de pêssego com laranja 951
Suco de pêssego ou damasco 951
Suco de uva 951
Suco lilás 952
Suco tropical 952
Conserva de suco de fruta 952
Milk-shake de farinha láctea 953
Vitamina de coco 953
Vitamina verão 953
Refresco vitaminado 953
Refresco caramelado 954
Refresco praiano 954
Ponche infantil 954
Refresco de caju 955
Refresco de coco com leite 955
Refresco de laranja 955

SUCOS E VITAMINAS

SUCO DE ABACAXI

- *1 abacaxi pequeno ou médio*
- *1 litro de água*

1 Descasque o abacaxi e corte-o em 4 porções no sentido do comprimento.

2 Retire o talo do abacaxi e pique as 4 porções.

3 Coloque tudo numa panela e junte a água. Ferva durante 10 minutos. Retire do fogo e deixe esfriar um pouco.

4 Bata no liquidificador por 5 minutos.

5 Coe numa peneira.

6 Conserve na geladeira em vidro esterilizado ou sirva, adicionando açúcar a gosto.

Nota: O cozimento do suco aumenta sua durabilidade, podendo ser conservado na geladeira por alguns dias. Se for consumir o suco imediatamente, não é necessário cozinhar a fruta: basta batê-la com água no liquidificador, coar e servir.

SUCO DE CAJU

- *1 kg de cajus maduros*
- *1 litro de água*

1 Descasque os cajus e corte-os ao meio, aproveitando a polpa.

2 Coloque-a numa panela, junte a água e ferva por 2 minutos.

3 Retire do fogo, deixe esfriar, bata no liquidificador e coe numa peneira.

4 Conserve na geladeira em vidro esterilizado ou sirva, adicionando açúcar a gosto.

Nota: O cozimento do suco aumenta sua durabilidade, podendo ser conservado na geladeira por alguns dias. Se for consumir o suco imediatamente, não é necessário cozinhar a fruta: basta batê-la com água no liquidificador, coar e servir.

SUCOS E VITAMINAS

Suco de Framboesa

- 1 caixa de framboesas (250 g)
- 3 colheres (sopa) de açúcar
- 2 copos de água
- 4 cubos de gelo

1 Misture no liquidificador as framboesas já lavadas, o açúcar e um copo de água.

2 Bata por 5 minutos. Coe e adicione a água restante.

3 Divida o suco em copos e ponha um cubo de gelo em cada um.

Suco de Frutas Cítricas

- 3 limões
- 12 laranjas tipo pera
- ½ abacaxi pequeno
- 8 colheres (sopa) de açúcar
- ½ litro de água
- Gelo picado

1 Corte os limões e as laranjas ao meio e esprema-os no espremedor de frutas. Coe e reserve.

2 Descasque o abacaxi, retire o talo e pique toda a polpa.

3 Coloque tudo no liquidificador, adicione o açúcar, a água e o gelo. Bata durante 5 minutos.

4 Coe e misture ao suco de limão e laranja reservado.

5 Sirva.

Suco de Frutas com Aveia

- 1 xícara (chá) de suco de pêssego
- 1 xícara (chá) de suco de goiaba
- 1 xícara (chá) de suco de laranja
- 3 colheres (sopa) de açúcar
- ½ litro de água
- 3 colheres (sopa) de aveia

1 Misture os sucos, o açúcar e a água, mexendo para que dissolvam.

2 Coloque um pouco desse líquido no copo do liquidificador (1 e ½ xícara de chá) e adicione a aveia.

3 Bata por 2 ou 3 minutos. Misture aos sucos, mexendo bem.

4 Sirva.

Suco de Goiaba

- 1 kg de goiabas vermelhas maduras
- 1 litro de água

1. Descasque as goiabas e corte-as ao meio.
2. Retire todos os miolos e jogue-os fora.
3. Misture as goiabas e a água numa panela e ferva por 2 minutos.
4. Retire do fogo, deixe esfriar um pouco e bata no liquidificador.
5. Conserve na geladeira em vidro esterilizado ou sirva, adicionando açúcar a gosto.

Nota: O cozimento do suco aumenta sua durabilidade, podendo ser conservado na geladeira por alguns dias. Se for consumir o suco imediatamente, não é necessário cozinhar a fruta: basta batê-la com água no liquidificador, coar e servir.

Suco de Maçã e Uva

- 3 maçãs descascadas e picadas
- 1 xícara (chá) de suco de uva
- 4 colheres (sopa) de açúcar
- 6 pedras de gelo

1. Misture todos os ingredientes no copo do liquidificador e bata durante 5 minutos.
2. Coe e sirva.

Suco de Manga

- 3 mangas grandes
- ¾ de litro de água

1. Descasque e pique as mangas, colocando a polpa no liquidificador.
2. Junte a água e bata por 5 minutos. Coe numa peneira.
3. Coloque em uma jarra, adicionando gelo e açúcar a gosto.

Suco de Maracujá

- ½ kg de maracujás maduros
- ¾ de litro de água

1 Corte os maracujás ao meio, retire a polpa e coloque-a numa peneira.

2 Adicione a água e vá socando levemente a polpa para soltar todo o suco.

3 Coloque em uma jarra e adicione açúcar e gelo a gosto.

Suco de Mexerica ou Laranja

- 2 dúzias de mexericas ou laranjas

1 Corte ao meio as mexericas ou laranjas e esprema-as no espremedor de laranja. Coe.

2 Sirva colocando cubos de gelo nos copos e adoçando a gosto.

Suco de Morango

- 1 kg de morangos
- ½ litro de água

1 Elimine os caules dos morangos e coloque-os na peneira; lave-os em água corrente, passe-os para o liquidificador e adicione o ½ litro de água.

2 Bata por 5 minutos e coe numa peneira de tela fina.

3 Conserve em vidro esterilizado ou sirva, adicionando açúcar a gosto.

Suco de Pêssego com Laranja

- 8 metades de pêssegos em calda
- 1 xícara (chá) de calda de pêssegos
- 2 xícaras (chá) de suco de laranja
- Gelo picado

1. Pique as metades dos pêssegos e coloque-as no copo do liquidificador.
2. Junte a calda, o suco de laranja e o gelo.
3. Bata durante 5 minutos.
4. Sirva.

Suco de Pêssego ou Damasco

- 1 kg de pêssegos ou damascos maduros
- ½ litro de água

1. Descasque os pêssegos ou damascos e pique toda a polpa.
2. Coloque a polpa picada no liquidificador, junte a água e bata durante 5 minutos. A seguir, coe.
3. Sirva adicionando ¾ de litro de água e açúcar a gosto.

Suco de Uva

- 1 kg de uvas pretas
- 1 litro de água

1. Lave as uvas e despenque-as dos cachos.
2. Coloque-as numa panela, junte a água e ferva por 5 minutos.
3. Retire do fogo e coe.
4. Conserve em vidro esterilizado ou sirva logo, adicionando 6 colheres (sopa) de açúcar.

Nota: O cozimento do suco aumenta sua durabilidade, podendo ser conservado na geladeira por alguns dias. Se for consumir o suco imediatamente, não é necessário cozinhar a fruta: basta batê--la com água no liquidificador, coar e servir.

Suco Lilás

- 1 copo de suco de uva
- 1 copo de suco de laranja
- ½ xícara (chá) de açúcar
- 6 pedras de gelo picadas
- 1 copo de água mineral gasosa

1 Misture todos os ingredientes.

2 Mexa e sirva a seguir.

Suco Tropical

- 1 xícara (chá) de suco de maracujá
- 1 xícara (chá) de suco de goiaba
- 1 xícara (chá) de suco de abacaxi
- 6 colheres (sopa) de açúcar
- ½ litro de água
- 6 cubos de gelo

1 Misture o suco de maracujá, o suco de goiaba, o suco de abacaxi, o açúcar e a água. Mexa e misture bem.

2 Sirva adicionando à jarra os cubos de gelo e, se necessário, mais açúcar (a gosto).

Conserva de Suco de Fruta

- 1 litro de suco de fruta (qualquer um)
- 1 pote de vidro de um litro
- 2 e ½ litros de água

1 Lave o pote e a respectiva tampa. Coloque-os dentro de uma panela e ferva durante 5 minutos, desligue o fogo e deixe esfriar na própria água.

2 Retire o pote e a tampa e ponha-os de boca para baixo sobre a mesa da cozinha forrada com um pano. Deixe escorrer durante 5 minutos.

3 Encha o pote com o suco de frutas de sua preferência (sucos sem açúcar se conservam por mais tempo) e feche-o com a tampa. Force para que fique bem vedado.

4 Ponha o pote numa panela e junte os 2 litros de água, até que chegue a $\frac{2}{3}$ do pote.

5 Ferva durante 20 minutos, desligue o fogo e deixe o pote esfriar na própria água. Conserve-o fora da geladeira de 1 a 6 meses.

6 Quando abrir a tampa do pote, consuma o suco imediatamente.

Sucos e vitaminas

Milk-shake de Farinha Láctea

- 1 e ½ xícara (chá) de leite
- 1 colher (sopa) de açúcar
- ½ maçã
- 4 colheres (sopa) de farinha láctea

Bata todos os ingredientes no liquidificador. Sirva a seguir, acrescentando gelo picado a gosto.

Vitamina de Coco

- ½ lata de leite condensado
- 1 maçã
- 1 banana-nanica madura
- 1 vidro de leite de coco
- 8 cubos de gelo picados

1. Bata os 4 primeiros ingredientes no liquidificador, colocando-os pela ordem.
2. Passe a mistura para uma jarra e junte o gelo.
3. Misture bem e sirva imediatamente.

Vitamina Verão

- 1 lata de leite condensado
- 2 xícaras (chá) de água
- ½ xícara (chá) de groselha
- ½ abacaxi
- 2 bananas
- 4 colheres (sopa) de suco de limão

1. Bata todos os ingredientes no liquidificador.
2. Acrescente gelo picado a gosto.
3. Sirva a seguir.

Refresco Vitaminado

- 1 cenoura grande raspada
- 1 tomate
- ½ maçã descascada
- 1 xícara (chá) de água
- 1 xícara (chá) de suco de laranja
- 1 lata de leite condensado

1. Pique a cenoura, o tomate e a maçã.
2. Bata-os no liquidificador juntamente com a água.
3. Acrescente o suco de laranja e o leite condensado, batendo mais um pouco.
4. Junte gelo picado a gosto e sirva a seguir.

Sucos e Vitaminas

Refresco Caramelado

- 1 xícara (chá) de açúcar
- 1 e ½ xícara (chá) de água
- 1 lata de creme de leite

1. Leve ao fogo o açúcar, mexendo até caramelar.
2. Junte a água e deixe ferver até dissolver completamente.
3. Despeje o creme de leite no liquidificador e acrescente a calda aos poucos, sobre o creme, com o liquidificador ligado sempre.
4. Retire, junte gelo picado a gosto e sirva.

Refresco Praiano

- 1 maçã
- 1 gema
- 1 vidro de leite de coco
- 1 lata de leite condensado
- 2 vezes a mesma medida (lata) de leite

1. Bata os 4 primeiros ingredientes no liquidificador.
2. Passe a mistura para uma jarra e acrescente o leite e gelo picado a gosto.
3. Sirva a seguir.

Ponche Infantil

- ½ copo de suco de maracujá gelado
- 2 copos de suco de uva gelado
- ½ copo de suco de abacaxi gelado
- 1 e ½ litro de guaraná gelado
- 1 e ½ litro de água mineral com gás gelada
- 2 ou 3 maçãs picadinhas com a casca
- Açúcar a gosto

1. Misture bem os sucos, o guaraná, a água mineral, o açúcar e as maçãs picadas.
2. Mexa novamente e sirva.

Refresco de Caju

1. Junte e misture bem: 1 copo de caldo de caju, açúcar a gosto e água mineral ou água com gás.
2. Sirva em copos, com canudinhos.

Refresco de Coco com Leite

1. 1 e ½ xícara (chá) de leite de coco misturada a uma quantidade igual de leite gelado.
2. Adoce, junte pedacinhos de gelo e bata no liquidificador.

Refresco de Laranja

1. Junte o suco de 5 laranjas e o de 1 limão, açúcar a gosto e 1 colher (sopa) de raspa da casca de uma laranja.
2. Misture tudo numa jarra, complete com água gelada e coe.

Bebidas Alcoólicas

Bebidas Alcoólicas

Informações 959

Drinks e Coquetéis

Bellini 962
Caipirinha ou caipirosca de limão 962
Caipirinha ou caipirosca de frutas vermelhas ... 962
Champanhe coquetel I 962
Champanhe coquetel II 963
Coquetel de conhaque com mel 963
Coquetel italiano 963
Coquetel de leite condensado 963
Coquetel de licor de cacau 964
Coquetel party 964
Good fellow 964
Kir 964
Lady coquetel 964
Manhattan coquetel (doce) 965
Manhattan coquetel (seco) 965
Margarita 965
Martíni coquetel (doce) 965
Martíni coquetel (seco) 966
Mojito 966
Old-fashioned 966
Coquetel de frutas 966
Coquetel de manga 967
Coquetel de morango 967
Coquetel de pêssego 967
Coquetel de vitaminas 967

Ponche, Sangria e Quentão

Bebida para festas 970
Brandy grog 970
Clericot de vinho 970
Cordon ponche 971
Ponche à americana 971
Ponche de conhaque 971
Ponche inglês 972
Ponche Papai Noel 972
Ponche tropical 972
Quentão 973
Ratafia de abacaxi 973
Ratafia de amora 973
Ratafia de laranja 974
Ratafia de limão 974
Ratafia de uva 974
Sangria 975
Vinho quente à brasileira 975

Licores Caseiros

Regras básicas de preparo 678
Licor de açafrão 678
Licor de ameixa 678
Licor de baunilha 679
Licor de cacau 679
Licor de cascas de laranja 679
Licor de chá 980
Licor de chocolate 980
Licor de jabuticaba 980
Krupinik 981
Licor de Kümmel 981
Licor de leite com baunilha 981
Licor de leite 982
Licor de leite com chocolate 982
Mandarinata 982
Licor de mate 983
Peppermint 983
Licor de pitanga 983

Informações

Não existem regras rígidas para escolher o que servir para beber acompanhando as refeições, mas alguns conceitos básicos podem ser seguidos para proporcionar uma boa harmonização dos pratos servidos com as bebidas. Valem também o bom senso e as preferências pessoais. Procure, sempre que possível, servir as bebidas em copos adequados e na temperatura correta. Em todas as refeições deve-se servir água, mesmo que haja vinho e champanhe, já que é acompanhamento obrigatório para vinhos, principalmente os tintos.

Drinks e coquetéis – caipirinhas, batidas e outros coquetéis são servidos antes das refeições, acompanhando canapés e petiscos em geral.

Cervejas – podem ser servidas em almoços e jantares informais. Acompanham perfeitamente receitas da culinária brasileira e asiática.

Champanhe – só podem ser chamados de "champagne" os espumantes produzidos na região de Champagne, na França. Vinhos espumantes produzidos em outros países e regiões não podem receber essa denominação. O champanhe pode ser servido desde os aperitivos até o final da refeição, inclusive com as sobremesas. Combina perfeitamente com a maioria das receitas de sabor mais delicado. O ideal é, após gelar as garrafas, que estas sejam mantidas em baldes com gelo para que a bebida se conserve na temperatura adequada.

Vinhos brancos – acompanham carnes brancas de sabor delicado, peixes e frutos do mar em geral e pratos à base de legumes. Sirva-os sempre gelados, de preferência mantendo as garrafas em baldes de água e gelo durante o serviço. Atualmente são oferecidas diversas marcas de vinhos, produzidos em vários países e com os mais diferenciados tipos de uvas. Alguns mais secos, outros mais frutados ou mais adocicados. Entre os melhores estão os produzidos na França, Itália, Estados Unidos e Chile, porém bons vinhos são produzidos no Brasil, África do Sul, Argentina e Austrália. Escolha aquele que melhor se encaixar em seu orçamento.

Vinhos tintos – são servidos com carnes vermelhas e de sabor mais acentuado. Ideais para acompanhar assados, carnes de caça, massas com molhos robustos, queijos e embutidos em geral. Servidos à temperatura ambiente nos dias mais amenos. Nos dias mais quentes, podem ser rapidamente refrescados. O ideal é abrir as garrafas com antecedência para que o vinho possa oxigenar e liberar suas propriedades. Escolha dentre as diversas marcas e variedades aquele que parecer mais adequado ao seu orçamento; lembre-se que nem sempre um vinho de custo alto é o melhor. Não se acanhe e peça informações e indicações aos vendedores.

Vinhos de sobremesa – são mais licorosos e adocicados. Combinam com sobremesas não muito ácidas e doces em geral. Podem ser servidos na temperatura ambiente ou levemente refrescados. Em sua maioria, são vinhos sofisticados e caros, como os Tokai® ou os Sautérnes®. No Brasil não temos a tradição de servir vinhos com sobremesas.

Conhaques, aguardentes e licores – devem ser oferecidos com o café ao final da refeição. Os conhaques devem ser servidos em taças apropriadas e, se possível, levemente aquecidos. Já as aguardentes, como cachaça, grappa e bagaceira, devem ser refrescadas antes de servidas. Quanto aos licores, dada a variedade, o ideal é que cada um escolha conforme suas preferências, lembrando que alguns clássicos sempre devem fazer parte de seu estoque de bebidas.

Drinks e Coquetéis

Bellini

1   Coloque 2 pêssegos maduros para gelar. Descasque-os, retire o caroço e coloque a polpa no liquidificador. Acrescente ½ dose de licor de pêssego e bata bem.

2   Distribua a mistura de pêssegos em 4 taças (*flûte*) e complete com champanhe ou *prosecco* gelado.

Caipirinha ou Caipirosca de Limão

1   Fatie grosseiramente ½ limão. Coloque em um copo e salpique com 1 colher (sopa) de açúcar. Soque com um socador. Adicione uma dose de cachaça ou vodca.

2   Misture delicadamente e encha o copo com cubos de gelo.

Nota: A caipirinha é preparada com cachaça e a caipirosca, com vodca.

Caipirinha ou Caipirosca de Frutas Vermelhas

1   Coloque em um copo 4 morangos pequenos, 4 framboesas e 4 amoras. Salpique com 1 colher (sopa) de açúcar. Soque com um socador. Adicione uma dose de cachaça ou vodca.

2   Misture delicadamente e encha o copo com cubos de gelo.

Champanhe Coquetel I

1   Seis gramas de licor de curaçau, 1 colherinha de xarope de açúcar, 6 gotas de *bitter* angostura, gelo moído, champanhe seco e casca de limão.

2   Não use a coqueteleira (*shaker*), mas sim uma grande taça de cristal: coloque até a metade o gelo moído, o xarope de açúcar, o curaçau, o *bitter* e o suco de casca de limão. Acabe de encher com champanhe.

Champanhe Coquetel II

1. Uma garrafa de champanhe e 12 gotas de *bitter*.
2. Mexa com uma colher e sirva com pedaços de abacaxi.

Coquetel de Conhaque com Mel

1. Uma dose de conhaque (ou *brandy*), ½ dose de mel, ½ dose de creme de leite fresco e gelo picado.
2. Coloque tudo na coqueteleira (*shaker*), agite bem e sirva.

Coquetel Italiano

1. Uma dose de suco de limão, uma dose de vodca, 1 colher (sobremesa) de açúcar, ½ dose de licor (Strega® ou sambuca) e gelo picado.
2. Misture bem o suco do limão, a vodca e o açúcar.
3. Junte o licor e mexa com uma colher.
4. Adicione o gelo picado e sirva em copos pequenos, para aperitivo, com a beirada previamente açucarada.

Coquetel de Leite Condensado

1. Uma lata de leite condensado, uma lata (a mesma) cheia de gim, uma lata (a mesma) de conhaque, uma lata de guaraná e 2 doses de licor de cacau.
2. Misture tudo e bata no liquidificador.

Coquetel de Licor de Cacau

1. Uma lata de leite condensado, uma lata de creme de leite e uma lata (a mesma) de licor de cacau.
2. Bata tudo no liquidificador e sirva.

Coquetel Party

1. Dois terços de vermute, $\frac{1}{3}$ de suco de abricó, suco de laranja à vontade e gotas de gim.
2. Junte um pedaço de gelo e sacoleje fortemente na coqueteleira (*shaker*).
3. Sirva em cálices rasos, com uma azeitona ou cereja.

Good Fellow

1. Gelo, $\frac{2}{3}$ de uísque escocês, $\frac{1}{3}$ de conhaque, 1 colher (sobremesa) de *grenadine* ou groselha e 1 clara de ovo.
2. Agite bem antes de servir.

Kir

1. Coloque 1 colher (sopa) de creme de cassis em uma taça tipo *flûte*. Ponha no fundo 1 cereja e encha a *flûte* com vinho branco seco bem gelado.
2. Misture delicadamente com uma colher de cabo longo e sirva.

Lady Coquetel

1. Partes iguais de vermute francês e suco de laranja, 3 gotas de *bitter* e gelo.
2. Guarneça com pedacinhos de fruta.

DRINKS E COQUETÉIS

Manhattan Coquetel (Doce)

1   Ponha na coqueteleira pedrinhas de gelo, 4 gotas de curaçau, ¼ de Whisky Canadian® e ¾ de vermute.

2   Bata bem e sirva em cálices de 90 g com uma casca de limão torcida.

Manhattan Coquetel (Seco)

1   Ponha numa coqueteleira algumas pedras de gelo, ¼ de Whisky Canadian® e ¾ de vermute.

2   Bata bem e sirva em cálices de 90 g com uma casca de limão torcida.

Margarita

1   Esfregue a borda de uma taça com uma fatia de limão. Para fazer a crosta de sal na taça, encoste sua borda em um prato com sal.

2   Coloque em uma coqueteleira 2 colheres (chá) de suco de limão, 2 colheres (chá) de licor Cointreau®, uma dose de tequila e cubos de gelo. Agite bem e despeje na taça, eliminando as pedras de gelo. Sirva.

Martíni Coquetel (Doce)

1   Meia colherinha (chá) de xarope de *grenadine*, 10 gotas de marrasquino, $2/3$ de vermute e $1/3$ de gim.

2   Agite ligeiramente e sirva.

Martíni Coquetel (Seco)

1   Pedras de gelo, ½ cálice de vermute francês, ½ cálice de gim e um lance de *bitter* ou Orange Bitter®.

2   Guarneça o cálice com uma casca de limão ou uma azeitona.

Mojito

1   Coloque em um copo a casca de 1 limão pequeno, 1 colher (chá) de açúcar e um ramo pequeno de hortelã. Soque como se fosse preparar uma caipirinha. Acrescente uma dose de rum e misture bem.

2   Coloque cubos de gelo em um copo longo e decore com um ramo de hortelã. Coe a mistura de rum para o copo com gelo e complete com club soda (água gaseificada).

Old-Fashioned

1   Meio *shaker* (coqueteleira) de uísque, ½ torrão de açúcar, 8 gotas de *bitter*, 1 rodela de laranja ou limão, 1 pedra de gelo pequena e uma porção de água, proporcional à metade do uísque empregado.

2   Agite bem e sirva em copos cônicos de uns 5 cm de altura.

Coquetel de Frutas

1   Uma dose de Champanhe, 1 dose de suco de uva, 1 dose de suco de laranja (concentrado) em lata e sem dissolver, pedacinhos de maçã ácida, pêssegos em calda, abacaxi e uva (itália ou moscatel).

2   Coloque os pedacinhos de frutas num copo.

3   Sobre eles, ponha o Champanhe já misturado ao suco de laranja.

4   Ao suco de laranja com Champanhe, tomando o cuidado de não misturar, adicione o suco de uva e uma pedrinha de gelo.

Coquetel de Manga

1   Tire a polpa de 2 ou 3 mangas bem maduras e passe-as em peneira fina ou no liquidificador.

2   Junte ao suco de mangas o suco de 2 laranjas.

3   Adicione à mistura 1 colher de xarope de groselha, 1 copo de vinho doce e 4 colheres (sopa) de gelo moído.

4   Perfume com água de flor ou algumas gotas de licor.

5   Sirva gelado.

Coquetel de Morango

1   Passe em peneira fina 250 g de morangos bem lavados e junte-lhes o suco de 2 laranjas.

2   Adicione à mistura igual quantidade de vinho moscatel, com cerca de 4 colheres (sopa) de gelo moído.

3   Para aromatizar, acrescente um lance de marrasquino.

4   Sirva gelado.

Coquetel de Pêssego

1   Uma lata de pêssegos em calda, 1 garrafa de champanhe bem gelada, 1 gota de essência de amêndoa e 1 gota de essência de baunilha.

2   Bata no liquidificador 2 vezes e sirva em copos próprios.

Coquetel de Vitaminas

Três partes de suco de laranja, 3 partes de suco de tomate, 3 partes de suco de cenoura e 1 parte de suco de limão – tudo ligeiramente adoçado e posto para resfriar na geladeira.

Ponche, Sangria e Quentão

Bebida para Festas

- 1 caixa de morangos frescos
- Açúcar
- 2 garrafas de vinho branco gelado
- 1 garrafa de champanhe gelado
- 1 garrafa de água mineral com gás gelada

1   Limpe os morangos e salpique-lhes açúcar.

2   Junte aos morangos 1 garrafa de vinho e deixe na geladeira durante 1 e ½ hora.

3   Pouco antes de servir, adicione os outros ingredientes. (Se os morangos forem grandes, corte-os em 2 ou 4 pedaços.)

4   Mexa bem e sirva.

Brandy Grog

1   Uma colher de açúcar, ¾ de água fervente, ¼ de rum ou conhaque e 1 rodela de limão.

2   Misture bem com uma colher e sirva quente.

Clericot de Vinho

1   Corte, em rodelas ou em pequenos pedaços, 2 ou 3 bananas, 2 laranjas, 2 pêssegos amarelos, uma maçã e outras frutas da estação. Coloque tudo numa jarra de vidro e adicione gelo picado, o suco de ½ limão, 2 rodelas de limão, uma garrafa de vinho branco seco, um cálice de Cointreau® e um cálice de marrasquino.

2   Misture bem e deixe repousar por uma hora.

3   Sirva em copos de vinho branco.

Nota: Para os que não apreciam o álcool, recomenda-se suprimir os licores, adicionando-se açúcar à vontade e um copo de água mineral com ou sem gás na hora de servir.

Cordon Ponche

1. Coloque, numa poncheira 1 abacaxi cortado em cubos pequenos, 5 colheres (sopa) de açúcar, 1 garrafa de vinho branco seco, 1 garrafa de champanhe *rosé*, 3 garrafas de club soda (água gaseificada) e gelo picado.

2. Misture e sirva.

Ponche à Americana

1. Duas garrafas de champanhe, 1 abacaxi cortado em pedacinhos miúdos, 3 xícaras (chá) de açúcar e 1 copo de *kirsch,* rum ou conhaque.

2. Misture tudo e, assim que o açúcar estiver derretido, junte gelo picado.

3. Sirva em copos com um pedaço de abacaxi ou de laranja.

Ponche de Conhaque

1. Coloque numa vasilha ½ litro de calda grossa de açúcar, as cascas e o suco de um limão e uma garrafa de conhaque.

2. Leve a mistura ao fogo, aquecendo-a, sem deixar ferver.

3. Em seguida, coe e despeje numa poncheira ou numa saladeira funda.

4. Ao servir, deite fogo ao ponche.

Ponche Inglês

1. Ponha num bule 2 colheres (sopa) de chá verde ou preto, a casca de 2 limões e ½ litro de água fervente.

2. Depois de 15 minutos, coe e ponha o líquido numa cafeteira.

3. Junte o suco de 2 limões e reserve.

4. Leve ao fogo 4 colheres (sopa) de açúcar e, quando estiver dourado, adicione uma garrafa de conhaque, rum ou pinga.

5. Ferva em fogo brando até dissolver o açúcar e misture ao chá que reservou.

6. Esquente bem e sirva em copos de vidro grosso.

Ponche Papai Noel

1. Uma garrafa de Champanhe, 1 xícara (chá) de uísque, 1 garrafa de vinho branco seco, 2 guaranás, suco de 6 laranjas, 1 xícara (chá) de Karo® Dourado, 1 abacaxi descascado e picadinho, 2 maçãs com as cascas e picadas, ½ quilo de uvas cortadas e sem as sementes, cubos de gelo feitos com água fervida e groselha a gosto.

2. Misture as bebidas com o suco, o Karo® e as frutas e gele bem.

3. Na hora de servir, coloque um cubo de gelo em cada copo.

Ponche Tropical

1. Coloque na poncheira ½ litro de suco de abacaxi, ½ litro de suco de laranja, ½ litro de suco de maracujá, 1 litro de vinho branco seco, 2 xícaras (chá) de açúcar, 2 maçãs, 2 peras e 1 xícara (chá) de morangos (se for época) finamente picados e 2 gavetas de gelo picado.

2. Leve à geladeira por 2 horas.

3. No momento de servir, adicione 2 litros de água mineral com gás e 1 garrafa de sidra ou Champanhe.

Quentão

- 1 xícara (chá) de açúcar
- 2 copos de água
- 2 limões cortados em rodelas
- 3 pedaços de casca de canela
- 1 pedaço de gengibre cortado em fatias
- 1 litro de pinga

1 Leve o açúcar ao fogo numa panelinha e mexa até caramelizar.

2 Acrescente a água e deixe ferver até a calda do açúcar apurar.

3 Adicione os limões, a casca de canela, o gengibre e a pinga. Tampe a panela e deixe ferver, em fogo lento, por 5 minutos.

4 Sirva em canequinhas ou xícaras de cerâmica ou porcelana.

Ratafia de Abacaxi

1 Descasque um abacaxi maduro, corte-o em pedaços pequenos e esmague-os. Junte ½ kg de açúcar, uma casca de canela, 2 cravos-da-índia, 2 bagas de zimbro e um litro de cachaça.

2 Deixe aromatizando, em garrafão bem arrolhado, durante 1 mês.

3 Passado esse período, coe, filtre e engarrafe.

Ratafia de Amora

1 Encha um vidro de amoras bem maduras (sem acalcar), juntando 1 colher (sobremesa) de sementes de *Kümmel* e um pedacinho de noz-moscada.

2 Cubra tudo com pinga, arrolhe e deixe macerar por 20 dias ou mais.

3 Passado esse tempo, coe o líquido e misture nele calda de açúcar em ponto de fio médio.

RATAFIA DE LARANJA

1   Corte (casca e polpa) 12 laranjas em fatias finas, retirando as sementes.

2   Coloque as fatias de laranja em 2 litros de cachaça e deixe repousar por 8 dias.

3   Coe, junte 1 kg de açúcar e deixe descansar por mais uma semana.

4   Filtre e engarrafe.

RATAFIA DE LIMÃO

1   Corte 12 limões (casca e polpa) em fatias finas, retirando as sementes.

2   Coloque as fatias de limão em 2 litros de pinga e deixe repousar por 8 dias.

3   Coe, junte 1 kg de açúcar e deixe descansar por mais uma semana.

4   Filtre e engarrafe.

RATAFIA DE UVA

1   Esmague 1 kg de uvas limpas, passe-as por uma peneira fina e junte uma fava de baunilha, 1 colher (sopa) de água de flor de laranjeira e 1 g de noz-moscada.

2   Leve ao fogo até ferver, deixe esfriar e misture a quantidade igual de pinga e 250 g de açúcar.

3   Ponha num vidro e deixe em repouso por 60 dias.

4   Filtre com papel próprio.

Sangria

- ½ xícara (chá) de água
- ½ xícara (chá) de açúcar
- 1 limão fatiado finamente
- 1 laranja fatiada finamente
- 6 pêssegos descascados e picados
- 2 maçãs descascadas e cortadas em cubos
- ¼ de xícara (chá) de conhaque
- ¼ de xícara (chá) de triple sec (licor de laranja)
- 1 garrafa de vinho branco ou tinto gelado
- Gelo a gosto

1 Prepare o xarope colocando em uma panela a água e o açúcar. Leve ao fogo para dissolver o açúcar. Deixe esfriar completamente.

2 Coloque em uma jarra as frutas e regue com o conhaque e o *triple sec*. Deixe macerar por 20 minutos. Coloque o xarope de açúcar. Despeje o vinho branco e misture delicadamente. Coloque gelo à vontade e sirva.

Vinho Quente à Brasileira

1 Misture, numa cafeteira ou panela, 1 litro de vinho tinto, 5 cravos-da-índia, 2 pedaços de casca de canela e ½ xícara (chá) de açúcar.

2 Leve ao fogo até esquentar bem, mas não deixe ferver.

3 Sirva quente, em canecas de cerâmica.

Nota: Também pode ser preparado sem o cravo e a canela.

Licores Caseiros

A preparação de licores em casa exige certos cuidados, principalmente quanto à qualidade do recipiente a ser empregado. Este deve ser obrigatoriamente de louça ou de vidro.

Regras Básicas de Preparo

1   Utilize vasilhame de vidro, cristal ou louça; coador de papel, saco de flanela branca ou algodão hidrófilo. A calda de açúcar, quando fria, deve ter, em média, 25 ºC (areômetro de Baumé); para os demais pontos, verifique o grau mais indicado. Os licores brancos ou claros devem ser preparados com açúcar refinado. Para dar cor aos licores escuros, utilize o caramelo (açúcar queimado). Empregue sempre frutas em perfeito estado de conservação.

2   Use sempre álcool de boa procedência, álcool de vinho (espírito) ou cereais específicos para o preparo de licores. Na falta deles, utilize vodca ou cachaça.

3   Nunca utilize álcool vendido em farmácia para uso externo.

Licor de Açafrão

- ¼ de xícara (chá) de água
- 1 xícara (chá) de açúcar
- 1 grama de açafrão em pó (verdadeiro)
- 1 pau de canela
- 4 cravos-da-índia
- 1 fava de baunilha
- 4 anis estrelados
- 2 colheres (sopa) de água de flor-de-laranjeira
- ¾ de litro de álcool de cereais ou vodca

1   Misture a água e o açúcar, coloque-os em uma panela e leve ao fogo para que o açúcar se dissolva. Retire do fogo, acrescente o açafrão em pó e misture bem.

2   Coloque o líquido em uma garrafa, acrescentando a canela, o cravo, o anis, a fava de baunilha (cortada ao meio) e a água de flor-de-laranjeira. Cubra com a vodca ou o álcool de cereais. Tampe e deixe descansar por 10 dias em local escuro, coe e transfira para uma garrafa limpa.

Licor de Ameixa

- 500 g de ameixas-pretas
- 1 fava de baunilha
- ½ litro de álcool
- 1 garrafa de água
- 500 g de açúcar

1   Coloque as ameixas e a baunilha num vidro com o álcool, deixando macerar por 24 dias.

2   Depois desse tempo, prepare uma calda com a água e o açúcar e misture tudo, filtrando em seguida.

3   Engarrafe, arrolhe e guarde o licor por 30 dias.

Licor de Baunilha

- *3 favas de baunilha*
- *2 litros de álcool (40°)*
- *1 copo de água filtrada*
- *4 litros de calda fria (30 °C)*

1. Corte as favas em pedaços miúdos e coloque-as no álcool e na água. Deixe em repouso por uma semana.

2. Depois disso, junte a calda de açúcar e acentue a coloração com o açúcar queimado.

3. Se preferir, aromatize ainda mais com um pouco de essência de baunilha.

4. Filtre e engarrafe.

Licor de Cacau

- *500 g de açúcar*
- *½ xícara (chá) de cacau em pó*
- *1 garrafa de água*
- *¼ de xícara (chá) de açúcar*
- *½ garrafa de álcool retificado (40°)*
- *1 colher (café) de baunilha ou vanilina*

1. Ponha o açúcar, o cacau e a água numa panela e leve ao fogo.

2. Enquanto ferve, caramelize o açúcar até ficar bem amarelinho.

3. Assim que abrir fervura, misture o açúcar caramelizado e deixe no fogo até formar uma calda rala.

4. Retire do fogo e junte o álcool e a baunilha (ou vanilina).

Licor de Cascas de Laranja

- *Cascas de laranja-cravo*
- *1 garrafa de aguardente*
- *2 xícaras (chá) de açúcar*

1. Usando o multiprocessador ou uma máquina de moer carne, pique uma porção de casca de laranja-cravo e coloque-a dentro de um litro, sem apertar.

2. Misture ½ garrafa de aguardente com o açúcar e cubra as cascas com essa mistura, acabando de encher o litro com mais aguardente.

3. Arrolhe e deixe em repouso de 20 a 30 dias.

4. Passado o tempo indicado, filtre e engarrafe.

LICORES CASEIROS

LICOR DE CHÁ

- *100 g de chá verde ou preto*
- *1 litro de álcool de cereais*
- *1 kg de açúcar*
- *1 litro de água*
- *1 colher (chá) de essência de baunilha*

1 Num recipiente de vidro, coloque o chá em repouso no álcool durante 6 dias.

2 Depois dos 6 dias, faça uma calda do quilo de açúcar no litro de água, perfumando-a com a essência de baunilha.

3 Filtre a infusão, junte a calda fria e engarrafe.

LICOR DE CHOCOLATE

- *1 litro de álcool de cereais*
- *1 litro de água*
- *500 g de chocolate em pó*
- *1 limão em fatias*
- *1 fava de baunilha*
- *1 kg de açúcar*

1 Misture tudo, menos o açúcar, e deixe em repouso durante 10 dias.

2 Desmanche o açúcar em água morna e junte-o à infusão, mexendo bastante.

3 Passe tudo por um filtro, engarrafe e guarde por uns 3 dias antes de servir.

LICOR DE JABUTICABA

- *1 kg de jabuticabas*
- *2 cravos-da-índia*
- *1 pedaço de canela*
- *1 garrafa de álcool de cereais*
- *1 garrafa de água filtrada*
- *700 g de açúcar*

1 Numa vasilha de vidro ou louça, esmague as jabuticabas e junte-lhes o cravo, a canela e o álcool de cereais.

2 Misture bem, tampe e deixe descansar durante 14 dias, mexendo diariamente com uma colher de pau.

3 No 14º dia, adicione a água e o açúcar, mexa bem e tampe.

4 No dia seguinte, mexa, coe e engarrafe.

KRUPINIK

- 2 copos de água
- 2 a 3 copos de açúcar
- 3 copos de mel
- 30 cravos-da-índia
- Noz-moscada
- Canela em pau
- 5 copos de álcool (40º)
- Essência de baunilha
- 1 porção de cascas de laranja, limão e tangerina

1 Ferva na água o açúcar, o mel, os cravos-da-índia, a noz-moscada e a canela.

2 Passe por um pano fino e deixe esfriar.

3 Junte o álcool, a baunilha, as cascas de laranja, limão e tangerina, misturando tudo.

4 Deixe repousar, em recipiente tampado, por 15 dias.

5 Passado esse tempo, coe, filtre e engarrafe.

LICOR DE KÜMMEL

- 100 g de Kümmel (alcaravia)
- 1 litro de álcool (40º)
- 900 g de açúcar cristal

1 Faça uma infusão com o *Kümmel* e o álcool e deixe-a ficar em recipiente hermeticamente fechado durante 8 dias.

2 Depois dos 8 dias, coe a infusão, junte o açúcar cristal, engarrafe e guarde, tendo o cuidado de sacolejar o litro de vez em quando para que o açúcar se impregne bem na mistura.

3 Sirva após 90 dias.

LICOR DE LEITE COM BAUNILHA

- 1 litro de álcool de cereais
- 1 litro de leite
- 1 kg de açúcar
- 2 favas de baunilha
- 2 limões

1 Num recipiente de vidro ou cristal, coloque o álcool, o leite, o açúcar, a baunilha cortada em pedaços e os limões em rodelas, deixando em repouso por 8 dias, mexendo com uma colher de pau 2 vezes por dia.

2 Depois dos 8 dias, retire o líquido, passe-o 2 ou 3 vezes por um filtro de pano ou papel e engarrafe.

Licor de Leite

- 2 garrafas de pinga
- 1 colher (chá) de cravo
- 3 ou 4 pedaços de canela em pau
- 1 colher (chá) de erva-doce
- 1 noz-moscada moída
- 1 e ¼ kg de açúcar cristal
- 3 xícaras (chá) de leite cru

1 Ferva a pinga com os temperos (cravo, canela, erva-doce e noz-moscada) durante 5 minutos.

2 Junte o açúcar e deixe ferver por mais 10 minutos.

3 Passe num pano e leve novamente ao fogo.

4 Quando abrir fervura, adicione, devagar, o leite e vá mexendo.

5 Assim que talhar, tire do fogo e filtre.

Licor de Leite com Chocolate

- 1 litro de leite
- 1 kg de açúcar
- 100 g de chocolate
- 2 favas de baunilha
- 2 rodelas de limão
- 1 garrafa de álcool (36°)

1 Ferva o leite e deixe esfriar. Junte o açúcar, o chocolate (ralado), a baunilha (reduzida a pedacinhos) e, por último, o limão.

2 Deixe em infusão no álcool durante 8 dias, mexendo diariamente e na mesma hora com uma colher de pau.

3 Depois dos 8 dias, passe num pano, deixe assentar bem, filtre e engarrafe.

Mandarinata

- Cascas finas de 8 laranjas ou 10 mexericas
- 1 litro de álcool de cereais
- 1 kg de açúcar
- 10 gotas de essência de baunilha

1 Num recipiente de vidro ou louça, deixe as cascas de laranjas ou mexericas em infusão no álcool durante 10 dias, mexendo diariamente.

2 Após os 10 dias, filtre e prepare uma calda, juntando a essência de baunilha.

3 Quando a calda estiver fria, misture-a com a infusão e torne a filtrar.

Licor de Mate

- 1 litro de álcool (40°)
- 500 g de mate em folhas
- 1 e ½ litro de calda

1. Deixe as folhas de mate em infusão no álcool durante 5 dias.
2. Passados os 5 dias, filtre e adicione a calda fria.

Nota: Para filtrar, utilize um guardanapo de linho ou filtro de papel.

Peppermint

- 25 g de essência de menta
- 330 g de álcool retificado
- 300 g de açúcar cristal
- 210 g de água (dose para 1 litro)

1. Misture tudo num recipiente de vidro e deixe em repouso durante 24 horas.
2. Filtre e engarrafe.

Licor de Pitanga

- 1 litro de álcool (40°)
- 1 kg de pitangas maduras
- 1 kg de açúcar
- 1 e ½ litro de água filtrada

1. Coloque num vidro o álcool, as pitangas e o açúcar, deixando assim por 4 dias, com o cuidado de mexer com uma colher de pau 2 vezes por dia.
2. Após os 4 dias, misture a água filtrada, filtre e engarrafe.

"**Savrasti** (amargo indiano). – Tome 200 g de losna e deixe macerar em 1 garrafa de álcool de boa qualidade algum tempo. Depois coe e engarrafe.

Serve-se, como o fernet em gotas na água, vermute, pinga, café, etc. É fortemente estomacal."

Receita recuperada da edição de 1944 de *Dona Benta*.

Curiosidades

Como abater um peru 987
Composição de um cardápio clássico de época 987
Os vinhos em 1940 989
Arranjo da mesa 989
Modos de servir na década de 1940 991
Guarnições da década de 1940 995
Coquetéis e bebidas de época 1001
Molhos para coquetéis 1009
Xaropes caseiros 1011

CURIOSIDADES

Neste capítulo foram incluídas algumas curiosidades de textos e receitas da versão original do livro *Dona Benta – Comer Bem*. Algumas das receitas caíram em desuso, e de outras já não se encontram os ingredientes com facilidade.

Há também propagandas e esboços de ilustrações, selecionadas do acervo da Editora, que mostram a dimensão do *Dona Benta* nas décadas passadas.

Decidiu-se manter essas referências na obra porque, além de fazerem parte do original, são referências de época, importantes para as futuras gerações.

COMER BEM

O melhor presente para uma dona de casa. Vale por uma biblioteca de arte culinária, pela variedade e garantia das suas receitas.

*

A arte de fazer bons pratos é a melhor prenda para a mulher. Às vezes mais seduz um prato bem preparado que a mais atraente toilete...

Em COMER BEM a senhora encontrará os pratos típicos de tôdas as regiões, as novidades e excelências das cozinhas brasileira, francesa, italiana, americana, alemã, inglesa, russa, etc., em receitas fáceis e ecônomicas. Qualquer pessoa, mesmo as mais inexperientes, poderá compulsar e executar essas receitas com sucesso garantido.

COMER BEM é o mais eficiente, racional e completo de todos os manuais de cozinha existentes. Maravilhas de gôsto para todos os paladares, mesmo os mais exigentes.

EM TÔDAS AS LIVRARIAS DO BRASIL

COMPANHIA EDITORA NACIONAL
RUA DOS GUSMÕES, 639 — SÃO PAULO

1894 Receitas Escolhidas e Experimentadas
860 de salgados
630 de doces
260 de bebidas
33 de sanduíches
11 de sorvetes

Volume com 600 páginas

20$

CURIOSIDADES

Como Abater um Peru

1   Pouco antes de matar o peru, dê-lhe, às colheradas, um bom copo de pinga. Quando ele ficar bem bêbado, caído, mate-o cortando o pescoço mais ou menos no meio, separando, assim, a cabeça do corpo.

2   Dependure o peru morto pelas pernas, para que o sangue escorra bem, e comece imediatamente a depená-lo. Enquanto está quente será mais fácil, pois os perus devem ser depenados a seco, isto é, sem ser molhados em água fervente.

3   Depois de depenado, chamusque-o em fogo forte para tirar-lhe as penugens e, em seguida, esfregue-o com fubá amarelo para que fique bem claro.

4   Deve-se retirar o papo, com muito cuidado para não o furar (o que conseguirá cortando o pescoço bem rente), depois de arregaçar a pele que o envolve, pois esta deve ficar do mesmo tamanho que tinha quando o peru foi morto.

5   Cortado o pescoço, abra um pouco a pele pelo lado posterior e retire, então, o papo.

6   Abra o peru na parte de baixo, retire as tripas, a moela, o fígado, o coração e limpe-o muito bem.

Composição de um Cardápio Clássico de Época

Acrescentamos esta composição a título de curiosidade. Até a década de 1970 os grandes banquetes seguiam esta ordem de serviço: *aperitivo, sopas, pratos de copa, pratos da cozinha, peixes, entradas frias, sorbets, assados em geral, saladas, entremeios salgados, entremeios doces, queijos, frutas, café e licores.*

Atualmente os cardápios são mais compactos e simplificados por diversos motivos, entre eles a falta de tempo para preparar e consumir grandes refeições e também pela busca de uma alimentação mais natural e saudável.

uma bôa mesa é a felicidade do lar

COMER BEM
o melhor presente para uma dona de casa

VALE POR TÔDA UMA BIBLIOTECA DE ARTE CULINÁRIA, PELA VARIEDADE E GARANTIA DAS SUAS RECEITAS

* * *

A arte de fazer bons pratos é a melhor prenda para a mulher.

Ás vezes mais seduz um prato bem preparado que a mais atraente toilete...

Em COMER BEM a senhora encontrará os pratos típicos de tôdas as regiões, as novidades e excelências das cozinhas brasileira, francesa, italiana, americana, alemã, inglesa, russa, etc., em receitas fáceis e econômicas. Qualquer pessoa, mesmo as mais inexperientes, poderá compulsar e executar essas receitas com sucesso garantido.

COMER BEM é o mais eficiente, racional e completo de todos os manuais de cozinha existentes. Maravilhas de gôsto para todos os paladares, mesmo os mais exigentes.

CALORIAS E VITAMINAS

Todo indivíduo tem necessidade, para a sua subsistência, de uma certa quantidade de calorias diárias. Estas são fornecidas ao organismo pelos alimentos. COMER BEM indicará a melhor maneira de racionalizar a alimentação, de modo a que cada organismo aufira o melhor proveito em calorias e em vitaminas. Em "COMER BEM" a senhora terá indicações completas sobre calorias, vitaminas, alimentos que contêm ferro, cálcio e o valor dos mesmos para a sua saúde e de todos os seus.

Volume com 600 páginas   20$000

EM TÔDAS AS LIVRARIAS

1894 RECEITAS
Escolhidas e Experimentadas

- 860 de salgados
- 630 de doces
- 260 de bebidas
- 33 de sanduíches
- 11 de sorvetes

COMPANHIA EDITORA NACIONAL
RUA DOS GUSMÕES, 639 — S. PAULO

CURIOSIDADES

Os Vinhos em 1940

Os bons vinhos devem ser servidos em suas garrafas originais, desarrolhadas cuidadosamente para que não sofram abalo. Há vinhos que devem ser gelados e outros que precisam ser *chambrés*, isto é, deixados por algumas horas na sala de refeições para que adquiram a temperatura do ambiente.

Importante: deve-se sempre ter o máximo cuidado na escolha do vinho. Vinhos duvidosos, falsificados e ordinários, de fabricação inferior ou não confiável podem prejudicar toda uma refeição. O vinho, quando de boa e legítima procedência e tomado em doses comedidas, age como estimulante. Em certos casos, facilita a digestão, pois provoca rapidamente as secreções pépticas.

Arranjo da Mesa

A decoração da mesa deve obedecer a um princípio de distinção que, à primeira vista, impressione agradavelmente. Nada de complicações e atravancamentos que a tornem pesada aos nossos olhos.

As linhas simples e sóbrias são as que mais atraem! Resta saber combinar e aproveitar com arte os utensílios – louças, cristais e metais –, de modo a dar à mesa uma disposição e um realce que revelem delicadeza e bom gosto.

Com o conjunto de elementos de que se pode dispor, não é difícil dar à mesa a feição que se deseja! É necessário que o bom gosto de cada um lhe saiba dar realce, aproveitando ao máximo os recursos com que se pode contar. As guarnições, os jogos e os aparelhos de linhas simples satisfazem, desde que sejam dispostos de maneira que as tonalidades de cor e os reflexos se harmonizem com o ambiente.

Um ambiente moderno requer cores vivas e linhas geométricas pronunciadas.

CURIOSIDADES

CURIOSIDADES

Modos de Servir da Década de 1940

Às diferentes maneiras de contornar ou rodear o prato, para levá-lo à mesa, dá-se o nome de *guarnições*. O mais simples e usual é o enfeite com ramos de salsa e folhas de alface inteiras ou cortadas em tiras finas, formando uma guirlanda em volta do prato.

Há, entretanto, guarnições mais interessantes que acompanham ou decoram de maneira mais atraente não só a carne e o peixe como as demais iguarias. É evidente que um prato, por mais simples que seja, quando bem arrumado, atrai melhor a atenção e mais de perto aguça o apetite. Deve-se evitar, portanto, o uso de ingredientes artificiais.

As guarnições devem estar em perfeita correspondência com o elemento ou a peça a que servem de acompanhamento; devem, por assim dizer, constituir um complemento imprescindível para a boa apresentação dos pratos, sem, entretanto, desnaturá-los. Inúmeros são os elementos de que se pode dispor para esse fim, sem recorrer a extravagâncias e exageros condenáveis e que viriam a desvirtuar os princípios básicos da boa cozinha.

As variedades de verdura e de legumes são sem conta. Basta escolher com arte e gosto as suas combinações, variando os efeitos das cores e do arranjo, de modo a estabelecer contrastes imprevistos, por exemplo entre o vermelho vivo dos tomates e o verde transparente dos pimentões, o verde desbotado do chuchu e o amarelo-ouro das gemas ou o esmalte translúcido das claras, os tons oleosos das azeitonas e o encarnado dos camarões e dos crustáceos, e assim por diante.

Agradar aos olhos é despertar o apetite. Um pouco de boa vontade é suficiente para fazer lindas e variadas combinações. Não é preciso grandes dispêndios. Uma guirlanda de alface cortada em tiras finas em torno de um peixe é o bastante para lhe dar outra vida. Algumas rodelas de limão e algumas azeitonas com uns ramos de salsa já são suficientes para realçar um prato de lombo ou qualquer assado.

Além das verduras e dos legumes, podem-se empregar nas combinações – não só para efeito decorativo, como também para que se torne mais precioso o prato – ovos cozidos e cortados em rodelas ou picados como confeitos, queijo ralado, presunto, camarões, cogumelos, azeitonas, trufas, fatias de pão frito, biscoitos salgados, *petit-fours*, conservas, moluscos, crustáceos e uma variedade infinita de preparados, molhos e ingredientes. Tanto para os grandes como para os pequenos pratos, o princípio que deve presidir ao seu arranjo é o mesmo, obedecendo, está claro, às proporções necessárias.

Uma observação importante: é preciso considerar que os molhos e caldos de legumes empregados nas guarnições combinem ao menos com o da peça a que irão servir de acompanhamento decorativo, a fim de se evitarem repulsões decorrentes da mistura ou alteração do gosto típico do prato.

É por demais sabido que os molhos de tomate e outros idênticos combinam melhor com as preparações acompanhadas com guarnições que tenham como elementos trutas, miúdos de frango, cogumelos etc. Para os legumes, a preferência e a prática indicam os molhos ligados e os de manteiga.

De acordo com a tradição culinária, damos, nesta parte, uma relação de guarnições básicas, que poderão ser confeccionadas e variadas a critério de quem pretenda, fugindo ao trivial, apresentar os seus pratos com melhor aspecto e, portanto, com mais gosto.

Serviço

Obedece rigorosamente à ordem do cardápio estabelecido. Findo o jantar, ainda é costume, em algumas casas, trazerem-se os *bowls* (pequenas vasilhas com água morna onde, simbolicamente, os convivas lavam as pontas dos dedos) sobre pratinhos forrados com minúsculos panos bordados; a seguir, é servido o café e, depois deste, os licores – na própria mesa ou fora dela. Essa é a norma clássica, que, entretanto, poderá ser modificada segundo as conveniências e os recursos de cada um.

Serviço de Almoço de Cerimônia

Obedece ao cardápio estabelecido. Deve ser mais simples que o jantar e não requer, para os convidados, traje de absoluto rigor.

Serviço Comum

O serviço de todo dia, quanto mais simples, mais elegante. Cada dona de casa disporá as coisas da maneira que melhor convier e conforme os recursos com que contar.

COMER BEM

Um livro que vale por uma biblioteca de arte culinária

por **DONA BENTA**

Um utilíssimo presente para toda dona de casa

Edição de 1948

A simplicidade com que são ministradas as receitas dêste livro possibilita a qualquer pessôa, mesmo inexperiente em culinária, a fazer os mais saborosos quitutes.
O TRIVIAL está bem representado por receitas excelentes e práticas; os tempêros indicados e as instruções sôbre o cozimento de assados, peixes, cereais, verduras, legumes, etc., dão aos pratos sabôr especial, que agrada aos mais exigentes paladares.

Volume com 560 páginas, cartonado Cr$ **40,00**

Experimente estas deliciosas receitas

Sandwich ENROLADO
página 117.

Pudim ROYAL ANGLAISE
página 348.

Bolo de CASTANHA-do-PARÁ
página 402.

Sorvete GOSTOSO
página 511.

COMPANHIA EDITORA NACIONAL
Rua dos Gusmões, 639 — São Paulo

Guarnições da Década de 1940

Este é o texto original em que são sugeridos os acompanhamentos para as mais variadas receitas. Atualmente, em virtude de algumas mudanças em nossos hábitos, tais guarnições caíram em desuso, porém nada impede que sejam preparadas e servidas conforme as sugestões apresentadas.

Assado

Croquetes de batata ou rodelas ligeiramente douradas e tomates inteiros pequenos, assados e regados com um tênue fio de azeite; batatas inteiras douradas ao forno; buquês de couve-flor ligeiramente regados com molho branco, cenouras da mesma forma etc.

Aves

Batatas *sautées* minúsculas e cebolinhas fritas até dourar em manteiga ou óleo.

Bifes

Batatas palha, batatas fritas em rodelas, salada de alface, salada de rúcula em azeite e vinagre.

Acompanhamento: refogado de cebola ou molho inglês.

Carne à Milanesa

Leito de alface, rodelas de limão, azeitonas, picles etc.

Carne de Panela

Enfeite com batatas douradas, pimentões grelhados, tomates *sautées* em azeite; arroz em forminhas com molho de tomate; batatas fritas em fatias grossas ou cozidas no próprio molho de carne; folhas de alface etc.

CURIOSIDADES

"Comer Bem"

um bom prato...
O melhor caminho para o coração do homem...

O MELHOR PRESENTE PARA UMA DONA DE CASA: VALE POR UMA BIBLIOTECA DA ARTE CULINÁRIA!

Nova Edição

DONA BENTA

COMPANHIA EDITORA NACIONAL

PARA A CIDADE E PARA O CAMPO

EM TODAS AS LIVRARIAS DO BRASIL
CR.$ 20,00

Carneiro, Cabrito

Cebola picada finamente e dourada em manteiga; batatas fritas cortadas em 4, em rodelas ou em fatias finas. Misture esses dois elementos no próprio molho da carne e distribua a combinação em volta do pedaço.

Carne de Vaca Assada, de Panela ou de Forno

Cogumelos cortados em 4, cebolas em rodelas fritas; torresmos ligeiramente fritos (não devem ficar queimados) ou toicinho defumado cortado em pedaços curtos e fritos na manteiga. Essa guarnição, chamada à *la bourguignonne*, contorna geralmente peças que tenham sido cozidas ou assadas em molho à base de vinho tinto.

Carnes Marinadas

Croquetes de batata; crosta de torta, aparas, recortes de massa cobertos com purê de castanhas ou com um molho compacto com azeitona, cenoura, cogumelo ou ovo cozido para enfeitar.

Acompanhamento: molho ligeiramente picante.

Filés

Uma porção de chucrute preparada ou temperada a gosto e fatias de presunto magro.

Acompanhamento: molho de carne ligado.

Lombo

Rodelas de limão; farofa de manteiga com torresmos inteiros; cenouras *sautées* etc.

Peixe, Lagosta etc.

Guirlanda de alface picada bem miúda em toda a volta; 2 folhas inteiras em cada extremidade; azeitonas e rodelas de ovos cozidos.

Acompanhamento: molho de maionese.

Peixe Assado

Alface, rodelas de limão, camarões, pontas de aspargos, grelos de bambu, palmito, azeitonas pretas.

Acompanhamento: molho de manteiga.

Peixe em Postas

Sendo ensopado, cozinhe os temperos peculiares, as batatas, as abóboras e os demais legumes no caldo do próprio peixe; sendo frito, sirva batatas *sautées*, ervilhas com molho de manteiga, pepininhos em conserva, azeitonas, palmito etc. O prato pode ser enfeitado com folhas inteiras de alface e rodelas de tomate ou de limão.

Pernil

Deve ser arrumado em fatias sobre folhas de alface ou sobre o próprio molho que o rega (é preferível que este seja ligeiramente picante); vagens *sautées* ou miscelânea de legumes.

Acompanhamento: molho forte, vinagrete e limões cortados.

Rosbife

Legumes *sautées* soltos ou em miscelânea, alface ou chicória etc.

Acompanhamento: o próprio molho inglês ou mostarda.

CURIOSIDADES

Companhia Editora Nacional

Rua dos Gusmões, 639 - Caixa 2734 - São Paulo

End. Telegráfico: "EDITORA" - Telefones:
- 4-57-21: Diretoria
- 4-57-30: Contabilidade, Caixa e Gerencia
- 4-20-95: Departamento de Propaganda e Revisão
- 4-89-36: Depósito (Pedidos)

DIRETORES:
Octalles Marcondes Ferreira
Themistocles Marcondes Ferreira

Memorandum

| ROSTO DE HOMEM |
| SORRIDENTE |

PRATOS

NUNCA ALMOCEI EM RESTAURANTES!
A COMIDA LÁ DE CASA É FEITA DE
ACÔRDO COM O "COMER BEM". E DO
NA BENTA É BATUTA MESMO!

PRATOS

PRATOS

| DESENHO DO LIVRO |

Coquetéis e Bebidas de Época

Toddies

Os toddies preparados frios são melhores que os quentes. Na maioria, são menos alcoólicos que os *cobblers*. Os melhores são os resultantes da combinação com suco de frutas ou com xaropes.

Toddy de Abacaxi

1. Faça um refresco com suco de abacaxi e encha com ele ¾ do copo.
2. Complete com vinho branco ou vermute.

Toddy de Coco

1. Misture a água de coco verde (ou leite de coco) com gelo e um cálice de *Kümmel*.
2. Sirva com canudinhos.

Morango Toddy

1. Ponha na coqueteleira *(shaker)* 10 morangos bem limpos; amasse-os com uma colher; misture açúcar (2 colheres das de sobremesa), um cálice mal cheio de rum, um copo de vinho branco e 2 colheres (sopa) de gelo picado.
2. Bata e sirva.

Rum Toddy

1. Misture, num copo duplo, um cálice de rum, ½ cálice de *Kümmel,* uma colher (sopa) de açúcar, casca de limão e um salpico de bitter ou de Orange Bitter®.
2. Complete com água comum ou gelada.

OS GRANDES LIVROS DA CULINÁRIA!

COMER BEM
por Dona Benta

Utilíssimo presente para tôda dona de casa e que vale por uma biblioteca de arte culinária. A simplicidade de suas receitas possibilita a qualquer pessoa, mesmo inexperiente, fazer os mais saborosos quitutes.

Cr$ 70,00

COMER MELHOR
por Dona Stella

Mais de 1.000 receitas experimentadas, reunidas em elegante caixa-fichário. Especialidades da cozinha internacional, em receitas fáceis e ao alcance das mais jovens donas de casa.

Cr$ 120,00

EM TÔDAS AS LIVRARIAS!

Wine Toddy

1   Misture bem um cálice de xarope de goma, 2 doses de vinho do porto ou xerez, 2 colheres (sopa) de açúcar e 2 copos de água *frappée*.

2   Sirva com fatias de laranja, morangos ou qualquer outra fruta.

Chileno Smart

1   Misture, num copo duplo, um cálice de granadina (*grenadine*), um cálice de groselha, uma colher (sopa) de curaçau, uma gota de baunilha, ½ cálice de marrasquino.

2   Acabe de encher o copo com o leite gelado.

3   Polvilhe, se quiser, com canela ou noz-moscada.

Cidra Cup

1   Misture, num jarro, o suco de um limão, o suco de 2 laranjas, o suco de uma lima, ½ xícara (chá) de açúcar, um cálice de curaçau, ½ cálice de laranja, uma garrafa de sifão (água com gás) e uma garrafa de vinho branco seco ou uma garrafa de vinho espumante.

2   Mexa bem e sirva.

Clarete Cup

1   Misture, com pedaços de gelo, numa jarra de cristal: uma garrafa de vinho branco ou de Champanhe, um cálice de licor de pêssego, o suco de um limão, fatias de 2 maçãs ou de 2 laranjas, ½ abacaxi picado e 2 garrafas de sifão (água com gás).

2   Adicione açúcar a gosto.

3   Prepare 2 horas antes de servir.

Curiosidades

Ermida Cup

1   Misture, num jarro de cristal ou numa poncheira, os sucos de um limão e de 2 laranjas, um cálice de groselha, um cálice de curaçau, uma garrafa de vinho branco seco e uma garrafa de água tônica.

2   Adicione grandes pedaços de gelo e sirva, em taças, com pedacinhos de frutas.

Maravilha Cup

1   Faça uma salada de frutas bem variada e misture-lhe gelo picado, xarope de granadina (*grenadine*) e um cálice de pinga.

2   Deixe na geladeira e, na hora de servir, junte uma colher (sopa) bem cheia da mistura em cada taça, acabando de enchê-la com um vinho espumante ou com uma mistura de uma garrafa de vinho branco seco e 3 de água tônica.

Bénédictine Crusta

1   Misture na coqueteleira (*shaker*) gelo em pedacinhos, 3 colheres (sopa) de açúcar, 4 limões-galegos, uma colher (sopa) de marrasquino, outra de bitter, ½ cálice de conhaque e ½ de licor *bénédictine*.

2   Sacoleje bem (até espumar) e sirva em copinhos barrados, na beirada, com limão e açúcar.

Brandy Crusta

1   Descasque um limão de modo a lhe tirar a casca inteira em serpentina.

2   Ponha a casca do limão no fundo de um copo duplo com 2 tabletes de açúcar umedecidos em limão.

3   Ponha na coqueteleira (*shaker*) gelo partido, 2 colheres (sopa) de xarope de goma, ½ cálice de marrasquino, uma colherinha (chá) de bitter, o suco de um limão e um cálice de *brandy*.

4   Sacoleje bem e vire sobre a casca de limão.

5   Sirva em barriletes de cristal polvilhados de açúcar, enfeitando com pedacinhos de frutas ou com violetas soltas.

Curiosidades

Gouthe d'Arbois

- 1 garrafa de vinho rosado de Arbois
- 1 copo de conhaque
- ½ copo de bénédictine
- *Açúcar a gosto*
- *3 rodelas de laranja com casca*
- *2 rodelas de limão com casca*
- *Algumas folhas de hortelã*
- *Gelo picado*
- *Soda*

1 Coloque, num jarro de cristal, o vinho, o conhaque e o *bénédictine*.

2 Adicione o açúcar, as rodelas de laranja e de limão e as folhas de hortelã.

3 Deixe na geladeira.

4 Ao servir, junte uma porção do gelo picado e acabe de encher o jarro com soda.

Jacquelin

- *1 kg de açúcar*
- *Suco de 12 limões*
- *½ litro de chá preto*
- 1 garrafa de Sylvaner Barr
- *1 garrafa de rum*
- *1 garrafa de marrasquino*
- *Gelo picado*

1 Junte e misture o açúcar e o suco dos limões.

2 Coloque sobre a mistura o chá preto fervente.

3 Adicione uma garrafa de *Sylvaner Barr*, uma de rum e uma de marrasquino.

4 Deixe na geladeira.

5 Na hora de servir, junte o gelo picado.

Molhos para Coquetéis

Há molhos especialmente preparados para aromatizar coquetéis, como o barclay, o latuca (de Wetherston) e outros, que são indispensáveis nos coquetéis de crustáceos. Há, por exemplo, quem use e aprecie, em certos coquetéis secos, alguns salpicos de molho inglês, como há quem goste de adicionar aos coquetéis doces uma, 2 ou 3 gotas de bom vinagre ou de limão. Questão, simplesmente, de paladar.

Molho de Tomates para Coquetel I

- 1 kg de tomate
- 1 colher (sopa) de açúcar
- 1 colher (chá) de sal
- 1 colher (chá) de molho inglês
- 3 folhas de aipo (salsão)
- 1 pitada de caiena (pimenta em pó)
- 1 xícara (chá) de água quente
- 1 colher (sopa) de suco de limão

1 Amasse o tomate numa caçarola.

2 Junte à massa obtida o açúcar, o sal, o molho inglês, as folhas de aipo, a caiena (pimenta em pó), a água quente e misture tudo.

3 Ponha a mistura em forno brando e deixe-a por 20 minutos.

4 Acrescente, depois, o suco de limão e deixe esfriar.

5 Depois de fria, acondicione a mistura em vidros, conservando-a, durante 8 dias, na geladeira.

6 Sirva-a bem gelada.

CURIOSIDADES

CURIOSIDADES

Xaropes Caseiros

Os xaropes, em sua maioria, são preparados com essências artificiais. Dispondo de uma variedade extraordinária de frutas, podemos prepará-los em casa sem grandes dispêndios.

Nota: A maneira mais corrente de fazer esses xaropes é cozinhar as folhas ou frutos em um pouco de água e, assim que levantar fervura, juntar o açúcar necessário para que a água da cocção tome o ponto de xarope. Feito isso, coe e engarrafe.

Xarope de Agrião

1 Triture um maço de agrião, usando a centrífuga de legumes, e esprema-o através de um pano grosso para tirar o suco.

2 Ao suco obtido junte uma xícara (chá) de açúcar (para formar o xarope) e leve ao fogo.

3 Assim que levantar fervura, retire-o do fogo, deixe descansar um pouco, escume, verifique se está em ponto, coe e guarde num vidro.

4 Arrolhe o vidro depois de frio.

Xarope de Amoras

1 Tome uma boa porção de amoras bem maduras, esmigalhe-as e leve-as para ferver em quantidade de calda que corresponda ao peso das amoras.

2 Após a fervura, escume e coe através de um pano fino.

3 Engarrafe quando o xarope estiver quase frio.

Xarope de Cajá

1 Esprema os cajás com as mãos ou na centrífuga de legumes e, numa tigela de vidro, misture-lhes o suco com caldo de limão: para cada litro de suco de cajá, junte o suco de um limão.

2 Faça uma calda de açúcar correspondente ao dobro do líquido obtido, misture-a com o suco (mexendo com uma colher de pau) e leve ao fogo.

3 Assim que levantar fervura, retire do fogo, deixe descansar um pouco, escume, coe através de um pano espesso, engarrafe enquanto quente e arrolhe depois de frio.

Observação: Na preparação deste xarope não se pode usar nada de metal.

COMER BEM

Um livro que vale por uma biblioteca de arte culinária

por DONA BENTA

Experimente estas Receitas

EDIÇÃO 1950

A SIMPLICIDADE com que são ministradas as receitas deste livro possibilita a qualquer pessoa, mesmo inexperiente em culinária, a fazer os mais saborosos quitutes. O TRIVIAL está bem representado por receitas excelentes e práticas; os *tempêros* indicados e as instruções sôbre cozimento de assados, peixes, cereais, verduras, legumes, etc., dão aos pratos sabôr especial, que agrada aos mais exigentes paladares.

Sandwich ENROLADO
página 117.

Pudim ROYAL ANGLAISE
página 348.

Bolo de CASTANHA do PARÁ
página 402.

Sorvete GOSTOSO
página 511.

Pedidos à
EDITORA CIVILIZAÇÃO BRASILEIRA S.A.
Rua do Ouvidor, 102 — Rio de Janeiro
Rua 15 de Novembro, 144 — São Paulo
***
Atendemos pelo Serviço de Reembolso

Volume com 560 páginas cartonado Cr$ 40,00

Xarope de Caju

1. Esprema os cajus com as mãos ou na centrífuga de legumes e, numa tigela de vidro, misture-lhes o suco com caldo de limão: para cada litro de suco de caju, adicione o suco de um limão.

2. Faça uma calda de açúcar correspondente ao dobro do líquido obtido, misture-a com o suco (mexendo com uma colher de pau) e leve ao fogo.

3. Assim que levantar fervura, retire do fogo, deixe descansar um pouco, escume, coe através de um pano espesso, engarrafe enquanto quente e arrolhe as garrafas depois de frio.

Observação: Na preparação deste xarope não se pode usar nada de metal.

Xarope de Guaco

1. Tome uma boa quantidade de folhas de guaco, triture-as na centrífuga de legumes e ponha-as para cozinhar numa calda de açúcar.

2. Assim que levantar fervura, tire do fogo, deixe descansar um pouco, escume, verifique se está em ponto de xarope, coe e guarde num vidro.

3. Depois de frio, arrolhe o vidro.

Observação: O xarope de guaco é muito bom para a tosse.

Xarope de Laranja

1. Misture um copo de suco de laranja, raspas de casca de uma laranja, um litro de calda de açúcar em ponto de fio médio e leve ao fogo até levantar fervura.

2. Retire do fogo, deixe descansar um pouco, escume, coe através de um pano e engarrafe.

3. Arrolhe as garrafas quando o xarope estiver frio.

Xarope de Limão

1. Misture um copo de suco de limão, raspas de cascas de um limão, um litro de calda de açúcar em ponto de fio médio e leve ao fogo até levantar fervura.

2. Retire do fogo, deixe descansar um pouco, escume, coe através de um pano e engarrafe.

3. Arrolhe as garrafas quando o xarope estiver frio.

Xarope de Pitanga

1   Esprema as pitangas com as mãos e, numa tigela de vidro, misture-lhes o suco com caldo de limão: para cada litro de suco de pitanga, adicione o suco de um limão.

2   Faça uma calda de açúcar correspondente ao dobro do líquido obtido, misture-a com este (mexendo com uma colher de pau) e leve ao fogo.

3   Assim que levantar fervura, retire do fogo, deixe descansar um pouco, escume, coe através de um pano espesso. Engarrafe enquanto quente e, depois de frio, arrolhe as garrafas.

Observação: Na preparação deste xarope não se pode usar nada de metal.

Xarope de Tamarindos

1   Tome 2 xícaras (chá) de polpa de tamarindos e desmanche-a numa tigela com um copo de vinagre.

2   Misture-lhe 3 litros de calda de açúcar em ponto de fio médio e leve ao fogo até ferver.

3   Retire do fogo, coe e engarrafe.

4   Arrolhe as garrafas depois de frio.

Índice Alfabético

A

Abacaxi em calda, 744
Abóbora com picadinho, 281
Abóbora cristalizada, 756
Abóbora refogada, 280
Abóbora simples, 282
Abobrinha com comelos, 283
Abobrinha com ovos, 283
Abobrinha frita, 282
Abobrinha recheada, 284
Abobrinhas à doré, 282
Acarajé, 374
Acelga à milanesa, 285
Acelga com molho branco, 286
Acelga gratinada, 285
Açúcar queimado ou caramelo, 647
Alcachofra cozida I, 286
Alcachofra cozida II, 287
Alcachofra na manteiga, 287
Alcachofra recheada, 288
Aletria de leite com ovos, 676
Alfajorcitos de maisena, 858
Alfenins com nozes, 800
Alfenins de coco, 800
Almondegão de Budapeste, 528
Almondegão de Viena, 529
Almôndegas, 526
Almôndegas à russa, 526
Almôndegas especiais, 527
Amandine, 768
Amanteigados deliciosos, 768
Ambrosia, 666
Ameixa recheada com nozes, 768
Ameixa recheada ou olho de sogra, 767
Ameixas com bacon, 95
Angu baiano para peixe, 379
Angu de fubá, 379
Antepasto de berinjelas, 96
Antepasto de pimentões I, 97
Antepasto de pimentões II, 97
Antepasto napolitano, 96
Antepasto picante de berinjelas, 98
Appetizers, 95

Arroz à grega, 346
Arroz à piemontesa, 346
Arroz básico, 345
Arroz caribenho, 346
Arroz com amêndoas, 347
Arroz com amêndoas e frango, 347
Arroz com camarões, 348
Arroz com camarões à moda do norte, 349
Arroz com camarões secos, 348
Arroz com castanhas-do-pará, 350
Arroz com champanhe, 350
Arroz com galinha, 351
Arroz com legumes, 351
Arroz com milho verde, 352
Arroz com molho pardo, 352
Arroz com ovos e ervilhas, 353
Arroz com peixe, 354
Arroz com polvo, 354
Arroz com repolho, 353
Arroz com suã, 355
Arroz com tomate, 355
Arroz de Braga, 358
Arroz de carreteiro, 356
Arroz de forno, 357
Arroz doce com leite, 678
Arroz doce simples, 678
Arroz e feijão à moda cubana, 359
Arroz escaldado, 345
Arroz frito, 357
Arroz indiano, 358
Arroz na fôrma com parmesão, 360
Arroz recuperado, 360
Aspargos à maître-d'hôtel, 288
Aspargos especiais, 289
Azeitonas com filés de anchovas rolmops, 98
Azeitonas recheadas, 98
Azeitonas temperadas, 99

B

Baba de moça I, 672
Baba de moça II, 673
Bacalhau à baiana, 617
Bacalhau à espanhola, 616

Bacalhau à moda de Nice, 619
Bacalhau à moda do Porto, 619
Bacalhau com leite de coco, 617
Bacalhau gratinado, 618
Bacalhau na fôrma, 616
Bacalhoada à moda, 615
Bacalhoada portuguesa, 620
Bagel, 444
Baianinhas, 783
Balas de amêndoas, 801
Balas de amendoim torrado, 802
Balas de banana, 802
Balas de café, 802
Balas de castanhas-do-pará, 803
Balas de chocolate, 803
Balas de chocolate com canela, 803
Balas de damasco, 804
Balas de essência, 801
Balas de leite, 804
Balas delícia, 805
Balas de nozes, 804
Balas de ovos, 805
Balas de ovos com coco, 805
Balas simples, 801
Bananada, 751
Bananada paulista, 750
Bananas em calda de mascavo, 746
Batata assada, 289
Batata com queijo, 292
Batata cozida e frita, 290
Batata-doce frita I, 298
Batata-doce frita II, 298
Batata ensopada, 290
Batata francesa, 291
Batata frita, 291
Batata gratinada, 289
Batata palha, 291
Batata portuguesa, 292
Batatas chips, 290
Batatas sauté, 293
Batatinhas (aperitivo), 99
Batatinhas de chocolate, 775
Bauru, 174

ÍNDICE ALFABÉTICO

Bavaroise de baunilha, 705
Bavaroise de chocolate, 704
Bavaroise de coco, 705
Bavaroise de morango, 706
Bebida para festas, 970
Beijinhos de abacaxi, 766
Beijinhos de coco, 779
Beijos de cabocla, 779
Beijos de coco, 779
Beijos de freira, 790
Beijos de sogra, 828
Bellini, 962
Bem-casados de amêndoas, 769
Bengalinhas de Viena, 858
Berinjela com ricota, 302
Berinjelas à borgonhesa, 301
Berinjelas à mineira, 303
Berinjelas à moda oriental, 99
Berinjelas à parmiggiana, 301
Berinjelas com tomate e cebola, 303
Berinjelas sauté, 304
Beterrabas à la poulette, 305
Bife à tártara, 533
Bife rolê com cenoura e bacon, 525
Bife rolê com cerveja, 524
Bife rolê com linguiça, 525
Bife rolê com ovos, 523
Bifes a cavalo, 521
Bifes à cordon-bleu, 522
Bifes à milanesa, 521
Bifes à parmiggiana, 523
Bifes acebolados, 520
Bifes ao molho acebolado com tomate, 521
Bifes com cogumelos, 522
Bifes de fígado, 579
Bifes de fígado acebolados, 580
Bifes de fígado ao molho de vinho branco, 580
Bifes de fígado com pimentão, 581
Bifes simples, 520
Bifes temperados, 520
Biriba de nozes, 793
Biscoitinhos Adelaide, 866
Biscoitinhos de amêndoas, 867
Biscoitinhos de cebola, 185
Biscoitinhos de coco, 869
Biscoitinhos de coco com maisena, 870
Biscoitinhos de milho, 871
Biscoitinhos de queijo, 185, 872
Biscoitinhos mimosos, 871
Biscoitinhos salgados, 185
Biscoito carioca, 867
Biscoito da Alsácia, 866
Biscoitos apressados, 867
Biscoitos champanhe, 869
Biscoitos da roça, 872
Biscoitos de cerveja, 868

Biscoitos de leite, 871
Biscoitos favoritos, 870
Biscoitos Palermo, 872
Biscoitos para chá, 868
Biscuit, 873
Bobó cremoso de camarão, 622
Bobó de camarão, 621
Bolachas de amêndoas, 859
Bolachinhas América, 862
Bolachinhas com geleia, 860
Bolachinhas com goiabada, 860
Bolachinhas de amor e canela, 859
Bolachinhas de coco I, 859
Bolachinhas de coco II, 860
Bolachinhas de maisena, 861
Bolachinhas de nata com baunilha, 862
Bolachinhas de nata com maisena, 861
Bolachinhas holandesas, 863
Bolachinhas mimosas, 863
Bolachinhas mineiras, 863
Bolachinhas neutras de nata, 861
Bolinhas de castanhas-do-pará, 774
Bolinhas de cenoura, 312
Bolinhas de melão com Parma, 119
Bolinhas de queijo, 186
Bolinhas de queijo para consomê, 234
Bolinho chinês com fruta, 848
Bolinho de batata, 293
Bolinho de batata recheado, 294
Bolinhos apressados, 846
Bolinhos argentinos, 847
Bolinhos caprichosos, 848
Bolinhos da Escócia, 831
Bolinhos da roça, 849
Bolinhos de amendoim, 846
Bolinhos de amor, 846
Bolinhos de bacalhau, 620
Bolinhos de camarão, 623
Bolinhos de carne, 529
Bolinhos de mandioca, 328
Bolinhos de milho verde, 329
Bolinhos de peixe, 600
Bolinhos de queijo, 186, 849
Bolinhos especiais de arroz, 364
Bolinhos simples de arroz, 364
Bolo 1, 2, 3, 4, 837
Bolo baiano, 818
Bolo branco, 829
Bolo campineiro, 830
Bolo condessa D'Eu, 830
Bolo coroa de Frankfurt, 819
Bolo d'água, 812
Bolo d'água macio, 812
Bolo de abacaxi, 812
Bolo de ameixa, 813
Bolo de araruta, 813

Bolo de banana com nozes, 814
Bolo de batatas ao forno, 294
Bolo de batatas recheado, 295
Bolo de carne simples, 530
Bolo de castanhas-do-pará, 814
Bolo de chocolate I, 815
Bolo de chocolate II, 815
Bolo de coco, 817
Bolo de coco em camadas, 818
Bolo de cozinheira, 831
Bolo de creme de menta gelado, 822
Bolo de laranja, 821
Bolo de legumes, 335
Bolo delicioso, 827
Bolo de limão, 824
Bolo de mel, 821
Bolo de milho verde, 824
Bolo de minuto, 834
Bolo de morango, 825
Bolo de Natal, 834
Bolo de nozes, 825
Bolo de nozes para chá, 828
Bolo de nozes seleto, 826
Bolo de queijo, 828
Bolo de Santa Clara, 834
Bolo de São Paulo, 835
Bolo de Sevilha, 836
Bolo de três ovos, 837
Bolo escuro, 830
Bolo floresta negra, 820
Bolo formigueiro, 816
Bolo futurista, 832
Bolo imperador, 832
Bolo inglês fácil, 832
Bolo legalista, 833
Bolo majestoso, 833
Bolo Mary, 833
Bolo nega maluca, 816
Bolo Rainbow Dessert, 835
Bolo sem-cerimônia, 836
Bolo simples, 837
Bom-bocado com queijo, 780
Bom-bocado de coco, 780
Bom-bocado de liquidificador, 781
Bom-bocado de milho verde, 782
Bom-bocado de queijo e coco, 781
Bom-bocado do norte, 782
Bom-bocado rico de coco, 780
Braço cigano, 428
Brandy grog, 970
Brasileiras, 783
Brejeirinhas, 783
Brevidade rápida, 847
Brigadeiro, 776
Brigadeiro macio, 776
Brioches delicados, 847

ÍNDICE ALFABÉTICO

Brioches doces, *848*
Broas saborosas, *849*
Brócolis à romana, *306*
Brócolis cozidos, *306*
Broinhas de fubá mimoso, *850*
Broto de bambu cozido, *307*
Broto de feijão refogado, *307*
Brownie, *383*

C

Cabrito à bragantina, *566*
Cabrito assado no forno, *565*
Cabrito ensopado, *565*
Caçarola italiana, *687*
Cachorro-quente, *174*
Café com chantilly, *934*
Café com leite, *934*
Café correto, *935*
Café expresso, *935*
Café ristretto, *935*
Café simples I, *934*
Café simples II, *934*
Caipirinha, *797*
Caipirinha ou caipirosca de frutas vermelhas, *962*
Caipirinha ou caipirosca de limão, *962*
Cajus de amendoim, *772*
Cajus de coco, *784*
Cajus em calda, *744*
Calda de chocolate para pudins, *648*
Calda ou molho de chocolate, *648*
Calda de açúcar, *645*
Caldeirada de cabrito, *566*
Caldinho de feijão, *230*
Caldo básico de carne, *227*
Caldo básico de galinha ou frango, *228*
Caldo básico de peixe, *229*
Caldo com massas, *231*
Caldo de camarão, *229*
Caldo de carne com espinafre e ovos, *229*
Caldo de carne com farinha de milho, *230*
Caldo de legumes, *228*
Caldo de mocotó, *231*
Caldo verde, *232*
Caldo verde e amarelo, *232*
Caldo verde fácil, *232*
Camafeu de nozes, *793*
Camafeu original, *793*
Camarões à baiana, *623*
Camarões à portuguesa, *624*
Camarões à provençal, *624*
Camarões ao forno com catupiri, *625*
Camarões com catupiri, *626*
Camarões com curry, *626*
Camarões com palmito, *627*
Camarões na moranga, *627*
Cambuquira refogada, *308*

Canapés de atum, *100*
Canapés de carpaccio, *100*
Canapés de caviar, *105*
Canapés de kani com manga, *101*
Canapés de lagosta, *101*
Canapés de ostras à russa, *102*
Canapés de ovos I, *102*
Canapés de ovos II, *102*
Canapés de patê, *103*
Canapés de picles, *103*
Canapés de presunto, *103*
Canapés de queijo I, *104*
Canapés de queijo II, *104*
Canapés de salame, *104*
Canapés de salmão defumado, *105*
Canapés de sardinha, *105*
Canelone de ricota, *395*
Canja com legumes, *236*
Canja simples, *236*
Canjica, *679*
Canjica à baiana, *680*
Capelete à romanesca, *395*
Caponata siciliana, *119*
Cappuccino em pó, *935*
Caramelo de Natal, *794*
Caramelo para fôrmas de creme e pudim, *647*
Caranguejos cozidos, *636*
Carne assada com bacon, *508*
Carne de fumeiro ou charque, *537*
Carne de panela, *508*
Carne de panela à portuguesa, *509*
Carne de porco assada, *546*
Carne fria acebolada, *509*
Carne guisada, *510*
Carne oriental com brócolis, *510*
Carne recheada com farofa, *511*
Carne-seca com purê de mandioca, *535*
Carne-seca desfiada, *535*
Carne-seca no espeto, *536*
Carne-seca refogada, *536*
Carneiro com batatas, *567*
Carolinas (bombas), *773*
Carolinas com creme, *774*
Carpaccio, *120*
Carrês de chocolate, *817*
Caruru refogado, *308*
Casadinhos, *864*
Casadinhos de batata, *295*
Casadinhos de camarão, *628*
Casadinhos de maisena, *790*
Casadinhos em lua de mel, *864*
Casquinha de camarões, *120*
Casquinha de siri, *121*
Casquinhas de siri, *638*
Cassoulet, *370*
Castanhas fingidas, *775*

Cebolas ao forno, *308*
Cebolas recheadas à maître-d'hôtel, *309*
Cebolas recheadas com picadinho, *310*
Cebolinhas em conserva, *106*
Cenoura com molho branco, *310*
Cenoura frita, *311*
Cenouras glacées, *311*
Cerejas em calda, *745*
Chá com creme, *938*
Chá com mel, *938*
Chá com uísque, *938*
Chá da Gabriela, *939*
Chá flambado, *939*
Chá-mate, *940*
Chá mongol, *939*
Chá quente com conhaque, *940*
Chá real, *940*
Champanhe coquetel I, *962*
Champanhe coquetel II, *963*
Charlote, *698*
Charlote anglaise, *699*
Charlote real, *698*
Charlote russa, *699*
Cheesecake com framboesas, *889*
Chicória (escarola) à maître-d'hôtel, *312*
Chicória (escarola) refogada, *312*
Chocolatada, *942*
Chocolatada especial, *942*
Chocolate em pó, *942*
Chocolate em tabletes, *943*
Chocolate lady, *943*
Chuchu com molho branco, *314*
Chuchu na manteiga, *313*
Chuchu recheado com camarões, *313*
Chuchu refogado, *314*
Chutney de manga, *466*
Cidras cristalizadas, *757*
Clericot de vinho, *970*
Club sanduíche, *174*
Cobertura de caramelo, *928*
Cobertura de chocolate, *928*
Cobertura de marshmallow, *929*
Cocada ao sol, *784*
Cocada assada, *784*
Cocada de colher, *785*
Cocada de fita, *785*
Cocada de ovos, *786*
Cocada mulatinha, *786*
Cocadinhas com ameixas ou cerejas, *786*
Cocadinhas decoradas, *787*
Codorna no espeto, *500*
Codornas com uva-itália, *500*
Coelho à andaluza, *571*
Coelho à baiana, *572*
Coelho à caçadora, *572*
Coelho à francesa, *574*

1019

ÍNDICE ALFABÉTICO

Coelho ao vinho madeira, 574
Coelho com presunto cru e aspargos, 573
Cogumelo na manteiga, 314
Cogumelos à provençal, 315
Colchão de noiva, 829
Compota de amoras, 738
Compota de abacaxi, 738
Compota de araçás, 738
Compota de castanha, 739
Compota de laranja, 739
Compota de maçãs inteiras, 740
Compota de maçãs sem açúcar, 740
Compota de mamão verde, 741
Compota de maracujá, 741
Compota de morango, 741
Compota de pera, 742
Compota de pêssegos, 742
Conserva de lombo de porco, 556
Conserva de suco de fruta, 952
Consomê, 233
Cookies adaptados, 873
Cookies clássicos, 874
Cookies recheados, 873
Coquetel de aspargos, 121
Coquetel de camarões I, 122
Coquetel de camarões II, 122
Coquetel de conhaque com mel, 963
Coquetel de frutas, 966
Coquetel de leite condensado, 963
Coquetel de licor de cacau, 964
Coquetel de manga, 967
Coquetel de melão, 123
Coquetel de morango, 967
Coquetel de pêssego, 967
Coquetel de tomate, 123
Coquetel de vitaminas, 967
Coquetel italiano, 963
Coquetel party, 964
Coração refogado, 577
Cordeiro com purê de batatas-roxas, 569
Cordon ponche, 971
Cortes do porco, 545
Costeletas de carneiro à milanesa, 568
Costeletas de carneiro grelhadas, 569
Costeletas de cordeiro à duquesa, 567
Costeletas de cordeiro empanadas, 568
Costeletas de porco à milanesa, 548
Costeletas de porco fritas, 546
Costeletas de porco grelhadas, 547
Costeletas de vitela alla milanese, 540
Costeletas de vitela grelhadas, 541
Costelinhas de porco agridoces, 547
Court-bouillon, 466
Couve à mineira, 316
Couve-de-bruxelas salteada, 337
Couve-flor à milanesa, 317

Couve-flor ao creme, 317
Couve-flor com molho branco, 318
Couve-flor com molho de manteiga, 318
Couve-flor gratinada, 318
Couve-flor gratinada com creme, 319
Couve-flor refogada, 319
Couve rasgada com angu, 315
Couve-tronchuda, 316
Coxinhas de frango fáceis, 186
Coxinhas de frango picantes, 484
Coxinhas de galinha I, 187
Coxinhas de galinha II, 188
Creme chantilly, 658
Creme de abacate, 666
Creme de baunilha para bavaroise de chocolate, 704
Creme de café para bolos, 658
Creme de chocolate com baunilha, 667
Creme de confeiteiro com café, 660
Creme de confeiteiro com chocolate, 647
Creme de confeiteiro I, 659
Creme de confeiteiro II, 659
Creme de laranja, 669
Creme de milho simples, 330
Creme de milho verde, 330, 671
Creme de palmito, 331
Creme de papaia com cassis, 667
Creme especial de baunilha, 666
Creme para pavê de milho verde, 696
Creme rápido de chocolate, 667
Creme russo, 670
Creme saboroso, 668
Creme seresta, 670
Creme tricolor, 669
Crepes com calda de laranja, 916
Crepes com geleia, 916
Crepes com morangos flambados, 917
Crepes de queijo, 917
Crepes doces, 916
Crêpes suzettes, 917
Croissants, 444
Croquete de sobras, 530
Croquetes de bacalhau, 189
Croquetes de batata, 296
Croquetes de caranguejo, 188
Croquetes de carne I, 189
Croquetes de carne II, 190
Croquetes de feijão, 375
Croquetes de presunto e azeitona, 190
Croquetes de queijo, 191
Crostini de búfala, 107
Crostini de Parma, 106
Crostini imperial, 107
Crostini primavera, 106
Cubinhos de gemas para consomê, 234
Cuca americana, 838

Curau, 671
Cuscuz de panela, 124

D

Damascos com queijo cremoso, 107
Deliciosas, 769
Dip de legumes, 108
Dobradinha com feijão-branco, 578
Dobradinha simples, 578
Doce de abóbora com coco, 750
Doce de abóbora na cal, 758
Doce de abóbora simples, 750
Doce de aletria, 676
Doce de batata-doce, 751
Doce de batata-doce em pedaços, 744
Doce de batata-doce seco, 758
Doce de cidra, 745
Doce de cidra ralada, 752
Doce de coco, 677
Doce de figos maduros, 747
Doce de figos verdes, 746
Doce de leite, 677
Doce de leite em quadradinhos, 789
Doce de mamão em pedaços, 747
Doce de maracujá, 747
Doce de queijo mineiro, 679
Doce de uvas, 754
Doce fofo de ovos, 674
Docinho alemão, 769
Docinhos de abacaxi com chocolate, 767
Docinhos de abacaxi com gemas, 765
Docinhos de amendoim, 771
Docinhos de batata-doce com nozes, 792
Docinhos de damasco, 789
Docinhos fantasia, 792
Dourado assado, 608

E

Empadinhas de camarão, 192
Empadinhas de galinha, 193
Empadinhas de palmito, 194
Empadinhas de queijo, 194
Enguia frita, 608
Enroladinhos de salsicha, 195
Ensopado de mocotó, 589
Ensopado húngaro, 512
Entrada fria de camarão, 124
Erva-doce (aperitivo), 108
Ervilhas frescas em grãos refogadas, 320
Ervilhas secas à inglesa, 320
Escalopes de frango com laranja, 484
Escalopes de vitela ao madeira, 541
Escalopes simples ao madeira, 524
Espaguete à carbonara, 396
Espaguete à puttanesca, 397
Espaguete ao alho e óleo, 396

ÍNDICE ALFABÉTICO

Espaguete primavera, 397
Espetinhos de melão com presunto, 108
Espinafre à búlgara, 321
Espinafre à moda de Florença, 322
Espinafre à Popeye, 323
Espinafre com ovos, 322
Espinafre em forminhas, 323
Espumone, 668
Estrogonofe de frango, 485
Estrogonofe rápido, 511

F

Farofa crocante para sorvetes, 929
Farofa de carne-seca, 537
Favas à moda de Sintra, 324
Favas em azeite, 324
Favas guisadas com paio, 325
Favas na manteiga, 324
Feijão assado à moda americana, 369
Feijão-branco, 373
Feijão com leite de coco, 371
Feijão-guandu, 372
Feijão simples, 369
Feijão-verde, 374
Feijoada completa, 375
Fígado à veneziana, 581
Fígado com molho madeira, 582
Figos com presunto, 125
Figos cristalizados, 759
Figos de chocolate, 776
Filé à Wellington, 517
Filé ao molho de pimenta-verde, 515
Filé ao molho mostarda, 515
Filé apimentado, 516
Filé de salmão, 612
Filé-mignon festivo, 516
Filés de pescadinha à milanesa, 611
Filés de pescadinha com molho tártaro, 611
Filhós de maçãs, 850
Fios de ovos I, 795
Fios de ovos II, 796
Flamour, 850
Flan de parmesão, 125
Fondant, 650
Fondue bourguignonne, 389
Fondue de batatas, 388
Fondue de chocolate I, 729
Fondue de chocolate II, 729
Fondue de peixe, 388
Fondue de queijo, 387
Frango à caçadora simples, 486
Frango à caçadora tradicional, 486
Frango à moda de Parma, 487
Frango ao alho e óleo, 485
Frango ao curry asiático, 487
Frango ao molho pardo, 488

Frango assado, 488
Frango assado com limão, 489
Frango ensopado com batatas, 489
Frango recheado, 490
Frango xadrez, 490
Franguinhos de leite, 492
Fricassê de frango, 491
Frigideira de caranguejos, 637
Fritada de camarões, 629
Fritada espanhola de batata, 296

G

Galinha-d'angola assada, 492
Garoupa assada, 609
Gelatina com morangos, 711
Gelatina de abacaxi e ameixas, 708
Gelatina de frutas, 709
Gelatina de laranja, 710
Gelatina de maçã, 710
Gelatina de nozes, 711
Gelatina rápida de frutas, 710
Gelatina simples, 708
Geleia de ameixa-preta, 734
Geleia de amora ou framboesa, 734
Geleia de banana, 734
Geleia de damasco, 735
Geleia de goiaba, 735
Geleia de laranja, 735
Geleia de marmelo, 736
Geleia de mocotó, 736
Geleia de morango, 736
Geleinhas de cachaça, 770
Gemada de chocolate, 943
Glacê a frio, 650
Glacê de café, 651
Glacê de caldo de frutas, licores ou xaropes, 651
Glacê de chocolate com baunilha, 653
Glacê de chocolate em pó, 652
Glacê de chocolate esplêndido I, 653
Glacê de chocolate esplêndido II, 653
Glacê de chocolate quente, 654
Glacê de confeiteiro, 654
Glacê de Kümmel ou rum, 654
Glacê de laranja para tortas, 651
Glacê de limão, 655
Glacê de manteiga, 655
Glacê de manteiga e chocolate, 655
Glacê de revestimento, 652
Glacê de suspiro, 656
Glacê real para trabalho com bicos, 652
Goiabada, 751
Goiabada cascão, 753
Goiabas em calda, 748
Good fellow, 964
Gravatinhas com salmão, 398

H

Hambúrguer, 175
Hussardos, 794

I

Infusões, 938

J

Jiló à milanesa, 325

K

Kir, 964
Krupinik, 981

L

Lady coquetel, 964
Lagarto à vienense, 513
Lagosta à Newburg, 631
Lagosta à Thermidor, 632
Lambaris ou manjubas fritos, 610
Laranjas cristalizadas, 756
Lasanha, 398
Leitão assado, 558
Lentilhas com tomates, 326
Lentilhas à beiroa, 326
Licor de açafrão, 978
Licor de ameixa, 978
Licor de baunilha, 979
Licor de cacau, 979
Licor de cascas de laranja, 979
Licor de chá, 980
Licor de chocolate, 980
Licor de jabuticaba, 980
Licor de Kümmel, 981
Licor de leite, 982
Licor de leite com baunilha, 981
Licor de leite com chocolate, 982
Licor de mate, 983
Licor de pitanga, 983
Limões sicilianos cristalizados, 756
Língua à parmiggiana, 584
Língua ao fricassê, 584
Língua ao vinagrete, 585
Língua com presunto à milanesa, 585
Língua de gato, 875
Língua de panela, 583
Língua fatiada, 583
Linguado à belle meunière, 600
Linguiça comum, 557
Linguiça de lombo, 558
Linguiça picante, 557
Lombo à alentejana, 548
Lombo à brasileira, 549
Lombo à francesa, 549
Lombo à milanesa, 550

ÍNDICE ALFABÉTICO

Lombo à mineira, 550
Lombo à toscana, 553
Lombo com abacaxi, 551
Lombo de panela, 551
Lombo de porco à paulista, 552
Lombo doce e azedo, 552
Lombo recheado à florentina, 553
Lombo recheado à francesa, 555
Lulas à catalã, 634
Lulas enfarinhadas, 634

M

Macarrão à bolonhesa, 399
Macarrão à francesa, 399
Macarrão ao forno com fígado de frango, 401
Macarrão aos quatro queijos, 401
Macarrão com mariscos ou vôngoles, 402
Macarrão com pesto genovês, 400
Macarrão com sardinhas à siciliana, 402
Macarrão com tomate e manjericão, 399
Macarrão gratinado, 400
Macarrão na manteiga, 400
Macarrão oriental, 403
Macarronada com bracciola, 404
Macarronada com brócolis, 404
Macarronada com molho de camarão, 405
Macarronada de domingo, 403
Madalena de carne, 532
Maionese comum, 459
Maionese de frango, 491
Maionese econômica, 459
Maionese rápida de galinha, 493
Mamão cristalizado, 759
Mamão verde refogado, 327
Mandarinata, 982
Mandioca cozida, 327
Mandioca frita, 327
Mandioquinha com picadinho, 329
Mandioquinha simples, 328
Mangas flambadas, 748
Manhattan coquetel (doce), 965
Manhattan coquetel (seco), 965
Manjar branco, 672
Margarita, 965
Maria-mole, 712
Marmelada, 752
Marmelada de maçãs, 753
Marmelada vermelha, 753
Marreco assado com frutas, 501
Marronzinhos de nozes, 777
Martíni coquetel (doce), 965
Martíni coquetel (seco), 966
Marzipã, 770
Massa americana para tortas, 888
Massa básica para tortas doces, 888

Massa caseira para macarrão, 394
Massa clássica para macarrão, 394
Massa com leite para pastel, 418
Massa para fritar peixes, 599
Massa para panquecas e crepes, 412
Massa para pastel, 418
Massa para pizzas, 422
Massa para tortas salgadas, 431
Massa podre básica, 431
(para empadas ou tortas), 431
Massa podre para tortas e empadas, 430
Massa quebrada com ovos, 430
Massa quebrada para tortas, 430
Mate chimarrão, 941
Melão com presunto, 126
Merengue com amêndoas, 791
Merengue com fermento, 791
Merengue para bolos e tortas, 656
Merengue simples, 790
Milk-shake de farinha láctea, 953
Minicuscuz, 191
Minipizzas, 196
Miniquibes, 195
Miolo à italiana, 586
Miolo à milanesa, 586
Mocotó com feijão-branco, 590
Mojito, 966
Molho à bolonhesa, 467
Molho à bolonhesa fácil, 467
Molho al pesto, 468
Molho aos quatro queijos, 469
Molho básico, 460
Molho básico para frango, 460
Molho básico para peixe, 463
Molho bechamel, 461
Molho bérnaise, 461
Molho boêmio, 462
Molho branco, 463
Molho branco com parmesão, 463
Molho breton, 462
Molho Caesar, 168
Molho calabrês para macarronada, 468
Molho carioca, 469
Molho com cogumelos, 464
Molho coquete, 469
Molho cremoso com frango, 470
Molho cremoso de camarões, 629
Molho de alcaparras para peixe cozido, 470
Molho de curry (caril), 465
Molho de galinha para macarrão, 471
Molho de gorgonzola, 168
Molho de hortelã, 471
Molho de iogurte, 168
Molho de manteiga com limão, 464
Molho de manteiga com salsa, 464

Molho de pimenta, 471
Molho de sidra e passas para lombo, 472
Molho de tomate, 465
Molho escabeche, 472
Molho especial para bifes, 473
Molho forte para peixe, 473
Molho holandês, 474
Molho inglês caseiro, 474
Molho italiano, 170
Molho madeira simples, 475
Molho meunière, 475
Molho mil ilhas, 169
Molho mostarda, 169
Molho napolitano básico, 476
Molho oriental, 169
Molho para bobó de camarão, 622
Molho para macarronada ou nhoque, 477
Molho remoulade, 478
Molho rosado italiano, 478
Molho rosado simples, 478
Molho rosé, 170
Molho rústico para massas, 476
Molho simples, 460
Molho simples para macarronada, 462
Molho simples para peru e pernil, 477
Molho tártaro, 479
Molho tradicional, 170
Molho velouté, 479
Molho vinagrete, 479
Moqueca de cação, 601
Moqueca de namorado, 602
Moqueca de peixe, 601
Moussaka, 534
Mozarela em carroça, 175
Muffins clássicos, 851
Muffins de amêndoas ou castanhas-do-pará, 851
Muffins simples, 852
Musse branca com calda de chocolate, 716
Musse clássica de chocolate, 715
Musse com calda de chocolate, 716
Musse de banana, 714
Musse de camarão, 730
Musse de chocolate, 715
Musse de chocolate em pó, 714
Musse de coco, 717
Musse de jaca, 717
Musse de laranja, 717
Musse de limão, 718
Musse de maçã, 718
Musse de maracujá com calda, 719
Musse de maracujá cremosa, 719
Musse de morango, 719
Musse de morangos sofisticada, 720
Musse de salmão, 126

ÍNDICE ALFABÉTICO

Musse de uva, 720
Musse rápida de morango, 720
Musse simples de limão, 718

N

Nhoque de batata, 406
Nhoque de farinha de trigo, 405
Nhoque de polenta, 406
Nhoque de ricota, 407
Nozes carameladas, 791
Nuvens, 673

O

Old-fashioned, 966
Omelete ao leite, 211
Omelete com camarões, 212
Omelete com ervas, 210
Omelete com queijo, 212
Omelete de cogumelos, 211
Omelete simples, 210
Ossobuco à ambrosiana, 519
Ostras à Floriano, 640
Ostras à New Orleans, 641
Ostras ao natural, 640
Ovos à moda galega, 202
Ovos à mourisca, 202
Ovos ao forno com bacon, 207
Ovos com linguiça, 203
Ovos com molho à moda do norte, 203
Ovos com picadinho, 204
Ovos de codorna, 109
Ovos duros, 109
Ovos em creme, 204
Ovos fritos com presunto, 205
Ovos fritos simples, 204
Ovos mexidos à beiroa, 205
Ovos mexidos com presunto, 205
Ovos mexidos com queijo, 206
Ovos mexidos com salmão, 206
Ovos moles de Aveiro, 674
Ovos moles mexidos, 208
Ovos nevados, 675
Ovos partidos ou pocheados, 208
Ovos quentes, 207
Ovos recheados, 109

P

Paçoca de carne-seca, 536
Pãezinhos com creme, 448
Pãezinhos com passas, 454
Pãezinhos comuns, 445
Pãezinhos de batata I, 447
Pãezinhos de batata II, 447
Pãezinhos de trança, 454
Pãezinhos para chá, 448

Palito francês, 875
Palmito pupunha assado, 127
Palmito refogado, 331
Pamonha, 671
Panetone, 455
Panquecas com carne, 412
Panquecas com espinafre, 413
Panquecas com molho de tomate, 413
Pão de abobrinha com grãos, 441
Pão de batata, 439
Pão de batata-doce ou cará, 439
Pão de Clélia, 440
Pão de fôrma, 440
Pão-de-ló, 839
Pão-de-ló de água, 839
Pão-de-ló de chocolate, 840
Pão de mandioca, 442
Pão de mel com cobertura, 450
Pão de mel simples, 449
Pão de milho, 441
Pão de minuto de queijo, 451
Pão de minuto I, 451
Pão de minuto II, 452
Pão de nozes, 452
Pão de nozes e gergelim, 452
Pão de queijo I, 453
Pão de queijo II, 453
Pão de queijo III, 453
Pão de ricota, 443
Pão doce, 445
Pão doce de trança, 446
Pão doce Maria, 446
Pão frito para consomê, 234
Pão kuken, 449
Pão napolitano de linguiça, 442
Pão recheado, 443
Pãozinho básico, 445
Papos de anjo, 796
Pasta básica de ricota para canapés, 110
Pasta de berinjela, 110
Pasta de ervas finas, 111
Pasta de fígado simples, 582
Pasta de grão de bico, 112
Pasta de salmão, 110
Pasta de tomate seco, 111
Pastéis, 419
Pastéis de forno, 420
Pastéis em flor, 419
Pasteizinhos à genovesa, 908
Pasteizinhos de creme, 909
Patê caseiro, 127
Pato assado, 502
Pato novo assado, 502
Pavê de café, 694
Pavê de coco, 694

Pavê de milho verde, 695
Pavê de passas e creme, 696
Pavê simples, 694
Pés de moleque, 772
Pés de moleque americanos, 795
Pés de moleque com rapadura, 773
Peixe à fiorentina, 602
Peixe assado com recheio, 602
Peixe assado inteiro, 604
Peixe cozido com legumes, 604
Peixe em escabeche, 605
Peixe ensopado, 603
Peixe inteiro com molho de camarões, 609
Penne com abóbora e espinafre, 407
Penne com atum e rúcula, 408
Penne picante arrabiata, 408
Pepinos agridoces, 112
Pepinos (aperitivo), 113
Pepinos em conserva a frio, 331
Pepinos em conserva a quente, 332
Peppermint, 983
Perada, 754
Perdiz à flamenga, 503
Perdiz grelhada, 503
Perna de carneiro assada à gringo, 570
Pernas de fidalgo, 879
Pernil assado, 556
Peru à brasileira, 496
Peru recheado à mineira, 498
Pescadinha à doré, 610
Pescadinha frita, 610
Pessegada, 754
Petits-fours de nozes, 866
Petits-fours salgados, 195
Piaba cozida, 612
Picadinho de carne com batatas, 531
Picadinho de carne com cenouras, 531
Picadinho de carne com quiabo, 532
Picadinho simples de carne, 531
Picanha ao forno, 513
Pimentões à napolitana, 333
Pimentões à piemontesa, 333
Pimentões fritos, 332
Pimentões recheados à bolonhesa, 334
Pingos açucarados, 876
Pirão de farinha de mandioca, 380
Pirão de semolina, 380
Pizza à alemã, 422
Pizza à francesa, 424
Pizza à portuguesa, 426
Pizza à romana, 426
Pizza ao alho e óleo, 422
Pizza calzone, 427
Pizza de anchovas, 423
Pizza de atum, 423

ÍNDICE ALFABÉTICO

Pizza de calabresa, 423
Pizza de espinafre com ovos, 425
Pizza de frango com catupiri, 425
Pizza de mozarela, 425
Pizza de quatro queijos, 427
Pizza diferente de catupiri, 424
Pizza especial de escarola, 424
Pizza napolitana, 426
Polenta básica, 381
Polenta cremosa com cogumelos, 381
Polenta de forno com bacalhau, 382
Polenta frita, 382
Polenta grelhada com calabresa, 383
Ponche à americana, 971
Ponche infantil, 954
Ponche inglês, 972
Ponche Papai Noel, 972
Ponche tropical, 972
Posta de peixe com molho de alcaparras, 605
Puchero argentino, 519
Puchero de galinha, 493
Pudim baiano, 682
Pudim de abacaxi, 682
Pudim de banana, 682
Pudim de café, 683
Pudim de cará, 689
Pudim de coco (receita mineira), 683
Pudim de laranja, 688
Pudim de nozes e figos com creme, 687
Pudim de pão, 688
Pudim de pão moído, 688
Pudim de queijo, 684
Pudim de bem-casados, 684
Pudim holandês, 686
Pudim italiano, 686
Pudim veludo, 689
Purê de abóbora, 280
Purê de abóbora cremoso, 280
Purê de abobrinha, 284
Purê de batata, 298
Purê de batata-doce, 299
Purê de berinjela, 304
Purê de cenoura, 312
Purê de ervilha seca, 321
Purê de mandioquinha, 328

Q

Quadradinhos de queijo, 828
Quadradinhos de queijo e cereja, 113
Quadrados de chocolate e nozes, 777
Quadrados paulistas, 839
Queijadinha, 787
Queijadinha fácil, 787
Queijão, 689
Queijo brie com geleia de framboesa, 113

Quentão, 973
Quero mais, 788
Quiabo cozido, 334
Quiabos com picadinho, 335
Quibebe, 281
Quibe de forno, 533
Quiche de alho-poró, 432
Quiche lorraine, 432
Quindão cremoso, 685
Quindim, 788
Quindim de amêndoas, 771
Quindim de coco, 788
Quindim tradicional, 685

R

Rabada ao vinho tinto, 591
Rabada com molho de tomate, 591
Rabanadas, 852
Rabanetes (aperitivo), 114
Ratafia de abacaxi, 973
Ratafia de amora, 973
Ratafia de laranja, 974
Ratafia de limão, 974
Ratafia de uva, 974
Raviole, 410
Recheio de frutas, 660
Recheio de nozes, 661
Recheio de queijo e passas, 661
Refresco caramelado, 954
Refresco de caju, 955
Refresco de coco com leite, 955
Refresco de laranja, 955
Refresco praiano, 954
Refresco vitaminado, 953
Regalos, 852
Repolho ensopado, 336
Repolho recheado, 336
Repolho roxo agridoce, 337
Rigatone recheado, 409
Rim à boêmia, 588
Rim ao Porto, 588
Rim guisado com batatas, 587
Rim no espeto, 588
Risoto à moda americana, 361
Risoto de camarões, 362
Risoto de frango ensopado, 362
Risoto italiano de açafrão, 362
Risoto italiano de cogumelos secos, 363
Rissoles de camarão, 196
Rocambole, 840
Rocambole de presunto, 428
Rocambole gelado de batatas, 128
Rolinhos com canela, 455
Rosbife de filé, 514
Rosbife de lagarto, 514
Rosca de frutas cristalizadas, 844

Rosca de reis, 844
Rosca princesa, 843
Rosca rainha, 843
Rosca soberba, 842
Roscas fritas, 842
Roscas secas, 879
Rosquinhas alemãs, 877
Rosquinhas americanas-doughnuts, 877
Rosquinhas ao leite fritas, 878
Rosquinhas aromáticas, 878
Rosquinhas de cachaça, 880
Rosquinhas de maisena, 880
Rosquinhas fritas, 876
Rosquinhas para chá, 878
Rosquinhas rústicas, 879
Rösti de batata, 297
Russos, 827

S

Sagu, 712
Salada americana de repolho, 143
Salada Caesar, 146
Salada caprese, 147
Salada de abacate, 142
Salada de abobrinha, 136
Salada de abobrinha com hortelã, 142
Salada de acelga, 136
Salada de acelga com abacaxi, 143
Salada de agrião, 136
Salada de alface, 136
Salada de azedinha, 136
Salada de bacalhau, 144
Salada de batata, 136
Salada de batatas à alemã, 144
Salada de batatas com ovos, 144
Salada de batatas especial, 145
Salada de berinjela, 145
Salada de berinjela assada, 146
Salada de beterraba, 137
Salada de brócolis, 137
Salada de broto de feijão, 146
Salada de camarão, 147
Salada de carne desfiada, 147
Salada de cenoura, 137
Salada de cenoura ou beterraba cruas, 137
Salada de chicória, 137
Salada de chuchu, 137
Salada de cogumelo com queijo, 148
Salada de couve-flor, 138
Salada de erva-doce, 138
Salada de ervilha, 138
Salada de fava-verde, 138
Salada de feijão-branco, 149
Salada de feijão-fradinho, 149
Salada de feijão-verde, 138
Salada de frango desfiado, 149

ÍNDICE ALFABÉTICO

Salada de grão-de-bico, 150
Salada de grão-de-bico e bacalhau, 150
Salada de lagosta, 151
Salada de legumes, 152
Salada de legumes marinados, 152
Salada de lentilha, 153
Salada de lulas, 153
Salada de mexilhões, 155
Salada de milho verde, 155
Salada de moyashi, 139
Salada de nabo, 139
Salada de palmito, 139
Salada de palmito com salmão, 157
Salada de pepino, 139
Salada de pepino à italiana, 139
Salada de pepino recheado, 157
Salada de pupunha, 158
Salada de quiabo, 139, 158
Salada de rabanete, 140
Salada de rábano, 159
Salada de repolho, 140, 159
Salada de ricota, 160
Salada de salsão, 140
Salada de tomate, 140, 162
Salada de vagem, 140
Salada de vagens especial, 162
Salada de verão, 163
Salada do mar com arroz selvagem, 154
Salada exótica, 148
Salada hamburguesa, 151
Salada lombarda com peras, 153
Salada mista, 138
Salada mista com repolho, 155
Salada napolitana, 156
Salada oriental, 156
Salada rápida de repolho, 159
Salada russa, 160
Salada russa completa, 161
Salada siciliana, 161
Salada Texas, 162
Salada Waldorf, 163
Salada Waldorf com salmão, 164
Salame de chocolate com amêndoas, 778
Salame de chocolate meio amargo, 778
Salgadinhos de anchovas, 197
Salmão com maracujá, 612
Salmão com molho holandês, 613
Salpicão de frango, 165
Salpicão de presunto, 166
Salpicão fácil, 164
Saltimbocca à romana, 518
Sanduíche à marinheira, 178
Sanduíche à provençal, 181
Sanduíche americano, 173
Sanduíche Anita, 180
Sanduíche bauru, 174

Sanduíche com patê de azeitonas, 180
Sanduíche de atum, 173
Sanduíche de camarões, 175
Sanduíche de frango, 176
Sanduíche de maçãs e roquefort, 177
Sanduíche de maionese arco-íris, 177
Sanduíche de pernil, 179
Sanduíche de salmão defumado, 178
Sanduíche misto de queijo e presunto, 179
Sanduíche natural com nozes, 179
Sangria, 975
Sarapatel, 561
Sardela, 114
Sardinhas à portuguesa, 613
Sardinhas na brasa, 614
Segredinho de amor, 795
Sequilhos, 882
Sequilhos de maisena, 882
Sequilhos de nata, 883
Sequilhos de polvilho, 883
Sequilhos pauliceia, 882
Shiitake oriental, 128
Sinhazinha, 883
Siris recheados, 637
Sonhos, 853
Sonhos do pobre, 853
Sopa alemã com bolinhas de massa, 237
Sopa artusina, 237
Sopa básica de feijão, 249
Sopa castelhana, 240
Sopa-creme de abóbora, 241
Sopa-creme de aspargos, 242
Sopa-creme de beterraba, 243
Sopa-creme de cogumelos, 246
Sopa-creme de couve-flor, 247
Sopa-creme de milho verde, 256
Sopa-creme de palmito, 257
Sopa-creme de queijo, 260
Sopa de abacate, 238
Sopa de agrião, 238
Sopa de alface com arroz, 239
Sopa de alface com massinha, 239
Sopa de alho-poró com batatas, 239
Sopa de aveia, 240
Sopa de caldo de feijão, 250
Sopa de camarões, 260
Sopa de carne com legumes, 244
Sopa de castanhas, 245
Sopa de cebola, 245
Sopa de cevada, 241
Sopa de couve-flor, 246
Sopa de ervilhas secas, 247
Sopa de farinha de milho, 248
Sopa de feijão-branco, 251
Sopa de feijão-branco com cenouras, 251
Sopa de feijão com arroz, 252

Sopa de feijão com carnes, 252
Sopa de feijão com couve, 249
Sopa de feijão com legumes, 250
Sopa de feijão com massa, 252
Sopa de galinha com legumes, 253
Sopa de grão-de-bico com espinafre, 253
Sopa deliciosa, 254
Sopa de mandioca, 255
Sopa de mandioquinha, 255
Sopa de milho verde, 256
Sopa de pão, 257
Sopa de pepino, 257
Sopa de vôngoles ou mariscos, 261
Sopa dourada de abóbora, 243
Sopa francesa, 254
Sopa juliana, 255
Sopa pavesa, 259
Sopa polonesa de beterraba, 244
Sopa provençal, 259
Sopa rosada de camarões, 261
Sopa rústica de repolho, 258
Sopa rústica de vagem, 259
Sopa siciliana de frutos do mar, 248
Sopa toscana, 258
Sorvete de abacate, 922
Sorvete de abacaxi, 922
Sorvete de champanhe, 923
Sorvete de chocolate, 923
Sorvete de coco, 924
Sorvete de creme, 924
Sorvete de limão, 925
Sorvete de manga, 924
Sorvete de maracujá, 925
Sorvete de morango, 926
Sorvete tipo italiano, 926
Soyus, 180
Strudel de maçãs, 906
Substitutos para caldo caseiro, 227
Suco de abacaxi, 947
Suco de caju, 947
Suco de framboesa, 948
Suco de frutas cítricas, 948
Suco de frutas com aveia, 948
Suco de goiaba, 949
Suco de maçã e uva, 949
Suco de manga, 949
Suco de maracujá, 950
Suco de mexerica ou laranja, 950
Suco de morango, 950
Suco de pêssego com laranja, 951
Suco de pêssego ou damasco, 951
Suco de uva, 951
Suco lilás, 952
Suco tropical, 952
Suflê de alho-poró com salmão, 214
Suflê de aspargo, 214

ÍNDICE ALFABÉTICO

Suflê de bacalhau, 215
Suflê de batata, 215
Suflê de berinjela, 216
Suflê de café, 723
Suflê de camarão, 216
Suflê de chocolate, 723
Suflê de chuchu, 217
Suflê de cogumelos, 217
Suflê de couve-flor, 218
Suflê de escarola, 218
Suflê de espinafre, 219
Suflê de fécula com passas, 723
Suflê de goiabada, 724
Suflê de haddock, 219
Suflê de maçãs, 724
Suflê de milho verde, 220
Suflê de palmito, 220
Suflê de peixe, 221
Suflê de queijo, 221
Suflê de queijo gorgonzola, 222
Suflê de queijo parmesão, 222
Suflê de quitandeira, 223
Suflê de Salzburgo, 725
Suflê de tomate seco, 223
Suspiro de araruta, 874
Suspiros, 797
Suspiros de enfeitar, 656
Suspiros turcos, 797

T

Tabefe, 675
Tabule, 166
Taças maravilhosas, 709
Talharim com berinjela, 410
Tartar de beterraba, 129
Tênder à Califórnia, 560
Tênder à paulista, 560
Tênder à Virgínia, 561
Tênder made gostoso, 559
Tentação, 876
Tigelinhas amarelas, 788
Tiramisu, 695
Tomates recheados, 129

Tomates à provençal, 338
Tomate recheado, 339
Tomates recheados com maionese, 339
Tomates secos em conserva, 115
Torcidinhos, 197
Torta alemã de ricota, 889
Torta americana de maçãs, 891
Torta de ameixas à italiana, 890
Torta de ameixas-pretas, 890
Torta de amêndoas, 891
Torta de arroz, 365
Torta de bananada, 892
Torta de bananas fácil, 892
Torta de batata, 300
Torta de berinjela, 305
Torta de camarões, 433
Torta de cerejas, 893
Torta de cocada, 893
Torta de coco, 894
Torta de creme de leite, 436
Torta de frango, 434
Torta de frutas em calda, 894
Torta de frutas secas, 895
Torta de goiabada, 895
Torta de limão, 897
Torta de limão à moda americana, 897
Torta de maçãs à francesa, 898
Torta de maçãs com nozes, 898
Torta de maçãs húngara, 900
Torta de maçãs sem massa, 899
Torta de morangos com chantilly, 902
Torta de nozes, 903
Torta de nozes com chantilly, 904
Torta de nozes-pecã, 903
Torta de palmito, 435
Torta de pêssegos, 905
Torta de quatro queijos, 436
Torta gelada de doce de leite, 896
Torta invertida de maçãs, 896
Torta-musse de chocolate, 899
Torta rápida de maçãs, 901
Torta romana com geleia, 905
Torta simples de maçãs, 900

Torta tradicional de morangos, 902
Tortilhão de repolho, 338
Tortinha de maçãs, 901
Tortinhas de maisena, 906
Toucinho do céu, 771
Tournedos com cogumelos, 518
Traíra frita em postas, 614
Trouxinhas de presunto, 181
Tutu de feijão, 371

V

Vagem relâmpago, 341
Vagens com ovos, 340
Vagens cozidas, 340
Vagens na manteiga, 341
Variações da sopa-creme, 242
Vatapá à baiana, 607
Vatapá de galinha, 494
Vatapá de peixe, 606
Vinho quente à brasileira, 975
Virado de caranguejos, 636
Virado de feijão, 372
Virado de feijão-guandu, 373
Virado de milho verde, 330
Virado de vagens, 341
Vitamina de coco, 953
Vitamina verão, 953
Vitela assada, 539
Vitela assada com creme, 539
Vitela de caçarola, 540
Vitela tonné, 538

W

Waffles, 914
Waffles clássicos, 914
Waffles de banana, 914

X

Xinxim fácil de galinha, 494

Z

Zabaione, 680

Índice por Ingredientes

Neste índice, selecionamos algumas de nossas receitas pelo ingrediente principal utilizado, facilitando consultas rápidas. Para consultar todas as receitas veja o índice alfabético, e para receitas específicas consulte o índice de abertura do capítulo referente à receita procurada.

Abacate
Creme de abacate, 666
Salada de abacate, 142
Sopa de abacate, 238
Sorvete de abacate, 922

Abacaxi
Abacaxi em calda, 744
Beijinhos de abacaxi, 766
Bolo de abacaxi, 812
Compota de abacaxi, 738
Docinhos de abacaxi com chocolate, 767
Docinhos de abacaxi com gemas, 766
Gelatina de abacaxi e ameixas, 708
Lombo com abacaxi, 551
Pudim de abacaxi, 682
Ratafia de abacaxi, 973
Salada de acelga com abacaxi, 143
Sorvete de abacaxi, 922
Suco de abacaxi, 947
Toddy de abacaxi, 1001

Abóbora
Abóbora com picadinho, 281
Abóbora cristalizada, 756
Abóbora refogada, 280
Abóbora simples, 282
Doce de abóbora com coco, 750
Doce de abóbora na cal, 758
Doce de abóbora simples, 750
Penne com abóbora e espinafre, 407
Purê de abóbora, 280
Purê de abóbora cremoso, 280
Quibebe, 281
Sopa-creme de abóbora, 241
Sopa dourada de abóbora, 243

Abobrinha
Abobrinha com cogumelos, 283
Abobrinha com ovos, 283
Abobrinha frita, 282
Abobrinha recheada, 284
Abobrinhas à doré, 282
Pão de abobrinha com grãos, 441
Purê de abobrinha, 284
Salada de abobrinha, 136
Salada de abobrinha com hortelã, 142

Açafrão
Licor de açafrão, 978
Risoto italiano de açafrão, 362

Acelga
Acelga à milanesa, 285
Acelga com molho branco, 286
Acelga gratinada, 285
Salada de acelga, 136
Salada de acelga com abacaxi, 143

Açúcar
Açúcar queimado ou caramelo, 647

Agrião
Salada de agrião, 136
Sopa de agrião, 238

Alcachofra
Alcachofra cozida I, 286
Alcachofra cozida II, 287
Alcachofra na manteiga, 287
Alcachofra recheada, 258

Alcaparra
Espaguete à puttanesca, 397
Molho de alcaparras para peixe cozido, 470
Posta de peixe com molho de alcaparras, 607
Vitela tonné, 538

Alecrim
Ervas, especiarias e condimentos, 52

Alface
Salada de alface, 136
Sopa de alface com arroz, 239
Sopa de alface com massinha, 239

Alfavaca
Ervas, especiarias e condimentos, 52

Alfenins
Alfenins com nozes, 800
Alfenins de coco, 800

Alho
Espaguete ao alho e óleo, 396
Frango ao alho e óleo, 485
Pizza ao alho e óleo, 422

Alho-poró
Quiche de alho-poró, 432
Sopa de alho-poró com batatas, 239
Suflê de alho-poró com salmão, 214

Almeirão
Verduras, legumes e batatas, 269

Ameixa
Ameixa recheada com nozes, 768
Ameixa recheada ou olho de sogra, 767
Ameixas com bacon, 95
Bolo de ameixas, 813
Cocadinhas com ameixas ou cerejas, 786
Gelatina de abacaxi e ameixas, 708
Geleia de ameixa-preta, 734
Licor de ameixa, 978
Torta de ameixas à italiana, 890
Torta de ameixas-pretas, 890

Amêndoa
Arroz com amêndoas, 347
Arroz com amêndoas e frango, 347

ÍNDICE POR INGREDIENTES

Balas de amêndoas, 801
Bem-casados de amêndoas, 796
Biscoitinhos de amêndoas, 867
Bolachas de amêndoas, 859
Marzipã, 770
Merengue com amêndoas, 791
Muffins de amêndoas ou castanhas-do-pará, 851
Quindim de amêndoas, 771
Salame de chocolate com amêndoas, 778
Torta de amêndoas, 891

AMENDOIM
Balas de amendoim torrado, 802
Bolinhos de amendoim, 846
Cajus de amendoim, 772
Docinhos de amendoim, 771
Pé de moleque, 772
Pé de moleque com rapadura, 773

AMORA
Compota de amoras, 738
Geleia de amora ou framboesa, 734
Ratafia de amora, 973

ANCHOVAS
Azeitonas com filés de anchovas rolmops, 98
Pizza de alice (anchovas), 423
Salgadinhos de anchovas, 197

ANGU
Angu baiano para peixe, 379
Angu de fubá, 379
Couve rasgada com angu, 315

ARAÇÁ
Compota de araçás, 738

ARARUTA
Bolo de araruta, 813
Suspiro de araruta, 874

ARROZ
Arroz à grega, 346
Arroz à piemontesa, 346
Arroz básico, 345
Arroz caribenho, 346
Arroz com amêndoas, 347
Arroz com amêndoas e frango, 347
Arroz com camarões, 348
Arroz com camarões à moda do norte, 349
Arroz com camarões secos, 348
Arroz com castanhas-do-pará, 350
Arroz com champanhe, 350
Arroz com galinha, 351
Arroz com legumes, 351
Arroz com milho verde, 352
Arroz com molho pardo, 352

Arroz com ovos e ervilhas, 353
Arroz com peixe, 354
Arroz com polvo, 354
Arroz com repolho, 353
Arroz com suã, 355
Arroz com tomate, 355
Arroz de Braga, 358
Arroz de carreteiro, 356
Arroz de forno, 357
Arroz doce com leite, 678
Arroz doce simples, 678
Arroz e feijão à moda cubana, 359
Arroz escaldado, 345
Arroz frito, 357
Arroz indiano, 358
Arroz na fôrma com parmesão, 360
Arroz recuperado, 360
Bolinhos especiais de arroz, 364
Bolinhos simples de arroz, 364
Risoto à moda americana, 361
Risoto de camarões, 361
Risoto de frango ensopado, 362
Risoto italiano de cogumelos secos, 363
Sopa de alface com arroz, 239
Sopa de feijão com arroz, 252
Torta de arroz, 365

ARROZ SELVAGEM
Salada do mar com arroz selvagem, 154

ASPARGO
Aspargos à maître-d' hôtel, 288
Aspargos especiais, 289
Coelho com presunto cru e aspargos, 571
Coquetel de aspargos, 121
Sopa-creme de aspargos, 242
Suflê de aspargo, 214

ATUM
Canapés de atum, 100
Penne com atum e rúcula, 408
Pizza de atum, 423
Sanduíche de atum, 173

AVEIA
Sopa de aveia, 240
Suco de frutas com aveia, 948

AZEITONA
Azeitonas com filés de anchovas rolmops, 98
Azeitonas recheadas, 98
Azeitonas temperadas, 99
Croquetes de presunto e azeitonas, 190
Sanduíche com patê de azeitonas, 180

BACALHAU
Bacalhau à baiana, 617

Bacalhau à espanhola, 616
Bacalhau à moda de Nice, 619
Bacalhau à moda do Porto, 619
Bacalhau com leite de coco, 617
Bacalhau gratinado, 618
Bacalhau na fôrma, 616
Bacalhoada à moda, 615
Bacalhoada portuguesa, 620
Bolinhos de bacalhau, 620
Croquetes de bacalhau, 189
Polenta de forno com bacalhau, 382
Salada de bacalhau, 144
Salada de grão-de-bico e bacalhau, 150
Suflê de bacalhau, 215

BACON
Ameixas com bacon, 95
Bife rolê com cenoura e bacon, 525
Carne assada com bacon, 508
Ovos ao forno com bacon, 207
Salada Texas, 162

BANANA
Balas de banana, 802
Bananada, 751
Bananada paulista, 750
Bananas em calda de mascavo, 746
Bolo de banana com nozes, 814
Geleia de banana, 734
Musse de banana, 714
Pudim de banana, 682
Torta de bananada, 892
Torta de bananas fácil, 892
Waffles de banana, 914

BATATA
Batata assada, 289
Batata com queijo, 292
Batata cozida e frita, 290
Batata ensopada, 290
Batata francesa, 291
Batata frita, 291
Batata gratinada, 289
Batata palha, 291
Batata portuguesa, 292
Batatas chips, 290
Batatas sauté, 293
Batatinhas (aperitivo), 99
Bolinho de batata, 293
Bolinho de batata recheado, 294
Bolo de batatas ao forno, 294
Bolo de batatas recheado, 295
Carneiro com batatas, 567
Casadinhos de batata, 295
Croquetes de batata, 296
Fondue de batatas, 388
Frango ensopado com batatas, 489

ÍNDICE POR INGREDIENTES

Fritada espanhola de batata, 296
Nhoque de batatas, 406
Pãezinhos de batata I, 447
Pãezinhos de batata II, 447
Pão de batata, 439
Picadinho de carne com batatas, 531
Purê de batata, 298
Rim guisado com batatas, 587
Rocambole gelado de batatas, 128
Rösti de batata, 297
Salada de batata, 136
Salada de batatas à alemã, 144
Salada de batatas com ovos, 144
Salada de batatas especial, 145
Sopa de alho-poró com batatas, 239
Suflê de batata, 215
Torta de batata, 300

BATATA-DOCE

Batata-doce frita I, 298
Batata-doce frita II, 299
Doce de batata-doce, 751
Doce de batata-doce em pedaços, 744
Doce de batata-doce seco, 758
Docinhos de batata-doce com nozes, 792
Pão de batata-doce ou cará, 439
Purê de batata-doce, 299

BAUNILHA

Bavaroise de baunilha, 705
Bolachinhas de nata com baunilha, 862
Creme de baunilha para bavaroise de chocolate, 704
Creme de chocolate com baunilha, 667
Creme especial de baunilha, 666
Glacê de chocolate com baunilha, 653
Licor de baunilha, 979
Licor de leite com baunilha, 981

BERINJELA

Antepasto de berinjelas, 96
Antepasto picante de berinjelas, 98
Berinjela com ricota, 302
Berinjelas à borgonhesa, 301
Berinjelas à mineira, 303
Berinjelas à moda oriental, 99
Berinjelas à parmiggiana, 301
Berinjelas com tomate e cebola, 303
Berinjelas sauté, 304
Moussaka, 534
Pasta de berinjelas, 110
Purê de berinjela, 304
Salada de berinjela, 145
Salada de berinjela assada, 146
Suflê de berinjela, 216
Talharim com berinjela, 410
Torta de berinjela, 305

BETERRABA

Beterrabas à la poulette, 305
Salada de beterraba, 137
Salada de cenoura ou beterraba cruas, 137
Sopa-creme de beterraba, 243
Sopa polonesa de beterrabas, 244
Tartar de beterrabas, 129

BRÓCOLIS

Brócolis à romana, 306
Brócolis cozidos, 306
Carne oriental com brócolis, 510
Macarronada com brócolis, 404
Salada de brócolis, 137

BROTO DE BAMBU

Broto de bambu cozido, 307

BROTO DE FEIJÃO

Broto de feijão refogado, 307
Salada de broto de feijão, 146
Salada de moyashi, 139

CABRITO

Cabrito à bragantina, 566
Cabrito assado no forno, 565
Cabrito ensopado, 565
Caldeirada de cabrito, 566

CACAU

Coquetel de licor de cacau, 964
Licor de cacau, 979

CACHAÇA

Caipirinha ou caipirosca de frutas vermelhas, 962
Caipirinha ou caipirosca de limão, 962
Geleinhas de cachaça, 770
Rosquinhas de cachaça, 880

CAFÉ

Balas de café, 802
Café com chantilly, 934
Café com leite, 934
Café correto, 935
Café expresso, 935
Café ristretto, 935
Café simples I, 934
Café simples II, 934
Creme de café para bolos, 658
Creme de confeiteiro com café, 660
Glacê de café, 651
Pavê de café, 694
Pudim de café, 683
Suflê de café, 723

CAJU

Cajus em calda, 744
Refresco de caju, 955
Suco de caju, 947

CAMARÃO

Arroz com camarões, 348
Arroz com camarões à moda do norte, 349
Arroz com camarões secos, 348
Bobó cremoso de camarão, 622
Bobó de camarão, 621
Bolinhos de camarão, 623
Caldo de camarão, 229
Camarões à baiana, 623
Camarões à portuguesa, 624
Camarões à provençal, 624
Camarões ao forno com catupiri, 625
Camarões com catupiri, 626
Camarões com curry, 626
Camarões com palmito, 627
Camarões na moranga, 627
Casadinhos de camarão, 628
Casquinha de camarões, 120
Chuchu recheado com camarões, 313
Coquetel de camarões I, 122
Coquetel de camarões II, 122
Cuscuz de panela, 124
Empadinhas de camarão, 192
Entrada fria de camarão, 124
Fritada de camarões, 629
Macarronada com molho de camarão, 405
Molho cremoso de camarões, 629
Molho para bobó de camarão, 622
Musse de camarão, 630
Omelete com camarões, 212
Peixe inteiro com molho de camarões, 607
Risoto de camarões, 361
Rissoles de camarão, 196
Salada de camarão, 147
Sanduíche de camarões, 176
Sopa de camarões, 260
Sopa rosada de camarões, 261
Suflê de camarão, 216

CAMBUQUIRA

Cambuquira refogada, 308

CANELA

Balas de chocolate com canela, 803
Bolachinhas de amor e canela, 859
Rolinhos com canela, 455

CARÁ

Pão de batata-doce ou cará, 439
Pudim de cará, 689

ÍNDICE POR INGREDIENTES

Caranguejo
Caranguejos cozidos, 636
Croquetes de caranguejo, 188
Frigideira de caranguejos, 637
Virado de caranguejos, 636

Caril ou curry
Camarões com curry, 624
Frango ao curry asiático, 487
Molho de curry (caril), 465

Carne bovina
Abóbora com picadinho de carne, 281
Almondegão de Budapeste, 528
Almondegão de Viena, 529
Almôndegas, 526
Almôndegas à russa, 526
Almôndegas especiais, 527
Bife à tártara, 533
Bife rolê com cenoura e bacon, 525
Bife rolê com cerveja, 524
Bife rolê com linguiça, 525
Bife rolê com ovos, 523
Bifes a cavalo, 521
Bifes à cordon-bleu, 522
Bifes à milanesa, 521
Bifes à parmiggiana, 523
Bifes acebolados, 520
Bifes ao molho acebolado com tomate, 521
Bifes com cogumelos, 522
Bifes de fígado, 579
Bifes de fígado acebolados, 580
Bifes de fígado ao molho de vinho branco, 580
Bifes de fígado com pimentão, 581
Bifes simples, 520
Bifes temperados, 520
Bolinhos de carne, 529
Bolo de carne simples, 530
Caldo básico de carne, 227
Caldo de carne com espinafre e ovos, 229
Caldo de carne com farinha de milho, 230
Carne assada com bacon, 508
Carne de panela, 508
Carne de panela à portuguesa, 509
Carne fria acebolada, 509
Carne guisada, 510
Carne oriental com brócolis, 510
Carne recheada com farofa, 511
Carpaccio, 120
Coração refogado, 577
Croquete de sobras, 530
Croquetes de carne I, 189
Croquetes de carne II, 190
Dobradinha com feijão-branco, 578
Dobradinha simples, 578
Ensopado de mocotó, 589
Ensopado húngaro, 512
Escalopes simples ao madeira, 524
Estrogonofe rápido, 511
Fígado à veneziana, 581
Fígado com molho madeira, 582
Filé apimentado, 516
Filé à Wellington, 517
Filé ao molho de pimenta-verde, 515
Filé ao molho mostarda, 515
Filé-mignon festivo, 516
Hambúrguer, 175
Lagarto à vienense, 513
Língua à parmiggiana, 584
Língua ao fricassê, 584
Língua ao vinagrete, 585
Língua com presunto à milanesa, 585
Língua de panela, 583
Língua fatiada, 583
Madalena de carne, 532
Miolo à italiana, 586
Miolo à milanesa, 586
Mocotó com feijão-branco, 590
Moussaka, 534
Ossobuco à ambrosiana, 519
Panquecas com carne, 412
Pasta de fígado simples, 582
Picadinho de carne com batatas, 531
Picadinho de carne com cenouras, 531
Picadinho de carne com quiabos, 532
Picadinho simples, 531
Picanha ao forno, 513
Puchero argentino, 519
Quibe de forno, 533
Rabada ao vinho tinto, 591
Rabada com molho de tomate, 591
Rim à boêmia, 588
Rim ao porto, 588
Rim guisado com batatas, 587
Rim no espeto, 588
Rosbife de filé, 514
Rosbife de lagarto, 514
Salada de carne desfiada, 147
Saltimbocca à romana, 518
Sopa de carne com legumes, 244
Sopa de feijão com carnes, 252
Tournedos com cogumelos, 518

Carneiro
Carneiro com batatas, 567
Costeletas de carneiro à milanesa, 568
Costeletas de carneiro grelhadas, 569
Perna de carneiro assada à gringo, 570

Carne-seca
Carne-seca com purê de mandioca, 535
Carne-seca desfiada, 535
Carne-seca no espeto, 536
Carne-seca refogada, 536
Farofa de carne-seca, 537
Paçoca de carne-seca, 536

Carne suína
Bife a rolê com linguiça, 525
Carne de porco assada, 546
Conserva de lombo de porco, 556
Costeletas de porco à milanesa, 548
Costeletas de porco fritas, 546
Costeletas de porco grelhadas, 547
Costelinhas de porco agridoces, 547
Leitão assado, 558
Linguiça comum, 557
Linguiça de lombo, 558
Linguiça picante, 557
Lombo à alentejana, 548
Lombo à brasileira, 549
Lombo à francesa, 549
Lombo à milanesa, 550
Lombo à mineira, 550
Lombo à toscana, 553
Lombo com abacaxi, 551
Lombo de panela, 551
Lombo de porco à paulista, 552
Lombo doce e azedo, 552
Lombo recheado à florentina, 554
Lombo recheado à francesa, 555
Ovos com linguiça, 203
Pão napolitano de linguiça, 442
Pernil assado, 556
Sarapatel, 561
Tênder à Califórnia, 560
Tênder à paulista, 560
Tênder à Virgínia, 561
Tênder made gostoso, 559

Caruru
Caruru refogado, 308

Castanha
Castanhas fingidas, 775
Compota de castanhas, 739
Sopa de castanhas, 245

Castanha-do-pará
Arroz com castanhas-do-pará, 350
Balas de castanhas-do-pará, 803
Bolinhas de castanhas-do-pará, 774
Bolo de castanhas-do-pará, 814
Muffins de amêndoas ou castanhas-do-pará, 851

Catupiri
Camarões ao forno com catupiri, 623
Camarões com catupiri, 624
Camarões na moranga, 625
Pizza diferente de catupiri, 424

ÍNDICE POR INGREDIENTES

CAVIAR
Canapés de caviar, 105

CEBOLA
Berinjelas com tomate e cebola, 303
Bifes acebolados, 520
Bifes ao molho acebolado com tomate, 521
Bifes de fígado acebolados, 580
Biscoitinhos de cebola, 185
Carne fria acebolada, 509
Cebolas ao forno, 308
Cebolas recheadas à maître-d'hôtel, 309
Cebolas recheadas com picadinho, 310
Cebolinhas em conserva, 106
Sopa de cebola, 245

CEBOLINHA-VERDE
Ervas, especiarias e condimentos, 53

CENOURA
Bife rolê com cenoura e bacon, 525
Bolinhas de cenoura, 311
Cenoura com molho branco, 310
Cenoura frita, 311
Cenouras glacées, 311
Picadinho de carne com cenouras, 531
Purê de cenoura, 312
Salada de cenoura, 137
Salada de cenoura ou beterraba cruas, 137
Sopa-creme de cenoura, 242
Sopa de feijão-branco com cenouras, 251

CEREJA
Cerejas em calda, 745
Cocadinhas com ameixas ou cerejas, 786
Quadradinhos de queijo e cereja, 113
Torta de cerejas, 893

CEVADA
Sopa de cevada, 241

CHÁ
Chá com creme, 938
Chá com mel, 938
Chá com uísque, 938
Chá da Gabriela, 939
Chá flambado, 939
Chá-mate, 940
Chá mongol, 939
Chá quente com conhaque, 940
Chá real, 940
Licor de chá, 980

CHOCOLATE
Balas de chocolate, 803
Balas de chocolate com canela, 803
Batatinhas de chocolate, 775
Bavaroise de chocolate, 704
Bolo de chocolate I, 815
Bolo de chocolate II, 815
Brigadeiro, 776
Brigadeiro macio, 776
Brownie, 838
Calda de chocolate para pudins, 648
Calda ou molho de chocolate, 648
Carrês de chocolate, 617
Chocolatada, 942
Chocolatada especial, 942
Chocolate em pó, 942
Chocolate em tabletes, 943
Chocolate lady, 943
Cobertura de chocolate, 928
Creme de baunilha para bavaroise de chocolate, 704
Creme de chocolate com baunilha, 667
Creme de confeiteiro com chocolate, 651
Creme rápido de chocolate, 667
Docinhos de abacaxi com chocolate, 767
Figos de chocolate, 776
Fondue de chocolate I, 729
Fondue de chocolate II, 729
Gemada de chocolate, 943
Glacê de chocolate com baunilha, 653
Glacê de chocolate em pó, 652
Glacê de chocolate esplêndido I, 653
Glacê de chocolate esplêndido II, 653
Glacê de chocolate quente, 654
Glacê de manteiga e chocolate, 655
Licor de chocolate, 980
Licor de leite com chocolate, 982
Musse branca com calda de chocolate, 716
Musse clássica de chocolate, 715
Musse com calda de chocolate, 716
Musse de chocolate, 715
Musse de chocolate em pó, 714
Pão-de-ló de chocolate, 840
Quadrados de chocolate e nozes, 777
Salame de chocolate com amêndoas, 778
Salame de chocolate meio amargo, 778
Sorvete de chocolate, 923
Suflê de chocolate, 723
Torta-musse de chocolate, 899

CHUCHU
Chuchu com molho branco, 314
Chuchu na manteiga, 313
Chuchu recheado com camarões, 313
Chuchu refogado, 314
Salada de chuchu, 137
Suflê de chuchu, 217

CIDRA
Cidras cristalizadas, 757
Doce de cidra, 745
Doce de cidra ralada, 752

COCO
Alfenins de coco, 800
Bacalhau com leite de coco, 615
Balas de ovos com coco, 805
Bavaroise de coco, 705
Beijinhos de coco, 779
Beijos de coco, 779
Biscoitinhos de coco, 869
Biscoitinhos de coco com maisena, 870
Bolachinhas de coco I, 860
Bolachinhas de coco II, 860
Bolo de coco, 817
Bolo de coco em camadas, 818
Bom-bocado de coco, 780
Bom-bocado de liquidificador, 781
Bom-bocado de milho verde, 782
Bom-bocado de queijo e coco, 781
Bom-bocado do norte, 782
Bom-bocado rico de coco, 780
Cajus de coco, 784
Cocada ao sol, 784
Cocada assada, 784
Cocada de colher, 785
Cocada de fita, 785
Cocada de ovos, 786
Cocada mulatinha, 786
Cocadinhas com ameixas ou cerejas, 786
Cocadinhas decoradas, 787
Doce de abóbora com coco, 750
Doce de coco, 677
Feijão com leite de coco, 371
Manjar branco, 672
Musse de coco, 717
Pavê de coco, 694
Pudim de coco (receita mineira), 683
Quindim de coco, 788
Refresco de coco com leite, 955
Sorvete de coco, 924
Toddy de coco, 1001
Torta de coco, 894
Vitamina de coco, 953

CODORNA
Codorna no espeto, 500
Codornas com uva-itália, 500
Ovos de codorna, 109

COELHO
Coelho à andaluza, 571
Coelho à baiana, 572
Coelho à caçadora, 572
Coelho à francesa, 574
Coelho ao vinho madeira, 574
Coelho com presunto cru e aspargos, 573

ÍNDICE POR INGREDIENTES

COGUMELOS
Abobrinha com cogumelos, 283
Bifes com cogumelos, 522
Cogumelo na manteiga, 344
Cogumelos à provençal, 335
Molho com cogumelos, 464
Omelete de cogumelos, 211
Polenta cremosa com cogumelos, 381
Risoto italiano de cogumelos secos, 363
Salada de cogumelo com queijo, 148
Shiitake oriental, 128
Sopa-creme de cogumelos, 246
Suflê de cogumelo, 217
Tournedos com cogumelos, 518

CORDEIRO
Cordeiro com purê de batatas-roxas, 569
Costeletas de cordeiro à duquesa, 567
Costeletas de cordeiro empanadas, 568

COUVE
Caldo verde, 232
Caldo verde e amarelo, 232
Caldo verde fácil, 232
Couve à mineira, 316
Couve rasgada com angu, 315
Couve-tronchuda, 316
Sopa de feijão com couve, 249

COUVE-FLOR
Couve-flor à milanesa, 317
Couve-flor ao creme, 317
Couve-flor com molho branco, 318
Couve-flor com molho de manteiga, 318
Couve-flor gratinada, 318
Couve-flor gratinada com creme, 319
Couve-flor refogada, 319
Salada de couve-flor, 138
Sopa-creme de couve-flor, 247
Sopa de couve-flor, 246
Suflê de couve-flor, 218

DAMASCO
Balas de damasco, 804
Damascos com queijo cremoso, 107
Docinhos de damasco, 789
Geleia de damasco, 735
Suco de pêssego ou damasco, 951

DOBRADINHA
Dobradinha com feijão-branco, 578
Dobradinha simples, 578

ERVA-DOCE
Erva-doce (aperitivo), 108
Salada de erva-doce, 138

ERVILHA
Arroz com ovos e ervilhas, 353
Ervilhas frescas em grãos refogadas, 320
Ervilhas secas à inglesa, 320
Purê de ervilha seca, 321
Salada de ervilha, 138
Sopa de ervilhas secas, 247

ESCAROLA
Chicória ou escarola à maître-d'hôtel, 312
Chicória ou escarola refogada, 312
Pizza especial de escarola, 427
Salada de chicória, 137
Suflê de escarola, 218

ESPAGUETE
Espaguete à carbonara, 396
Espaguete à puttanesca, 397
Espaguete ao alho e óleo, 369
Espaguete primavera, 397

ESPINAFRE
Caldo de carne com espinafre e ovos, 229
Espinafre à búlgara, 321
Espinafre à moda de Florença, 322
Espinafre à Popeye, 323
Espinafre com ovos, 322
Espinafre em forminhas, 323
Panquecas com espinafre, 413
Penne com abóbora e espinafre, 407
Pizza de espinafre com ovos, 425
Sopa de grão-de-bico com espinafre, 253
Suflê de espinafre, 219

FARINHA DE MANDIOCA
Pirão de farinha de mandioca, 380

FARINHA DE MILHO
Caldo de carne com farinha de milho, 230
Sopa de farinha de milho, 248

FAVAS
Favas à moda de Sintra, 324
Favas em azeite, 324
Favas guisadas com paio, 325
Favas na manteiga, 324
Salada de fava-verde, 138

FEIJÃO
Acarajé, 374
Arroz e feijão à moda cubana, 359
Broto de feijão refogado, 307
Caldinho de feijão, 230
Cassoulet, 370
Croquetes de feijão, 375
Dobradinha com feijão-branco, 578
Feijão assado à moda americana, 369
Feijão-branco, 373
Feijão com leite de coco, 371
Feijão-guandu, 372
Feijão simples, 369
Feijão-verde, 374
Feijoada completa, 375
Mocotó com feijão-branco, 590
Salada de feijão-branco, 149
Salada de feijão-fradinho, 149
Salada de feijão-verde, 138
Sopa básica de feijão, 249
Sopa de caldo de feijão, 250
Sopa de feijão-branco, 251
Sopa de feijão-branco com cenouras, 251
Sopa de feijão com arroz, 252
Sopa de feijão com carnes, 252
Sopa de feijão com couve, 249
Sopa de feijão com legumes, 250
Sopa de feijão com massa, 252
Tutu de feijão, 371
Virado de feijão, 372
Virado de feijão-guandu, 373

FÍGADO
Bifes de fígado, 579
Bifes de fígado acebolados, 580
Bifes de fígado ao molho de vinho branco, 580
Bifes de fígado com pimentão, 581
Fígado à veneziana, 581
Fígado com molho madeira, 582
Macarrão ao forno com fígado de frango, 401
Pasta de fígado simples, 582
Patê caseiro, 127

FIGO
Doce de figos maduros, 747
Doce de figos verdes, 746
Figos com presunto, 125
Figos cristalizados, 759
Figos de chocolate, 777
Pudim de nozes e figos com creme, 687

FRAMBOESA
Cheesecake com framboesas, 889
Geleia de amora ou framboesa, 734
Queijo brie com geleia de framboesas, 113
Suco de framboesa, 948

FRANGO E GALINHA
Arroz com amêndoas e frango, 347
Arroz com galinha, 351
Caldo básico de galinha ou frango, 228
Coxinhas de frango fáceis, 186
Coxinhas de frango picantes, 484
Coxinhas de galinha I, 187
Coxinhas de galinha II, 188

ÍNDICE POR INGREDIENTES

Empadinhas de galinha, *193*
Escalopes de frango com laranja, *484*
Estrogonofe de frango, *485*
Frango à caçadora simples, *486*
Frango à caçadora tradicional, *486*
Frango à moda de Parma, *487*
Frango ao alho e óleo, *485*
Frango ao curry asiático, *487*
Frango ao molho pardo, *488*
Frango assado, *488*
Frango assado com limão, *489*
Frango ensopado com batatas, *489*
Frango recheado, *490*
Frango xadrez, *490*
Franguinhos de leite, *492*
Fricassê de frango, *491*
Galinha d'angola assada, *492*
Macarrão ao forno com fígado de frango, *401*
Maionese de frango, *491*
Maionese rápida de galinha, *493*
Molho básico para frango, *460*
Molho cremoso com frango, *470*
Molho de galinha para macarrão, *471*
Pizza de frango com catupiri, *425*
Puchero de galinha, *493*
Risoto de frango ensopado, *362*
Salada de frango desfiado, *149*
Salpicão de frango, *165*
Sanduíche de frango, *176*
Sopa de galinha com legumes, *253*
Torta de frango, *434*
Vatapá de galinha, *494*
Xinxim fácil de galinha, *494*

FUBÁ

Angu de fubá, *379*
Broinhas de fubá mimoso, *850*
Caldo verde e amarelo, *232*

GALINHA-D'ANGOLA

Galinha-d'angola assada, *492*

GENGIBRE

Ervas, especiarias e condimentos, *55*

GERGELIM

Ervas, especiarias e condimentos, *55*

GOIABA

Bolachinhas com goiabada, *861*
Geleia de goiaba, *735*
Goiabada, *751*
Goiabada cascão, *753*
Goiabas em calda, *748*
Suco de goiaba, *949*
Suflê de goiabada, *724*
Torta de goiabada, *895*

GRÃO-DE-BICO

Pasta de grão-de-bico, *112*
Salada de grão-de-bico, *150*
Salada de grão-de-bico e bacalhau, *150*
Sopa de grão-de-bico com espinafre, *253*

HORTELÃ

Molho de hortelã, *471*
Quibe de forno, *533*
Salada de abobrinha com hortelã, *142*
Tabule, *166*

JABUTICABA

Licor de jabuticaba, *980*

JACA

Musse de jaca, *717*

JILÓ

Jiló à milanesa, *325*

KÜMMEL

Licor de Kümmel, *981*
Glacê de Kümmel ou rum, *654*

LAGOSTA

Canapés de lagosta, *101*
Lagosta à Newburg, *631*
Lagosta à Thermidor, *632*
Salada de lagosta, *151*

LARANJA

Bolo de laranja, *821*
Compota de laranjas, *739*
Creme de laranja, *669*
Crepes com calda de laranja, *916*
Escalopes de frango com laranja, *484*
Gelatina de laranja, *710*
Geleia de laranja, *735*
Glacê de laranja para tortas, *651*
Laranjas cristalizadas, *756*
Licor de cascas de laranja, *980*
Musse de laranja, *717*
Pudim de laranjas, *688*
Ratafia de laranja, *974*
Refresco de laranja, *955*
Suco de mexerica ou laranja, *950*
Suco de pêssego com laranja, *951*
Xarope de laranja, *1013*

LEITE DE COCO

Bacalhau com leite de coco, *617*
Bobó de camarão, *621*
Feijão com leite de coco, *371*
Manjar branco, *672*
Moqueca de cação, *601*
Moqueca de namorado, *602*
Moqueca de peixe, *601*

LENTILHA

Lentilha com tomates, *326*
Lentilhas à beiroa, *326*
Salada de lentilha, *153*

LIMÃO

Bolo de limão, *824*
Caipirinha ou caipirosca de limão, *962*
Frango assado com limão, *489*
Glacê de limão, *655*
Molho de manteiga com limão, *464*
Musse de limão, *718*
Musse simples de limão, *718*
Ratafia de limão, *974*
Sorvete de limão, *925*
Torta de limão, *897*
Torta de limão à moda americana, *897*

LÍNGUA

Língua à parmiggiana, *584*
Língua ao fricassê, *584*
Língua ao vinagrete, *585*
Língua com presunto à milanesa, *585*
Língua de panela, *583*
Língua fatiada, *583*

LINGUIÇA

Bife rolê com linguiça, *525*
Linguiça comum, *557*
Linguiça de lombo, *558*
Linguiça picante, *557*
Molho calabrês para macarronada, *468*
Ovos com linguiça, *203*
Pão napolitano de linguiça, *442*
Pizza de calabresa, *423*

LOMBO

Conserva de lombo de porco, *556*
Linguiça de lombo, *558*
Lombo à alentejana, *548*
Lombo à brasileira, *549*
Lombo à francesa, *549*
Lombo à milanesa, *550*
Lombo à mineira, *550*
Lombo à toscana, *553*
Lombo com abacaxi, *551*
Lombo de panela, *551*
Lombo de porco à paulista, *552*
Lombo doce e azedo, *552*
Lombo recheado à florentina, *554*
Lombo recheado à francesa, *555*
Molho de sidra e passas para lombo, *472*

LOURO

Ervas, especiarias e condimentos, *55*
Bife rolê com linguiça, *525*

ÍNDICE POR INGREDIENTES

LULA
Lulas à catalã, *634*
Lulas enfarinhadas, *634*

MAÇÃ
Compota de maçãs inteiras, *740*
Compota de maçãs sem açúcar, *740*
Filhós de maçãs, *850*
Gelatina de maçã, *710*
Marmelada de maçãs, *753*
Musse de maçã, *718*
Sanduíche de maçãs e roquefort, *177*
Strudel de maçãs, *906*
Suco de maçã e uva, *949*
Suflê de maçãs, *724*
Torta americana de maçãs, *891*
Torta de maçãs com nozes, *898*
Torta de maçãs húngara, *900*
Torta de maçãs sem massa, *899*
Torta de maçãs à francesa, *898*
Torta invertida de maçãs, *896*
Torta rápida de maçãs, *901*
Torta simples de maçã, *900*
Tortinha de maçãs, *901*

MACARRÃO
Macarrão à bolonhesa, *399*
Macarrão à francesa, *399*
Macarrão ao forno com fígado de frango, *401*
Macarrão aos quatro queijos, *401*
Macarrão com mariscos ou vôngoles, *402*
Macarrão com pesto genovês, *400*
Macarrão com sardinhas à siciliana, *402*
Macarrão com tomate e manjericão, *399*
Macarrão gratinado, *400*
Macarrão na manteiga, *400*
Macarrão oriental, *403*
Macarronada com bracciola, *404*
Macarronada com brócolis, *404*
Macarronada com molho de camarão, *405*
Macarronada de domingo, *403*
Massa caseira para macarrão, *394*
Massa clássica para macarrão, *394*

MAIONESE
Maionese comum, *459*
Maionese de frango, *491*
Maionese econômica, *459*
Maionese rápida de galinha, *493*
Salada de batatas à alemã, *144*
Salada de batatas com ovos, *144*
Salada de batatas especial, *145*
Salada russa, *160*
Salada russa completa, *161*
Salada Waldorf, *163*
Salada Waldorf com salmão, *164*
Sanduíche de maionese arco-íris, *177*
Tomates recheados com maionese, *339*

MAISENA
Alfajorcitos de maisena, *858*
Biscoitinhos de coco com maisena, *870*
Bolachinhas de maisena, *861*
Bolachinhas de nata com maisena, *861*
Casadinhos de maisena, *790*
Rosquinhas de maisena, *880*
Sequilhos de maisena, *882*
Tortinhas de maisena, *906*

MAMÃO
Compota de mamão verde, *741*
Doce de mamão em pedaços, *747*
Mamão cristalizado, *759*
Mamão verde refogado, *327*

MANDIOCA
Bolinhos de mandioca, *328*
Carne-seca com purê de mandioca, *535*
Mandioca cozida, *327*
Mandioca frita, *327*
Pão de mandioca, *442*
Sopa-creme de mandioca, *242*
Sopa de mandioca, *255*

MANDIOQUINHA
Mandioquinha com picadinho, *329*
Mandioquinha simples, *328*
Purê de mandioquinha, *328*
Sopa de mandioquinha, *255*

MANGA
Canapés de kani com manga, *101*
Chutney de manga, *466*
Coquetel de manga, *967*
Mangas flambadas, *748*
Sorvete de manga, *925*
Suco de manga, *949*

MANJERICÃO
Ervas, especiarias e condimentos, *55*
Macarrão com pesto genovês, *400*
Macarrão com tomate e manjericão, *399*

MANJERONA
Ervas, especiarias e condimentos, *56*

MARACUJÁ
Compota de maracujá, *741*
Doce de maracujá, *747*
Musse de maracujá com calda, *719*
Musse de maracujá cremosa, *719*
Salmão com maracujá, *612*
Sorvete de maracujá, *925*
Suco de maracujá, *950*

MARISCOS
Macarrão com mariscos ou vôngoles, *402*
Salada de mexilhões, *155*
Sopa de vôngoles ou mariscos, *261*

MARMELO
Geleia de marmelo, *736*
Marmelada, *752*
Marmelada de maçãs, *753*
Marmelada vermelha, *753*

MARRECO
Marreco assado com frutas, *501*

MATE
Chá-mate, *940*
Licor de mate, *983*
Mate chimarrão, *940*

MEL
Bolo de mel, *821*
Chá com mel, *938*
Coquetel de conhaque com mel, *963*
Pão de mel com cobertura, *450*
Pão de mel simples, *449*

MELÃO
Bolinhas de melão com Parma, *119*
Coquetel de melão, *123*
Espetinhos de melão com presunto, *108*
Melão com presunto, *126*

MILHO VERDE
Arroz com milho verde, *352*
Bolinhos de milho verde, *329*
Bolo de milho verde, *824*
Bom-bocado de milho verde, *782*
Creme de milho simples, *330*
Creme de milho verde, *330*
Creme para pavê de milho verde, *696*
Curau, *671*
Pamonha, *671*
Pavê de milho verde, *695*
Salada de milho verde, *155*
Sopa-creme de milho verde, *256*
Sopa de milho verde, *256*
Suflê de milho verde, *220*
Virado de milho verde, *330*

MIOLO
Miolo à italiana, *586*
Miolo à milanesa, *586*

MOCOTÓ

ÍNDICE POR INGREDIENTES

Caldo de mocotó, 231
Ensopado de mocotó, 589
Geleia de mocotó, 736
Mocotó com feijão-branco, 590

Morango
Bavaroise de morango, 706
Bolo de morangos, 825
Compota de morango, 741
Coquetel de morango, 967
Crepes com morangos flambados, 917
Gelatina com morangos, 711
Geleia de morango, 736
Morango toddy, 1001
Musse de morango, 719
Musse de morangos sofisticada, 720
Musse rápida de morango, 720
Sorvete de morango, 926
Suco de morango, 950
Torta de morangos com chantilly, 902
Torta tradicional de morangos, 902

Mostarda
Filé ao molho mostarda, 515
Molho mostarda, 169

Moyashi
Salada de moyashi, 139

Mozarela
Crostíni de búfala, 107
Mozarela em carroça, 175
Pizza à portuguesa, 426
Pizza de mozarela, 425
Pizza de quatro queijos, 427
Pizza napolitana, 426
Salada caprese, 147

Nabo
Salada de nabo, 139
Puchero argentino, 519
Puchero de galinha, 493

Nata
Bolachinhas de nata com baunilha, 862
Bolachinhas de nata com maisena, 861
Bolachinhas neutras de nata, 861
Sequilhos de nata, 883

Nhoque
Molho para macarronada ou nhoque, 477
Nhoque de batata, 406
Nhoque de farinha de trigo, 405
Nhoque de polenta, 406
Nhoque de ricota, 407

Nozes
Alfenins com nozes, 800
Ameixa recheada com nozes, 768
Balas de nozes, 804
Biriba de nozes, 793
Bolo de banana com nozes, 814
Bolo de nozes, 825
Bolo de nozes para chá, 826
Bolo de nozes seleto, 826
Camafeu de nozes, 793
Docinhos de batata-doce com nozes, 792
Gelatina de nozes, 711
Marronzinhos de nozes, 777
Nozes carameladas, 791
Pão de nozes, 452
Pão de nozes e gergelim, 452
Petits-fours de nozes, 866
Pudim de nozes e figos com creme, 687
Quadrados de chocolate e nozes, 777
Recheio de nozes, 661
Sanduíche natural com nozes, 179
Torta de maçãs com nozes, 896
Torta de nozes, 903
Torta de nozes com chantilly, 904
Torta de nozes-pecã, 903

Noz-moscada
Ervas, especiarias e condimentos, 56

Orégano
Ervas, especiarias e condimentos, 56

Ossobuco
Ossobuco à ambrosiana, 519

Ostra
Canapés de ostras à russa, 102
Ostras à Floriano, 640
Ostras à New Orleans, 641
Ostras ao natural, 640

Ovo
Abobrinha com ovos, 283
Aletria de leite com ovos, 676
Arroz com ovos e ervilhas, 353
Balas de ovos, 85
Balas de ovos com coco, 505
Bife rolê com ovos, 523
Bolo de três ovos, 837
Caldo de carne com espinafre e ovos, 229
Canapés de ovos I, 102
Canapés de ovos II, 102
Cocada de ovos, 786
Doce fofo de ovos, 674
Espinafre com ovos, 285
Fios de ovos I, 795
Fios de ovos II, 796
Massa quebrada com ovos, 430
Omelete ao leite, 211
Omelete com camarões, 212
Omelete com ervas, 210
Omelete com queijo, 212
Omelete de cogumelos, 211
Omelete simples, 210
Ovos à moda galega, 202
Ovos à mourisca, 202
Ovos ao forno com bacon, 207
Ovos com linguiça, 203
Ovos com molho à moda do norte, 203
Ovos com picadinho, 204
Ovos de codorna, 109
Ovos duros, 109
Ovos em creme, 204
Ovos fritos com presunto, 205
Ovos fritos simples, 204
Ovos mexidos à beiroa, 205
Ovos mexidos com presunto, 205
Ovos mexidos com queijo, 206
Ovos mexidos com salmão, 206
Ovos moles de Aveiro, 674
Ovos moles mexidos, 208
Ovos nevados, 675
Ovos partidos ou pocheados, 208
Ovos quentes, 207
Ovos recheados, 109
Papos de anjo, 796
Pizza de espinafre com ovos, 425
Salada de batatas com ovos, 145
Vagens com ovos, 340

Paio
Caldo verde, 232
Favas guisadas com paio, 325

Palmito
Camarões com palmito, 627
Creme de palmito, 331
Empadinhas de palmito, 194
Palmito pupunha assado, 127
Palmito refogado, 331
Salada de palmito com salmão, 157
Salada de palmito, 139
Salada de pupunha, 158
Sopa-creme de palmito, 257
Suflê de palmito, 220
Torta de palmito, 435

Papaia
Creme de papaia com cassis, 667

Páprica
Ervas, especiarias e condimentos, 57

ÍNDICE POR INGREDIENTES

PASSAS
Molho de sidra e passas para lombo, *472*
Pãezinhos com passas, *454*
Panetone, *455*
Pavê de passas e creme, *696*
Recheio de queijo e passas, *661*
Suflê de fécula com passas, *723*

PATO
Pato assado, *502*
Pato novo assado, *502*

PEIXE
Bolinhos de peixe, *600*
Dourado assado, *608*
Enguia frita, *608*
Filé de salmão, *612*
Filés de pescadinha à milanesa, *611*
Filés de pescadinha com molho tártaro, *611*
Garoupa assada, *609*
Lambaris ou manjubas fritos, *610*
Linguado à belle meunière, *600*
Moqueca de cação, *601*
Moqueca de namorado, *602*
Moqueca de peixe, *601*
Peixe à fiorentina, *602*
Peixe assado com recheio, *603*
Peixe assado inteiro, *604*
Peixe cozido com legumes, *604*
Peixe em escabeche, *605*
Peixe ensopado, *603*
Peixe inteiro com molho de camarões, *609*
Pescadinha à doré, *610*
Pescadinha frita, *610*
Piaba cozida, *612*
Posta de peixe com molho de alcaparras, *605*
Salmão com maracujá, *612*
Salmão com molho holandês, *613*
Sardinhas à portuguesa, *613*
Sardinhas na brasa, *614*
Traíra frita em postas, *614*
Vatapá à baiana, *607*
Vatapá de peixe, *606*

PENNE
Penne com abóbora e espinafre, *407*
Penne com atum e rúcula, *408*
Penne picante arrabiata, *408*

PEPINO
Pepinos agridoces, *112*
Pepinos (aperitivo), *113*
Pepinos em conserva a frio, *331*
Pepinos em conserva a quente, *332*
Salada de pepino, *139*
Salada de pepino à italiana, *139*
Salada de pepino recheado, *157*
Sopa de pepino, *257*

PÊRA
Compota de pera, *742*
Perada, *754*
Salada lombarda com peras, *153*

PERDIZ
Perdiz à flamenga, *503*
Perdiz grelhada, *503*

PERNIL
Molho simples para peru e pernil, *477*
Pernil assado, *556*
Sanduíche de pernil, *179*

PERU
Molho simples para peru e pernil, *477*
Peru à brasileira, *496*
Peru recheado à mineira, *498*

PÊSSEGO
Bellini, *962*
Compota de pêssego, *742*
Coquetel de pêssego, *967*
Pessegada, *754*
Suco de pêssego com laranja, *951*
Suco de pêssego ou damasco, *951*
Torta de pêssegos, *905*

PICLES
Canapés de picles, *103*
Molho tártaro, *479*

PIMENTA
Ervas, especiarias e condimentos, *57,58*
Filé apimentado, *516*
Filé ao molho de pimenta-verde, *515*
Molho de pimenta, *471*
Penne picante arrabiata, *408*

PIMENTÃO
Antepasto de pimentões I, *97*
Antepasto de pimentões II, *97*
Bifes de fígado com pimentão, *581*
Pimentões à napolitana, *333*
Pimentões à piemontesa, *333*
Pimentões fritos, *332*
Pimentões recheados à bolonhesa, *334*

PITANGA
Licor de pitanga, *984*

POLVILHO
Pão de queijo I, *453*
Pão de queijo II, *453*
Pão de queijo III, *453*
Sequilhos de polvilho, *883*

POLVO
Arroz com polvo, *354*

PRESUNTO
Canapés de presunto, *104*
Capelete à romanesca, *395*
Coelho com presunto cru e aspargos, *573*
Croquetes de presunto e azeitona, *190*
Crostini de Parma, *106*
Espetinhos de melão com presunto, *109*
Figos com presunto, *125*
Língua com presunto à milanesa, *585*
Melão com presunto, *126*
Ovos fritos com presunto, *205*
Ovos mexidos com presunto, *205*
Rocambole de presunto, *428*
Salpicão de presunto, *166*
Sanduíche misto de queijo e presunto, *179*
Trouxinhas de presunto, *181*

QUEIJO
Batata com queijo, *192*
Biscoitinhos de queijo, *185*
Bolinhas de queijo, *186*
Bolinhas de queijo para consomê, *234*
Bolinhos de queijo, *186*
Bolo de queijo, *828*
Bom-bocado com queijo, *780*
Bom-bocado de queijo e coco, *781*
Canapés de queijo I, *104*
Canapés de queijo II, *104*
Crepes de queijo, *917*
Croquetes de queijo, *191*
Damascos com queijo cremoso, *107*
Doce de queijo mineiro, *679*
Empadinhas de queijo, *194*
Fondue de queijo, *387*
Macarrão aos quatro queijos, *401*
Molho aos quatro queijos, *469*
Omelete com queijo, *212*
Ovos mexidos com queijo, *206*
Pão de minuto de queijo, *451*
Pão de queijo I, *453*
Pão de queijo II, *453*
Pão de queijo III, *453*
Pizza de quatro queijos, *427*
Pudim de queijo, *684*
Quadradinhos de queijo, *828*
Quadradinhos de queijo e cereja, *113*
Queijadinha, *787*

ÍNDICE POR INGREDIENTES

Queijadinha fácil, *787*
Queijão, *689*
Queijo brie com geleia de framboesas, *113*
Recheio de queijo e passas, *661*
Salada de cogumelo com queijo, *148*
Sanduíche misto de queijo e presunto, *179*
Sopa-creme de queijo, *260*
Suflê de queijo, *221*
Suflê de queijo gorgonzola, *222*
Suflê de queijo parmesão, *222*
Torta de quatro queijos, *436*

Quiabo
Picadinho com quiabos, *532*
Quiabo cozido, *334*
Quiabo com picadinho, *335*
Salada de quiabo, *140, 158*

Rabada
Rabada ao vinho tinto, *591*
Rabada com molho de tomate, *591*

Rabanete
Rabanetes (aperitivo), *114*
Salada de rabanete, *140*

Rábanos
Salada de rábano, *159*

Raiz-forte
Ervas, especiarias e condimentos, *58*

Repolho
Arroz com repolho, *353*
Repolho ensopado, *336*
Repolho recheado, *336*
Salada americana de repolho, *143*
Salada de repolho, *140*
Salada mista com repolho, *155*
Salada rápida de repolho, *159*
Sopa rústica de repolho, *258*
Tortilhão de repolho, *338*

Repolho roxo
Repolho roxo agridoce, *337*

Ricota
Berinjela com ricota, *302*
Canelone de ricota, *395*
Nhoque de ricota, *407*
Pão de ricota, *443*
Pasta básica de ricota para canapés, *110*
Pasta de berinjela, *110*
Pasta de ervas finas, *111*
Pasta de grão-de-bico, *112*
Pasta de salmão, *110*
Pasta de tomate seco, *111*
Salada de ricota, *160*
Torta alemã de ricota, *889*

Rim
Rim à boêmia, *588*
Rim ao porto, *588*
Rim guisado com batatas, *587*
Rim no espeto, *588*

Sagu
Sagu, *712*

Salame
Canapés de salame, *104*

Salmão
Canapés de salmão defumado, *105*
Filé de salmão, *612*
Gravatinhas com salmão, *398*
Musse de salmão, *126*
Ovos mexidos com salmão, *206*
Pasta de salmão, *110*
Salada de palmito com salmão, *157*
Salada Waldorf com salmão, *164*
Salmão com maracujá, *612*
Salmão com molho holandês, *613*
Sanduíche de salmão defumado, *178*
Suflê de alho-poró com salmão, *214*

Salsa
Ervas, especiarias e condimentos, *58*

Salsão
Salada de salsão, *140*
Salada Waldorf, *163*

Salsicha
Cachorro-quente, *174*
Enroladinhos de salsichas, *195*

Sálvia
Ervas, especiarias e condimentos, *59*

Sardinha
Canapés de sardinha, *105*
Macarrão com sardinhas à siciliana, *402*
Sardinhas à portuguesa, *613*
Sardinhas na brasa, *614*

Segurelha
Ervas, especiarias e condimentos, *59*

Siri
Casquinha de siri, *121*
Casquinhas de siri, *638*
Siris recheados, *637*

Suã
Arroz com suã, *355*

Talharim
Talharim com berinjela, *410*

Tomate
Arroz com tomate, *355*
Berinjelas com tomate e cebola, *303*
Bifes ao molho acebolado com tomate, *521*
Coquetel de tomate, *123*
Lentilha com tomates, *326*
Macarrão com tomate e manjericão, *399*
Molho de tomate, *465*
Panquecas com molho de tomate, *413*
Pasta de tomate seco, *111*
Rabada com molho de tomate, *591*
Salada de tomate, *140*
Suflê de tomate seco, *223*
Tomates recheados, *129, 339*
Tomates à provençal, *338*
Tomates recheados com maionese, *339*
Tomates secos em conserva, *115*

Tomilho
Ervas, especiarias e condimentos, *59*

Uva
Codornas com uva-itália, *500*
Doce de uvas, *759*
Musse de uva, *720*
Ratafia de uva, *974*
Suco de maçã e uva, *949*
Suco de uva, *951*

Vagem
Salada de vagem, *140*
Salada de vagens especial, *162*
Sopa rústica de vagem, *259*
Vagem na manteiga, *259*
Vagem relâmpago, *341*
Vagens com ovos, *340*
Vagens cozidas, *340*
Virado de vagens, *341*

Vitela
Costeletas de vitela alla milanese, *540*
Costeletas de vitela grelhadas, *541*
Escalopes de vitela ao madeira, *541*
Vitela assada, *539*
Vitela assada com creme, *539*
Vitela de caçarola, *540*
Vitela tonné, *538*

Vôngole
Macarrão com mariscos ou vôngoles, *402*
Sopa de vôngoles ou mariscos, *261*

Zimbro
Ervas, especiarias e condimentos, *59*

BIBLIOGRAFIA

Gouffé (Jules) – *Le Livre de Cuisine, comprenant la cuisine de ménage et la grande cuisine*. Paris, Hachette, 1867, gr. in – 8 demi-rel.

Artusi (Pellegrino) – *La Scienza in Cucina e l'Arte di Mangiar Bene*. Firenze, Bemporad edit.

Escoffier (A.) avec la collaboration de M. Philéas Gilbert et Émile Fetu – *Le Guide Culinaire*. Paris, Ernest Flammarion.

Jourdan-Lecoint (Dr.) – *Le Cuisinier des Cuisiniers* (1.000 recettes de Cordon-bleu). Paris, Ancienne Maison Morizot. A. Laplace, Libraire-Editeur, 1879.

Salani (Adriano) – Biblioteca per tutti – *Maniere di Fare, Preparare e Cucinare le Ministre, la Carne, gli Erbagi, i Legumi, le Uova, le Salse, i Dolci e Bevande Diverse*. Firenze.

Larousse – *La Cuisine et la Table Moderne*, par MM. les Drs. Lambling, A. Moreau, Mourier etc. Paris, Librairie Larousse.

Gournousky & Marcel Rouf – *La France Gastronomique*. Guide des merveilles culinaires et des bonnes auberges françaises. Paris, F. Rouf, éditeur.

Gonzaga (Antonio) – *Recetas de Cocina Familiar* (Platos, postres, helados y licores). Buenos Aires, s/ind. edit.

Focolare (Grilo del) – Tra fornelli e cazzarole (*Manuale di Cucina e Pasticceria*). Bologna, Capeli edi.

Pozeski (Dr. E.) – *Higiène Alimentaire*. Paris, Librairie Delagrave, 1922.

Cabrera (Angel) – *Industrias de la Alimentación*. Madrid, Calpe.

Rose (Mademoiselle) – *100 Façons de Préparer des Ceufs*. Paris, Ernest Flammarion, edit.

Rose (Mademoiselle) – *100 Façons de Préparer les Pommes de Terre*.

Rose (Mademoiselle) – *100 Façons de Préparer les Potages*.

Debora (Carmen) – *O Cozinheiro Econômico das Famílias*. Rio de Janeiro, Laemmert & Cia., edit. 1901.

Bento da Maia (Carlos) – *Tratado Completo de Cozinha e de Copa*. Lisboa, Guimarães & Cia., edit. 1940.

Plantier – *O Cozinheiro dos Cozinheiros*. Lisboa, s/d.

Dumas (Alexandre) – *Bric-à-Brac*.

ANOTAÇÕES

Anotações

ANOTAÇÕES

Anotações

ANOTAÇÕES

ANOTAÇÕES

Anotações

ANOTAÇÕES

ANOTAÇÕES

ANOTAÇÕES

ANOTAÇÕES

ANOTAÇÕES

Anotações

Anotações

Anotações